何勤华

1955年3月生，上海市人。北京大学法学博士。著有《西方法学史》《20世纪日本法学》《中国法学史》《法律文化史谭》等多部作品，在法学类核心刊物上发表论文180余篇。留学日本东京大学法学部，1992年起享受国务院政府特殊津贴，1999年荣获第二届中国十大杰出中青年法学家称号。2009年荣获"国家级教学名师"。现任华东政法大学校长、教授、博士生导师。兼任全国外国法制史研究会会长。

马贺

1978年生于沈阳，法学博士。华东政法大学刑事司法学院讲师，获国家留学基金资助，2008—2009年赴法国巴黎第一大学，获硕士学位。发表译文、论文数篇。

蔡迪

1978年生于宁波。华东政法大学讲师，在浙江大学、慕尼黑大学和华东政法大学分别获得法学学士、硕士和博士学位。发表学术论文十数篇。主要研究领域为德国法、比较法。

何勤华 主编

法律文明史

第 9 卷

大 陆 法 系

上卷

何勤华　马 贺　吴天昊　李 丽
姜 影　彭 峰　汪 娜　赵江风
蔡 迪　董春华　蒋军洲　陈佳吉　著
陈 阳　赵 渊　朱耀文　褚 颖
张纯辉　江小夏　金 勋

商务印书馆
The Commercial Press

2017年·北京

国家社科基金 2011 年度重大项目

国家重点学科华东政法大学法律史学科建设项目

总　序

新中国法和法学经过60多年的发展，已日趋成熟。表现在对法和法学的历史研究方面，也已经有了不少成果，出版了若干中国法制史、外国法制史、中国法律思想史、西方法律思想史以及各国法律发达史、比较法方面的著作，从各个角度、各个侧面对人类的法律文明成果进行了梳理和研究。《法律文明史》多卷本在吸收上述成果的基础上，进一步将其予以整合，发扬光大，完成一部系统阐述整个人类法律文明的起源、发展和演变的作品，为继承与传播人类文明做出我们应有的贡献。

一

文明一词，虽然在学术界尚有不同的理解，但大部分学者认为，文明是社会发展到一定阶段的产物，是较高文化的结晶，具体表现为物质生活水平（方式）、精神文化产品、典章制度规则，以及社会组织机构等，因而有了我们平时所说的物质文明、精神文明、制度文明和政治文明等诸种形态。

法律作为调整社会上人与人之间的经济关系、保障公民各项权利、规范政府权力的运作，以及维护社会正常秩序的规范体系，也是人类社会发展到一定阶段之后才产生的，是人类文明的重要组成部分，属于制度文明和政治文明范畴，同时又对制度文明和政治文明的发展与完善起着推动作用。由于法律文明包括了法律的物质文明、制度文明和思想（精神）文明，因此，法律文明的内涵非常丰富，而在历史上又经历了曲折的发展，留下了众多的法律文化遗产。而这些法律遗产，对我们今天法律文明的进步，意义重大。所以，要推进新时期法律文明的进步，必须先要了解法律文明的历史。

第一，法律文明史的研究，可以为我国的法学研究梳理出一条人类法律文明发展进化的历史线索，提升我国法学研究的完整性和系统性，为新时期我国学术研究的进步与发展积累知识。如上所述，我们已经在法律史研究的具体领域，都有了多卷本专著的出版。但法律文明通史的研究，则还刚刚开始，需要我们做出努力来予以推进。

第二，法律文明史的研究，可以帮助我们吸收和借鉴古今中外法律文明发展的成果，为我国新时期的法治建设实践和法学研究进步所用。在法律文明的诞生与进化过程中，人类创造了辉煌的成就，如古代近东（两河流域）地区的成文法典，埃及的司法审判制度，希伯来的契约精神，希腊的宪政文化，罗马的私法文化，中世纪欧洲基督教会法中关于法律面前人人平等的精神以及近代部门法的萌芽，中华法系的制度遗产，伊斯兰法中的务实精神，以及近代资产阶级法律体系崛起过程中得以广泛传播和确立的法治传统和法治理念，第二次世界大战以后现代法的各项变革，如公民权利的尊重、政府权力的限制、国家公益事业的法律推动，以及人性化法律政策的出台，等等。所有这些人类法律文明发展过程中凝聚着的法律精华，都是我们现在建设法治中国所应当挖掘、吸收、利用的宝贵遗产。

第三，法律文明史的研究，还可以帮助我们从整体上、从全局上来理解和把握法这一社会文明现象的产生、发展和演变。本书的研究，涉及的是关于法的文明的整体而不是法文明的某一部分。我们平时所说的中、外法律制度史，研究的是制度；中、外法律思想史，研究的是思想；中、外法学史，研究的是学说。前者属于物质文明和制度文明，而后两者属于思想文明、精神文明。在目前我国学术界，这几个部分的研究基本上是分开的。我们的教学和科研也相应分开进行，这样分门别类地进行研究，可以加深我们的研究层面，更好地理解和把握我们所要研究的对象的内涵与本质，但尚存割裂之虞。本书试图顺应近年来人类文明史整体研究的趋势，将上述几个方面的研究整合在一起，从而获得与以往的研究所不同的视野、方法和成果。

第四，法律文明史的研究，还可以推动我国与其他国家间的法律文化交流。每一个国家，都有与其本国的政治、经济和文化发展水平相适应的法律文明形态，各个国家和地区间的法律文明形态既有相异相斥之处，也有相同相融之趣。了解各个法律文明形态的诞生、发展和演变的历史，就能帮助我们加深彼此的了解和理解，在推动我们吸收、借鉴和引进国外先进的法律文明的同时，也可以将中国历史上和现代的法律文明介绍给世界其他国家与地区，通过法律文明的国际化和本土化，以期营造一个和谐的世界法律文明秩序。

二

本套丛书由16卷专著组成。第1卷，法律文明的起源，尝试用法学原理来解析考古学、人类学的最新研究成果，阐述在人类进入文明社会之前，调整、约束人们行为的那些规范的面貌，以及这些规范最后是如何转化成为各个部门法律的过程；最后一卷即第16卷，法的国际化和本土化，主要描绘人类法律文明未来的发展方向。通过解析当前法的国际化和本土化双重现象，以揭示世界各国法律文明发展过程中的趋同化浪潮，以及在这种浪潮之中各个国家、各个民族又都保持了法的民族（本土）特色这么两个法律发展规律的交叉作用现象。

而本书第2卷至第15卷，共14卷，则尽可能系统翔实地演绎人类法律文明的漫长历程，依次分为四个进步的阶梯：古代（近东、远东和西方）法的足迹、中世（宗教、世俗和中华）法的遗产、近代（英美、大陆、苏联、中国、亚非拉）法的成长和现代（公、私和社会）法的变革，以及在这四个阶梯中法律文明具体形态的演变。具体分述如下：

第2卷，古代近东法。讲述法律文明源起之后，法律规范在古代近东地区，如巴比伦、亚述、赫梯、希伯来等国家与地区的发展演变。

第3卷，古代远东法。讲述远东地区，主要是中国，也包括日本、朝鲜、越南和印度等国家的法律的起源、发展和演变，以及远东上古时期法律文明对中华法系诞生、发展以及基本特征形成的影响。

第4卷，古代西方法。主要涉及古代西方，如希腊和罗马等法律的起源、发展和演变，重点论述希腊的宪政文明和私法文化，罗马详密的私法规范和在公法上的制度设计。

第5卷，宗教法。讲述古代及中世纪宗教法的起源，内容与特点，三大宗教法（基督教会法、伊斯兰教法和佛教法）的彼此消长及相互影响，宗教法与社会的内在关系，宗教法与世俗法的联系及差异，宗教法在现当代的变异与影响，以及三大宗教法的主要内容、基本特点、对社会民众法律生活的影响等。

第6卷，中世纪欧洲世俗法。讲述中世纪欧洲世俗法的起源，内容与特点，欧洲几大世俗法渊源，如日耳曼法、王室法、封建地方法、商法和城市法等彼此消长及相互影响，世俗法与宗教法的关系，以及欧洲世俗法对中世纪欧洲社会发展的推动作用。

第7卷，中华法系。主要涉及中华法系的起源，内涵与特点，中华法系的基本内容，中华法系成员国日本、朝鲜和越南等国家法律的发展，中华法系对中国封建社会发展的影响，中华法系的衰亡及历史地位等。

第8卷，英美法系。讲述英美法系的概念；英美法系的历史基础和理论渊源；英美法系的形成和发展；英美法系的特征；英美法系的主要成员和分支，如英国法、美国法、加拿大法和澳大利亚法的主要内容和基本特征，以及英美法系对世界法和法学发展的贡献。

第9卷，大陆法系。主要讲述大陆法系的概念；大陆法系的历史基础和理论渊源；大陆法系的形成和发展；大陆法系的基本特征；21世纪大陆法系国家法律的进步和变化，大陆法系的主要成员和分支，如法国法、德国法、日本法、意大利法和西班牙法等（重点是法国法）的主要内容和基本特征，以及大陆法系在世界法和法学发展史上的地位与影响。

第10卷，苏联法。讲述苏联（苏维埃共和国）建立前的法制、苏联建立后的法制、苏联解体后的法制的主要内容、基本特征和发展演变，以及其经验和教训，阐述社会主义法律体系的形成、发展、演变的历史过程以及其客观规律。

第11卷，中国近代法。讲述中国法的近代化过程，包括西法东渐，西方法学观在中国的传播，西方的宪政、民商事法律、刑事法律、诉讼法律，西方的法律教育模式，西方的法学作品等的传入与本土化，中国法律近代化的成就与问题等。本卷还包括了对中国近代台湾、香港和澳门地区法律、租借地法律，以及红色革命根据地（如陕甘宁边区）法律发展的论述。

第12卷，亚非拉地区法。讲述亚洲（如菲律宾、印度、韩国、越南、新加坡、马来西亚、泰国、印度尼西亚等）、非洲（如埃及、利比亚、阿尔及利亚、苏丹、肯尼亚、尼日利亚、南非等）和拉丁美洲（如巴西、墨西哥、阿根廷、智利、秘鲁等国家）的法的近代化过程，包括西方法的入侵，西方法学观的传播，西方的宪政、民商事法律、刑事法律、诉讼法律、西方的法律教育模式、西方的法学作品等的传入与本土化，拉丁美洲法近代化的成就与问题等。

第13卷，现代公法的变革。讲述第二次世界大战以后世界各主要国家（以英、美、法、德、日、俄、中等国家为主）的公法（宪法、行政法、刑法、刑事诉讼法）的变迁，阐述这种变迁的社会历史背景、原因和影响，总结这种变迁所体现的公法的发展演变规律。

第14卷，现代私法的变革。讲述现代时期世界各主要国家的私法（民法、商法、民事诉讼法）的变迁，阐述这种变迁的社会历史背景、原因和影响，总结变迁所体现出的私法的发展演变规律。

第15卷，社会法。讲述现代时期世界各主要国家的社会法（劳动法、社会保障法、经济法）的诞生和变迁，阐述这种变迁的社会历史背景、原因和影响，总结这种变迁所体现的社会法的发展演变规律。

三

本书涉及的诸多研究话题，如世界法律文明史概念的提出和内涵的阐述，以及各国别法律文明史的分析梳理等，基本上是最近十几年才开始受到学术界重视的。因此，对其感兴趣并展开研究的学者，相当部分都是年轻教师及博士、博士后，本书就是将全国从事这些各个相关领域研究的年轻学者联合起来、组织在一起，将他们各自从事的研究以及成果整合起来，形成一项比较完整、系统的法律文明史的集大成式的补白性成果。所以，本书各卷的负责人和撰稿人，大多是副教授以下的学有所长、对相关问题有前期研究成果的年轻人。

特别需要指出的是，本书作为2011年度国家社科基金重大项目的最终研究成果，研究的对象非常宏大，涉及的学科面也比较广，要完成它，并且完成得好，必须要有一支年富力强、朝气蓬勃的学术团队，而且这个团队是齐心协力的、和谐的、稳定的、有时间保证的，而不是临时"拉郎配"的。

本书的写作集中了全国20多所高校、研究机构的百余位中青年学者，从2008

年开始组建，至今连续工作已经有六年，大家在一起召开总课题和子课题各类会议不下百余次，各位学者互相尊重，彼此协调，配合得非常默契。虽然，在这六年多的时间内，大家从事的是一种非常艰巨的高强度思维劳动，但却也是一种提升所有参加本书撰稿的作者科研创造力的非常有效的、难得的学术训练。由于大家的齐心协力，我们不仅顺利地完成了整部书稿的撰写任务，而且在此过程中，培养出了一批优秀的青年法学人才。

四

那么，本书的学术价值体现在哪里？对我国乃至世界法学研究的贡献有哪些呢？笔者以为，大体有以下几个方面。

首先，我们构建了一个全新的总体研究框架，将极其丰富、精彩纷呈的人类几千年法律文明的起源、发展和演变的内容融入其中，以帮助学术界对这一文明史领域的了解和理解。

其次，本书中，有些问题，学术界还没有触及，我们这里提出来了，也进行了一定的史实论证。比如，关于法律文明的起源，我们现在是将其界定在人类社会进入比较经常性的群居生活，形成公共社会，产生了调整人们行为的规范（风俗习惯、宗教禁忌等），但这些规范还没有凝练提升为法律的层次，我们就将处在这一阶段的社会规范，视为"法律文明的起源"。确定这一阶段法律文明最早的起源，还是有相当难度的。我们现定位在南方古猿（Australopithecus）之后的非洲能人（Homohabilis）"奥杜韦遗址"（Oldowan），它距今已经有100多万年的历史了，被考古学家初步认定为游群社会，已经出现了"权力"、"国体"、"政体"、"公共社会机构"等意识之萌芽。而进入古代近东苏美尔社会，乌尔纳姆法典（公元前22世纪）等各成文法典的制定颁布之后，我们就将其视为法律文明已经产生。接下来就是发展、演变和完善，就不再属于"法律文明的起源"之研究范围。

又如，关于宗教法，我们这里重点阐述了基督教会法、伊斯兰法和佛教法。对于前两者，学术界都是认可的，也推出了若干成果（如彭小瑜的教会法研究，吴云贵、高鸿钧、马明贤等的伊斯兰法研究）。但对佛教法，法学界还有分歧，许多学者不认可佛教还有法律，佛教戒律也是法律。因此，在此领域，相应的研究还不多。而我们认为，作为一种影响广泛、涉及人群众多的组织，佛教也有自己的法律规范，约束着教徒和相关成员，虽然其表现形态与基督教和伊斯兰教有很大的不同。为此，我们将三大宗教法整合在一起，并对佛教法的内涵、产生、发展与制度、特点等做了初步的阐述。

再次，本书中，还有一些问题，学术界虽然有所触及，但都是没有定论，也没有比较成熟的观点，我们也提出了，并且进行了肯定性的论证。如古代印度在地理和法系上算否远东？古代越南和朝鲜国名如何称呼？中国香港、澳门、台湾区际法能否纳入近代中国的法律体系？在第二次世界大战以后世界各国法律发展纷繁复杂的情况下，仅用三卷篇幅，即"公法"、"私法"和"社会法"来概括是否合适？以及将刑事诉讼法归入公法、民事诉讼法归入私法这一大陆法系的传统分类是否适合于当下中国？用"法的国际化"和"法的本土化"两大趋势来概括未来人类法律文明进步与进化的规律是否恰当？等等。我们的态度是，抛砖引玉，以求共识。

最后，本书还从新的角度，对一些法律史上的问题进行了探索。比如，本书将古代希腊法和罗马法整合在一起，作为一个整体的"古代西方法"，对其进行了描述和评述；又如，本书通过将人类法律文明的进步划分成为"古代法的足迹"、"中世法的遗产"、"近代法的成长"和"现代法的变革"四个阶梯，将其糅为一个有着内在发展逻辑的整体，对其进行了全方位的梳理，并通过设计"古代近东法"、"宗教法"、"中华法系"、"英美法系"、"大陆法系"等卷，将其精华和亮点予以突出、彰显；再如，本书以"法的国际化和法的本土化"两条发展线索，来概括总结人类法律文明进化和进步的未来趋势，给学术界提供了比较大的思考路径和分析空间。

五

本书的写作，已历时六年，经历也有诸多曲折。但因法学界、历史学界、社会学界和宗教学界众多朋友、同仁的支持和帮助，最终得以完成。2008年，本书先是作为一个重点项目，得到了国家重点学科华东政法大学法律史学科的经费支持。2009年，本书得到商务印书馆领导王涛、于殿利等先生的支持与襄赞，通过了选题论证，在商务印书馆的出版计划中获得立项。2010年，本选题又被纳入国家新闻出版总署选定的国家"十二五"重点图书出版规划。2011年，在国家社科规划办领导以及法学界同行专家的全力支持下，本书最终获得了国家社科基金2011年度重大项目的立项（批号：11&ZD081）。

本书的构思、立项、写作，六年上了四个台阶，实属不易，完全是由于相关专家的全力支持推动才得以实现。虽然，列举式地提及一些同仁和朋友的做法，可能会犯挂一漏万的错误，但我在此还是要提及如下一些专家的名字，他们在本书的课题立项、书稿写作以及结项评审等各个方面，给予了真诚的帮助，他们是：王家福、张文显、关保英、吴汉东、应松年、徐显明、黄进、王利明、郑成良、李林、孙宪忠、陈景良、霍存福、汪世荣、徐祥民、武树臣、杨一凡、赵秉志、陈兴良、徐爱国、梁根林、许明月、姚建宗、刘作翔等。此外，历史学界的侯建新、陈文海、赵立行、骈宇骞等专家，也为本书的编写出版提供了无私的帮助。在本书出版之际，对上述专家仅表示我们一片真挚的谢意。此外，各卷后记中我们也会对相关热情帮助人士给予感谢！

本书的写作和出版，获得了国家社科基金的资助，得到了国家重点学科华东政法大学法律史学科建设经费的资助，得到了华政配套科研经费的资助，也获得了上海市人文社科建设基地华东政法大学外国法与比较法研究院建设经费的资助，得到了国家新闻出版总署以及商务印书馆的出版规划项目支持，也得到了商务印书馆总经理于殿利、副总编辑陈小文、学术中心主任郑殿华的帮助和支持。政治与法律编辑室主任王兰萍编审从本书提出编纂思路之时就开始全程参与。编辑马冬梅、洪霞、李悦、吴婧、金莹莹、朱静芬等亦付出了极大的心血。在此，致以诚挚的谢意。

本书作为华东政法大学历史上获批立项的第一个国家社科基金重大项目，在项目书的起草、论证、修改，以及最后申请等过程中，得到了科研处长罗培新教授以及科研处所有成员的热诚帮助和支持。在项目的申请和论证过程中，上海市社科规划办主任荣跃明教授也给予了精心指导和多方面的无私帮助。本书作为华东政法大学法律史学科的重点项目，该学科的大部分老师都参与了本书的写作和编纂工作，许多老师放下了自己手头的工作，专心致志地投入到本书的撰稿之中，从而保证了本书按时保质地顺利完成。对此，一并表示我们真挚的谢意。本书的写作团队达到了百余人，许多撰稿人都是中期甚至后期参与进来的，他们不计较在书中的署名排序，也从不提及经费报销和稿费之类的事项，完全是友情参与，令笔者深受感动、倍感温暖。对此，我们会在每一卷的后记中特别提及，这里就不一一致谢了。

本书规模宏伟，工程浩大，参与撰稿的作者人数众多，各位作者的外语水平、专业素养、写作风格、语言特征等都不同，因此，存有错误、缺点以及疏漏，亦在所难免。尤其是，本书的作者队伍中，虽然集聚了英、法、德、意、日、韩、俄、越、西班牙、葡萄牙，以及希腊语、拉丁语等各语种的人才，但由于他们都很年轻，因此，在阅读、翻译和引用原始文献等方面，可能会存在这样或那样的问题。此点，恳望广大读者能够予以谅解，并予以批评指正。

本书的写作，我们遵循的宗旨就是百花齐放、百家争鸣，每一位撰稿人可以有自己独立的学术观点，主编都不予干涉。同样的道理，每一位撰稿人在其承担的部分中所论述的内容和观点，也只代表其本人，我们都以撰稿人独立署名、文责自负的原则对待之。当然，对学术讨论和学术观点之外的问题，笔者作为主编将承担全部的责任。

长期的构思写作终于化成作品出版，多年的编纂愿望得以如愿以偿，对一名学者而言，世上还有比这更加幸福的事吗？我庆幸自己生活在中华民族重新崛起的盛世，众多学界前辈、法学精英一直想做但因国家的长期动荡而未竟之事，在我们这一代人手中终于完成了。我们应该感谢我们这个时代！我想，这种感恩的心态，将永远激励着我们在学术的道路上奋进。

何勤华

于华东政法大学

外国法与比较法研究院

2014 年 3 月 1 日

总　目

001　**导　论** …………………………………………… 何勤华

079　**第一章　法国法**
079　　第一节　综述 …………………………………… 何勤华
082　　第二节　1789年《人权宣言》………………… 马　贺
163　　第三节　法国宪法 ……………………………… 吴天昊
242　　第四节　最高行政法院 ………………………… 李　丽
313　　第五节　《法国民法典》的诞生及其演进 …… 姜　影
369　　第六节　环境法、城市规划法、文化遗产法 … 彭　峰
401　　第七节　刑法 …………………………………… 汪　娜
449　　第八节　司法制度 …………………… 姜　影　赵江风

504　**第二章　德国法** ………………………………… 蔡　迪

657　**第三章　意大利法** ………………… 董春华　蒋军洲

776　**第四章　西班牙法** …………………………… 陈佳吉[*]

870　**第五章　葡萄牙法** ………………… 赵　渊　朱耀文

---

[*] 第四章的西班牙语文献，由陈阳博士补充。

918	**第六章　北欧法**	
918	第一节　综述 …………………………………	何勤华
925	第二节　瑞典法 ………………………………	张纯辉
961	第三节　挪威法 ………………………………	褚　颖
1035	第四节　丹麦法 ………………………………	江小夏
1063	**第七章　日本法** …………………………	金　勋　何勤华
1142	**附　录**	
	一、大陆法系国家分布示意图 ………………	陈　颐
	二、大陆法系国家元首世系表 ………………	江小夏
	三、索引 ………………………………………	马　贺

目 录

001	导　论
001	一、概述
007	二、大陆法系的内涵
010	三、大陆法系的形成与发展
016	四、大陆法系的历史渊源
016	（一）罗马法
022	（二）日耳曼法
025	（三）教会法
028	（四）封建王室法
032	（五）地方习惯法
034	（六）中世纪商法
036	（七）城市法
040	五、大陆法系的主要内容与基本特点
040	（一）完整的六法体系
041	（二）公法与私法的划分
045	（三）成文的部门法典
047	（四）法律解释和法典注释学
049	（五）从大学中发展起来的法学教育
051	（六）教授型的法学家群体
054	六、第二次世界大战后大陆法系的变化
055	（一）对英美法系成果的吸收
057	（二）开始注重判例的作用
059	（三）更加注重发挥法官的作用

063	（四）在坚持成文法典传统的基础上立法方式更加灵活
066	（五）新的法律部门增多，大陆法系的体系日益完善
068	（六）欧盟法与WTO法对大陆法系的影响
070	七、本书的探索及需要继续讨论的问题
072	八、本书的框架结构和篇章体系
074	**主要参考文献**

079	**第一章　法国法**
079	第一节　综述
082	第二节　1789年《人权宣言》
083	一、思想基础
083	（一）自然法
085	（二）社会契约
087	（三）个人主义
089	二、制定过程
089	（一）美国《独立宣言》的影响
091	（二）1789年《人权宣言》草案
096	（三）激烈的争论
098	（四）国民议会批准
100	三、逐条评析
100	（一）序言及1—6条
117	（二）第7—11条
132	（三）第12—17条
152	四、在宪政史上的地位
152	（一）从诞生到第四共和国时期
154	（二）第五共和国时期
156	五、宪法委员会适用1789年《人权宣言》的案件举要
	税务机构评定纳税额案（73—51DC）

157	（一）事件概述	
158	（二）违宪审查申请	
158	（三）裁决内容	
163	**第三节　法国宪法**	
163	一、文献综述	
163	（一）中文文献	
169	（二）英语文献	
171	（三）法语文献	
176	二、法国宪法的发展演变	
176	（一）大革命时期宪法	
179	（二）拿破仑时期宪法	
182	（三）波旁王朝复辟与法兰西第二帝国时期宪法	
185	（四）第三共和国与第四共和国宪法	
189	三、法国现行宪法的主要内容以及变迁	
189	（一）1958年宪法的产生背景	
191	（二）宪法基本内容	
193	（三）总统	
196	（四）政府	
197	（五）议会	
199	（六）司法机构	
201	（七）宪法委员会	
202	（八）2008年的最新修宪	
204	四、重大宪法判例	
204	（一）1962年"全民公决法"裁决	
207	（二）1971年"结社自由案"裁决	
212	（三）马斯特里赫特条约裁决	
214	五、法国宪法的理论渊源	
215	（一）自然权利理论	

216		（二）社会契约理论
217		（三）人民主权与公意理论
220		（四）权力分立理论
221		（五）制宪权理论
222		（六）外国宪政理论与实践经验
225	六、	法国当代宪法学家
225		（一）路易·法沃勒
227		（二）弗朗索瓦·吕谢尔
229		（三）乔治·韦德尔
231		（四）夏尔·艾森曼
233	七、	法国宪法的特点和发展趋势
233		（一）法国宪法的特点
237		（二）法国宪法的发展趋势
242	**第四节**	**最高行政法院**
243	一、	最高行政法院的地位与作用
243		（一）最高行政法院的地位："国家化身"的政治象征
246		（二）最高行政法院的作用
248	二、	最高行政法院的历史
249		（一）诞生初期（1799—1814年）
250		（二）政治动荡中的存续（1814—1852年）
252		（三）"委任的审判权"制度最终确立（1852—1889年）
254		（四）一般审判权确立（1889年至第四共和国时期）
255		（五）最高行政法院地位巩固（1958年后第五共和国期间）
256	三、	最高行政法院的组织
257		（一）最高行政法院部门组成
258		（二）最高行政法院的成员
260	四、	最高行政法院的职能
260		（一）作为政府法律顾问的咨询职能

269	（二）作为最高行政法院法官的行政审判职能
283	五、最高行政法院与宪法委员会的关系
283	（一）两者的紧密联系
284	（二）两者在职能上的区别：以合宪性审查为中心
288	六、最高行政法院的发展前景
288	（一）关于司法双轨制以及最高行政法院双重职能的争论
289	（二）欧洲人权法院对法国最高行政法院的看法
290	（三）法国行政诉讼实践的回应
291	（四）反思
292	七、最高行政法院相关判例
293	（一）卡多案：废除部长法官制，确立最高行政法院的一般管辖权
294	（二）卡纳尔案：最高行政法院与政治权力的博弈
298	（三）尼可罗案：处理国内法与欧盟法的效力问题
300	（四）伊斯兰面纱佩戴问题：出具咨询意见解决敏感社会问题
303	（五）本杰明案：以比例原则规制行政裁量权的行使
306	（六）"新东城"案：以成本—效益分析方法进行事实上的合理性审查
313	第五节 《法国民法典》的诞生及其演进
315	一、《法国民法典》的诞生
321	二、《法国民法典》的主要内容
321	（一）人法制度
336	（二）物权制度
347	（三）债权制度
364	三、《法国民法典》的演进
364	（一）演进的基础和方式
366	（二）法典内容的变迁
369	第六节 环境法、城市规划法、文化遗产法
369	一、法国环境法

369	（一）环境法的起源
370	（二）环境法的形成
374	（三）环境法的法典化
379	（四）环境法的宪法化
382	（五）环境法的新发展
384	二、法国城市规划法
384	（一）城市规划法的起源
385	（二）城市规划法的形成
387	（三）城市规划法的完善
388	（四）城市规划法的新发展
391	三、法国文化遗产法
391	（一）文化遗产法的起源
393	（二）文化遗产法的形成
394	（三）文化遗产法的完善
399	（四）文化遗产法的新发展
401	**第七节 刑法**
401	一、法国大革命时期的刑法
401	（一）封建时期的刑法
403	（二）法国大革命时期的刑法
404	（三）1791年《刑法典》
405	二、1810年《刑法典》
406	（一）法典的结构与内容
406	（二）法典的特点
409	（三）法典的修订
414	三、1994年《刑法典》
415	（一）法典的制订
419	（二）法典的内容
425	（三）法典的特点

438	四、刑法改革中的重要人物与事件
438	（一）安塞尔与保安处分的改革
441	（二）巴丹戴尔与死刑的废除
445	五、重大案例：德雷福斯案件
445	（一）案件的产生与发展
447	（二）启示与意义
449	第八节　司法制度
449	一、法国司法制度的起源
453	二、法国近代司法制度
454	（一）法国近代司法体系的开端：大革命时期
462	（二）法国近代司法体制的形成：拿破仑时期
469	（三）司法制度的改革（1815—1958）
476	（四）法国近代司法制度的特点及影响
478	三、法国现代司法制度
478	（一）司法组织机构的改革
482	（二）司法人员
483	（三）诉讼制度的改革
486	四、影响法国司法制度进程的人物与案件
486	（一）莫普与高等法院改革
487	（二）1873年布兰科诉国家案
488	（三）卡多案与法国行政司法制度的正式确立
489	主要参考文献
504	第二章　德国法
504	第一节　导论
506	第二节　文献综述
506	一、研究现状
510	二、文献评述

第三节　统一前的分裂：德意志邦联 — 513

一、德意志邦联和维也纳方案 — 513

(一) 维也纳会议与"德意志人民的声音" — 513

(二) "欧洲协调"与《德意志邦联条例》 — 515

二、历史法学派和潘德克顿法学 — 516

(一) 古典主义、浪漫主义与历史法学派的思想来源 — 516

(二) 历史法学的发展与潘德克顿法学 — 520

三、德意志邦联和民商事立法 — 524

(一) 民族法律统一的努力 — 524

(二) 1861年《德意志普通商法典》及其他民商立法成就 — 526

第四节　革命的年代：1848年的德国 — 529

一、"三月革命"前的德国 — 529

(一) 汉巴哈大会和法兰克福起义 — 529

(二) 时代的榜样——哥廷根七君子 — 530

(三) 李斯特与关税同盟的建立 — 535

二、"三月革命"和保罗教堂国民议会 — 536

(一) 统一的先声——"三月革命" — 536

(二) 保罗教堂国民议会 — 537

第五节　德意志的统一与全面立法：德意志第二帝国 — 541

一、皇帝、联邦参议院和帝国议会 — 541

(一) 帝国宪法 — 541

(二) 公法和法治国 — 546

二、民法典和法学 — 549

(一) 民法典的产生 — 549

(二) 民法典的体系和内容 — 553

(三) 德国民法典的立法精神及其修正 — 556

三、贸易、工业和社会立法 — 559

(一) 商法典的制定 — 559

561		（二）卡特尔问题
563		（三）社会经济立法
569	四、	刑法、诉讼法和司法制度
569		（一）刑法典和刑法理论
573		（二）刑事诉讼法
574		（三）民事诉讼法
576	**第六节**	**民主的尝试：魏玛共和国**
576	一、	"十一月革命"与魏玛共和国的初建
576		（一）1918年"十一月革命"
577		（二）魏玛共和国的初建
578	二、	魏玛宪法
578		（一）分歧与争议
579		（二）主要内容
582	三、	转变中的民法
582		（一）宪法和私法
583		（二）法律适用和法律修正
585	四、	劳动法和社会立法
585		（一）劳动立法
586		（二）社会立法
588	**第七节**	**纳粹的兴起与法制大破坏：德意志第三帝国**
588	一、	1933年纳粹的上台
588		（一）国会纵火案和纳粹的夺权
589		（二）魏玛宪法的式微和法制的扭曲
592	二、	基尔学派和"新法学"
592		（一）基尔学派
593		（二）"新法学"与"主观法"
594		（三）"新法学"与法学思想
596	三、	民事及经济立法
596		（一）从《德国民法典》到《人民法典》

598	（二）世袭农庄和企业
600	四、从"法律的保护"到"国家的保护"
600	（一）新的刑事政策
602	（二）纳粹刑法典草案及刑事单行法规
603	（三）民族社会主义刑法学
604	**第八节　纳粹的覆灭与"去纳粹化"：战后德国（1945—1949）**
604	一、被占领的德国
604	（一）柏林的攻克和纳粹德国的覆灭
605	（二）德国的分区占领与若干盟军立法
606	二、西占区与苏占区的"去纳粹化"
606	（一）西方占领区的"去纳粹化"
608	（二）苏联占领区的"去纳粹化"
611	**第九节　岔路与选择：分立中的东西两德与各自的法律演进**
611	一、德意志民主共和国
611	（一）工人和农民的国家
616	（二）社会主义民法
618	（三）计划经济法
621	二、德意志联邦共和国
621	（一）联邦德国基本法
625	（二）社会国家中的私法
629	（三）路德维希·艾哈德与"社会市场经济"
631	（四）反限制竞争法
634	（五）司法和刑法
637	**第十节　再度崛起与迈向欧洲：统一后的德意志联邦共和国**
637	一、两德统一之路
637	（一）两德统一的背景
639	（二）两德统一的进程
641	（三）两德统一中的两个国家条约

642	二、	统一后的法制及其"欧洲化"
642	（一）	基本法与行政法律制度
644	（二）	刑事法律制度
645	（三）	民商事法律制度及2002年债法改革
647	（四）	经济法律制度
648	第十一节	德意志法律精神
648	一、	团体主义的原生形态：日耳曼习惯法
649	二、	理性主义的哲学渊源：唯理论哲学思想
651	三、	历史主义的思想滥觞：历史法学派
652	四、	法源多元的历史必然：960年的法律冲突史
653	主要参考文献	

附图表目录

199	图1	议会、总统和总理及政府关系图
257	图2	最高行政法院组织结构图
099	表1	国民议会讨论并批准《人权宣言》各条目的日期表
161	表2	宪法委员会适用1789年《人权宣言》条目的案例
375	表3	法国环境法法典制定工作计划

导 论

一、概述

关于大陆法系的研究，在国外，是随着比较法研究的展开，从19世纪下半叶开始起步的。1869年，法国创办了世界上第一个比较立法学会，试图通过比较各国的立法经验，来完善本国的法律制度。在此过程中，萨莱耶（Raymond Saleilles，1855—1912）等一些法国学者，穗积陈重（1855—1926）等日本学者，在比较各国法律体系时，开始将若干个具有相同历史传统和法律特征的国家，视为一个法律家族，或法圈，引出了法系的概念，并将大陆法系视为世界上主要的法系。

1900年7月31日至8月4日，在法国举行的第一届比较法国际大会上，与会代表提交了70余篇学术论文，会议的召开既宣告了比较法这一学科的诞生，也使法系的概念成为比较法研究中的核心概念。值得注意的是，出席这次会议的除了波洛克（F. B. Pollock，1845—1937）是来自英国外，其余学者都是来自大陆法系的国家。因此，会议不仅对大陆法系的成文法典的传统、形式和内容进行了充分的讨论，而且还提出了比较法的任务就是编纂适用于世界各国的统一的法典的目标。[1]

---

[1] 参见沈宗灵：《比较法研究》，北京大学出版社1998年版，第18页。

之后，不管是英美法国家的比较法学家，[1]还是大陆法国家的学者，[2]都对大陆法系进行了深入且有特色的研究。

进入 21 世纪以后，人们对大陆法系的研究兴趣仍然不减。2000 年 7 月 26 日至 30 日，英、美、法、德、荷、印、澳等欧、美、亚、澳洲国家的 15 位比较法学者，聚集在英国剑桥大学唐宁学院，就比较法上的若干问题开展了一场研讨会，一方面纪念第一届巴黎国际比较法大会召开一百周年，另一方面，对比较法研究及其传统（普世主义、殖民主义、国家主义、功能主义），比较法研究及其限度（比较法学家与社会学、比较法学家与语言），比较法研究及其理论（理解、共性与差异、新浪漫主义转向、方法与政治），比较法研究及其未来以及超越等问题进行了较为充分的讨论，讨论的成果就是出版了《比较法研究：传统与转型》（Comparative Legal Studies: Traditions and Transitions）一书。虽然，该研讨会没有直接就大陆法系、英美法系展开阐述，但每一个专题中，都有大陆法系的内容。[3]

2001 年，荷兰阿姆斯特丹大学教授马丁·W.海塞林克（Martijn W. Hesselink）用英语出版了《新的欧洲法律文化》（The New European Legal Culture）一书，对大陆法系的新的状况进行了一番描述：在传统的法律渊源上，欧盟指令也是法律渊源；法官的作用增大，也参与了立法过程；实行目的论解释；法律体系解决法律问题的或然性和不确定性增大；法学家的作用更加积极；法学与其他社会科学的界限不再那么清晰；传统上公私法的划分不再显得那么重要。[4]总之，在海塞林克眼里，大陆法系已经发生了巨大的变化，传统的特征已经不再显明，甚至在慢慢消失。受海塞林克观点的影响，我国学者徐国栋发出了"大陆法系还能存在多久"的疑问。[5]

---

[1] 如英国的比较法学家格特里奇，美国的比较法学家威格摩尔等。

[2] 如法国的比较法学家达维德、德国的比较法学家茨威格特、日本的比较法学家大木雅夫、中国的比较法学家沈宗灵等。

[3] 详细请参见〔法〕皮埃尔·勒格朗、〔英〕罗德里克·芒迪主编：《比较法研究：传统与转型》，李晓辉译，北京大学出版社 2011 年版。

[4] 海塞林克的《新的欧洲法律文化》已经由魏磊杰翻译成中文，由中国法制出版社于 2010 年出版。对此书的评述，参见徐国栋："大陆法系还能存在多久——从梅利曼到海塞林克再到未来"，《比较法研究》2010 年第 1 期。

[5] 徐国栋："大陆法系还能存在多久——从梅利曼到海塞林克再到未来"，《比较法研究》2010 年第 1 期。

2007年，加拿大麦吉尔大学法学院帕特里克·格伦（H. Patrick Glenn）推出了《世界法律传统》（Legal Traditions of the World）一书的第三版（第一版于1999年出版），在该书中，作者对传统之理论，传统之间：身份、劝谕和生存，原生法律传统：对世界的再审视，犹太法律传统：完美的创作者，大陆法传统：以人为本，伊斯兰法律传统：后世启示之法，普通法传统：审判之德，印度教法律传统：法律为君王，亚洲法律传统：革新，调和法律传统：法律的可持续多样性，等等，进行了深入的探索和研究。这里，作者将世界各国法律的发展，分为原生、[1] 犹太、大陆、伊斯兰、英美、印度和亚洲等7个法律传统（法系），在进行这种分类研究的基础上，强调必须维护法律传统的多样性的意义："维护多样性意味着接受（而非宽容）世界上（所有的）主要的、复杂的法律传统"，[2] 强调各法律传统各自发展、彼此依存的价值。虽然，该书重点在于阐述比较法的新发展，但大陆法系仍然是该书研究的重要内容。

2010年，美国学者梅利曼（John Henry Merryman）和大卫·克拉克（David S. Clark）、约翰·哈莱（John O. Haley）合作出版了《比较法：欧洲、拉丁美洲和东亚民法传统（大陆法系）的历史演变》（Comparative Law: Historical Development of the Civil Law Tradition in Europe, Latin American and East Asia）一书，对当代世界的主要法系，英美法和大陆法的比较，比较法的起源和目的，法及其演进，比较法的方法，民法法系的最初景象（A First Look），外国法与比较法研究，司法协助：关于外国法的承认问题，罗马市民法的遗产、教会法和商法亚传统（subtraditions），中世纪欧洲的法和政体，欧洲"普通法"（jus commune）的继受，沦为殖民地之前（Precolonial）的拉丁美洲的法律，近代欧洲关于法制的理智改革和法律科学的形成，东亚的法律传统，欧洲法在东亚的继受，等等，进行了系统

---

[1] 原生（Chthonic）一词，在中国出版的英汉词典中，一般都解释为"阴间的、冥府的"，或"黑暗而神秘的"（参见陆谷孙主编《英汉大词典》，上海译文出版社2007年第2版，第332页），但作者帕特里克·格伦在本书中释为"土生土长"、"自然发展而来"、"人们生活在土地之中或者跟地球保持和谐"等意思，原生法律，主要是指欧洲殖民地存在的各类土著人的法律制度或体系。参见〔加〕帕特里克·格伦：《世界法律传统》，李立红、黄英亮、姚玲译，北京大学出版社2009年版，第64—65页。

[2]〔加〕帕特里克·格伦：《世界法律传统》，李立红、黄英亮、姚玲译，北京大学出版社2009年版，第410页。

的论述。[1] 其中，大陆法系的内容同样占了很大的篇幅。

在中国，对大陆法或大陆法系的研究始于清末的法制变革。1833年，德国传教士郭守腊（K. F. Gutzlaff, 1803—1851）在中国广州创办了中国历史上第一份刊物《东西洋考每月统记传》，里面有不少专门介绍欧洲大陆国家关于宪政、刑法等方面的内容。1884年，法国人毕利干（Billequin, 1837—1894）翻译了《法国律例》，通过将近代法国的六法全书翻译成中文，将大陆法系的主要内容介绍进了中国。1901年，清政府成立了修订法律馆，沈家本（1840—1913）奉命修律变法，将更多的大陆法系的法典和著作译成了中文。

1912年中华民国政府建立后，对比较法的研究也十分重视，出版了王宠惠的《比较民法概要》（1916年）、王家驹的《比较商法论》（1917年）、李祖荫的《比较民法·债编通则》（1933年）、董康的《比较刑法学》（1933年）和王世杰、钱端升的《比较宪法》（1936年）等作品，在这些作品中，大陆法系的内容占主体部分，如法国民法典、德国民法典、日本民法典、法国刑法典、德国刑法典、日本新刑法（1907年），1789年法国《人权宣言》、1875年法国宪法、1871年德国宪法、1889年日本明治宪法，等等，都是研究的重点。总体而言，至1949年，整个民国时期，中国对比较法，包括大陆法系的研究都是比较重视的。[2]

在新中国建立前后，受当时战争环境以及国（民党）共（产党）两党敌对形势的影响，中国共产党于1949年2月22日发布了《关于废除国民党的六法全书与确定解放区的司法原则的指示》，强调："司法机关应该经常以蔑视和批判国民党《六法全书》及其他一切反动法律、法令的精神，以蔑视和批判欧美日本资本主义国家的一切反人民的法律、法令的精神，来从事法制建设"。受此影响，1949年9月29日颁布的《中国人民政治协商会议共同纲领》，第17条进一步宣告："废除国民党反动政府一切压迫人民的法律、法令和司法制度"。而按照当时《人民日报》等官方文章的说法，比较法和法律面前人人平等、法治、司法独立等一样，也是属于资

---

[1] John Henry Merryman, David S. Clark, John O. Haley, Comparative Law: Historical Development of the Civil Law Tradition in Europe, Latin American and East Asia, LexisNexis, 2010, Preface, v.

[2] 1915年，东吴大学成立了法学院，其宗旨就是开展比较法研究，所以英文取名 The Comparative Law School of China（中国比较法学院）。但该学院，以英美法为中心，大陆法的研究不是很充分。

产阶级法学的范畴，也是一种"旧法观点"，是必须蔑视、批判和否定的内容。[1]

这样，从20世纪50年代初开始，直至70年代末的近30年时间内，比较法（当然也包括大陆法系），几乎已经被中国学界所遗忘，即使发表了数量极少的几篇研究欧洲大陆国家法律的文章，如李浩培撰写的"拿破仑法典初步批判"等，[2]也是站在批判的立场上，将《法国民法典》作为反面教材来对待，而不是作为人类的法律文明来研究传承的。[3]

新中国对比较法、法系以及大陆法系的研究，真正起步是在80年代之后。当时出版了若干比较法的专著和译著，如法国学者达维德的《当代世界主要法律体系》（漆竹生译，上海译文出版社1984年）、我国学者沈宗灵的《比较法总论》（北京大学出版社1987年，1998年出了修订版，改名《比较法研究》）和朱景文的《比较法导论》（中国检察出版社1992年）、德国学者茨威格特和克茨的《比较法总论》（潘汉典等译，贵州人民出版社1992年）、日本学者大木雅夫的《比较法》（范愉译，法律出版社1992年。日文版原名《比较法讲义》），在这些作品中，很大一部分内容，就是对大陆法系的研究。而此时出版的唯一的一本冠以大陆法系的中文作品，就是上述美国学者梅利曼独著的《大陆法系》（Civil Law Tradition，1969，顾培东、禄正平译，知识出版社1984年）。[4]

---

[1] 参见《人民日报》1952年8月17日所发社论"必须彻底改革司法工作"；《人民日报》1952年8月22日刊发的李光灿、李剑飞的文章"肃清反人民的旧法观点"；8月26日刊发的陈传纲的文章"反人民的旧法律和人民革命政权绝不相容"；9月13日刊发的曹杰的文章"旧法观点危害国家经济建设"；10月17日刊发的叶澜的文章"清算反人民的旧法观点"。

[2] 载《政法研究》，1955年第2期。

[3] 作者在文章中主要论述批判了近代资产阶级民法的三大基本原则：全体公民的权利能力在法律上平等；私人财产所有权无限制；契约自由。作者在文章的最后指出："拿破仑法典不是永生的：它既然随着资本主义经济制度的确立而出生，就必将随着资本主义的消灭而死亡"（《政法研究》1955年第2期，第43页）。显然，作者在这里是受到了当时时代的影响，因为1949年中共中央关于废除国民党的六法全书的指示，已经明确宣告对欧美、日本的资本主义法律予以蔑视、批判和否定，1952年的司法改革运动又进一步将法律面前人人平等、私有财产神圣不可侵犯和契约自由等作为"旧法观点"予以彻底否定。因此，李浩培先生的上述文章，实际上也是在1954年宪法的鼓舞下，试图将西方法律文明成果介绍、引入我国法学界的一种尝试，尽管是以批判的名义。

[4] 梅利曼的书于2007年在美国出了第三版，除增加了一位访问学者协助校勘全部书稿，以及增加少量内容之外，全书没有什么大的变化。参见John Henry Merryman, Rogelio Pérez-Perdomo, The Civil Law Tradition: An Introduction to the Legal Systems of Europe and Latin America, Third Edition, Stanford University Press, 2007.

在《大陆法系》一书中，作者梅利曼从世界上最为发达的三大法系（大陆法系、普通法系和社会主义法系）入手，论述了大陆法系的历史起源、法国资产阶级大革命对大陆法系的影响、法典与法典编纂、法官与法律解释、法学与法学家、法律活动、法院系统、法律职业、法律的分类、公法、民法的一般原理、刑事民事诉讼程序和大陆法系的未来等。作者在书中提出的中心思想为，大陆法系的形成，主要的原因就是共同的历史渊源，即罗马法、教会法、商法、资产阶级革命的影响以及德国法学的推动。作者认为，大陆法系最大的特点在于立法权集中于立法机关，重视成文法典和法学家，法官只能被动地适用立法机关制定的法律。当然，大陆法系由于所涉国家的多样性和丰富性，决定了大陆法系的法律制度和法律文化也是一种包容的、开放的体系，从而使大陆法系在当代继续保持了旺盛的生命力。

梅利曼的中文版《大陆法系》出版以后，虽然我国的比较法研究不断发展，成果日益丰硕，沈宗灵（1923—2012）、刘兆兴、[1] 倪正茂、[2] 高鸿钧、[3] 米健等比较法学者在他们的作品中，也对大陆法系进行了开拓性的研究，但专门的大陆法系著作，则是在2008年面世的，这就是由叶秋华、王云霞主编的《大陆法系研究》（中国人民大学出版社版）一书。它虽然是一本研究生的教材，但带有专著（专题研究）的特点。该书分上、下两卷，上卷为总论，主要阐述了大陆法系的概念、特征和影响，大陆法系的历史渊源，大陆法系的形成与发展，法律渊源，大陆法系公法与私法的划分，大陆法系的法学教育与法律职业；下卷为分论，主要讲述了大陆法系的宪法、行政法、民法、商法、经济法、刑法、法院组织和诉讼法等。

在美国，梅利曼的研究还在继续。1978年，他和大卫·克拉克（David S. Clark）合作，出版了《比较法：西欧和拉丁美洲的法律体系》（Comparative Law:Western European and Latin American Legal Systems）一书，对第二次世界大战后两个最为重要的地区西欧和拉丁美洲的法律制度进行了比较和研究，在这本书中，

---

[1] 刘兆兴在这一领域的代表作，就是他主编的《比较法学》，社会科学文献出版社2004年、2010年再版。

[2] 倪正茂的代表作，是他所著的《比较法学探析》，中国法制出版社2006年版。

[3] 高鸿钧近年来，虽然致力于对英美法系的研究，但是，在他和贺卫方共同主编"比较法学丛书"（清华大学出版社2001年）以及他和贺卫方一起翻译的《英国法与法国法：一种实质性比较》、《比较法律文化》等，对大陆法系也有许多涉及。

大陆法系的内容仍然是主要的部分。[1] 1994年，另一位美国学者约翰·哈莱（John O. Haley）加入了他们的研究行列，推出了《民法传统（大陆法系）：欧洲，拉丁美洲和东亚》（The Civil Law Tradition: Europe, Latin American, and East Asia）一书，并继续就此课题展开研究。三人整整奋斗了16年，至2010年，完成了新的力作即前述《比较法：欧洲、拉丁美洲和东亚民法传统（大陆法系）的历史演变》一书，以七章630页的巨大篇幅，对欧洲、拉丁美洲和东亚的民法传统（大陆法系）的历史演变进行了详细的论述。[2]

本丛书法律文明史第9卷《大陆法系》，就是在继承前人研究成果的基础上编纂的。一方面，本书通过对大陆法系最新的发展变化，以及其主要国家如法国、德国、意大利、西班牙、葡萄牙、北欧三国（瑞典、挪威和丹麦）、日本的法律在当代的变迁，以弥补梅利曼一书（中文版）的量少（全书约150多页）和出版时间较早（1969年英文初版，1984年中文初版，到现在已经过去了30多年）的遗憾；另一方面，本书借鉴了上述叶秋华、王云霞主编之《大陆法系研究》一书分为总论和分论的体系，但对其进行了改造，大大压缩了总论的篇幅，而将分论用于详尽论述法国、德国、意大利、西班牙和日本等大陆法系主要国家的法律在当代社会中的变迁，以便对我国目前各项法律改革和法学创新有所裨益。此外，本书还借鉴了上述梅利曼、克拉克和哈莱一书（2010年英文版）的最新研究成果（如第一章B部分的大陆法系和英美法系的关系，第三章大陆法系中的罗马法因素，第四章欧洲革命之前教会法、商法和"欧洲普通法"对大陆法系的影响，大陆法系在拉丁美洲的发展），等等，以求更加完善。

二、大陆法系的内涵

大陆法系（Continental Law System, Continental Family），有时也称民法法系（Civil Law System），罗马—日耳曼法系（Romano Germanic Family），是以罗马法为

---

[1] John Henry Merryman, David S. Clark, John O. Haley, Comparative Law: Historical Development of the Civil Law Tradition in Europe, Latin American and East Asia, LexisNexis, 2010, Preface, v.

[2] John Henry Merryman, David S. Clark, John O. Haley, Comparative Law: Historical Development of the Civil Law Tradition in Europe, Latin American and East Asia, LexisNexis, 2010, Preface. xxiii.

基础，以1804年《法国民法典》和1900年《德国民法典》为代表的一个世界性法律体系，是在西方近代化过程中，欧洲各国复兴罗马法，依照法国立法模式制定自己的成文法典，并将其强制推行到自己的殖民地，或其他国家敬仰近代法国的立法水平而自愿模仿，而逐步形成的。

大陆法系的名称，最早出现在英国法学著作中，之后慢慢就使用开了。但20世纪以后，由于大陆法系的国家早已超出了欧洲大陆的范围，因此，现在西方法学著作中，已经不太用"大陆法系"（Continental Law System）这一称呼，而是以"民法法系"（Civil Law System）之名称代之。[1] 本书考虑到中国法学界的传统和习惯，仍然使用"大陆法系"这一名称。

法系（law system, legal system, legal family）的理论，最早是由前述日本学者穗积陈重提出来的。1881年，穗积从英国、德国留学回到日本，担任了东京帝国大学法学部的教授，在创设"法理学"（Jurisprudence）课程的同时，他提出了"五大法律家族"的学说，将世界各国的法律制度，划分为五大法族（legal family），即印度法族、支那法族、回回法族、英国法族和罗马法族。这里，支那法族就是中华法系，回回法族，就是伊斯兰法系，而罗马法族，就是大陆法系，而这里的法族，就是法系。穗积认为，这五大法族互相竞争，彼此消长，其遵循的规律是优胜劣汰。[2]

随后，1913年，瑞士学者绍塞尔·霍尔（Sauser Hall）从人种学角度，将人种（Rasse）作为标准，把世界各国的法律分为印欧法系（之下又分为印度、伊朗、凯尔特、希腊—罗马、日耳曼、盎格鲁撒克逊、立陶宛—斯拉夫等子系）、闪米特（犹太）法系和蒙古法系。[3] 1928年，美国学者威格摩尔（John Wigmore, 1863—1943）从有否法律职业家阶层角度，将世界各国的法律分为埃及、美索不达米亚、希伯来、印度、中华、日本、伊斯兰、海事、教会、斯拉夫、英美、大陆等16

---

[1] 参见沈宗灵：《比较法研究》，北京大学出版社1998年版，第55页。美国学者艾伦·沃森在其研究大陆法系的著作《民法法系的演变及形成》（李静冰等译，中国政法大学出版社1992年版）中，也用了"民法法系"一词。

[2] 参见〔日〕潮见俊隆、利谷信义编：《日本の法学者》，日本评论社1975年版，第59页。

[3] 〔德〕茨威格特、克茨：《比较法总论》，潘汉典、米健、高鸿钧、贺卫方译，法律出版社2003年版，第100页。

个法系。[1] 1950年，法国学者阿尔曼戎（Arminjon）、诺尔德（Nolde）和沃尔夫（Wolef）在《比较法论》第一卷（Traité de droit comparé I）中，从法律体系内部因素的角度，将世界上的法律制度分为法国法系、日耳曼法系、斯堪的纳维亚法系、英吉利法系、俄罗斯法系、伊斯兰法系和印度法系等七个法系。1964年，法国学者勒内·达维德（R. David, 1906—1990）从意识形态和法律技术之角度，也提出了七个法系的划分。1971年，德国学者茨威格特（K. Zweigert, 1911—1996）和克茨（H. Kötz）从法律样式的角度，提出了罗马、德意志、英美、北欧、社会主义等五大法系理论，同时他们还在其他法系中，列出了远东、伊斯兰和印度三个他们认为不是太重要的法系。1992年日本学者大木雅夫、1993年瑞士学者波格旦（Michael Bogden）也分别从政治、经济、宗教、历史、地理和人口等角度，提出了划分法系的标准以及法系的理论。

应该说，上述学者，不管是从人种角度，还是从法律职业家阶层角度，法律体系内部角度，意识形态和法律技术角度，或者法律样式角度，目的都在于试图将世界上众多的法律制度和法律体系，通过某种标准予以归类，合并简化为少量的几个系（families，族），几个类型，以方便学术界分类研究。由于学者使用分类的标准不同，因而得出的法系的概念也有所区别。

比如，按照梅利曼的观点，所谓法系，就是"指关于法的性质，法在社会和政治中的地位，法律制度的实施及其相应的机构，法律的制定、适用、研究、完善和教育的方法等一整套根深蒂固的并为历史条件所限制的理论。"[2] 又如，我国学者沈宗灵认为，法系就是"由若干国家和特定地区的、具有某种共性或共同传统的法律的总称。"[3] 沈宗灵先生特别强调：在理解法系的这一定义时，一定要注意第一，法系不是指某一个国家的法律，而是一些国家的法律；第二，这些国家的法律具有一种共性或共同的传统；第三，某种法系与某一社会制度虽然有一定联系，但两者并不是一回事。

---

[1]〔美〕威格摩尔：《世界法系概览》上，何勤华、李秀清、郭光东等译，上海人民出版社2004年版，前言，第2页。
[2]〔美〕约翰·亨利·梅利曼：《大陆法系》，顾培东、禄正平译，法律出版社2004年版，第2页。
[3] 沈宗灵：《比较法研究》，北京大学出版社1998年版，第45页。

由于 law system，legal system，legal family 等法系的概念比较混乱，有些美国学者如梅利曼，就开始使用"法律传统"（legal tradition）一词，上述由顾培东和禄正平翻译成中文的著作《大陆法系》，英文书名就是 Civil Law Tradition（民法传统），梅利曼在书的一开始就宣称："现代世界有三个主要法律传统：民法传统、普通法传统和社会主义传统。""读者将会注意到，这里我们使用的是'法律传统'（legal tradition），而不是'法系'（legal system）"。[1] 过了20多年，上述加拿大麦吉尔大学法学院帕特里克·格伦（H. Patrick Glenn）教授，在研究世界各国法律、研究法系的时候，用的也是"法律传统"（Legal Traditions）一词。

当然，不管上述学者以什么作为划分法系的标准，如何阐述法系的内涵，以及使用什么样的法系概念，有一点是大家所共同认可的，就是大陆法系与英美法系并列，是世界两大主要法系之一，而且经历数百年时间，生生不息，日益壮大，其内涵不断丰富，其外延日趋拓展。

三、大陆法系的形成与发展

大陆法系的形成，与1789年法国资产阶级大革命是密切相联系的。大革命对大陆法系的诞生，产生了三个方面的作用。一方面，革命中推出的一系列法制原则，如法律面前人人平等，公民人权的保障，私有财产神圣不可侵犯，司法独立，罪刑法定，无罪推定，刑罚的人道主义，为法国近代资产阶级的法律体系从而也为大陆法系的形成奠定了基础。另一方面，大革命推出了法国近代法制的创建者和守护者拿破仑（Napoléon，1769—1821），他通过自己铁的手腕，不仅平定了国内资产阶级各派的纷争，统一了国内的法制，从1799年开始，至1810年结束，陆续完成了法国宪法、民法、商法、刑法和诉讼法的制定工作，并创造了成文法典的传统。此外，拿破仑在通过军事手段巩固了法国资产阶级的政权，使法国迅速成为欧洲强国的基础上，开始了向外侵略扩张，夺取了比法国自身（55万多平方

---

[1] 顾培东、禄正平译的中文版，这句话译为"读者将会注意到，这里我们所使用的是'法系'，而不是'法律制度'"。他们将"法律传统"（legal tradition）译为"法系"，将"法系"（legal system）译为"法律制度"。参见〔美〕约翰·亨利·梅利曼：《大陆法系》，顾培东、禄正平译，法律出版社2004年版，第1页。

公里）大得多的殖民地（1200多万平方公里），从而为法国法的对外传播开辟了道路，也为大陆法系的最后形成奠定了基础。

在法国法的对外扩张中，1804年颁布的《法国民法典》扮演着特别重要的角色，在一定程度上可以说，大陆法系的主体内容是民法，其基础就是《法国民法典》。也正是在这个意义上，大陆法系又被称为"民法法系"（Civil Law System）。诚如美国另一位研究大陆法系的学者艾伦·沃森（Alan Watson）所言："在整个民法法系的历史中，民法典诞生的深远意义，是无与伦比的。民法典的问世，开辟了一个新纪元，整个民法法系都因而产生了深刻的变化。"[1]

在欧洲，最先受到法国民法典影响的，是一批在拿破仑对外侵略扩张中，领土被法国或者吞并或者占领的国家。如比利时，1797年按照《康波—富米奥和约》（Frieden Von Compo Formio），被法国合并（之前归属于奥地利）。[2] 这样，当法国民法典在法国本土施行时，自然也在比利时适用。比利时后来也经历了与荷兰合并（1815年）以及独立（1830年）的波折过程，但法国民法典仍然被适用，直到1851年以后，法国民法典中的个别不合时宜的规定（如抵押法部分）才逐步被修改。

1806年，拿破仑让其弟弟路易·波拿巴（Louis Bonaparte，1778—1846）担任荷兰国王，扩大了法国在荷兰的影响。1809年，又把法国民法典改头换面稍加修改后，在荷兰适用。1810年路易·波拿巴退位后，拿破仑干脆将荷兰整个吞并了，成为了法兰西帝国的一部分，1804年版本的法国民法典也就完全适用于荷兰。1815年拿破仑倒台后，荷兰于1838年颁布了自己的民法典，但大部分条款都是法国民法典的翻版。之后，荷兰有过几次民法典修订，包括抛弃民、商分立的模式，改采民、商合一的立法体例，但法国民法典的巨大影响则是始终存在的。

在德国和瑞士，法国民法典的影响也是马上发生的。1804年，法国民法典颁布实施后，当时已经属于法国领土的莱茵河西岸就马上跟着适用了此法典。1806—1807年法国战胜普鲁士后，进一步将法国民法典的适用范围，向莱茵河以东地区如威斯特伐利亚、巴登、法兰克福、汉堡和不来梅等地区扩大。拿破仑失败以后，适

---

[1]〔美〕艾伦·沃森：《民法法系的演变及形成》，李静冰等译，中国政法大学出版社1992年版，第169页。
[2]〔比利时〕让·东特：《比利时史》，南京大学外文系法文翻译组译，江苏人民出版社1973年版，第116页。

用法国民法典的地区有所缩小，但直至 1900 年德国民法典实施，差不多有一百年之久，法国民法典在莱茵区和巴登始终生效，并为德国的法院所维护。[1] 在瑞士，当时属于法国的日内瓦州、伯尔尼·汝拉地区，和法国本土同时适用 1804 年民法典。拿破仑垮台后，这两个地区归入瑞士同盟，法国民法典仍然适用。之后，瑞士各个州虽然也制定了一批自己的民法典，但都以法国民法典作为立法的范本。

在意大利、西班牙和葡萄牙，法国民法典的影响也是巨大的，从而使这三个国家也成为了大陆法系的成员。1865 年制定的意大利民法典，大部分内容以法国民法典为基础，1942 年的民法典，仍然维持了法国民法典的影响及其成文法典的传统。在西班牙，1829 年编纂成功的《商法典》（Código de Comercio）和 1889 年颁布的《民法典》（Código Civil），都受到了法国立法的巨大影响。后者的债法部分，尤为多地参考了法国民法典中债法的规定，大多数内容就是法国民法典条文的翻译。在葡萄牙，1867 年《民法典》也追随了法国民法典的形式和内容，只是比较多地保留了葡萄牙 16、17 世纪的立法成果。

在近东地区，土耳其 19 世纪中叶的立法，均以法国为典范。在埃及，19 世纪 70 年代以后，编纂了一批所谓"混合法典"，也建立了"混合法院"，这些法典和法院规定和适用的都是法国法典与伊斯兰法的结合物。1949 年生效的《埃及民法典》与法国民法典具有紧密的亲属关系。其他近东地区，如叙利亚、黎巴嫩、伊拉克、利比亚、科威特、阿尔及利亚、突尼斯、摩洛哥等国，其民商事立法，基本上都以埃及法律为基础，从而也都受到了法国民法典的影响。

在法国最大的殖民地非洲，即撒哈拉沙漠南部地区，有 18 个国家和地区，先后受到了法国民法典和商法典的影响。当然，一方面，这些地区本身的习惯法和宗教法（伊斯兰法）的传统十分强大，另一方面，法国在推行殖民政策时，也采取和英国不同的策略，即比较尊重当地居民的法律传统和习惯，对成熟的土著法律几乎不去触动。因此，法国法对这些国家法律的影响并不非常直接。但是，在财产、债、物品买卖等一些领域，法国法占有比较重要的地位。[2] 除了法国以外，德国、意大利、比利时、荷兰、西班牙和葡萄牙等国家的法律，对非洲法律的影

---

[1] 参见〔德〕茨威格特、克茨：《比较法总论》，潘汉典等译，法律出版社 2003 年版，第 158—159 页。

[2] 何勤华主编：《法国法律发达史》，法律出版社 2001 年版，第 42 页。

响也非常大,而这些国家的法律,如前所述,都是直接、间接地移植了法国的法律,是大陆法系的重要成员国。[1]

在拉丁美洲,传统上是西班牙和葡萄牙的殖民地,已经受到了西班牙化、葡萄牙化的法国法的影响,独立革命、创设新的法律体系之时,他们进一步将法国民法典作为自己学习模仿的对象。20世纪以后,在商法领域,拉丁美洲国家的立法受到意大利、德国和瑞士等国的法律,甚至是英美法系的影响比较大,但在民事立法方面,法国民法典的影响仍然是主要的,有些国家如海地(1825年)、玻利维亚(1830—1975年)、多米尼加(1845—1884年)和墨西哥(1870—1884年)等的民法典,在很大程度上都是以法国民法典为模范,许多条文甚至就是简单的翻译。这中间,由贝略(Andres Bello)起草的1857年《智利民法典》、萨斯菲尔德(D. Velez Sarsfield)起草的1869年《阿根廷民法典》,在引进法国民法典的体系和内容方面尤为突出。[2]而由弗雷塔斯(A. T. de Freitas)起草的1916年《巴西民法典》,虽然吸收了许多德国、意大利、葡萄牙和瑞士的法律规定,但法国民法典也同样是它的重要参考文本。[3]

在北美大陆,法国的法律传统至今仍然在美国的路易斯安娜(也译作路易斯安那)州和加拿大的魁北克省延续着。前者从17世纪末起,一直是法国的殖民地,其名字也是以路易十四的名字为之。在1804年法国民法典制定颁布以前,当地适用的是法国国王的敕令和巴黎的习惯法。虽然,1803年,拿破仑将路易斯安娜卖给了美国,但当地人对法国法的适应,使其在接下来的民事立法中,仍然追随法国的模式。1808年生效的民法典,除了某些规定来自西班牙的立法之外,其余内容全部是以法国民法典为基础的,1825年和1870年的修改,并没有改变这一性质。后者即魁北克省原来也是法国的殖民地,1763年根据《巴黎和约》[4]被割让给了英国,英国随即颁布了《魁北克法令》,以保障法裔加拿大人享有全部的宗教自由和

---

[1] 何勤华、洪永红主编:《非洲法律发达史》,法律出版社2006年版,第220—272页。
[2] 详细参见何勤华、冷霞主编:《拉丁美洲法律发达史》,法律出版社2010年版,第215—230页。
[3] 参见〔德〕茨威格特、克茨:《比较法总论》,潘汉典等译,法律出版社2003年版,第175—176页。
[4] 以英国为一方,法国和西班牙为另一方,在经历了七年战争后(英国是战胜国),于1763年2月10日在巴黎签定的和约。依约,法国让出了加拿大以及在美洲的大部属地。该和约沉重打击了法国在海外的势力,确立了英国的海洋霸主地位。

适用法国法。1886年，魁北克省民法典生效，它完全模仿了1804年的法国民法典，只是为了当时的政治需要和生活环境在一些方面做出了改良和创新，如继承法吸收了英国法的一些规定，将商法编入了民法典，成为第四编，里面的票据法、保险法和海商法，也都受到了英国法律的影响。[1]

在亚洲，受法国法律影响最大的是日本、泰国和越南。1868年，日本爆发了资产阶级革命"明治维新"，1872年，日本司法大臣江藤新平（1834—1874）派司法省官员赴欧洲考察近代法制，邀请法国巴黎大学法学教授保阿索那特（G. E. Boissonade de Fontarabie，1825—1910）来日本帮助立法。保阿索那特不负众望，勤奋工作，一鼓作气，帮助日本起草了刑法典草案（1877年）、治罪法（刑事诉讼法）草案（1878年，两者于1882年生效），日本民事诉讼财产查封法草案（1883年）、日本民法典草案（1890年），后两者没有能够成为法律实施。虽然，日本后来倒向了德国，以德国法的模式为立法的典范，但法国对日本的民法、刑法、刑事诉讼法等的影响仍然是巨大的，尤其是1898年民法典，虽然参照了德国民法典的五编制的模式，但其中的财产法，基本上是法国民法典的全盘继承。[2]

泰国和越南，也是亚洲地区受法国影响比较深的国家。在现在称为泰国的这一片土地上，公元前3世纪就出现了由孟人创建的国家。[3] 经过长期的战争及王朝更替，至1351年由乌通王（1314—1369）建立了暹罗国家，[4] 它受印度法律影响很深。进入近代，19世纪末国王朱拉隆功（Chulalongkorn），即拉玛五世（1853—1910年）进行变革修法，1892年成立了司法部，聘请比利时、日本和法国的多位法学家，模仿大陆法系的立法模式，先后制定了民事诉讼法和刑事诉讼法。1903年，由法国驻暹罗大使完成了刑法典（1908年公布）。此后，又进一步组成由法

---

[1] 参见〔德〕茨威格特、克茨：《比较法总论》，潘汉典等译，法律出版社2003年版，第180页。

[2] 参见〔日〕潮见俊隆、利谷信义编：《日本の法学者》，日本评论社1975年版，第53页。

[3] 当时主要是两个国家，中国古籍称其为"金邻"和"林阳"。参见中山大学东南亚史研究所编：《泰国史》，广东人民出版社1987年版，第8页。

[4] 关于乌通王建立暹罗国家的时间，历史书上的说法是不统一的。大部分泰国史的著作都说是1350年，而上述中山大学东南亚史研究所编《泰国史》一书说是1349年，美国人戴维·K. 怀亚特（David K. Wyatt）所著《泰国史》（郭继光译，中国出版集团东方出版中心2009年版）一书，经过对泰国皇家纪年中的记录，暹罗国家建立的时间是泰历712年第5个月的月圆的第6天，确定乌通王建国应该是1351年的3月4日。见该书第54页。

国专家和暹罗法学家共同参与的委员会，制定完成了民法典。这样，在大的方面，泰国模仿法国的模式，建立了新的资产阶级的法律体系。这一体系，分为公法与私法，同时又以私法为主，从而在东方彰显了大陆法系的成就和精神。[1]

越南在上古时期称文郎，秦统一中国（公元前221年）后，称象郡，汉武帝时又称交趾。在整个中古时期，或者是中国的属地（秦汉以后），或者是中国的纳贡国（宋朝以后），一直是中华法系的成员国。1858年法国入侵越南，1883年沦为法国的殖民地。由于这一历史原因，越南也成为了大陆法系的成员。除了在越南南部地区直接适用1804年法国民法典之外，在越南人自己（在法国人的"指导"下）制定的一系列法典中，也完全模仿了法国的立法形式和内容。如其代表性法典《北圻民法典》（1936年），虽然在婚姻、家庭和继承方面，传承了越南本土的立法经验，但法典结构、立法技术、法律术语，以及许多制度原则等，均大量吸收、借鉴了法国民事立法的成果。越南独立以后，虽然法制建设的状况发生了很大的变化，于1992年颁布了新宪法，2000年实施了新的刑法典，2005年实施了新的民法典，法律内容也有了巨大的变化。但越南作为在亚洲的大陆法系成员国的地位没有改变，而且在上述立法事业中，日本等大陆法系国家的法学家也发挥了重要作用。[2]

从以上法国法对外扩张和传播的过程中，我们可以清楚地看到，由于法国法的扩张，形成了一个以欧洲大陆为中心，涉及到非洲、拉丁美洲、北美洲和亚洲众多国家的法律体系，这就是大陆法系。与英美法系比较，大陆法系的形成除了依靠法兰西帝国的侵略扩张之外，还有一个重要的原因，就是近代若干国家立法者从内心里佩服法国民法典、商法典和刑法典等的优秀、先进和卓越，从而自觉自愿地以此作为其立法的模范，而加入到大陆法系之中，日本、旧中国等即是。[3]

---

[1] 参见何勤华、李秀清主编：《东南亚七国法律发达史》，法律出版社2002年版，第583—587页。

[2] 笔者1988年第一次留学日本，在东京大学做外国研究生时，就遇到几位东京大学法学部的教授，赴越南做法律专家，协助越南立法。

[3] 关于旧中国继受大陆法系的情况，最新的研究成果可参见徐爱国："清末继受大陆法系传统的影响"（载2012年2月24日《人民法院报》第5版）一文。作者不仅明确指出中国近现代法律的"外在表现形态和法律技巧"等，属于大陆法系传统，而且还对大陆法系给中国法律带来的负面影响，如大陆法系的传统强化了中国法律中的政治色彩等进行了分析，顺便也指出了大陆法系的缺陷如僵化的思维模式等。

四、大陆法系的历史渊源

大陆法系的历史渊源,有罗马法、日耳曼法、教会法、地方习惯法、封建王室法、中世纪商法和城市法等,它们是欧洲数千年法律文明发展、凝练的结果。

(一) 罗马法

不仅是大陆法系,就是英美法系的学者也都认为,大陆法系(Civil law systems)的历史渊源,主要是罗马法。[1]

1. 罗马法的内涵及其形成。

罗马法(Roman Law),是指罗马奴隶制国家的全部法律,存在于罗马奴隶制国家的整个历史时期,它既包括自公元前8世纪罗马国家产生(尤其是公元前451—前450年《十二表法》颁布)至公元476年西罗马帝国灭亡这个时期的法律,又包括优士丁尼(Justinianus,527—565年在位)时期东罗马帝国的法律。它是随着古代罗马社会阶级和国家的出现而逐步形成的。[2]

古代罗马国家地处欧洲地中海中部的亚平宁半岛。罗马居民属印欧语系民族的一支——拉丁族人,很早就从意大利以北的欧洲内陆分批进入半岛中部的拉丁姆地区定居下来。公元前10世纪前后,罗马已成为该地区许多氏族公社中主要的一个。公元前8世纪至前6世纪,罗马原始公社制向阶级社会过渡,史称"王政时代"。当时的社会管理组织有"库里亚"会议,氏族长老组成的元老院和"王"(rex),而调整人们的行为规则是长期以来形成的大家共同遵守的习惯。

公元前7世纪以后,氏族内部出现了财产不平等和阶级分化现象,出现了"保护人"(patronus,氏族贵族)和"被保护人"(cliens,依附贵族的贫困破产之家族),以及"平民"(plebis)这个特殊阶层(其来源是拉丁姆境内的被征服者和因

---

[1] David M. Walker, The Oxford Companion to Law, Clarendon Press, Oxford, 1980, p. 222.

[2] John Henry Merryman, David S. Clark, John O. Haley, Comparative Law: Historical Development of the Civil Law Tradition in Europe, Latin American and East Asia, LexisNexis, 2010, p. 173.

工商业的发展而迁移来的居民)。与此同时,奴隶制也发展起来了。公元前6世纪左右的塞尔维乌斯·土利乌斯(Servius Tullius,约公元前578—前534年)的改革,按照财产的多少和居住地区,将罗马居民分为五个等级,并确定了相应的权利和义务。这次改革是一场深刻的政治革命,是罗马国家产生的标志。随着罗马国家的形成,罗马的法律也就应运而生。

2. 罗马法的发展和演变。

罗马法从其产生至成为古代奴隶制社会最发达、最完备的法律体系,经历了近千年逐步完善的过程,经过了如下几个演变时期:(1)王政时期(公元前8—前6世纪),主要是古老氏族的习惯和社会通行的各种惯例。(2)共和国前期(公元前6—前3世纪),是一个由习惯法向成文法过渡的时期,出台了罗马历史上第一部成文法典《十二表法》(Lex Duodecim Tabularum,公元前451—前450年)。[1] (3)共和国后期(公元前3—前1世纪),这是罗马市民法(ius civile)[2]发展[3]与万民法(ius gentium)[4]形成时期。(4)帝国前期(公元前1世纪—公元3世纪),皇帝敕令(constitutiones principium)[5]逐渐成为法律的主要渊源,其他各种形式的立法如元老院的决议、民众大会的法律、裁判官"告示"等则逐渐消失;(5)帝国后期和优士丁尼法典编纂时期(公元3世纪—6世纪中叶),公元3世纪开始,罗马帝国日趋衰落。公元330年,君士坦丁(Constantinus,306—337年在位)在君士坦丁堡建立新的首都,此后,罗马帝国便分裂为东西两个部分。公元476年,西罗马帝国被推翻。从此,西欧社会向封建制过渡。在此过程中,出现了一系列的法

---

[1] 共有105条,涉及土地占有、债务、家庭、继承和诉讼等方面的规定,它是罗马法发展史上的一个里程碑,为罗马法的发展奠定了基础。《十二表法》也是古代奴隶制法中具有世界性意义的法律文献之一。

[2] 市民法亦称公民法,是罗马国家固有的法律,包括民众大会和元老院所通过的带有规范性的决议以及习惯法规范。其适用范围仅限于罗马公民。市民法的内容主要是有关罗马共和国的行政管理、国家机关及一部分诉讼程序的问题,涉及财产方面的不多,其特点是体系不完整、带有保守性和浓厚的形式主义色彩。

[3] 公元前367年,罗马设置内事最高裁判官(praetorur banus),他通过审判实践和颁布告示,补充和修改了市民法。至共和国末期,经过长期积累,这种告示便形成一整套广泛的、固定而统一的规范,独立于市民法之外,称"最高裁判官法"。

[4] 公元前242年,罗马设置外事最高裁判官(praetor peregrinus),专职审理罗马公民和非公民之间以及非罗马公民之间的纠纷案件,逐渐形成一套"万民法"。内容绝大部分属于财产关系。万民法比市民法更加灵活,更加适应罗马奴隶制经济的发展和统治阶级利益的要求。

[5] 皇帝敕令主要有四种:敕谕、敕裁、敕示、敕答。其中,敕谕最为重要,是帝国中后期的主要法律渊源。

典编纂,[1]而最大规模的法典编纂工作,则是在东罗马皇帝优士丁尼期间发生的。[2]

3. 罗马法形成和发展的特点。

在上述罗马法形成和发展的过程中,出现了一些与其他奴隶制法不同的显著特点。主要有:(1) 法学家的解答和著述。表现为:解答法律问题;指导诉讼;撰写契据;注释、整理和编辑罗马法的各种渊源,并著书立说。其中,解答和著述对罗马法的发展起了显著作用。[3] (2) 前述最高裁判官的"告示"(edictum)。分为:"一般(永续)告示"、"临时告示"、"传袭告示"、"新告示"。裁判官告示是古代罗马法独具的特色,但它与皇权是不能相容的。公元130至138年间,皇帝哈德良命令法学家犹里安(Julian)编订了《最高裁判官告示汇编》,规定此后裁判官在颁布告示时,只能局限于以往告示的精神,不得另创新原则。这样,裁判官立法的权力就此告终了。(3) 系统的大规模的法典编纂。从公元528年至534年间,优士丁尼皇帝组织法学家编纂了《优士丁尼法典》、《学说汇纂》(Digesta) 和《法学阶梯》(Institutiones),公元565年优士丁尼死后,后人又编纂了《优士丁尼新律》。这四部法典,到公元12世纪,统称为《国法大全》(Corpus iuris)[4]。(4) 公、私法的分类,法律制度的发达完善、法学原理的深湛、概念和术语的科学,法学理论与司法实务的紧密结合,等等。

4. 罗马私法的体系及其基本内容。

适应罗马法学的发达,法学家们从不同角度,将罗马法划分为四类:公法与私法;成文法与不成文法;市民法、万民法和自然法;市民法和长官法。在这些分类中,公法与私法的分类最为著名。按照罗马法学家盖尤斯的观点,罗马私法

---

[1] 著名者如公元5世纪由狄奥多西二世颁布的第一部官方的罗马皇帝敕令汇编《狄奥多西法典》(Codice Teodosiano) 等。

[2] 后世罗马法学者基本上都同意这一定义,也有学者进一步突出罗马法发展的三个黄金时期,即共和国末期至帝国前期、帝国前期至公元3世纪、公元3世纪至优士丁尼皇帝时期。参见Fritz Schulz, Prinzipien des Romischen Rechts, Duncker &Humblot GmbH, Munchen und Leipzig, 1934. 引自〔德〕フリッツ·シュルツ著:《ローマ法の原理》,真田芳宪、森光译,中央大学出版部2003年版,第4页。

[3] 这种解答和著述发展到5世纪达到了顶点:公元426年,东罗马皇帝狄奥多西二世和西罗马皇帝瓦连体尼安三世颁布《学说引证法》(Legge delle Citazioni) 后,帕比尼安、乌尔比安、盖尤斯、保罗和莫迪斯蒂努斯五大法学家的解答和著述都具有了法律效力,成为了罗马法的重要渊源。

[4] 又称《民法大全》或《罗马法大全》,它是后世研究罗马法的主要资料。

的体系分为人法、物法和诉讼法三个部分。

人法,又称身份法,是关于人(自然人和法人)的权利能力和行为能力,人的法律地位,各种权利的取得和丧失,以及婚姻家庭关系等方面的法律。包括人和婚姻家庭两个部分。在罗马,作为权利主体的自然人必须具有人格(享有权利、担负义务的资格)。完整的人格权包括自由权、市民权和家长权。如果原来享有的身份权有所丧失,人格随着就发生变化,罗马法称之为"人格减等"(capitis deminutio,也称"人格变更")。

在罗马,奴隶虽是居民中的绝大多数,但在法律上不是自由人,只是权利的客体,是奴隶主的财产,可由其自由奴役、买卖、惩处。

古代罗马尚无完整的法人制度,也没有"法人"(juristische person)一词,只出现法人制度的萌芽(具有独立法律人格的特殊团体,如社团法人、财团法人)。[1]

在罗马法上,婚姻家庭法是人法中的重要组成部分。古代罗马所称的家或家族(familia),是指在家父权之下所支配的一切人和物的总和,包括家父、妻、子女、孙子女、奴隶和牛、马、土地等。罗马前期的婚姻有两种:有夫权婚姻和无夫权婚姻。前者是男女双方按市民法的规定所发生的婚姻方式,后者在《十二表法》颁布时就已出现,在共和国中期后广泛发展,至帝国时期有夫权婚姻废止后,成为民间流行的唯一婚姻形式。

物法,是罗马私法的主体,由物权法、继承法和债权法三部分构成。

罗马人所说的物(res),指自由人以外存在于自然界的一切东西,其外延十分广泛,不限于通常意义上的有形物体和法律上具有金钱价值的东西,而且连法律关系和权利(如债权、地役权、用益权、遗产继承权等)也包括在内。据此,罗马人将物分为:(1)要式移转物和略式移转物。(2)可有物和不可有物。(3)有体物和无体物。(4)动产与不动产。并将物权(ius in re)定义为反映权利人得直接行使于物上的权利,由法律规定,私人不得创设。主要有五种:所有权、役权(地役权、人役权)、地上权、永佃权、担保物权(信托、典质、抵押)等。其中,所有权为自物权,其他权利则为他物权。[2]

---

[1] 参见周枬:《罗马法原论》上,商务印书馆1994年版,第268页。

[2] 同上书,第407页。

从物和物权法发展出来的是继承法。在罗马法发展的不同时期，继承法也是在不断变化、进步的，至公元543年，优士丁尼皇帝颁布敕令，确定了完全以血亲为基础的法定继承制度。关于法定继承人的顺序，在各个时期则有不同的规定。公元6世纪优士丁尼确立的法定继承人的顺序为：(1) 直系卑亲属，可按代继承；(2) 亲属和兄弟姐妹；(3) 其他最近之旁系亲属；(4) 妻子如有嫁奁，一般没有继承权；如无，可以参与各顺序之继承，其所占遗产之份额，最低不少于1/4。[1] 在罗马，遗嘱是被继承人以设立继承人为主要目的，并且表示被继承人的最后意思的要式法律行为。[2] 在罗马法发展的各个时期，对遗嘱方式的规定是不同的。

在罗马法上，债（obligatio）是依法得使他人为一定给付的法律联系。其特征为：债是特定的双方当事人（债权人和债务人）的连锁关系；债的标的是给付；债权人的请求必须以法律的规定为依据。与物权相比，债权具有：(1) 取得物权能长期享有，具有永久性；而债权则是暂时的。(2) 物权享有人可以直接对物实施权利；而债权则须依赖他人的行为。(3) 物权有追及权和优先权，债权则没有。在罗马法上，债的发生有四种：(1) 契约；(2) 准契约（虽未订立契约但与契约具有同样效果的法律行为，如无因管理、不当得利、遗赠等）；(3) 私犯（如窃盗、强盗等）；(4) 准私犯（私犯之外的侵权行为，如法官的渎职、向公共道路投弃物品致人损害、旅店的服务人员对旅客所致损害的行为等）。在罗马，债的消灭主要有：清偿、抵消、免除，以及消灭时效、当事人死亡、标的物灭失等。

罗马私法的第三部分，就是诉讼法。当时，诉讼分为公诉和私诉两种，公诉是指对损害国家利益案件的审查，私诉是根据个人的申诉，对有关个人案件的审查。在罗马法的发展过程中，私诉程序先后呈现为三种不同的形态，即法定诉讼（legis actiones）、程式诉讼（formula）和特别诉讼（cognitio extra ordinem）。[3]

5. 罗马法的复兴及其对大陆法系的贡献。

上述从公元前8世纪至公元6世纪形成、发展、发达起来的罗马法，之所以

---

[1]〔英〕巴里·尼吉拉斯：《罗马法概论》，黄风译，法律出版社2000年版，第264—265页；周枏等编著：《罗马法》，群众出版社1983年版，第286页。

[2] 按照罗马法律，未成年人、被敌人俘虏的人，以及禁治产者等，不得立遗嘱。

[3] 关于这三种诉讼，详细参见何勤华主编：《外国法制史》，法律出版社2011年第五版，第75—76页。

到近代在西欧各国得以复兴，成为了大陆法系的主要历史渊源，除了当时商品经济发展的需求，罗马法本身的立法成就卓著等因素外，最主要的原因就是意大利注释法学派和法国人文主义法学派的辛勤劳动。

从11世纪起，以意大利为中心，罗马法逐步得到复兴，"因为在罗马法中，凡是中世纪后期的市民阶级还在不自觉地追求的东西，都已经有了现成的"。[1] 首先推动这一复兴运动的，是意大利注释法学派（The School of Glossators），主要代表人物有伊纳留斯［Irnerius，约1055—1130，他创设了博洛尼亚（Bologna，也译为波伦那）大学法学院］，阿佐（Azo Portius，1150—1230），阿库修斯（Accursius，约1182—1260），巴尔多鲁（Bartolus，1314—1357），巴尔杜斯（Baldus，1327—1400）等。

16世纪，以居亚斯（J. Cujas，1522—1590）和德纽（H. Doneau，1527—1591）等为代表的法国人文主义法学派，继承和发扬了意大利注释法学派的传统，进一步在法国掀起了复兴罗马法的运动。与此同时，德国也出现了罗马法复兴的高潮，罗马法进入大学教育，成为法科学生的必修课程。在《学说汇纂》的基础上，在神圣罗马帝国全境形成了"普通法"（Gemeines Recht），18世纪，进一步出现了"潘德克顿中兴运动"（usus modernus Pandectarum）。19世纪，以萨维尼（Savigny，1779—1861）等为代表的历史法学派，则主张采用罗马法，认定法理学的主要任务是研究"纯粹的罗马法"，以便使其更广泛地适用于德国。构建现代民法及其理论体系，必须以罗马法为基础。[2] 历史法学派的观点及其研究成果，成为大陆法系的第二个高峰德国法的历史基础。

在此过程中，法国法学家波蒂埃（R. Joseph Pothier，1699—1772）对大陆法系的理论贡献尤为突出。波蒂埃是奥尔良大学的罗马法教授，他对罗马私法进行了专深的研究，并结合法国的私法实践，发表了众多的成果，如《奥尔良习惯法》（1740年）、《新编优士丁尼学说汇编》（1748年）、《债权论》（两卷，1761年）、《买卖契约论》（1762年）、《定金设定契约论》（1763年）、《租赁契约论》（1764年）、《善意契约论》（三卷，1767年）、《夫妻财产契约论》（两卷，1768年）、《所有权与占有权》（两卷，1771—1772年）等。此外，还留下了众多关于罗马法上

---

[1]《马克思恩格斯全集》第21卷，人民出版社1965年版，第454页。

[2]〔德〕萨维尼：《现代罗马法的体系》第一卷，小桥一郎译，成文堂1993年版，第376—377页。

生前赠与、遗嘱、继承、抵押权、不动产买卖、民事诉讼、代位继承等内容的手稿。[1] 而这些作品，成为法国民法典在整体上继承和发展法国传统法律文化的一座桥梁。西方学术界认为，波蒂埃（也译作朴蒂埃）的工作，为法国法学界提供了经过消化了的罗马私法学成果，使法国民法典的起草者得以在比较短的时间内完成了《法国民法典》这一杰作。[2]

具体而言，大陆法系中的编纂成文法典的传统，公法与私法的分类，人法、物法和诉讼法的三编制（盖尤斯和优士丁尼的《法学阶梯》，为《法国民法典》所继承）和总则、物权、债权、亲属和继承的五编制（优士丁尼所编《学说汇纂》，为《德国民法典》所继承）的法典体系，对法的概念术语（如法、法律、法学、民法等）的精确界定，对法律原则和原理的详细阐述，对法典条文的系统解释（注释），法律教育中注重老师的课堂系统讲授，要求学生对法律知识的全面了解和把握，强调培养学生的演绎推理（思维）能力，以及法人、法律行为、契约、侵权行为、代理、时效、他物权、占有、不当得利、无因管理等等的法律制度，都是由罗马法提供历史原型的。[3]

（二）日耳曼法

日耳曼法是欧洲中世早期（公元5—9世纪）各日耳曼国家中适用于日耳曼人（Germani，或 Germans）的法律，起源于日耳曼人口耳相传的部落习惯。

1. 日耳曼法的形成。

已知的第一个日耳曼部落住地大约于公元前2000年建立于斯堪的纳维亚，以游牧、狩猎为生。他们从公元前1000年开始向南迁移，至公元1世纪，日耳曼人已经分布到了欧洲北部和中部的广大地区。当时主要适用不成文的习惯法。从公元4世纪起，日耳曼人开始了民族大迁徙，其直接后果是西罗马帝国在历史上的

---

[1] Sir John Macdonell and Edward Manson, Great Jurists of the World, pp. 467—468, 1914.
[2] Sir John Macdonell and Edward Manson, Great Jurists of the World, pp. 464—465.
[3]〔德〕科尼特尔："罗马法与民法的法典化"，王天红译，载杨振山、〔意〕斯奇巴尼主编、黄风执行主编：《罗马法·中国法与民法法典化》，中国政法大学出版社1995年版，第58—61页。

消失和一系列日耳曼王国如西哥特王国、东哥特王国、勃艮第王国、伦巴德（也译作伦巴弟）王国、法兰克王国的建立。这些王国史称"蛮族国家"。[1] 其中，以法兰克王国最为发达。

进入王国时期后，各日耳曼王国纷纷在习惯法的基础上，编纂了成文法典，史称"蛮族法典"（Leges barbarorum）。其中主要的有西哥特王国的《尤列克法典》（Codex Euricians），法兰克王国的《萨利克法典》（也译作撒利克法典，Lex Salica）、勃艮第王国的《耿多巴德法典》（Lex Gundebad），伦巴德王国的《伦巴德法典》（也译作伦巴第法典，Lex Longobardorum）等。蛮族法典有着一些共性，如大多以拉丁文写成、诸法合体，并主要集中在对人身和财产的保护方面、不具抽象和弹性的规定等。由于法兰克王国是最强大的日耳曼国家，后来发展为帝国，统治了欧洲大部分地区，其法律影响的范围也就非常广泛。

2. 日耳曼法的基本内容。

涉及国家权力的运作、物权和债权制度、婚姻家庭和继承制度、犯罪及其处罚、纠纷的解决机制等。在国家政权方面，早期的日耳曼人根据出身推举国王，管理部落事务，根据勇力选拔将军，指挥军事，但遇到重大事情，则由全部落议决。建立王国之后，通过选举与世袭相混合的方式，确定国王人选，并划分社会等级。[2] 此时，国王的住所（王宫），一般就是中央政府的所在地，国王的随从组成政府的主要官员。[3] 在日耳曼王国的不同时期和不同地区，国王的权力往往与贤人会议、地方封建领主、教会等形成此起彼伏的博弈关系。[4]

---

[1]"蛮族"（Barbari），是当时罗马人对日耳曼人的称呼。

[2] 德国学者雅克·勒高夫（Jacques Le Goff）认为，在日耳曼王国时期，社会等级主要由修道士、骑士和农民这三个最基本的群体构成。参见 J. Le Goff, hrsg., Der Mensch des Mittelalters, Frankfurt, 1989, p. 18.

[3] 在国王之下是各个等级的教俗大贵族，如公爵（duke）、侯爵（marquis）、伯爵（earl）以及教会的主教和修道院的院长。在教俗大贵族之下，是中小贵族和自由民阶层。如子爵（viscount）、男爵（baron）、骑士（knight）以及其他自由民如日耳曼早期社会中的公社社员、后期获得自由的依附农民（自由农民）等。在各日耳曼王国时期，社会上最低的阶层就是农奴，由封建化过程中失去土地之自由农民、原来的奴隶、释放奴隶、隶农和战俘等组成。在当时的各日耳曼国家中，对农奴有不同的称呼，如在法国称为"塞尔夫"（serf）、在德国称为"依附农"（Hörige）等。参见王觉非主编：《欧洲历史大辞典》上，上海辞书出版社2007年版，第224页。

[4] 李秀清：《日耳曼法研究》，商务印书馆2005年版，第148页。

在日耳曼法上，还没有形成抽象的物权概念。财产的主要代表是土地，对土地的权利，主要依土地使用人的政治身份、社会地位来确定。形式有：马尔克（mark）公社土地所有制，大土地所有制，采邑制[1]和份地[2]等。除土地外，其他财产都属动产。主要有武器、牲畜、农具、猎具和奴隶等。日耳曼人的债法也很不发达。契约种类很少，只有买卖、借贷、寄托等少数几种。对契约的成立规定较严，形式主义普遍，并严格保护债权人的利益。

日耳曼法原则上实行一夫一妻制，但国王和贵族往往不受其限制。结婚方式通常是买卖婚姻。早期还保留着掠夺婚的遗迹。通过家长权和夫权，男性在家庭事务中握有支配权。当然，与其他古代法相比，日耳曼法上妇女和子女的地位要略高一些，法律承认已婚妇女可有自己的个人财产，子女在一定范围内的财产也得到尊重。后期日耳曼法的继承制度比较开放，分无遗嘱继承与遗嘱继承。继承人的顺序大致为：儿子，女儿，孙子女等，在没有直系后裔的时候，然后是父亲，母亲，兄弟，姐妹，直至第五亲等或第七亲等的亲属为止。王国时期的一些法典，如《西哥特法典》等，也都有关于遗嘱处分财产的条款。

在日耳曼法中，犯罪与侵权的区别极为模糊，通称不法行为。杀人、人身伤害、盗窃等最为常见。此外，还有破坏安宁、叛逆、伪造文件等。在各种刑罚措施中，处于法律保护之外（outlawry）最为严重。[3]

当时处理民刑事纠纷的机构，在地方，有百户法院和郡法院（均来源于原日耳曼人的民众大会），前者由百户区长官主持，由一些经验丰富、熟知传统习惯的长者来做出判决；后者由郡的长官，即伯爵主持，在各个百户区轮流开庭。至查理大帝时期，审判机构日益完善，普通自由民不再参加审判，而由终身任职的专业"承审官"从事审判。在中央，主要有王室法院。它由国王，或宫相，或其他国王任命的官员主持。主要审判涉及王室利益的案件。查理大帝时派往各地巡视

---

[1] "采邑"（benefice），原意为早期国王（或封建主）赏赐给臣属终身享有的土地，后来渐渐演变为一种在承担一定义务的条件下占有土地的制度。参见 David Ditchburn, Simon Maclean, Atlas of Medieval Europe, London, Routledge, 2007, p. 39.

[2] 份地（yardland），是国家或封建领主交给农民使用并收取各种贡赋的土地。

[3] 起初，"法律保护之外"是作为共同体对于违法者的一种宣战，后来成为强迫服从公共权威的一项普通手段。若某人被宣布处于法律保护之外，也就意味着失去一切权利，得不到任何法律保护。

的巡按使，也可接受当事人的请求，开庭审判，称巡回法院，也属王室法院系统。

在日耳曼早期，民事诉讼与刑事诉讼的界限不是很清晰，起诉案件受身份和等级限制，传唤被告由起诉者负责，起诉者和案件审理者态度都比较消极。当时的证据种类较多，有证人证言、书证和口供，还有发誓、神明裁判、司法决斗等。王国后期，逐步形成了法官主动介入审判、行使职权的纠问式诉讼程序。此外，教会司法权逐渐扩张，世俗领主的司法权也初步形成。

3. 日耳曼法对大陆法系形成的历史贡献。

日耳曼法，虽然在形式和内容上，不如罗马法，也逊色于11世纪后期开始形成的如教会法、城市法、商法等新的法律体系，但由于它是继罗马法之后在西欧占有主导地位的第一种法律体系，因而也成为了大陆法系的第二大历史来源。

首先，尽管日耳曼法发展水平较低，但它以其内含的封建因素，适应逐渐封建化的社会制度和日耳曼国家权力而登上历史舞台，并导致和直接影响了封建法的形成。无论在封建法发展的哪一阶段，日耳曼法始终是其主要的因素。即使在罗马法复兴，并广泛传播后，仍不能消解日耳曼法在各国封建法中的重要作用。

其次，日耳曼法以其完全不同于罗马法的制度，向人们展示了一种全新的法律观念、法律文化。尤其是在它的团体生活，它的政治民主，它对其他法律（罗马法、教会法等）的尊重和宽容，都进一步丰富了人类的法律宝库，并提示我们多角度地来认识法律现象。由于这一特点，日耳曼法与罗马法、教会法一起，共同构成了近代大陆法系的历史基础。

具体而言，日耳曼法在内容上，近代大陆法系（法国法和德国法）中的公民权利保障制度，国家政治生活中的民主政党制度，法人制度以及其团体人格理论，财产保障中的占有制度、所有权制度，财产转让中的对善意受让人的保护制度，货物买卖中的代理人制度，财产的信托制度，等等，都体现出了日耳曼法的浓重痕迹。

（三）教会法

"教会法"（ius canonici；canon law）是指以天主教会在不同历史时期关于教会

本身的组织、制度和教徒生活准则的法律，尤其是中世纪时期（公元 5—13 世纪）的法律为主的规范体系。

1. 教会法的起源和发展。基督教产生于公元 1 世纪罗马帝国统治下的巴勒斯坦和小亚细亚地区，传说由耶稣（Jesus）所创立，之后在古希腊、罗马世界传播。公元 313 年因罗马皇帝颁布《米兰敕令》（Edict of Milan）和 325 年召开的尼西亚（Nicaea）会议而获得合法地位。391 年，罗马皇帝狄奥多西一世（Theodosius Ⅰ，379—395 年在位）宣布基督教为罗马国教，[1] 从此基督教走上了发展兴盛之路。而教会法就是与基督教同时一起形成和发展起来的。

从公元 9 世纪以后，随着基督教会势力的扩张，教会法也得到了极大的发展，它不仅支配了人们的婚姻家庭生活，规范着绝大多数的土地所有、契约往来、财产继承等社会关系，而且还控制了政治、思想和意识形态等各个领域。13 世纪末以后，教会法开始走向衰弱。根据中外学者的研究，教会法的发展大致可以划分为四个时期，即：从教会起源到格兰西（Gratiarni，也译为"格拉西安"）的《教会法汇要》（Decretum Gratiani，也译为"格兰西教令集"，1140 年前后）的面世；从格兰西的书出版到特兰托公会议（Council of Trent，1545—1563 年）和《教会法大全》（Corpus iuris canonici）的审定和正式颁布（1566—1582 年）；从特兰托公会议到 1917 年《教会法典》（Codex iuris canonici，1917 年）公布；从 1917 年到 1983 年《新教会法典》颁布及其以后的时期。[2]

2. 教会法的渊源。教会法的核心内容是《新旧约全书》，[3] 俗称《圣经》（Bible），它是其他教会法渊源的基础和出发点，具有最高的法律效力，对各世俗法院也都有一定的约束力。[4]《新旧约全书》由《旧约》（犹太教的经典，大约成书于公元前 3 世纪至前 2 世纪，由律法书、先知书和圣录三部分构成，共 39 卷，929

---

[1] John Henry Merryman, David S. Clark, John O. Haley, Comparative Law: Historical Development of the Civil Law Tradition in Europe. Latin American and East Asia, LexisNexis, 2010, p. 292.

[2] 彭小瑜：《教会法研究》，商务印书馆 2011 年版，第 17 页。

[3]《新旧约全书》可能是比《圣经》更常用的称呼，因为笔者从教会那里拿到的几个《圣经》版本，上面写的都是《新旧约全书》。此外，在上海辞书出版社出版的《世界历史词典》和《欧洲历史大辞典》上，尚无《圣经》词条。

[4] Lawrence M. Friedman, A History of American Law, New York, 1973, pp. 61—62.

章）和《新约》（约成书于公元 1 世纪末至 2 世纪下半叶，共分 27 卷，260 章，由《启示录》、《使徒行传》、《犹大书》和《约翰书》等）两部分组成。[1] 公元397年，第三次迦太基（Carthaginensis）宗教会议确定了《圣经》的内容和目次，成为现今各国流行版本。16 世纪宗教改革以后，《圣经》被译成欧洲各国文字，之后，进一步传播至世界各地。除《圣经》外，教皇教令集、教会法典、宗教会议决议以及世俗法的某些原则和制度，也是教会法的渊源。

3. 教会法的内容。主要有：(1) 教阶制度，如教皇，它是教会的最高统治者；枢机大臣，地位高于一切正教长及宗主教，共同组成罗马教皇的元老院；主教级，其地位依次为：宗主教、首席主教、总主教和主教；总司祭和堂域司祭；修士和修女等。[2] (2) 神职人员的基本权利和义务 (3) 财产制度，在当时教会是西欧最大的地主，曾拥有西欧 1/4 到 1/3 的土地。教会对自己这种经济力量以及由此而带来的强大的政治力量非常重视，通过立法、司法以及法学研究对有关这种财富的占有、使用、处分的权利给予详细规定和系统论述。(4) 契约制度，教会法学者贡献了契约责任的一般理论，并将其运用于教会法庭解决案件争议的实践中。与此同时，他们还提出了一整套的契约法原则，如协议必须公平合理，违背当事人意愿的契约无效，契约的订立、解释和执行必须诚实信用等。(5) 婚姻家庭与继承制度，涉及一夫一妻、永不离异等基本原则，以及法定继承与遗嘱继承并行等。(6) 犯罪与刑罚制度，其特点是宗教的色彩比较浓厚。(7) 司法制度，除依据世俗国家法院的模式，建立了不同等级的教会法院，形成了独立的宗教法院体系之外，还专设了特别刑事法庭，即"宗教裁判所"（the Inquisition，也译为"异端裁判所"），直接隶属教皇。学术界一般认为，特别刑事法庭在客观上曾起过扼杀科学和进步思想、镇压贫苦农民革命的负面作用。[3]

4. 教会法的基本特征。教会法是一种与神学密切联系的神权法。教会法带有世俗的封建属性，一方面，教会法按世俗封建秩序模式，确立了体系完备的教会

---

[1] 关于新约和旧约各卷、各章的详细内容，可参阅中国基督教协会印发《新旧约全书》（1994 年，南京）一书。

[2] 参见彭小瑜：《教会法研究》，商务印书馆 2011 年版，第 120—122 页。

[3] 关于特别刑事法庭（异端裁判所、宗教裁判所）在西方历史上所起的落后和反动作用，学术界有许多论述，最新的可以参见董进泉：《西方文化与宗教裁判所》，上海社会科学院出版社 2004 年版。对此提出不同看法见彭小瑜：《教会法研究》，商务印书馆 2011 年版，前言，第 3 页。

权力的等级结构；另一方面，其法律的许多内容与世俗封建制度密切联系，表现出强烈的封建性。教会法具有相对完善的体系性，它是近代部门法体系的雏形。

5. 教会法的影响以及对大陆法系的贡献。首先，与罗马法、日耳曼法并列，教会法是欧洲近代三大历史法律渊源之一，是西方法律传统的重要组成部分。

其次，教会法对近代资产阶级的各个部门法的形成和发展产生了巨大的影响，为大陆法系六法全书式体系的形成和定型做出了贡献。一方面，教会法对于近代宪法的影响，最突出地表现在它所确立的权力层次结构和教会法学家的法律理念两个方面。另一方面，教会法对大陆法系私法的影响，最大的是在婚姻家庭制度方面。在当代西方国家，某些国家离婚法仍保留着诸如分居必须达到一定时间才准许离婚这样一些教会法的规范，说明教会婚姻法尚有影响。同时，教会法注重保护寡妇利益，要求结婚时丈夫必须保证抚养其妻，这也直接导致了西方国家"抚养寡妇财产"制度的建立。[1]

此外，在财产法方面，教会法在不动产占有方面发展了一套较为完善的理论与制度。近世法律中关于占有权的保护和长期占有、取得等方面制度的完善在很大程度上要归功于教会法学家。[2]

最后，在大陆法系的刑法和诉讼方面，教会法也发生着重要影响。如在定罪量刑方面，教会法坚持在法庭面前如同在上帝面前一样，所有的人，不分贫富贵贱，一律平等，这奠定了近世法律平等原则的基础。在诉讼程序方面，刑事诉讼方面所确立起来的纠问式诉讼程序、二元程序体系，对后世诉讼法发展产生了相当大的影响。

（四）封建王室法

从11世纪开始的罗马法的复兴，不仅推动了欧洲大陆成文法的发展，也有助于王权及中央集权的加强。虽然，美国学者伯尔曼（Harold J. Berman，1918—2007）

---

[1] 参见何勤华主编：《外国法制史》，法律出版社2011年第五版，第107页。

[2] 当然，教会法的影响不仅仅表现在对大陆法系上，英美法系也受到了它的巨大影响，比如对教会土地赠与的要求，就是英国法上用益制、也是现代信托制产生的一个重要原因。

认为"不能把王室立法权发展的动因和原因归之于罗马法的发现"[1]，他强调11世纪开始的教皇革命才是促成王权加强的主要因素，但王权的强大和王室立法的兴起，无疑受到了罗马法中统一的皇权传统的影响。

1.王室法的内涵。所谓王室法（Royal Law），就是指公元5世纪以后由各日耳曼封建王国的王室所颁布，在王国境内普遍适用的世俗法。与日耳曼法主要由习惯法发展起来不同，封建王室法主要是由国王所颁布的敕令和规则等所构成。王室法产生于向封建主义过渡的时期，发展于中世纪的封建社会，终结于资产阶级革命。从这一点出发，美国学者泰格（M. E. Tigar）、利维（M. R. levy）对王室法下的定义是："推动建立早期现代国家者为求巩固势力而制订的法规。"[2] 统治者君主本人成为法律的制定者，而巩固封建王权，维护王权在世俗领域的最高权威，是王室法最根本的任务。

2.王室法的颁布与确立。一般而言，各日耳曼封建王国建立之初颁布的第一代成文法律，基本上都是日耳曼原始部落的习惯的汇编，如法兰克王国的《萨利克法典》等，但之后再由国王政府颁布的第二代、第三代成文法律、法令，就主要是根据日新月异的社会现实生活而发布的敕令，它们所表达的意志，已经不是上古时期的习惯，而是统治者的现实需求。比如，公元568年伦巴第王国成立，643年国王罗泰里（Rothair，也译"罗退尔"）主持编纂了《罗泰里法令》（Rothair's Edict，也译"罗退尔敕令"，共388条），该法律虽然也是由国王主持编纂的，但其来源主要是原来部落的习惯，因此，在学术的分类上，应该属于日耳曼法的范畴。但是，之后各代国王颁布的修改此法律的敕令（法令），则是各国王政府为了适应社会的发展变化而推出的，则属于封建王室法的范围。

比如，668年，国王格里莫阿尔德（Grimwald，也译"格利瓦特"）就运用王室权力，对《罗泰里法令》进行了修改，目的在于剔除法令中与文明进步不相协调和不公正的地方。刘伯兰（Liutprand，也译"利特勃兰德"，712—744年在位）国王于713年至735年期间，受到教会势力的扩张，罗马法的影响以及国家权力的

---

[1]〔美〕哈罗德·J. 伯尔曼：《法律与革命——西方法律传统的形成》，贺卫方等译，中国大百科全书出版社1993年版，第491页。

[2]〔美〕泰格、利维：《法律与资本主义的兴起》，纪琨译，学林出版社1996年版，第8页。

增强等因素的影响,又颁布了153条统称为《刘伯兰法律》的补充法令,对伦巴第法律作出了十分重要的增补。[1] 746至755年,各伦巴第国王又先后增订了数章。如拉切斯(Ratchis)于746年补充了14章,伦巴第王朝的最后一位立法者艾斯托弗(Aistulf)自750年到754年也补充了22个新章节。[2] 据考证,历次增订都是出自政府官吏的提议,且经人民同意,并由伦巴第议会通过。[3] 伦巴第的王室立法,其他还有《王室管理人公告》、《建筑师偿付表》等。

除了伦巴第王国之外,其他日耳曼王国也推出了许多王室立法,主要有:法兰克国王秃头查理(Charles Ⅱ le Chauve,823—877)于877年颁布的《基尔希法令》(Capitulary of Kiersy),规定大封臣的采邑可以世袭,至此之后,采邑只有因特定的原因并经正当法律程序才能被撤销;[4] 意大利王室的《西西里国王条例》(12世纪末)、国王罗杰二世(Roger Ⅱ)颁布的《阿里亚诺法令》(1140年)、《奥古斯都法》(1231年),[5] 以及弗雷德里克二世(Frederick Ⅱ)于1213年颁布的《西西里王国宪法》[6] 和1231年的《西西里岛敕令集》;德意志王室由亨利七世(Heinrich Ⅶ,约1275—1313)颁布的《萨克森和平法》(1223年)和《亨利条约》(约1224年),弗雷德里克三世(Friedrich Ⅲ,也译"腓特烈三世",1415—1493)于1467年公布的《五年和平法》,1474年的《十年和平法》以及死后由继承者于1495年颁布的《永久和平条例》等;[7] 法国国王路易十四(Louis, XIV,1643—1715)主

---

[1] 参见〔美〕孟罗·斯密:《欧陆法律发达史》,姚梅镇译,王健、刘洋校,中国政法大学出版社2003年版,第139—140页。

[2] 详细参见李秀清:《日耳曼法研究》,商务印书馆2005年版,第36—41页。

[3] 在伦巴第人统治下的意大利,与在西哥特人统治下的西班牙,以及在加洛林王朝统治下的法兰克帝国相同,都有一种称为"贵人会议"(Assembly of Magnates)的组织,它代替了由古代日耳曼全体自由民出席的部族大会,而"人民的同意",在那时已经成为一种纯粹形式上的仪式。参见〔美〕孟罗·斯密:《欧陆法律发达史》,姚梅镇译,王健、刘洋校,中国政法大学出版社2003年版,第140—141页。

[4] 〔英〕梅特兰等:《欧陆法律史概览:事件、渊源、人物及运动》,屈文生等译,上海人民出版社2008年版,第59页。

[5] 参见何勤华、李秀清主编:《意大利法律发达史》,法律出版社2006年版,第18页。

[6] 该法典乃当时最完善之一法典。其第一编规定公法;第二编规定司法程序;第三编规定封建法,并附带规定普通法律;但其中所包含之私法法规极少。该法典直至1819年前,名义上仍继续有效。

[7] 〔英〕梅特兰等:《欧陆法律史概览:事件、渊源、人物及运动》,屈文生等译,上海人民出版社2008年版,第246页。

持制定颁布的民法（1667年）、刑法（1670年）、海事法（1672年）、商事条例（1673年）和森林法令（1679年）等。

由于各封建王国政府的努力，中世纪欧洲大陆的王室立法至13世纪前后已经基本定型，形成了一个区别于罗马法、日耳曼法、教会法、城市法、商法以及地方习惯法的法律体系，而在此后的400余年中这一体系进一步发展完善。至17世纪，欧洲大陆的封建王室法的发展达到了顶点，取得了中世纪封建立法最高的成就。成熟时期的封建王室法的法律表现形式主要有：王室政府制定颁布的法律、法令；国王颁发给相关城市的特许状；国王发布的诏令（命令）、告示；国王与教会以及世俗封建贵族签署的协议（协定）等。

3. 王室法的内容。从上述各王室法律、法令的规定来看，王室法的内容主要涉及：（1）对国王统治权力的严格保护以及对王室犯罪的严厉处罚；（2）各级贵族的权利义务以及其与国王的关系；（3）教会与王室的关系以及其地位与特权；（4）封臣与封主之权利义务关系；（5）婚姻家庭的保障规则及其相应关系的调整；（6）叛国、杀人、强奸、绑架、盗窃等犯罪的界定以及其处罚；（7）关于法律和法令的解释；（8）国王对司法审判的管辖权力以及其正当性；（9）社会公共秩序的法律保障，包括刑事诉讼和民事诉讼的程序以及各项证据的法律规定；（10）在王国范围内城市自治、城市管理等的规定；（11）商品交易、买卖、物价、铸币、税收、雇佣等的规制；（12）保障封建领主之间不发生战争或者是调解冲突之双方的"和平法令"；（13）关于不得浪费奢侈、不得侵犯或骚扰他人住宅、不得为金钱原因而扣押某人并将其伤害、杀死等的禁止性规范[1]等。

4. 王室法的特点以及对大陆法系的影响。一方面，与地方习惯法相比，王室法更具有稳定性和可预测性，以成文法律和诏令为主要表现形式的王室法，比口耳相传、分散零乱的习惯法更加便于遵守。同时，王室法通行于整个王国，具有全国一体遵行的效力，具有非常鲜明的统一性，而地方习惯法则因地区、种族、领主而异，有多少个领地，就会有多少种习惯法。此外，王室法的效力要高于地方习惯法，在王国政权有效期间，凡是与王室法相冲突的习惯法，都将归于无效。

---

[1] Maria Giuseppina Muzzarelli, Reconciling the Privilege of a Few with the Common Good: Sumptuary Laws in Medieval and Early Modern Europe, In The Journal of Medieval and Early Modern Studies, Vol. 39, No. 3, 2009, p. 607.

另一方面，与商法和城市法相比，王室法的调整范围更广，内容更加丰富。商法以商人行为和商业活动为规范中心，城市法主要以城市自治、城市管理、城市安全为核心。而王室法，如上所述，它调整的范围很广，内容比较多，事项也很繁琐，涉及王室的治理、贵族的特权、教会的权力、封臣的权利和义务等各个部门法的领域。

当然，王室法与罗马法、日耳曼法和教会法这三大法律体系相比，其调整的范围还是比较窄，影响力也不如它们。但作为中世纪欧洲一个重要的法律体系，王室法对后世的立法，包括大陆法系仍然产生了重要影响。比如，婚姻家庭的保障规则，叛国、杀人、强奸、绑架、盗窃等犯罪的界定以及其处罚，对法律和法令进行解释的传统，社会公共秩序的法律保障（包括刑事诉讼和民事诉讼的程序，以及各项证据的法律规定），关于城市管理等的规定，有关商品交易、买卖、物价、铸币、税收、雇佣等的政府规制措施，各种"和平法令"，以及关于不得浪费奢侈、不得侵犯或骚扰他人住宅等的禁止性规范等，在后来法国和德国的近代立法中，都被不同程度地继受下来。

（五）地方习惯法

在整个中世纪欧洲，封建地方习惯法一直是各个国家、各个领邦、各个封地的基本的法律渊源。虽然，它和其他法源同时并存、关系密切，但与这些法源如罗马法、教会法、中世纪商法和城市法等又有着很大的区别，尤其是它与封建王室法和日耳曼法，关系更加复杂，表面上看十分相似——王室法和日耳曼法，都来源于习惯法，但细细分析，还是有着重要区别。王室法以王室的立法以及国王发布的敕令（适应中世纪中后期社会的变化）等为主要表现形式，日耳曼法起先是日耳曼部落的原始习惯，后来是"蛮族法典"，慢慢走上了成文法典的道路，且实行属人主义原则。而封建地方法，则一直是以各地分散的习惯法的形式存在，即使后来被汇编在一起，也仍然以习惯法汇编的名字称呼之，如《巴黎习惯法》等。且习惯法实行的是属地主义的原则。

中世纪欧洲封建地方习惯法，其起源是通行于各地的原始习俗。进入封建社会之后，随着庄园［manor，常与封地（fief）、采邑（benefice）等混用］制度的确立，各地的农民慢慢依附于所在地方的领主，原来通行的原始习俗也逐步演化成为当地的地方习惯法。由于当时欧洲大陆，各个层次、各个级别的公爵、侯爵、伯爵、子爵等封建领主星罗棋布，所以当时欧洲大陆的封建地方习惯法也是如繁星点点，分散在广袤的欧洲大陆各个领地上。中世纪欧洲的封建地方习惯法，与罗马法、日耳曼法、教会法、中世纪商法、城市法和王室法等相辅相成，共同构成了当时调整社会各种关系的法律体系，并成为其中最为底层的、土壤最为肥沃的法律准则。

封建地方习惯法，调整的领域是非常广泛的。比如，人的社会等级和身份关系，领主的各项特权，骑士制度，领主的婚姻同意权，悔婚费，采邑继承人的权利和义务，土地分封的规则，封臣（或附庸）与封主（领主）的关系，封地的所有、占有和使用，封地的转让规则，封地的租佃，寡妇和鳏夫的财产制，长子继承制，封建领主法庭的审判程序，领主司法权的保护及其运用，证据（证言[1]）的取得及其效力等级。可以这么说，在当时，除了罗马法、日耳曼王国各大法典以及教会法等调整的领域之外，其他事务都是由封建地方习惯法来规范的。

封建地方习惯法虽然调整的领域非常广泛，但毕竟过于分散零乱，如同法国巴黎主教阿果巴德（Agobard）对这一时期封建地方法律的分散和多元所发出的感叹："任何五个人，法兰克人、罗马人、伦巴德人，当他们在大路上或桌子前相遇时，很可能没有一个人与另一个人生活在同样的法律制度下。"[2]因此，为了使法律的适用逐步趋于统一，从13世纪开始，人们就将分散的封建地方习惯法予以汇编，并加以梳理和编排。早期的汇编，主要是由私人进行，如《圣路易斯习惯法汇编》（Etablissements de Saint Louis）、《诺曼底习惯法汇编》（Coutumiers of Normandy）、《波瓦西习惯法汇编》（Coutumes de Beauvaisis）和《贝里习惯法汇编》（Coutumiers of Berry）等。此后，陆续出现了由官方或半官方编纂的习惯法的汇编。根据史料的记载，1411年在安茹，1417年在波瓦图，1450年在贝里，都出现了官方或半官方的习

---

[1] 当时的证据有八种：誓言、书面文件、司法决斗、证人、法庭记录、被告方的供认、法院通知和推定。其中，证人证言最为重要，也是在当时最为进步的证据形式。

[2] 〔美〕约翰·H. 威格摩尔：《世界法系概览》下，何勤华、李秀清、郭光东等译，上海人民出版社2004年版，第713页。

惯法汇编。[1]

进入16世纪以后，封建地方习惯法的汇编活动进一步活跃，并上了一个台阶，出现了由法学大师代表国家编纂分散的习惯法，并结合罗马法、日耳曼法和教会法等法源对其进行详细注释，使之成为国家的重要法律渊源和法学文化遗产。其中，最为著名的是由迪穆林（C. Dumoulin，1500—1566）编纂的关于巴黎习惯法的著作全集，德杰恩特莱（Bertrand d'Argentre，1519—1590）编写的《布利特努恩习惯法注释书》（Commentarii in patrias Britonum leges）和寇克（Guy Coquille，1523—1604）编纂的《尼韦内习惯法注释：法国法原理》（Commentaire la Coutume du Nivenais；Instution au droit des Francais）等。[2]

上述三位法学大师中，迪穆林是一位平民出身的人文主义法学家。他对1510年《巴黎习惯法汇编》的观点和研究意见，在1580年该汇编改正时，被全部吸收和采纳。法国大革命以后的立法，曾深受他的影响，如《拿破仑法典》中的分割债务和不可分债务的理论（1217—1233条）、代位清偿理论（1249—1252条）等，都是以迪穆林的习惯法理论为基础的。[3] 德杰恩特莱是一位出身贵族的封建制的支持论者，他关于布利特努恩（Britonum）的习惯法的注释，对该习惯法1580年的改正、汇编产生了巨大影响。寇克，既是一位法学家，又是一位政治家，是当时法国等级会议的第三等级代表。他关于尼韦内习惯法的注释，对当时法国各地习惯法的统一工作也有重大影响。[4] 由于迪穆林等法学家的辛勤劳动，使法国封建地方习惯法成为19世纪初形成的大陆法系的历史渊源之一。

（六）中世纪商法

公元11世纪，随着西欧商业的逐步复兴，规范商人活动、调整商业运作的中世纪商法也开始形成，并得到迅速的发展。在中世纪，商法又称商人法（Law

---

[1] John P. Dawson, The Codification of the French Customs, Michigan Law Review, Vol. 38, April 1940.

[2] A. West, Y. Desdevises, A. Fenet, G. m-c. Heussaff, The French Legal System: an Introduction, p. 20. London Fourmat Publishing, 1992.

[3] 同上，第19页。

[4] 〔日〕碧海纯一、伊藤正己、村上淳一等编：《法学史》，东京大学出版会1976年版，第189页。

of merchant），由一系列商事习惯和法律组成。由于商事活动包括内陆商业活动和海上商业活动，故商法也由陆上商法和海上商法（即海商法）两部分组成。中世纪后期西欧国家曾分别编纂过"商法典"和"海商法典"，而近代各国编纂法典时多把海商法作为商法典的一编，所以习惯上有时把内陆商法和海商法统称为商法。[1]

一般而言，商法中的海商法起步比较早，历史上最早的海商法是腓尼基人的海事习惯，但没有能够留存下来。[2] 之后，最有影响力的是罗得海法，中世纪欧洲的海商法莫不受其影响。11世纪以后，欧洲出现了数部影响巨大的海事法典：《阿玛菲法典》（Amalphitan Code），是意大利那不勒斯附近的港口城市阿玛斐的海事法院判例的汇编，其判例内容较广，一切海上争议、诉讼都能按其得到解决，它被地中海地区普遍承认，一直适用到16世纪末；《康梭拉多海商法典》（Consolate del mare），由西班牙巴塞罗那海事法院编撰，是海商事习惯和判决的汇编，从13世纪开始流行于地中海地区，适用达5个世纪之久，其内容主要是关于船长及船员在履行运送契约过程中权利义务的规定；《奥内隆法典》（Rolse D'Oleron），汇集了11至12世纪奥内隆岛上海事法庭的判例，[3] 其内容包括港口章程、船货装载、海上遇险以及弃货规则和海上安全等；《维斯比海商法典》（Laws of Wisby），[4] 约编撰于1350年，其内容实际上是上述各法典及相关海商法规的摘录和汇编，后为汉萨同盟所接受；《汉萨海商法典》（Hanseatic Laws of the Sea），是有关汉萨同盟[5] 的海商法汇编，内容涉及保护商人的财产，如规定不提倡冬季航海，毁掉不能航行的船只，水手负有其他船只身处危险时，应尽保护之义务，并设置各种措施防止

---

[1] 林榕年主编：《外国法制史新编》，群众出版社1994年版，第229页。

[2]〔美〕约翰·H. 威格摩尔：《世界法系概览》下，何勤华、李秀清、郭光东等译，上海人民出版社2004年版，第751页。

[3] 奥内隆是中世纪重要的商业中心，是位于西班牙和法国之间的比斯开湾的小岛，《奥内隆法典》代表了当时欧洲各航海民族的习惯与思想，为13、14世纪汉萨同盟和波罗的海国家建立海商法体系奠定了基础。参见〔美〕汤普逊：《中世纪经济社会史》（下册），耿淡如译，商务印书馆1984年版，第178页。

[4] 维斯比是波罗的海哥特兰岛上的一个港口，汉萨同盟早期曾将总部设置在此。《维斯比海商法典》流行于北海和波罗的海沿岸地区，17至19世纪曾多次被印行，广为流传。

[5] 13世纪在德意志北部形成的"汉萨同盟"，14世纪以吕贝克为中心有80多个城市加入该同盟，最多时达到160多个城市。

因船主所为对商人造成的损害。[1] 上述各大海商法典，虽然后来都归于消亡，但其中的基本原则，后来都被 1681 年法国《海事条例》[2] 所吸收。

在海商法发展的同时，陆上商法也从欧洲各城市之间的商业贸易活动中通行的习惯法中，慢慢演化出来。11 世纪以后，在意大利沿海城市发达起来的商业，逐步越过阿尔卑斯山，向法、德、瑞士等地的城市发展，而在北欧沿海的丹麦、挪威和瑞典等商人，开始向欧洲中部渗透，欧洲南北两端的商业活动，一点点推动着欧洲大陆内部各城市的商业活动向前发展。而在其中通行着的习惯，慢慢从调整集市营业规范，向流通票据、合伙契约、商业保险、新型商业联合体的章程等进化，而同期发展起来的商事法庭，则通过受理各种商事纠纷和商人案件，做出了各种具有指导性的判例，这两条路径汇合在一起，使中世纪欧洲的陆上商法日益进步和发达。其最高成果就是路易十四时期法国于 1673 年编纂的《商事条例》。

从中世纪商法的表现形态来看，主要是陆上和海商法典，也有国王颁布的特许状和诏令，商业活动中通行的习惯，商事法庭做出的判决，教会和封建领主颁布的单行法规，一些城市法和商业公司的章程等。中世纪商法，不仅成为调整中世纪欧洲商业活动的基本规范，助推了资本主义商品经济制度的成长，而且成为近代资产阶级法律体系的重要历史渊源，为法国 1807 年商法典的制定、大陆法系的形成做出了重要贡献。大陆法系中商号、商标、居间、行纪、商事账簿，无限公司、两合公司，商事交互计算，银行，证券交易，票据流通、合伙经营、商业保险、货物买卖，仓储、寄托、冒险贷款等各项法律制度，其历史渊源，都来自中世纪商法。

（七）城市法

在罗马帝国统治时期，已经有了许多繁华的城市以及相关的治理规范。但近

---

[1] 关于中世纪各海商法典的详细论述，参见上述〔美〕约翰·H. 威格摩尔：《世界法系概览》下，何勤华、李秀清、郭光东等译，上海人民出版社 2004 年版，第十三章"海事法系"；何勤华主编：《外国法制史》，法律出版社 2011 年第五版，第 119—120 页。

[2] 由当时法国的财政大臣柯尔贝尔（Colbert, 1619—1683）主持编纂。

代的城市以及城市法，则是在中世纪后期，随着商业的发展而兴起的。

公元10世纪，欧洲大陆的政治格局逐渐安定下来。阿拉伯人向欧洲的扩张得到遏制，东西方的势力达到了暂时的平衡。不断骚扰欧洲大陆的诺曼人退了回去，东斯拉夫人和匈牙利人的入侵也被击退。欧洲进入了一个相对和平的时期，经济也随之开始复苏，商业与贸易再次兴盛起来。在这种背景下，商人们就在一些交通便利并且有足够的安全保障的地方建立了定居点。在当时的欧洲，符合这两个条件的地方很多原本就是封建城堡或者教会修道院的所在地，还往往兴建了较大的市集进行定期贸易。商人们在这些城堡或者修道院的附近建立了新城区，并且不断地扩大地盘，吞并旧城区，最终形成了城市。[1]

这一过程，最先出现在意大利北部的一些沿海港口，后来延伸到内地，并波及到法国、德国等各个地区。至14世纪，城市已经非常普及，并涌现了一批人口众多、影响巨大的城市，如威尼斯、佛罗伦萨、巴勒莫、巴黎、米兰、热那亚、巴塞罗那、科隆、波伦那（博洛尼亚）、帕多瓦、布鲁日、根特、纽伦堡、吕贝克等。其中，威尼斯、佛罗伦萨、巴勒莫、巴黎等的人口都突破了10万，成为在当时人们观念中的"特大型"城市。这些城市，其功能已经不限于定期贸易、军事堡垒和手工业生产等，而成为了一个个政治权力角逐、宗教事务集中、市民阶级活跃、[2]学术与文艺得到复兴、在知识分子推动下的文化多元的中心。正是在这样一种氛围之下，中世纪的法律渊源之一城市法（juro）或城市法规（ordinances）开始登上历史舞台。

城市法的出现，大概是在12世纪前后，最早拥有自己法律的是比萨、热那亚、皮斯托亚（Pistora）和亚历山德里亚（Alessandria）。13世纪以后，城市立法开始变得活跃，数量也日渐增多。当时法律的表现形式，主要有特许状。它是城市自治的标志，在城市拥有最高的法律权威，类似于宪法的地位。特许状实际上是一份封建契约，契约的一方是自治城市，另一方是封建统治者国王（在意大利和德

---

[1] 关于城市的形成原因有着诸多的理论，具体可参见〔美〕汤普逊：《中世纪经济社会史》下册，耿淡如译，商务印书馆1963年版，第409—415页；刘景华：《西欧中世纪城市新论》，湖南人民出版社2000年版，第3—34页。本书采主流观点，即城市兴起乃是欧洲商业复兴的产物。

[2] 城市居民"布尔乔亚"（Burgenees）就出现在这一时期。参见〔美〕汤姆逊：《中世纪经济社会史》下册，耿淡如译，商务印书馆1963年版，第412页，注1。

国，是皇帝）。特许状既有涉及土地权利的，也有涉及人身保护方面的，但最为普遍的是涉及城市的自治地位和经营工商业的各种特权。总体而言，特许状是城市法的主要渊源，它规定了城市法的轮廓，确认城市社会生活的主要原则和制度，并赋予了城市对抗国王和领主的权力。

中世纪欧洲城市法的第二个表现形式，就是城市立法。[1] 这是指获得自治权的城市权力机关为适应本城市的社会经济发展需要而颁布的法令、条例、协定、统领誓词等。其中，法令（law），是由城市的"民众大会"、贵族会议或者其他城市自治最高机构颁布的规章，只限于极其重要的公众事务或者重要的外交事项，数量不多。条例（ordinances），"协定"（brevia）和"统领誓词"（Promissiones），是由自治城市的市政当局在运作过程中出台的一系列规章制度的不同称呼。所有这些立法主要涉及城市市政领导机构的设置，市民的权利义务关系，城市的道路、桥梁等城市建设问题，及商业、手工业、教育、救济、治安等城市管理问题，还涉及城市与封建领主的关系，有的属民法、刑法规范，有些则是诉讼规则。

城市法的第三个表现形式就是行会章程。行会（guild，也译"基尔特"、"同业公会"），是中世纪欧洲城市中同行业或相近行业的商人和手工业者所发展起来的一种联合组织，其目的在于维护其成员不受封建领主的侵犯，保障他们对手工业制品的生产和销售的垄断权利。行会的最早雏形是罗马帝国时代的手工业联盟（称作 Collegia），至中世纪，其形态日渐完善，出现了手工业和商人的行会。商人行会的名称第一次出现在 11 世纪末法国圣奥梅尔（St. Omer）的一个类似团体的章程中。[2] 由于行会不依附于任何权力，只有其成员的意志才是法律。渐渐地，所有的商人和手工业者聚居地都产生了类似的行会，并且形成了自己的一些章程和制度。这些章程由会员大会制定和通过，在行会活动中具有很高的权威。由于行会在城市中有很重要的作用，不仅支配着城市大部分居民的生活，而且实际上是城市的非正式管理机关，具有一定的行政组织职能，因此行会章程事实上具有法律效力，成为城市法的一种渊源。[3]

---

[1] 城市获得立法的权力，最早是由神圣罗马帝国于 1183 年颁布的《康斯坦茨和约》中规定的。

[2] 王觉非主编：《欧洲历史大辞典》上，上海辞书出版社 2007 年版，第 228 页。

[3] 参见何勤华主编：《外国法制史》，法律出版社 2011 年第五版，第 111—112 页。

当然，行会章程也要受到政府机关的监督。一般而言，在自治城市中，行会的章程由城市的权力机关监督；在半自治市中，国王或者领主派遣的总督负责对行会章程进行审查。如13世纪，巴黎的总督艾蒂安·布瓦洛（Etienne Boileau），就曾颁布了《城市行会章程》（Livre des Métiers），这一法规的汇编向我们展示了法国工人行会的组织形式。[1] 虽然行会章程的内容依行会的种类而千差万别，但基本点是相同的，即都规定了本行会的工商活动准则。如学徒身份和成员身份的条件、工作日与假日、质量标准、最低限度的价格、行会内部限制竞争和平等交易的条件、限制进口以及其他保护主义的措施。许多手工业行会章程，还规定了开设手工业作坊者必须具备的技术、开业执照、作坊地点、构成人员、招收学徒和帮工的人数，以及工作时间等。[2]

除了上述特许状、城市立法和行会章程之外，为城市市民所认可的习惯、城市法院的判例以及一些城市同盟，如1241年由德意志北部城市吕贝克和汉堡订约成立的"汉萨同盟"（Hansa Teutonica）等制定的规则，也是城市法的表现形式之一。

中世纪城市法，随着城市的衰落而逐步退出了历史的舞台。但是，中世纪城市法所创造的法律文明成果，对近代资产阶级法律体系，包括大陆法系的形成产生了重要影响。城市法摒弃了封建的身份法，赋予城市市民以人身自由权和平等权，并赋予当时的市民阶级以积极参与城市的政治生活，城市组织的活动的权利（如选举城市执政官[3]、市政委员会，参与制定城市宪法等），从而为大陆法系的宪政法制（选举制度、议会制度、对官员不法行为的弹劾、地方自治等）提供了历史借鉴；城市法肯定了市民民事权利的主体资格，市民享有在民事、诉讼等方面的各项平等权利，妇女在财产上也享有了一定的支配权利，这些，对大陆法系的民法制度，尤其是1804年法国民法典中民事权利主体平等的原则的确立，具有重

---

[1] 参见〔英〕梅特兰等：《欧陆法律史概览——事件、渊源、人物及运动》，屈文生等译，上海人民出版社2008年版，第178页。

[2] 如《巴黎羊毛织工行会章程》规定："行会里的任何人，不得在日出之前开始工作……""在第一次晚祷钟声发出的时候，就应停止工作"。参见周一良、吴于廑主编：《世界通史资料选辑》，郭守田主编的中古部分，商务印书馆1981年增订版，第137—138页。

[3] 执政官（Podesta），享有最高的行政和司法权力，最早出现在意大利的比萨，1100年之后，米兰、热那亚、波伦那、帕多瓦等城市也都由城市自己选出了执政官。

要的启蒙意义；城市法在规范城市活动中形成的公证人制度（13世纪晚期，意大利城市博洛尼亚就已经有了约2000名公证人），公债、保险、银行、公司等制度，税收和物价管理规定，关于劳动条件的设置以及对劳动者的一些保护性规定，关于城市土地管理、城市规划、房屋租赁、环境卫生的规则等，也为大陆法系的行政法、商法和经济与社会立法等所吸收。

五、大陆法系的主要内容与基本特点

大陆法系涉及国家众多，部门法典内容丰富，法学著作琳琅满目，作为与英美法系对应的世界上最大的法律体系，其特点也是非常的鲜明。这里非常简要地介评于下。

（一）完整的六法体系

大陆法系的各个国家，当然法国和德国是其代表，法律制度的一大特点就是有一个比较完整的法律体系，这一体系，以宪法为指导，以私法（民法、商法）为基础，包含了刑法、刑事诉讼法、民事诉讼法，以及行政法（在法国主要是由最高行政法院的判例，在德国则由行政立法构成）等在内的六大法律领域的法律、法令所组成，因此，我们一般就称其为"六法全书"体系。[1]

在法国，这一六法全书的体系，是在拿破仑执掌法国最高统治权（1799年）之后，制定了1799年法国宪法，1804年法国民法典，1807年商法典，1808年民事诉讼法典和刑事诉讼法典，以及1810年刑法典之后形成的。而在德国，则是在1871年国家统一之后，通过制定宪法（1871年）、民法典（1896年）、商法典（1897年）、刑法典（1871年）、法院组织法、民事诉讼法和刑事诉讼法（均为1877年）等形成的。在日本，也是通过1889年的明治宪法、1898年的民法典、

---

[1] 大陆法系六法全书的体系，发展到现在，已经名不符实了，即现在法国、德国、日本、韩国等出版的"六法全书"或"小六法"等，基本上就是一部该国现行法律、法令的汇编，"六法全书"只是一个象征性的称谓。

1899年的商法典、1890年的民事诉讼法与刑事诉讼法，以及1907年的刑法典后开始确立的。在中华民国政府时期，六法全书也是在1928至1935年间，通过制定民法、刑法、民事诉讼法、刑事诉讼法等各大法典之后形成的。

确立以六大法典为核心的六法全书式法律体系，在其他各个法系中是没有的，不仅英美法系没有这样的立法壮举，如以往的中华法系、印度法系，以及现在还生机勃勃的伊斯兰法系等也是没有的，它是大陆法系独具的特色。六法全书式的法律体系，对于构建一个国家的法律规范体系，对于法学教育和法学研究，以及公民法律意识的普及等，都是比较适合、比较便利的。没有形成六法全书的英美法系，在法律体系上当然也是非常完备，也有优势（司法机关的审判活动在社会生活中发挥了非常重要的作用，对立法机关和行政机关形成了强有力的监督和制约作用等），但那么多零散的、数不胜数的判例，不要说普通民众，就是法律从业人员，要理解和掌握它们，也是非常吃力的。因此，至少在法律制度（规范）的表现形式上，大陆法系的六法全书式的体系是非常经典的，是人类法律文明的精华之一。[1]

（二）公法与私法的划分

公法和私法的划分，是大陆法系的又一重要特点。这种划分，其来源是古代罗马法。古代罗马五大法学家之一乌尔比安（Ulpianus，约170—228）在继承罗马公法和私法划分的传统的基础上，于公元2世纪提出："公法是关于罗马国家的法律，私法是关于个人利益的法律。"[2] 公元6世纪编纂的《优士丁尼法学总论》（The Institutes of Justinian，又译《优士丁尼法学阶梯》）认可了这一分类。法律分为两部分，"即公法与私法。公法涉及罗马帝国的政体，私法则涉及个人利益。这里所谈的是私法，包括三部分，由自然法、万民法和市民法的基本原则所构成"。[3]

---

[1] 徐爱国教授在"清末继受大陆法系传统的影响"，载2012年2月24日《人民法院报》第五版，文中持与笔者不同的观点。
[2]《学说汇纂》，1.2.1.1.
[3]〔罗马〕优士丁尼：《优士丁尼法学总论》，商务印书馆1989年版，第5—6页。

罗马帝国灭亡以后，11世纪意大利的波伦那学派（注释法学派）在注释、研究和复兴罗马法时，不仅认可了罗马法上的一些基本的法律概念，如法、法学等，也认可了乌尔比安关于公法与私法的法的分类。在实践活动中，他们以优士丁尼《学说汇纂》为注释罗马法的主要文献，经过他们整理发展起来的主要是罗马的私法。这一传统，后来又为法国以居亚斯（Jacques Cujas, 1520—1590）为首的人文主义学派、以朴蒂埃（R. J. Pothier, 1699—1772）为首的罗马法学派，以及以奥普利（Charles Aubry, 1803—1883）、劳（Charles Rau, 1803—1877）为首的私法注释学派等所继承，并发扬光大，其成果就是1804年《法国民法典》的面世。它奠定了大陆法系的基础。

19世纪之后，以胡果、萨维尼为代表的历史法学派，进一步深入挖掘罗马私法的内容，胡果于1805年出版的《潘德克顿教科书》（Pandektenwissenschaft，即《学说汇纂》注释书），萨维尼于1803年出版的《占有权论》（Das Recht des Besitzes）、1815年出版的《中世纪罗马法史》（Geschichte des romischen Rechts im Mittelalter，全6卷）和1840年出版的《现代罗马法体系》（System des heutigen Romischen Rechts，全8卷）等，不仅将罗马私法发扬光大至极致，而且还在此基础上创设了近代民法和民法学的体系。正是在此基础上，德国颁布了对后世民法发展意义深远的1896年民法典（1900年实施），并将大陆法系大大往前推进了一步。

应该说，罗马时代形成的公法与私法之二分法的传统，对大陆法系国家的立法、司法，以及法律教育和法学研究，都造成了巨大的影响。[1]虽然，在大陆法系国家中，并没有一个标榜"公法"或"私法"的立法部门或立法领域，但在立法者的意识或指导思想中，区分公法和私法是非常自然和确定的。诚如日本法学家美浓部达吉（1873—1948）所说："现代的国法（国家的法律体系），是以区别其全部为公法或私法为当然的前提的，对于国家的一切制定法规，若不究明该规定是属于公法或私法，而即欲明了其所生的效果和内容，盖不可能。"他的最后结论，就是"公法和私法的区别，实可称为现代国法的基本原则"。[2]

---

[1] 对公法和私法之分类的最新研究成果，可以参见孙文桢："私法公法区分标准之研究——兼论私法观念的革命"，载《私法》第10辑第1卷，华中科技大学出版社2012年版，第97—122页。
[2] 〔日〕美浓部达吉：《公法与私法》，黄冯明译，周旋勘校，中国政法大学出版社2003年版，第3页。

至于在法典解释和学术研究中,公法与私法的分类,更是一个不言自明的准则。学者在其作品中,一般都将民法、商法和民事诉讼法等调整公民之间权利和义务关系的法律规范,视为私法;将宪法、行政法、刑法和刑事诉讼法等调整公民与公共权力之间关系的规范视为公法。许多大陆法系的国家如德国,就编辑出版有《公法杂志》(Archiv des öffentlichen Rechts),并出版了一批论述德国私法和私法史的著作。这当中,最有影响的就是由弗朗茨·维亚克尔(von Franz Wieacker,1908—1994)于1952年[1]出版(1996年修订[2])的《近代私法史:以德意志的发展为观察重点》(Privatrechysgeschichte der Neuzeit: Unter besonderer Berucksichtigung der deutschen Entwicklung)一书。在此书中,作者对自11世纪意大利博洛尼亚(波伦那)注释法学派研究古典罗马法、德国13世纪开始全面复兴罗马法起步的500多年的德国私法发展史及其学说进行了全面梳理,并在德国真正确立起了一个现代私法研究的体系。

虽然,西方学术界对公法与私法的分类,也曾有过不同看法,如英国分析法学派的创始人奥斯汀(J. Austin,1790—1859)提出了法是主权者的命令的观点,实际上抽去了将法分为公法和私法的基础。荷兰宪法学家胡果·克拉贝(Hugo Krabbe,1857—1936)认为传统的公法与私法的区别,并不是基于法律的观察,因而予以否定。而美籍奥地利法学家、纯粹法学派的代表凯尔森(Hans Kelsen,1881—1973)开创的奥地利学派,则对公法和私法的区分进行了明确的否定。该学派的夫伦兹·威雅(Franz Weyr)、玛尔克(Adolf Merkl)认为,将法律分为公法与私法,不仅没有积极的意义,反而有损于有着统一体系的法律学的发展。比如,"将行政法分属于公法与私法,自行政法学上看来,全是无用的问题","把法分为公法和私法,是法律学上最古老、最普通的分类,实不能满足法律学上的分类要求"。[3]

当然,在否定公法与私法之分类上,最为坚决的人物,则是凯尔森。他在

---

[1] 1952年版的此书不久就由日本学者铃木禄弥翻译成日文,1978年由创文社出版,取名《近世私法史》,在日本民法学界产生了很大的影响。
[2] 1996年的修订版由中国台湾学者陈爱娥、黄建辉译成中文,2004年由上海三联书店出版。
[3] [日]美浓部达吉:《公法与私法》,黄冯明译,周旋勘校,中国政法大学出版社2003年版,第17页。

《国法学的主要问题》(Hauptprobleme der Staatsrechtslehre, 1911) 一书中，阐述道："通说国家与其他主体之间的关系为法律上的统治关系，因之对私法和公法加以区别，但我却相反，把这两者的区别概行抛弃。"凯尔森认为，国家和个人之间的关系，不是权力服从关系，而是权利义务之关系，其性质与个人与个人之间的关系相同。"自法律家看来，国家亦不过是一个人（Person），是一个权利义务的主体而已。"因此，"他认为视其中之一为私法而另一为公法，以两者为具有不同的性质之主张是完全错误的"。[1]

公法与私法的分类，虽然是形式上的，但在立法、司法和法律教育和法学研究等方面，还是有着现实的积极意义的。因为任何一个社会现象，尤其是内涵比较丰富的社会现象，若对其进行观察、认识、分析和研究，总要划分为若干部分或领域，以作为入径和契入点，才能节约时间成本和思维成本，才能比较有成效地进行分析，并一步步展开，而公法与私法的分类，就起到了这么一种作用。公法与私法的分类及其研究，与部门法的分类及其研究，其性质是一样的。[2] 而现在将法律分为部门法并进行各自的研究已经为大家所习惯，没有人提出过任何疑义，为什么我们不能认可 2000 多年前的做法。须知在当时学界，还根本没有部门法的概念和想法呢。而公法与私法的分类，填补了学界的这一空白，值得肯定。[3] 大陆法系拥有的这一传统，也是我们所应当继续发扬光大的。[4]

---

[1][日]美浓部达吉：《公法与私法》，黄冯明译，周旋勘校，中国政法大学出版社 2003 年版，第 9 页。

[2]当然，20 世纪以后，西方学术界也开始在公法与私法之外，进一步提倡第三个法域即社会法的划分和研究，他们不仅阐明了许多法律关系（如经济法、劳动法和社会保障法等）无法仅仅用公法或私法来归类、分析、研究，而且私法的公法化、公法的私法化倾向也十分明显。对此，德国法学家祁克（O. F. von Gierke, 1841—1921）和日本法学家美浓部达吉都有详尽的论述。参见何勤华：《西方法学史》，中国政法大学出版社 2003 年第二版，第 216—217 页；[日]美浓部达吉：《公法与私法》，黄冯明译，周旋勘校，中国政法大学出版社 2003 年版，第三章，第 149 页。

[3]在日本，学术界对法律体系的最新分类，是分为：公法、民事法、刑事法、社会法、产业法和条约六大类，这既吸收了西方法律分类的传统，即公法和私法，又兼顾了部门法以及国际条约的兴起现状。参见《小六法》，平成十九年版，有斐阁 2007 年版。

[4]将法律分为"公法"和"私法"，现在已经获得中国法学界的公认，不仅出版了许多公法和私法的作品，而且还创办了刊物，推出了大型丛书，如胡建淼主编：《公法时代丛书》，姜明安主编：《中国公法学三十年丛书》，刘恒主编：《公法与政府管制丛书》，刘茂林主编：《公法评论》多卷本，以及易继明创办的《私法》、吴汉东和陈小君创办的《私法研究》连续出版物等。

（三）成文的部门法典

大陆法系非常注重成文法典的编纂，几乎每个国家在各个领域都制定了系统完整的法典。与古代、中世纪的法典不同，大陆法系各国的法典，作为近代型成文法典的代表，无论在立法理念、立法技术和制度规定上，都显示出巨大的优点。

比如，1804年《法国民法典》的编纂采用了法学家盖尤斯和东罗马皇帝优士丁尼主持编纂的《法学阶梯》的体例，由序编和三卷组成，共2281条。序编仅6条，规定法律的公布、效力及其适用。第一卷为"人"，主要规定法国公民的民事权利、法国国籍的取得与变更、身份证书、住所、失踪的推定和宣告，以及婚姻、亲子关系、收养、亲权、监护等项制度。第二卷"财产以及所有权的各种变更"，主要规定财产的分类，所有权，用益权，使用权与居住权，役权与地役权。第三卷"取得财产的各种方式"，主要规定继承制度，生前赠与及遗赠，契约或约定之债的一般规定，包括准契约以及侵权行为与准侵权行为而发生的非经约定之债，夫妻财产契约与夫妻财产制，买卖、互易、租赁契约以及借贷契约、射幸契约、委托契约、保证契约等具体契约形式，合伙、寄托和诉争物的寄托等，还规定了和解、仲裁、质押、优先权与抵押权，不动产扣押与债权人之间的顺位，时效制度与占有制度，等等。

法国民法典虽然来自《法学阶梯》，但作为近代型的成文法典，其立法水平已经大大提高。最为重要的就是剔除了诉讼法的部分，明确地将实体法和程序法分开，紧紧围绕人这一法律主体，就其相关的权利（人格权、财产权以及这些权利的得失和变动等）做出规定，并在总结古代和中世纪民法发展演变过程中的经验的基础上，凝练出了近代民法四大基本原则：民事权利地位平等原则，私人财产所有权无限制原则，契约自由原则和过失责任原则。体现出典型的资本主义早期的民法典，革命原则和传统之间的妥协与折衷，注重实际效用，法典语言通俗易懂等项鲜明特色。

又如，《德国民法典》（Burgerliches Gesetzbuch）以《学说汇纂》（Digesten）为

蓝本，设五编，35章，2385条。在第一编总则（Allgemeiner Teil）中，规定了涉及民法各部分的一般原则和基本制度。主要对自然人和法人（Juristische person）、物，以及法律行为（Rechtsgeschäft）作了规定。在第二编债务关系法（Schuldrecht）中，对债的内容、因契约（Vertrag）而产生的债务、债务关系的消灭、债权的转让、债务的承担，以及各种具体的契约做出了规定。第三编是物权法（Sachenrecht），主要内容包括占有、土地权利、所有权、地上权、地役权、先买权、土地的产物负担、土地债务、质权等。第四编和第五编是家庭法（Familienrecht）和继承法（Erbrecht）。与古代法典不同，德国民法典还配备有施行法共218条，以确保法典的贯彻。

作为近代学术成就最高的成文法典，德国民法典的编撰体例具有科学性，它采用所谓"潘德克顿体例"[1]，改变了传统罗马法的人、物、诉讼三编法，将民法典分为总则、债权、物权、亲属和继承五编。总则编是对整部法典的基本制度和原则作出抽象概括的说明，其后的四编是总则编的扩展和具体化；它为适应资本主义经济发展的需要，在贯彻资产阶级传统民法基本原则（私有财产所有权不受限制、契约自由和过失责任等）方面有所变化；它在历史上率先系统详尽地规定了法人制度，明确法人是民事权利的主体；它严谨的法律语言、高度概括的民法概念、高超的立法技巧，及其所揭示的民法学原理和民事立法的普遍规律，都使近代大陆法系成文法典达到了一个历史的新高度，从而推动了整个人类法律科学的发展。

《德国民法典》是继《法国民法典》之后的又一民法发展的里程碑。它打破了《法国民法典》近一个世纪的垄断地位，与其共同成为大陆法系（民法法系）的代表。它的出现，使大陆法系划分为法国法律体系（拉丁支系）和德国法律体系（日耳曼支系）。[2] "欧洲国家的许多民事立法多以其为蓝本而属于德国法系；在历史、文化及传统上与德国无任何联系的国家或地区，甚至某些曾以《法国民法典》为其民法模式，而原本属于法国体系的国家（如20世纪前的日本、意大利）在

---

[1] "潘德克顿"（Pandekten）是希腊语 Pandectae（学说汇编）的德语翻译，在德国潘德克顿意指罗马法，潘德克顿体例指德国根据《学说汇编》建立的法典体例。

[2] 由嵘主编：《外国法制史》，北京大学出版社1992年版，第288页。

《德国民法典》问世后也以其为蓝本重新制订其民法典而进入德国法系的行列。第一部社会主义民法典——《苏俄民法典》也与其有惊人的相似。因此,《德国民法典》是20世纪制订民法典的典范。"[1]

此外,大陆法系的日本、韩国、中华民国以及其他国家也都在19世纪末20世纪中后期制定颁布了精心编纂的成文法典,从而使编纂成文法典成为大陆法系的一大特色,也成为这些国家的一大创举,并影响到英美法系国家。第二次世界大战以后,英国、美国、加拿大和澳大利亚等国家,也在宪法、行政法、民商事、社会经济、社会保障法和刑法等领域,陆续颁布了一批成文法典。

(四)法律解释和法典注释学

与编纂成文的部门法典的传统相适应,大陆法系各个国家都十分注重对法典的解释工作。当然,英美法系的国家,也很注重法律的解释,但他们更多地是在解释判例方面下功夫。而大陆法系的传统则是在对法律解释的基础上,进一步形成了法典解释学(注释学),由这种法典注释学,依次形成了各个部门法学,奠定了各个部门法学的主干。

比如,法国为了让1789年《人权与公民权利宣言》(以下简称《人权宣言》)这一部重要的宪法性文献,深入广大国民的心中,其后的220多年中,就推出了众多的注释作品,其中,最近比较有代表性的是热拉尔·科纳克(Gérar Conac)、马克·德伯内(Marc Debene)、热拉尔·泰布尔(Gérard Teboul)三位教授推出的《1789年人权与公民权利宣言:历史、分析和评注》(La Déclaration des Droits de l'Homme et du Citoyen de 1789, Histoire, Analyse et Commentaires)。在此书中,作者对《人权宣言》17个条文逐条进行了解释,比如,宣言第1条规定:"在权利方面,人们生来是而且始终是自由平等的。只有在公共利益基础上才显出社会上的差别。"作者对此解释道:该条来自于制宪会议中第三等级的代表穆尼埃(J. J. Mounier,1758—1806)提交给国民议会的草案。第1条的核心价值为"自由"与"平等"。在审议穆尼埃的草案时,议员朗诸奈(Jean Denis Lanjuinais,1753—

---

[1] 申建平:"德国民法典的演进及其分析",载《学习与探索》2000年第6期。

1827)等人就指出,宣言应当强调人们"始终"平等,因为"所有的法国人是生而自由的;然而,在大革命以前,人却活得像个奴隶"[1]。旧制度以社会不平等为特征,法律的规定和实际的建构都体现出不平等。此后,旧制度首次被与之相反的以法律上个人平等为基础的新制度取代。因此,宣言第1条的规定标志着法国历史的重大转型。这里,作者对第1条规定中的几个关键词如"自由"、"平等"、"始终"、"旧制度"等,以及其历史来源、核心价值都做了详细的解释。

1804年法国民法典颁布实施以后,为了使民众理解、掌握法典的内容以及其精神实质,法国民法学界编纂了众多的关于民法典的解说和注释书,迅速形成了一个民法典注释学派。初期的有图利埃（Toullier,?—1835）于1811年起陆续出版的《按照法典顺序之法国民法解说》（Droit civil francais suivant l'ordre du Code）；中期的主要有迪兰顿（Alexandre Duranton, 1783—1866）[2]的从1825年开始问世的《按法典的顺序的法国民法讲义》（Cours de droit civil francais suivant le Code civil, 至1837年完成,1844年起出第四版,共22卷）。然而,对1804年法国民法典做出最为权威的注释,并奠定注释法学派之基础的则是上述奥普利和劳的合著《法国民法讲义》。

《法国民法讲义》最初是基于对德国海德堡大学教授塞哈利埃（Carl Salomo Zacharia）的著作《法国民法提要》（Handbuch des Franzosischen Civilrechts）一书的翻译和注释。他们在忠实于原著的基础上,从第二版起,慢慢增补相应的法国民法典的修订条文,并融入自己的观点,除新增加了许多注释以外,还大大扩展了论述内容,和原著不同的观点也随处可见。在1856—1863年该书出第三版时,已使原著面貌全变,卷数也从2卷增加至6卷。到第四版（1869—1879年）时,进一步增加至8卷。他们去世后,1922年由其弟子修订的第五版又增加至12卷。奥普利和劳的《法国民法讲义》,之所以被尊奉为注释法国民法典的代表性论著,根本就在于他们继承了法国私法注释学派的传统,极为重视法律条文,并在解释条文时,着重探求立法者的原意。用奥普利在1857年的演说（当时他已担任斯特拉斯堡大学校长）中的话来说,就是"我们研究的是一切成文法,而且只能是成文

---

[1] Gérar Conac, Marc Debene, Gérard Teboul, La Déclaration des Droits de l'Homme et du Citoyen de 1789, Histoire, Analyse et Commentaires, p. 66.

[2] 在1822—1856年间的30余年中,迪兰顿一直在巴黎大学执教。

法"。[1] 当然，他们的作品中只注重逻辑推理、理论阐述，并且论述脱离社会现实的地方也随处可见。在研究方法中，主要也是演绎方法。[2]

法国近代法典注释学派发展至19世纪末，虽然受到了萨来耶（R. Saleilles, 1855—1912）和惹尼（F. Gény, 1861—1956）等科学学派的批评和一定程度的纠正，但对成文法典进行逻辑的、详尽的、系统的文本解读、阐释的方法，则为大陆法系各个国家的学者所继承，并在19世纪末20世纪初的德国、日本等国家发扬光大，各自推出了数量众多的大部头的法典注释书，成为大陆法系法学研究的一大特色。[3] 这种情况，一直到20世纪30年代美国社会学法学思潮深刻影响大陆法系之时，才有所改变。当时，从美国留学回国的末弘严太郎（1888—1951），对这种部门法学研究只注重对法典条文的解释、只在法典注释学中耕耘的现象提出了强烈的批判，使得德国私法注释学在日本的代表、东京大学民法学教授鸠山秀夫（1884—1946），感觉自己的民法注释学研究对日本民法学的发展已经没有价值，主动辞去教职，从而促成了日本的民法社会学的诞生。但即使如此，纵览整个大陆法系，包括中华民国政府和新中国，法典注释学仍然是法学研究的基本领域。

（五）从大学中发展起来的法学教育

通过兴办法科大学，来从事法律人才的培养，这也是大陆法系法律教育的重要特点，与此相对，在英吉利法系形成过程中，英国的法律教育则主要是通过各律师学院（Inns of Court）来实现的。当然，从20世纪70年代起，英国大学中法学院的招生人数首次超过律师学院，才使这种情况有所变化。

法科大学的教育传统，最早来自古代罗马。在帝国繁荣时期，当时的罗马、贝鲁特、君士坦丁堡均建立了比较正规的法科学校。进入中世纪后，此传统为意大利

---

[1] 引自〔日〕福井勇二郎编译：《佛兰西法学的诸相》，日本评论社1943年版，第68页。
[2] 详细参见何勤华：《西方法学史》，中国政法大学出版社2003年第二版，第132—134页。
[3] 比如，鸠山秀夫的《增订改版日本民法总论》（岩波书店1932年）一书，就是他的体系化的逐条解释1898年日本民法典的系列专著之一种，在日本被不断地增订、再版和改版，成为日本民法注释学的经典。日本现代其他两位著名民法学家我妻荣（1897—1974）、星野英一的民法学研究作品同样也具有这种特点。

注释法学派所发扬光大。该学派在奠基人伊纳留斯（Irnerius，约 1055—1130）的带领下，在博洛尼亚建立起了世界上第一所法科大学，并逐步影响至意大利全国，如雷焦（Reggio，约 1188 年）、维琴察（Vicenza，1204 年）、那不勒斯（Napoli，1224 年）、罗马（1303 年）和比萨（1343 年）大学。与此同时，这种影响还及至法国、德国和欧洲大陆其他地区，如法国的蒙特利埃（Montpellier，12 世纪末彼，也译作蒙彼利埃）、奥尔良（Orleans，1231 年）、阿维尼翁（Avignon，1303 年）、卡奥尔（Cahors，1332 年）和奥朗日（Orange，1365 年）大学；西班牙的巴利亚多利得（也译作巴拉多利德，Valladolid，1250 年）、帕伦西亚（Palencia，1212 年）、萨拉曼卡（Salamanca，1230 年）、塞维利亚（Sevilla，1254 年）等大学和葡萄牙的里斯本大学（1290 年）；德国的维也纳大学（1365 年）和海德堡大学（1385 年）等。[1]

而 1495 年德意志罗马神圣帝国法院（Reichskammergericht），规定法院法官至少有一半以上必须由在大学受过罗马法教育的毕业生来担任，以及法院的重大疑难案件让大学的法律教师来审定。1679 年法国国王路易十四（Louis，XIV，1638—1715），下令在巴黎大学第一次开设以法语（之前是拉丁语）讲授法国法的课程。前述法国奥尔良大学法学教授波蒂埃（R. J. Pothier，1699—1772）出版了系列的研究当时法国现行法的著作并成为各个法科大学的流行教科书。19 世纪初叶德国法学家胡果（Gustav Hugo，1764—1844）和萨维尼（F. von Savigny，1779—1861）、普赫塔（Georg Friedricg Puchta，1798—1846）等学者的著作成为德国各个大学的法学教材，并使大学法律系成为法律教育的中心等，陆续奠定了大陆法系通过大学进行法律教育、培养法律人才的基础。

当然，至当代，大陆法系的这一特点已经不再鲜明，因为英国在 20 世纪 70 年代以后进行了教育改革，大学的法律系也成为了法律教育的中心（之前是各律师学院），各大学法律系招收的学生数量，开始超过了各律师学院培养的学生数。而美国，则早在 18 世纪末 19 世纪初，法律教育的中心也慢慢转移到了各个大学的法学院（当然，美国大学法学院的体制与大陆法系有较大差异，因为美国是没有大学本科的法学教育的）。加拿大和澳大利亚等原来英联邦成员国家的法科毕业

---

[1]〔英〕拉斯德尔：《大学的起源——欧洲中世纪大学史》（上卷），〔日〕横尾壮英译，东洋馆出版社 1966 年版，第 32 页。

生，目前也都是在大学的法学院中进行培养。

由于大陆法系的法律人才是从大学法律教育中产生，因此带来的第二个特点，就是在课程设置上比较注重必修课，选修课的比例不高，强调法律教育应该为学生提供系统完整的法律知识，以及在教学方法上，强调教师的系统讲授，对比较抽象的概念和原理进行详细的阐述。大陆法系法律教育显示出的这一特点，其原因，一是这种教育模式，可以让学生培养起触类旁通的思维能力，因为理解了法律的各项概念和原理，就可以在学习各个部门法时，不必就事论事，而是能够有一种总揽各个部门法之间相通的精神本质，这与大陆法系强调的演绎思维方式也是一致的。二是这种教育模式也是与大陆法系的成文法典传统相一致的，制定的法典若要得到很好的实施，就必须进行注释、讲解、评述，让执法、司法人员通晓，让民众了解。而大学法律教育中以法典为基础的系统讲授，对法典中的概念术语、法学原理的完整解释，显然是不能回避的重要一环。三是在法律人才都从大学教育中产生的情况下，国家只有通过带有强制性的必修课程教育，才能把自己想要培养的人才的知识结构，通过课程教育予以实现。

（六）教授型的法学家群体

与大学法律系（院）成为法律教育的中心这一特点相联系，大陆法系的法学家，基本上都是大学法律系（院）的教授。不论是意大利前期、后期注释法学派（The School of Glossators）的代表人物伊纳留斯、阿佐、阿库修斯、巴尔多鲁和巴尔杜斯，还是法国人文主义法学派的代表人物居亚斯、德埃伦（F. Douaren, 1509—1559）、德纽、鲍道恩（F. Baudouin, 1520—1573）等，还是中世后期的法国私法学家朴蒂埃，以及近代法国的注释法学派的代表人物图利埃（Toullier, ?—1835）、迪兰顿（Alexandre Duranton, 1783—1866），以及奥普利和劳，都是大学里的教授。

德国的情况更加明显，近代德国著名的法学家，从早期的康林（Hermann Conring, 1606—1681）、卡普草乌（Benedikt Carpzov, 1595—1666）、梅维乌斯（David Mevius, 1609—1670）、普芬道夫（Samuel Pufendorf, 1632—1694）、托马修斯

（Christian Thomasius，1655—1728）和沃尔夫（Christian Wolff，1679—1754），到19世纪以后的法学家古斯塔夫·胡果（Gustav Hugo，1764—1844）、萨维尼（F. von Savigny，1779—1861）、普赫塔（Georg Friedricg Puchta，1798—1846）、K. F. 艾希霍恩（Karl Friedrich Eichhom，1781—1854）、温德海得（R. Windscheid，1817—1892）、鲁道夫·耶林（Rudolph von Jhering，1818—1892）和祁克（O. F. von Gierke，1841—1921）等，也几乎无一例外都是大学的学者。

在日本、韩国以及中华民国，情况也大体相同。而这一点，与近代英美法系形成和发展的情况很不相同。在英美法系，一些著名的法学家，相当多的都是法官，如英国早期的法学家格兰威尔（R. Granville，1130—1190）、布雷克顿（H. D. Bracton，约 1216—1268）、利特尔顿（D. Littleton，1407—1481）、爱德华·科克（S. Edward Coke，1551—1634）、弗兰西斯·培根（Francis Bacon，1561—1626），以及近代转型时期的布莱克斯通（Sir William Blackstone，1723—1780）、曼斯菲尔德（Lord Mansfield，1705—1793）等，都是英国各级、各类法院的法官。虽然，也有一些如奥斯汀（J. Austin，1790—1859）、梅因（S. H. S. Maine，1822—1888）、梅特兰（F. William Maitland，1850—1906）、波洛克（Sir Frederick Pollock，1845—1937），后来都在大学里授课，但他们也都曾长期担任过律师实务工作。

美国近代法学教育，走了与英国不同的道路，即基本上是依靠在大学中建立法学院来满足对法律人才的培养，此点与大陆法系的传统有点接近。但一方面，由于哈佛大学法学院院长兰德尔（C. C. Langdell，1826—1906）于1870年进行的改革，以及这一改革成果为全美国的法学院所吸收，因而美国的法学院是研究生层次的教育，没有本科生的层次；另一方面，由于英国判例法传统的强大影响，以及兰德尔推行判例教学法的成功及至普及运用到全美所有的法学院，美国法学教育对司法实务有着强大的依赖性；此外，美国的法律职业基本上全盘继承了英国的模式，即法官来自律师，律师来自司法考试和律师实务。因此，近代美国著名的法学家也基本上是从法律实务界产生。如马歇尔（J. Marshall，1755—1835）、利文斯通（E. Livingston，1764—1836）、菲尔德（D. D. Field，1804—1894）、卡特（J. C. Carter，1827—1905）、霍姆斯（O. W. Holmes，1841—1935）、布兰代斯（L. D. Brandeis，1856—1941）、弗兰克（J. N. Frank，1889—1957）、卢埃林（K. N. Llewellyn，1893—1962）等。

由于大陆法系的法学家,基本上都是大学法学院的教授,就形成了大陆法系法和法学发展的一个重要特点,即法学家的学说、观点,在法律体系的形成和法学进步中,贡献特别巨大。比如早期意大利的注释法学派,公元11—13世纪伊纳留斯、阿佐、阿库修斯、巴尔多鲁、巴尔杜斯的著作和学说,都曾经是各级法院判案的重要根据,虽然这些法学家都生活在大学之中,但他们却深刻地影响着司法活动的方向。当时,甚至出现了"不读阿佐的书,就不能登宝殿(法庭)"(Chi non ha Azo non vada a palazzo)[1]、"得不到注释承认的,法庭也不承认"(quod non adgnoscit glossa, non adgnoscit curia)等法律谚语,足见法学家及其学说的地位之重要。

在大陆法系的定型和发展过程中,法学家的作用就更大了。如法国近代民法学家图利埃、迪兰顿、奥普利和劳的作品,奠定了法国近代民法学的体系,并对其他大陆法系国家的民法学理论产生了巨大的影响。萨维尼、普赫塔、温德海得、耶林和祁克等法学家关于民法总论、民事权利、法人、法律行为、占有、所有、债、合同、亲属、家庭、继承、代理和时效等的学说,构建了一个比法国民法学体系更加学理化、科学化和更为系统完善的近代民法学理论。这一理论,不仅指导了德国民事立法的实践,诞生了继1804年法国民法典之后最伟大的1900年德国民法典,而且影响了大陆法系各主要国家意大利、瑞士、西班牙、葡萄牙、日本、韩国、旧中国的民法学理论,这种影响一直持续到现在。

大陆法系国家的法学教授在法和法学发展中发挥重大作用的情况,除了法、德两国之外,在日本,如穗积陈重(1855—1926)、梅谦次郎(1860—1910)、美浓部达吉(1873—1948)、牧野英一(1878—1970)、我妻荣(1897—1974)等;在旧中国,如石志泉(1885—1960)、黄右昌(1885—1970)、陈瑾昆(1887—1959)、周鲠生(1889—1971)、白鹏飞(1890—1943)、史尚宽(1898—1970)、吴经雄(1899—1986)等,也都是相同的。可以这么说,如同英美国家一批著名法官,推动着英美法系的形成和发展,铸就了英美法系的灵魂一样,大陆法系国家的一批著名法学教授,也通过自己的作品,引领和成就了大陆法系的辉煌,铸造了大陆法系之学说特色和精神。

---

[1]〔日〕碧海纯一、伊藤正己、村上淳一等编:《法学史》,东京大学出版会1976年版,第86页。

六、第二次世界大战后大陆法系的变化

美国著名比较法学家威格摩尔在《世界法系概览》一书中，经过对近 5000 年世界各国法律发展中形成的 16 个法系的兴衰存亡，尤其是英美法系和大陆法系日益进步、不断繁荣的分析，得出"有否一个训练有素的法律职业家阶层"是一个法系兴衰的原因的结论。[1] 对此，虽然有简单化的偏颇之处，因为法系的兴衰存亡是多个原因导致的结果。但就大陆法系而言，威格摩尔的观点，还是比较切中关键的。

另一位美国比较法学者梅利曼，在他的访问学者帕德莫（Rogelio Pérez-Perdomo）的协助下，于 2007 年在美国出版了他的成名作《大陆法系》(The Civil Law Tradition:An Introduction to the Legal Systems of Europe and Latin America) 的第三版，增加了适应时代变化的一些内容。梅利曼在第三版的序中说，《大陆法系》自 1984 年出了第二版以来，世界的政治与法律包括大陆法系的情况都发生了许多变化，比如，苏联于 1989 年解体，苏联法回归了大陆法系；在诉讼程序法上，大陆法系日益向英美法系靠拢，法官的地位进一步得到提高，两大法系更为接近；地区性法律体系的形成和发展，带动了大陆法系内部的趋同化和多元化；适应社会生活的多样化，使原本遵循法典化传统的大陆法系也出现了"非法典化"（decodification）的迹象等。[2]

简单地说，如同梅利曼所言，进入 20 世纪后半叶，大陆法系也发生了巨大变化，如对英美法系成果的加快吸收，更加注重程序法的内容，判例在司法审判中的指导地位更加明显，更加注意发挥法官的作用，在坚持成文法典传统的基础上立法方式更加灵活、新兴的部门法领域迅速增加。而这些变化，都与法和法学的进步以及职业法学家阶层的支柱作用相联系。

---

[1]〔美〕威格摩尔:《世界法系概览》下，何勤华、李秀清、郭光东等译，上海人民出版社 2004 年版，第 957 页。

[2] John Henry Merryman, Rogelio Pérez-Perdomo, The Civil Law Tradition: An Introduction to the Legal Systems of Europe and Latin America, Third Edition, Stanford University Press, 2007. Preface to the Third Edition.

（一）对英美法系成果的吸收

按照沈宗灵的观点，如果某一国法律比较发达、法学研究比较繁荣，该国就能取得对西方国家法律发展的领导权。比如，19世纪以后，在将近半个世纪中，法国法律（法典派、法典注释学）占有这种领导地位；19世纪后期至20世纪初叶，德国法律（历史法学、学说汇纂派）取得了对世界各国法律的领导地位；进入20世纪30年代以后，随着西方法学界对学说汇纂派的"概念法学"的批判，随着法西斯主义在德国的兴起，德国法律的领导地位迅速衰落，代之而起的是美国法律，世界各国法学界的注意力转向了美国。[1]

在上述世界法律领导权的迁移过程中，前两次都是在大陆法系国家内部，而第三次则转向了英美法系，而且这一转向至今仍然在继续，世界各国法律制度和法学研究发展，以美国为马首是瞻的局面近80年来没有发生根本的变化。正是在这样一种形势下，第二次世界大战以后，大陆法系不断接受英美法系的成果，从而使大陆法系的面貌发生了很大的变化。当然，实际上，对英美法系成果的吸收，也是大陆法系的一个传统，很早就开始了，如法国《人权宣言》的制定就曾吸收了美国《独立宣言》的理念和原则。[2]

第二次世界大战以后，大陆法系各国接受美国法的情况非常普遍了。一方面，由于德国、意大利和日本等法西斯国家战败，英、美等国开始了对德国、日本的军事占领，在这过程中，1946年的日本国宪法和1949年德国波恩基本法，都是在美国人的主导下制定颁布的，它们中所包含的美国宪法的理念和制度的影响是不

---

[1] 沈宗灵：《比较法研究》，北京大学出版社1998年版，第261—262页。

[2] 1787年的最后几个月，法国大革命的领袖之一拉法耶特（Marquis de Lafayette, 1757—1834）就曾写信给华盛顿，指出："对我来说，我热切地希望法国也会有一个《权利宣言》和一部宪法。" Gérar Conac, Marc Debene, Gérard Teboul, La Déclaration des Droits de l'Homme et du Citoyen de 1789: Histoire, Analyse et Commentaires, p. 10. 在拉法耶特起草的《人权宣言》的序言和正文中，也有类似美国《独立宣言》的相关内容的表述："组成国民议会的法国人民的代表们，认为不知人权，忽视人权或蔑视人权是公众不幸和政府腐败的唯一原因，所以决定把自然的、不可剥夺的和神圣的人权阐明于庄严的宣言之中"（序言）；"在权利方面，人们生来是而且始终是自由平等的"（第1条）；"除非在法律所规定的情况下并按照法律所指示的手续，不得控告、逮捕或拘留任何人"（第7条）。

言而喻的。另一方面，美国宪政成就中的重要内容违宪审查制度，从第二次世界大战结束时起，也慢慢影响大陆法系各国。本来，这些国家或者没有违宪审查制度，或者实行的是事前审查（由议会或者专门机构在该法案通过前对其是否违反宪法进行审查），接受美国影响后，逐步也改变为（如美国那样）事后审查。

比如，意大利学习美国的经验建立了宪法法院，以宪法为基础对法律进行合宪性审查。当普通法院或者行政法院在诉讼中使用了其合宪性应被审查的法律时，也就是说当某种法律在诉讼中有可能对当事人所主张的权利或权益造成损害时，就可以向宪法法院申请对该法律进行合宪性审查。申请既可以由审理案件的法官根据职权提出，也可以由当事人或者检察厅提出。当法官认为被提出的违宪异议有明确的理由时还可以向宪法法院提起诉讼。比意大利学习美国更为彻底的是，日本在第二次世界大战以后，废除了大陆法系传统之一的行政法院，将行政案件都放在普通法院中审理，同时，在普通法院的职能中增加了违宪审查的内容。

又如，法国虽然学习了美国的经验，确立了违宪审查制度，但实行的是事前审查（contrôle à priori）的模式。2008 年，法国受美国宪法影响的程度又加深了。该年 7 月 23 日的宪法修正案，在宪法第 61 条之后新增了 1 项规定，该规定增加了宪法委员会对法律的事后审查（contrôle à postériori）功能，并规定在案件审理的过程中，如果某项立法性的规定涉嫌侵害宪法所保障的权利或自由时，国家行政法院或者最高司法法院可向宪法委员会提请对该项立法规定的合宪性作出判断。据统计，截至 2010 年 5 月 3 日，国家行政法院共处理 10 件关涉法律依据合宪性的行政案件，并就其中的 5 件向宪法委员会提出合宪性审查请求。[1]

此外，在民法、刑法、商法、知识产权法等各个领域，大陆法系各国也都受到了美国的很大影响。比如，西班牙1973年的《土地改革发展法》、1999年的《平行财产法》、2000年的《建筑规范法》，其立法形式和内容，就参照了美国财产法，包括《平行财产法》（Ley de la Propiedad Horizontal）对建筑物共有规定的调整等。[2] 又如，日本作为传统的大陆法系国家，一直追随法国的模式，将公司法规定在商

---

[1] Les echos, 5 Mai, 2010.

[2] Elena Merino-Blanco, Spanish Law and Legal System, 2nd Edition, London: Sweet & Maxwell, 2006, p. 272.

法第二编中。1950年后日本受美国影响，对公司法制进行了大规模的修改。[1] 2005年干脆将公司法独立出来，制定成为公司法典，并全面实施了美国化，具体有：在公司形态上，实行了有限公司与股份公司的一体化，无限公司与两合公司关系的相对化，导入合同公司。在缓和设立公司的规制上，规定废除最低资本金制度，从向缴纳机关提供保管证明修改为只须提供余额证明，废止事后设立的检查员调查制度，现在实物出资、财产引受中检查员调查免除范围的扩大。[2]

最后，大陆法系各国的宪法法院的建立和运作，行政程序立法，保险和证券立法，信托与资金募集立法，商业秘密与知识产权保护立法，反不正当竞争与反垄断立法，预防职务犯罪、毒品犯罪、女性犯罪等的立法以及社会综合治理立法，司法程序的公平、公正及严格保障当事人利益的立法，以及法律教育与法律职业改革方面的立法，如日本从2001年开始"法科大学院"制度改革[3]等，都是在接受美国法的影响之下进行的，显示了美国法的指导力。

（二）开始注重判例的作用

大陆法系的传统特征之一，就是重视成文法典，而不重视司法判例。这是法国思想家孟德斯鸠和卢梭都持有的观点，并影响到了大革命时期的法国国会议员，甚至国民。如雅各宾（也译作雅克宾）派领袖罗伯斯比尔（(也译作罗伯斯庇尔）M. F. M. Robespierre, 1758—1794) 在1790年11月18日的立宪会议上就说："所谓'法院的判例'（jurisprudence des tribunaux）之用语，必须从法语中抹掉。"[4]然而，第二次世界大战以后，这一传统特征发生了很大的变化，大陆法系的各个成员国，

---

[1] 如由法定资本制改为授权资本制，授权资本范围可达到已发行股份总数的300%等。此外，在1997年、1999年、2000年、2001年、2002年，日本对公司法进行了修改，向美国的制度靠拢。

[2] 参见〔日〕布井千博："日本公司法的美国法化"，载王保树主编：《最新日本公司法》，法律出版社2009年版，第33—34页。

[3] 参见胡娟："日本司法考试制度：一个历史的考察"，载何勤华主编：《20世纪外国司法制度的变革》，法律出版社2003年版，第272页；季卫东："世纪之交日本司法改革的述评"，载《环球法律评论》，2002年春季号。

[4] 引自〔日〕福井勇二郎编译：《佛兰西法学的诸相》，日本评论社1943年版，第16页。

对司法判例的重要意义予以认可，对判例在发展完善成文法典、推动国家法制建设中的重要作用有了更加清晰的认识。

比如，在大陆法系的母国法国，1970年7月17日的一部法律通过修改《民法典》第9条，规定："任何人都享有私生活受尊重的权利"。但第9条没有进一步明确说明应受保护的"私生活"的具体方面，因而，界定"私生活"的内涵，就由法院的判例来完成了。而在审判实践中，判例对于"私生活"的概念做出了十分广阔的解释，将人的家庭生活、个人生活、感情生活、联系方式、通信内容、收入、健康状况、信仰、娱乐活动等都纳入到私生活的范围予以保护；职业生活中的私人信息部分，如工作时间和地点，也被认为属于私生活的一部分得到判例的保护。[1] 同时，在对于与私生活有关的各个方面进行正面保护之外，法国最高法院1996年9月15日的一项原则性判例在适用侵权责任条款追究侵犯他人私生活的行为人的责任时，还抛弃了对于"损失"的要求，即因侵犯他人私生活引起的损害赔偿责任的成立不再以侵权行为已经造成损害结果为前提，这间接地强化了法律对于私生活进行保护的力度。[2]

又如，在大陆法系的另一个母国德国，其传统也是成文法典主义和法典注释学。但第二次世界大战以后，司法判例对法制建设的作用越来越大。1976年，德国著名民法学家汉斯·布洛克斯（Hans Brox，1920—2009）编撰了《德国民法总论》一书，作为全面诠释德国民法典总论部分的权威著作和教科书，至2009年布洛克斯去世时已经再版了33次。在此书中，布洛克斯对法律行为中的基本规定、合同缔结、生效条件、意思瑕疵、代理等各项规定做出解释时，作为解释依据所引用的几乎都是德国联邦最高法院的判例。比如，在解释德国民法典第823条第1款"侵害其他权利"时，就举了某娱乐杂志以侵犯名誉的方式报道了某著名艺术家K的私生活，因而导致诉讼的案例。作者指出：民法典的规定，只解决了恢复原状的损害赔偿，却没有解决金钱上的损害赔偿，后者是由最高法院做出规定的，即"在严重侵犯人格领域以及存在重大过错的情况下，应给予受

---

[1] Code civil, Dalloz, 2004, 103 éd. pp. 40—45.

[2] Aude Bertrand-Mirkovic, Droit civil: Personnes, Famille, Studyrama, 2004, p. 72.

害人金钱补偿。"[1]

此外，在意大利，判例虽然不是正式的法律渊源，但近几年，最高法院发布的判例，尤其是判决要旨（massima）在法制建设中的地位越来越重要，即最高法院公布其判例的时候，往往在判决主文之前加上一个相对简短的判决要旨。该要旨并非判决的正式组成部分，但它非常重要，不仅体现法官对法律的具体内容的阐明和解释，还会表明法官如何试图去弥补法律规范中存在的缺漏，甚至会表明法官如何非常显著地背离立法文本去进行法律的创造。因此，判决要旨往往被认为是意大利最高法院判例的精华。[2] 这种情况也发生在日本和韩国等其他大陆法系的国家。如在日本，近几年，各种各样的《判例百选》（如民事、商事、公司、金融、保险等）不断涌现，以指导日益复杂的法律关系。在韩国，虽然遵循大陆法系的传统，判例不能成为法律上所认可的法的渊源，但实践中各级法院制作判决书时参照大法院（最高法院）的判例的情况比比皆是，因此，韩国的判例已经具有事实上的法律效力。[3]

（三）更加注重发挥法官的作用

在法院、判例的地位日益提升的同时，第二次世界大战以后，在大陆法系，法官所发挥的作用也越来越突出。

19世纪大陆法系刚刚形成之时，受孟德斯鸠三权分立和卢梭国民主权学说的影响，法、德两国对法官解释法律、创制法律做出了极为严格的限制。孟德斯鸠和卢梭认为，所有法律问题，必须用成文的法律来规定。[4] 他们认为，法律是个人

---

[1] 〔德〕汉斯·布洛克斯、沃尔夫·迪特里希·瓦尔克：《德国民法总论》，张艳译，中国人民大学出版社2012年版，第57页。

[2] 薛军："意大利的判例制度"，载《华东政法大学学报》，2009年第1期。更多介绍请参见Francesco Galgano, Diritto Privato, Dodicesima Edizione, Padova: Cedam, 2004, p. 68.

[3] 经咨询首尔大学法学博士、华东政法大学教授崔吉子后确定。崔教授还告诉笔者，韩国大法院的网站非常漂亮，很容易查到所有判例的翔实资料，韩国学者自认为是全世界最完善的判例库。这也从另一个侧面说明大陆法系国家对判例指导办案的重视。

[4] 这里，所谓法律，是指通过由国民代表组成的议会的意志（公意）而决定的法律规范。

自由的保障。政府也好，司法机关也好，都只是法律的执行者，当它们超越法律之时，便构成了对公民个人自由的侵害。法律必须制定得极为明确，对法律的解释也必须极为严格。在法治社会下，人们才有自由，社会才能繁荣。法典必须是一种针对行政和司法机关专横的坚固堡垒，并且这种堡垒必须是建筑在自然法之上，而自然法则存在于成千上万的国民的心里，法典仅仅通过明快的逻辑性的演绎，将自然法演化成各种规定而已。因此，他们不承认成文法律之外的法源，诸如习惯法、判例法。

18 世纪末出台的德国《普鲁士邦法》，用了 19000 多个条文，曾试图对各种法律关系进行详细的规定，为各种特殊而细微的事实情况提供具体的解决办法，以便使法官在审理任何案件时都能得心应手地引据法典，并排除法官对法典做任何解释的可能性。[1] 在法国，当时的法学家在解释法律时，唯条文及立法者的原意是问，不敢越雷池一步。[2] 他们的出发点是，"解决所有的法律问题，必须严格依据法典条文；法律的解释，必须依从明示的或推定出来的立法者的意思进行。"[3] 在这种情况下，法官所能发挥的空间非常狭小，并形成了大陆法系注重法典条文而忽视法官的能动性的传统。[4]

20 世纪尤其是第二次世界大战以后，上述传统发生了很大的变化，大陆法系各个国家的法官日益活跃，在法庭审判领域中发挥的作用越来越大。[5] 比如，对在现代社会意义重大的人格权之保护和非财产损害赔偿，在德国的立法中，原本的规定是欠缺的。在 1900 年施行的德国民法典中，尚未承认一般人格权，仅在第 12 条保护姓名权、第 823 条受伤害之当事人有请求损害赔偿之权，和第 825 条因婚外情致妇女受到损害的保护，对个别特定人格权益进行保护。而将上述三条规定整

---

[1] 参见叶秋华、王云霞主编：《大陆法系研究》，中国人民大学出版社 2008 年版，第 82 页。
[2] 对此，法国著名法学家惹尼说："法国的学说，虽不能说是排他性的，但主要的努力在于对法律条文作严格的解释。正是这一点，使得注释法学派获得成功，并长期统治法国学术界。该学派，如同前述卡昂法科大学校长谟伦伯所言：'一步一个脚印地遵从法律条文，并以能够更加容易发现立法者的想法而自负'"。引自〔日〕野田良之："注释学派与自由法"，载《法哲学讲座》，第 3 卷，有斐阁 1956 年版，第 214—215 页。
[3] 〔日〕福井勇二郎编译：《佛兰西法学的诸相》，日本评论社 1943 年版，第 11 页。
[4] John Henry Merryman, Rogelio Pérez-Perdomo, The Civil Law Tradition:An Introduction to the Legal Systems of Europe and Latin America, Third Edition, Stanford University Press, 2007. p. 36.
[5] 同上书，前言。

合在一起，确立一般人格权保护的是德国联邦法院的法官。

　　1958年3月14日，德国联邦最高法院法官，依据波恩基本法第一、第二条规定的价值判断，类推适用民法典第847条的规定，对"骑士案件"（Herrenreiter Urteil）做出判决，判处滥用某骑士的照片，来为宣传自己生产的提高性能力的药物做广告的一家药物公司，赔偿被害人10,000万马克的精神上之损害。1961年9月19日，联邦最高法院法官，进一步直接适用波恩基本法第一、第二条的规定，对"人参案件"（Ginsen Urteil）做出判决，判处某药厂对B教授做出金钱赔偿，因为该药厂在其推销含有人参增强性能力之药物的广告中，引述B教授的学术权威，B教授认为药厂此举影响其在学术上之声誉，受到了伤害。这次，法官不再类推民法典第847条，而是直接适用波恩基本法的条文，而创建、完善了一般人格权的规定，扩大了非财产损害的金钱赔偿的范围。虽然，德国联邦法院法官的这两个判决，受到了拘泥于大陆法系传统的人们的批评，认为法院和法官超越了自己的权限，这种自由解释法律，损害了法律的安定性等。但另一种观点认为，德国法官的这一做法，既符合社会发展的需求，也为一般人民法律意识所支持。[1]可见，大陆法系的法官作用和地位的提高，也是大陆法系发展的规律之一。

　　又如，在1804年《法国民法典》中，"为他人行为责任"仅存在于第1384条第4款及其后几款规定的父母责任、雇主责任、教师和手工艺师傅责任几种情形；在此之外，不存在其他的为他人行为责任。然而，随着社会的发展，一些新的社会风险因素及一些新型的社会关系逐渐产生。一方面，现代社会对于一些具有潜在危险人群（如精神病人，未成年罪犯等）的教育管理方式发生了改变；另一方面，因受到父母离婚或家庭暴力的影响，有时未成年人需要脱离其家庭，而由某些教育救助组织或其他第三人照管其生活。而对于这些特殊人群引起的损害，传统的"为他人行为责任"均不能适用，受害人只能依据普通法规则来追究行为人的个人责任，自然经常因责任人清偿能力不足而无法得到赔偿。"为他人行为责任"制度因此面临着前所未有的困境与挑战。

　　法国最高法院的法官承担了摆脱上述困境的历史使命。1991年，法国最高法院全体会议通过布利克（Blieck）案抛弃了传统上对为他人行为责任的限制性解

---

[1] 参见王泽鉴：《民法学说与判例研究》，第1册，中国政法大学出版社1998年版，第45页。

释,以《民法典》第 1384 条第 1 款"另一部分有关为他人行为负责的表述"为依据[1],判决精神病人职业救助中心,对其监管下的精神病人引起的损害,承担无过错责任[2]。布利克案是法国为他人行为责任发展史上具有重要影响的判例,该案不仅首次承认"为他人行为责任"还可以存在于传统领域之外的其他领域中,也揭开了法国"为他人行为责任"适用领域扩张和归责原则客观化的序幕。

在布利克案之后,最高法院法官继续将第 1384 条第 1 款适用到其他领域中,来追究如体育协会对于其成员在比赛过程中侵权行为的责任、游行组织者对其成员侵权行为的责任等。有学者认为,法国通过这一系列判例已经创立了"为他人行为责任"的一般原则:"依法对他人行为享有组织、管理和控制的任何组织和个人对该他人的侵权行为引起的损害承担无过错责任。"[3] 无论我们是否同意这一观点,由于法官的作为,无过错责任在法国"为他人行为责任"领域的发展却是不争的事实[4]。

再如,在大陆法系其他国家,法官在完善法典的规定,推动法治进步方面也做出了重大贡献。比如,在意大利,由于法院的法官可以根据正在起诉的程序的范围,对法律的合宪性进行审查和判断,并且有权利和义务就宪法问题向宪法法院提交只需有大概理由的公文,所以意大利法官在违宪审查中起的作用很大,他们实际上行使着让法律暂时停止的权力。在日本,20 世纪 60 年代,在离婚领域虽然也受到美国的影响,实行"感情破裂主义",但实际上执行的是"消极破裂主义",即在婚姻关系破裂中有责任的一方是无法提出离婚请求的,即使提出了,也得不到法院的支持。但在 1971 年 5 月 21 日日本最高法院做出的判决中,法官以"积极破裂主义"为原则,承认了有责任的一方也可以提出离婚请求,并予以支持。[5]

---

[1] 即 1384 条第一款中"任何人……还应对由其负责的他人……的行为引起的损害承担赔偿责任"的内容。

[2] 最高法院全体会议 1991 年 3 月 29 日 Blieck 案（C. Cass. Ass. Plén. 29 Mars 1991, Blieck）。

[3] J. Flour, J. -L. Aubert, et E. Savaux, Droit Civil, Les Obligations, v. II, le Fait Juridique, Armand Colin, 13ᵉ éd. 2001, p. 219. 但也有学者认为就目前案例发展的状况来看,至今我们还不能确定地认为一般原则已经确立,这一问题在法国学术界颇受争论。

[4] 姜影:"法国民法为他人侵权行为责任制度的发展",《欧洲法律与经济评论》,2007 年 12 月第 15—16 期合刊,第 83—94 页。

[5] 何勤华、李秀清、方乐华、管建强:《日本法律发达史》,上海人民出版社 1998 年版,第 196 页。

（四）在坚持成文法典传统的基础上立法方式更加灵活

成文法典，是大陆法系的传统之一，也是以往大陆法系区别于英美法系的重要特点之一。但是20世纪，尤其是第二次世界大战以后，市民社会从自由资本主义进入了垄断资本主义时期，以计算机和网络技术的出现为特征的科学技术的飞速发展，让我们进入了一个知识经济的时代。家族关系日益松散，企业财团人格化，多元的市场和各种意识形态穿透人们日常生活的屏障，而进入到每一个个人和家庭（如网络），财产与人身的两分法受到挑战，知识产权进一步细化。所有这些，带来了调整这些社会关系的法律规范的快速分化，传统的法典化的归纳体系已经无法囊括全部的市民生活，法典化体系失去了其包容性。

同时，成文法典所具有（特有）的稳定性也受到了冲击，《法国民法典》、《日本民法典》、《德国民法典》和《瑞士民法典》等这些生存了一二百年的经典法典，都出现了大规模的修订；而一些成文法律，也频繁修订，如20世纪80年代以来，日本著作权法几乎每隔一两年就要修改一次；彼此独立甚至相互冲突的单行法层出不穷；行政指令和部门规章对私法干预性规制不断涌现；有些经典的大法典等，不仅被频繁地修改，而且其内容也在不断地被掏空，如日本商法典的公司法部分，在被修改几十次之后，终于在2005年被分解出去，单独成为一个法律《日本公司法》。所有这些发展趋势，今后只会更加明显，甚至愈演愈烈。

大陆法系成文法典化的传统与变化着的多元的社会生活关系，开始变得更加紧张，有些学者甚至惊呼：成文法典化的危机出现了！[1] 正是在上述情况下，大陆法系各国的立法者，开始应对面临的困境和危机，采取了一些更加灵活的立法方式和立法措施，以适应、满足社会发展的新的需求。主要表现为：

第一，将原来的经典成文法典，转化成为各个部门法的通则。

---

[1] 面对这种局面，我国学术界如资深法学家江平、张俊浩、梁慧星，中青年学者徐国栋、王利明、孙宪忠、房绍坤、许明月、孟勤国、高富平、张礼洪、陈卫佐、朱晓喆等，纷纷建言献策，提出各种应对办法。2007年，世界各国民法学界的数十位学者还聚集在华东政法大学，共同发起召开了题为"民法法典化、解法典化和反法典化"国际学术研讨会，研讨会的成果，与会代表的各种建议和对策均纳入张礼洪等著：《民法法典化、解法典化和反法典化》，中国政法大学出版社2008年。

比如，1807年《法国商法典》，在刚颁布时有648个条文，至目前，继续有效的只有140条，保留了1807年时行文的只有30条，由于原商法典的许多内容，如商事公司、商业登记、海商、破产、银行、有价证券及其交易、商业租约、营业资产等，已经独立出来另行颁布了单行法律，商法典经过修订后，虽然还就商人、商业会计、商品交易所、居间商、担保和行纪商、商行为证据、汇票和本票、商业时效和商业法庭等做出规定，但已经越来越原则，慢慢演变成一部商事法律通则。[1] 又如，1900年实施的《德国民法典》在经历了一百余年之后，里面的许多内容也都分化出去成为了为数众多的特别法，仅在债法方面就有数十个之多，大有淹没民法典本体的趋势。对此，德国于2001年11月26日通过了《德国债法现代化法》，其中的第五条就整合了相关法律38种，从而使民法典的债法编真正成了债法总则。[2]

第二，对一些相同或相近的法域中的法律或法典中的相关部分，重新予以整合，推出新的比较系统完整的单行法律。

这种情况不仅法国、德国、日本等西方主要发达国家存在，就是在一些比较小的大陆法系国家中也非常明显。比如，虽然，1888年《葡萄牙商法典》一直沿用至今，但期间已被分解出无数的部分，并与相关的单行规定组合成为一部部重要的法律，如1899年从《商法典》第四编关于破产的规定演化出了《破产法典》；[3] 1934年和1935年，分别将《商法典》第二编中的票据法内容与国内相关法律以及《1930年关于统一汇票和本票的日内瓦公约》的内容糅合在一起，制定了《统一本票和汇票法》和《统一支票法》；[4] 1986年，把《商法典》里面有关公司

---

[1] 何勤华主编：《法国法律发达史》，法律出版社2001年版，第248页。

[2] 详细参见杜景林、卢谌编著：《德国债法改革〈德国民法典〉最新进展》，法律出版社2003年版，第189页以下。

[3] Código das Falências (1899年7月26日)。该《破产法典》的内容随后被纳入1905年颁布的《民事诉讼法》中（Código de Processo Civil），之后又被1939年《民事诉讼法典》所修订。而1993年通过的《公司重组与破产特别程序法》（Código dos Processos Especiais de Recuperação da Empresa e da Falência, DL n.º 132/93, 1993年4月23日）取代《民事诉讼法》，成为规范公司破产程序的特别法。到了2004年，葡萄牙破产法再次进行改革，通过了新的《公司破产和重组法》（Código da Insolvência e Recuperação de Empresas, Decreto-Lei n.º 53/2004, 2004年3月18日）。

[4] Lei Uniforme Relativa às Letras e Livranças, Lei Uniforme relativa aos Cheques (DL n.º 23/721, 1934年3月29日)。

的部分分离组合成独立的《葡萄牙公司法》;[1]同年以单行法规《商事登记法》的形式重构商人登记制度;[2]1991年将涉及证券市场法规的内容从《商法典》中抽离出来,[3]并在1999年制定了专门的《证券法》;[4]在20世纪后期,1888年《商法典》第三编中关于海商法的内容相继独立出来,与其他相关规定整合成为更符合现代海上贸易需求的单行法规;[5]2003年,废除了1888年《商法典》第二编中完全脱离时代发展的规定,另行组合制定了有关国内道路货运合同的特别法规;[6]2006年为了更加便利人们投身商事活动而采取的一系列改革,例如不再强制要求商人保存账簿,对公司记事簿的形式要求予以简化和完善;[7]2008年,还将《商法典》中有关保险的内容抽出,专门制定了《保险法》。[8]

第三,针对社会生活的日新月异,采取更加灵活的立法措施和方式,甚至出现有一种社会关系,就制定一部新的法律的现象。

比如,日本针对第二次世界大战以后社会出现的新的法律关系,在民法典之外,先后颁布了《特定非营利活动促进法》(1998年)、《关于任意监护契约的法律》(1999年)、《关于电子署名及认证业务的法律》(2000年)、《关于电子消费契约及电子承诺通知的民法特例的法律》(2001年)、《关于加快建设居民住宅的法律》(2002年)、《关于性认知障害者变性特例的法律》(2003年)、《关于通过打击伪造信用卡、盗窃信用卡等不法机械式存取行为以保护存款客户的法律》(2005年)、《遗失物法》(2006年)等各种单行的民事法律,以适应社会

---

[1] Código das Sociedades Comerciais (DL n.º 262/86, 1986年9月2日). 此外,《商法典》中有关合作社和隐名合伙的内容也先后被单行法所取代: Código Cooperativo (Lei n.º 51/96, 1996年9月7日), DL n.º 231/81 (1981年7月28日)。

[2] DL n.º 403/86 (1986年12月3日)。

[3] DL n.º 142—A/91 (1991年4月10日)。

[4] Código dos Valores Mobiliários (DL n.º 486/99, 1999年11月13日)。

[5] DL n.º 349/86 (1986年10月17日); DL n.º 352/86 (1986年10月21日); DL n.º 191/87 (1987年4月29日); DL n.º 202/98 (1998年7月10日); DL n.º 203/98 (1998年7月10日); DL n.º 384/99 (1999年9月23日)。

[6] DL nº 239/2003 (2003年10月4日)。

[7] DL 76—A/2006, (2007年3月29日)。

[8] DL n.º 72/2008 (2008年4月16日)。

发展需求。[1]

第四，对原来的法典不断进行修订，以满足社会发展的需求。

在这方面，大陆法系的各大法典几乎都经历了并且正在经历这一过程。比如，法国素有宪法变动频繁之称，从1789年资产阶级大革命爆发至1875年第三共和国建立的80多年间，共制定颁布了1791、1793、1795、1799、1802、1804、1814、1830、1848、1852、1875年共11部宪法，平均不到八年就有一部宪法诞生。换言之，法国的立宪者，是通过不断废除和制定颁布新的宪法典来适应社会生活变化的。但第二次世界大战以后，法国改变了这一传统做法，1958年宪法颁布实施以后，它没有采取不断推翻宪法典而制定颁布新的宪法的方式，而是在原有宪法的框架之下，通过不断修改条文、废除不合时宜者，增补新的内容的方式，让宪法典适应社会生活的变迁。1958年宪法颁布实施以后，已经历了24次修改，最新的一次就是2008年。这既可以看作是对美国立宪经验（不推翻原有的宪法，通过宪法修正案来推动宪政的发展）的采纳和吸收，也可以视为追随大陆法系最新的立法潮流，对原来的法典不断进行修订，以满足社会发展的需求。[2]在这方面，日本的情况也一样，一直享有比较稳定之声誉的1898年日本民法典，自公布实施以来，至2007年也已经过了24次大的修改，平均每五年左右就有一次大的修改。[3]

（五）新的法律部门增多，大陆法系的体系日益完善

随着第二次世界大战以后科学技术、教育文化的发达，社会生活的日益丰富，新的法律关系不断涌现，大陆法系国家新的法律部门也不断建立，从而使大陆法系的法律体系日趋完善。

比如，经济法作为一个新的法律部门，一般认为起源于20世纪初的大陆法

---

[1]〔日〕菅野和夫等编：《小六法》，平成十九年版，有斐阁2007年版，第1047页以下。

[2]〔法〕贝特朗·马修："改变第五共和国而不背离——法国宪法修改的内在一致与前景展望"，张丽娟摘译，载《国家行政学院学报》2009年第5期。

[3]同[1]。此外，1804年法国民法典、1900年德国民法典、1942年意大利民法典等的情况也一样，虽然法典还在，但都已经历了无数次的修改。

系母国之一的德国，1906年，在德国出版的《世界经济年鉴》杂志创刊号上，首次出现了"经济法"（Wirtsshaftsrecht）这一术语。之后，在第一次世界大战中，德国为了发展战时经济，颁布一系列法律和法规，加强了国家对国民经济的干预和控制，慢慢形成了经济法的体系。之后，这一经济法律体系就传入了日本，推动了日本经济法的发展和繁荣。第二次世界大战以后，在德国、日本发展起来的经济法又传入了法国、前苏联和中国，从而使大陆法系出现了一个明显区别于英美法系的鲜明特点：在部门法门类中，出现了一个新兴的重要的法律领域即经济法。[1]虽然，我国也有一些民法学者认为经济法目前在大陆法系各国已经开始衰落，[2]但根据笔者与日本、韩国经济法学者所交流中掌握的情况来看，至少在日本和韩国等大陆法系主要成员国家，以政府规制经济、反垄断、反不正当竞争等为核心的经济法，在这些国家还是方兴未艾，成为现行法律体系中的重要组成部分。[3]

又如，专利法、商标法和著作权法等知识产权法、环境保护法、科技法、能源法、城市规划法、文化遗产保护法等，也开始成为大陆法系中的重要的法律部门。就以环境保护法为例，2000年9月18日，法国议会通过了新的《环境法典》，它是环境法的第4个版本，也是现行的版本。学界认为，在环境保护领域通过成文法典的方式来规范政府和个人的行为，这也是大陆法系传统的一个成果。法国环境法典编纂者之一的米歇尔·普瑞尔（Michel Prieur）指出："我们感到非常自豪，因为如此创举，将最新的内容放入一个确定的框架中，而且还需要不断的变化，在比较法上是很少见的。假如我们忽略一些国家中现存的名义上的环境法典，

---

[1] "经济法已成为当今各国普遍存在并具有广阔发展前景的法律。"参见叶秋华、王云霞主编：《大陆法系研究》，中国人民大学出版社2008年版，第71页。

[2] 如旅美学者周大伟在为佟柔先生的文集《佟柔中国民法讲稿》所作的"谁是佟柔"（代序）中说，经济法在英美是没有的，在原来比较受重视的苏联和东欧，随着苏联解体和东欧剧变，也已不复存在。而在"经济法的'发源地'，""大半个世纪以来，在德国法律界没有出版过任何有关经济法的书籍和论文。经济法在德国早已销声匿迹。"到目前，在世界范围内，只有中国还在坚持搞经济法，且大学招收该专业的学生。参见佟柔著，周大伟编：《佟柔中国民法讲稿》，北京大学出版社2008年版，代序，第12—13页。

[3] 日本的情况，笔者在《20世纪日本法学》（商务印书馆2003年）一书中已有详细的论述，韩国的情况就以原韩国公正交易委员会委员长权五乘教授为例。这几年，权教授的经济法著作，不仅在韩国被不断地再版，而且被译成中文（崔吉子翻译）。

事实上那些关于'环境'的基本法或框架法（如阿尔及利亚、非洲的象牙海岸、墨西哥、多哥等），现存的法典编纂很少是根据系统的计划重组环境法分散的文本，使之同时覆盖基本原则、污染法和自然保护法"[1]。

（六）欧盟法与WTO法对大陆法系的影响

在第二次世界大战以后西方法律文明的发展中，欧盟法和世界贸易组织法（简称WTO法）所起的作用非常大。前者原本就是由法国、德国等大陆法系的主要成员国于1957年发起成立的；后者虽然受到美国的巨大影响，但以法、德两国为首的欧洲大陆法律，在WTO之规则的制定中也发挥了重要作用。而欧盟法和WTO法一旦形成以后，就对大陆法系各成员国的法律产生了重要影响。

比如，就以欧盟法而言，由法国、德国、意大利、荷兰、比利时、卢森堡、爱尔兰、英国、丹麦、希腊、西班牙、葡萄牙、芬兰、瑞典、奥地利等27个国家组成的欧盟，自从20世纪50年代建立以来，一直希望在原有大陆法系之基础上，进一步致力于欧洲私法的统一，其主要形式则表现为指令（directive）、条约（treaty）、规则（regulation）和建议（recommendation）。其中，"指令"是最主要的形式。至今，欧盟在私法上颁布的指令约有20个，在一定程度上促进了各成员国间私法的融合。[2]然而，以"指令"形式为主的私法统一有着自身的缺陷，未能承担和履行私法统一的神圣职责。[3]

然而，私法是调整私人主体间交易的一种统一的法律体系，与市场经济和商

---

[1] Michel Prieur, Le Code de l'Environnement, L'Actualité Juridique-Droit Administrative, 2000, p. 1030.

[2] 除了以上形式外，欧盟法院（European Court of Justice）的判决，是对这些成文法规则进一步的解释，不仅是对欧盟层面上规则和术语的阐述，同样对成员国本国法的解释也起到一定的推动作用。

[3] 这种缺陷主要体现于以下五方面：(1) 欧盟"指令"对私法领域的影响集中体现于消费者法、不正当竞争法和不平等条款当中，仅覆盖私法领域中非常微小的一部分；(2) "指令"间术语的不协调和规则的相互冲突，一定程度上影响了"指令"预期要达到的统一效果；(3) "指令"通常采取可由成员国选择适用的条款来实现其目的，缺乏统一适用的权威；(4) "指令"对弱势群体的保护通常采用最低标准，未能使更优的救济手段在各国间达到统一；(5) 各成员国对"指令"中术语和规则的解释不同，阻碍了私法的统一进程。傅俊伟："欧盟民法典草案之述评"，载梁慧星主编：《民商法论丛》第43卷，法律出版社2009年版。

业的繁荣息息相关。与此同时，欧盟成立的基础是为了实现"单一市场"（single market）的构建，以达到欧盟境内货物（goods）、人员（people）、服务（service）和资本（capital）的自由流通。而私法的不统一，则是实现"单一市场"过程中最大的拦路虎。于是，更加广泛领域内的私法统一和更加协调的统一形式被提上议程。在经过20多年的争论、历时四年的起草后，欧盟民法典草案（Draft Common Frame of Reference）于2007年底部分完成。[1]该法典草案对大陆法系国家立法的影响，仅从上述2001年德国颁布的《德国债法现代化法》中就可以感受到，因为编纂该法的三个动因：转化欧盟的指令，欧盟成员国民法的欧洲化，和"铲除"（整合）因转化欧盟指令而已经出台的为数众多的"野草"（民法债法特别法）等，都与欧盟私法的统一化进程相关。[2]

与此同时，欧洲宪政统一的进程也在加速进行。2004年10月29日，欧盟25个成员国的领导人在罗马签署了《欧盟宪法条约》；2007年10月19日，欧盟非正式首脑会议进一步通过了《里斯本条约》(the Treaty of Lisbon)，被视为《欧盟宪法条约》的简化版。2009年11月3日，因最后一个国家捷克总统克劳斯（Vaclav Klaus）的签署，《里斯本条约》生效。作为欧盟宪法的一种形式，《里斯本条约》对大陆法系各国的宪政发展，也产生了重要作用。比如，新条约虽然删去了带有宪法意义的内容，包括更改其"宪法条约"名称，省去欧盟盟旗、盟歌等内容，但新条约所包含的完善各国宪政的核心没有改变。具体而言，关于国家机构的运作程序和方式，公民基本人权的保障，国家间主权的让渡以及对政治事务的协调，对公权力专横的限制，政府立法、决策领域里的民主程度等，都有规定。[3]

WTO法，即世界贸易组织法，是在"关税与贸易总协定"（General Agreement on Tariff and Trade, GATT, 1947年）的基础上于1995年经乌拉圭回合谈判达成的。WTO法，作为世界经济贸易组织的游戏规则，凡是参加者，必然遵守，因为

---

[1] 同上，傅俊伟文。此外，关于欧盟民法典草案近况，笔者于2012年10月16日专门咨询了德国科隆大学近代私法研究所所长、德国著名普赫塔研究专家和法学方法论专家Hans-Peter Haferkamp教授。Haferkamp教授说，该草案出台至今没有什么新的进展，其前途无法预测。

[2] 详细参见杜景林、卢谌编：《德国债法改革〈德国民法典〉最新进展》，法律出版社2003年版，前言，第1页。

[3] http://baike.baidu.com/view/1209781.htm#2，访问日期2012年10月14日。

这是每一个成员国在加入之前必须做出的承诺。WTO法，涉及商品买卖、经济贸易、知识产权保护等众多领域，而WTO法的规定，必然要与大陆法系各国的民事立法、商事立法、知识产权立法相关，有些可以互相兼容，彼此协调，共同规范各成员国的行为，有些可能互相不一致，甚至彼此矛盾。而在发生冲突和矛盾之时，按照WTO的规则，各个成员国的法律必须服从WTO的法律。这样，在客观上，影响到了大陆法系原有法律体系的完整性和稳定性。如何处理好这些问题，既是WTO法律发展所要面临的，也是大陆法系发展进步所必须予以重视的。[1]

七、本书的探索及需要继续讨论的问题

在中文文献中，关于大陆法系的研究，主要是包括在比较法领域之内进行的。而这方面的经典作品（包括专著和译著），除了较小部分之外，基本上都是20世纪90年代之前的成果，如上述达维德、茨威格特、克茨、大木雅夫、沈宗灵、朱景文等人的作品。而梅利曼的中文版著作，则已经出版了30年。因此，本书的第一个方面的探索，是补充了近30年尤其是21世纪以来各国关于大陆法系国家法律最新发展的内容。

另一方面，本书完善了大陆法系研究的体系。梅利曼的《大陆法系》是总论性的，里面涉及的是大陆法系的历史起源、法国大革命对大陆法系的影响、法典编纂、法官与法律解释、法学家的活动、法院系统、法律职业、法律的分类、民法的一般原理、刑事和民事诉讼程序和大陆法系的未来等；叶秋华、王云霞主编的《大陆法系研究》，则是总论部分加上宪法、行政法、民商法、刑法等部门法的内容；而梅利曼和大卫·克拉克、约翰·哈莱合著的《比较法：欧洲、拉丁美洲和东亚民法传统（大陆法系）的历史演变》一书，虽对大陆法系的历史演变进行了详细的比较研究，但缺少对当代法、德、意、西、葡、日、韩以及北欧等大陆法系国家法律的阐述。

---

[1] 参见曹建明、贺小勇：《世界贸易组织》第三版，法律出版社2011年版。

本书除了阐述大陆法系的形成、发展、历史渊源、制度特点和对世界各国法律的影响等总论性质的内容之外，重点对大陆法系各个成员国家的法律发展进行了详细的论述，尤其是花费了大量篇幅，系统全面地介绍和评述了近代法国法的形成和发展，对法国宪法、行政法院、民商法、环境和城市规划法、刑法和诉讼法进行了详述。同时，本书对北欧地区法律的发展，对意大利、西班牙和葡萄牙等国家的法律予以介绍和评述，这在一般的外国法制史、比较法作品中，也是不多见的。因此，本书体现了大陆法系发展变化的总体风貌。

　　此外，本书对大陆法系的精华部分，予以重点阐述。比如，构成大陆法系之基础的，主要是法国法，而在法国法之中，则是1789年的《人权宣言》，1799年诞生的法国行政法院和1804年的《法国民法典》等。基于这一认识，本书对此三个领域进行了详述，如《人权宣言》原文总共只有17条，而本书对其逐条说明解释，这在国内法律学术界还是第一次。

　　最后，本书拓展了收集和整合资料的规模和内容。梅利曼的作品和国内研究大陆法系的学者在这一领域中的著作，主要是英语文献和中文著作。本书在尽量搜集全部中文资料、使用大量英语资料之外，还尽可能地收集了法语、德语、意大利语、西班牙语、葡萄牙语、日语、韩国语和挪威语等原始文献，尤其是法国法部分，几位撰稿人马贺、吴天昊、李丽、姜影、彭峰都懂法语，也在法国留学。这些，都提高了本书第一手文献的使用率。

　　当然，本书也存在一些需要进一步探索的问题。

　　一方面，本书在欧洲，论述了法、德、意、西、葡以及瑞典、挪威和丹麦等北欧三国法律的发展，但欧洲本土，还有其他许多国家（如荷兰、比利时）都属于大陆法系的范围，但未能涉及，只能期望在以后继续拓展。

　　另一方面，在欧洲之外，大陆法系涉及的国家更多，但本书只对亚洲的大陆法系主要成员国日本法进行了论述，将韩国、非洲、以及拉丁美洲地区大陆法系成员国都纳入了法律文明史丛书第12卷"亚非拉地区法"中予以论述。这种尝试能否得到学术界的认可，我们还没有把握。

　　此外，本书在研究中，虽然尽量使用了诸多国家语言法律文献的中译，但西班牙语和葡萄牙语偏少。另外，对北欧三国的法律研究，主要借助的是英语和部分挪威语，未能利用瑞典语和丹麦语，这也使本书在资料的掌握上，留下了许多遗憾。这些，都只能依靠以后的研究予以弥补，继续深化。

八、本书的框架结构和篇章体系

本书作为《法律文明史》的第9卷，重点围绕大陆法系的形成、发展、演变，大陆法系的内容、特点，大陆法系的核心法、德两国以及若干代表性成员国的法律，以及大陆法系对人类法律文明的贡献展开论述。分为导论和分论。导论，共讲述了大陆法系的概念、形成、发展、内容和特点等八个问题；分论则介绍、评述了大陆法系主要成员国法国、德国、意大利、西班牙、葡萄牙、北欧三国（瑞典、挪威和丹麦）、日本（近代）等九国法律文明的发展演变以及对大陆法系的贡献。关于这一框架体系以及研究思路，有几点说明于下。

第一，"大陆法系"与"法律文明史"的关系。

法律文明史，是阐明人类法律文明从诞生之后，至当今的发展演变的历史。法律文明是包含了法律思想（意识、观念、作品、文献）、法律制度（各项规定、原则、内容）、法律实践（法律的实施、法律职业、法律教育等），乃至与法律相关的各种物质载体（建筑、设施、器具、雕塑等）在内的一个完整的社会样态。大陆法系，作为一个近代西方社会的产物（以1804年《法国民法典》制定实施以及向国外传播为标志），可以说包含了近代西方法律文明的所有要素，它是人类法律文明发展的一个重要里程碑，与英美法系一起，构成了人类中世法律文明向近代法律文明进步的重要阶梯。

第二，关于本书阐述大陆法系各成员国法律的考虑。

在初稿征求意见的专家研讨会上，有专家建议，将日本作为大陆法系对其他地区发生影响、在世界各地得以传播的典型来写。据此建议，拟将本书分为三个部分：导论、上篇大陆法系的诞生（主要讲法国法）、下篇大陆法系的影响或传播（介绍和评述除法国之外的各大陆法系成员国如德国、意大利、日本等）。但反复思考后，感觉这么安排，遇到最大的问题就是体系与法系的定义有冲突。从比较法理论上说，法系不能仅仅是一个国家，必须是一组国家。法国近代六法全书体系的形成，只能说是奠定了大陆法系的基础，大陆法系的形成（诞生）必须要有若干个国家的加入，组成一个"法律家族"。日本尽管与法国本土相隔较远，但加入大陆法系的时间、具有大陆法系特征的程度，都是比较早、比较深的。而且从目前大陆法系的情况来看，日本已是大陆法系的标志性国家，如果将日本纳入下篇大陆法系的影响或传播中，就必须同时将意大利、西班牙、葡萄牙等国家放在一起。因此，最后我们没有采纳，还是维持了原来的体系。

第三，关于本书选择大陆法系成员国的考虑。

大陆法系，是目前世界上最大的法系。仅在欧洲，如本卷附录（大陆法系国家分布示意图）所显示的那样，就有近40个国家。本书只选择了法国、德国、意大利、西班牙、葡萄牙、北欧三国共八个国家，主要是考虑这些国家的法律除具有大陆法系国家所共有的观念、制度、原则和思维之外，还都具有一些自己的鲜明特色。

在亚洲、非洲和拉丁美洲，我们只选择了日本一个国家。这主要是考虑到，法律文明史丛书第12卷"亚非拉法"会专门评述三大洲的大陆法系成员国的法律，此不赘述。另一方面，日本虽然是亚洲国家，但日本学习法国、德国的法律比较彻底，被纳入大陆法系的时间比较早，具备明显的大陆法系的特征，且其经济总量、社会发展、法律文明都明显高于亚非拉其他各个国家。因此，我们将日本作为接受大陆法系法律文明传播之后的代表性国家专述。

第四，本书涉及国家比较多，部门法领域也比较多，当然作者队伍也很庞大。

在这种情况下，想把出自不同手笔的内容锤炼成为高度一致的格式、线索，也是十分困难，不太切合实际的。因此，我们采取比较宽松的写作方针，只要论述内容符合大的框架体系，基本知识点都具备的情况下，具体到每一个国家的法律的时候，按照发展进程（纵向，如德国法）写，还是按照部门法（横向，如法国法）写，还是纵向横向混合写（如西班牙法），都是可以的。在部门法中，有些国家的宪法写得多一点，有些国家的民商法内容详细一点，也有个别国家的部门法有阙如，也应该是允许的。我们希望本书的20余位作者充分发挥各自的学术特长，在撰写各自承担的部分时，将自己的优点、长处和水平发挥到最佳程度，本书就算完成。

第五，本书所涉大陆法系各成员国的法律，与大陆法系本身的关系如何？

这也是专家所关心的问题。应该说，所论述的各个国家的法律中，首先，法国法是大陆法系的基础、发源地。其次，德国法是大陆法系迈向第二个发展高峰的支柱。第三，其他各个国家都是大陆法系中有代表性的成员，其法律以不同方式，影响着大陆法系的发展进化。如意大利、西班牙、葡萄牙的公私法分类、宪法法院审判、民商事立法、诉讼程序改革等，是对大陆法系传统的继承和发扬。第四，北欧三国成文法和判例法、习惯法的互补关系，社会福利法的进步，婚姻家庭法的改革，也对大陆法系在20世纪以后的变迁起了促进作用。第五，日本1868年明治维新以后法律制度的发展，既体现了大陆法系的传统特征，第二次世界大战以后法律的改革，又充分显示了大陆法系吸纳、借鉴英美法系成果的巨大能力，日本当下的法律文明，可以说是既坚守大陆法系传统、又广泛吸纳英美法系成果的典型。

主要参考文献

一、西语文献

1. Aude Bertrand-Mirkovic, Droit Civil: Personnes, Famille, Studyrama, 2004.
2. A. West, Y. Desdevises, A. Fenet, G. m-c. Heussaff, The French Legal System: An Introduction, p. 20. London Fourmat Publishing, 1992.
3. David M. Walker, The Oxford Companion to Law, Clarendon Press, Oxford, 1980.
4. David Ditchburn, Simon Maclean, Atlas of Medieval Europe, London, Routledge, 2007.
5. Elena Merino-Blanco, Spanish Law and Legal System, 2nd Edition, London: Sweet & Maxwell, 2006.
6. Fritz Schulz, Prinzipien des Romischen Rechts, Duncker &Humblot GmbH, Munchen und Leipzig, 1934.
7. Gérar Conac, Marc Debene, Gérard Teboul, La Déclaration des Droits de l'Homme et du Citoyen de 1789, Histoire, Analyse et Commentaires.

8. J. Flour, J. -L. Aubert, et E. Savaux, Droit Civil, Les Obligations, v.II, Le Fait Juridique, Armand Colin, 13ᵉ éd. 2001.
9. John P. Dawson, The codification of the French customs, Michigan law review, Vol. 38, April 1940.
10. John Henry Merryman, David S. Clark, John O. Haley, Comparative Law: Historical Development of the Civil Law Tradition in Europe, Latin American and East Asia, LexisNexis, 2010.
11. John Henry Merryman, Rogelio Pérez-Perdomo, The Civil Law Tradition: An Introduction to the Legal Systems of Europe and Latin America, Third Edition, Stanford University Press, 2007.
12. Lawrence M. Friedman, A History of American Law, New York, 1973.
13. Maria Giuseppina Muzzarelli, Reconciling the Privilege of a Few with the Common Good: Sumptuary Laws in Medieval and Early Modern Europe, In The Journal of Medieval and Early Modern Studies, Vol. 39, No. 3, 2009.
14. Michel Prieur, Le Code de l'Environnement, L'Actualité Juridique-Droit Administrative, 2000.
15. Sir John Macdonell and Edward Manson, Great Jurists of the World, 1914.

二、日语文献

1.〔日〕碧海纯一、伊藤正己、村上淳一等编:《法学史》,东京大学出版会1976年版
2.〔日〕潮见俊隆、利谷信义编:《日本の法学者》,日本评论社1975年版
3.〔日〕福井勇二郎编译:《佛兰西法学的诸相》,日本评论社1943年版
4.〔德〕フリッツ・シュルツ著《ローマ法の原理》,〔日〕真田芳宪、森光译,中央大学出版部2003年版
5.〔日〕菅野和夫等编《小六法》,平成十九年版,有斐阁2007年版
6.〔日〕鸠山秀夫:《增订改版日本民法总论》,岩波书店1932年版
7.〔英〕拉斯德尔:《大学的起源——欧洲中世纪大学史》上卷,〔日〕横尾壮英译,东洋馆出版社1966年版
8.〔日〕铃木禄弥译,《近世私法史》,创文社1978年版
9.〔日〕野田良之:《注释学派与自由法》,载《法哲学讲座》第3卷,有斐阁1956年版
10.〔德〕萨维尼:《现代罗马法的体系》,〔日〕小桥一郎译,第一卷,成文堂1993年版

三、中译文献

1.〔英〕巴里·尼吉拉斯:《罗马法概论》,黄风译,法律出版社2000年版
2.〔美〕哈罗德·J.伯尔曼:《法律与革命——西方法律传统的形成》,贺卫方等译,中

国大百科全书出版社 1993 年版

3.〔法〕贝特朗·马修:"改变第五共和国而不背离——法国宪法修改的内在一致与前景展望",张丽娟摘译,载《国家行政学院学报》2009 年第 5 期

4.〔日〕布井千博:"日本公司法的美国法化",载王保树主编《最新日本公司法》,法律出版社 2009 年版

5.〔德〕汉斯·布洛克斯、沃尔夫·迪特里希·瓦尔克:《德国民法总论》,张艳译,中国人民大学出版社 2012 年版

6.〔德〕茨威格特、克茨:《比较法总论》,潘汉典、米健、高鸿钧、贺卫方译,法律出版社 2003 年版

7.〔美〕戴维·K.怀亚特:《泰国史》,郭继光译,中国出版集团东方出版中心 2009 年版

8.〔比利时〕让·东特:《比利时史》,南京大学外文系法文翻译组译,江苏人民出版社 1973 年版

9.〔德〕科尼特尔:"罗马法与民法的法典化",王天红译,载杨振山、〔意〕斯奇巴尼主编、黄风执行主编《罗马法·中国法与民法法典化》,中国政法大学出版社 1995 年版

10.〔德〕《马克思恩格斯全集》第 21 卷,人民出版社 1965 年版

11.〔日〕美浓部达吉:《公法与私法》,黄冯明译,中国政法大学出版社 2003 年版(周旋勘校)

12.〔英〕梅特兰等:《欧陆法律史概览:事件、渊源、人物及运动》,屈文生等译,上海人民出版社 2008 年版

13.〔美〕约翰·亨利·梅利曼:《大陆法系》,顾培东、禄正平译,法律出版社 2004 年版

14.〔美〕孟罗·斯密:《欧陆法律发达史》,姚梅镇译,王健、刘洋校,中国政法大学出版社 2003 年版

15.〔加〕帕特里克·格伦:《世界法律传统》,李立红、黄英亮、姚玲译,北京大学出版社 2009 年第三版

16.〔法〕皮埃尔·勒格朗、〔英〕罗德里克·芒迪主编:《比较法研究:传统与转型》,李晓辉译,北京大学出版社 2011 年版

17.〔美〕泰格、利维:《法律与资本主义的兴起》,纪琨译,学林出版社 1996 年版

18.〔美〕汤普逊:《中世纪经济社会史》下册,耿淡如译,商务印书馆 1963 年版

19.〔美〕艾伦·沃森:《民法法系的演变及形成》,李静冰等译,中国政法大学出版社 1992 年版

20.〔美〕威格摩尔:《世界法系概览》上、下,何勤华、李秀清、郭光东等译,上海人民出版社 2004 年版

21.〔罗马〕优士丁尼:《优士丁尼法学总论》,商务印书馆 1989 年版

四、中文文献

1. 曹建明、贺小勇:《世界贸易组织》,第三版,法律出版社 2011 年版

2. 曹杰:"旧法观点危害国家经济建设",载 1952 年 9 月 13 日《人民日报》
3. 陈传纲:"反人民的旧法律和人民革命政权绝不相容",载 1952 年 8 月 26 日《人民日报》
4. 陈永生:"大陆法系的刑事诉讼行为理论——兼论对我国的借鉴价值",《比较法研究》2001 年第 4 期
5. 杜景林、卢谌编著:《德国债法改革〈德国民法典〉最新进展》,法律出版社 2003 年版
6. 傅俊伟:"欧盟民法典草案之述评",载梁慧星主编《民商法论丛》第 43 卷,法律出版社 2009 年版
7. 何勤华:《西方法学史》,中国政法大学出版社 2003 年第二版
8. 何勤华:《20 世纪日本法学》,商务印书馆 2003 年版
9. 何勤华主编:《外国法制史》,法律出版社 2011 年第五版
10. 何勤华主编:《法国法律发达史》,法律出版社 2001 年版
11. 何勤华、李秀清主编:《东南亚七国法律发达史》,法律出版社 2002 年版
12. 何勤华、李秀清主编:《意大利法律发达史》,法律出版社 2006 年版
13. 何勤华、洪永红主编:《非洲法律发达史》,法律出版社 2006 年版
14. 何勤华、冷霞主编:《拉丁美洲法律发达史》,法律出版社 2010 年版
15. 何勤华、李秀清、方乐华、管建强:《日本法律发达史》,上海人民出版社 1998 年版
16. 胡娟:"日本司法考试制度:一个历史的考察",载何勤华主编:《20 世纪外国司法制度的变革》,法律出版社 2003 年版
17. 季卫东:"世纪之交日本司法改革的述评",载《环球法律评论》,2002 年春季号
18. 姜影:"法国民法为他人侵权行为责任制度的发展",《欧洲法律与经济评论》,2007 年 12 月第 15—16 期合刊
19. 李光灿、李剑飞:"肃清反人民的旧法观点",载 1952 年 8 月 22 日《人民日报》
20. 李秀清:《日耳曼法研究》,商务印书馆 2005 年版
21. 林榕年主编:《外国法制史新编》,群众出版社 1994 年版
22. 刘景华:《西欧中世纪城市新论》,湖南人民出版社 2000 年版
23. 刘艳红:"我国与大陆法系犯罪论体系之比较研究",《中外法学》2004 年第 5 期
24. 刘兆兴主编:《比较法学》,社会科学文献出版社 2004 年版
25. 倪正茂:《比较法学探析》,中国法制出版社 2006 年版
26. 彭小瑜:《教会法研究》,商务印书馆 2011 年版
27. 沈宗灵:《比较法研究》(沈宗灵作品集),北京大学出版社 1998 年版
28. 申建平:"德国民法典的演进及其分析",载《学习与探索》2000 年第 6 期
29. 佟柔著、周大伟编:《佟柔中国民法讲稿》,北京大学出版社 2008 年版
30. 王觉非主编:《欧洲历史大辞典》上,上海辞书出版社 2007 年版
31. 王泽鉴:《民法学说与判例研究》第 1 册,中国政法大学出版社 1998 年版
32. 徐涤宇:"法国法系原因理论的形成、发展及其意义",《环球法律评论》2004 年冬季号
33. 徐国栋:"大陆法系还能存在多久——从梅利曼到海塞林克再到未来",《比较法研究》2010 年第 1 期

34. 薛军:"意大利的判例制度",载《华东政法大学学报》,2009 年第 1 期
35. 叶澜:"清算反人民的旧法观点",载 1952 年 10 月 17 日《人民日报》
36. 叶秋华、王云霞主编:《大陆法系研究》,中国人民大学出版社 2008 年版
37. 易继明:"《格尔蒂法典》与大陆法私法的源流",《外国法译评》1999 年第 1 期
38. 由嵘主编:《外国法制史》,北京大学出版社 1992 年版
39. 张礼洪等:《民法法典化、解法典化和反法典化》,中国政法大学出版社 2008 年
40. 郑永流:"西方两大法系判例比较",《中外法学》1989 年第 4 期
41. 中山大学东南亚史研究所编:《泰国史》,广东人民出版社 1987 年版
42. 周枏:《罗马法原论》上、下,商务印书馆 1994 年版
43. 周枏等编著:《罗马法》,群众出版社 1983 年版
44. 周一良、吴于廑主编:《世界通史资料选辑》,中古部分(郭守田主编),商务印书馆 1981 年增订版

第一章　法国法

第一节　综述

大陆法系的核心和基础是法国法，因此，本书对法国法将进行详细的介绍与评述。

法国法的历史最早可以追溯到公元前1世纪，当时居住在欧洲中南部高卢地区的先民就已经形成了自己的习惯法。公元前47年高卢沦为罗马行省，开始适用罗马法。自5世纪起，日耳曼民族大举入侵高卢，建立了法兰克王国，在将高卢人的习惯和日耳曼人的习惯以及罗马法糅为一体后，编纂了《撒里克法典》[1]。843年，法兰克查理曼帝国崩溃，分裂为法兰西、德意志和意大利三国。法兰西王国的法律开始了自己独立发展的历史。

从843年到11世纪，法国处于封建割据时期，其主要法律渊源是相当分散的不成文的地方习惯法。教会法、商法、罗马法和日耳曼法只是起补充作用。11世纪以后，由于手工业和商品经济的发展，城市开始兴起，国王利用新兴的市民阶层的力量，不断打击、削弱封建领主的势力，强化王权。法兰西王国的法律开始

---

[1] 有关《撒里克法典》的具体资料可以参见李秀清："撒里克法典若干问题之探析"，《比较法研究》2005年第1期。

趋向统一。如习惯法开始成文化；王室立法得到加强；罗马法也开始复兴。16世纪以后，法国进入了"朕即国家"的封建君主专制时期。这一时期法制变化的主要特点是：1.加强了法律统一的趋势。2.王室法令成为主要的法律渊源。3.教会法占重要地位。

1789年法国大革命爆发，6月17日国民议会颁布法律，宣布惟有国民议会能够代表全国，能够在治理问题上行使全权；8月4日至11日，国民议会通过"永远废除封建制度"的法令；8月26日国民议会通过《人权宣言》，提出了包括人人生而平等、权利自由、保障公民的基本人权、主权在民、三权分立、法无明文规定不为罪、法不溯及既往、无罪推定等在内的一系列资产阶级法治原则。1793年宪法在确认私有财产权是资产阶级权利核心的基础上，进一步强调了资产阶级的平等原则，扩大了资产阶级民主权利。在此情况下，出现了拿破仑的系列立法。

拿破仑上台后第一年即制定了1799年宪法，亦称"共和国八年宪法"。[1] 1804年在拿破仑的直接领导与亲自参与下，《法国民法典》得以通过[2]。此后，拿破仑又先后制定了《法国民事诉讼法典》（1806年）、《法国商法典》（1807年）、《法国刑事诉讼法典》（1808年）、《法国刑法典》（1810年），这四部法典加上拿破仑宪法和1804年《法国民法典》被称为"法国六法"。"法国六法"构成了一个完备的成文法体系，它的出现标志着法国资产阶级法律制度的最终确立，也奠定了大陆法系的基础。

20世纪以后，随着法国社会的变迁，法国法也发生了巨大的变化：委托立法增多，宪法几经更迭；商法与诉讼法有重大修改；劳工立法、公司法以及提高妇女在家庭中地位和改善工人工作条件的立法得到制定，各部门法呈现社会化倾向；国家加强了对经济的干预，行政法规大量增加。所有这些都反映了社会经济、政治发展的总趋势。法国法在现代化进程中，对法典的修订一直持较为谨慎的态度，通常以法典作为各部门法的指导，而大量的现实问题则通过单行法来解决。[3] 20

---

[1] 该宪法及1802年和1804年两次对该宪法进行修正的核心内容，都是强化拿破仑个人权力，建立独裁统治。
[2] 1800年拿破仑任命特隆歇、波塔利斯、马尔维尔和普雷阿梅纽组成民法典起草委员会，开始制定民法典。经过4个月的紧张工作，民法典草案提交立法机关讨论，但阻力极大。后拿破仑直接领导和亲自参加了起草工作、参加讨论并发表意见，终于克服阻力，民法典在1804年3月15日终于得以全部通过。
[3] 详细参见何勤华、李婧编著：《新编外国法制史》，中国政法大学出版社2010年版，第283—284页。

世纪 60 年代以后，随着欧洲共同体（1993 年转为欧盟）的成立、发展，法国作为欧洲一体化的积极倡导者，其法律也明显体现了"欧洲一体化"的倾向。

现代法国法的主要渊源包括：欧盟法；宪法；法律和法令；判例法（法国是成文法国家，判例法向来受到排斥，但是 20 世纪以来，判例法的地位提升，不仅成为行政法的主要渊源，而且在私法领域也往往被视为对法典条文的有效解释）；习惯法（《法国民法典》第 1159 条规定"有歧义的文字，按契约订立地的习惯解释。"第 1160 条规定"习惯上的条款，虽未载明于契约，解释时应加以补充"）；法学著作（在法国，法学著作不被视为正式法律渊源，但它们对司法实践具有重大影响）。

就中国大陆目前对法国法的研究而言，主要存在三个特点。第一，在法理方面，介绍和评述法国法学理论的成果还不多，尤其与德国、日本这两个同属大陆法系的国家相比，法国法学理论的研究成果还比较薄弱。第二，就我国对法国法的各个部门法领域的研究而言，研究民商法的成果较多，不仅有多个法国民商法典的译本，而且还有一批研究法国近现代民商法的发展演变的成果。而与此相对，对法国刑法和诉讼法的研究相对比较薄弱。[1] 第三，就法国公法而言，对宪法研究的成果比较少，而对行政法的研究成果比较多，这一点或许要归功于王名扬（1916—2008），先生的《法国行政法》（中国政法大学出版社 1988 年版）一书，不仅拉开了介绍与评述法国行政法的序幕，而且也让中国学术界加深了对大陆法系行政法制的认识与理解。

正因为法国法是大陆法系的基础，而国内学术界对法国法的研究又比较薄弱。因此，本书着力于填补中国法学研究的这一空白，对法国法倾注了比较多的笔墨，分别设定了法国宪法概述、人权宣言解读、行政法院今昔、民法典变迁、环境与城市规划法、法国刑法与诉讼法以及法国的法文化等各个专题，其篇幅达到了本书的近一半。我们希望本书的这一设计，能够为我国法国法研究的展开提供更多的素材和空间。

---

[1] 何勤华主编：《法国法律发达史》（法律出版社 2001 年版）一书，对法国刑法和刑事诉讼法做出了论述和研究。系列研究成果，主要是由中国人民大学法学院高铭暄教授牵头的法国和中国的刑事法研究项目（以北京师范大学赵秉志、卢建平等学者为核心）推出的。

第二节 1789年《人权宣言》[1]

人们研究法国革命史就会看到，大革命正是本着卷帙浩繁的评论治国的抽象著作的同一精神进行的：即本着对普遍理论，对完整的立法体系和精确对称的法律的同一爱好；对现存事物的同样蔑视；对理论的同样信任……遵照逻辑法则，依据统一方案，一举彻底改革结构，而不在枝节上修修补补的同一愿望而进行的。这是何等骇人的景象！因为在作家身上引为美德的东西，在政治家身上有时却是罪恶，那些常使人写出优美著作的事物，却能导致庞大的革命。[2]

对于评判法国《人权宣言》所产生的效果的历史学者来说……法国《人权宣言》之后的无序和混乱不能说是仅仅由它的形式（即颁布了《人权宣言》）带来的。大革命之后的混乱更多地显示的是匆匆忙忙采用外国制度所可能导致的危险。也就是说，1776年之后的美国实际上是建立在他们已经拥有的长久的历史基础之上。另一方面，法国人则撕裂了他们国家的框架。在一个国家中（美国）是巩固国家的因素在另一个国家（法国）则变成了造成进一步混乱的原因。[3]

以上，我们非常简要地叙述了法国大革命爆发以来法国法的发展历程。在这当中，最让人激动的就是1789年《人权宣言》的面世。它不仅奠定了法国近代宪政以及大陆法系宪政的基础，开创了西方立宪主义传统，而且直至今日，仍然对世界各国宪政的发展发挥着激励作用。

---

[1] 下文简称《人权宣言》。
[2] 〔法〕托克维尔：《旧制度与大革命》，冯棠译，商务印书馆1997年版，第182页。
[3] 耶利内克认为："美国的各种权利宣言与法国的《人权与公民权利宣言》的最重要的区别就是：在美国是制度的存在先于对个人权利的承认；而在法国则是制度的存在跟随着对个人权利的承认。"参见〔德〕格奥尔格·耶利内克：《〈人权与公民权利宣言〉：现代宪法史论》，李锦辉译，商务印书馆2012年版，第40—41页。

一、思想基础

法国 1789 年革命者的理念受到从古希腊时代以来的许多哲学与政治理论的影响。其中,自然法(droit naturel)、社会契约论(contrat social)以及个人主义(individualisme)构成了 1789 年《人权宣言》的主要思想基础。

(一)自然法

1789 年《人权宣言》第 2 条声明:"所有政治实在的目的都在于保护人的自然的、不可让渡的权利";第 4 条规定:"每个人的自然权利之存在仅以那些能够保证社会中其他成员享有同样权利为限"。可见,来源于"自然法"理念的"自然权利"是法国大革命与 1789 年《人权宣言》的核心理念之一。

自然法的理念产生于古希腊。[1] 亚里士多德(Aristote,公元前 384—前 322)区分了自然法(droit naturel)与制定法(droit légal),后者也称实证法(droit positif)。这种理念影响了整个西方世界。[2]

作为希腊传统的继承者,西塞罗(Cicéron,公元前 106—前 43)进一步提出适用于所有人的共同法理念。[3] 到 6 世纪,在教会圣师们的阐述中,自然法的理

---

[1] 海因里希·罗门认为,古希腊伟大的哲学家赫拉克里特(Heraclitus)的哲学思想中体现出的自然法理念是对自然法最早的表述。参见〔德〕海因里希·罗门:《自然法的观念史和哲学》,姚中秋译,上海三联书店 2007 年版,第 6 页。

[2] J. Imbert, H. Morel, G. Sicard, M. Ganzin, A. Leca, C. Bruschi, Les Principes de 1789, Presses Universitaires d'Aix-Marseille, 1989, pp. 12—13. 耶利内克认为,"尽管从希腊人的时代就已经有了自然权利的观念,然而它们从来没有导致基本权利观念的形成。自然权利理论在很长时间内导致了自然法和实证法的对立,虽然自然法并没有要求通过实证法来实现。"参见〔德〕格奥尔格·耶利内克:《〈人权与公民权利宣言〉:现代宪法史论》,李锦辉译,商务印书馆 2012 年版,第 25 页。

[3] 同上书。西塞罗是斯多葛学派自然法学说的阐释者和传播者。这位富有天赋的雄辩家一次又一次地将自然法与实证法相对比。在他看来,实证法是真正的法律的影子和反射图像。参见〔德〕海因里希·罗门:《自然法的观念史和哲学》,姚中秋译,上海三联书店 2007 年版,第 20—21 页。

念获得飞速发展。圣保罗（saint Paul，约公元10—67）[1]指出，自然法已经显明在每个人的心里。也正是自然法的作用，使没有律法的人得以像有律法的人那样生活。[2]在圣保罗的影响下，圣奥古斯丁（saint Augustin，354—430）[3]认为这种"正确的理性"（自然）来源于神，自然无处不在、永远一致。圣奥古斯丁声称自然法规定，"己所不欲勿施于人"。因此，亚里士多德曾经视为自然法一部分的奴隶制度后来受到了基督教的排斥。[4]

塞维利亚的伊西多尔（Isidore de Séville，约560—636）[5]曾试着界定自然法。认为自然法普遍适用于万国，像自然的本性那样无所不在：包括男女结合、养育子女、人们获取天空、陆地、海洋的产物、归还保管物、以暴制暴等。伊西多尔的自然法概念受认可，格拉提安（Gratien，?—约1160）[6]于1140年将此概念纳入教令集（Décret）[7]，该教令集成为此后教会法的基础。[8]一个世纪以后，圣托马斯·阿奎那（saint Thomas d'Aquin，1227—1274）在研读古代作品的基础上认为自然法的主要原则是：区别善恶，行善，避恶，不去妨害我们必须要共处的人，

---

[1] 保罗原名扫罗（Saul），基督教早期的传教士和神学家。他经历三次传教旅程，向非犹太人传讲福音。保罗的职务和观点大致见于《新约全书》中的使徒书信。参见：《不列颠简明百科全书》（修订版），中国大百科全书出版社2011年版，第1481页。

[2] 参见：《圣经》，《罗马书》2章12—16节。

[3] J. Imbert, H. Morel, G. Sicard, M. Ganzin, A. Leca, C. Bruschi, Les Principes de 1789, p. 13. 圣奥古斯丁系天主教神学家。他的著作包括深入思考上帝恩典的自传《忏悔录》和反映基督教在历史上地位的《上帝之城》。他的神学著作《基督教义》和《论三位一体》也广泛流传。参见：《不列颠简明百科全书》（修订版），中国大百科全书出版社2011年版，第1481页。

[4] 参见〔德〕海因里希·罗门：《自然法的观念史和哲学》，姚中秋译，上海三联书店2007年版，第34页。

[5] 伊西多尔是西班牙的高级教士和学者，教会的最后一位西方教父。约600年任塞维利亚大主教，主持过几个制定教会教义的公会议，包括第四届托莱多会议。他还力劝西哥特人放弃阿里乌斯主义，皈依正统的基督教。参见：《不列颠简明百科全书》（修订版），中国大百科全书出版社2011年版，第1911页。

[6] 中世纪基督教教会法学家，本尼迪克会修士。1139—1142年将大量的教父著作、会议教令、教宗敕令等约3800篇文件编辑到一起，力图解决彼此间的矛盾冲突，被称为《格拉提安教令》，它很快成为教会法的基本教科书。格拉提安本人也因此被称为基督教教会法之父。参见〔美〕布鲁斯·雪莱：《基督教会史》，刘平译，北京大学出版社2004年版，第220—221页。

[7] 即Décret de Gratien，中文译为《格拉提安教令集》；拉丁文表述为Concordia discordantium canonum，或Decretum Gratiani。《格拉提安教令集》为其后增补的《教会法大全》奠定了基础，一直影响到罗马教廷于1917年新颁布的《教会法法典》。参见：《不列颠简明百科全书》（修订版），"教会法"词条，第790页。

[8] J. Imbert, H. Morel, G. Sicard, M. Ganzin, A. Leca, C. Bruschi, Les Principes de 1789, pp. 13—14.

旨在达到实现人理性的自然（la nature rationnelle de l'homme）的社会生活。[1]

然而，中世纪所有的思想家，不论是神学家还是教会法学家都主张自然法高于实证法，后者只应当是前者的反映。在圣托马斯·阿奎那之后，16世纪的一些思想家，如多明我会的维多利亚（Francisco de Vitoria，1483—1546）[2]或是耶稣会的苏亚雷斯（Suárez Francisco，1548—1617）[3]认为人权是普世的，他们坚定地用人权理念反对实证法中来源于君主的法令。当时，否定被殖民者的人格合乎情理，但维多利亚认为这些被殖民者的权利是人性中固有的，特别是他们能够也应当享有财产权。[4]

荷兰法学家格劳秀斯（Hugo Grotius，1583—1645）也接受了中世纪的自然法理念，但却特别强调世俗的自然法。[5]格劳秀斯之后，形成了一个与其思想一脉相承的新的"自然法学派"。该学派理所当然地表明"造物主的意图"，却在全部直接启示之外。自然法学派认为，每个人都应当具有一定数量的自然财产。作为格劳秀斯思想的继承者，一些理论家慢慢地建构出一个完整的公法与私法上的自然法体系，与中世纪盛行的理念相去甚远。[6]

（二）社会契约

1651年，霍布斯（Thomas Hobbes，1588—1679）的名著《利维坦》（Le Léviathan）

---

[1] 参见〔德〕海因里希·罗门：《自然法的观念史和哲学》，姚中秋译，上海三联书店2007年版，第41—47页。

[2] 维多利亚是位天主教的西班牙法学家，修正和发展了教皇对非基督教徒政治权利的思维，构成了近代国家法的基础。他的思想背景是西班牙需要为征服美洲的正当性寻找依据。维多利亚基本上放弃了以宗教信仰为基准来看待西欧与世界其他地方关系的中世纪传统。参见彭小瑜：《教会法研究》，商务印书馆2003年版，第283—284页。

[3] 西班牙神学家和哲学家。他在《形而上学论文集》（1597年）一书中引用亚里士多德、圣托马斯·阿奎那等人的作品来讨论自由意志以及其他一些哲学问题。被认为是继阿奎那后最伟大的经院哲学家和耶稣会会士重要的神学家。参见：《不列颠简明百科全书》（修订版），中国大百科全书出版社2011年版，第1911页。

[4] J. Imbert, H. Morel, G. Sicard, M. Ganzin, A. Leca, C. Bruschi, Les Principes de 1789, p. 14. 维多利亚与苏亚雷斯等晚期经院哲学大师密切关注自然的道德律和法哲学问题。参见〔德〕海因希·罗门：《自然法的观念史和哲学》，姚中秋译，上海三联书店2007年版，第55—56页。

[5] 参见〔德〕海因里希·罗门：《自然法的观念史和哲学》，姚中秋译，上海三联书店2007年版，第65—68页；〔意〕登特列夫：《自然法——法律哲学导论》，李日章、梁捷、王利译，新星出版社2008年版，第59—61页。

[6] 同上[4]。

问世。这位英国学者探究社会的起源,认为自然状态早于社会而存在。在自然状态中,人与人之间是竞争关系,自然法仅仅体现为人与生俱来的利己主义。自然法将人带领出混乱的原始状态,体现为:一方面,人们的一些情感,尤其是对死亡的畏惧使他们向往和平;另一方面,用来计算利益的理性将告诉人们如何与他人达成和平协议。[1]

经过荷兰的斯宾诺莎(Benedict de Spinoza,1632—1677)[2]之《神学政治论》(Traité Théologico-Politique,1670年),英国约翰·洛克(John Locke,1632—1704)的《人类悟性论》(An essay concerning human understanding,1690年)和《政府论》(Two Treatises of Civil Government Civil,1689—1690年)等启蒙思想作品的阐述、完善,"自然状态"理论演化成了卢梭的"社会契约论"(Contrat Social)。

卢梭认为,社会契约不是霍布斯理念中在孤立的个人之间达成的;也不是像普芬道夫(Samuel Pufendorf,1632—1694)[3]所说形成于个人与主权之间,因为这实际上是个人向专制主义妥协,卢梭猛烈抨击这种主张。他认为,社会契约是个人与全体达成的契约。也就是说,我们每个人都将自己的全部交给全体,受到最高的"公意"(volonté générale)的管理。因此,每个人就成为全体的一个不可分割的部分。指出,达致公意的方法很简单,将民意累积起来即可。然而,公意并不总意味着全体一致,而是要保证所有的意见都得到考虑。[4]1789年《人权宣言》的第4条明确规定,"法律是公意的体现"。

由此可见,社会契约理论是一个近代的产物,它是个人主义政治理论与众不

---

[1] J. Imbert, H. Morel, G. Sicard, M. Ganzin, A. Leca, C. Bruschi, Les Principes de 1789, pp. 16—17. 参见〔德〕海因里希·罗门:《自然法的观念史和哲学》,姚中秋译,上海三联书店2007年版,第76—78页。

[2] 希伯来语为Baruch Spinoza。荷兰犹太人哲学家,17世纪唯理论的主要代表人物。他的哲学代表了对R. 笛卡尔哲学的发展和否定,其大多数震撼性的学说中很多都是对笛卡尔哲学难题的解决。他的主要著作有《伦理学》(1677年)、《神学政治论》(1670年)和未完成的《政治论》。参见:《不列颠简明百科全书》(修订版),中国大百科全书出版社2011年版,第1546页。

[3] 德国法学家和历史学家。他最著名的作品是《法学知识要义》(1660)和《自然法与万国法》(1672),他在书中捍卫了自然法的思想,证明不存在天生就是奴隶的人,所有的人都有平等和自由的权利。参见:《不列颠简明百科全书》(修订版),中国大百科全书出版社2011年版,第1336页。

[4] 同上[1],pp. 22—23. 参见〔德〕海因里希·罗门:《自然法的观念史和哲学》,姚中秋译,上海三联书店2007年版,第83—84页。

同的标志，跟近代自然法理论密切相关。要不是近代自然法观念提供了基础，社会契约论定无成立的可能。这种理论企图将文明社会的产生解释为它的成员审慎的意志行为之结果。社会契约是一个框架，也是一份蓝图，对它的各种不同的解释都有一个共同的特征：它们的起点都是个体，它们的基础都是近代世俗的自然法观念。

此外，耶利内克认为，1789年《人权宣言》受到北美各州权利宣言的重大影响，是源于古老的清教徒独立运动观念对宗教之外的其他地方发生的影响。社会契约理论曾经在建立各殖民地的过程中起到了如此重要的作用，并曾经帮助他们建立了宗教自由，现在这一理论开始以非常重要的方式支持对现存的制度进行重构。指出，社会契约理论并没有改变这些制度，它只是给了这些制度一个新的基础。[1]

（三）个人主义

18世纪时，霍布斯和洛克将产生于古希腊诡辩派的"契约"理念推向极致，成为政治哲学的阐述方法。[2]除了在此领域最出名的卢梭外，这些思想家更注重对目的的分析而不是对内涵的界定。他们认为，社会契约的目的是为了努力建构一个人人平等的生活环境，保障每个公民的自由与安全。于是，个人就成为政治思考的中心。1789年《人权宣言》第2条声明："所有政治实体的目的都在于保护人的自然的、不可让渡的权利"。这些权利包括自由、平等、安全与财产。

在古希腊时代，亚里士多德就阐述了人类的幸福。然而，欧洲各国的人们在18

---

[1] 参见〔意〕登特列夫：《自然法——法律哲学导论》，李日章、梁捷、王利译，新星出版社2008年版，第64页；〔德〕格奥尔格·耶利内克：《〈人权与公民权利宣言〉：现代宪法史论》，李锦辉译，商务印书馆2012年版，第36页。

[2] 耶利内克认为，针对洛克所主张的"上帝和自然的法律为在所有国家和所有形式的政府的所有立法权力所设定的"限制，后来发生了激进的转变：从上帝的和自然的法律所施加的限制变成了个人权利所施加的限制。参见〔德〕格奥尔格·耶利内克：《〈人权与公民权利宣言〉：现代宪法史论》，李锦辉译，商务印书馆2012年版，第38页。

世纪史无前例地热烈探讨有关"幸福"的话题。一些论著颇具代表性，包括：法国，伏尔泰（Voltaire，1694—1778）[1] 的《幸福书简》（Epîtres sur le Bonheur）出版于1738年；德国，莱辛（Doris Lessing，1729—1781）[2] 的《论追求幸福》（Die Glückeligkeit）出版于1753年；意大利，维里（Pietro Verri，1728—1797）的《论幸福》（Della Felicita）出版于1763年；英国，福格森（Adam Ferguson，1723—1816）的《幸福论》（On Happiness）出版于1782年。[3]

追求幸福成为生活的准则之一。甚至有人将幸福视为一种"权利"或是"义务"。1750年，杜尔哥（Anne-Robert-Jacques Turgot，1727—1781）[4] 在《索邦神学院的演说》（Discours aux Sorbonniques）中声明，"自然已经将幸福的权利赋予所有的人"。狄德罗（Denis Diderot，1713—1784）[5] 宣称，"只有一个义务，就是要过得幸福"。在大西洋彼岸，人们追求幸福的热情也同样高涨。美国1776年《独立宣言》直言不讳地表明，人不可让与的权利包括生命权、自由权以及追求幸福的权利。

在这方面，1789年制宪会议的精英们却显得较为谨慎，没有将追求幸福的权利直接写入《人权宣言》。这一方面是因为当时的议题众多，"启蒙思想"博大精深，代表们忙于那些急需解决的重大问题。此外，人们对"幸福"也有不同的理解。幸福难道仅仅意味着诸如健康、财富和娱乐等世俗的价值吗？幸福是不是美德的产物？幸福来自于节俭还是奢华？幸福应当是个人的还是社会的？面对这些困惑，1789年《人权宣言》选择了规定自由、平等、安全与财产等权利。尽管如此，个人主义的思潮还是在很大程度上影响了当时法国的立法者。[6]

---

[1] 原名弗朗索瓦-玛丽·阿鲁埃（François-Marie Arouet），法国作家，18世纪欧洲最伟大的作家之一。参见：《不列颠简明百科全书》（修订版），中国大百科全书出版社2011年版，第505页。

[2] 德国剧作家和评论家。参见：《不列颠简明百科全书》（修订版），中国大百科全书出版社2011年版，第950页。

[3] J. Imbert, H. Morel, G. Sicard, M. Ganzin, A. Leca, C. Bruschi, Les Principes de 1789, pp. 20—21.

[4] 后称杜尔哥男爵（Baron de l'Aune）。法国行政官员和经济学家。1774年路易十六任命他为财政大臣，并采纳他的"六项敕令"来扩展经济改革，1776年被免职。参见：《不列颠简明百科全书》（修订版），中国大百科全书出版社2011年版，第412页。

[5] 法国文学家和哲学家。1745—1772年间编撰35卷的《百科全书》，为启蒙运动时期的重要著作。参见：《不列颠简明百科全书》（修订版），中国大百科全书出版社2011年版，第372页。

[6] 同[3]。

二、制定过程

(一) 美国《独立宣言》的影响

当1776年美国《独立宣言》传入法国时,法国人立即对它产生兴趣,甚至是崇拜。1778年,米拉博(Comte de Mirabeau,1749—1791)[1]说:"我们为伟大的美国宣言而欢呼!"孔多塞(Marquis de Condorcet,1743—1794)[2]更是赞扬道:"人权不应当仅仅写在哲学书里或是铭记在品德高尚者的心中,而是应该让人们(不论是无知的还是卑微的)能够通过一个伟大的民族为榜样而知晓。美国就是这个榜样。简洁而崇高的《独立宣言》向人们展现了那些神圣的,已经被遗忘了的权利"。在1769年和1776年间,法国出版了许多有关北美独立战争和制度建设的宣传手册。合众国的诸多宣言与宪法的不同版本在法国发行,其中包括弗兰克林(也译作富兰克林,Benjamin Franklin,1706—1790)[3]于1783年亲自督导的版本。

1783年,26岁的拉法耶特从美国回到法国。据说他在自家沙龙的墙上挂了两个框架。一个装上了美国《独立宣言》,另一个则是空的,为将来的法国权利宣言作准备。这个轶闻表明在旧制度的最后几年里,《独立宣言》对法国的巨大影响。[4][5]法国著名宪法学家埃斯曼指出:"美国独立战争与法国大革命是一对姊妹,

---

[1] 原名Honoré-Gabriel Riqueti。法国政治家和演说家。1789年他当选为第三等级代表参加了三级会议。他主张立宪君主政体,并在君主专制主义者和革命者之间进行调解。1791年他当选为国民议会议长。参见:《不列颠简明百科全书》(修订版),中国大百科全书出版社2011年版,第1175页。

[2] 原名Marie-Jean-Antoine-Nicolas de Caritat。法国数学家、政治家、革命家,他关于人类能够无限地完善自身的进步观念对19世纪的哲学和社会学具有极大的影响。因同情法国大革命,被选为制宪议会的巴黎代表(1791—1792)。参见:《不列颠简明百科全书》(修订版),中国大百科全书出版社2011年版,第914页。

[3] 美国印刷商和出版商,作家、科学家、发明家和外交官。他担任第二次大陆会议的代表,也是起草《独立宣言》的委员会成员。1776年为美国独立战争到法国寻求帮助。他经手签署了一个提供美国所需贷款和军援的条约。1787年,他为宪法会议的成员。参见:《不列颠简明百科全书》(修订版),中国大百科全书出版社2011年版,第519页。

[4] 参见〔德〕格奥尔格·耶利内克:《〈人权与公民权利宣言〉:现代宪法史论》,李锦辉译,商务印书馆2012年版,第7—8页。

[5] 同上书,第8—9页。

前者是姐姐，英国的自由传统与精神是它的灵魂。然而，18世纪时的哲学，尤其是孟德斯鸠的思想也深刻地影响了美国宪法"。[1]

对于法国的革命而言，启蒙思想与自然法理论在当时起到很大作用。1785年，保皇党人莫罗（Jacob-Nicolas Moreau，1717—1803）[2]上书路易十六，他提醒国王，人拥有来源于自然的权利，政府应当保护这些权利。马布利曾经在1756年写成《公民的权利与义务》（Des Droits et des Devoirs du Citoyen）一书，尽管长期未能在法国出版，却于1788年最初的几个月问世。该书与孔多塞所著《权利宣言》（Déclaration des Droits）几乎同时风靡于思想界，并在外省广泛传播。

"社会契约论"在法国知识精英中却可谓家喻户晓。法国制宪会议的成员们将法律上升到"公意表达"的高度。此外，对旧制度末期产生重大影响的重农主义者们曾正式、明确地承认财产权。法国人也习惯于通过议会以谏书、决议和宣言等文件中所体现的原则来阐明王国的基本法律，或是用外省的、行会的和个人的权利来对抗王权。1788年5月3日，巴黎高等法院再次明确法官终身制后，声明每个公民享有无论以何种形式在任何时刻都不得被移送其他法官审判的权利……公民也享有只有在一定程序下才能被移交审判的权利。这些规定都为未来国民制宪议会颁布权利宣言做了铺垫。

天主教的教育使法国人习惯于用金科玉律来界定真理。这种宗教文化会使人们潜移默化地将所建立的新的世俗、政治原则奉为信条。从许多陈情书（cahier de doléances）[3]中的表述中可以看出公民教理问答书的色彩。奥尔良公爵（Louis Philippe d'Orléans，1747—1793）[4]曾在指令中表明，应当要像教授教理问答

---

[1] Gérard Conac, Marc Debene, Gérard Teboul, La Déclaration des Droits de l'Homme et du Citoyen de 1789: Histoire, Analyse et Commentaires, Economica, 1993, p. 8.

[2] 担任路易十六的史官，曾指出国王们不可否认的唯一的权威是由公众舆论法庭建立起来的"公众觉悟"。莫罗宣扬开明的君主制。参见〔法〕安东尼·德·巴克、弗朗索瓦丝·梅洛尼奥：《法国文化史》，第三卷，《启蒙与自由：十八世纪和十九世纪》，朱静、许光华译，华东师范大学出版社2006年版，第26页、第118页。

[3] 三级会议各等级反映自身要求的委托书。在革命前夕，主要指第三等级要求改善处境的委托书。自1484年三级会议以来，各等级的会议都有写陈情书的习惯。参见端木正主编：《法国大革命史词典》，中山大学出版社1989年版，第142页。

[4] 原名Louis-Philippe-Joseph d'Orléans。法国波旁王朝的亲王，在法国大革命中支持人民民主政治。1789年当选为三级会议贵族代表。1791年加入雅克宾俱乐部后放弃贵族称号，从巴黎公众中接受"平民菲力普"的名字。参见：《不列颠简明百科全书》（修订版），中国大百科全书出版社2011年版，第90页。

(catéchisme)[1]那样去告知人们重要的权利。1789年6月，拉法耶特在给一位女性朋友的信中就吹嘘他自己已经撰写了一个宣言，这个宣言将成为"法国的教理问答"。1789年8月1日，当巴纳夫（Antoine Barnave，1761—1793）[2]为宣言的通过而辩护时，他也将其称为"国家教理问答"。[3]

（二）1789年《人权宣言》草案

法国《人权宣言》的制定不仅受到了美国模式的影响，第三等级的陈情书，甚至在一些贵族和教士等级的陈情书中都请求国王确认基本权利。1789年1月，拉法耶特已经完成自己拟定的第一个草案。该草案所表达的思想与《人权宣言》的第1条十分相似："您是否还记得自然赋予人平等的权利，人与人之间必要的区别，特别是在王国内，来自于公意"。[4]

自宣告召开三级会议（États-Généraux）[5]以后，拉法耶特就意识到，使法国接受表达其个人愿望的宣言的时刻已经到来。他自信地认为，由国民议会（l'Assemblée nationale）通过的这个宣言是欧洲第一个人权宣言。拉法耶特称，与英国的实践不同，这个宣言既不是妥协的产物，也不是权利的诉求；它是宣言，界定了所有人能够意识到和所有人能够知晓的真理。这个宣言应当由议会编撰，以表明国家主权。

---

[1] 宗教教育手册。通常采用问答形式，以教育儿童、劝人信教和申明信仰。中世纪教理问答集中阐述信、望、爱的意义，后来的教理问答又增加了其他主题，在宗教改革运动和印刷术发明后更加受到重视。参见：《不列颠简明百科全书》（修订版），中国大百科全书出版社2011年版，第790页。

[2] 原名Antoine Pierre Joseph Marie Barnave。法国革命时期君主立宪派。三级会议、制宪议会代表，初期属激进派。在1790—1791年民主运动高涨和国王出走，他同情国王，反对建立共和国。1792年8月人民起义时，在王宫发现有他署名的大臣计划书，于是被捕下狱。次年经法庭审讯，11月9日被处死。参见端木正主编：《法国大革命史词典》，中山大学出版社1989年版，第54页。

[3] Gérard Conac, Marc Debene, Gérard Teboul, La Déclaration des Droits de l'Homme et du Citoyen de 1789: Histoire, Analyse et Commentaires, pp. 7—9.

[4] 同上[3]，p. 10.

[5] 法国大革命前君主制下的三个等级代议制议会。三个等级是教士、贵族（均为享有特权的少数）和代表人民大多数的第三等级。通常在发生危机时由王室召开，从14世纪起三级会议召开的时间间隔不等。参见：《不列颠简明百科全书》（修订版），中国大百科全书出版社2011年版，第1437—1438页。

直到大革命爆发前夜，拉法耶特仍然赞赏英国的革命模式。1787年的最后几个月，拉法耶特曾写信给华盛顿，指出"对我来说，我热切地希望法国也会有一个《权利宣言》和一部宪法。我也希望在成就这些事情的同时，能够最大限度地令所有人感到满意，并以一种和平的方式进行"。[1] 这也是作为美国《独立宣言》之父的杰斐逊给拉法耶特的建议。

实际上，这种理念非常务实。杰斐逊认为，与美国的经验相比，英国的经验对法国的革命党人更有启发。他研究了现实中的法国政治和社会结构，得出应当尽量避免突发性变革的结论。向拉法耶特及其朋友们提出建议，制定一个由国王颁布的确认国民权利和保障个人自由的宪章。

1789年6月，在拉法耶特和拉博·圣艾蒂安（Rabaut Saint-Étienne）[2] 的倡导下，杰斐逊甚至已经撰写了名为《法国国王与国民共同确立的权利宪章》(une Charte des Droits établis par le Roi de France et la Nation) 的草案，阐明了新的有关法国宪法权利的诸多原则。然而，这个建议来得为时已晚，现实远非单纯的政治分析。当时，三级会议充满了革命的弥赛亚[3] 主义（le méssianisme）的激情，而国家主权的理念也已经扎根于多数代表的心里，这些因素都促使革命党人无法与国王达成妥协。

至1789年7月，拉法耶特已经起草了三个版本的《人权宣言》。他认为，宪法中不规定公民权利是不可思议的。他早在1787年读到美国联邦宪法时就曾写信给华盛顿，表明自己对宪法缺失权利规定感到遗憾。

拉法耶特在第一个版本的《人权宣言》中陈述四个基本原则：第一，平等原则，"自然赋予人平等的权利，人与人在王国内必要的区别是基本的，这些区别应当来自于公意"。第二，国家主权原则，"全部主权本质上来自国家"。第三，民

---

[1] Gérard Conac, Marc Debene, Gérard Teboul, La Déclaration des Droits de l'Homme et du Citoyen de 1789: Histoire, Analyse et Commentaires, p. 10.

[2] 吉伦特派，政治活动家，著名记者。1788年发表"论第三等级的权利和义务"，提出第三等级在等级会议中应占主导地位，影响甚大。1792年9月，圣艾蒂安在奥布省入选国民公会，次年1月当选为主席。5月31日起义后受控并被宣布为不受法律保护。后被革命法庭判处死刑，与吉伦特派首领一起被处死。参见端木正主编：《法国大革命史词典》，中山大学出版社1989年版，第152—153页。

[3] 犹太教中，指大卫世系被期盼为王的人，他将以色列从外族的奴役中拯救出来，并复兴以色列的黄金时代。希腊文《新约》中以christos指弥赛亚，用于称呼基督教徒的救世主耶稣。参见：《不列颠简明百科全书》（修订版），中国大百科全书出版社2011年版，第1171页。

主的合法性原则,"人权保障财产、自由、幸福和生命,只有法律才能限制这些权利,法律经由本人或其代表同意由司法机构适用"。第四,批准税收并监督其使用的原则,拉法耶特早在1787年的贵族议会上就极力主张该原则。[1]

拉法耶特起草的第二个版本的《人权宣言》更有条理、更清晰、更概括。第一段表述就偏离了君主专制传统,他不再将贵族的地位合法化:"自然赋予人自由与平等的权利,人与人在社会中必要的区别仅仅来自于公意"。平等原则更明确,确认人生而自由,间接表达了对受奴役状态的谴责。拉法耶特这样描述三权分立:"政府的唯一目的是共同的善。立法权、行政权和司法权应当彼此分离,并明确界定。任何组织和个人都不得拥有并非明确来自于国家的权利"。然而,我们也应当注意到,拉法耶特在第二个草案中还不敢忽视国王的权力,"执行权属于国王",这与"国王是神圣的"传统观念相符。

第三个版本的《人权宣言》考虑了杰斐逊的建议,以及召开三级会议而带来的新变化。在这个版本的宣言中,关于国王权力的具体规定消失了。这是最大的变化,起草者避免对此具体描述,而是把这个问题留给未来。这表明,拉法耶特已经不再受法国当时君主制与共和制思想对立的影响。

7月11日,拉法耶特将其本人起草的第三版《人权宣言》提交给三级会议审议,受到众多代表的欢迎。然而,其中也有一些不同的声音。拉利·多朗达尔(Lally-Tollendal,1751—1830)[2]告诫人们对此要谨慎。他指出,《人权宣言》独立于宪法而存在实为不妥,因为自然权利不能与实在权利相分离。一个独立于宪法而存在的宣言将可能导致虚假的希望,成为蛊惑人心之说的借口,并最终引起社会秩序混乱。多朗达尔警告拉法耶特不要照搬美国模式:"请您深入思考,一个向世人宣告与远方政府切断联系的殖民地民族,与一个已经保持了14个世纪之政权的相当古老的民族,它们之间的差别有多大"[3]。

---

[1] Gérard Conac, Marc Debene, Gérard Teboul, La Déclaration des Droits de l'Homme et du Citoyen de 1789: Histoire, Analyse et Commentaires, p. 13.

[2] 原名Trophime-Gérard, Comte de Lally, Baron de Tollendal。法国贵族、政治家。1789年,当选为三级会议的贵族代表,后来成为制宪委员会的成员之一,是1789年《人权宣言》第6条内容的作者之一。

[3] 同上[1], p. 17.

但是，在拉法耶特的鼓动下，众多代表的激情战胜了谨慎的思考。7月13日，年轻的卡斯特拉内侯爵（Marquis de Castellane, 1758—1837）[1]要求迅速通过、公布与宪法分离的宣言。7月14日早上，代表们讨论了拉法耶特的草案。其后，在法国大革命的历史上这个最为重要的早上，尽管通过了制定宣言的原则，还是遭到了来自贵族中最保守阵营的抵抗。这些争议的焦点在于：宣言应当置于宪法之前以便使宪法衔接人权，还是将宣言置于宪法之后，以表明人权是宪法规定的结果。

不管怎样，宣言与宪法的制定工作无法在1190人的国民议会的全体会议上进行。让·约瑟夫·穆尼耶（Jean Joseph Mounier, 1758—1806）[2]提议由国民议会的各个部门同时作准备，并由一个专门的委员会保证协调工作。佩蒂翁·德·维尔纳夫（Jérôme Pétion de Villeneuve, 1756—1794）[3]主张该任务应当交给从三个等级中选出八人组成的制宪委员会，其中四人产生于第三等级，两人来自贵族等级，两人来自教士等级。各个部门应当先研究这些文本，然后再由国民议会逐条批准。

国民议会通过了这项动议。7月14日，制宪委员会的成员经选举产生，他们是：穆尼耶、西耶斯、列沙白里埃（Isaac-René-Guy Le Chapelier, 1754—1794）[4]、贝尔加斯（Nicolas Bergasse, 1750—1832）[5]来自第三等级，欧坦的主教塔列朗

---

[1] 全名Boniface de Castellane，法国军事、政治人物。作为1789年蒂姆赖新堡（Châteauneuf-en-Thymerais）辖区的三级会议贵族代表，参与《人权宣言》制定过程的讨论，主要贡献于第10条。

[2] 法国政治家、法官，曾参与法国宪法的制定。1789年1月，穆尼耶当选为三级会议中第三等级的代表。1789年6月20日，第三等级代表到网球场开会，有人主张将会议地点迁至巴黎，以便取得平民的保护。穆尼耶挺身而出，提出会议不制订出宪法决不解散。参见〔法〕乔治·勒费弗尔：《法国革命史》，顾良、孟湄、张慧君译，商务印书馆2010年版，第117页。

[3] 吉伦特派政治活动家，联邦主义者。1789年作为第三等级代表参加三级会议，主张共和，呼吁颁布《人权宣言》，扩大国民议会权力。1790年9月入选制宪会下设的制宪委员会。主张废除宗教团体，发行纸券，司法改革，赋予立法机构宣战与媾和的权力。参加雅各宾俱乐部，被誉为"正直者佩蒂翁"。参见端木正主编：《法国大革命史词典》，中山大学出版社1989年版，第170—171页。

[4] 代表制宪委员会提出反劳工的立法，1791年6月14日由制宪会议通过。参见端木正主编：《法国大革命史词典》，中山大学出版社1989年版，第235页。

[5] 法国法学家、政治家，主要活跃于大革命初期，是王政派人物。1789年1月发表致三级会议的信件，主张权利平等、废除等级制度、主张议会两院制，但同时支持国王拥有强权。成为里昂的三级会议中第三等级的代表，隶属穆尼耶阵营。作为制宪委员会的成员，他对《人权宣言》有所保留。在一院制得以确立后，于1789年12月12日辞去制宪委员会的职务，并退出制宪议会。

(Talleyrand évêque d'Autun, 1754—1838)[1] 和波尔多的大主教德·西塞（Jérôme Marie Champion de Cicé, 1735—1810)[2]，克莱蒙·托内尔侯爵（Comte de Clermont-Tonnerre, 1757—1792)[3] 和拉利·多朗达尔侯爵。

委员会的内部争论十分激烈。温和派主张仿造英国模式改良君主制度，而激进派则要求全部推翻后重建。7月16日，西耶斯作为革新者负责起草宣言的一个版本。在7月20日和21日的会议中，他向代表们介绍了自己草拟的名为《人权与公民权利的理性承认与阐述》(Reconnaissance et Exposition Raisonée des Droits de l'Homme et du Citoyen) 的宣言。宣言草案长达32条，开篇部分的阐述充满学究气。

西耶斯在开场白中为自己的理论辩解。拉法耶特对这些解释提出批评。拉法耶特起草的宣言简短、明了，犹如明确的教理问答。然而，西耶斯认为宣言不应当像有关信仰的条款那样陈述真理，也不该注重事实陈述而轻视理性分析。拉法耶特将宣言看作一份权利清单；而西耶斯称宣言不是法律的集合，而是原则的汇总。西耶斯认为，宣言的篇幅宜长不宜短，结构要合理，并用哲学阐释作为开篇的论述。

与西耶斯的观点相比，革新者的那些言论显然更令温和派感到不安。于是，穆尼耶决定充当调解矛盾的角色。他自己巧妙地起草了一份宣言，尽量综合各派不同的观点，形成一个有利于促成妥协的文本。与西耶斯的草案相比，穆尼耶的草案与拉法耶特的草案有许多相似之处，似乎更容易为大多数人接受。[4]

7月27日，德·西塞与克莱蒙·托内尔在国民议会上就宣言的起草工作代表委员会发言。由于大多数代表支持在制定宪法前通过一个独立的宣言，温和派最终放弃了将宣言作为宪法第一章的主张，进而试图通过控制宣言的起草过程达到

---

[1] 原名 Charles-Maurice de Talleyrand-Périgord。法国政治家。1788年担任欧坦主教。1789年被选为僧侣代表参加三级会议，成为"革命的大主教"，要求征用教会财产资助新政府，并代表神职人员支持《教士组织法》。参见：《不列颠简明百科全书》(修订版)，中国大百科全书出版社2011年版，第1599页。

[2] 法国宗教人士、政治家，被路易十四任命为司法部长。作为1789年三级会议中的贵族代表，为1789年《人权宣言》的制定做出了贡献。

[3] 原名 Stanislas Marie Adélaïde。三级会议贵族代表，演说家。卢梭和百科全书派的朋友，英国君主立宪政体虔诚的崇拜者。1789年跻身政界。曾为莫城贵族写陈情书，并被巴黎贵族选入三级会议。参见端木正主编：《法国大革命史词典》，中山大学出版社1989年版，第123页。

[4] Gérard Conac, Marc Debene, Gérard Teboul, La Déclaration des Droits de l'Homme et du Citoyen de 1789: Histoire, Analyse et Commentaires, p. 18.

他们的目的。

于是，在 8 月 4 日前，几派之间又展开了新一轮的较量。在此期间又出现了由其他代表草拟的许多版本的宣言草案，其中有一些还是匿名的。在 8 月初，西耶斯提交了自己草拟的第二个版本的宣言草案。他在第二份草案中删减了置于宣言之首的理论阐述部分，但整个宣言的条文多达 42 条。尽管新出现的宣言草案众多，除了个别具有不切实际或带有讽刺意味的观点外，大多数的宣言与拉法耶特、西耶斯和穆尼耶各自草拟的宣言类似，这说明拉法耶特的动议起到了很好的示范作用。[1]

（三）激烈的争论

尽管如此，人们对要宣告的权利种类仍然争论不休。部分激进人士，如克雷尼埃尔（Jean-Baptiste Crénière）起草的宣言深受卢梭理念的影响，认为不变的、明显的、人所共知的自然权利不需要附上一个冗长的权利清单。他的宣言只有 9 条。温和派为此感到忧虑，他们认为国民议会可能会很快通过一个充斥着革命思想的简短宣言。与之相比，温和派的目的非常实用，他们想尽量避免根本的变革，保证君主立宪模式对权利原则的认可。因此，对温和派而言，如果此时宣言诞生，将会十分危险，最好是先完成宪法的起草工作。

为了拖延起草宣言的工作，马卢埃（Pierre-Victor Malouet，1740—1814）[2] 发表言论。首先，他从理论层面分析，认为一个形而上的宣言在立法上不符合逻辑。由于实证法总会对自然法做出调整，不存在不受限制和没有例外的权利。因此，他主张当务之急在于制定一部宪法，这是最重要的事。如果想在此时界定这些权利，恐怕国民议会将无法摆脱无休止的哲学争论。宣告这些抽象的权利将会把人们引入歧途，甚至导致无政府状态。

其次，马卢埃对当时法国社会的不同阶层加以分析，他比较了有产者和无产

---

[1] Gérard Conac, Marc Debene, Gérard Teboul, La Déclaration des Droits de l'Homme et du Citoyen de 1789: Histoire, Analyse et Commentaires, p. 19.

[2] 法国政治人物，活跃于法国大革命期间，是制宪议会中的保皇派成员。

者的情况。由于无产者处于依附状态，与广义上的来源于自然的自由相比，他们对适当的限度更感兴趣。无产者所期待的首先是一份能维持生计的工作、治安状况良好以及一种持久的保护。当然，无产者看到那些奢华、富贵的景象时，他们的怒气并非全无道理。因此，面对法国现存的大量无产者，人们不应当期待以相同的方式对待有产者和无产者。

马卢埃还驳斥了法国应当学习美国模式的论调。他认为，两个国家差别很大。美国刚刚建国，全部由有产者组成。他们对平等的理念习以为常，生活上既不奢华也不贫穷。美国人几乎无法理解法国的赋税负担以及法国人固执的偏见，因为美国从来没有经历过封建社会。美国人当然热情地拥抱自由，因为他们的品位、他们的风俗、他们的地位决定了他们的民主之路。[1] 在马卢埃之后，来自奥弗涅（auvergnat）的一位法学家德·比奥扎（Jean-François Gaultier de Biauzat, 1739—1815）[2] 反对在宪法之前制定人权宣言，他认为人在自然状态下根本没有任何权利，人所拥有的权利来源于社会。

8月1日，塔尔热（Guy-Jean-Baptiste Target, 1733—1806）[3] 在国民议会上演讲。他宣称，人们拥有权利，同时也负有尊重他人权利的义务。于是，代表们开始争论在宣言中是否应当包含义务的规定。教士们主张在将来的宣言中增加义务规定，主要是宗教上的道德规范。格朗丹神父（abbé Grandin, 1750—1831）称，只规定权利而不规定义务是不明智的。沙特尔的主教（l'évêque de Chartres）指出，应该在宣言中融入一些宗教思想进而避免自我中心与傲慢，因为义务能够起到修正权利的作用。

思想进步、爱国的格雷瓜尔[4] 神父支持制定一份权利与义务宣言。他认为权

---

[1] Gérard Conac, Marc Debene, Gérard Teboul, La Déclaration des Droits de l'Homme et du Citoyen de 1789: Histoire, Analyse et Commentaires, p. 12.
[2] 法国律师、政治人物、记者，法国大革命期间的第三等级代表。
[3] 法国律师、政治人物，曾任法兰西学院院士。在1789年成为三级会议的第三等级代表之前，曾与列·沙百里埃等人撰写陈情书。大革命期间，起草《教士组织法》。1798年，任职于最高法院，此后参与法国民法典与刑法典的制定。
[4] Henri Jean-Baptiste Grégoire，法国高级教士。积极捍卫法国大革命时建立的民族化的罗马天主教会。1789年，当选为国民议会议员，从事教士与第三等级联合的工作。雅各宾俱乐部政权垮台后，成为恢复宗教信仰自由和改组教会的领导者。参见：《不列颠简明百科全书》（修订版），中国大百科全书出版社2011年版，第554页。

利与义务密切相关，并列存在。人们无法只讲权利而不涉及义务。因此，将义务条款纳入宣言非常重要，因为义务可以提醒人们权利存在边界。在这个方面，温和派没能确定一个统一的立场。他们认为将义务规定纳入宣言会是一把双刃剑。一方面，最富有的人会受到新的束缚；另一方面，国家就会有权为公民设定义务。

即使在保守派的阵营中，一些人也对将义务引入宣言提出了保留意见。偏向于右翼阵营的克莱蒙—洛代夫（Charles-François de Clermont-Lodève）认为，宣言应该是人权与公民权利的宣言，不应当附带义务条款。对人权与公民权利宣言中的"公民"的正确理解就可以从根本上解决这个问题。"公民"一词本身就表达了一个公民与其他公民相关联的关系。这种关系引申出义务。对每个拥有同样的自由权与财产权的公民而言，他们所享有的权利无可争辩。正如他们也同样负有义务，要尊重其他人的自由与其他权利一样。这些义务自然而然地来源于公民的权利。

然而，拥护法国教会自主的大法学家加缪（Armand-Gaston Camus，1740—1804）[1]反对这种解释。他提出动议，要求将宣言的题目设定为"人与公民的权利与义务宣言"。这个主张得到教士阶层的大力支持。最终，国民议会的投票结果为570票对433票，加缪的动议未获通过。[2]

（四）国民议会批准

8月4日，国民议会几乎以一致的票数决定在制定宪法以前先批准《人权宣言》。决议确定了宣言的全称为《人权与公民权利宣言》（Déclaration des Droits de l'Homme et du Citoyen de 1789），同时也确认了宣言独立于宪法，先于宪法的属性。

同日晚，国民议会通过了取消诸多特权的决议，为宣言的出台进一步扫清了障碍。各个法令先后于5日至11日生效，预先通过某些方式表明了即将出台的宣言所包含的一些原则。取消封建权利，涉及到什一税与教会财产，这些规定取消

---

[1] 法国律师、法学家、政治人物，活跃于法国大革命期间，于1789年10月28日至11月11日任制宪议会主席。

[2] Gérard Conac, Marc Debene, Gérard Teboul, La Déclaration des Droits de l'Homme et du Citoyen de 1789: Histoire, Analyse et Commentaires, pp. 23—24.

了基于出身与团体特权的财产权利，有利于更新财产权概念以及后来明确地保护有产者。

8月12日，代表德默尼耶（Jean-Nicolas Démeunier，1751—1814）[1]又重新启动了讨论宣言的程序。他对到目前为止的宣言起草方式提出质疑，指出国民议会各部门的工作过于缓慢，且无条理。如果对各个版本的草案都加以讨论，将浪费太多的时间。提议成立一个五人组成的委员会，必须由没有提交过草案的代表组成。从其后的周一开始，由这个委员会负责提交一个权利宣言的文本。13日，国民议会批准了这个动议，新的五人委员会成立，成员包括德默尼耶、朗德尔的主教拉·吕泽尔尼（La Luzerne, évêque de Landres）、巴黎律师特龙什（Tronche）、奥弗涅的律师雷东（Redon），以及米拉博。[2]

8月17日，五人委员会开始运作，并迅速完成了一份草案，准备提交国民议会审议。这份草案是拉法耶特、西耶斯，以及穆尼耶三人各自版本的综合，因此人们并不会对其内容感到意外。随后，德默尼耶等四位代表提出动议，请求国民议会将宣言逐条讨论、批准。该动议获得批准。

从8月20日到8月26日，国民议会逐条讨论、批准了包括序言在内的全部17条，详见下表。

表1　国民议会讨论并批准《人权宣言》各条目的日期表

日期	条目
8月20日	序言、第1条、第2条、第3条
8月21日	第4条、第5条、第6条
8月22日	第7条、第8条、第9条、第10条[3]
8月23日	第10条
8月24日	第11条、第12条、第13条
8月26日	第14条、第15条、第16条、第17条

---

[1] 法国政治人物、随笔作者，曾撰写诸多历史、政治、伦理随笔。1789年5月16日被选举为三级会议的第三等级代表。1789年12月22日至1790年1月3日，担任国民议会主席，制宪委员会成员之一。

[2] Gérard Conac, Marc Debene, Gérard Teboul, La Déclaration des Droits de l'Homme et du Citoyen de 1789: Histoire, Analyse et Commentaires, pp. 24—25.

[3] 国民议会于8月22日开始讨论第10条，但由于问题复杂，当日未能达成一致，遂于次日讨论并获批准。参见王建学主编：《1789年人权和公民权宣言的思想渊源之争》，法律出版社2013年版，第133—146页。

三、逐条评析[1]

(一) 序言及 1—6 条

序言：神圣的人权

组成国民议会的法国人民的代表们，认为不知人权、忽视人权或蔑视人权是公众不幸和政府腐败的唯一原因，所以决定把自然的、不可剥夺的和神圣的人权阐明于庄严的宣言之中，以便本宣言可以经常呈现在社会各个成员面前，使他们不断地想到他们的权利和义务；以便立法权的决议和行政权的决定因能随时和整个政治机构的目标相比较，从而使它们更加受到尊重；以便公民们今后以简单而无可争辩的原则为根据的那些要求能经常针对宪法之维护与全体之幸福。

因此，国民议会在最高主宰面前并在他的庇护之下确认并宣布下述人权与公民权利……

当人们读到序言时，也许会被它所体现的强大力量所震撼。这正符合起草者们的愿望，他们觉得《人权宣言》的序言应当成为"序言的序言"。穆尼耶曾指出，如果一部宪法是"好的"，它就应当以人权为基础。《人权宣言》是权利的宣言，可以被视为宪法的"序言"。然而，在道德和哲学的角度上，权利的宣言怎样才能是"好的"呢？

---

[1] 本部分通用的《人权宣言》中译本，最早刊于 1957 年三联书店出版的"世界史资料丛刊（初编）"之一的《十八世纪末法国资产阶级革命》，吴绪、杨人楩选编，译者不详。本书《人权宣言》的译文基本参照该译本，作者马贺只对部分条款的个别字句进行调整。其中，针对第 1 条的译法，采用许明龙的观点。许先生曾撰文对《人权宣言》通用译本中第 1 条的误译提出质疑，并主张将第一条翻译为"人生来就是而且始终是自由的，在权利方面一律平等。社会差别只能建立在公益基础之上"，参见"关于法国《人权宣言》第一条的中译文"，http://iwh.cass.cn/news/470198.htm，原载《中华读书报》2012 年 1 月 11 日第 10 版。感谢北京师范大学历史学院庞冠群提供《人权宣言》通用译本的出处，并针对第一条的译法提供许明龙文章信息。

这个简短的序言是妥协的产物，体现为同时强调权利与义务的重要性和必要性，显示出"法国人民的代表们"的自我合法化（auto-légitimation）以及明显与旧制度决裂的愿望。序言体现了法国大革命所引发的政治与社会秩序的变革。通过恢复人的、个人的地位，进而加速了政治结构的转型。这又导致了政治关系的正式转变：使命令听从于国民的同意，而不是让人民听从命令。此外，序言还表明宣言与宪法相分离的原则。

序言中"在最高主宰的庇护之下"并非是指一定要为大革命找到神圣的合法性。起草者放弃"上帝"（Dieu）和造物主（Créateur）字样，而使用"最高主宰"（Être suprême）[1]。这是在强调"人的自然权利"（1793年"自然宗教"的来源），进而反对在思想上占统治地位的天主教。序言的首要任务就是展示、承认、宣告人权，这是在理性指引下的一种全新的观念。于是，"理性"成为政治与社会关系重组的哲学基础。

自1789年以来，"所有人的幸福"不再指"共同的幸福"，而是"每个人的幸福"。"人"或者"个人"是好的，而人的集合（即组织）则具有败坏的风险，因为"……不知人权、忽视人权或蔑视人权"是造成"腐败"的"唯一"根源。因此，如果存在"共同的幸福"，它既不来源于权力，也不来源于政府的法律，而是来源于自然。这些权利是自然权利，它们不是受造物，而是自在的权利。

在今天，"人权"在词汇上已经不再用形容词"自然的"来修饰，而是成为法律中实在权利所希望纳入的范畴。即便如此，法律实证主义仍然无法成为人们知晓人权的自动保障。然而，人们对《人权宣言》的解读无论在过去、现在还是未来，都必然会得出不一样的答案，因为没有一个法律文件能够为其提供一个确定的解释。这也表明，那些宪法、司法和行政法庭有时需要适用"法的一般原则"。此时，对人权的认知就体现在法官对每个"法的一般原则"的发现和解释当中，体现了法律的"失败"，或是法律的"相对化"。显然，在《人权宣言》的序言中，没有出现"法律"字样，却体现了"法的一般原则"。

---

[1] 罗伯斯庇尔提出的带有自然神论色彩的宗教信仰对象。1794年5月7日，在国民公会上提出崇拜最高主宰的议案，声称"法兰西人民承认最高主宰的存在和灵魂不灭"。遵守秩序，热爱共和国，恪尽公民的义务便是对最高主宰的最好崇拜。国民公会通过该提案。参见端木正主编：《法国大革命史词典》，中山大学出版社1989年版，第258页。

"法的一般原则",正如基本原则、具有宪法效力的原则一样,都是"简明的、无可争辩的原则",在人权保护方面是法律无法企及的。公民们就以这些原则为根据提出他们的各种"要求",以"维护宪法或促成所有人的幸福"。因此,法国学者 G. 库比(G. Koubi)与 R. 罗米(R. Romi)认为,序言的当代意义是:如果《人权宣言》成为法律渊源之一,成为权利的保障,其序言就是法治国家中各项权利的哲学基础。[1]

第1条:自由与平等

> 人生来就是而且始终是自由的,在权利方面一律平等。社会差别只能建立在公益(l'utilité commune)基础之上。

《人权宣言》的第1条来自于穆尼耶提交给国民议会的草案,核心价值为"自由"与"平等"。在审议穆尼耶的草案时,朗诸奈(Jean Denis Lanjuinais,1753—1827)[2]和佩蒂翁就都指出,宣言应当强调人们"始终"平等,因为"所有的法国人是生而自由的;然而,在大革命以前,人却活得像个奴隶。"[3]旧制度以社会不平等为特征,法律的规定和实际的建构都体现出不平等。此后,旧制度首次被与之相反的以法律上个人平等为基础的新制度取代。因此,宣言第1条的规定标志着法国历史的重大转型。

尽管自由与平等是两个重要的价值,但关于二者之间紧张关系的争论却永无止境。它们在1789年《人权宣言》中的体现也不尽相同。宣言仅仅将自由视为一种自然权利,与财产、安全和反抗压迫的权利一同出现在第2条中。然而,宣言的起草者们却没有将平等视为保持人的自然权利的必然条件之一。从《人权宣言》的规

---

[1] Gérard Conac, Marc Debene, Gérard Teboul, La Déclaration des Droits de l'Homme et du Citoyen de 1789: Histoire, Analyse et Commentaires, pp. 56—63.

[2] 法国18世纪末至19世纪初的法学家、政治人物。1789年,他撰写第三等级陈情书,明确要求废除封建特权与贵族特权。1789年4月17日当选为三级会议中的第三等级代表。他与列·沙百里埃等人成为布列塔尼俱乐部(雅各宾俱乐部的前身)的主要创始人。

[3] Gérard Conac, Marc Debene, Gérard Teboul, La Déclaration des Droits de l'Homme et du Citoyen de 1789: Histoire, Analyse et Commentaires, p. 66.

定中可以看出，相对于自由，平等不是社会所追求的目标，而只是社会运作方式的状态，比如第 6 条规定"法律对于所有的人，无论是保护还是惩罚都是一样的"。

由于宣言是"人"与"公民"的权利宣言，这是不是意味着言论自由（第 10—11 条）、安全（第 7—9 条）以及财产权（第 17 条）针对所有的人；而同等途径加入公职权（第 6 条）、税收平等（第 13 条）以及同意税收的权利（第 14 条）只属于公民的权利？实际上，第 1 条的表述再清楚不过了。"人们"生而自由平等，理所当然是指所有的人，而不是仅指公民。然而，在对待外国人的人权问题上，宣言的规定往往会影响法律的适用。

20 世纪 50 年代，关于 1789 年《人权宣言》的法律价值一直是争论的焦点。只有那些足够具体的规定才能立即具有实证法的价值，在普通法院通过判例的形式得到适用。1958 年 10 月 4 日宪法规定了违宪审查制度，又将 1789 年《人权宣言》纳入"宪法规范体系"（bloc de constitutionnalité），进而从根本上改变了上述局面。20 世纪 70 年代和 80 年代，宪法委员会又通过一些判例确认《人权宣言》的宪法效力。比如，在涉及自由的问题上，关于外国人在法国的入境与居留，宪法委员会曾于 1986 年明确引用《人权宣言》第 4 条，对相关法律[1]的合宪性进行审查并作出部分违宪的裁决（Décision N° 86—216DC du 3 septembre 1986）[2]。在涉及平等原则的问题上，1990 年宪法委员会将在法律上的平等原则扩大适用于外国人（Décision N° 89—266DC du 9 janvier 1990）[3]。

关于对第 1 条的理解，法国学者格扎维埃·普雷托（Xavier Prétot）认为，"人们生来是而且始终是自由的，在权利上是平等的"是一种哲学表述，起草者们显然不会更多考虑它在实证法层面上的适用，而是打算建构一个政治哲学的"公理"，使其成为《人权宣言》其它条款和后世立法所要追求的目标。[4]

---

[1] Loi Relative Aux Conditions d'Entrée et de Séjour des Étrangers en France.

[2] 裁决内容参见法国政府的法律公共服务网址：http://www.legifrance.gouv.fr/affichJuriConst.do?oldAction=rechJuriConst&idTexte=CONSTEXT000017667406&fastReqId=297463314&fastPos=1。

[3] 裁决内容参见法国政府的法律公共服务网址：http://www.legifrance.gouv.fr/affichJuriConst.do?oldAction=rechJuriConst&idTexte=CONSTEXT000017667721&fastReqId=257008220&fastPos=1。

[4] Gérard Conac, Marc Debene, Gérard Teboul, La Déclaration des Droits de l'Homme et du Citoyen de 1789: Histoire, Analyse et Commentaires, pp. 65—76.

第2条：自然权利

任何政治的联合的目的都在于保持人的自然的和不会失效的权利。这些权利就是自由、财产、安全和反抗压迫。

这条规定是当时自由主义哲学的完美体现。宣言的起草者认为，政治组织的存在仅仅是为了充分发展人的"自然权利"。由于权力的存在理由是保障各种自由，人的自由就优先于社会的自由。通过"社会协约"（pacte social）获得权力的组织只准有一个目的，即保障人的权利的充分发展。因此，人们在社会上所享有的权利不是"政治的联合"所创造的，它们是"自然权利"，《人权宣言》只是确认这些权利。因此，权利先于所有的政治组织的存在而存在，它们也先于人们由于放弃生活在"自然状态"下而达成的协定。

与试图从事物的本质发现良善与正义的古代自然法学派的主张相反，17、18世纪的自然法学家，如格劳秀斯、普芬道夫等人认为，所有的权利来源于人的本性（nature humaine）。这些权利是人的本性中所固有的，因此是"不会失效的"权利。任何权力都不得损害、取消这些权利。个人有权判断立法或行政机构的行为是否侵犯了这些自然权利。当统治者不再尊重这些"简单的、无可争辩的原则"时，公民们就有权利加以敦促。在必要时，他们甚至可以反抗。

那么，这些自然权利有哪些呢？第2条明确规定，包括自由、财产、安全以及反抗压迫。首先要强调这些权利都是属于个人的，仅仅与个人相关。显然，这种个人主义是当时自由主义哲学的产物。由于这些自然权利来源于人的本性，权利就只能指向人本身。因此，当面对权力时，人就通过权利显现出独立和自主的属性。主导18世纪的这些自由思想在革命者中引起共鸣，用以界定自然权利的种类。认为，自然权利就是那些被旧制度剥夺了的最基本、最重要的权利。[1]与这

---

[1] 耶利内克指出，无论1789年《人权宣言》的大而化之的宽泛表述是否有价值，毫无疑问是在宣言的影响下，个人的公共权利的观念在欧洲大陆国家的实证法中发展了起来。宣言出现之前，在公法文献中，我们可以找到政府首脑的权利，某些阶层的特权，个人或某些特别团体的特权，但是臣民的普遍权利则只能以对政府的义务的形式出现，而不是以确定的个人法律权利的形式出现。《人权宣言》第一次给实证法注入了个人权利可以对抗作为一个整体的国家这一观念，而这一观念在此之前只在自然法中存在。"参见〔德〕格奥尔格·耶利内克：《人权与公民权利宣言：现代宪法史论》，李锦辉译，商务印书馆2012年版，第1—2页。

些权利相关的诉求在为数众多的陈情书中存在。因此，1789年《人权宣言》中并无那些在其它年代显得特别重要的权利。

在自由、财产、安全以及反抗压迫这四种自然权利中，只有反抗压迫的权利没有在《人权宣言》的其它条款里重复出现。当时法国人民的代表们未能进一步解释"反抗压迫"的权利，他们集体对此表示"沉默"。实际上，反抗压迫的权利是四种自然权利中最具争议的一种。原因也很简单，"反抗压迫"具有很高的政治敏感度，它表明拒绝承认既存秩序。

为了理解这个规定，必须回到法国大革命时代。那些自称为代表"国民"的政治家们认为旧制度在长达几个世纪的时间里很难容忍反抗的权利。因此，将反抗压迫的权利写入宣言是对皇权专制的谴责，也为法国大革命的进一步发展提供了便利，使其合法化。

随后，国民议会负责起草宪法。由于准备工作不会一蹴而就，人们也担心皇权专制力量的反扑。于是，在宣言中加入反抗压迫的内容就起到了着眼于未来的作用。此外，美国的经验也对法国革命产生了影响。美国1776年7月4日的《独立宣言》声明："建立政府是为了保障权利……一旦政府违背了这个目的，人们有权利更换或推翻它，进而建立一个新政府……"[1]

法国的革命者从洛克的《政府论》、雷纳尔（Guillaume-Thomas François Raynal，1713—1796）神父的《欧洲人在两印度从事商业活动的哲学与政治历史》[2]、马布利的《公民的权利与义务》以及米拉博的《论专制主义》（Essai sur le Despotisme）等著作得到启发。一致认为，当主权者不再遵守"社会契约"时，反抗压迫就是必要的；只有在政府不侵犯权利时，公民才服从政府的管理。然而，霍布斯、卢梭等一些思想家则认为人们无权反抗压迫。

当然，孟德斯鸠也没有对此权利理论做出任何贡献。他主要致力于构建一个不存在压迫的政治社会。孟德斯鸠认为，一个确立了三权分立之宪法的政府就不再是一个压迫的政府了。尽管《人权宣言》的第16条已经写明三权分立，起草

---

[1] 耶利内克认为，法国1789年《人权宣言》的原则实际上就是美国1776年《独立宣言》的原则。参见〔德〕格奥尔格·耶利内克：《〈人权与公民权利宣言〉：现代宪法史论》，李锦辉译，商务印书馆2012年版，第41页。

[2] Histoire Philosophique et Politique des Établissments de Commerce des Européens Dans les Deux Indes.

者还是将反抗压迫的权利列为自然权利之一。这种逻辑上的矛盾可能是由于《人权宣言》的起草者受到了诸多思想的相互影响。对此，法国学者阿兰·穆瓦朗（Alain Moyrand）认为，宣言的起草者们担心，一旦三权分立的宪政体制被推翻，人们就会陷入受压迫的情形，而此时反抗压迫就是必要的。[1]

在一国体制内，保障行使反抗压迫权利的途径有很多，比如使军队国家化，在现有法律的框架下寻求救济，等。但不管怎样，这些措施主要是"保守"的，因为政府不可能既承认反抗压迫的权利，又时刻面临着被推翻的危险。法国宪法委员会已经于1982年1月16日针对国有化法案[2]做出裁决（Décision N° 81—132 DC du 16 janvier 1982）[3]，确认1789年《人权宣言》所规定的全部属于人的自然的、不会失效的权利具有宪法效力。

总之，不论是民主政府还是专制政府，都不会为反抗压迫权留有大的空间。与其想尽办法扩大该权利的实施空间、完善其行使的方式，还不如努力建立其它保障措施尊重人权。这是因为，人们如果被迫推翻政府，绝对不可能在法律允许的范围内进行。[4]

第3条：国民主权

　　整个主权的本原主要存在于全体国民。任何团体、任何个人都不得行使主权所未明白授予的权力。

如果将王权与教权的分离视为法国的第一次革命，那么《人权宣言》第3条所确认的"国民主权"（souveraineté nationale）原则实际上就是名副其实的第二次革命。在第一次革命中，王权是赢家；然而，在第二次革命中，王权则成为输家。18世纪产生于美国的宪政运动在法国得到延续，都以反对王权的专制为目标。第

---

[1] Gérard Conac, Marc Debene, Gérard Teboul, La Déclaration des Droits de l'Homme et du Citoyen de 1789: Histoire, Analyse et Commentaires, p. 82.

[2] Loi n° 82—155, 11 Février 1982, Loi de Nationalisation.

[3] 裁决内容参见法国政府的法律公共服务网址：http://www.legifrance.gouv.fr/affichJuriConst.do?oldAction=rechJuriConst&idTexte=CONSTEXT000017667343&fastReqId=1525830659&fastPos=40。

[4] 同上[1]，pp. 78—87.

3条第一句话的用意在于大大削弱国王的特权。第3条并没有废除君主制度，但还是意味着将国王大部分的权力转移给"国民"（Nation），而使其仅仅成为一个在"国民"之下的权力机构。

需要强调指出，"国民主权"纯属法国的概念。如果这个概念仍然受到认可，则是由于法国大革命在国际上留下印记，以及法国公法对其它国家的影响。人们必须面对一个现实，即《人权宣言》第3条所规定的"国民主权"原则非常难以适用，尤其是第二句"任何团体、任何个人都不得行使主权所未明白授予的权力。"

既然主权属于国民，而不是"人民"（peuple），那么"国民主权"与"人民主权"的区别何在？是谁在投票，"国民"还是"人民"？当然，不可能是由"国民"这个抽象的实体来投票。"国民"（民族）是指具有共同生活在一起的愿望，以及具有共同的习惯、传统、价值观的共同体。

然而，这样一个抽象的共同体却无法通过一部宪法，无法任命代表并进而行使权力。此外，对于一个多民族的国家而言，必须由许多民族组成的国家宣告，在多民族之上存在一个超民族的"国民"，即大民族。这时，"人民"一词就代替了"国民"的概念。实际上，"国民"永远是一种意愿上的努力（un effort de volonté）。一个个的个人并不能联合成国家，粘合的成分必不可少，比如共同生活的愿望，而国民主权理论的永久价值也正体现于此。

那么，相对于"国民"，这里的人民是由哪些人组成的？实际上，人民并不指所有生活在领土上的个人之全体。当然，未成年人、无行为能力的成年人，以及被监禁者都不在这个范围内。至于外国人，即使他们为"国民"做出很多贡献，也不是这个意义上的"人民"。因此，"国民主权"理论所不想要的或是始料未及的一个结果体现为：它造成了"排除"，而不是"联合"。

虽然"人民"的概念比较狭窄，参与投票选举的毕竟是这些人。然而，这种选举也是一个特例。每四年或五年一次的选举，人们投票选举出那些将不再向任何人负责的代表。这是因为，一旦当选，他们就成为"国民"的代表，而不是"人民"的代表。因此，类似于第三共和国末期以及第四共和国时期的反议会主义、结构性的拒绝投票以及"神话般的伟人再现"的情况将会在任何时候，以任何形式出现，这就是人民与政府二元区分方式所引发的危险。出现上述问题的原因在于，国民主权理论固有的危险是一部分人攫取主权，不管这些人以某政治寡头、某政党，还是联合政府的形式出现。

尽管"国民主权"理论存在上述缺陷，"人民主权"（souveraineté populaire）也很难实施。这与民主制度密切相关。无论是通过人民轮流坐庄还是召集"代表"的方式，政权怎样运作才能保证在任何时刻，向全部的主权的所有者——人民来咨询意见？亚里士多德早就指出，纯粹的民主（véritable démocratie）是不可能实现的，它将随时演变成缺少美德的愚民政策。[1]

"国民主权"的概念在第五共和国宪法中有明确的规定。同样是在第3条："国民主权属于人民，由人民的代表以及全民公决的方式加以实施"。此外，宪法委员会在1990年1月9日关于赦免在新喀里多尼亚（Nouvelle Calédonie）出现的突发性违法事件的法律[2]的裁决（Décision N° 89—265 DC du 9 janvier 1990）[3]以及1992年4月9日关于欧盟条约[4]的裁决（Décision N° 92—308 DC du 9 avril 1992）[5]中直接适用了《人权宣言》第3条规定的"国民主权"原则。

从1789年《人权宣言》的诞生到第五共和国宪法出台，法国宪政走过了近两百年的征程。实践证明，对于一个古老的国度，实现民主的进程是漫长而艰辛的。这需要国民与公民们的政治素养达到相当高的水平。建立民主制度所需要的美德需要经过长期培育。人们普遍具有这种美德的情况只能出现在民众普遍唾弃邪恶、热切追求公义的社会。

因此，在某种程度上，《人权宣言》第3条犹如先知的训诫。只有大众的受教育程度提高了，政治、经济以及社会方面的权利与自由得到发展，权利与机会的

---

[1] 关于国民主权、人民主权与代表制的关系，法国宪法学家马尔佩有系统论述。受到19世纪欧洲分析实证主义法学的影响，提出了法的一般理论必须在分析法之后得出的观点，强调法就是"优越的权威"（国家）来强制执行的规范，主张只有由国家制定的规范才是法律，法学以它以及通过它形成的秩序为研究对象的理论。参见何勤华：《西方法学史》，中国政法大学出版社2003年第二版，第160—163页。

[2] Loi Portant Amnistie d'Infractions Commises à l'Occasion d'Évènements Survenus en Nouvelle-Calédonie.

[3] 裁决内容，参见法国政府的法律公共服务网址：http://www.legifrance.gouv.fr/affichJuriConst.do?oldAction=rechJuriConst&idTexte=CONSTEXT000017667720&fastReqId=1272974263&fastPos=1。

[4] Traité sur l'Union Européenne.

[5] 裁决内容，参见法国政府的法律公共服务网址：http://www.legifrance.gouv.fr/affichJuriConst.do?oldAction=rechJuriConst&idTexte=CONSTEXT000017667384&fastReqId=1297016889&fastPos=1。

均等得以完善，第 3 条的规定才能开始变得可信，民主制度的建立才能更少受到威胁，也就更加稳定。当然，民主制度的进程不会是直线式的发展，总会有起伏，甚至出现低潮。为了保障民主制度的和谐发展，法治建设必不可少。这就是规则至上的法治国家。如果一个国家存在太多的自由裁量以至于邪恶横行；如果一个国家规则松动、模糊不清，个人或团体就能够经常利用裁量权和漏洞攫取代表的身份，进而中饱私囊、侵害人权。

法国学者帕特里斯·热拉尔（Patrice Gélard）指出，在人们主要通过美德来抵挡专制的理想时代到来以前，法治就是最好的模式。法治能够促成"国民主权"的实现，同时也能阻挡任何团体和个人在得不到同意的情况下滥用权力。[1]

第 4 条：自由及其界限

> 自由就是指有权从事一切无害于他人的行为。因此，各人的自然权利的行使，只以保证社会上其他成员能享有同样权利为限制。此等限制仅得由法律规定之。

1789 年《人权宣言》郑重地将自由置于所有"自然的、不可剥夺的和神圣的"权利之首。从第 1 条，自由就被视为人类的本质属性，因为人们生来是并且始终是自由的。在宣言的 17 个条文中，"自由"一词出现了七次之多。第 4 条从一般意义上界定了自由，创建了一个关于自由的理论，指出自由的界限，并阐明法律在划定界限方面的作用。因此，第 4 条也许是宣言中理论性最强的一条。

"自由就是指有权从事一切无害于他人的行为。"第 4 条对自由的界定仿佛是否定性的。如在星期五出现之前，只有鲁滨逊（也译作鲁滨孙）在他的小岛上才是自由的，因为那里根本没有其他人可以妨害！如今，几十亿人生活在地球上，人们相互间建立了密切的关系，人们的自由似乎受到了许多限制。人，作为社会的动物，只有在其同类允许的情况下才是自由的。

与一些著名哲学家试图以积极的、建设性的方式界定自由相比，第 4 条的定

---

[1] Gérard Conac, Marc Debene, Gérard Teboul, La Déclaration des Droits de l'Homme et du Citoyen de 1789: Histoire, Analyse et Commentaires, pp. 89—99.

义更显得具有否定性。奥古斯特·孔德（Auguste Comte，1798—1857）[1] 认为，自由是完成与相应的物质法（lois physiques）相符的功用。斯宾诺莎指出，自由是举止仅与理性相符合。康德（Immanuel Kant，1724—1804）声称，自由就是意识自治。约翰·斯图亚特·密尔（John Stuart Mill，1806—1873）[2] 将自由视为一个人对其习惯和欲望的控制。

1789年《人权宣言》具有强烈的政治和法律属性，而不是哲学文献。宣言的起草者没有将自由界定得具有高度的哲学意味。对此，我们无可指责。起草者将自由视为人与公民反对奴役的自然权利。这种权利先于所有的社会而存在，并高于所有社会，被视为来源于神权的王权专断就隐藏在这些社会当中。从这个角度讲，第4条对自由的表述具有重要的政治价值，并非是一个否定性的概念。卢梭的名言也很好地说明了这一点："人生而自由，却无往不在枷锁之中"。[3]

"各人的自然权利的行使，只以保证社会上其他成员能享有同样权利为限制。"第4条的第二句虽然没有第一句出名，但却同样重要。第二句表明，受到限制的自由才是所有人的自由、平等的条件。这种表述是对旧制度特权的谴责，在陈情书中表达得淋漓尽致。拥有特权者曾经非常自由，包括侵犯别人的自由。这种自由仅仅是一部分人的自由，却使大多数人饱受奴役。

从逻辑上讲，第4条的规定是第1条的结果：如果人们生来是而且始终是自由的，同时在权利上又是平等的，一些人的自由就不应当损害其他人的自由。因此，自由一定要有限制。然而，限制又意味着什么？宣言的起草者们都是"有产者"，他们将财产权视为神圣、不可侵犯的权利，规定在第17条中，同宣言第2条的自由、安全，以及反抗压迫的权利并列为四项权利。他们本能地使用了"限

---

[1] 全名 Isidore Auguste Marie François Xavier Comte。法国思想家，社会学和实证主义的创始人，受法国社会改革家 H. de 圣西门的影响很深。他为社会学定名，并在概念的（而不是凭经验的）基础上建立这门新学科，认为社会现象会像自然现象那样变成法则。参见：《不列颠简明百科全书》（修订版），中国大百科全书出版社2011年版，第914页。

[2] 英国哲学家和经济学家。在《逻辑学体系》（2卷，1843年）中，他极力整理出以因果关系解释一切的人文科学逻辑。1823年，他协助边沁创立"功利主义学会"，但后来他大幅修改了承自两人的功利主义，以应对所面对的批判。在《论自由》（1859年）中穆勒雄辩地捍卫了个人自由。参见：《不列颠简明百科全书》（修订版），中国大百科全书出版社2011年版，第1223页。

[3] 参见〔法〕卢梭：《社会契约论》，何兆武译，商务印书馆2003年版，第4页。

制"一词。这意味着一个人只能在其自由的范围内做自己的主人，却不可因此侵犯邻人的自由，妨害他们行使自由的权利。可见，宣言具有高度的内在一致性。作为诸多草案艰难妥协的产物，宣言所体现出的内在联系难能可贵。

第 4 条最后指出，"此等限制仅得由法律规定之。"如果立法者不限定自由，社会生活将由于武力而变得一团糟，因为缺少社会规则必将导致丛林法则横行。从某种程度上讲，自由是规则，法律是例外。这意味着，法律不应当成为自由的杀手。按照卢梭的理论，如果法律是"公意的体现"，就不应当是错误的。然而，这种体现为理性主义的"法律无误论"显然是不理性的，是对法律的盲从。

由于种种原因，立法并非百分之百正确，法律有可能成为自由的杀手。因此，在法国，法律应当受到类似于 1789 年《人权宣言》及其后发展出的规则与原则的限制。一言以蔽之，法律应当受到具有超越立法价值的规范的限制，即受到具有宪法效力的规范的限制。法国真正的违宪审查制度要等到 1958 年第五共和国宪法的颁布实施。直到 1971 年 7 月 16 日，宪法委员会做出关于结社自由[1]的著名裁决（Décision N° 71—44 DC du 16 juillet 1971）[2]，公民自由在法国通过违宪审查机制有效地得到保障，使公民免受法律的侵害。

尽管第 4 条的法律意义重大，却由于过于笼统和抽象而显得很不明确。法国当代著名法学家让·保罗·科斯塔（Jean-Paul Costa）[3]认为，第 4 条主要体现为如下三方面的原则：个人自由、尊重他人权利的义务，以及只能用法律来划定每个人的权利。这三个原则可以在民事责任、刑事责任以及公共自由（libertés publiques）方面的法律制度三个领域里得到诠释。民事责任体现为《拿破仑法典》第 1382 条对过错责任的规定。刑事责任需要结合 1789 年《人权宣言》第 5 条、第 6 条、第 8 条和第 9 条具体分析。在公民自由方面，第 4 条是对"自由"一般、抽象的规定，是言论自由（包括宗教信仰自由）、同意缴纳公共赋税（la contribution

---

[1] 本案所针对的法律是 Loi Complétant les Dispositions des Articles 5 et 7 de la loi du 1er Juillet 1901 Relative au Contrat d'Association。

[2] 裁决内容参见法国政府的法律公共服务网址：http://www.legifrance.gouv.fr/affichJuriConst.do?oldAction=rechJuriConst&idTexte=CONSTEXT000017665605&fastReqId=934579540&fastPos=1。

[3] 科斯塔曾执教于巴黎第一大学，教授"公民自由"课程，曾在法国行政法院任职；1998 年 11 月起担任欧洲人权法院的法官，并于 2006 年至 2011 年任该院主席。

publique）的自由以及个人安全等公民自由的法律基础。[1]

第 5 条：法律及其界限

法律仅有权禁止有害于社会的行为。凡未经法律禁止的行为即不得受到妨碍，而且任何人都不得被迫从事法律所未规定的行为。

该条第一句的表述针对立法者，有两层意思。其一，法律仅仅是禁止性的规定；其二，禁止的对象是那些有害于社会的行为。因此，第 5 条中的法律概念可以理解为：法律是由立法者制定的，属于否定性的法律规范，这些规范仅限于禁止有害社会的行为。这种理解也与第 5 条的第二句相呼应，即"凡未经法律禁止的行为即不得受到妨碍，而且任何人都不得被迫从事法律所未规定的行为。"这表明，对于个体而言，行动自由就是原则；至于那些例外的情况，只能是通过法律加以明确的否定性规定所禁止的行为。正如人们所熟知的格言："没有被禁止，就是允许"。

在这里，仅就"禁止性规定"而言，立法者在实践中显然也制定诸多肯定性的规范。1789 年《人权宣言》本身也是许多"权利"的宣言，大部分是肯定性的表述。此外，立法者也无法提供一个"有害行为清单"，规定全部禁止这些行为。于是，立法者拥有大量的自由裁量权，反而，可能侵害权利。

这种矛盾与模糊的表述在革命者的宣言草案中随处可见。大都试图在草案中写明一个"有害行为的清单"，并予以禁止。共有两种情况：多数是规定"有害行为的清单"；一部分规定"无害行为的清单"，指出这些行为规范不可禁止。革命者甚至想要编撰法典，将全部的权利和应当禁止或许可的行为列入其中。显然，在 1789 年，这个想法比较超前，无论是时间还是立法技术都是无法保障实现的。

另一问题是，第 5 条中的"法律"是"自然法"还是"实证法"？如果是自然法，根据自然法学派的理论，还分两种情况：由天上而来的"神启"的法律，超越人的理性；存在于自然中的法律，是由人的理性"发现"的。但无论是神启的还是自然存在的法律，都先于立法者的存在而存在，适用于所有的社会，具有

---

[1] Gérard Conac, Marc Debene, Gérard Teboul, La Déclaration des Droits de l'Homme et du Citoyen de 1789: Histoire, Analyse et Commentaires, pp. 106—113.

普适性。如果是实证法，根据法律实证主义的理论，这些法律由立法者根据社会的具体情况而制定。假设第 5 条中的法律就是指实证法，根据其表述，立法者在人类的行为中选出一些对社会有害的行为予以禁止。这样的法律就不具有普适性，因为不同的社会对"有害行为"的认定必然有所差别。

我们无法确定 1789 年《人权宣言》对"法律"的表述是实证法或是自然法。革命者可能会有意或无意地从一种概念跳到另一种概念。关于"法律"的表述，有时是自然法，有时是实证法。具体到第 5 条，需要考察文本的表述和革命者的意图。在文本表述方面，第 5 条中的"法律"可能指实证法。革命者的意图则体现在许多草案对"法律"的具体表述。

塞内加尔的雅克·玛丽埃尔·恩组安科（Jacques Mariel Nzouankeu）在前人研究的基础上指出，草案中"法律"共有三种意思：自然法、实证法（大部分草案），以及自然法和实证法出现在同一条的表述中。在大多数草案中，起草者将"法律"表述为实证法。然而，无论是自然法还是实证法，我们不能割裂二者的关系，即自然法总是论证实证法合法性的依据，是人们遵从实证法的理由。

此外，从自然法学派的发展来看，在大革命时期，自然法已经与神法相分离，体现出世俗化（laïcisé）的特征。与"神启"的"发现"的理论相比，18 世纪的自然法学家们更倾向于将自然权利的来源归于"社会"。自然法学派的这种转变预示着科学实证主义（positivisme scientifique）的到来。学者们放弃了传统的形而上学的观念，转向对事实的观察，并推定"科学的法律"（lois scientifiques）也来源于自然。他们满足于解读自然，并将这些法律应用于其它自然事实（faits naturels）。因此，恩组安科指出，第 5 条与其他法律规范相比，更具有政治与哲学的色彩。即便如此，宪法委员会在 2000 年 3 月 30 日关于法定选举委任兼任公职及其适用条件的法律[1]的裁决（Décision N° 2000—426 DC du 30 mars 2000）[2]中明确适用了第 5 条。

总之，第 5 条的起草者们是从比较实用的角度出发诠释"法律"的定义。试图用大众都能接受的语言告知权利，让人们知晓这些权利是与生俱来的，任何政治力量不得废弃。因此，1789 年《人权宣言》的一些内容就可能缺乏严密的逻辑

---

[1] Loi Relative à la Limitation du Cumul des Mandats Électoraux et des Fonctions et à Leurs Conditions d'Exercice.

[2] 裁决内容，参见法国政府的法律公共服务网址：http://www.legifrance.gouv.fr/affichJuriConst.do?oldAction=rechJuriConst&idTexte=CONSTEXT000017664400&fastReqId=1646167698&fastPos=1。

性,并在一定程度上显得过于抽象、模糊,给研究宣言文本的学者们带来了许多不便。正如约瑟夫·杜克斯诺(Joseph Duquesnoy, 1749—1795)[1] 1789 年 8 月 18 日所言,"我们本来想宣告权利,但不幸的是,宣言中充斥着模糊的、形而上学的理念。在宣言中,没有一句话、一个词能免去由此而引发的争论。围绕这些争论,人们甚至可以写出大部头的著作,或是长篇大论的文集。然而,人权的理念却十分清楚。因为,这些权利都来自于每个人的内心"。[2]

第 6 条:法律是公意的表现

> 法律是公意的表现。全国公民都有权亲身或经由其代表去参与法律的制定。法律对于所有的人,无论是施行保护或处罚都是一样的。在法律面前,所有的公民都是平等的,故他们都能平等地按其能力担任一切官职、公共职位和职务,除德行和才能上的差别外不得有其他差别。

在《人权宣言》中,"法律"一词多次出现。除了第 6 条外,第 4—5 条、第 7—11 条,以及第 17 条。上述法条均有"法律"字样,一共出现 11 次,而使用副词"合法地",则出现两次。在第 6 条中,法律甚至被定义为"公意的体现"。以一种积极的方式将法律表述为"公意"的体现。随之产生两个结果:所有公民都有权参与法律的制定;法律面前人人平等。因此,第 6 条不仅界定了法律,也试图确立"法治国家"(état du droit)理念。

在大革命以前,法国社会建立在与第 6 条表达的原则相反的基础上。那时,法律的内容显然不体现"公意"。有句格言就能反映出当时的情况:"朕即法律"。路易十四将所有法国的臣民置于他的王权之下。在他的专制统治下,通过下达命令,王权可以肆无忌惮地践踏臣民的意志。当然,在 15 世纪时,法国国王颁布的《习惯法汇编》也是民众意志的体现。但是,这明显是个例外。尽管一些未被汇编的习惯法到大革命爆发一直起着"法律"的作用,一些社会团体的成员也有自己

---

[1] 全名 Ernest Dominique François Joseph Duquesnoy,法国革命者,农民的儿子。作为国民公会的代表,他赞成处死路易十六。

[2] Gérard Conac, Marc Debene, Gérard Teboul, La Déclaration des Droits de l'Homme et du Citoyen de 1789, Histoire, Analyse et Commentaires, pp. 132—133.

制定的规章，但这些仍旧是不多见的情况。

实际上，自从国王菲利普·奥古斯特（Philippe Auguste，1165—1223）[1]试图从众多领主手中夺取立法权以后，国王便逐渐独享立法权力，即使三级会议也无法参与法律的制定。除了商讨税收事务外，这些代表无权对法律进行表决，仅仅能提交"请愿书"。他们所起到的作用只是"咨询与辅助国王"。更有甚者，在路易十四与十五（Louis XV，1710—1774）[2]执政期间从未召集三级会议。在这种情况下，路易十六在大革命前夜宣称："我个人独享毫无限制的立法权"。除了国王独自享有立法权之外，在法律面前也不是人人平等。当时的特权繁多，且根深蒂固。这些特权如财政领域的教士税收豁免权、司法程序规则中的领主特权，以及教士与贵族在宗教、担任社会公职等方面的一系列特权。这在18世纪体现得尤为明显：贵族阶层逐渐垄断了法国的大多数高等职位。

在回顾几个世纪的历史之后，"法律是公意的体现"这句话被视为经典格言，并由此联想到许多政治哲学领域的名人。首先会想起卢梭，尽管这个来自日内瓦的钟表匠并不是"公意"一词的唯一表述者。显然，《人权宣言》受到了卢梭思想的影响。

然而，人们需要对此保持谨慎：卢梭并不是"社会契约论"的首创者，国民议会的草案中也没有明确提及卢梭的思想。在第6条的表述中，"或经由其代表参与法律的制定"意味着通过代表间接立法。这种"间接立法的模式"与卢梭的思想相去甚远。因此，即使"法律是公意的体现"来源于卢梭的思想，但宣言中的"代议"制却背离了卢梭的思想，因而全部关于法律的定义实际上并没有受到卢梭的影响。[3]

---

[1] 又称腓利二世，法国国王。法国卡佩王朝第一位国王。他逐步夺回了被英国国王控制的法国领土。还将法国领土延伸到佛兰德斯和朗格多克。参见：《不列颠简明百科全书》（修订版），中国大百科全书出版社2011年版，第473页。

[2] 法国国王。1725年与波兰公主结婚，法国卷入波兰王位继承战争。路易还把法国拖入奥地利王位继承战争和七年战争，为此法国几乎所有的殖民地都输给了英国。参见：《不列颠简明百科全书》（修订版），中国大百科全书出版社2011年版，第1047—1048页。

[3] 耶利内克认为，卢梭的"'社会契约理论'实际上只有一条规定，即：将个人权利完全地转化为公意。个人从进入国家的那一刻起不再享有任何个别的个人权利。从自然权利中所获得的一切将从公意中获得，而公意本身是它自身界限的唯一判断者，它不应该，也不能被任何关于权力的法律所限制……由此可见，《社会契约论》的原则是与法国《人权宣言》相矛盾的。《社会契约论》的原则并不是要保证个人的权利，而是公共意志的不受法律限制的全能的权力。"参见：〔德〕格奥尔格·耶利内克：《〈人权与公民权利宣言〉：现代宪法史论》，李锦辉译，商务印书馆2012年版，第4—5页。

宣言中的法律概念是全新的。首先，宣言的起草者们将"法律"与"自由"连结在一起。由于是"公意的体现"，法律不能是压迫性的。法律是主权意愿（volonté souveraine）的行动。"公意"，也就是"国民"的意愿，自由地决定法律的内容："国民"不会给自己下达命令。我们可以这样理解宣言起草者的意图：法律是他们逃避专制的工具。于是，法律不应当是"坏的"，而必须是"完美"的。很明显，这样的理解是"乐观主义"的，是对立法者的盲目信仰，即相信立法者的作品只能是完美的。这很容易推导出"法律主权"（la souveraineté de la loi）的结论。

针对第 6 条规定，公法学者让·里韦罗将其放在整个宣言的大背景下加以分析："宣言中的自由理念来源于卢梭的思想，起草者们却选择用法律来统领自由；而来源于孟德斯鸠的分权理念则是为了保障自由而反对法律本身（contre la loi elle-même）。"[1] 此外，法国当代学者热拉尔·泰布尔（Gérard Teboul）认为，第 6 条的法律定义引申出两个结果。第一个结果是，"全国公民都有权亲身或经由其代表参与法律的制定"，其中，"亲身"一词容易让人想到直接民主或"人民主权"原则。如果是这样，将与第 3 条关于"国民主权"原则的规定相互抵触。其实，全民公决的方式能够消除第 3 条与第 6 条之间的紧张关系，促成二者的融合。国民主权的实现并不要求一定要通过代议制。1958 年宪法第 3 条规定，"国民主权属于人民，人民通过其代表以及全民公决的方式行使主权"。1962 年 11 月 6 日，宪法委员会通过针对总统选举的全民公决法律[2] 的裁决（Décision N° 62—20DC du 6 novembre 1962）[3]，表明"人民通过全民公决的方式适用法律是国民主权的直接体现"。这样一来，宣言第 3 条和第 6 条之间的矛盾就不存在了，二者融合所形成的原则预示着第五共和国的宪法权利。

第 6 条的法律定义引申出的第二个结果是，"法律对于所有的人，无论是施行保护或处罚都是一样的。"如果这句话明显地强调了平等的理念，法律就从本质上

---

[1] Gérard Conac, Marc Debene, Gérard Teboul, La Déclaration des Droits de l'Homme et du Citoyen de 1789: Histoire, Analyse et Commentaires, p. 148.

[2] Loi Relative à l'Élection du Président de la République au Suffrage Universel Direct, Adoptée par le Référendum du 28 Octobre 1962.

[3] 裁决内容，参见法国政府的法律公共服务网址：http://www.legifrance.gouv.fr/affichJuriConst.do?oldAction=rechJuriConst&idTexte=CONSTEXT000017665198&fastReqId=238851830&fastPos=2。

（不明显地）被视为实现平等的途径之一。同时，第 6 条也隐晦地指出法律的普遍性。法律既然是公意的体现，就应当是普遍适用的。1789 年的革命者认为，法律不应当仅适用于特殊情况，只有在特别情况下才适用的法律很可能是特权的产物。因此，在大革命时期，为了取消特权，法律的普遍性与平等的理念就紧密地联系在一起。于是，反对特权的思想根植于第 6 条，其表述如下："在法律面前，所有的公民都是平等的，故他们都能平等地按其能力担任一切官职、公共职位和职务，除德行和才能上的差别外不得有其他差别。"

在宣言获得通过后，议会于 1789 年 10 月 1 日将关于政权组织的条款（10 月 5 日获得通过）提交给国王，这种理念体现得尤为明显："在法国，没有任何权力能够高于法律"。[1] 然而，实践证明，立法者本身也会错。于是，近两个世纪后，法国第五共和国建立的违宪审查制度纠正了这种过于乐观的理念，承认法律本身是不完美的。因此，在现今的法国，第 6 条所体现的对法律的乐观主义已经成为历史。

（二）第 7—11 条

第 7 条：依法追诉

> 除非在法律所规定的情况下并按照法律所指示的手续，不得控告、逮捕或拘留任何人。凡动议、发布、执行或令人执行专断命令者应受处罚；但根据法律而被传唤或被扣押的公民应当立即服从；抗拒则构成犯罪。

第三等级的人权宣言草案以及 1789 年 5 月三级会议提交的陈情书写明："除非依法判决（un jugement légale），不得逮捕、处罚任何公民。"这是对司法专断的一种控诉。在旧制度时的法庭上，法律对弱者很严酷，对强者却很宽缓。即使权贵们犯错，他们也会被宣告无罪；而在与权贵的冲突中，哪怕地位卑微者有道理，他们也会受到惩罚。

---

[1] Gérard Conac, Marc Debene, Gérard Teboul, La Déclaration des Droits de l'Homme et du Citoyen de 1789: Histoire, Analyse et Commentaires, p. 150.

除了法官专断，还应该提及王权专断。后者表现为擅发特赦证（les lettres de grâce）、赦书（les lettres de rémission）、国王命令监禁或放逐某人的"密札"（les lettres de cachet）等。从对 1725 年至 1750 年国王赦书的研究中可以看出，只要国王认为谁是良善的、是值得赦免的，那个人就会得到赦免。此外，国王签发的允许逮捕并监禁某人的封印状也不需受掌玺大臣公署（la chancellerie）的控制。在这样的环境里，个人安全受到了极大的威胁。

1764 年 7 月，受到启蒙思想深刻影响，尤其是饱读孟德斯鸠、伏尔泰和卢梭等人作品的意大利青年贝卡利亚（Cesare Beccaria，1738—1794）[1]，在米兰出版了《论犯罪与刑罚》（les Délits et les Peines）一书。在其后的 7 个月内，该书再版六次，风靡欧洲。贝卡利亚在书中深刻揭露了旧的刑事制度的蒙昧主义本质，依据人性论和功利主义的哲学观点分析了犯罪与刑罚的基本特征，指出："……只有法律才能为犯罪规定刑罚，只有代表根据社会契约而联合起来的整个社会的立法者才拥有这一权威。任何司法官员（他是社会的一部分）都不能自命公正地对该社会的另一成员科处刑罚……"[2] 1766 年，《论犯罪与刑罚》被译成法语，受到伏尔泰和狄德罗的极力推崇。贝卡利亚主张罪与罚都应当事先由法律规定，这种思想对 1789 年的改革者产生了深远的影响。

深受此影响的第 7 条可以分成四个部分。第一，罪刑法定原则，表现为"除非在法律规定的情况下……不得控告……任何人。"第二，保障自由手续（程序）法定原则，表现为"除非根据那些（法律）所规定的手续，不得控告……任何人。"正如耶林（Ihering，1818—1892）[3] 所述："手续与自由是孪生姊妹，却与专断不共戴天。"[4]

---

[1] 意大利犯罪学家和经济学家。1764 年发表《论犯罪与刑罚》，成为国际知名人士。该书是有关犯罪刑罚原则的第一部系统性著作。他认为刑事审判的效力主要取决于刑罚的确定性，而不是其残酷性。该书对西欧各国的刑法改革影响很大。参见：《不列颠简明百科全书》（修订版），中国大百科全书出版社 2011 年版，第 168 页。

[2] 参见〔意〕贝卡利亚：《论犯罪与刑罚》，黄风译，中国大百科全书出版社 2002 年版，第 12 页。

[3] Rudolph Ritter von Jhering，德国法学家，曾在维也纳大学（1868—1872）和格丁根大学（1872—1892）教授法律。在《罗马法的精神》（1852—1865）一书中，他详细论述了法律与社会变革的关系。在《法的目的》（1877—1883）中他又论述了个人利益和社会利益之间的关系。有时人们称他为"社会学法学派之父"。参见：《不列颠简明百科全书》（修订版），中国大百科全书出版社 2011 年版，第 1889 页。

[4] Gérard Conac, Marc Debene, Gérard Teboul, La Déclaration des Droits de l'Homme et du Citoyen de 1789: Histoire, Analyse et Commentaires, p. 163.

第三,"凡动议、发布、执行或令人执行专断命令者应受处罚;"尽管后世将其解释为权力机构对个人滥用权力的罪行,而在当时的法国却是下达专断命令的检察官或预审法官或执行专断命令的警察或宪兵作为个人滥用权力。根据宣言的规定,除了法律规定的手续外,一切命令都是专断的。由于宣言第 2 条将反抗压迫的权利视为自然权利,公民有权拒绝服从专断的命令。第 7 条的最后一部分刚好是前述结论的例外,"但根据法律而被传唤或被扣押的公民应当立即服从;抗拒则构成犯罪。"可见,第 7 条的规定在遵守法律与反抗压迫之间达成妥协。

1789 年《人权宣言》的起草者将第 7 条的主旨界定为:个人自由不能被专断地剥夺。这个个人自由的理念催生了伟大的公民自由理论,成为近代人权的基础。宣言第 2 条声明,人的自由作为一种自然的、不受时效限制的权利,只能受到法律的限制。因此,在 1789 年的革命者看来,只有法律才能使自由的限制正当化。

第 7 条发展了第 4—6 条体现出的法律正当性(légitimité de la loi)的一些原则。第 7—9 条都指向压迫性的法律。如果对整个宣言的结构进行分析,我们可以发现,法律一词出现了 11 次之多。尽管宣言宣告了许多诸如言论自由、财产权等基本权利,但这些权利都不是绝对的,只有作为"公意"之体现的法律才是绝对的。显然,这在很大程度上与当代人对法律的理解相悖,是当时"法律精英主义"的体现。在第五共和国时期,2004 年 3 月 2 日宪法委员会针对犯罪的变化调整司法制度的法案[1]做出裁决(Décision N° 2004—492 DC du 2 mars 2004)[2]中明确适用了 1789 年《人权宣言》第 7 条。

在 1789 年《人权宣言》之后的许多法国宪法与国际法文件适用了第 7 条的规定,只是在形式或内容上,或具体化,或缩减,或分开表述,或像宣言中那样安排在一起。具体表现为:1793 年吉伦特派[3]宪法(Constitution

---

[1] Loi Portant Adaptation de la Justice Aux Évolutions de la Criminalité.

[2] 裁决内容,参见法国政府的法律公共服务网址:http://www.legifrance.gouv.fr/affichJuriConst.do?oldAction=rechJuriConst&idTexte=CONSTEXT000017664797&fastReqId=537949915&fastPos=1。

[3] 法国大革命期间立法议会中温和的共和派,其中很多人原是吉伦特省人。1791—1792 年间占议会大多数。1792 年国民公会分裂成吉伦特派和激进的山岳派;1793 年吉伦特派被赶出国民公会,由山岳派掌权。许多吉伦特派分子在恐怖统治中被送上断头台。参见:《不列颠简明百科全书》(修订版),中国大百科全书出版社 2011 年版,第 744 页。

girondine）[1] 的第 11—13 条；1793 年 6 月 24 日宪法[2] 的第 11—12 条；共和三年果月[3] 5 日（1795 年 8 月 22 日）宪法[4] 的第 8—9 条；1815 年 4 月 22 日《帝国宪法补充条款》的第 61 条；1848 年 11 月 4 日宪法[5] 的第 2 条；1946 年 10 月 27 日宪法的宣言部分；《世界人权宣言》的第 9 条；以及《保护人权与基本自由的欧洲公约》（简称《欧洲人权公约》）的第 5 条第 1 款都受到了 1789 年《人权宣言》第 7 条的影响。[6]

第 8 条：罪刑法定（法无明文规定不处罚）

法律只应规定确实需要和显然不可少的刑罚，而且除非根据在犯法前已经制定和公布的且系依法施行的法律以外，不得处罚任何人。

第 8 条的规定，旨在保护犯罪人的人格尊严，试图在保障人权与社会防卫之间找到平衡。该条以否定的形式建立刑罚法定的原则，尤其是严格地限定了施加刑罚的条件。为了铲除旧制度中由立法缺陷引起的刑事司法中的残暴作为，制宪议会通过了上述原则，在此后两百多年中，对刑法的发展起到了奠基作用。

---

[1] 法兰西第一共和国成立之后，国民公会就着手制定新宪法的工作。吉伦特派的议员初期占多数，控制了国民公会和 1792 年 10 月成立的宪法起草委员会。1793 年 2 月 15 日，宪法委员会起草的宪法草案被称为吉伦特派草案，包括 33 条的《人权宣言》及 370 条的正文，但该草案受到雅各宾派的反对，被国民公会否决。参见何勤华主编：《法国法律发达史》，韦伯文化国际出版有限公司 2004 年版，第 120 页。

[2] 1793 年 6 月 2 日，雅各宾派开始执掌政权。罗伯斯庇尔为这部宪法重新写了一个《人权与公民权利宣言》。6 月 24 日，国民公会通过了这部宪法，7 月交由公民表决通过。法国的 1793 年宪法，又称法兰西第一共和国宪法或雅各宾宪法。参见何勤华主编：《法国法律发达史》，韦伯文化国际出版有限公司 2004 年版，第 120—122 页。

[3] 法兰西共和历的第十二月，相当于公历 8 月 18—19 日至 9 月 16—17 日。

[4] 1794 年 7 月 27 日雅各宾派的领袖罗伯斯庇尔等遇害后，大资产阶级夺取了政权。迫于大资产阶级和保皇党人的压力，吉伦特派占主导地位的制宪会议先成立了一个督政府，后又成立了一个宪法起草委员会，负责制定新宪法，新宪法在经过全民公决后于 1795 年 8 月 22 日公布实施，为"共和三年宪法"。参见《北京大学法学百科全书》，宪法学·行政法学卷，北京大学出版社 1999 年版，第 99 页。

[5] 1948 年 4 月 23 日，法兰西第二共和国成立制宪议会，着手制定新的宪法。同年 11 月 4 日，获得通过，这就是 1848 年法国宪法，又称为"法兰西第二共和国宪法"。参见何勤华主编：《法国法律发达史》，韦伯文化国际出版有限公司 2004 年版，第 134—135 页。

[6] Gérard Conac, Marc Debene, Gtérard Teboul, La Déclaration des Droits de l'Homme et du Citoyen de 1789: Histoire, Analyse et Commentaires, pp. 161—171.

在18世纪末，法国的刑事法律不仅严重不足，而且明显倒退。与其它国家，特别是盎格鲁—撒克逊国家的制度相比，法国当时的刑事法律越发令人难以忍受。因此，在大革命前夕，一些知识分子与政治家试图对刑法体系进行彻底变革。虽然他们的观点不尽相同，但在诸如废除酷刑以及保护被告人权利等领域达成了一致的看法。尽管最高法院粗暴地抗拒刑事法领域里的变革，但是要求革新的呼声在旧制度瓦解前的几年里越来越强烈。

1787年5月，拉法耶特向贵族议事机构提出重新编撰1670年刑法典的请求。随后，有关改变法国司法制度的五项新法律也提交给凡尔赛宫中的路易十六。然而，随着最高法院在斗争中胜出，国王于1788年5月放弃了司法改革。

1789年，人们用法律构筑起反对专断的城墙。"法律是公意的体现"，"法律面前人人平等"（第6条），将在未来废除所有的司法特权。这些规定与第16条中所体现出的分权理念相结合，赋予法律独有的制定刑事处罚的职能。这就是"刑罚法定原则"，是法谚"法无明文规定不处罚"的体现。

在大革命时期，人们认为应该对法律进行严格的解释，不给法官留有任何自由裁量的空间。孔多塞和塔尔热等人甚至宣称：只有通过根据罪行的客观严重性将刑罚分成固定的等级的做法才能保证接受审判者的平等。法国1791年宪法第8条和第10条就体现出这种对刑罚法定原则的极端僵化的理解。然而，随着人们对刑罚个别化重要性的再认识，立法者在1810年《刑法典》中放弃了上述固定刑罚的模式，规定了法定的最高刑和最低刑。此后，这种趋势进一步加强，法官们就可以根据实际情况对刑罚进行个别化的裁判。

对于应当施加的刑罚，宣言第8条要求达到"确实需要与显然不可少"的程度，试图在保护犯罪人的权利和社会防卫方面达到平衡。作为社会功利（utilité sociale）理论的创始人，孟德斯鸠、伏尔泰、卢梭、阿德里安·迪波尔（Adrien Duport，1759—1798）[1]，尤其是刑事法方面的思想家，如边沁、贝卡利亚等，他们

---

[1] 全名Adrien Jean-François Duport，制宪议会成员。1789年当选为三级会议巴黎贵族代表，成为立宪派领导人之一。1791年2月任制宪议会主席，后任巴黎革命刑事法庭庭长。1792年8月10日起义后辞职。流亡中因患心脏病死亡。参见端木正主编：《法国大革命史词典》，中山大学出版社1989年版，第164页。

的理论对 1791 年相当自由的法典影响深刻。在 1791 年《刑法典》中就体现出宣言第 8 条的原则：法定原则与社会必要性原则相结合，尽管这种结合略显牵强。然而，如果适用刑罚法定主义导致陷于过度僵化的泥潭，人们就有可能将犯罪复发的现象归罪于 1791 年《刑法典》过度自由的特点。于是，1810 年《刑法典》采取加重刑罚处罚的措施。与贝卡利亚的理论相比，边沁的理论此时占据上风，刑罚威慑的功用被认为更为有效。

1810 年之后，法国政权尽管几经更迭，立法者都会关注刑罚的必要性。当然，由于受到不同的犯罪学理论的影响，刑罚必要性的内容经常变化。这表现为，古典主义学派、实证主义学派、社会防卫学派、新古典主义学派、新社会防卫学派等理论交替起着主导作用，对法国刑事立法影响深远。此外，宪法委员会通过 1987 年 12 月 30 日的关于 1988 年财政法案[1]的裁决（Décision N° 87—237 DC, du 30 décembre 1987）[2]和 1989 年 1 月 17 日做出的针对修改 1986 年 9 月 30 日关于通讯自由的法案[3]的裁决（Décision N° 88—248 DC du 17 janvier 1989）[4]表明，对违背罪刑相适应原则的立法具有违宪审查的权力。在裁决中，宪法委员会毫不犹豫地对 1789 年《人权宣言》的相关条款作出强有力的扩张解释。实际上，这些裁决是基于宣言第 8 条本身的精妙设计：它将人权保护与社会防卫理念和谐地融为一体。[5]

第 9 条：无罪推定

任何人在其未被宣告为犯罪以前应被推定为无罪，即使认为必须逮捕，但保留其人身所不需要的各种残酷行为都应受到法律的严厉制裁。

---

[1] Loi de Finances Pour 1988.

[2] 裁决内容，参见法国政府的法律公共服务网址：http://www.legifrance.gouv.fr/affichJuriConst.do?oldAction=rechJuriConst&idTexte=CONSTEXT000017667542&fastReqId=1309329044&fastPos=1。

[3] Loi Modifiant la Loi n° 86—1067 du 30 Septembre 1986 Relative à la Liberté de Communication.

[4] 裁决内容，参见法国政府的法律公共服务网址：http://www.legifrance.gouv.fr/affichJuriConst.do?oldAction=rechJuriConst&idTexte=CONSTEXT000017667549&fastReqId=1098826818&fastPos=1。

[5] Gérard Conac, Marc Debene, Gérard Teboul, La Déclaration des Droits de l'Homme et du Citoyen de 1789: Histoire, Analyse et Commentaires, p. 186.

"在法官宣告判决前,任何人都不得被视为罪犯;……在法律面前,犯罪没有得到证明即为清白。"[1] 1764 年,贝卡利亚就是通过这样的声明来谴责"习惯(usage)的残暴",比如法官对公民滥施刑罚,以及将受到怀疑的无罪者和已经被确认的罪犯不加区别地一同监禁在囚室里。贝卡利亚认为,"无罪推定"是在宣告有罪前对剥夺自由措施的限制。此外,一旦认为"必须"剥夺被推定为无罪者的人身自由,就应当禁止"保留其人身所不需要的各种残酷行为"。起草《人权宣言》的法国知识分子将贝卡利亚的这些主张稍加修改就成为第 9 条的规定。

在法国刑法史上,早在 13 世纪就出现了"无罪推定"原则,并体现于旧制度时期。甚至在大革命前夜,路易十六还再次提起该原则。宣言第 9 条对"无罪推定"的规定仅仅再次提出了一个已经存在的原则,或对其表示确认。因此,有学者认为,第 9 条中的"无罪推定"不是宣言所创立的新原则,甚至不是对已经被忘记的原则的再次重申,它仅仅是为了声明既存事实。[2] 此外,第 9 条中"无罪推定"也根植于宣言第 8 条对"合法性"的规定。由于"法无明文规定不为罪",除非能证明一种行为违反法律,人的所有行为都应当被视为合法。

然而,无罪推定原则受到以"打击犯罪的可能性与必要性"为名义的批判:有些人认为无罪推定原则与来自经验的教导相反,因为在现实中受追诉人往往被宣告为有罪;由于控方负有举证责任,该原则也被视为有损于社会防卫。尽管如此,无罪推定原则已成为刑法中的几项基本原则之一。在国际层面,该原则首次出现于 1948 年《世界人权宣言》,1950 年 11 月 4 日《欧洲人权公约》和 1966 年 12 月 19 日的《公民权利与政治权利国际公约》中都有规定。不过该原则在上述国际公约中的表述方式与内涵同法国 1789 年《人权宣言》的规定有所不同。

与《欧洲人权公约》以及《公民权利与政治权利国际公约》的相关条款相比,法国《人权宣言》第 9 条将无罪推定与保护个人自由(第 9 条第二句)相结合;此外,该原则适用于"所有的人",而不限于"被追诉者"。有学者认为,"所有的人"实际上就意味着"被追诉者"。然而,这种理解忽略了一个事实,即在被起诉

---

[1] 参见〔意〕贝卡利亚:《论犯罪与刑罚》,黄风译,中国大百科全书出版社 2002 年版,第 32 页。

[2] Gérard Conac, Marc Debene, Gérard Teboul, La Déclaration des Droits de l'Homme et du Citoyen de 1789: Histoire, Analyse et Commentaires, p. 192.

前，一个人也可能受到参与了某种违法行为的怀疑。因此，第9条的规定显然也包括起诉前的侦查阶段。通过宣告所有的人都应当被视为无罪，避免了关于其适用范围的争论。

然而，尽管存在上述规定，法国的法律对无罪推定与个人自由的权利保障并不怎么完善。宪法委员会很少适用第9条。在1981年1月20日做出的关于加强安全与保护个人自由的法案[1]的裁决（Décision N° 80—127 DC du 20 janvier 1981）[2]中，明确适用第9条，阐明了审判的管辖义务。宪法委员会认为，关于刑法长久以来适用的无罪推定原则，特别是搜集证据与举证责任的理论分析是正确的。然而，宪法委员会几乎从未将第9条适用于认定限制人身自由的法律规定，尤其是关于刑法与刑事诉讼法是否违宪的问题。[3]

直到2010年9月16日，针对法国最高法院于2010年6月17日提交的关于刑事诉讼法第706—54条第2段、第3段，和706—55条，以及706—56条第2节第1段是否侵犯宪法保障的权利与自由的申请，宪法委员会做出裁决（Décision N° 2010—25 QPC du 16 septembre 2010）[4]。在该裁决中，宪法委员会多次适用第9条，[5]在作出一些保留的情况下，最终裁定《刑事诉讼法》中的相关法条合宪。

此外，第9条还规定，"……即使认为必须逮捕，但为保留其人身所不需要的各种残酷行为都应受到法律的严厉制裁。"尽管为了保护适用无罪推定之人的人身自由，第9条并没有禁止在审判前实施逮捕。这样的规定反映了人权保护与预防、打击违法行为必要性间的紧张关系。宪法委员会在1986年8月26日做出的关于审查与核实身份的法案[6]的裁决（Décision N° 86—211 DC du 26 août 1986）[7]中已经

---

[1] Loi Renforçant la Sécurité et Protégeant la Liberté des Personnes.

[2] 裁决内容参见法国政府的法律公共服务网址：http://www.legifrance.gouv.fr/affichJuriConst.do?oldAction=recbJuriConst&idTexte=CONSTEXT000017665953&fastReqId=1382416691&fastPos=1。

[3] Gérard Conac, Marc Debene, Gérard Teboul, La Déclaration des Droits de l'Homme et du Citoyen de 1789: Histoire, Analyse et Commentaires, p. 189.

[4] 裁决内容参见法国政府的法律公共服务网址：http://www.legifrance.gouv.fr/affichJuriConst.do?oldAction=recbJuriConst&idTexte=CONSTEXT000022961778&fastReqId=768719784&fastPos=1。

[5] 参见2010年9月16日的2010—25 QPC号裁决的第5段、第8段、第18段、第19段。

[6] Loi Relative Aux Contrôles et Vérifications d'Identité.

[7] 裁决内容参见法国政府的法律公共服务网址：http://www.legifrance.gouv.fr/affichJuriConst.do?oldAction=recbJuriConst&idTexte=CONSTEXT000017667402&fastReqId=2095918933&fastPos=1。

声明:"有必要在行使宪法承认的自由与追诉违法者和防止破坏公共秩序的行为之间加以协调,以保障具有宪法效力的诸项权利。"[1]

然而,宪法委员会只选择了1958年10月4日宪法的第66条,将其作为保护个人自由的基础。第66条声明:赋予司法机构"按照法律规定的条件"保障与尊重个人自由原则的职责。[2] 当然,我们可以将宪法委员会的做法理解为对司法机构保障与尊重个人自由原则的扩大解释。

依此逻辑,宪法委员会已经创造出比英国著名的"人身保护令"(habeas corpus)范围更宽泛的保护机制。它不仅仅针对任意拘禁,而是在最大限度内适用于个人自由受到威胁的所有情况。此外,将来宪法委员会仍有可能通过解释第9条,进一步补充完善保障个人自由的机制。[3]

第10条:言论(信仰)自由

言论的发表只要不扰乱法律所规定的公共秩序,任何人都不得因其言论、也包括宗教言论而遭受干涉。

第10条充分体现出当时的个人主义和自由主义的理念。作为对第4条自由定义的拓展,第10条首先论及言论自由的原则,用否定的形式表明"任何人都不得因其言论而遭受干涉"。在第11条中,言论自由的重要地位又进一步得到强化,它是"人最重要的权利"之一。正如制定于1701年的"宾夕法尼亚权利特许状"[4]第1条所表述的那样:"即使当一个人被赋予了伟大的市民自由时,他们仍然可能并不会真正快乐,除非其良心的自由也得到承认。"[5]

---

[1] 1986年8月26日的86—211 DC号裁决,第3段。

[2] 法国1958年宪法第66条规定:"任何人不得被任意地拘留。司法机关保障个人自由,按照法律所规定的条件,保证此原则获得尊重。"参见李晓兵:《法国第五共和国宪法与宪法委员会》,知识产权出版社2008年版,第245页。

[3] Gérard Conac, Marc Debene, Gérard Teboul, La Déclaration des Droits de l'Homme et du Citoyen de 1789: Histoire, Analyse et Commentaires, p. 199.

[4] Charter of Privileges for Pennsylvania.

[5] 参见〔德〕格奥尔格·耶利内克:《〈人权与公民权利宣言〉:现代宪法史论》,李锦辉译,商务印书馆2012年版,第33页。

在法国大革命的背景下,第 10 条也强调了"宗教言论"发表的自由。实际上,法国大革命的初衷并非与教会对立。由于教会已经融入到王室的行政体系并掌管户籍制度,国民议会无法拒绝面对天主教的强势地位。然而,国民议会又无法回避由人权理念产生的新理念。宣言第 1 条规定,在法律面前,人生而自由、平等。因此,在最敏感的那些领域,比如宗教,也应当适用该原则。[1] 自由与平等的理念促成了革命,将议员们的权力来源——"代表"的身份合法化。在宣言中正式转化为法律规定,表现为第 4—5 条有关自由的一般规定,以及第 6 条蕴含的平等理念。

1789 年 8 月 22 日,在国民议会第六组提出的宣言草案中,第 16—18 条关于宗教信仰自由、公共礼拜的权利,以及道德的规定引起了广泛关注,代表们反映十分强烈,分歧很大,甚至引发了对"自由"概念的质疑。当时的法国还是一个天主教国家,这样的规定显得不合时宜。然而,法国于 1787 年 11 月颁布了有利于基督教新教的"宽容敕令"(l'Édit de Tolérance),代表们开始重视非主流信仰的请求。

在 1789 年 8 月 23 日的大会上,米拉博向代表们呼吁"宽容"的重要性。然而,什么是"宽容"?当时还没有一个确切的界定。它通常意味着温和地接受宗教的差异。在 1789 年的法国,这意味着占主导地位的天主教对其它宗教的态度。

基于这些因素,卡斯特拉内的提议在缩减了许多内容之后概括为:"任何人都不得因其宗教言论而遭受干涉"。随后,思想保守的戈贝尔主教(l'évêque Gobel,1727—1794)[2] 补充道:"言论的发表只要不扰乱公共秩序。"最后,这些提议没有遭受多大阻力就得到了国民议会的认可。尽管达成上述一致意见,围绕第 10 条规定的争议仍继续,释法工作也陷入了意识形态、哲学、道德以及文化争论的泥潭。

---

[1] 耶利内克认为,1789 年《人权宣言》受到北美殖民地各州的权利宣言的巨大影响,《人权宣言》的真正来源是美国殖民地上的宗教自由和与之相关的制度实践。宗教领域的个体主义最终导致了极其重要的实际后果。从它的原则中最终导致了对完全的和无任何限制的良心的自由的要求和承认。宗教信仰的运动无法将其自身局限于教会事物之内。它顺着逻辑的必然性把它的基本原则带入了政治领域。通过法律建立不可剥夺的、内在的和神圣的个人权利这一观念的来源不是政治,而是宗教。参见〔德〕格奥尔格·耶利内克:《〈人权与公民权利宣言〉:现代宪法史论》,李锦辉译,商务印书馆 2012 年版,第 27—35 页。

[2] 全名 Jean-Baptiste Gobel,耶稣会士,1772 年后任里达天主教主教。1789 年 4 月 4 日被推荐为三级会议教士代表。1791 年 1 月 3 日首先宣誓效忠《教士组织法》。共和二年雾月 17 日宣布放弃神职;5 个月后被指控为无神论者,并反对共和国,后被移交革命法庭,1794 年 4 月 12 日上断头台。参见端木正主编:《法国大革命史词典》,中山大学出版社 1989 年版,第 40—41 页。

代表们又提出了许多议案，但大部分都无功而返，只有一个对公共秩序本质属性的补充性说明得到批准，即"通过法律的规定"。经过 8 月 22 日和 23 日两天的讨论，第 10 条规定的内容最终被确定："言论的发表只要不扰乱法律所规定的公共秩序，任何人都不得因其言论，甚至宗教言论而遭受干涉。"

第 10 条是言论自由的基础。然而，我们应当如何理解打破句子完整性表述的"même"[1]一词？它是否"同时"意味着，"特别地"、"附带性地"，或是"主要地"指宗教信仰自由？一些学者认为，"même"一词的表述既不明确，也不必要。然而，它却是理解整个条款十分重要、无法回避的问题。我们可以从这个词的词性分析。在法语中，"même"一词同时有形容词和副词的属性。在第 10 条的最早的一个版本中，该词为复数形式"mêmes"，这意味着它是形容词。然而，在后来的修订中，"mêmes"由复数形式变为单数形式"même"。

法国学者热纳维耶芙·库比（Geneviève Koubi）认为，在以复数形式出现时，"mêmes"强调对信仰多元化的承认，表明天主教的霸权不复存在。形容词的"même"宣告了在法律上对言论、道德、哲学、文化、政治的同等对待。这时，立法者将不同宗教放在与上述因素同等重要的位置上。考虑到宣言对"平等"理念的强调，"même"应当意味着"平等地"（également）。因此，正文可以译为"也是宗教的"（aussi religieuses），作为对所有宗教的歧视性做法的限制。

如果"même"是指"甚至"的意思，这表明"宗教的"因素没有被同等地予以考虑，而是需要特别地指出，这样就回到"宽容"问题的层面上。然而，"言论自由"本身意味着宗教信仰上的选择自由。从逻辑上来看，对宗教的选择就是行使"人的自然的、不受时效限制的权利"的一部分。因此，大革命使人们在宗教上的权利从不稳定的"宽容"状态进入到一个"平等"的语境中。

随后的立法也可以印证这一点。1790 年的《教士组织法》（Constitution Civile du Clergé）[2] 表明革命者们开启了国家世俗化的进程。1791 年 9 月 27 日又颁布了

---

[1] 在法文中，形容词"même"用于名词前表示相同的、同样的、同一的；副词"même"有甚至、即使、即便之意。参见黄新成等主编：《法汉大词典》，上海译文出版社 2002 年版，第 2184 页。

[2] 法国大革命期间国民议会通过的法案。要旨是使法国的天主教教会隶属于国家，并由有公民权的公民选出主教和教区司铎，而教士的俸给则由国家支付。该法案通过不久即遭到教士们的反对，引起法国教会的分裂，使许多天主教徒转而反对法国大革命。参见：《不列颠简明百科全书》（修订版），中国大百科全书出版社 2011 年版，第 790 页。

《解放犹太人法令》（Décret d'Émancipation des Juifs）。1795 年进而宣告教会与国家相分离。可见，第 10 条为禁止个人信仰歧视打下了基础。

此外，第 10 条与 1905 年 12 月 9 日关于教会与国家分离的法律[1]相关。法国 1905 年法律切断了宗教与政治之间的所有联系。该法第 1 条指出："共和国保障信仰自由"。第 10 条与 1905 年法律第 1 条的关系在于，革命者与共和派先后承认人权与自由。因此，在对待宗教的问题上，第 10 条与 1905 年法律第 1 条的规定体现出历史的延续性。

1789 年《人权宣言》第 10 条对 20 世纪的相关立法影响深远。除 1905 年法律中的"共和国保障信仰自由"取代了"宗教言论"的理念外，1946 年 10 月 27 日宪法的序言规定了基于言论或信仰的非歧视原则。[2]在第 10 条中，该原则以否定的形式间接地表现出来。1958 年 10 月 4 日宪法第 2 条指出："法国是……政教分离（laïque）的、民主的、社会福利的共和国。共和国保障所有公民在法律面前的平等，不论其出身、种族、宗教方面的差异如何。共和国尊重所有信仰。"

为补充 1959 年教育自由立法（1971 年修改）法案[3]，宪法委员会于 1977 年 11 月 23 日做出 77—87DC 号裁决（Décision N° 77—87 DC du 23 novembre 1977）[4]，明确适用 1789 年《人权宣言》第 10 条，在具有宪法效力的教育自由（la liberté de l'enseignement）原则与信仰自由（la liberté de conscience）原则之间加以协调，认定信仰自由为共和国的法律所确认的基本原则，来源于 1789 年《人权宣言》第 10 条，以及 1946 年宪法的序言部分。[5]

---

[1] La Loi du 9 Décembre 1905 Relative à la Séparation des Églises et de l'État.

[2] 法国 1946 年宪法序言第 1 段规定："自由的法兰西人民刚刚战胜了奴役和损害人类尊严的社会。法兰西人民重申，无论任何民族、种族或信仰，任何人都享有神圣的不可剥夺的权利。1946 年宪法郑重地重申保障 1789 年人权宣言中的权利和自由、共和国法律所确认的基本原则。"参见李晓兵：《法国第五共和宪法与宪法委员会》，知识产权出版社 2008 年版，第 226 页。

[3] Loi Complémentaire à la Loi n° 59—1557 du 31 Décembre 1959 Modifiée par la Loi n° 71—400 du 1er Juin 1971 et Relative à la Liberté de l'Enseignement.

[4] 参见法国政府的法律公共服务网址：http://www.legifrance.gouv.fr/affichJuriConst.do?oldAction=rechJuriConst&idTexte=CONSTEXT000017665684&fastReqId=1958997071&fastPos=1。

[5] 参见：L. Favoreu, L. Philip: Les Grandes Décisions du Conseil Constitutionnel, 13ᵉ édition, Dalloz, 2005, p. 353. 韩大元、莫纪宏主编：《外国宪法判例》，中国人民大学出版社 2005 年版，第 227 页。

总之，作为一般意义上的言论自由、信仰自由，以及出于言论与信仰的非歧视原则的基础，1789年《人权宣言》第10条值得人们将其铭记在心。[1]

第11条：言论（出版）自由

> 自由交流思想和观点是人类最宝贵的权利之一；因此，每个公民都有言论、著述和出版的自由，但在法律规定的情况下，应对滥用此项自由承担责任。

1789年8月24日，经过代表们简短的讨论，国民议会通过了宣言第11条。这种情况与他们对第10条关于宗教信仰自由的激烈争论形成鲜明的对比。实际上，言论、著述以及出版自由等原则早已为当时大部分的法国政治家们认可。然而，那时的法国还是一个文盲占多数的国家。因此，当看到陈情书中对出版和思想交流自由权利的诉求时，也许会感到惊讶。尽管如此，在大革命爆发前的几个月中，言论自由、出版自由，同财产权一道，已出现在宣扬基本人权理念的小册子、讽刺短文以及宣言的许多草案里。

1788年4月，米拉博在其宣言草案第26条中写道："出版自由不应受到侵犯"[2]。1789年1月，奥尔良公爵在训言（Instruction）第2条中声明（第1条规定了个人自由）："发表言论的自由是个人自由的一部分……除非三级会议提出保留条件，出版自由不应当受到限制。"[3] 7月11日，在拉法耶特草拟的宣言第三稿中表述为："言论自由是人的不可让与的、不受时效限制的权利。"[4]

从1788年到1789年的46个不同的宣言草案版本中，只有十个草案没有明确提及言论（出版）自由，有八个草案没有明确规定对自由加以限制。因此，大部分的草案都同时规定了言论（出版）自由，以及必要的限制。

当国王于1789年6月25日在三级会议颁布"国王旨意宣言"（Déclaration des

---

[1] Gérard Conac, Marc Debene, Gérard Teboul, La Déclaration des Droits de l'Homme et du Citoyen de 1789: Histoire, Analyse et Commentaires, pp. 211—223.

[2] Présentation par Lucien Jaume, Les Déclarations des Droits de l'Homme, FLAMMARION, Paris, 1989, p. 210.

[3] 同上[1], p. 230.

[4] 同上[2], p. 118.

Intentions du Roi)时,关于言论自由的争论已经停止了。该宣言第16条规定:"三级会议将检查并告知国王陛下,用最合适的方法协调出版自由与对宗教、道德以及公民荣誉的尊重。"

从某种意义上讲,国王已经确认了出版自由以及对该自由的某些限制。由于国王的妥协,在国民议会讨论第11条时,争议已经不多了。这些微弱的争论主要来自于绝对自由的主张者,如罗伯斯庇尔(Robespierre, 1758—1794)[1],审查制度之争,如亚眠的主教(l'Évêque d'Amiens)。于是,国民议会很快就通过了第11条。

作为宪法性文件条文,第11条已经成为适用于第五共和国的实证法,1958年宪法序言声明:"法国人民庄严宣告人权与国民主权原则,由1789年《人权宣言》规定,通过1946年宪法序言确认并加以补充。"因此,所有效力在宪法以下的法律和法规都要遵守第11条的规定。然而,在1958年前,由于理论以及实践上的原因,第11条未受重视。此后,随着宪法委员会的建立以及1971年首个违宪审查的裁决,第11条才开始发挥作用。

然而,第11条不是适用思想与言论自由交流权利的唯一渊源。实际上,1958年宪法第34条,赋予法律确认"公民权利和公民行使公共自由的基本保障"。[2]此外,1946年宪法序言确认并补充,规定"庄严地再次确认1789年《人权宣言》所规定的人与公民的权利与自由,以及共和国法律所规定的基本自由。"包括第三共和国时期,1881年7月29日关于出版的法律,以及1944年8月26日关于法国出版组织法的基本原则。在此基础上,立法者在宪法委员会的监督下制定法律规范,使这些法律成为保障第11条实施的实体法律依据。

在自由交流思想和观点的基本权利的立法方面,法国自二战后以及1946年宪法(尤其是其序言部分)颁布以来,受到"社会主义"和"人格主义"(personnaliste)思潮的影响(正如当时的意大利宪法和德国宪法一样),开始回归

---

[1] Maximilien François Marie Isidore de Robespierre,法国革命者,支持个人权利的激进代言人。在国民公会中成为山岳派的领导人。判处路易十六死刑后,领导了雅各宾派和救国委员会(1793年)展开恐怖统治。在此期间作为法国独裁者,在热月政变中被推上断头台。参见:《不列颠简明百科全书》(修订版),中国大百科全书出版社2011年版,第1058页。

[2] 参见李晓兵:《法国第五共和宪法与宪法委员会》,知识产权出版社2008年版,第237页。

传统的自由理念,即个人主义,强调自由,并且更加"具体化",保障这些自由的有效行使,甚至承认公民对社会的各种"债权"(droits de créance)。

法国学者皮埃尔·勒·米尔(Pierre le Mire)称,这种变化体现为自由交流思想与观点的权利不局限于表达的自由,包括传播、发表、告知等形式,还有人与公民享有"被告知"的权利,即接受"客观的"信息的权利。这项权利首先规定在联合国于1948年12月10日通过的《世界人权宣言》第19条,"任何人都享有言论自由与表达自由,体现为不因其观点而受到干涉的权利,通过任何媒介不受边界限制地寻求、接收、传播这些信息和思想的权利。"此外,《保护人权与基本自由的欧洲公约》又重申了这个原则。自从法国于1974年批准该公约以来,该原则已经成为法国法的一部分,具有"超立法"(supra-législative)的效力。《欧洲人权公约》第10条也是对表达自由的规定:"该权利包括不受边界限制的言论自由、接收与传达信息的自由,除非公权力进行干预。"

此外,言论自由的演进还体现为让信息交流渠道的持有者(包括私人与国家)以及专业人士(记者)负有义务,并在该领域中确认国家的责任。在法国,它主要体现为"知情权"(droit à l'information),由国家保障该权利的行使。因此,直到20世纪80年代,法国由广播与电视领域内公共服务部门垄断,发展到读者和听众的知情权,尤其是宪法委员会从1981年做出的裁决发展了这些权利。[1]

于是,国家从"无为"转化成"有所作为",表达自由不再仅仅扮演"反对国家"的角色,而是由国家来保障。表现为,对出版进行多种形式的资助,财政透明与多元化组织的建立。在文字出版业,包括1944年8月26日反垄断法令中的相关规定,以及1984年10月23日和1986年8月1日和11月27日法律。关于广播和电视的法律规定,即1982年7月29日法律。该法第2条规定,"公民拥有自由的、多元化的视听交流权利";第5条规定,信息要诚实、独立、多元,要保证文化、信仰、思想与各种观点流派的多元化与平等地位。对公立和私立组织应当在同等程度上保障权利的行使。1982年,法国建立了一个独立的行政机构,负责监

---

[1] Gérard Conac, Marc Debene, Gérard Teboul, La Déclaration des Droits de l'Homme et du Citoyen de 1789: Histoire, Analyse et Commentaires, p. 235.

督多元化的运作。

立法者与宪法委员会都重视"透明"与"多元主义"的义务。立法者在制定法律时,要将许多"宪法目的"付诸实施。对"透明"与"多元主义"义务的理解体现在宪法委员会 1981 年 10 月 31 日的裁决中。针对国家垄断电台广播的例外情形的法案[1],宪法委员会于 1981 年 10 月 31 日做出裁决(Décision N° 81—129 DC du 31 octobre 1981)[2],行政部门对广播垄断特许权的法律并未违宪,因为法律并没有赋予发放特许的自由裁量的权力,将保障思想与观点自由以及多元表达的义务规定在该法律中。

在对自由交流思想和观点进行限制方面,宪法委员会针对限制垄断与保障媒体财政透明与多元化的法案[3],于 1984 年 10 月 11 日做出裁决(Décision N° 84—181 DC du 11 octobre 1984)[4],表明应当严格界定对该自由的限制。在援引 1789 年《人权宣言》第 11 条和 1958 年宪法第 34 条后,宪法委员会声称:"对于一项基本自由而言,它是如此珍贵,其行使是尊重其它权利与自由和国民主权原则的重要保障之一,法律只能规定使它更有效实施的措施,或是使其与其它规定或具有宪法效力的原则相协调。"[5]

(三) 第 12—17 条

第 12 条:人权与武装力量[6]

人权的保障需要公共武装力量(la force publique);因此,这种武装力量是为全体的利益而不是为此种武装力量的受托人的个人利益而设立的。

---

[1] Loi Portant Dérogation au Monopole d'Etat de la Radiodiffusion.

[2] 参见法国政府的法律公共服务网址:http://www.legifrance.gouv.fr/affichJuriConst.do?oldAction=rechJuriConst&idTexte=CONSTEXT000017665955&fastReqId=756978799&fastPos=1。

[3] Loi Visant à Limiter la Concentration et à Assurer la Transparence Financière et le Pluralisme des Entreprises de Presse.

[4] 同上 [2]。

[5] Gérard Conac, Marc Debene, Gérard Teboul, La Déclaration des Droits de l'Homme et du Citoyen de 1789, Histoire, Analyse et Commentaires, p. 240.

[6] 或武装力量:人权保障的"双刃剑"。

法国著名思想家帕斯卡尔（Blaise Pascal，1623—1662）[1]在其名著《思想录》（Penseés）中曾经说："没有力量的正义不够强大，而没有正义的力量是独裁。没有力量的正义会受到驳斥，因为恶人常在；而没有正义的力量会遭受控诉。因此，应当将正义与力量结合起来：让义者有力，使有力的为义。"[2]

在这里，可以用"人权"替换"正义"，就成为权利与武装力量的辩证关系，是一切有关权利问题的核心所在。1789年《人权宣言》的第12条就将权利的武装力量和武装力量的权利对立起来，通过赋予权利武装力量而强化权利、保障权利的行使。然而，在这个问题上，法国《人权宣言》规定的原则来源于1787年美国《独立宣言》。《独立宣言》首次声明权利与武装力量的关系，共有四个一般原则。自1789年开始，法国几乎照搬了这四个原则。

第一个原则表现为："为了人民、国民以及共同体的保护和安全，政府是或应当是为共同的益处而建立……"[3]而"不是为一个人的益处或特别利益而建立……"[4]。在这种理念的基础上，武装力量成为必要，即使后者也会威胁到自由。《独立宣言》中相关的其它三项原则是：军队可以临时驻扎，因为和平时期驻扎军队会威胁自由[5]；严格地规定军队从属于公民政府当局[6]；军队来源于人民的、与军队相分离的民兵组织[7]。

人们也许会认为是拉法耶特将这些原则引入法国。实际上，米拉博早在1788年4月就几乎一字不差地将美国的这些规定写入他自己撰写的人权宣言草案中。

---

[1] 法国数学家、物理学家和宗教哲学家。17世纪四五十年代对物理学和数学做出贡献。他为基督教教义辩护的巨著《辩护》未完成，但他把1657年至1658年间的笔记和未完成稿收集出版《思想录》（1670年）。参见：《不列颠简明百科全书》（修订版），中国大百科全书出版社2011年版，第1299页。

[2] Gérard Conac, Marc Debene, Gérard Teboul, La Déclaration des Droits de l'Homme et du Citoyen de 1789, Histoire, Analyse et Commentaires, p. 250；参见帕斯卡：《思想录》，钱培鑫译，译林出版社2010年版，第105页。

[3] 1776年6月通过的《弗吉尼亚权利宣言》第3条、《宾夕法尼亚权利宣言》第5条、《马萨诸塞权利宣言》第7条、《马里兰权利宣言》第1条。

[4] 1776年9月的《宾夕法尼亚权利宣言》第5条、《马萨诸塞权利宣言》第7条。

[5] 《弗吉尼亚权利宣言》第15条、《特拉华权利宣言》第19条、《马里兰权利宣言》第24条、《北卡罗来纳权利宣言》第17条、《马萨诸塞权利宣言》第27条，以及1791年联邦宪法第三修正案。

[6] 《弗吉尼亚权利宣言》第15条、《宾夕法尼亚权利宣言》第8条、《特拉华权利宣言》第21条、《马里兰权利宣言》第27条、《北卡罗来纳权利宣言》第17条、《马萨诸塞权利宣言》第17条。

[7] 《弗吉尼亚权利宣言》第5条、《马里兰权利宣言》第25条、《特拉华权利宣言》第18条。

通过运用《独立宣言》中的伟大思想，似乎西耶斯是在制宪会议成员中最早将公共武装力量理论化的法国人。除去一些例外情况，大部分制宪会议成员在1789年七八月间提出的宣言草案的思想都相类似。

在理论上，第12条的规定显然是建构法治国家的重要原则。然而，这些原则在很大程度上与当代某些被视为"神圣"而又相当模糊的法律——政治理念相悖。这种理念主张，从"本质上"而言，武装力量是"自由杀手"。第12条将武装力量规定为"人权的保障"，但它实际上同时也是对人权构成潜在的巨大威胁。因此，武装力量的属性与一般意义上的"法律"和"权力"类似。

然而，武装力量本身的特殊性是固有的，也是令人生畏的。首先，从总体而言，武装力量可以仅凭本身就能推翻整个法治国家；其次，从粗暴的角度而言，可以这样假设，我们不能仅凭一个法律行为推翻法治政权，即使是通过一个非法的行为也做不到，然而通过暴力手段却能够做到；最后，即便是从简单的、一般的阴险的角度出发，武装力量也可以在每天的生活中滥用权力，以至于使这种滥用成为习惯。

第12条所显示出的矛盾并不奇特，同样的问题也出现在第4条、第5条和第7条中：历史已经向我们证明，作为权利保护者的法律有时可以严重地践踏权利！于是，问题随之产生：在这些情况下，我们怎样保障人权？为了保障人权，我们又如何来控制武装力量？实际上，无论是出于情理还是法理，武装力量能够并且应当保障法律和公共秩序，并在此基础上保障人权。

在社会中，自由从来就不是绝对的，一定要有限制。这与当前鼓吹"人权绝对"的理念相去甚远。一些人高举人权旗帜，将其视为一种新宗教。他们将人权建立在完全主观的道德之上，甚至使其无法调和并予以保障。如果我们承认，自由在所有的社会中总要受到公共秩序限制，一个自由的政府就会直接或间接地以"保障"人权为由对公共秩序加以限制。在这种情况下，以公共秩序限制自由的做法本身就是在保障人权。因此，执行法律就成为对人权的保障。

1789年制宪会议的成员们当然清楚一味地依赖武装力量保障人权的后果意味着什么。宣言的起草者们声称："专制主义的两把利器就是军队和钱。军队是国家武装的重要组成部分，而钱可以用来维系军队。如果一个国家的宪法是以军队和钱财为基础，那么'国民'又怎能不颤栗呢？"正是出于这些忧虑，第12条的后半部分声明:"这种力量是为了全体的利益而不是为了此种力量的受托人的个人利益而设立的。"出于对武装力量保障人权的脆弱属性的担忧,第 12 条后半部分的规定无疑大大地削弱了前半部分规定的适用范围。因为,在枪炮声中,一切保障措施都变得不堪一击。

法国学者艾蒂安·皮卡尔(Étienne Picard)认为,为防止武装力量攫取权力,有必要提及两个原则:分权原则和权力分离的原则(séparation des autorités)。适用这两个原则将在职能方面产生重要的结果,尤其是处理军队在权能和程序特权的运作方面。在机构层面,最重要的原则是权力分离的原则,即行政部门或司法部门是一类而武装力量是另外一套设置。这意味着,武装部门绝不能行使规范性职能(compétences normatives),只能切实地执行来源于民政当局的任务。这种分离原则也包括诸多例外,但能在最大限度上保证武装力量严格地从属于公民政府当局。

尽管该原则仍会受到民政当局与武装力量的诸多指责,它充分展示出国家的民政属性(du caractère civil de l'État),进而保障人权与公民权利。此外,作为该原则的补充,"武装力量主要是服从,任何军事团体都不得参与政治磋商。"军事团体参与政治磋商将无法保证法律规范的一般性和无差别性,而法律恰恰是军事行动的唯一的目的和来源。因此,一旦将武装力量付诸实施,维系其行动的合法性就变得至关重要。也就是说,诉诸武力只能按照法律规定行动,包括方式、程序及其所应承担的责任。[1]

上述合法性原则的中心在于补充性原则(la subsidiarité):诉诸武装力量应当是"最后的理由"(ultima ratio)。这意味着,只有不得已才动武,并且总是符合由必要的情况决定的合比例原则,才能寻求军事行动。鉴于此,宪法委员会在 1977 年 1 月 12 日做出的搜查车辆法案[2]的裁决(Décision N° 76—75 DC du 12 janvier 1977)[3]和 1983 年 12 月 29 日做出的 1984 年财政法案[4]的裁决(Décision N° 83—

---

[1] Gérard Conac, Marc Debene, Gérard Teboul, La Déclaration des Droits de l'Homme et du Citoyen de 1789: Histoire, Analyse et Commentaires, pp. 268—269.

[2] Loi Autorisant la Visite des Véhicules en Vue de la Recherche et de la Prévention des Infractions Pénales.

[3] 参见法国政府的法律公共服务网址:http://www.legifrance.gouv.fr/affichJuriConst.do?oldAction=rechJuriConst&idTexte=CONSTEXT000017665746&fastReqId=907056757&fastPos=3。

[4] Loi de Finances Pour 1984.

164 DC du 29 décembre 1983)[1] 中指出，法律应当明确、充分、严格地规定强制措施（procédés coercitifs）介入的情况和条件。

总之，有人建议应当缩减第12条的内容，然后铸成金字赫然挂在那些"武装力量"机构门口或放置于办公室内。于是，那里的人们就可以经常看到这些醒目的文字，将这些理念铭记在心。这样做并不是因为他们曾经习惯于蔑视规则，而是由于总是或不时地忘记规则。因此，应当提防所有机构都具有的惯常性的"自我定向"（auto-finalisation）的趋势，以便重新找回武装力量的合法基础。[2]

第13条：税收的必要性与平等原则

> 为了武装力量的维持和行政管理的支出，公共赋税（contribution commune）必不可少；赋税应在全体公民之间按其能力做出平等的分摊。

在1789年《人权宣言》中，第13—14条都是有关赋税的特别规定。第14条是形式上的规定，与同意税收和捐税的归结问题相关；而第13条是实质上的规定，即关于税收的必要性和平等原则。人们应当在历史的背景下理解第13条。一方面，它成为大革命对赋税制度变革的发动者；另一方面，它体现出的平等原则是抗拒旧制度中繁多的税收豁免和特权（特别是1789年以前的人头税）。

实际上，第13条所体现出的理念并不新。早在1698年，沃邦（Vauban, 1633—1707）[3] 在《王室什一税计划书》（Projet d'une Dîme Royale）中就提出了税收的平等原则。关于纳税的能力，孟德斯鸠在《论法的精神》中已经提及。1776年，亚当·斯密（Adam Smith, 1723—1790）[4] 在《国富论》（The Wealth of Nations）中

---

[1] 参见法国政府的法律公共服务网址：http://www.legifrance.gouv.fr/affichJuriConst.do?oldAction=rechJuriConst&idTexte=CONSTEXT000017667530&fastReqId=1568462272&fastPos=1。

[2] Gérard Conac, Marc Debene, Gérard Teboul, La Déclaration des Droits de l'Homme et du Citoyen de 1789: Histoire, Analyse et Commentaires, p. 272.

[3] Sébastien Le Prestre, Marquis de Vauban, 法国军事工程师。在参与孔代家族的叛乱（1651—1653）后，归顺皇室。1703年为元帅。参见：《不列颠简明百科全书》（修订版），中国大百科全书出版社2011年版，第1734页。

[4] 苏格兰社会哲学家、政治经济学家。1759年出版《道德情操论》。1776年斯密出版了《国富论》，把政治与经济当成一个完整的体系。参见：《不列颠简明百科全书》（修订版），中国大百科全书出版社2011年版，第790页。

为了说明建立税收制度用许多"格言"阐述了税收的必要性。

即便如此,第13条的规定仍具有相当的操作价值。在随后的立法中,制宪会议首先于1790年11月23日创立了以不动产净收入按比例纳税为基础的直接税制度。又于同年12月18日与1791年2月18日制定出具有补充性质的动产纳税制度,以便覆盖所有不动产税无法涉及的领域。在其后的宪法性文件中,对第13条规定以直接或间接涉及。1793年宪法、共和三年宪法(1795年宪法)、1814年宪章,以及1848年宪法。此后,1917年7月31日法律关于取消个人动产税,建立对多种收入的征税制度。在当时,个人所得税的新机制体现了税收平等原则。因为这种平等并不是抽象的,仅仅如数学计算那样,而是体现了纳税人的缴税能力,是基于对纳税人经济状况的具体考察。

然而,实际的立法状况也不都像第13条所规定的那样。就在宣言诞生不久,制宪会议通过1790年12月5日和12月19日立法,并没有全部废除旧制度时期的注册税。制宪会议又很快于共和7年颁布霜月22日(1799年12月14日)法律,为改良税收收入重新界定注册税。同一时期,法国确立了入市税,并恢复了某些间接税种,如酒水、烟草,甚至盐类。关于遵守《人权宣言》第13条的争论就没有停止过,包括取消所有间接税,建立一种对全部动产所得征税的合比例的直接税等。显然,后世的立法并没有完全遵从第13条。相反,1917年12月31日法律规定对支出征税。1954年4月10日法律以及1966年1月6日法律,使增值税成为最重要的税收来源。

此外,重新审视公共税收(contribution publique)的原则。税收制度最近的发展表明:随着公共服务的增长,在依靠正常的财政预算之外,产生了对使用者和受益人征税的要求。在这个意义上,公共服务免费的理念已经成为"神话传说"。因此,税收方面的"平等"原则已不再那样不可动摇。与一般的平等理念相比(《人权宣言》第1条和第6条),"税收平等"在公共开支上存在着一定的特殊性。即便如此,宪法委员会还是在1979年7月12日做出针对使用某些道路的桥隧工程需缴费法案[1]的裁决(Décision N° 79—107 DC du 12 juillet 1979)[2]。在该裁决中,

---

[1] Loi Relative à Certains Ouvrages Reliant les Voies Nationales ou Départementales.

[2] 参见法国政府的法律公共服务网址:http://www.legifrance.gouv.fr/affichJuriConst.do?oldAction=rechJuriConst&idTexte=CONSTEXT000017665766&fastReqId=784486475&fastPos=1。

宪法委员会声明：税收平等是"法律面前人人平等原则"的必然结果。[1]

　　第 13 条现在具有宪法效力。1989 年 12 月 29 日，宪法委员会做出针对 1990 年财税法案[2]的裁决（Décision N° 89—268 DC du 29 décembre 1989）[3]。在该裁决中，宪法委员会多次明确地援引了第 13 条的规定。[4]然而，当人们回顾第三共和国时期的做法时，可以发现这样的宪法效力来之不易。1936 年 11 月 23 日，最高行政法院曾做出了承认税收平等原则的判决[5]，这是承认税收平等原则的最早判决之一。

　　一位匿名评论员点评该案指出：议会主权削弱了法国公法领域中的税收平等原则，但该判决无可争议地为纳税人提供了保障；即便如此，判决的效力范围因议会主权的存在而大打折扣，因为议会主权导致了法国公法领域里违宪审查制度的缺失，使纳税人的利益有可能受到侵害；从这个角度来说，税收平等原则实际上在当时并不具有法律价值（valeur juridique）。[6]

　　决定性的转折出现在第五共和国时期。随着宪法委员会于 1971 年 7 月 16 日做出首个关于结社自由的裁决，违宪审查制度得以正式运作，为监督议会并敦促其尊重具有宪法效力的原则与规范打下了坚实的基础。在这些原则与规范中，当然也包括第 13 条的规定。宪法委员会随后在 1973 年 12 月 27 日做出的针对 1974 年财政法案[7]的裁决（Décision n. 73—51DC du 27 décembre 1973）[8]中立场鲜明地指出："……上述规定违反了 1789 年《人权宣言》以及宪法序言中再次庄严宣告的法律面前人人平等（principe de l'égalité devant la loi）的原则。"[9]

---

[1] 参见 1979 年 7 月 12 日 79—107 DC 号裁决第 4 段。

[2] Loi de Finances pour 1990. 由于法国在 2008 年修宪前实施的是"事先审查"的违宪审查机制，在本案中，宪法委员会于 1989 年底对 1990 年财税法案的合宪性作出裁决。

[3] 参见法国政府的法律公共服务网址：http://www.legifrance.gouv.fr/affichJuriConst.do?oldAction=rechJuriConst&idTexte=CONSTEXT000017667605&fastReqId=230447755&fastPos=1。

[4] 参见 1989 年 12 月 29 日 89—268 DC 号裁决的第 31 段、第 33 段、第 76 段、第 78 段。

[5] L'Arrêt du Conseil d'État en Date du 23 Novembre 1936.

[6] Gérard Conac, Marc Debene, Gérard Teboul, La Déclaration des Droits de l'Homme et du Citoyen de 1789: Histoire, Analyse et Commentaires, pp. 276—277.

[7] Loi de Finance pour 1974.

[8] 裁决内容参见法国政府的法律公共服务网址：http://www.legifrance.gouv.fr/affichJuriConst.do?oldAction=rechJuriConst&idTexte=CONSTEXT000017665584&fastReqId=1638564216&fastPos=1。

[9] 1973 年 12 月 27 日的 73—51DC 号裁决第 2 段。

当然，随着时间的推移，第 13 条的内容已经无法完全适用于当代的法国法律理念。法国法的发展促使人们重新解读第 13 条，以便使其意义和范围适应目前法国财税法的发展。以税收的必要性原则为例，宣言规定："为了武装力量的维持和行政管理的支出，公共税收必不可少"。结合第 13 条后半部分对税收平等原则的规定，只有 1848 年以前的立法基本遵循了这些原则。法国学者米歇尔·巴泽 (Michel Bazex) 认为，由于 1848 年后的财税立法出现了较大变化，即使《人权宣言》的规范性价值得到确认，也仅仅部分地解决了协调经典原则与当代法律发展的难题。实际上，宪法委员会只是准确地认识到宣言在适用时所遇到的难题，根本无法细致地解决具体税收必要性规范的含义和范围。[1]

第 14 条：同意税收的权利

所有公民都有权亲身或由其代表来确定赋税的必要性，自由地加以认可，注意其用途，决定税额、税基、征收方式和期限。

第 14 条首先声明，公民有同意公共税收的权利。在陈情书中，人们无一例外地提出了这个请求，凸显其重要性。然而，对税收的同意权并非首次出现于大革命时期。在中世纪，由于收入不足，国王就特别地通过三级会议尽力与许多领主就财政收入问题达成一致。1314 年，"税收应当得到纳税人代表们的同意"的原则已经形成。但是，到 15 世纪初，法律不再对税收做出规定。查理七世 (Charles Ⅶ de France，1403—1461) [2] 在位期间，税收不再经由三级会议投票决定，法国君主专制下的王权成为决定性因素。在 1576 年以及在 1614 年以后，三级会议以及最高法院曾分别试图掌控税收的决定权，却都无果而终。

在英国，两次革命后，1689 年的《权利宣言》明确规定了同意税收的权利，并诞

---

[1] Gérard Conac, Marc Debene, Gérard Teboul, La Déclaration des Droits de l'Homme et du Citoyen de 1789: Histoire, Analyse et Commentaires, pp. 286—287.

[2] 法国国王。1429 年在圣女贞德的协助下，他解除了奥尔良之围。1436 年，他把英国人赶出法国，逐渐收复法国失地，结束了百年战争。他实施的财政和军事改革加强了王权。参见：《不列颠简明百科全书》（修订版），中国大百科全书出版社 2011 年版，第 276 页。

生了议会制政体。在法国，同意税收权利的诉求直到18世纪才再次出现于孟德斯鸠、卢梭等哲学家的著述里。1789年春，这些请求也在陈情书中大量出现。6月17日，国民议会庄严地宣称：不经过国民代表的正式同意，不得征税。6月23日，国王确认了这个原则。于是，对税收的同意权就顺理成章地写入了《人权宣言》第14条。

此外，对捐税使用的审查权也是第14条的重要内容，是一项全新的权利。此前的三级会议很少涉及这项权利。1355年约翰（Jean le Bon，1319—1364）[1]执政时期，三级会议曾提出类似请求，却未获批准。在陈情书中也很少提及，即使有时会要求公布国家或外省的账目，也与本质上的审查权相去甚远。

除了规定税收的审查权之外，第14条还规定了税额、税基、征收方式以及期限等主要因素。而"自由地加以认可（consentir librement）"的表述方式更突出了税收的"民主"属性。与第13条相比，第14条是"民主化的实施"性条文，为后世立法广泛接受。

在大革命后，第14条的大部分规定很快就体现在宪法、法律、规定当中，并在行政法院与其他法院得到适用。然而，在第五共和国时期，宪法委员会却迟迟未能适用第14条。直到1981年12月30日，宪法委员会针对1982年财政法案[2]做出裁决（Décision N° 81—133 DC du 30 décembre 1981）[3]，才援引并适用1789年《人权宣言》第14条[4]。

除了宪法委员会态度谨慎外，还因为1958年宪法第34条第2款规定："……法律规定有关下列事项的准则……各种性质的赋税的税基、税率和征收方式……"，表述了《人权宣言》第14条的一部分内容。二者的区别仅在于，宣言第14条的规定要全面得多，颇具政治哲学的味道，是指导原则；而1958年宪法的相关内容则是技术性的，是对权限加以规定，容易具体适用。

---

[1] 法国国王。在百年战争期间，英国爱德华三世的儿子爱德华（黑太子）领兵入侵法国南部。普瓦蒂埃战役（1356）年中法军大败，约翰被俘虏。他被迫签署条约将法国西南大部分地区割让给爱德华。参见：《不列颠简明百科全书》（修订版），中国大百科全书出版社2011年版，第1965页。

[2] Loi de Finances pour 1982.

[3] 裁决内容，参见法国政府的法律公共服务网址：http://www.legifrance.gouv.fr/affichJuriConst.do?oldAction=rechJuriConst&idTexte=CONSTEXT000017665871&fastReqId=635705682&fastPos=1。

[4] 参见1981年12月30日的81—133 DC号裁决的第5—7段、第11—12段。

当然，对第 14 条的适用，还有一些理论与实践上的难题。比如税收同意权的表达方式，法国学者西尔维·戈达尔（Sylvie Caudal）认为，第 3 条声明"国民主权"原则，因此由代表们对税收表示同意顺理成章。然而，第 14 条的规定与第 6 条一样突破了这个原则，体现"人民主权"。此外，在界定公共税收以及审计法院（Cour des Comptes）的运作方面，也存在一些争论。[1]

第 15 条：行政责任原则

社会有权要求机关公务人员报告其工作。

宣言第 15 条将权利赋予"社会"。问题的关键在于，"社会"具体指代什么？第 15 条没有解释。在这里，"社会"似乎不是什么组织，甚至也不是国家。第 16 条也用了"社会"一词，但显然是指国家，意味着存在没有宪法的社会。因此，第 15 条的表述方式非常开放，必须有宪法的或立法上的规定，指明谁能以"社会"的名义享有该权利。

第 15 条的表述方式以及它位于第 14 条（同意税收的权利）和第 16 条（分权原则）之间，似乎表明许多制宪会议的成员将责任原则（le principe de responsabilité）与分权原则视为同一层次的问题。勒贝尔（Jean-François Reubell，1747—1807）[2] 曾于 1789 年 8 月提交由其草拟的条款，指出：只有在权力分离，以及公职人员对其行政负责时，社会上的人权才能得到保障。穆尼耶则声明：公民自由要求分权明确，握有行政权力的人员要对其行政负责。

可见，与分权原则相类似，行政责任也是政权组织的原则。实践证明，公职人员很容易为了攫取自己的利益而滥用职权。因此，必须约束权力。1793 年宪法第 23—24 条就很好地体现了这一点。这两条规定表明，公职人员的责任（la

---

[1] Gérard Conac, Marc Debene, Gérard Teboul, La Déclaration des Droits de l'Homme et du Citoyen de 1789: Histoire, Analyse et Commentaires, pp. 299—309.

[2] 法国政治活动家，三级会议代表。先后入选制宪议会和国民公会。他站在山岳派一边，激烈反对保王党和反抗派教士。1795 年成为救国委员会成员，负责外交。督政府时入选五百人院，任督政官，负责司法、财政和外交。参与策划果月 18 日政变。1799 年 5 月为西耶斯代替。雾月 18 日政变后退出政坛。参见端木正主编：《法国大革命史词典》，中山大学出版社 1989 年版，第 231 页。

responsabilité des fonctionaires）建立于国民主权的基础之上。《人权宣言》第 15 条就是这样的一种责任机制。从逻辑上讲，国民主权理论必然要求上至国家最高行政长官下至最普通的公务员都应当承担公职人员的责任，因为他们都只是人民所授权的代表，他们应当以人民的名义完成其使命。因此，将公职人员的责任视为来源于国民主权的做法无可厚非。

除了与国民主权原则密切相关外，第 15 条还体现出为了全体之幸福的良好治理（bon gouvernement）的理念。拉法耶特就曾在其宣言草案中声明：所有政府的目的只有一个，即全体之幸福。这要求立法权、行政权与司法权相互区别并界定明确，它们的组织确保公民的自由代表制度（la représentation libre des citoyens）、行政人员的责任，以及法官的公正。

第 15 条提出的行政人员责任原则也是为了推翻旧制度下的相关规定。在旧制度时期，公职人员往往享有特权。即使存在司法规则，特权者经常提出特殊要求，进而得到通过特别管辖处理案件的权力。因此，在陈情书中，关于掌权者责任的请求俯拾皆是。起初，请求多来自于财税方面，包括要求大臣公开账目。后来，相关承担责任的请求拓展到针对一切违法的行为，尤其是对个人自由的侵犯。

然而，除了个别受到孟德斯鸠思想影响并主张效仿英国模式的代表外，大部分请求都没有涉及到具体的归责方式和程序，最多指出应当向三级会议或法庭负责。因此，从某种程度上讲，关于行政责任的请求显得过于宽泛。即便如此，该问题仍旧是一个宪法问题，进而被纳入到《人权宣言》草案中，并作为第 15 条在国民议会上一致通过。

论及第 15 条对法国后世立法的影响，学者洛朗·里歇尔（Laurent Richer）认为，由于法国没有规定公职人员的个人责任原则（la responsabilité personnelle du fonctionnaire），它对现实立法的影响不大，以至于很少通过适用第 15 条来阐述公法上的责任制度。宪法委员会于 1986 年 7 月 3 日做出的针对 1986 年修正的财政法法案[1]的裁决（N° 86—209 DC du 3 juillet 1986）[2]中，明确援引但仅仅是间接地适

---

[1] Loi de Finances Rectificative pour 1986.

[2] 裁决内容，参见法国政府的法律公共服务网址：http://www. legifrance. gouv. fr/affichJuriConst. do?oldAction=rechJuriConst&idTexte=CONSTEXT000017667400&fastReqId=1648212178&fastPos=1。

用了第 15 条[1]。

直到 2006 年 7 月 13 日，针对 2006 年 7 月 19 日的 2006—888 号关于 2005 年预算最终安排的法案[2]，宪法委员会做出裁决（Décision N° 2006—538 DC du 13 juillet 2006），首次直接适用了第 15 条。[3] 截至 2010 年 12 月，宪法委员会对第 15 条的适用仅有这两次。因此，在 1789 年《人权宣言》的全部 17 条规定中，第 15 条成为潜能被挖掘得最少的条款之一。[4]

第 16 条：分权原则

> 凡权利无保障和分权未确立的社会，就没有宪法可言。

第 16 条显得格外与众不同。其它条目大都旨在宣告"人的自然的、不可剥夺的、神圣的权利"，重点强调人与人之间的关系；而第 16 条强调"分权"（séparation des pouvoirs）这种宪法组织上的技术，表现出对未来宪法的关注。此外，第 16 条在表述方式上也独树一帜。宣言其它条目是一种评价，表明主语和谓语之间的简单关系，比如第 1 条规定："在权利面前，人们生来是而且始终是自由平等的"。

第 16 条的表述方式很容易令人感到迷惑不解。它不仅是一个否定性的判断，而且体现出一个假设和一个结果之间的复杂关系："没有宪法"是结果，该结果依赖于"权利无保障"和"分权未确立"这两个带有可能性和偶然性条件的成就。

从内容一致方面来看，第 16 条也会使人费解。除了它将"社会"与"宪法"两个不同的概念联结在一起外，来源于假设条件的结果只有在经过"符号的转化"（transcription symbolique）之后才能被人们接受。实际上，现实中存在着文本意义上的"没有宪法"的状态，可由经验认定，也可以得到证实。

---

[1] 参见 1986 年 7 月 3 日的 86—209 DC 号裁决第 36 段、第 37 段。

[2] Loi n° 2006—888 du 19 Juillet 2006 Portant Règlement Définitif du Budget de 2005。由于法国在 2008 年修宪前实施的是"事先审查"的违宪审查机制，在本案中，宪法委员会于 2006 年 7 月 13 日对 2006 年 7 月 19 日法案的合宪性作出裁决。

[3] 参见 2006 年 7 月 19 日的 2006—538 DC 号裁决第 2 段。

[4] Gérard Conac, Marc Debene, Gérard Teboul, La Déclaration des Droits de l'Homme et du Citoyen de 1789: Histoire, Analyse et Commentaires, pp. 317—330.

然而，在一个无法保证确立分权和保障人权的社会里，宪法就真的不存在吗？从超越这些词语的角度看，第 16 条的起草者们肯定不会试图得出如此绝对的结论。除非逃避到一个纯粹的虚幻中，他们无法否认宪法的存在，即使它是不完美的。因此，我们不能从字面来理解第 16 条，否则很可能会在逻辑上出丑。于是，对第 16 条只能从基本规范的目的上进行理解。

基于上述原因，第 16 条所表达的意义处于不确定的状态，进而无法得出一致的结论。在许多评论者当中，伽雷·德·马尔佩的评论相当准确。他认为，第 16 条中的原则相当模糊、概括，完全没有法律价值；这些原则只是哲学理念，无法从中推导出任何操作层面的结论。其他评论者，如《分权与法国宪政史》[1] 的作者米歇尔·特罗佩（Michel Troper）则针锋相对地指出，分权的理念已经成为宪法分类的标准。同样，其他学者，特别是狄骥和奥里乌（Maurice Hauriou, 1856—1929）[2] 在立法与行政权力一定程度分离的基础上建立起议会制政体的真正理论。

我们到底应当如何理解第 16 条？现有的材料无法清楚展示在制定第 16 条时的争论，制宪会议很快就通过了该条。因此，我们只能从宣言诸多草案的相关表述中试图探究制定者们的意图。在众多版本的宣言草案中，大部分规定了公民权利，使之成为砸烂旧制度桎梏的自由宣言。其中，提到分权的，主要在下述草案中。

拉法耶特曾在其草案中简短地描述分权原则：为了实现全体之幸福，政府应当确保立法权、执行权与司法权相分立，并界定三种权力。塔尔热的草案指出：立法权与执行权应当相互分立，为未来的宪法做准备。如果能如此安排权力，宪法就是良善的，因为各种权力不会相互混同，也不会相互干扰。作为贵族的代表，西内蒂伯爵（comte de Sinéty de Puylon, 1740—1811）[3] 认为一部好的宪法应当将保障权利与分权结合起来。可见，三位代表提出的草案对分权的表述都很抽象，他们将"全体之幸福"和"好的宪法"作为分权的必要性和合法化的依据。

---

[1] La Séparation des Pouvoirs et l'Histoire Constitutionelle Française.

[2] 法国公法学家。1892 年，在为法国行政法院的判例作出定期评释的同时，出版了名著《行政法精义》。该书是法国历史上第一本关于行政法总论的专著。通过此书，行政法总论最终定型。奥利乌的"制度理论"统治了法国行政法学界，其学说对整个行政法学界起着领导作用。参见何勤华：《西方法学史》，中国政法大学出版社 1996 年版，第 182—183 页。

[3] 全名 André-Louis-Esprit, comte de Sinéty de Puylon，法国军事家，1789 年 4 月 4 日作为贵族代表入选三级会议。

此外，1789年7月27日，穆尼耶代表制宪委员会（Comité de Constitution）提出了35条的宣言草案。第14条表达了类似的避免权力混同的意愿，因为权力混同将导致专断的产生。宣称：为了避免专制主义、保障法律的统领地位，立法权、执行权与司法权应当相互分离；相反，三权合一，由一些人掌握，将导致这些人凌驾于全部法律之上，他们的意志将取得支配地位。[1]

8月17日，米拉博以五人委员会的名义提交的宣言草案却根本没有提及分权原则。由于五人委员会的草案受到国民议会的冷落，于8月19日遭到否决。于是，迫于形势的压力，代表们选择了第6小组提交的草案。草案第24条规定："凡权利无保障和分权未确立的社会，就没有真正的宪法可言。"然而，《人权宣言》第16条并没有"真正的"（véritable）字样。显然，草案第24条的表述更明白易懂，甚至可以消除一些不必要的纷争。

实际上，第16条的规定反映了18世纪宪法的政治思想。在许多宪法机制中选取一种模式之前，国民议会的代表们确定首先要做的就是明确未来宪法的目的：在不同的机构之间分配权力。特罗佩指出，法国大革命时期的宪法理念只是职能的划分（une réparation des compétence），用第16条的话语表述就是"分权"。这样一来，第16条的内容就容易理解了，"在分权未确立的社会，没有（真正的）宪法"。

对立法预备文件（travaux préparatoires）的分析也表明了上述观点是正确的。对于代表们而言，首先，宪法的目的是在不同机构中分配权力；其次，才是新近提倡的对个人权利的保障。此外，在西耶斯与塔尔热的声明中也清楚地反映出分权对于宪法的重要性。因此，在制宪会议代表们的眼中，宪法就成为将一个权力分解成多个权力的机制。正如保罗·巴斯蒂（Paul Bastid）在《宪法的理念》（L'Idée de Constitution）一书中指出的：大革命时期的人们重视基本法律（lois fondamentales），结果却使宪法的主要目的成为对权利的保障和权力的分立。

由于没有明确指出权力分立的具体操作技术，第16条可以适用于多种形式的政府。但是，第16条的目的却只能从大革命前的政治分析中得出，尤其是《论法

---

[1] Gérard Conac, Marc Debene, Gérard Teboul, La Déclaration des Droits de l'Homme et du Citoyen de 1789: Histoire, Analyse et Commentaires, p. 335.

的精神》。该书作者孟德斯鸠的主要目的是反对专制主义,专制即将所有权力集中在一个统治者或统治集团手中,无论是国王、贵族还是资产阶级。立法权和执行权应当由多个机构行使,以至于没有任何一个机构可以独揽大权。

这种分享权力的模式并不是一些法学家所倡导的神话——生硬的权力分立(une séparation rigide),而是使一个权力机关的自负(prétentions)常受到一些权力机关的抑制(modération)。为了防止权力的聚合以及建立一个限权政府(gouvernement modéré),孟德斯鸠认为:首先要在不同的权力机构之间划分运作的方式(moyens d'action)。事实证明,除了1789年9至10月提出的许多不同"方式"外,宣言的起草者的确将这个目的赋予未来的宪法。

在这种情况下,第16条只是一个"否定性的原则"。它仅仅意味着一个权力机关不应当集中行使两个职能。因此,正如特罗佩所述,宣言的起草者当时仅知道一个简单的政治道理就足以使他们为之欣慰:专制的政府没有宪法,因为专制者能够随时按照他们的意愿不仅修改规则的内容,还能改变建立规则的模式!此外,第16条关于分权的否定性原则还意味着,起草者们通过制定一个基础性的宪章可以在稳定的基础上建立未来的政府并形成一个新的社会。雅克·纪尧姆·托雷(Jacques-Guillaume Thouret,1746—1794)[1]就曾于1789年8月1日宣称,使社会实现其目标的方式就是很好地组织公权力。

上述对宣言第16条立法背景的分析表明,分权原则具有宪法上的意义。根据1958年宪法的规定,《人权宣言》第16条具有宪法效力,而宪法委员会违宪审查职能的行使也使得人们对第16条的评价有所不同:宪法法官们通过提供"解释"(宪法委员会没有一般意义上的解释宪法的权限),明确宪法性规范的适用范围,第16条便不再被视为"另类"。

在实践中,宪法委员会的裁决多次涉及分权原则。作为许多宪法机构"规范性活动的调节器"(régulateur de l'activité normative),宪法委员会最初处理的案件涉及到明确议会与政府关系(1958年宪法第五章)的请求。此外,1958年宪法第

---

[1] 法国政治家、律师,吉伦特派,活跃于大革命时期。从1789年至1791年,三次出任国民议会主席。在参与宪法的讨论中,展现出了出众的政治能力。他反对教士特权,主张分权。在恐怖统治时期,由于他持吉伦特派立场,于1794年4月22日被处死。

64 条同样授权以必要的、"独立"的为名义,明确司法权力和其它权力的关系。在广义上,司法独立的理念可以使司法权审查涉及管辖职能方面的合宪性问题。比如,当立法机关和政府越权时,根据宪法第 34 条(关于法官的地位、刑事程序的规则以及创建新的管辖权)法官可以做出确权性的司法判决。

1979 年 5 月 23 日,宪法委员会针对修改新喀里多尼亚选举方式的法案[1]做出裁决(Décision N° 79—104 DC du 23 mai 1979)[2]。在该裁决中,尽管宪法委员会没有直接引用第 16 条,却首次以"分权原则"以及"适用(该原则)的宪法规定"[3]作为裁决理由。在 1980 年 7 月 22 日针对行政文书有效性法案[4]的裁决(Décision N° 80—119 DC du 22 juillet 1980)[5]中,宪法委员会阐明了在司法权与其它权力关系方面适用分权原则的结果:法官从对宪法第 64 条的分析中指出,必要的"管辖权独立","无论是立法者还是政府,都不得僭越司法权"。[6]

在这个案件中,宪法委员会首次引用具体的宪法条文(1958 年宪法第 64 条中有关司法管辖的内容)以及共和国法律所确认的基本原则(关于行政管辖的原则)来支持其裁决,而不再是仅仅提及"分权原则"。

在宪法委员会的这些决定中,即使理由不尽相同,具体的结果却相当一致。分权原则直接或间接地被纳入宪法渊源,并在立法权与执行权,以及司法权与其它权力方面具有充分的效力。此外,由于 1958 年宪法诸多条款涉及到分权的具体规定,该原则在宪法原则适用方面具有"准无限性"(quasi-illimité)。

因此,在 1981 年 1 月 20 日的 80—127 DC 号裁决中,宪法委员会在司法警察

---

[1] Loi Modifiant les Modes d'Élection de l'Assemblée Territoriale et du Conseil de Gouvernement du Territoire de la Nouvelle-Calédonie et Dépendances et Définissant les Règles Générales de l'Aide Technique et Financière Contractuelle de l'Etat.

[2] 裁决内容,参见法国政府的法律公共服务网址:http://www.legifrance.gouv.fr/affichJuriConst.do?oldAction= rechJuriConst&idTexte=CONSTEXT000017665764&fastReqId=623895704&fastPos=1。

[3] 1958 年宪法中的许多条款,比如第 20—21 条、第 34 条、第 37 条等都体现了分权原则,是对宣言第 16 条的细化。

[4] Loi Portant Validation d'Actes Administratifs.

[5] 裁决内容,参见法国政府的法律公共服务网址:http://www.legifrance.gouv.fr/affichJuriConst.do?oldAction= rechJuriConst&idTexte=CONSTEXT000017665964&fastReqId=1320122262&fastPos=3。

[6] 参见 1979 年 5 月 23 日裁决第 79—104 DC 号第 6 段。

与行政警察的区分中适用了分权原则。同样，在1984年10月11日的84—181 DC号裁决中，宪法委员会间接地适用了分权原则，在媒体多元化和透明化的时代，用来制约行政行为的权限。

综上所述，1958年宪法中的许多条款都与分权有关，为宪法委员会适用宪法性原则留下了特别大的自由选择空间，无论是议会与政府的关系，还是在司法权力机关与其它权力机关之间。法国当代学者皮埃尔·阿尔贝蒂尼（Pierre Albertini）认为，"这种选择的自由将1958年宪法与《人权宣言》第16条联结为一个整体。因此，即使宣言第16条由于过于抽象或理论化而没有被直接适用也无伤大雅。作为宪法规范体系的一部分，宣言第16条已经成为泽被后世的活水之源"。[1]

第17条：财产权（神圣不可侵犯）

> 财产是神圣不可侵犯的权利，任何人的财产不得受到剥夺，除非合法认定的公共需要显然必需，且给予公平、预先的赔偿。

1789年8月26日，国民议会已经通过了第16条。正当代表们准备讨论宪法的时候，巴黎高等法院的推事，年轻的自由主义者阿德里安·迪波尔提议将保护财产写入宣言。在简短的交流后，代表们通过了第17条。其实，财产问题在大革命前的陈情书中就有所反映，正如它在当代政治、经济思想领域受到广泛关注一样。此后，国民议会于1789年8月4日废除封建法律，将财产视为与自由、安全和反抗压迫同等重要的权利。

宣言第2条将财产描述为"人的自然的、不失效的权利"，因此对财产权的"保护"将成为"所有政治组织的目的"。此外，宣言的第6条、第13条和第16条也与财产间接相关。第17条又明确指向"财产"，不是一次简单的重复，与第2条的定性式的表达方法不同，第17条体现为保护性规则，即"财产是神圣不可侵犯的权利"。此外，还规定了保护的例外情况："除非合法认定的公共需要显然必需，且给予公平、预先的赔偿。"

---

[1] Gérard Conac, Marc Debene, Gérard Teboul, La Déclaration des Droits de l'Homme et du Citoyen de 1789: Histoire, Analyse et Commentaires, pp. 340—342.

然而，准确把握第 17 条所规定的"财产"应当结合当时的历史背景。与 1793 年宣言第 16 条的规定不同，1789 年宣言并没有分析财产权而是予以定性。1789 年宣言第 2 条的规定就充分体现了这一点，将其界定为"自然权利"。有法国学者将财产权视为来自于上帝的权利，《从上帝的权利到人的权利：近代财产概念的神学起源》[1] 一书对此有充分的论证。

17 世纪以后，随着神法和自然法的分离，思想家们将财产和自由都视为先于国家并高于国家的权利。其中，约翰·洛克的思想充分地反映了这种观点。当然，在财产的起源问题上，自然法学派的理念也引起了许多争论，尤其关于财产权是不是"社会权利"的疑问。在自然状态下，人们难道没有经历过财产的共有（la communauté des biens）吗？难道不是社会组织通过协定、占有或利用等方式逐渐促成了个人财产的发展？

当然，如果从功能的而不是起源的角度考察，财产问题就要明朗得多。正是大革命催化了财产理念在法国的演进。随着资产阶级的崛起，开始强调财产的必要性。为了保护已经取得的财产并予以合法化，他们必然要求使其建立于无可争议的、"自然的"和绝对的权利基础之上。从那时起，财产就意味着对自由的主要保障；也是从那时起，财产成为唯一的、公开的特权。

1789 年以后，财产被视为自由的必然结果。莫里神父（l'abbé Maury, 1746—1817）[2] 声称，没有财产就没有自由！因此，为了自由地生活，至少要拥有一定的动产和不动产。在 18 世纪，法国主要是一个农业国。重农主义者认为，土地就是全部的财富。米拉博认为，最重要的财产具有"土地的"属性，即不动产。为了保护财产，国民议会通过了第 17 条。

此后，财产权的概念逐步发展起来。《拿破仑法典》第 544 条专门界定所有权。19 世纪，随着经济转型，财产形式多样化。经济（工业化）与社会（大众化、城市化）进一步发展，与财产权相关的规则越来越多样，以致引发了与原来理念不一样的理解。在这方面，除了法学家的质疑外，政治学家也提出了新的观

---

[1] Du Droit de Dieu au Droit de l'Homme : Sur les Ogines Téologiques du Concept Moderne de Propriété.

[2] Jean-Sifrein (ou Siffrein) Maury，法国作家、枢机主教、巴黎大主教。1789 年以教士代表的身份入选三级会议，维护教士特权，反对来自第三等级的米拉博，反对解放犹太人以及《教士组织法》。

点。马克思主义以及基督教教会的社会理论（la doctrine sociale de l'Église）都批判传统的财产权理念，认为，它是主观的权利。与此相反，批判者强调财产权的社会功能。[1]

到了20世纪，宪法都强调财产的社会功能。法国1946年4月宪法草案就是典型的例子。该草案除了第35条界定财产权外，第36条强调财产权的行使不应当背离其社会用途。然而，1946年5月5日，法国的全民公决否决了这个草案。法国人又选择回到1789年《人权宣言》的路径。1982年1月16日，宪法委员会在针对国有化法案的81—132 DC号裁决中强调，1789年《人权宣言》具有"完整的宪法效力"，"财产权是基本权利"以至于"应当保障该权利的所有者"。[2] 于是，宪法委员会确认了财产权（宣言第2条和第17条）完整的宪法效力。认为，财产权不受制于其功能，而是仅仅受到来自必要性、个人（尊重他人的财产权），或者集体（公共必要性）的限制。

如果第17条第一部分确立了财产权的原则，即财产不可侵犯，第二部分则规定了例外情况，是古老的假设在财产权领域的辩证表现：整体的利益与个人的利益之关系。第17条将在一些条件下对财产的没收与对财产的保护有机地结合起来。如果没收财产是明确的，就间接地表现出公权力的特权性。关于集体将其成员财产归为己有的事例早已存在，无论传说还是历史都有记载。

《圣经》中的《列王记》记载了"拿伯的葡萄园"的故事。撒玛利亚王亚哈为了得到靠近其宫殿的属于拿伯的葡萄园，就和妻子一同用计谋杀死了拿伯。耶和华的话临到提斯比人以利亚说："你起来，去见住撒玛利亚的以色列王亚哈。他下去要得拿伯的葡萄园，现今正在那园里。你要对他说：'耶和华如此说：你杀了人，又得他的产业吗？'又要对他说：'耶和华如此说：狗在何处舔拿伯的血，也必在何处舔你的血。'"[3]

在旧制度时期，征用发生在国王、领主与臣民之间。从15世纪起，征用被

---

[1] Gérard Conac, Marc Debene, Gérard Teboul, La Déclaration des Droits de l'Homme et du Citoyen de 1789: Histoire, Analyse et Commentaires, p. 349.

[2] 参见1982年1月16日的81—132 DC号裁决的第16段。

[3] 参见:《圣经》,《列王纪上》, 第21章。

视为具有"至高的权力以及国王的特权"的属性（1407年敕令）。然而，在法国大革命时期，"最终裁决"的主体，已经由国王变成国民，法律也成为"公意的体现"。

根据第17条的表述，对公民财产的剥夺应当首先出于"公共需要"，并经过"合法认定"。在选择"需要"一词时，制宪会议的成员们想要最大限度地限制对财产的剥夺，将这种剥夺视为无法回避、不可避免。对此，《拿破仑法典》第545条有较为具体的规定，对"公益"（l'utilité publique）严格限制。

此外，行政法院的判例表明，行政法官曾试图限制行政方面的自由裁量权。财产的所有权人也可以通过司法保护的途径确保其财产。正如拿破仑一世所宣称的那样：只有通过法律行为才能征用公民的财产。1810年3月8日法律就以此种理念为基础。因此，应当建立程序来代替立法者的干预。由于当时的行政诉讼系统刚刚形成，且管辖范围有限，普通法院的法官就成为个人财产的保护者。

第17条还规定了"公平"和"预先赔偿"的条件。与宣言其它条目一样，第17条规定的这些条件体现出对旧制度滥用权力的谴责，宣言的起草者们想要逃离旧时的梦魇。正如旧制度下的鲁昂地区，财产的所有人通常得等待20年才能获得赔偿！[1] 至于如何体现"公平"，制宪会议的成员们仍旧回到教会法研究者关注的"公正的价格"（juste prix）这一传统问题上，或是1407年敕令中的"王室价格与公正的价值"（loyal prix et la juste valeur）。

两百多年以后，关于征用的法律经历了许多变革，但第17条依然有效，为公民的财产权利提供保护。宪法委员会已经确认第17条在财产权方面具有完全的宪法效力，然而只在出现对财产真正的"剥夺"时才适用。在这种情况下，根据宪法委员会的"解释"，第17条的适用范围可能会变得非常广泛，不仅包括对个人财产的保护，还包括私有财产。

法国当代学者马克·德本（Marc Debene）指出：宪法委员会没有局限于1789

---

[1] Gérard Conac, Marc Debene, Gérard Teboul, La Déclaration des Droits de l'Homme et du Citoyen de 1789: His-toire, Analyse et Commentaires, p. 353.

年宣言第 17 条诞生的历史环境，即仅仅为了保护公民财产而对抗国家。于 1986 年 6 月 26 日做出的针对授权政府采取不同的经济、社会秩序措施法案[1]的裁决 (Décision N° 86—207 DC du 26 juin 1986)[2]表明，第 17 条还适用于保护国有财产以及其它公共法人（personnes publiques）的财产。[3]认为，我们今天仍然处在这样一个时代，即资产阶级希望以最低的价格攫取国家的财产！[4]

四、在宪政史上的地位

（一）从诞生到第四共和国时期

作为"新时代的信条"，1789 年《人权宣言》在 19 世纪成为宪法与意识形态领域争论的核心问题。1791 年以后直到第五共和国宪法颁布，1789 年《人权宣言》的法律效力严重受挫。其间，在几部法国宪法中包含一个权利宣言，也有一些宪法直接或间接地应用到 1789 年《人权宣言》。然而，宣言的地位、重要程度却相去甚远。在 1946 年以前，法国只有两部宪法包含人权宣言，即共和一年（1793 年）宪法和共和三年（1795 年）宪法。前者的宣言在平等与社会方面对 1789 年《人权宣言》加以改造；后者则增加了义务的规定，标志着大革命高潮已经退去。

此外，一些法国宪法间接涉及到 1789 年《人权宣言》的精神：包括 1814 年宪章、1852 年宪法。为了"重新建立时代的连续进程"，1814 年宪章规定"在法国公法"中保持大革命创立的原则，在序言中规定，保障自由、平等与财产。但是，该宪章没有直接引用 1789 年《人权宣言》。同样，1852 年宪法在第一章第一条中

---

[1] Loi Autorisant le Gouvernement à Prendre Diverses Mesures d'Ordre Économique et Social.

[2] 裁决内容，参见法国政府的法律公共服务网址：http://www.legifrance.gouv.fr/affichJuriConst.do?oldAction=rechJuriConst&idTexte=CONSTEXT000017667398&fastReqId=1637831724&fastPos=1。

[3] 参见 1986 年 6 月 26 日 86—207 DC 号裁决的第 58 段、第 73—74 段。

[4] Gérard Conac, Marc Debene, Gérard Teboul, La Déclaration des Droits de l'Homme et du Citoyen de 1789: Histoire, Analyse et Commentaires, p. 355.

规定:"承认并保障 1789 年宣告的原则,这些原则构成法国公法的基础。"[1]

在法国宪政史上,有三部宪法明确引用 1789 年《人权宣言》:1848 年宪法、1946 年宪法以及 1958 年宪法。1848 年宪法在其序言部分以及前三章中确认人的自然权利。这些权利"先于实证法并高于实证法"。宪法保障这些权利与"激发大革命的、伟大的议会传统"相一致。1946 年宪法与 1958 年宪法在序言中重提 1789 年《人权宣言》中的人与公民的权利与自由。

然而,并不是所有的法国宪法都接受或承认 1789 年《人权宣言》。共和八年宪法(1799 年宪法)以及第三共和国宪法(1875 年)就是两个例外。为了消除大革命的影响并抵制其意识形态,共和八年宪法不会建立在 1789 年《人权宣言》的基础之上。最令人感到震惊的是,共和派已经将 1789 年的"国民主权"转化为大革命的教条——"法律主权"。

1875 年第三共和国的宪法忠实于"法律主权"的思想,承认立法的最高地位,全权决定公民权利的地位。为避免对共和派的合法地位造成损害,第三共和国摒弃所有违宪审查的机制,遑论 1789 年《人权宣言》为超越立法的规范,进而具有违宪审查之必要。此外,与历史主义、传统主义侧重规则的历史合法性不同,共和主义认为规则的合法性仅仅来源于理性。尽管第三共和国自我标榜为法国大革命的继承者,遵从大革命的原则,进而求助于自然法概念来延续人权保护的传统,共和主义认为 1789 年《人权宣言》具有超越历史的、永恒的、普适的价值。共和主义甚至将来自于启蒙思想的 1789 年《人权宣言》神圣化,赋予其一种宗教的意义。因此,第三共和国为了追求"建立新的精神权利",进而将宣言视为共和道德,以及个人信念的体现,而不是宪法文件。总之,共和派忠实于 1789 年至 1791 年制宪会议成员们的思想,将宣言视为自然法,是高于实证法的道德规范,进而认为对法律进行违宪审查,既无用又危险。[2]

由于受到二战的影响,第四共和国于 1946 年恢复了第三共和国的共和传统,

---

[1] 1852 年宪法还仿效共和八年宪法,在第四章第 26 条、第 29 条将帝国参议院(Sénat impérial)规定为对法律进行违宪审查的机构。

[2] J. Imbert, H. Morel, G. Sicard, M. Ganzin, A. Leca, C. Bruschi, Les Principes de 1789, pp. 103—107.

以及 1875 年以前的传统，将序言置于宪法的开端。1946 年宪法序言郑重地重申："由 1789 年《人权宣言》确认的那些人与公民的权利与自由"。此外，它通过引入"共和国的法律所承认的基本原则"，以及当下所必需的"政治、经济与社会原则"等理念，使 1789 年《人权宣言》具有现代意义。因此，通过在 1789 年"权利—自由"的基础上增加社会主义性质的"权利—债权"理念，扩大了人权概念的范围。然而，1946 年宪法序言的效力还要接受时间的检验。当时，序言被视为立法者的参考，并没有成为任何违宪审查的目标。在 1947 年 4 月 23 日做出的咨询意见中，最高行政法院确认序言不具有法律效力或实证法效力。[1]

在处理行政争议的案件中，最高行政法院的态度慎重，形成了关于法律的一般原则的理论。这些原则大部分都来源于 1789 年《人权宣言》，涉及法律面前人人平等、税收、公共服务、平等地获取公职等。最高行政法院认为，即使在没有法律文本的情况下，也存在不成文的法律规则，具有立法效力。在 1950 年 7 月 7 日做出的关于罢工权利的德阿纳判决（Arrêt Dehaene），最高行政法院称：序言的规定属于法的一般原则，具有立法的效力。[2] 不过，最高行政法院仅仅承认序言以及宣言的法律效力而已。为了与共和主义传统以及法律主权的教条相一致，最高行政法院仍旧拒绝承认序言是宪法规范，进而无法强制要求立法者保障人权。

（二）第五共和国时期

1958 年宪法序言庄严宣布第五共和国："尊重由 1789 年《人权宣言》界定并由 1946 年宪法序言确定并补充的人权与国民主权原则。"1958 年宪法在第七章中创设了宪法委员会。作为第 34 条的结果，宪法委员会具有双重职能。一方面，议会不得逾越该条设定权限进而扩大了政府的职能范围，另一方面宪法委员会仅限于审查法律是否遵守宪法 92 个条文的规定。在这些规定中，除了一些个别条文外（第 34 条和第 66 条），并不涉及权利与自由。

---

[1] J. Imbert, H. Morel, G. Sicard, M. Ganzin, A. Leca, C. Bruschi, Les Principes de 1789, p. 108.

[2] 判决内容，参见法国政府的法律公共服务网址：http://www.legifrance.gouv.fr/affichJuriAdmin.do?oldAction=rechJuriAdmin&idTexte=CETATEXT000007636579&fastReqId=1337181145&fastPos=2.

因此，1958年宪法并没有建立起真正适用1789年《人权宣言》的违宪审查制度。在这方面，第五共和国并没有与第四共和国彻底决裂。即便戴高乐的"法国人民就是法国最高法院"的言论不可靠，在制定宪法时，政府曾拒绝承认序言的全部宪法效力。1958年宪法的起草者们认为，尽管1789年《人权宣言》具有法律效力，它并不具有宪法上的效力。简而言之，在1958年，仍然是法律主权的传统占上风，进而反对法官的统治地位（un gouvernement des juges）。

从法国大革命时期的雅各宾共和国到第五共和国，将宣言置于宪法之首或在宪法中提及宣言的做法流于形式，或类似于无效的咒语，未能构筑成维护人权的堡垒。违反1789年《人权宣言》原则的事件时有发生，这不仅与政权的性质相关，也与时代背景密不可分。直到第五共和国，没有一部宪法真正保护这些权利。1789年制宪会议的成员们曾想建立永恒的"基本法律"。

在第五共和国初期，最高行政法院于1959年6月26日做出了关于顾问工程师总工会的判决（arrêt Syndicat général des ingénieurs-conseils）[1]，保持并发展了以往的理论，即承认宪法序言中诸项原则的法律效力，限制1958年宪法第37条规定的规章制定权。其实，在第四共和国末期，最高行政法院通过一些判决谨慎地揭开1946年宪法序言或1789年《人权宣言》"法律效力"的面纱，试图说明它们具有宪法上的效力。[2] 1960年2月12日，最高行政法院通过埃基公司案（Arrêt Eky）的判决，确认1958年宪法序言以及1789年《人权宣言》具有完全的宪法效力。于是，最高行政法院通过一系列判例实现了保护权利和限制立法者的目的，也为宪法委员会以公权力调配者的身份登上历史舞台铺平了道路，即便反对者将其视为一种政治诉讼（instance politique）。

变革最终出现在1971年。宪法委员会在7月16日的裁决中将"结社自由"宪法化。通过提出"宪法规范体系"的理念，得以审查由1789年《人权宣言》、1946年宪法，以及共和国的法律中所规定的公民自由、权利以及原则是否受到尊

---

[1] 判决内容，参见法国政府的法律公共服务网址：http://www.legifrance.gouv.fr/affichJuriAdmin.do?oldAction=rechJuriAdmin&idTexte=CETATEXT000007636877&fastReqId=433743137&fastPos=1.

[2] 这些判决包括1956年7月11日关于安南人友好协会的判决（Amicale des Annamites de Paris）、1957年6月7日的Condamine判决，以及1958年1月24日关于奥兰省（位于阿尔及利亚西北）战争中的老兵与受害者协会的判决。参见：J. Imbert, H. Morel, G. Sicard, M. Ganzin, A. Leca, C. Bruschi, Les Principes de 1789, p. 109.

重。于是，宪法委员会迈出了决定性的一步，声明 1958 年宪法序言以及它所提及的法律文件具有实证法上的宪法效力（valeur de droit constitutionnel positif）。此前，只有由行政权力造成的侵害才能引起行政诉讼或普通诉讼。于是，该裁决意味着将 1789 年《人权宣言》置于宪法确认的责任范畴（la sphère de l'obligation constitutionnellement sanctionnée），迫使立法者尊重人权。[1]

在 1973 年 11 月 28 日的裁决中，宪法委员会确认了"宪法规范体系"的拓展理念，并在 12 月 27 日的裁决中首次明确适用 1789 年《人权宣言》。1974 年 10 月 21 日的重审扩大了宪法委员会的受案范围：从 1958 年时的仅仅共和国总统、总理以及两院议长有权提交审查，扩大到只要有 60 名参议员或众议员就可以将法律提交宪法委员会。对于违宪审查而言，无论在数量上还是在实质上，此举都称得上是一次大震荡。宪法委员会逐步通过裁决保障了 1789 年伟大原则的适用，包括分权、平等、各种形式的自由、安全，以及财产权。

在 1982 年 1 月 16 日和 2 月 11 日的裁决中，宪法委员会作出重要决定，认为 1789 年《人权宣言》出于两个理由被认定为宪法规范：其一，1946 年宪法撤销了一个不同于 1789 年《人权宣言》的宣言草案；其二，通过 1946 年 10 月 13 日和 1958 年 9 月 28 日的两次全民公决，法国人民认可了 1789 年《人权宣言》所宣告的原则具有宪法效力。裁决指出"1789 年《人权宣言》中的原则具有完全的宪法效力"。根据裁决中使用术语的先后次序，1789 年《人权宣言》成为"宪法规范体系"的坚实核心和自由的共和国的书面标志。

法国学者米歇尔·甘赞（Michel Ganzin）认为，宪法委员会的举措给法国共和传统留下了深刻的印记。通过将 1789 年《人权宣言》转化为实在法，宪法委员会取得的成就甚至超出了 1789 年制宪会议成员的期望。此外，这些举措还与 1875 年前的传统保持一致，使保护权利成为宪法的一个重要篇章。宪法委员会还将 1789 年《人权宣言》置于"宪法规范体系"中心，尽管以与传统断裂为代价，仍旧坚固了宣言的优势地位（道德与哲学上的）。最后，在法律主题的背后，似乎隐藏着自然法思想（jusnaturalisme）；因此，当人权面对权力时，自然法促使人权具有超验的、不可逆转的特点而得到承认。

---

[1] J. Imbert, H. Morel, G. Sicard, M. Ganzin, A. Leca, C. Bruschi, Les Principes de 1789, p. 110.

五、宪法委员会适用1789年《人权宣言》的案件举要

税务机构评定纳税额案[1] (73—51DC)

（一）事件概述[2]

1974年财政法第62条的立法目的是试图修改《总税收法典》[3]原第180条中由税务机构评定纳税额（taxation d'office）的规定。在当时，由行政机构评定纳税额是为了打击针对个人所得税的不足额申报。[4]然而，上述规定曾引发滥用，因此在不取消该制度的同时，似乎有必要削减相关的规定。

在讨论1974年财政预算的过程中，双方代表人数相等的混合委员会（la commission mixte paritaire）重新提出曾于1971年被拒绝采纳的政府文本，该文本指出："如果经过税务法官的审核，不存在非法收入，或隐匿收入，或容易引起规避正常税收的行为，纳税人就可以按这些规定（《总税收法典》第180条）免除其纳税负担。"

尽管此规定有利于纳税人表达他们的诚实与善意，为了避免新规定可能引发的严重欺诈行为，有必要对其予以补充，在该条最后加上："……以及，如果课税标准不超过个人所得税税率表的最后一个税率段限制的50%。"这个补充规定征得了时任财政部长的吉斯卡尔·德斯坦（Giscard d'Estaing）的同意。由于新规定无法适用于每年支出超过276000法郎的纳税人，使这些纳税人仍旧处于先前体系的严格限制。参议院议长提出违宪申请。

然而，宪法委员会做出裁决，宣告1974年财政法第62条的全部内容违宪，结果使得旧体系的严格规定得到维系。在本案中，宪法委员会如同在1971年的裁

---

[1] Taxation d'Office (51DC), 27 Décembre 1973.
[2] 参见 L. Favoreu, L. Philip: Les Grandes Décisions du Conseil Constitutionnel, 13ᵉ édition, Dalloz, 2005, pp. 281—282.
[3] Le Code Général des Impôts.
[4] 此外，由税务机构评定纳税额的做法具有制裁的性质。如果纳税人没有在法定期限内进行申报，或者缺少要求予以说明的回应或证明，或者是没有指定代理人。然而，直到1986年，由税务机构评定纳税额也同样适用于纳税人的申报数额不足的情况。参见：L. Favoreu, L. Philip: Les Grandes Décisions du Conseil Constitutionnel, p. 281.

决中那样，引用了1958年宪法的序言部分；然而，宪法委员会在裁决中还第一次涉及到1789年《人权宣言》，指出1974年财政法第61条的规定违反了1789年《人权宣言》中"法律面前人人平等"的原则。

（二）违宪审查申请[1]

1974年财政法的第62条来源于由政府提交的修正案，该条规定："在《总税收法典》第180条中增加如下段落：'如果经过税务法官的审核，不存在非法收入，或隐匿收入，或容易引起规避正常税收的行为，如果课税标准不超过个人所得税税率表的最后一个税率段限制的50%，纳税人就可以按本条规定免除其纳税负担。'"

依据宪法第61条的规定，我很荣幸将1974年财政法提交给宪法委员会，并请求宪法委员会审查上述法案第62条的最后一部分的规定，即"如果课税标准不超过个人所得税税率表的最后一个税率段限制的50%"是否符合宪法及其序言。与经过税务法官的审核相比，上述规定是否存在基于某些公民个人真实或推定的财富的歧视。此外，由税务机构确定纳税额的做法具有制裁甚至是刑罚处罚的性质。这两个方面都要求严格遵守法律面前人人平等的原则。

（三）裁决内容[2]

1973年12月27日的73—51DC号裁决[3]

1974年财政法案[4]

宪法委员会：

参议院议长根据《宪法》第61条的规定于1973年12月20日向宪法委员会提

---

[1] 此处为法文申请的中译本。审查申请，参见法国政府的法律公共服务网址：http://www.legifrance.gouv.fr/affichJuriSaisine.do;jsessionid=C3CB5375B51FDE7DC1BFF338555E83D5.tpdjo06v_1?idTexte=CONSTEXT000017665584。

[2] 裁决内容，参见法国政府的法律公共服务网址：http://www.legifrance.gouv.fr/affichJuriConst.do?oldAction=rechJuriConst&idTexte=CONSTEXT000017665584&fastReqId=1638564216&fastPos=1。

[3] Décision n. 73—51DC du 27 Décembre 1973. 参见1973年12月28日《官方公报》第14004页。

[4] Loi de Finance pour 1974.

交了议会通过的 1974 年财政法案的审查申请；

鉴于总理于 1973 年 12 月 21 日书面请求宪法委员会依据《宪法》第 61 条第 3 段规定的紧急程序做出裁决；

鉴于《宪法》，特别是其序言部分，以及第 61 条与第 62 条；

鉴于 1958 年 11 月 7 日的宪法委员会组织法的法令[1]，特别是该法令第二部分第二章的规定；

鉴于 1959 年 1 月 2 日的关于财政法的组织法的法令，特别是第 42 条；

鉴于《总税收法典》，特别是第 180 条。

已听取报告人的汇报：

（1）虑及 1974 年财政法案第 62 条的规定试图为《总税收法典》第 180 条增加内容。其目的表现为：由税收机构根据上述法条规定的条件确定个人所得税的纳税额，并经过税务法官的审核，如果不存在非法收入，或隐匿收入，或容易引起规避正常税收的行为，纳税人就可以以这个名义免除其纳税负担。

（2）虑及依据 1974 年财政法案第 62 条为《总税收法典》第 180 条增加的规定中，最后一段容易在公民之间引发歧视，因为在对相关人员的管理中有可能产生与税收机构确定纳税额的决定相反的证据；因此，上述规定违反了 1789 年《人权与公民权利宣言》以及宪法序言中再次庄严宣告的法律面前人人平等（principe de l'égalité devant la loi）的原则。

（3）虑及针对《总税收法典》第 180 条所增加的条款（依据 1974 年财政法第 62 条）的最后一项规定，有必要宣布其违宪。

（4）虑及该规定使（犹如一个例外）立法者能够公然逃避适用由税务机构确定纳税额的做法，构成了与财税法第 62 条的其他规定不可分割的组成部分；因此，第 62 条的全部规定都违宪。

（5）虑及 1959 年 1 月 2 日关于财政法的组织法的法令第 42 条第 1 款规定：除非为了取消或减少支出、创建或增加收入，或确保对公共支出的管制，不得在财政法的方案上设置任何补充条款或修正案。由于财政法第 62 条是补充条款，这种做法明显无视上述组织法的规定。

---

[1] L'Ordonnance du 7 Novembre 1958 Portant Loi Organique sur le Conseil Constitutionnel.

(6) 虑及针对参议院议长提交审查的法案,宪法委员会不必就该法的其他条款提出任何是否合宪的质疑。

裁决:

第 1 条 1974 年财政法的第 62 条的全部规定违宪。

第 2 条 本裁决将公布于《法兰西共和国官方公报》。

在 1971 年 7 月 16 日的结社自由案之前,学者们非常主观地认为,宪法委员会审查法律的合宪性仅仅是为了维系立法权与行政权之间的平衡。认为:这种审查权的行使不应该适用于公民的利益,即保护公民免遭立法权的滥用,特别是制裁违反宪法所保护的人权与公民自由;宪法委员会是政府的武器,应当主要适用于将议会的权力限制在其严格的范围内。人们当时认为法国缺少建立真正的宪法审查体系的条件,而真正的宪法审查体系不仅保障权力之间的分离与平衡,还同样保障公民与集体的权利。

上述案例的裁决第一次作出宣告:一项立法规定由于无视"法律面前人人平等"的原则而违宪。甚至在 1974 年扩大审查请求范围的改革之前,73—51DC 号裁决已经表明宪法委员会实施了真正意义上的合宪性审查。[1]

1974 年财政法案是宪法委员会第一次就平等原则做出裁决,并第一次明确援引 1789 年《人权宣言》。从这个案例开始,宪法委员会的法官将平等原则适用到许多案件中。此外,平等原则是所涉及的违宪理由最多的一个。自 1973 年以来,众多予以撤销的事例也是出于平等原则方面的问题。[2]

在法国,许多具有宪法价值的文件以不同形式明确规定了平等原则,其中包括:法国 1958 年宪法第 2—4 条;1946 年宪法序言第 1 段、第 3 段、第 12—13 段、第 16 段、第 18 段;以及 1789 年《人权宣言》第 1 条、第 6 条、第 10—11 条、第 13 条。

1973 年 12 月 27 日的裁决是宪法委员会第一次适用 1789 年《人权宣言》,将其作为判断一部法律合宪性的依据。此后,宪法委员会曾多次适用《人权宣言》,尤其是在 1982 年 1 月 16 日的裁决后,将该宣言置于"宪法规范体系"的中心,使

---

[1] L. Favoreu, L. Philip: Les Grandes Décisions du Conseil Constitutionnel, p. 281.

[2] Ibid, pp. 282—283.

其17个条文成为最经常得到援引的宪法规定。宪法委员会的判例表明，1789年《人权宣言》的所有规定都可以适用。[1]

表2　宪法委员会适用1789年《人权宣言》条目的案例（截至2005年）[2]

条目	裁决
第2条	54DC[3],132,164,189,403,404,419,434,446,467,484.
第3条	394,399.
第4条	132,150,216,388,401,416,420,421,426,429,431,436,438,465,467.
第5条	189,421,426.
第6条	51,56,67,83,97,101,112,125,146,153,178,179,198,204,207,208,209,218,225,227,229,237,244,396,397,416,420,421,426,429,431,438,445.
第7条	97,109,127.
第8条	109,126,127,153,155,176,181,183,184,207,209,215,223,228,237,248,250,321,325,377,391,395,397,399,404,410,411,424,442.
第9条	326,411,467.
第10条	87,439,446.
第11条	141,165,173,176,179,181,217,248,345,378,412,428,433.
第13条	133,139,164,176,183,184,186,199,200,209,217,237,388,393,395,397,403,404,405,406,416,419,422,424,437,440,442,477,484.
第14条	133,388,405,395,397,409,422,424,484.
第15条	388.
第16条	373,399,403,404,405,421,422,425,436,441,465,484.
第17条	132,133,139,141,150,162,172,181,189,193,198,200,207,217,232,346,373,403,434,439,440.

此外，宪法委员会经常以违反1789年《人权宣言》为由撤销立法机关表决的条文规定，具体包括第4条（436DC）、第6条（51，56，101，146，153，204，420）、第8条（127，181，183，210，237，410）、第11条（181，210）、第13条

---

[1] L. Favoreu, L. Philip: Les Grandes Décisions du Conseil Constitutionnel, pp. 294—295.

[2] Ibid, p. 295.

[3] 此处的西文字母DC表示裁决中的一个类别，即针对普通法律、组织法、国际条约以及议会规章进行违宪审查而做出的裁决；DC前的阿拉伯数字基本表示该裁决在此类所有裁决中的序号。此外，其他类别裁决的符号形式参见法国宪法委员会官方网址：http://www.conseil-constitutionnel.fr/conseil-constitutionnel/francais/les-decisions/acces-par-type/les-decisions-par-type.15369.html。由于本表及下文中的案例都属于DC类别，故此只保留第一个案例的标识，其它全部省略。

(200, 369, 437)、第 16 条 (369, 373, 422)、第 17 条 (132, 373)。[1]

在 1789 年《人权宣言》的所有条目中，宪法委员会最经常援引并适用的是第 6 条、第 8 条、第 13—14 条、第 17 条。这意味着，这些条目以不同形式表现出与平等相关的那些原则，包括不溯及既往原则、罪刑法定原则、税收与公共支出平等原则、财政合法原则以及财产权原则等。[2]

此外，在平等与自由的关系上，平等原则非常重要。人们通常认为平等是"自由的基础"，因为"只有平等才能使自由原则在普遍的意义上得到适用"。1973 年 12 月 27 日，宪法委员会第一次确认平等原则的宪法价值，使自身成为保护自由与基本权利的重要手段。目前，许多传统的自由已经得到宪法化，这些自由包括：结社自由、[3] 生命权、[4] 个人自由、[5] 保护个人隐私、[6] 教育自由原则、[7] 信仰自由、[8] 出入境自由、[9] 辩护权、[10] 按照公正行事的权利、[11] 言论自由、[12] 财产权、[13] 通讯自由、[14] 媒体自由、[15] 选举与被选举权、[16] 规定制裁（即便是非刑罚）措施的法律的不溯及既往原则、[17] 保护人的尊严原则、[18] 以及其他一些刑法与刑事诉讼法的传统自由。[19]

---

[1] L. Favoreu, L. Philip: Les Grandes Décisions du Conseil Constitutionnel, p. 295.

[2] Ibid, p. 295—296.

[3] La Liberté d'Association (16 juillet 1971).

[4] Le Droit à la Vie (15 Janvier 1975).

[5] La Liberté Individuelle (12 janvier 1977, 112DC, 19—20 Janvier 1981).

[6] La Protection de la Vie Privée (12 Janvier 1977, 148DC).

[7] La Liberté d'Enseignement (23 Novembre 1977, 185DC).

[8] La Liberté de Conscience (23 Novembre 1977).

[9] La Liberté d'Aller et Venir (127DC, 19—20 Janvier 1981).

[10] Les Droits de la Défense (117DC, 184DC, 182DC).

[11] Le Droit d'Agir en Justice (373DC).

[12] La Liberté d'Expression (129DC).

[13] Le Droit de Propriété (16 Janvier 1982).

[14] La Liberté de Communication (142DC).

[15] La Liberté de la Presse (10—11 Octobre 1984).

[16] Le Droit de Vote et d'Éligibilité (146DC).

[17] Le Principe de Non-rétroactivité des Lois Prévoyant des Sanctions Même Non Pénales (150DC).

[18] Le Principe de la Sauvegarde de la Dignité Humaine (343—344DC).

[19] L. Favoreu, L. Philip: *Les Grandes Décisions du Conseil Constitutionnel*, P. 360.

第三节 法国宪法

一、文献综述

无论从理论还是实践来看，法国都是现代公法的重镇，是近代世界宪法文化的发源地之一，对立宪主义的发展做出过重要的贡献。理论方面，博丹（Jean Bodin 1530—1596）的国家主权理论、孟德斯鸠的三权分立学说和卢梭的社会契约论是现代宪政理论的滥觞，并直接为世界上第一部成文宪法——美国宪法提供了理论依据。实践方面，法国颁布了上述著名的《人权宣言》，欧洲最早的成文宪法（1791年），首次提出并向世界传播了"法律面前人人平等"、"主权在民"，和"凡权力无保障和分权未确立的社会，就没有宪法"等深入人心的原则与理念。

（一）中文文献

法国的宪政实践和宪法理论对中国宪法的制定和实施产生了深远的影响，尤其是其中的人民主权理论和分权学说。[1]中国学者对法国的关注和研究由来已久，也留下了许多成果。

现代意义上的宪法诞生于西方，中国的宪法学发轫于19世纪末20世纪初，是从介绍、引进、学习外国宪法起步的，主要的推动因素包括清末维新派和革命党人的鼓吹、法律教育的开展、西方宪法著作的译介引进、宪政刊物的创办发行等。[2]1870年王韬（1828—1897）自欧洲归来，在次年撰写的《法国志略》中介绍法国于1791年"立一定宪法布行国中"。郑观应（1842—1921）在1893年出版的《盛世危言》中首先提出"立宪法"、"开议会"的主张。[3]

---

[1] 李晓兵："法国宪法学说对中国宪法的影响——以人民主权和分权学说为中心"，《山东社会科学》2009年第5期。
[2] 何勤华："中国近代宪法学的诞生与成长"，《当代法学》2004年第5期。
[3] 韦庆元等：《清末宪政史》，中国人民大学出版社1993年版，第15页。

1906 年，清朝政府派大臣出洋实地考察各国宪政，其中载泽（1868—1929）、尚其亨（1859—1920）和李盛铎（1859—1937）率一队自 1906 年 1 月 14 日从上海出发，先后考察日本、美国、英国，于 4 月 18 日至 5 月 24 日在法国考察数日。[1] 对于法国的政治法律制度，出洋考察大臣称赞有加，[2] 为国人了解法国的宪政提供了更多的信息。民国初期，一些学者从比较宪法的角度，将法国宪法作为一个重要的代表进行论述。其中，最具代表性为士林称道的是王世杰、钱端升的《比较宪法》。[3]

王世杰（1891—1981）的《比较宪法》（商务印书馆初版于 1927 年，再版于 1928 年），1936 年增订第三版时，由王世杰、钱端升合著。王世杰获得法国巴黎大学法学博士学位，对于法国宪法的理论与实践极为熟悉。王、钱所著的《比较宪法》在格式上采用的是按主题进行比较，尽管没有对法国宪法进行集中的论述，但是运用了大量第一手的法文资料，对法国的博丹、孟德斯鸠、马布利（Gabriel Bonnot de Mably, 1709—1785）[4]、卢梭、西耶斯（Emmanuel Joseph Siéyès, 1748—1836, 也译"西哀士"）[5]、巴贝夫（Grachus Babeaf, 1760—1797）、孔西代朗（Victor Prosper Considérant, 1808—1893）、埃斯曼（Adhénmar Esmein, 1848—1913）[6]、狄骥（Léon

---

[1] 范忠信：《中西法文化的暗合与差异》，中国政法大学出版社 2001 年版，第 299 页。

[2] 故宫博物院明清档案部汇编：《清末筹备立宪档案史料》上册，中华书局 1979 年版，第 14 页。

[3] 商务印书出版社于 2010 年出版了该书的最新版本。

[4] 法国作家、政治家和历史学家，孔狄亚克的兄弟，法国大革命的先驱者。马布利著有《建立在协议上的欧洲公共权》、《法兰西史考》、《道德原则》等作品。

[5] 法国政治理论家。他是一名天主教神父，1788 年成为沙特尔教区执法官。在法国大革命前支持改革运动，并因发表《第三等级是什么》（1789 年）赢得公众支持，当选为出席三级会议的第三等级代表。他领导了建立国民议会的运动，后在国会任职，直到激进的雅各宾派于 1793 年攫取政权。在五人督政府期间，他入选五百人院（1795—1799）和五人督政府（1799 年）。他协助组织了雾月 18 日政变，拥拿破仑当权。在 1815 年君主复辟时期，他流亡比利时，直到 1830 年才回到法国。参见《不列颠简明百科全书》（修订版），中国大百科全书出版社 2011 年版，第 1762 页。

[6] 法国古典宪法学理论的集大成者，也是法国现代宪法学的创始人。1889 年开始研究宪法，并利用掌握的法律史、比较法知识，在宪法学领域取得成就。宪法学理论体现在他于 1895 年出版的《法国宪法和比较法的要素》一书中，主要涉及宪法学的对象、国家形态和统治形态的具体内涵、对宪法学对象的限定以及宪法的基本原理、宪法学的理论体系等方面。埃斯曼继承了 18 世纪资产阶级思想家关于个人权利的理论，并结合 19 世纪后半叶的法国实际进行了改造和发挥。他指出：一切权利的源泉不是政治社会，而是个人。社会需要规则，但规则不能产生法，"法是自由的儿子"。因此，个人的最重要的第一的利益、权利就是自由地发展自己固有的能力。这样，个人权利理论摆脱了"自然状态"和"社会契约论"等在当时已经受到实证主义法学派批判、攻击的缺陷，而是从人的本性、人的现实存在上阐述与现实社会的关系，以维护个人权利理论在法学中的核心地位。这种观点为资产阶级古典宪法学向现代宪法学的过渡奠定了基础。参见何勤华：《西方法学史》，中国政法大学出版社 2003 年版，第 148—153 页。

Duguit，1859—1928）[1]、马尔佩（Raymond Carré de Malberg，1861—1935）[2]等人的理论和观点进行了介绍分析，对法国宪法的历史、制度、内容和最新发展亦有多方面的论述。

除了比较宪法的著作之外，民国时期还有一些关于法国宪法文本、著作的翻译作品问世，如法国著名宪法学者狄骥的译著就有三本：《法国宪政通诠》，唐树森译，神州编译社1913年版；《宪法学》，张明时译，商务印书馆1930年版；《宪法精义》，梅仲协译，重庆大东书局1945年版。此外还有法国乌利王《宪法学精义》[3]，钱九威译，上海法学编译社1933年版；英国学者毛里生著的《法国宪法纲要》，王伯淳译，社会科学研究社1932年版；商务印书馆编的《世界现行宪法》和《世界现行宪法续编》等。其中比较突出的有金季编译的《法国宪法释义》，上海商务印书馆1912年出版，该书对法国1875年2月15日宪法（政权制度法，共9条）、1875年2月24日宪法（上议院组织法，共11条）、1875年7月16日宪法

---

[1] 法国公法学家，连带主义法学派的主要代表，长期担任法国波尔多大学的法学教授。主要著作有：《国家、客观法和实在法》、《国家、政府及代理人》、《宪法论》、《社会权利、个人权利和国家》、《从拿破仑以来司法的变迁》、《公法的变迁》和《法律和国家》等。参见《北京大学法学百科全书》，法理学·立法学·法律社会学卷，北京大学出版社2010年版，第101页。狄骥对传统的资产阶级古典宪法学进行了批判。他指出，以埃斯曼为代表的法国传统宪法学以法国《人权宣言》为基础，强调人格化的民族作为主体的国家主权和具有人格的个人的不可转让的自然权利，以及由此派生的国民主权原理、代表制等。狄骥认为，到了20世纪初，这种传统的宪法学已经瓦解。人们已经认识到这种宪法学的两个基本思想，即国家主权和个人的自然权利是一种不切实际的幻想，不可能成为法律制度的科学依据。就国家主权而言，神授意志固然是虚构，全民意志也不能成立，因为意志只能是个人的或若干个人意志的总和，而个人意志决无权迫使反对者接受其意志。就个人自然权利而论，由于人是社会的人，根本不可能有个人的自然权利。如果有个人的自然权利，也只能来源于社会，个人不能根据这种权利而强迫社会接受其意志。因此，在19世纪，随着国家职能大为扩大，传统的公法制度必须由新的制度取代。参见何勤华：《西方法学史》，中国政法大学出版社2003年第二版，第154—158页。

[2] 法国宪法学家，早年研究罗马法，直到1889年才开始讲授宪法学。1920年，他出版了《国家基本原理研究》，1931年又出版了《法律：公意的表示》。前者以国民主权为核心，后者则以法律的观念为中心。他的最后的著作《法阶段理论和法国实定法的对比》（1933年）以凯尔森的纯粹法学为基础，对法阶段问题作了深入分析。马尔佩的宪法学理论主要表现在法和国家的概念、法的国家的观念、统治形态、对国民主权原理的分析、对法兰西第三共和国宪法的分析等几个方面。参见何勤华：《西方法学史》，中国政法大学出版社2003年第二版，第159—166页。

[3] 乌利王，即Maurice Hauriou，1856—1929，现译为莫理斯·奥利弗（也有译为"奥力乌"），法国近代著名行政法学家。

（政权关系法，共14条），1875年8月2日法纲（上议员选举法，共29条）、1875年11月30日法纲（代议士选举法，共23条），1879年7月22日法律（定都巴黎法，共9条），1884年8月14日法律（修宪之法，共4条）等各条文释义，并对法国立宪史进行了总结梳理。

此外，还有钱端升（1900—1990）的《法国的政治组织》和《法国的政府》两书，前者由商务印书馆初版于1929年，后者为对前者之更新，由商务印书馆再版于1933年。北京大学出版社于2009年重新出版《法国的政府》一书，将二者合编。这两本书偏重于政治学的内容，但是由于政治与宪法关系密切，所以也不失为研究法国宪法的重要文献。《法国的政府》对法国宪政史和法国政治组织的架构与运转进行了详尽的考察与阐述，出版之时，即大受同时代学者之褒扬。

中华人民共和国成立之后，宪法研究的重心转向了苏联。尽管如此，法国宪法还是有其独特的影响力。例如，1954年，在制定新中国第一部宪法的过程中，毛泽东列举了一份参考书目，要求政治局委员和在京的中央委员阅读，以便讨论宪法草案，其中除了苏联、罗马尼亚、民主德国等社会主义国家宪法之外，还包括法国1946年宪法。[1] 在1982年宪法修改的过程中，有不少学者曾提出设立专门的违宪审查制度，著名宪法学家吴家麟、何华辉就主张参照法国的做法，在全国人大常委会设立宪法委员会，专司宪法监督之职。[2]

在"反右"扩大化、"文化大革命"时期，民主法制遭到践踏蹂躏，对外国宪法包括法国宪法的研究自然陷入低潮。1978年底，十一届三中全会以后，我国加快了民主法制建设的步伐。对于外国宪法的译介、研究和移植蓬勃发展起来了，这一方面表现为大量学术著作和学术论文的出版发表，另一方面也表现为通过学习外国制度和理论有力推动了中国法治建设实践的进程。[3] 有关法国宪法的研究主要集中在以下几个方面：

一是法国宪法文本的翻译出版。如《中外宪法选编》，中国人民大学法律系国家法教研室和资料室编，人民出版社1981年版；《资本主义国家民权法规及其简

---

[1] 许崇德：《中华人民共和国宪法史》上卷，福建人民出版社2005年版，第111页。

[2] 肖蔚云：《我国现行宪法的诞生》，北京大学出版社1986年版，第64页。

[3] 胡建淼主编：《外国公法译介与移植》，北京大学出版社2009年版，总序第2页。

析》，中国社会科学院法学研究所资料室编，法律出版社1982年版；《各国宪政制度和民商法要览》（共六册），上海社会科学院法学研究所编译室编译，法律出版社1986年出版；《世界宪法全书》，姜士林等主编，青岛出版社1997年版；《宪法学参考资料》，肖蔚云主编，北京大学出版社2003年版；《世界宪法法院法选编》，胡建淼主编，浙江大学出版社2007年版等。在这些宪法资料中，都有关于法国宪法的内容。

二是关于法国宪法历史的总结回顾。这方面的著作包括何勤华主编的《法国法律发达史》，法律出版社2001年版。该书对法国法的起源和演变作了系统全面的论述，对法国的宪法史也有全面的考察。何勤华、张海斌主编的《西方宪法史》，北京大学社2006年版。该书沿着宪政发展的时间顺序，介绍分析了古希腊、古罗马时期的早期宪法思想与宪政实践，中世纪日耳曼社会的宪政发展状况、封建主义之下的法律和权利意识、中世纪宪政发展的特点和意义，以及近代个人主义宪法思想的诞生及其发展、完善，对英、美、法、德、日五国宪政实践的历史进行了回顾，对西方宪法原则与宪法制度及其现代化问题作了探讨。

郭华榕著的《法国政治制度史》，人民出版社2006年版。该书是作者在查阅档案、实地调查、吸收国内外研究成果的基础上完成的，反映了法国政治制度历史的全貌，总结了法国政治制度的特点。虽然在内容上应归于政治学的范畴，但是其中政治制度的发展是围绕宪法的变迁而展开的，因此也是一部关于法国宪法史的重要文献。

史彤彪著的《法国大革命时期的宪政理论与实践研究（1789—1814）》，中国人民大学出版社2004年版。这是一部关于法国大革命时期宪政研究的专著。法国大革命是世界近代史上的重大事件，对法国乃至世界都具有深远的意义。长期以来，史学界关于法国革命的研究成果累累，但是法学界从宪政史角度所作的探讨却相形见绌。宪政在英国资产阶级革命时期就已开始，但法国革命的所谓"彻底性"又使后者为世人留下更多值得总结的经验教训。该书选取法国革命25年的宪政文化，从系统和动态的角度，以翔实的资料和生动的笔调，将这一时期的法律思想、制度和实践融为一体，重点剖析了法国的平等、自由和权力分立三个方面在理论和实践方面的利弊得失。

三是关于法国违宪审查、宪法实施方面的研究，主要成果有张千帆著《西法宪政体系》（下册·欧洲宪法），中国政法大学出版社 2001 年版。该书第一章和第二章关于法国违宪审查历史发展和人权的保护部分对法国宪法实施进行了动态和微观的研究。采用大量的英文资料和案例分析是该书的重要特点和优点，不过缺乏法语材料的运用。

胡锦光主编《违宪审查比较研究》，中国人民大学出版社 2006 年版。该书对世界上主要的违宪审查制度进行比较研究，包括美国、日本、德国、法国、俄罗斯和中国六个有代表性的国家。第四章法国违宪审查包括制度发展演变的过程，具体运作程序，以及对其优点和不足的评价。由于 2008 年修宪之后，法国违宪审查制度有了较大的变化，而该书这部分内容尚显陈旧。

李晓兵著《法国第五共和宪法与宪法委员会》，知识产权出版社 2009 年版。该书的主要内容包括：第四共和国宪法实践、第五共和宪法的诞生和宪政体制，第五共和的宪法委员会、宪法委员会的权能、宪法委员会合宪性审查的依据、宪法委员会合宪性审查的范围等，对第五共和的宪政体制、宪法委员会的制度设计及其合宪性审查的实践进行了较为深入的分析。

方建中著《超越主权理论的宪法审查——以法国为中心的考察》，法律出版社 2010 年版。该书对法国违宪审查的理论背景、历史发展做了考察，对人民主权理论与司法审查制度之间的矛盾和解决途径进行了深入分析，试图为构建完善中国的违宪审查制度提供参照。

吴天昊著《法国违宪审查制度》，中国政法大学出版社 2011 年版。该书考察了法国违宪审查制度产生背景和发展演变的曲折过程，分析了法国长期拒绝美国模式、抵制违宪审查的背景，总结了违宪审查制度对于权利保护、政治平衡、权力制约的作用，揭示违宪审查与法治国家之间的内在关联。对于 2008 年违宪审查制度的改革及其初步的实践效果也作了及时的跟踪研究。

四是从政治学的角度进行的研究。法国现行政治体制是一种独特的半总统制（或称为"双重行政首长制"），即向国会负责的总理和由民选产生的总统共同分享行政领导权，兼具内阁制和总统制的特征。我国台湾地区的政治体制也有类似的特点，因此学界对法国的政治制度有较多的研究。这方面的著作主要有：芮正皋著《法国宪法与"双头政治"》，台北梅逊出版社1987年出版；姚志刚等所著《法国第五共和的宪政运作》，台北业强出版社1997年版；台湾"国立"政治大学张台麟所著《法国总统的权力》，台北志一出版社1995年版；张台麟著《法国政府与政治》，台湾五南图书出版社2007年版。该书以政府、选举、政党及国防外交等四篇，依序对法兰西第五共和国的政治制度加以分析。

中国大陆这方面著作主要有：许振洲的《法国议会》，华夏出版社2002年出版，该书作为全国人大常委会办公厅研究室编纂的《国外议会丛书》之一，利用了大量第一手资料，比较全面系统地介绍了法国议会的历史、组织、机构及运行方式，从比较政治学的角度进行研究。

中国社科院欧洲研究所吴国庆在法国政治研究方面先后出版了《法国政府机构与公务员制度》（人民出版社1982年版）、《战后法国政治史（1945—1988）》（社会科学文献出版社1990年版）、《当代法国政治制度研究》（社会科学文献出版社1993年版）、《当代各国政治体制——法国》（兰州大学出版社1998年版）、《战后法国政治史（1945—2002）》（社会科学文献出版社2004年版）、《法国政党和政党制度》（社会科学文献出版社2008年版）等，对于法国政治制度、政党制度、选举制度的产生、发展、演变及运作有全面深入的研究。

以上所列举的有关法国宪法研究的文献主要集中于著作方面，对于论文限于篇幅未作专门的论述，不过已经有学者进行了这方面的总结梳理，详见《外国公法译介与移植》（胡建淼主编，北京大学出版社2009年版）第十二章、十三章。

（二）英语文献

英语文献中关于法国宪法的资料主要有：政治学方面的著作，包括J. E. S. 海沃德（J. E. S. Hayward）《治理法国：统一的不可分割的共和国》[1]，安德鲁·纳普（Andrew Knapp）和文森特·赖特（Vincent Wright）合著的《法国政府与政治》[2]等。后者是这一领域具有代表性的著作，长期跟踪研究法国政治制度，对法国的

---

[1] Governing France, The One and Indivisible Republic, London, Weidenfeld and Nicolson, 1983.
[2] The Government and Politics of France, Routledge, 2006.

"双头政治"、欧盟与法国的关系、地方分权改革、司法审查的发展等新情况均有深入的阐述。

比较法方面的著作包括：意大利著名宪法学家莫罗·卡佩莱蒂（Mauro Cappelletti）教授的《当代世界司法审查》[1]。该书从比较法的视角对西方国家的司法审查制度进行了扼要的学术阐述，对第二次世界大战后司法审查兴起的背景、不同法律制度背景下审查法律违宪的运作进行了分析，其中包括法国的宪法委员会模式。

美国加利福尼亚大学教授卡尔·斯特罗姆（Kaare Strom）与奥地利维也纳大学的沃尔夫冈·C.米勒（Wolfgang C. Müller）和托尔贝戎·伯格曼（Torbjörn Bergman）合著的《议会民主中的授权与责任》[2]，对17个国家进行了比较研究，其中有一章法国议会民主的内容，指出法国第五共和国"半总统制"体制下，议会和政府权力具有较大的弹性。

英国剑桥大学约翰·贝尔（John Bell）教授曾于1985年至1986年在巴黎一大和巴黎二大担任助理教授，他出版了多部关于法国宪法的著作。《法国宪法》[3]是第一本系统论述法国当代宪法（1958年宪法）的英文著作。由于自20世纪80年代以来，宪法委员会在法国宪政体制中发挥的作用越来越大，因此本书以宪法委员会为中心展开对法国宪法的剖析。全书共分两部分，第一部分对法国宪法的基本架构和基本原则进行论述，主要介绍了宪法委员会及其在议会和政府立法权划分中的作用、议会程序、基本权利和自由、平等原则等内容。第二部分包括宪法文本的英文译本、与第一部内容相关的宪法委员会的重要判例等材料。

1998年，约翰·贝尔与他人合作出版了《法国法律的原则》[4]。该书为普通法系的读者提供了关于法国法律制度、法律体系和法学研究的全面介绍，其中包括法国宪法的内容。

约翰·贝尔还和L.内维尔·布朗（L. Neville Brown）合著《法国行政法》[5]。

---

[1] Judicial Review in the Contemporary World, Bobbs-Merrill Press, 1971.

[2] Delegation and Accountability in Parliamentary Democracies, Oxford University Press, 2003.

[3] French Constitutional Law, Oxford University Press, 1992.

[4] Principle of French Law, Oxford University Press, 2008.

[5] French Administrative Law, Oxford University Press, 1998. 该书已由高秦伟、王锴译成中文出版（中国人民大学出版社2006年9月版）。

该书虽然是以法国行政法为主题，但由于行政法与宪法、行政法院与宪法委员会的紧密联系，决定了这也是一本研究法国宪法的重要文献，其中第二章宪法与行政背景、第三章行政法院对法国的权力分立、宪法委员会的作用、行政法院在法国宪政体制中的作用等均有深入论述。

马丁·A. 罗格夫（Martin A. Rogoff）的《法国宪法：案例与材料》[1] 是新近出版的关于法国宪法的著作。该书尝试从法国人的角度阐述对宪法的认识和理解，突出了法国宪法的动态发展，2008 年法国宪法修改，宪法委员会的角色，行政法院在法国法律制度中的作用，法国宪法的渊源与解释，法兰西共和国的传统，超国家法律（欧盟法）的运作等内容。

（三）法语文献

关于法国宪法研究的法语文献丰富，从宏观层面来看，学者的研究主要从如下几个角度进行：

一是关于法国宪法整体研究的作品，这方面比较著名的包括：皮埃尔·帕克泰（Pierre Pactet）和梅兰—苏克拉马尼安（Ferdinand Mélin-Soucramanien）合著的《宪法》（Droit Constitutionnel），阿尔芒·科兰（Armand Colin）出版社 2006 年第 25 版；西蒙—路易·福尔梅里（Simon-Louis Formery）的《法国宪法逐条注释》（La constitution commentée article par article），阿谢特（Hachette）出版社 2011 年，第 14 版；菲利普·阿尔当（Philippe Ardant）和西蒙—路易·福尔梅里的《第五共和国国家机构》（Les institutions de la Ve République），2011 年第 13 版等。

二是围绕宪法实施的主体宪法委员会展开的研究，出版了多部著作，如弗朗索瓦·吕谢尔（François Luchaire）的《宪法委员会》（Le Conseil constitutionnel, 1997）；多米尼克·蒂尔潘（Dominique Turpin）的《宪法委员会：角色和裁判》（Le Conseil constitutionnel:son rôle, sa jurisprudence, 2000）；亨利·鲁西永（Henry Roussillon）的《宪法委员会》（Le Conseil constitutionnel, 2004）；路易·法沃勒（Louis Favoreu, 1936—2004）和卢瓦克·菲利普（Loïc Philip）的《宪法委员会》（Le Conseil

---

[1] French Constitutional Law: Cases and Materials, University of California Press, 2010.

constitutionnel, 2005) 等。

三是从宪法程序的角度进行的研究，如纪尧姆·德拉贡（Guillaume Drago）的《法国宪法程序》(Contentieux Constitutionnel Français, 2006)；多米尼克·卢梭（Dominique Rousseau）的《宪法程序法》(Droit du contentieux constitutionnel, 2006) 等。

四是从宪法与权利保护角度进行的考察，如让·里韦罗（Jean Rivero）的《宪法委员会与自由》(Le Conseil constitutionnel et les libertés, 1984)；马里—克莱尔·蓬多罗（Marie-Claire Ponthoreau）的《宪法委员会对基本权利的保护》(La protection des droits fondamentaux par le Conseil constitutionnel, 1997) 等。

五是结合重要的宪法判例，总结、归纳和研究宪法实施的历史过程和发展趋势，具有实践性、动态性和具体性，路易·法沃勒和卢瓦克·菲利普等著《宪法委员会重大判例》(Les grandes décisions du Conseil constitutionnel)，达洛（Dalloz）出版社 2009 年第 16 版。

微观层面的研究则内容更为丰富、角度更加多元，探讨的问题包括如何进一步完善现有制度、宪法解释的原则和技术、基本权利保护的理论与实践、具体个案的得失评价、宪法原则在违宪审查中的运用与变化等，体现出精致化、细腻化、现实化的特征。

此外，关于《人权宣言》方面的法语与英语的文献中，对 1789 年《人权宣言》直接或相关的研究较多，覆盖哲学、政治学、历史学、法学等多个学科。其中，就笔者所掌握的材料而言，下文提及的资料较有代表性，在理念与内容上对本章的写作颇有启发。

埃德蒙·伯克（Edmund Burke, 1729—1797）的《法国革命论》[1] 成书于法国大革命爆发的第二年。该书以充满了激情而又酣畅淋漓的文笔，猛烈抨击了法国大革命的原则。他把法国大革命看成是人类罪恶的深渊，是骄傲、野心、贪婪和阴谋诡计之集大成的表现。伯克认为，人们对于传统只能是满怀敬意地加以珍惜，小心翼翼地加以维护，而绝不可动辄轻举妄动地加以否定，乃至砸烂。法国大革命的暴力把一切美好的传统都摧毁了。它以蛊惑人心的口号摧残了人的权利和法

---

[1] Reflections on the Revolution in France.〔英〕伯克：《法国革命论》，何兆武、许振洲、彭刚译，商务印书馆 2005 年版。

制的秩序，使得各种不同的利益再也无法相互调和并且各得其所。

托马斯·潘恩（Thomas Paine，1737—1809）所著的《人的权利：驳伯克并论法国大革命与美国革命》[1]第一篇出版于1791年。潘恩直接针对伯克1790年《法国革命论》中的主要观点展开反击，并初步提出了作者基于权利论的宪法和政府原则体系。他指出，法国大革命有许多更加正当与合理的情节被遮盖，法国革命中的残暴根源于政府的残暴，而大革命最终爆发是因为宫廷拒绝人民的权利主张。通过对1789年《人权宣言》的分析，潘恩认为，法国大革命完全合乎人的权利原则和理性原则。

法国著名思想家托克维尔（Alexis de Tocqueville，1805—1859）的《旧制度与大革命》[2]出版于1856年。托克维尔开辟了研究旧制度的新途径，揭露了旧制度与大革命的内在联系。他指出，法国革命是依照宗教革命的方式展开的。它抽象地看待公民，超脱一切具体的社会。在社会与政府问题上，法国大革命始终追溯更具普遍性的，更自然的东西，既能为一切人所理解，又能到处为人仿效。大革命本身成为一种新宗教，将它的士兵、使徒和受难者充斥整个世界。

卡尔·马克思（Karl Heinrich Marx，1818—1883）的《论犹太人问题》[3]一文载于1844年2月的《德法年鉴》。马克思对法国大革命以及《人权宣言》的批判直指青年黑格尔派人物布鲁诺·鲍威尔（Bruno Bauer，1809—1882）在《犹太人问题》中的论述。马克思拒绝接受政治自由主义表述的人权或人与公民的权利。他论证了政治解放与人的解放之间的关系，以及取得人的利己主义的个体权利与达到作为公民的类存在物（species-being）之间的关系。他认为，所谓"人的权利"仅仅是市民社会成员的权利，即利己主义的人的权利，以及与其他人和社会相分离的人的权利。

德国公法学家格奥尔格·耶利内克（Georg Jellinek，1851—1911）所著的

---

[1] The Rights of Man.〔美〕托马斯·潘恩：《人的权利：驳伯克并论法国大革命与美国革命》，田飞龙译，中国法制出版社2011年版。

[2] L'Ancien Régime et la Révolution.〔法〕托克维尔：《旧制度与大革命》，冯棠译，商务印书馆1992年版；邢晓宇译，国家行政学院出版社2013年版。

[3] Zur Judenfrage. 参见中央编译局编译：《马克思恩格斯文集》第一卷，人民出版社2009年版。

《〈人权与公民权利宣言〉：现代宪法史论》[1]的英译本出版于1901年。该书探讨了1789年《人权宣言》的历史渊源。驳斥卢梭的《社会契约论》是奠定法国《人权宣言》思想基础的观点，认为《人权宣言》绝大部分内容的模版是美国独立各州的权利宣言。此外，作者指出，这些权利宣言，并非来源于英国的各种宪法性文件，也不是出于古代文献中的希腊罗马的习惯。认为，权利宣言的真正来源是美国殖民地的宗教自由和与之相关的制度实践。

海因里希·罗门（Heinrich A. Rommen，1897—1967）所著的《自然法的观念史和哲学》[2]一书的第一部分论述了自然法的观念史。从希腊罗马直到20世纪，关于自然法的观念经历了巨大的转变。作为天主教徒，作者从新托马斯主义的立场出发，深刻批判了盛行于18世纪作为1789年《人权宣言》理论基础的理性主义自然法观念，并从中世纪晚期找到这种转变的根源。此外，作者在揭露形形色色的实证主义哲学观的重大缺陷的同时，为建立形而上学的自然法观念打下了坚实的基础。

意大利著名自然法学家、现代自然法复兴运动的代表人物登特列夫（Alexander Passerin d'Entrèves，1902—1985）于1951年出版的《自然法：法律哲学导论》[3]，共分八章。其中，第四章重点论述自然权利的理论。作者认为，作为法国1789年《人权宣言》理论基础的近代自然法思想具有理性主义、个人主义与激进主义的特征。出生于英国的登特列夫，生前是意大利都灵大学的政治学教授。他试图超越流行的法律实证主义范式和新托马斯主义范式，以批评和包容的态度来审视自然法遗产，清理其中的纠葛，从而为自然法提供一种全新的辩护。他坚信尽管自然法有很多歧义的解释，但是它完备地提供了法律的道德基础，对于现代法律至关重要。

由法国艾克斯—马赛大学出版社于1989年出版的《1789年原则》[4]，共由六篇

---

[1] The Declaration of the Rights of Man and of Citizens: A Contribution to Modern Constitutional History. 〔德〕奥尔格·耶利内克：《〈人权与公民权利宣言〉：现代宪法史论》，李锦辉译，商务印书馆2012年版。

[2] The Natural Law: A Study in Legal and Social History and Philosophy. 参见〔德〕海因里希·罗门：《自然法的观念史和哲学》，姚中秋译，上海三联书店2007年版。

[3] Natural Law: An Introduction to Legal Philosophy. 参见〔意〕登特列夫：《自然法——法律哲学导论》，李日章、梁捷、王利译，新星出版社2008年版。

[4] J. Imbert, H. Morel, G. Sicard, M. Ganzin, A. Leca, C. Bruschi, Les Principes de 1789, Presses Universités d'Aix-Marseille, 1989.

较高质量的论文构成。其中,"'1789年原则'的意识形态渊源"[1]一文指出1789年《人权宣言》具有鲜明的自然法、社会契约与个人主义特征;"《人权宣言》:从自然法到实证法"[2]一文从1789年《人权宣言》在法国宪政史上由"自然法"转化为"实证法"的角度论述了宣言的地位与作用。这两篇法语论文是本章写作的重要参考资料。

由法国埃科诺米加(Economica)出版社于1993年出版的《1789年〈人权宣言〉:历史、分析与评论》[3],分为两个部分:《人权宣言》的起草过程,以及对序言与17个条文的逐条评述。该书的19位作者在各自擅长的领域里针对1789年《人权宣言》的历史与适用加以研究。除历史、哲学与政治学研究外,该书偏重法律分析,材料翔实、体系完整,也对本章的写作提供了重要参考。

美国当代著名历史学家林·亨特(Lynn Hunt, 1945—)所著的《人权的发明:一部历史》[4],从社会、文化与历史的角度深刻剖析了人权理念的产生与发展。作者指出,尽管"不言而喻"或"不证自明"的人权理念存在无法消解的悖论,但在激情、良心等因素的作用下,"失败了的人权,结果却成功了。"尽管作者很少涉及法律方面的分析,该书仍可称为人权史研究的一部重要著作。

现执教于伦敦大学的当代人权理论批判学者科斯塔斯·杜兹纳(Costas Douzinas)于2000年出版了《人权的终结》[5]。通过梳理自然法简史描绘了人权谱系,重点论述了霍布斯、洛克等思想家的自然权利观,批判了美国《独立宣言》和法国大革命《人权宣言》中"无根"的自然权利理念,阐述了伯克与马克思对权利的古典批判,进而反思康德、黑格尔等人的权利与法律观,最终指出"人权的乌托邦"必将走向终结。

---

[1] Jean Imbert, "L'Origine Idéologique des 'Principes de 1789'" Les Principes de 1789, Presses Universités d'Aix-Marseille, 1989.

[2] Michel Ganzin, "La Déclaration des Droits de l'Homme et du Citoyen: Droit Naturel et Droit Positif", Les Principes de 1789, Presses Universités d'Aix-Marseille, 1989.

[3] Gérard Conac, Marc Debene et Gérard Teboul, La Déclaration des Droits de l'Homme et du Citoyen de 1789: Histoire, Analyse et Commentaire, Economica, 1993.

[4] Inventing Human Rights: A History.〔美〕林·亨特:《人权的发明:一部历史》,沈占春译,商务印书馆2011年版。

[5] The End of Human Rights.〔法〕科斯塔斯·杜兹纳:《人权的终结》,郭春发译,江苏人民出版社2002年版。

二、法国宪法的发展演变

（一）大革命时期宪法

法国宪法的产生有其独特的历史渊源，与隔海相望的英国相比，它没有那种同历史传统紧密联系的延续性的特质；同美国相较，它也没有那种在制定联邦宪法前的各州宪法和《联邦条例》的前期制度准备。在法国，要将启蒙思想家所提出的宪政理论付诸实施，法国人普遍认为既不能依靠国王的恩赐也不能依靠特权等级与第三等级之间的妥协来达成，那么要让理想照进现实唯一办法就是通过人民的革命来彻底推翻旧制度，在一片废墟的基础之上重构一个新的"美丽新世界"。为了这一终极目标的实现，法国人民在大革命时期于曲折中前行。

1. 人权宣言与 1791 年宪法

1789 年 5 月 5 日，中断时间长达 175 年之久的三级会议重新召开。6 月 17 日，在西耶斯的提议下第三等级代表宣布其代表全体国民独立组成国民议会并宣称立法权不可分。6 月 20 日，第三等级代表为抗议国王关闭三级会议会场的威胁行为，发起了"网球场宣誓"（Serment du Jeu de Paume），声称如果不制定出一部宪法，会议绝不解散。到了 7 月 9 日，第三等级代表宣布改组国民议会为制宪议会，宣布自身拥有制宪权，并开始着手准备制定宪法。

在取得了 7 月 14 日巴黎人民起义胜利后，制宪议会于 8 月 4 日至 11 日连续通过了一系列废除封建制度和封建特权的法令，史称《八月法令》。同时，根据拉法耶特（Marquis de La Fayette，1757—1834）[1] 的提议，决定发表一项权利宣言作

---

[1] 原名 Marie-Joseph-Paul-Yves-Roch-Gilbert du Motier。法国军事领袖。出身于一个极富裕的古老贵族家庭，曾为路易十六臣，后为追求荣誉而从军。1777 年前往费城，被任命为少将，成为 G. 华盛顿的亲密朋友，并在布兰迪万河战役中立下赫赫战功。1779 年返回法国，劝说路易派 6000 士兵去帮助殖民地人民，并于 1780 年回到美洲指挥弗吉尼亚州的军队，协助赢得约克敦围城战役，人们欢呼他为"两个世界的英雄"。1782 年再度回到法国，成为开明贵族的领袖，1789 年被选入三级会议。他向议会提出《人权与公民权利宣言》。后当选为巴黎国民自卫军司令，旨在保护国王，拥护君主立宪。1791 年，在他的自卫军向练兵场中的请愿群众开枪后，他就因失去人心而辞职。1792 年指挥军队与奥地利作战，但被奥地利人打败并俘获，直到 1797 年获释。回到法国后，拉法耶特成为绅士农夫。波旁王朝复辟期间在众议院（1814—1824）中任职，并在 7 月革命（1830）时领导国民自卫军。参见：《不列颠简明百科全书》（修订版），第 933 页。

为宪法的基础。8月26日，经过制宪会议的激烈讨论和修改，一份宣言草案最终得到各方的认可得以正式发布，著名的《人权和公民权宣言》（简称《人权宣言》）自此诞生。[1]

大革命初期所颁布的《八月法令》和《人权宣言》奠定了法国宪法的基础，从此划出了一条法治国家与其他国家之间的分界线。同时，这两份文件的颁布也结束了在宪政运动时期关于宪政问题的讨论，制宪议会的指导思想得以确定。1791年8月5日，君主立宪派主导的宪法委员会将草拟完成的宪法草案提交议会代表讨论审议，9月3日制宪议会表决通过宪法条文，9月14日法国国王路易十六（Louis XVI，1754—1793）迫于革命形势被迫在宪法上签字接受并实施该宪法。由于在1791年制定通过，历史上被称为1791年宪法。

从形式上看，该宪法前面以《人权宣言》为序章，明确了宪法所要遵循的基本精神和原则。从内容上来看，首先，1791年宪法宣告与旧制度的彻底决裂，彻底废除法国长期存在的封建制度，废除爵位、贵族、等级、官职买卖及任何形式的特权。其次，明确了人民主权原则，宣布主权属于国民，一切权力的来源是国民。第三，三权分立原则在这部宪法上得到初步体现，立法权由人民选出的国民议会行使，行政权委托给国王及其属臣，司法权则由人民选出的法官掌握。第四，1791年宪法保留了国王，实行君主立宪制，赋予国王行政权和临时的否决权。第五，在废除封建等级制度的同时又实行有财产资格限制的选举制度，通过将公民划分为积极公民与消极公民限制政治权利的行使。

1791年宪法是1789年革命的产物，既是法国第一部资产阶级宪法，也是第一部君主立宪制宪法，为法国近代政治制度和宪政奠定了基石。虽然这部宪法真正的实施时间不到一年，但是"适应法国的思潮和局势的原则制定的"[2]，对其后的宪法仍具有重要影响。

2. 1793年宪法

1792年4月20日，不甘心被削弱权力的路易十六利用宪法所赋予的权力对奥宣战，普鲁士和奥地利发表反对法国革命宣言，扬言要镇压法国革命并恢复法国

---

[1] 关于《人权宣言》的具体内容，见本章第二节。
[2] 〔法〕米涅：《法国革命史》，北京编译社译，商务印书馆1981年版，第103页。

的旧秩序。8月10日，面对内外交迫的危机，巴黎人民再次举行武装起义。这一次武装起义的不同之处在于它直接推翻了路易十六的统治。8月11日，立法议会决定按照普选制的原则召开由普选产生的国民公会（Convention Nationale）。

9月21日，国民公会颁布了一系列具有宪法性质的法令，包括宣布废除1791年宪法，声称"只能有一部为人民所接受的宪法"，宣布结束法国的君主政体，宣告成立法兰西第一共和国，宣誓法兰西共和国是统一而不可分割的。1793年2月15日，以吉伦特派为主的宪法委员会提出了一份宪法草案，其内容包括权利宣言和宪法正文。不幸的是，雅各宾派和吉伦特派间激烈的政治斗争影响了宪法的制定进程，雅各宾派强烈反对该草案，并针锋相对地提出了另一份宪法草案和人权宣言草案。4月17日，分析委员会[1]提出了一个综合各派别意见的宣言草案，5月8日开始讨论宪法文本。然而此时政治形势风云突变，掌握政权的吉伦特派被6月2日巴黎人民第三次武装起义推翻，尚未出台的包含33条人权宣言和370条正文的宪法草案胎死腹中。[2]

6月2日起义后，雅各宾派迅速取代吉伦特派掌握政权，并于6月10日提出了宪法草案，24日国民公会通过宪法草案并于7、8月间通过公民投票批准，史称1793年宪法。相较于1791年宪法，1793年宪法既有发展继承又有改变。如这部宪法之前冠以一个与1789年《人权宣言》相比更强调民主和平等的《新人权与公民权利宣言》。宪法宣告法兰西是一个统一而不可分的共和国，从法律上终结了1791年宪法所确立的君主立宪制。突出了人民主权理念和普选权，彻底废除了原宪法消极与积极公民的区别。抛弃了前部宪法所遵循的孟德斯鸠的三权分立理论，追随卢梭的"人民主权"思想，确立了议会的最高权力地位。[3]

1793年宪法虽然在法国的宪法史上占据着重要地位并对后世产生影响，但遗憾的是当时国内外的形势使得这部较为理想化的共和宪法缺乏稳定和平的实施环境，最终也未能付诸实施。

---

[1] 分析委员会是1793年4月4日由国民公会任命的负责对提交公会的各种宪法草案进行分析和综合的新的宪法委员会。
[2] 何勤华主编：《法国法律发达史》，法律出版社2001年版，第127页。
[3] 何勤华、张海斌主编：《西方宪法史》，北京大学出版社2006年版，第389页。

3. 1795 年宪法

1794 年 7 月 27 日，雅各宾派的恐怖统治终于引发了政变，而这场发生在热月的政变使得热月党人取代雅各宾派登上了法国的政治舞台。在这一段时期内法国政局相对稳定，热月党人的主要工作是清除雅克宾派时期的恐怖政策影响和维护社会秩序的稳定。1795 年，热月党人主导的宪法草案经议会通过并经公民投票批准正式生效，史称 1795 年宪法，包含了一项权利与义务宣言和宪法正文 377 条。

1795 年宪法出台的目的是为了矫正雅各宾派所主导制定的 1793 年宪法，因此从内容上看在很多方面都推翻并重建了宪法的原则和具体制度。为了能使权利与义务相对等，这部宪法的公民权利与义务宣言开创性地将义务也纳入到其中。

从权力配置模式来看，1795 年宪法继承了 1791 年宪法所确立的三权分立模式，以孟德斯鸠的分权与制衡理论作为依据，这就推翻了 1793 年宪法所确立的议会是最高权力机关的模式。同时，废除了 1793 年宪法中的一院制，首创由元老院和五百人院所组成的两院制议会，希望通过这种手段来避免在雅各宾派时期出现的议会专制；司法权完全独立于行政权与立法权；行政权由督政府（Directoire Exécutif）的五名督政官所分享，由他们轮流执政以达到防止个人独裁之目的。

在主权上，1795 年宪法独辟蹊径地开创了主权本质上存于全体公民之中的公民主权说。作为主权的所有者，公民与人民的差别在于公民必须满足一定的主体条件，1795 年宪法所规定的条件是年满 21 岁并在法国居住一年以上且纳税的人。此外，由纳税额所决定的资格限制的间接选举制重新回到宪法中标志着 1793 年宪法所确立的普选原则成为过眼云烟。

宪法为巩固大革命的成果，重申共和国是统一而不可分裂的，申明在任何情况下不准背叛祖国的法国人回国，已没收的流亡者财产永不发还等内容。

（二）拿破仑时期宪法

拿破仑时期宪法是 1799 年、1802 年、1804 年和 1815 年制定的四部宪法的总称。学界认为，这一时期"是大革命时期宪政建设的成熟期。"[1]

---

[1] 史彤彪：《法国大革命时期的宪政理论与实践研究》，中国人民大学出版社 2004 年版，第 24—25 页。

1. 1799 年宪法

1795 年热月党人政权体制弊端的显现和第二次反法同盟的大军压境使得法国再一次处于内忧外患的境地。1799 年 11 月 9 日，拿破仑（Napoléon Bonaparte，1769—1821）在反对派的力挺下发动军事政变，将督政府赶下台，组成了由拿破仑、康巴塞雷斯（Cambacérès，1753—1824）等人组成的临时执政府。

在否定了西耶斯的宪法草案后，11 月 22 日，一部渗透着拿破仑意志的新宪法草案在制宪委员会通过，12 月 24 日提交全民投票通过，正式成为法国宪法，史称 1799 年宪法。这部宪法模糊而简短，共 95 条，更适应拿破仑的需要，为解释宪法留出了巨大的空间。它最显著的特点是取消了传统的在宪法前冠以权利宣言的做法，同时在宪法中删除了自由、平等、博爱的价值和关于公民权利的具体规定。

1799 年宪法的首创是将立法权分属于议会的四院。参政院、保民院、立法院和元老院分散立法权有助于防止议会专制，但也削弱了立法权行使的效率，有助于拿破仑加强行政权力。在行政权的设置上，宪法规定最高行政权归属于三位执政官，第一执政即拿破仑拥有至高权力，第二和第三执政名义上也是执政官但难以发挥实际作用。这在宪法上确立了权力高度集中于个人的行政体制。关于选举制度，1799 年宪法较之前宪法又发生摇摆，取消了 1795 年宪法所规定的财产限制条件，采取了普遍的间接选举制，规定年满 21 岁在法国居住满一年的人均享有选举权。

虽然这部宪法名义上重申了法国废除君主专制制度，保留了共和体制和议会制度，但事实上确立了个人专制的体制，为拿破仑的个人独裁留下了制度上的可能性。

2. 1802 年宪法

掌握实权后的拿破仑迅速实施了一系列强有力的措施稳定国内外局势，对外与英国签订了《亚眠和约》（Paix d'Amiens），同普奥签订了《吕内维尔和约》（Paix de Lunéville），对内粉碎了保王党的叛乱等不安定因素，为法国带来了久违的和平。

1802 年 5 月 19 日，全民公投以压倒性的优势通过拿破仑成为终身执政的提议。为适应这一变化，拿破仑及时制定了一部新宪法，8 月 4 日，这部宪法未经议会讨论就被批准，成为拿破仑时期的第二部宪法。

1802 年宪法依然保留了法国的共和国的体制，宪法前依然没有冠以权利宣言，相较于前一部宪法，它的特点主要体现在两个方面：其一，扩大了第一执政的行政权，第一执政终身制意味着他可以永久在位，并像国王一样提出第一执政的继承人名单。行政权的扩大导致了议会的立法权的进一步限缩，参议院的权力被转移到了元老院和枢密院，保民院成员被缩减至50人，立法院丧失了召开会议和选举议长的权力，元老院的成员必须由第一执政任命。其二，采取了有纳税额门槛的选举制度和选举人团制度以取代1799年宪法规定的普选制。

3. 1804年宪法

自1804年3月27日开始，元老院和保民院相继发表请愿书请求拿破仑称帝。1804年5月18日，这部宪法[1]以元老院组织法的形式颁布，经公民投票批准通过。意味着法兰西第一帝国正式宣告成立。主要内容是宣布法国为帝国，拿破仑为世袭的"法兰西人的皇帝"。宪法规定了一系列只有君主制国家才会包含的内容，如宫廷制度、世袭制度。通过以上三部宪法，拿破仑完成了从行政首脑到世袭皇帝的过程，法国也完成了从共和国体制到帝国体制的过渡。

1814年4月，第六次反法同盟军迫近巴黎，保王党人向同盟军主动投降。4月11日，拿破仑的军队被同盟军打败，拿破仑被迫放弃皇位并签署《枫丹白露条约》（Traité de Fontainebleau），被流放至厄尔巴岛（Elba）。至此，短暂的法兰西第一帝国正式寿终正寝。1815年3月，拿破仑率领几百名士兵重返法国试图东山再起，受到法国人的热烈欢迎。3月20日拿破仑重登皇位，建立著名的"百日王朝"（Cent-Jours），受此刺激的欧洲各国立即组成第七次反法同盟向法国宣战。

此时，拿破仑委托法国大革命时期的自由主义精神领袖贡斯当（Benjamin Constant，又译作本杰明·贡斯当，1767—1830），针对波旁王朝1814年宪章起草了《帝国宪法补充条款》[2]（1815年4月22日颁布，前言加44条），对1804年宪法作出了一定程度的修改和补充，改组立法机关为贵族院和众议院，扩大了它们的权限。同时，相较于拿破仑时期的其他宪法增加了公民的权利和自由。然而，滑铁卢战役的惨败使得拿破仑再次败走，短命的"百日王朝"使得这部临时颁布的宪法补充条款随之退出历史舞台。[3]

---

[1] 全称为《共和国十二年元老院整体建议案》。

[2] Acte Additionnel Aux Constitutions de l'Empire du 22 Avril 1815.

[3] 何勤华主编：《法国法律发达史》，法律出版社2001年版，第139页。关于《帝国宪法补充条款》的详细分析，参见韩伟华："拿破仑'百日王朝《帝国宪法补充条款》论析"，《华东政法大学学报》2013年第1期。

（三）波旁王朝复辟与法兰西第二帝国时期宪法

该时期有四部宪法（宪章）相继问世。

1. 1814年宪章[1]

在此之前的1814年4月，当第六次反法同盟军攻占巴黎，拿破仑被迫宣布退位并被流放时，接管政权的临时政府在联军的授意下邀请流亡英国的普罗旺斯伯爵路易·斯坦尼斯拉斯·格扎维埃（Louis Stanislas Xavier，1755—1824）即路易十八（Louis XVIII）返回巴黎登上王位。虽然波旁王朝重新在法国确立统治，但社会形势已与大革命之前今非昔比，封建制度根基的彻底摧毁和资本主义制度的基本确立使得路易不能无视这一事实而妄图完全恢复旧秩序。为了维护波旁王朝脆弱的统治，路易必须制定一部能被广大资产阶级接受的宪法。

从1814年宪章制定的过程来看，它体现了代表旧秩序封建贵族势力的保王派和代表新兴资产阶级势力的自由派制宪思想间的反复较量。在这场较量中，保王派主张加强国王的行政权，确立天主教作为唯一国教的地位，限制公民的出版和言论自由并归还已出售的国王财产。自由派则主张加强议会权力，通过建立对议会负责的代议制政府限制国王权力，反对确立天主教为国教，要求落实公民出版自由等权利，认为要保证已被出售的国有财产权利不可侵犯。拉锯战的最终结果是双方在宪法起草委员会内达成妥协，形成了一个包括前言和正文76条的宪章。

1814年宪章是以英国的君主立宪模式为模本制定的，由国王钦赐而非经议会通过亦未经全民投票通过，"形成了有限君主制并保护公民自由"[2]。这部宪章突出地体现出新势力与旧势力的妥协，也独辟蹊径规定由议会和国王共同行使立法权。这部宪章实行的次年，拿破仑返回巴黎重新称帝，但短命的百日王朝如昙花一现，其后波旁王朝再次复辟依然实施这部宪章。

2. 1830年宪章[3]

1824年查理十世（Charles X，1757—1836）继承皇位后，为全面恢复旧制度

---

[1] La Charte Constitutionnelle du Juin 1814.

[2] Christian Dadomo and Susan Farran, French Substantive Law: Key Elements, Sweet & Maxwell, 1997, p. 113.

[3] La Charte Constitutionnelle du 14 Aout 1830.

颁布了一系列法令，1830年7月，查理签署敕令，宣布取消出版自由、解散议会和剥夺部分选举权。这激发了社会各界的强烈不满和抗议。

1830年7月27日，巴黎爆发革命，经过三天激战，波旁王朝的统治被再一次推翻。8月7日，掌握领导权的资产阶级自由派为防止重蹈1793年恐怖时代的覆辙，力主推行君主立宪制，将奥尔良公爵路易—菲利普（Louis-Philippe，1773—1850）迎上王位，开始七月王朝统治。8月14日，在1814年宪章的基础上进行修改的新宪法草案经众议院表决通过，史称1830年宪章。

与1814年宪章相比，1830年宪章有许多变化。

第一，从形式上看这部宪章是经议会决议并由国王接受同意的，与1814年宪章的钦定有本质的不同。

第二，在内容上1830年宪章抛弃了原宪法关于"国王给公民恩赐的宪章前言"，规定"国王须经在众议院举行遵守宪章的宣誓仪式后方可即位。"[1]

第三，宪章规定天主教不再是法国的国教，确立宗教信仰自由的原则。

第四，取消出版审查制度，确保公民的出版自由。

第五，在削弱国王权力的同时扩大议会的权力，规定法律创制权由议会两院和国王共同行使，众议院议长是由议员选举产生而非之前由国王任命，同时还取消了贵族院的世袭议员。

第六，宣布"一切权力归于自卫军和全体法兰西公民的爱国主义和勇气"，事实上否定了原宪章的君权神授而承认了国民主权原则。

3. 1848年宪法

七月王朝时期，资本主义的发展使得资产阶级和无产阶级的对立日益尖锐，长期积聚的国内矛盾最终因1848年2月经济危机的到来而爆发，二月革命掀翻了七月王朝的统治，建立了法兰西第二共和国。

与之前所不同的是，接管政权的临时政府不再考虑采取君主立宪制政体而是决心回归共和传统。为保证制宪主体的正当性，制宪议会应由经普选产生的议员所组成。5月4日，制宪议会宣布法兰西共和国成立，同时立即决定组成一个宪法委员会负责新宪法的起草工作。11月4日，经过反复磋商和妥协的宪法草案经制

---

[1] 何勤华主编：《法国法律发达史》，法律出版社2001年版，第141页。

宪会议通过正式生效，史称1848年宪法。

1848年宪法在内容上宣布"法兰西是民主、统一和不可分割的共和国"，并第一次将自由、平等、博爱的启蒙运动时期的口号作为宪法的基本原则写入宪法之中。如果说1791年宪法强调自由，1793年宪法强调平等，那么1848年宪法更强调博爱。1848年宪法的溯源更多的是向1789年大革命传统的回归和追忆，"1848年宪法是根基于人民主权与分权原则。"[1] 因为：一是1848年宪法继承了1793年宪法所确立的普选制度，自此巩固了这项基本制度并为以后宪法所确认。二是首次规定了总统这一职位，宣布总统为国家元首，由人民普选产生并对人民负责。总统有四年任期的限制，不得连任。与普选制度一样，总统制也自此在法国确立并沿用至今。

1848年宪法从制度设计看是一部混搭的宪法，为形成权力的分权，制宪者既想参照1791年宪法所确立的一院制议会，又想引进美国的总统制。然而1848年宪法在创设两个权力主体的同时并没有考虑冲突解决方案，两者均对人民负责而不能相互制衡。总统不对议会负责，不能解散议会；议会既不能选举总统，也不能罢免总统。这个不成熟的权力分配方案为而后路易—拿破仑·波拿巴（Louis-Napoléon Bonaparte，1808—1873）的篡权留下了制度的漏洞。

4. 1852年宪法

1848年12月，路易—拿破仑·波拿巴通过全民选举当选共和国总统。由于1848年宪法规定总统有4年任期限制并间隔四年才能再次参选，为清除连任的障碍，路易—拿破仑·波拿巴必须在第一个任期内对宪法进行修改。然而事与愿违，他任命的修宪委员会起草的宪法草案并未在议会内获得修改宪法所必需的绝对多数通过。

1851年12月，在通过正常修宪程序不能达到目的的情况下，波拿巴采取了军事政变的非常措施解散议会并宣布戒严，要求通过全民公决对总统与议会之间的冲突作出裁决，并授权总统起草一部新宪法。1851年12月21日，全民公决结果支持了波拿巴，他获得了制定一部新宪法的权力。

1852年宪法恢复了1799年宪法所确立的多院制的立法机构设置，议会由立法院、元老院和参政院三院组成，但议会权力被削弱，体现在立法权由总统、立法院和元老院共同行使，"三院由于与总统关系密切，并没有发挥权力制衡的动

---

[1] Christian Dadomo & Susan Farran, French Substantive Law: Key Elements, Sweet & Maxwell, 1997, p. 118.

力"[1]。行政权也像1799年宪法一样得到极大强化，总统不仅拥有全部的行政权而且还独占享有部分法律创制权，总统的任期由原来的四年增加到10年。司法权也需以总统名义行使。

1852年所确立的这种权力分配体制完全打破了分权与制衡的理论，形成了以总统为核心的行政权集权体制。宪法虽然依然承认和肯定1789年以来所确立的基本原则，但这些原则在具体设置上都附庸于波拿巴的个人权力。1852年12月，深信"拿破仑神话"的法国人民在恐怕国家陷入无政府状态之下，在公投中几乎一致支持拿破仑·波拿巴登上权力之巅。他于是自任"拿破仑三世，法国人的皇帝"，建立了法兰西第二帝国。

波拿巴在第二帝国初期采取的专制措施并不能长期为继，国内工人运动和共和运动的爆发使得他的统治基础发生严重动摇。1870年5月，为延续帝国的统治，对1852年宪法进行部分修改，扩大了立法机构中元老院和立法院的权限，立法院和元老院获得了同皇帝共同创制法律的权力。元老院可以讨论和表决法律草案，立法院可以首先表决有关财税的法律草案并可以选举议长。此外，此次修改还通过建立责任内阁制来相应限制皇帝的权力，政府由议员中选出的大臣组成并对议会负责。

（四）第三共和国与第四共和国宪法

1870年普法战争爆发，法国在色当战役中一败涂地，波拿巴本人也被生擒。战争的失利标志着帝国的崩溃，1870年9月4日巴黎人民又一次发动起义，推翻了法兰西第二帝国的统治，恢复了共和体制，法兰西第三共和国自此建立。临时政府基本上由共和派议员组成。他们在公告中声称自己是"国防政府"，可对侵犯的普鲁士军队却消极抵抗，以寻求和谈机会。

3月17至18日的夜间，临时政府派兵去蒙马特尔高地夺取国民自卫军的武器，引发了巴黎人民起义，并建立了巴黎公社（la Commune de Paris）。5月底，临时政府制服了革命的巴黎。在5月10日同德国签订《法兰克福和约》后，国民议会的保王派议员坚持要求国民议会应当制定一部共和国的新宪法。

---

[1]〔法〕皮埃尔·米盖尔：《法国史》，桂裕芳、郭华榕译，中国社会科学出版社1998年版，第380页。

1. 1875 年宪法

迫于各方压力，国民议会任命了一个由 30 人组成的宪法委员会负责宪法的起草工作。1875 年 1 月 30 日，该议案在议会以 353 票对 352 票，以一票之差通过了关于总统的任期与任命方式的决议，规定共和国总统由参议院与众议院联合而成的国民议会，以绝对多数票选出。总统任期七年，连选后连任。这一决议承认了新政权的共和制政体，基本解决了新宪法中保王派与共和派之间的争议。2 月 24 日，议会通过了《参议院组织法》，2 月 25 日通过《政权组织法》，7 月 16 日通过《政权关系法》。这三个宪法性文件共同组成了 1875 年宪法。

从宏观的角度来看，这部宪法是简短而含糊的，宪法前并未冠以人权宣言，宪法正文并非像以前一样整合于一个文本中而是散见于三部宪法性文件中。这三部宪法性文件涉及的内容主要是国家权力的分配，并没有规定公民权利的内容。

首先，《政权组织法》规定了立法权由参议院和众议院两院行使，众议院由经普选产生的议员组成。总统享有广泛的行政权，包括有权在征得参议院同意后提前解散议会，拥有武装统帅权、缔约权和任命官员等权力。总统由参议院和众议院所组成的国民议会选举产生，总统还可以与参议院、众议院共享创设法律的立法权，监督并保证法律的实施效果。但是，总统的命令必须由一名部长副署才能生效，且部长对参议院和众议院负连带责任。

其次，《参议院组织法》规定的是参议院的组成和职权内容，参议院由 300 名议员组成，包括 75 名终身议员和 225 名间接选举产生的议员。选举产生的议员任期九年，每三年改选 1/3。由参议院成员组成的最高法院有权审理总统和部长涉及危害国家安全的犯罪。参议院和众议院分享制定法律的权力，但涉及财税的法案应当先由众议院提出并通过后才能转交参议院表决。

最后，《政权关系法》则规定了议员在开会期间非经议会准许不得因除现行犯外的犯罪而被指控和逮捕。众议院和参议院有权召开会议，并保证开会的时间，总统只能通过咨文同两院发生联系，非经两院同意总统不得宣战或缔结条约。

虽然 1875 年宪法"在形式上不完整，在规定国家机构方面也不完善，没有专门规定司法权，缺乏宪法应有的一般原则的确认。"[1] 但这种形式上的不完整恰

---

[1] 何勤华主编：《法国法律发达史》，法律出版社 2001 年版，第 147 页。

恰使得这部宪法在适用和修订时具有很大的空间。这部宪法从1875年居然实施了65年之久，其独特之处就是根据经验和现实需要，创立符合实际的制度，再通过不断的修补和解释以适应发展之需要。第三共和国作为法国政治由乱而治的转换时期，其本身也经历了确立、巩固、发展、衰亡诸阶段，建立了典型的议会民主，从而使得法国民主制得以完善。

2. 1946年宪法

1940年5月，德国侵占法国，法国宣告投降，这意味着法兰西第三共和国终结。德国扶持的维希政权（Régime de Vichy）在成立后，为适应法西斯统治的需要，策划了一个宪法草案。但由于1943年短暂的维希政权被推翻，这个宪法未及正式颁布。1944年8月，法国在盟军的帮助下获得解放，新成立的临时政府面临重建一个什么样的国家的问题，包括是摒弃原有的宪法并重新制定一部符合现实需要的宪法？还是继承1875年宪法，回归旧传统？[1]

为尽快解决分歧，法国就是否制定新宪法举行全民公投，结果以超过2/3的多数优势赞成制定新宪法[2]。1946年4月19日，制宪会议审议通过了宪法起草委员会提出的宪法草案。这部宪法分为人权宣言和共和国的诸制度两部分内容。第一部分包括了公民的基本权利和社会经济权利，第二部分则采用了一院制的国民议会，强调议会主权原则并规定国民议会是最高权力机关并享有立法权和监督权。总统由国民议会选举产生，内阁总理由国民议会选举产生并对议会负责。

5月5日，全民公决投票显示53%表示反对，宪法被否决未能通过。在这种情况下，只能重新选举制宪议会制定宪法草案，通过对原版本草案文本的修改，这个新的宪法草案在8月2日在制宪议会以440:136的多数得到通过，并在10月13日举行的决定是否成立新的共和国的全民公决中以53%的赞成比例通过。自此，法兰西第四共和国宣告成立。值得注意的是，在这次公投中900万选民投了赞成票，800万选民投了弃权票，近800万选民投了反对票。对如此低比例的全民公

---

[1]〔法〕戴高乐：《战争回忆录》（第三卷），陈焕章译，中国人民大学出版社2005年版，第253—254页。
[2] Frédéric Bluche, Manuel D'Histoire Politique de la France Contemporaine, PUF, 2001, p. 269.

投通过率，戴高乐（Charles de Gaulle，1890—1970）[1]认为"1/3法国人听天由命，1/3法国人反对，1/3法国人根本不了解。"[2]

1946年宪法分为两个部分，依然是由序言和正文两部分组成。"其总体思路是强调民主，强调经普选产生的国民议会是国家权力的中心。"[3]首先，序言明确和尊重1789年《人权宣言》以来，一以贯之的公民基本自由权利，还确认了公民的社会经济权利。在第二部分宪法正文中，规定了详细的国家机构的设置和宪法的基本原则。

其次，从宪法的基本原则来看，1946年宪法明确规定"法兰西是一个不可分割的、世俗的、民主的和社会的共和国。"这超越了1789年人权宣言的目标，标志着宪法引导法国向现代社会国家前进。宪法还宣布共和国是"民有、民享、民治"的政府，国家主权属于法国全体国民，这就明确了政府应代表人民的利益。1946年宪法正文在公民权利问题上将其摆在一个显著的地位。人民享有劳动、罢工和组织工会的权利，法律保障男女平等，首次规定实施社会保障制度。

第三，在权力机关设置上，1946年宪法规定实施两院制，但两院的权力是不平等的。它削弱了参议院的权力，实质上体现了国民议会的权力中心地位。国民议会单独享有决议法律的权力，是行政权力的来源，内阁对国民议会负责。对行政权，宪法规定总统由两院会议选举产生，总统的权力相较于1875年宪法大为削弱，总统发布每项命令需要得到部长的副署。

此外，宪法中规定了行政机关有权对部分领域事务进行立法，"这是第一次世界大战后，许多新兴的欧洲国家所采取的一种具有内阁制精神的宪政体制，其特色在于将本为宪政习惯的行政立法机制写入宪法，使其成为宪法的一部

---

[1] Charles André Joseph Marie de Gaulle，法国军人、政治人物和法兰西第五共和国的创建者。在二战期间，法国被占领后，他前往英国，开展自由法国运动。他致力于法国的解放事业，1943年搬到阿尔及尔，就任法国民族解放委员会主席。巴黎解放后回国。他反对第四共和国，退出政治舞台后，开始撰写回忆录。1958年阿尔及利亚爆发动乱使法国处于内战边缘时，他再度复出就任总理，拥有权力修改宪法。同年当选法兰西第五共和国总统，成为一位强势总统。1968年5月爆发学生和工人引起的内乱后，他在1969年举行宪法修正案公投失利后辞职。参见：《不列颠简明百科全书》（修订版），第340页。

[2][法]雅克·夏普萨尔、阿兰·朗斯：《1940年以来的法国政治生活》，全康康等译，上海译文出版社1981年版，第116页。

[3] Rogoff, French Constitutional Law, University of California Press, 2010, p. 229.

分。"[1]而内阁总理虽由总统任命但需得到国民议会绝对多数信任才能当选。在司法权设置上，宪法首次设立宪法委员会，其作用是根据总统或参议院议长的要求审查国民议会通过的法律是否与宪法相抵触。

三、法国现行宪法的主要内容以及变迁

1958年宪法是法国现行宪法，它以《人权宣言》为理论指导，全面、详尽地规定了法国现代宪政的制度以及其运作，它是现代法国宪政的基础，也是大陆法系宪政体制的核心内容之一。

（一）1958年宪法的产生背景

1958年宪法产生的直接动因是1958年阿尔及利亚危机。二战结束后，阿尔及利亚人民迫切地要求摆脱宗主国法国的统治，其国内的民族解放组织为争取独立于1956年发动武装起义，与法国驻阿军队和本土增派的军队展开激战。随着法阿战争的不断升级，法国的财政军事支出不断上升，政府为弥补巨大的财政赤字不得不采取增税的方式加以应对，这引发了民众的强烈不满。

另一方面，大量法国人移居阿尔及利亚，法国人普遍将阿尔及利亚视为法国的组成部分而非殖民地，对在阿尔及利亚的法国人而言，允许阿尔及利亚独立就意味着法国领土的丧失，当法国政府因阿尔及利亚人民的抗争而试图放弃该殖民地时，在阿法国人反应激烈，亦使得在阿尔及利亚作战的军队逐渐开始介入政治，最终导致1958年5月13日驻阿法国军队发动叛变，并扬言要成立"救国政府"。[2]

在法国本土，这种反叛情绪也蔓延开来，5月25日在法国科西嘉岛发生反政府的暴乱，扬言进军巴黎推翻政府。在军事叛变升级为推翻民主共和体制的政治

---

[1] Pierre Avril, "Le Parlementarisme Rationalizé", Les 40 Ans de la Ve République, L. G. D. J, p. 1508.
[2] 吕一民：《法国通史》，上海社会科学院出版社2002年版，第355页。

斗争的危急情形下,法国急需一位能够主持大局的领导者来稳定局势,时任法国总理的弗林姆兰(Pierre Pflimlin,1907—2000)只能请求享有巨大声誉的戴高乐重新出山接替自己的位置。29日勒内·科蒂(René Coty,1882—1962)总统向议会发表咨文邀请戴高乐组阁,戴高乐答应复出,但提出要求制定一部新宪法的条件。6月1日,戴高乐出任新总理。

戴高乐在出任总理当天就表示:"我所期待于国民代表的是:授以政府全权,委托它为国家提供新宪法。"[1] 6月3日,议会通过了由戴高乐所提出的议案。其主要内容有两项,其一是确立了制定宪法的五项基本原则。第一,只有全民普选才是国家权力的来源,国家立法机关和行政机关的成员必须由普选产生;第二,行政权与立法权应当分立;第三,政府应向议会负责;第四,司法权应当独立;第五,宪法中应当规范共和国与人民之间的关系。这五项内容是作为授权起草宪法的条件。其二是回应了戴高乐6月1日所提出的要求,议会授予戴高乐在一定期限内以颁布法令形式全权处理国内外事务的权力,且授予政府有权制定、修改宪法的草案,该草案无须再提交议会批准通过,而是经由宪法咨询委员会和行政法院意见咨询后直接提交全民公决决定。这一规定是为新宪法的制定铺平道路,值得注意的是,这是法国历史上第一次不经制宪会议而起草的共和国宪法。[2]

1958年6月下旬,戴高乐主持成立了一个以司法部长米歇尔·德勃雷(Michel Debré,1912—1996)为核心的宪法起草委员会。此外,为更好地贯彻戴高乐的制宪主张,在政府中还组建了一个以戴高乐自己为核心的部际委员会,定期对宪法草案进行研究讨论。7月11日,宪法草案起草完成,草案先交由部际委员会内部讨论,再按照法律规定先后征询了宪法咨询委员会和行政法院,最后由内阁会议对草案进行讨论并修改。9月28日,法国举行全民公投,最终结果显示79.26%的本土登记选民投票赞成通过新宪法草案。[3] 10月4日,新宪法经总统签署正式颁布,这部宪法被称为法兰西第五共和国宪法。

---

[1]〔法〕戴高乐:《希望回忆录》,《希望回忆录》翻译组译,上海人民出版社1973年版,第29页。

[2] Pierre Avril, La Ve Republique, Histoire Politique et Constitutionnelle, PUF, 1987, p. 28.

[3] Pierre Avril, La Ve Republique, Histoire Politique et Constitutionnelle, PUF, 1987, p. 20.

（二）宪法基本内容

1958年宪法由序言和十四章组成。这部宪法已经被修改了24次，[1] 最终通过的宪法性法律涉及条文达47条之多。

在序言部分，宪法指出"法国人民庄严宣告：忠于1789年人权宣言所肯定的、为1946年宪法序言所确认并加以补充的各项人权和关于国家主权的原则。根据这些原则和各族人民自决权的原则，共和国为愿意参加的海外各领地提供建立在自由、平等和博爱的共同理想基础上的、并使各领地得到民主发展的新的组织。"

1958年宪法没有采取传统法国宪法中所采取的通过冠以一个新的权利宣言形式对各项人权和原则加以明确的做法。而是在序言中将1789年人权宣言、1946年宪法序言所确认的各项人权和国家主权原则再一次予以确认。宪法第1条宣告：本共和国人民及海外领地人民基于自由选择，共同接纳本宪法并组成共同体。共同体建立在全体人民的平等和团结的基础之上。2003年3月议会通过宪法修正案，在该条中加入新内容，确立法国的国家结构为"地方分权"。[2]

在第一章主权部分，宪法定义了国家主权的若干基本内容。宪法第2条定义了国体，规定法兰西为不可分割的、世俗的、民主的共和国，再一次明确了共和国的口号是"自由、平等、博爱"，共和国的基本原则是民有、民治与民享，还规定了法国的国旗、国歌。第3条明确了人民主权理论在法国的地位，宣告国家主权属于人民，人民通过其代表或公民复决形式来行使国家主权。任何个人或部分人都不能擅自行使这一国家主权。第4条则将政党制度写入宪法中，规定各政党和团体可以在遵守国家主权和民主原则的框架内自由组织和活动。

第二章与第三章规定的是三权分立体系中行政分支的内容，即总统与政府。就第二章而言，主要涉及总统的产生及任期、总统的地位和总统的职责等内容。第5条规定总统监督宪法的遵守并以仲裁者的身份保证国家权力的运行和国家的

---

[1] 统计截至2012年8月1日，最近的一次宪法修改在2008年7月。
[2] Loi Constitutionnelle n. 2003—276 du 28 Mars 2003.

持续性。第6条规定了总统的任期为5年,[1] 采用直接选举方式选举产生总统[2]。在总统职权方面,宪法规定总统有权任命总理和各部部长,可以解散议会,享有大赦权和紧急权力。身份上总统是武装部队的最高司令,是宪法的守护者和国家权力的维护者。第三章规定了政府的定位与组成,政府的职责以及政府组成人员的产生与任免。第20条规定政府对议会负责,负责具体行政和军队事务。总理是政府的首脑,其职责是保证法律的执行,指导政府的运行并对国防负责。第23条规定政府的组成人员不得兼任议会议员、全国性企业的职务、职业或劳工组织以及其他公职性职务。

第四章主要阐述了立法分支即议会(Parlement)的内容,包括众议院(Assemblée nationale)和参议院(Sénat)两院。第24条规定众议院代表由直接选举产生,参议院代表则由间接选举产生。第26条主要授予议会议员豁免权,议员不得因其在行使职能时发表意见而受到指控、搜查、逮捕或审讯。第28条规定了议会的召开期限和期间,每年有权召开两次常会,且每次常会不得超过120日。第29条、30条则明确了议会和总统有权在常会外召开非常会议。第五章明确了议会和政府的关系,划分了议会有权管辖的事务范围和操作程序,同时在政府对议会负责的思路下对这一制度加以细化规定。

第六章则规定了国际条约与协约的内容。"根据法国尊重国际义务的传统,一旦条约被宪法委员会决定合宪、并获得颁布,它们就具备超越法律的效力。"[3]

第七章至第九章涉及的是司法分支的宪法规定。第七章规定了宪法委员会(Conseil Constitutionnel)这一机构的结构、组成与职权。宪法委员会审查并保证总统选举的正常运行,同时监督保证全民公决正当、公平。第八章是关于司法权力机构的内容,高级司法委员会(Conseil Supérieur de la Magistrature)这一机构对检察官和法官有管辖权,其设立的目的是为了保证公平公正地遴选法官人选。此外,在这一部分中第66条规定任何人不得被任意拘留,任何人不得被判处死刑。第九

---

[1] 该条款经2000年宪法修正案修正,原宪法规定总统的任期为七年。

[2] 该条款经1962年宪法修正案修正,1958年宪法规定总统由选举团选举产生。选举团由议会议员、海外领地议会议员和地方议事会选举的代表组成。

[3] 张千帆:《法国与德国宪政》,法律出版社2011年版,第15页。

章则规定了特别高等法院（Haute Cour de Justice），该机构与第八章的高级司法委员会的不同之处在于其职责是弹劾总统。虽然宪法规定了这一机构，但在该章中同时也规定了总统的豁免权。第 67 条规定总统对履行其职务的行为不承担法律责任。在任期内，总统不得被要求在任何法国法院或行政机构举证，也不得成为任何民事诉讼、指控、刑事起诉或调查措施的对象。第 68 条则规定总统不得在其任期内以任何理由被罢免，除非其违背职责使其继续任职显然不适当。

第十章规定的是经济和社会委员会（Conseil Economique et Social），[1] 其职责是对政府提出的法案及议会的法案提出意见与建议。第十一章是关于地方机构及领土的设置。第十二章与十三章则对共同体与欧盟协定作出规定。在第十四章修宪部分中，第 89 条中规定总统和议员可提议修宪。由议员提出的修宪议案必须经全民公决通过才能生效，但总统提出的修宪议案则无需经公决程序而只需在由参议院和众议院组成的联合议会中 3/5 多数通过即可生效。

综上所述，自 1789 年以来，法国宪政探索一直处于民主优先还是政府权威优先两种主张的冲突之中，1958 年宪法对这一漫长的冲突画上了句号，将当代法国的宪政制度定位在政府权威优先的旗号之下。[2] 1958 年宪法将 1946 年宪法所确立的国家权力机构制度推翻，只宣示保留了 1946 年宪法序言的内容。这是以戴高乐的制宪理念来设计构造的，体现了戴高乐重塑法国、再造共和的政治理想。

（三）总统

1958 年宪法第 5 条，赋予总统宪法的"仲裁者"与"监督者"的地位，共和国总统维护宪法的遵守，通过仲裁保证公共权力的正常运作、国家的延续性和国家的独立。宪法第 64 条规定总统应是司法独立的保证者。这些对总统角色加以概括确认的条款远远超越了一般宪政国家对行政分支首脑的角色定位，总统超然于行政、司法与立法之上，俨然成为维护国家运行与稳定的"护国者"。

1958 年宪法，对总统的选举实行的是选举团制，即总统由议会议员、省议

---

[1] 2008 年宪法修改后改为经济社会和环境委员会（Conseil Économique, Social et Environnemental）。
[2] 蒋劲松："论当代法国宪法规定的行政与立法机关关系"，《人大研究》1996 年第 6 期。

会议员、海外领地议会议员以及市议会选出的代表组成的选举团投票选举产生。1962年,戴高乐启动了针对该条款的修宪程序,将其修改为"总统由直接的、普遍的选举产生"。这次修宪是第五共和国宪法发展过程中极为重要的一次修改,它改变了宪政体制的初始设计,使总统职权在权力分立体系中的地位进一步提高,增加了总统权力的权威性与合法性。总统由普选直接产生,意味着总统的权力来自人民的直接授权,具备独立的民主权力基础,从而摆脱了议会对总统行动的束缚,使得总统在第五共和国宪政体系中的作用更加突出。

总统不仅享有崇高的地位,而且掌握广泛的实权。宪法赋予总统的权力分为两类,其一是赋予总统个人的自主权力,包括重要职务的任命权、将议案提交公民的复决权、解散议会权、紧急状态权、向宪法委员会提交法律权。第二类权力是需与总理分享的行政权力,具体是指对政府成员的任免权、主持部长议会、颁布新法律或搁置权、接受与派遣外交代表权、缔约权、军事统帅权、特赦权等。

就重要职务的任命权而言,总统根据宪法有任命总理的权力,虽然宪法规定总理及其领导下的政府对议会负责,但总理在现实中需要得到总统的支持才能顺利行使职权。此外,政府其他成员也应由总理提议交由总统任命。这使总统组建政府的行为摆脱了议会的控制和影响,总统决定总理人选不必像第四共和国时期那样事先征询议会且须得到其批准。宪法第55条还规定总统可以任命宪法委员会中的3名成员,同时可以任命宪法委员会主席。考虑到宪法委员会在第五共和国宪政体制下的重要作用,其成员只有9名,总统的这项任命权的重要性不可小觑。

宪法第11条赋予总统提交公民复决的权力。总统可以就基于政府在议会开会期间所提建议或议会两院联合建议提交公民复决。对于总统而言,这项提交复决的权力类似仲裁权,即当议会两院之间就某项法律议案产生难以调和的分歧时,总统可以通过将其提交公民表决的形式解决。同样,当议会与政府就某项议题意见不同时,一旦公民复决的建议被总统采纳,就可以帮助政府绕过复杂冗长的议会讨论,直接将法案通过全民公决的形式予以实现。虽然全民复决的最终决定权依然掌握在公众手中,但在此之前总统掌握了是否将事项提交公决的权力,全民意志的表达有赖于总统的考量。

总统还拥有解散众议院和参与立法的权力。宪法第 12 条规定总统在咨询总理和议会两院议长后可以宣告解散众议院。这一条款虽然在议会制国家是较为普遍的制度设计，但对于法国则具有特殊性，是为了实现强化行政，解决议会矛盾激化导致效率低下的一个重要手段。在解散众议院的程序中，总理和两院议长仅起咨询作用，决定权实质上归属于总统个人。

由于宪法规定总理对议会负责，议会可能会因党派斗争而滥用倒阁权从而影响政府的稳定，而总统通过掌握解散议会权，可以有效地威慑议会。一旦议会滥用倒阁权，总统可以解散众议院，新的立法选举将改变议会结构，从而有可能使政府能继续存续。值得注意的是，这项解散议会的权力并不是无限的，宪法同时规定议会因解散而改选后 1 年内不得再予解散。这一限制性条款阻止了总统偏袒内阁而滥用解散权。总统还享有有限的参与立法权，宪法第 10 条规定在最终被采纳的法律被交由政府后的 15 天内，总统应颁布法律。在此期限截止前，总统可以要求议会再次考虑法律或部分条款。此项要求不得被拒绝。

宪法赋予总统的一项极为引人注目的权力是紧急状态权。该权力确立了总统在非常时期的"绝对权威"，因此法国总统甚至被称为"共和君主"，可见这项权力之大。"和美国不同，法国总统所行使的紧急权力不受任何司法控制：基于法国的分权原则，法院不能干预包括总统在内的行政活动；宪法委员会也只能在事前审查议会立法的合宪性而非总统的行为，至多只能对总统提出不具约束力的建议。"[1]在总统履行紧急权力之前只须形式上咨询总理、两院议长和宪法委员会。能对总统紧急状态权形成实质性制约力量的只有议会，议会在总统实行紧急状态权时不得被解散条款保证了非常时期议会对总统行为的监督。但是，议会这一唯一的制约权力也是模糊而不确定的，咨询并不是强制性的条件，意味着无法对总统的紧急权形成有效的制约。此外，条文仅规定"以最短时间内恢复宪法上公权运行为目的"，而对总统采取紧急状态的范围和程度并未详加规定，"它赋予总统在国家危难之际，可以采取特殊的手段来拯救国家，结束政治混乱局面的权力，这使得总统可以相对独立地行使其特权，而议会和政府居于次要的地位。"[2]

---

[1] 张千帆：《法国与德国宪政》，法律出版社 2011 年版，第 21 页。

[2] 李晓兵：《法国第五共和宪法与宪法委员会》，知识产权出版社 2008 年版，第 39 页。

（四）政府

在1958年宪法中，行政分支被设计成了两个机构，其一是总统，另一个就是政府。宪法不仅如戴高乐所愿塑造了一个掌握实权的强权总统，还产生了一个相对稳定有效的政府。按照宪法与组织法，政府由总理、国务部长、部长、部长级代表和国务秘书组成。总理由总统任命，政府组成人员经总理提名由总统任命。根据宪法第20条，总理对议会负责，政府由总理领导并实行集体负责制。在第五共和国这种双行政首脑的体制下，因为总统能够根据自己的意志任命总理，议会也能根据"总理对议会负责"条款通过不信任投票迫使总理辞职，导致总理的任命权与罢免权分属不同的机关，所以如果总统和总理出自不同的政党联盟，就会造成总统和总理的分歧矛盾冲突激化难以调解，出现左右共治，就是行政双头制的特殊情况。

虽同为行政分支的组成部分，但政府与总统在职权上仍有分工，政府负责内政的日常工作，履行宪法赋予的或议会授权的立法权。从宪法第21条看，总理领导政府的正常运行，并应保证法律的履行。内阁会议是政府决策的主要机制，但宪法却规定由总统主持内阁会议，总理只能根据明示的委托代替总统在某些议程中主持会议。由此可知虽然总理是政府的首脑，但其职权与地位并不能与总统同日而语，国家和政府的重大事务控制与决策权并没有掌握在总理手中。总理在现实中往往成为政府各部门之间的协调者，其主要工作是代替总统应对内政的经常性事务，"总统任务的性质、范围和期限意味着他不要无休止地全神贯注于政治、议会、经济和行政上的经常性事务。相反，这是法国总理的复杂任务。"[1]

另一方面，虽然总理及其政府处于行政权的弱势地位，但宪法仍然规定了总理对总统权力的限制条款，在宪法第19条中，除第8条第1款，第11、12、16、18、54、56和61条规定的决定外，总统的决定需总理的副署，在某些情况下需获得部长的副署。

---

[1] 吴国庆：《当代法国政治制度研究》，社会科学文献出版社1993年版，第50页。

1958年宪法虽然强化了总统职权，但为了尊重法国长期形成的议会制传统，宪法规定总理及政府对议会负责，其形式包括总理或部长每周要接受议会质询、需向议会提出施政纲领和政策声明以及当议会通过不信任案时需向总统提出辞职。另一方面，宪法也不忘规定政府之行政权与议会之立法权的分权。传统的法国宪法中并不禁止议会议员身份与政府职能人员身份的竞合，但在设计1958年宪法时，为了防止政府总理或部长因兼任议员而忠于议会的政治党团导致政府不稳情况的出现，在第23条中规定总理和部长不能兼任议会议员，这种人事上的分权要求议会和政府成员独立行使立法权和行政权，不得相互干涉，在制度上敦促政府成员维护政府的稳定和团结，排除来自议会党团政治的干扰，专职于本职工作并提高行政效率。

（五）议会

　　组织结构上，1958年宪法规定议会由参议院与众议院两院组成。与美国的两院制有所不同的是在第五共和国宪法框架下的两院地位并不平等，众议院权力显著大于参议院。根据宪法第39条，两院议员虽然都享有议案的提出权与审议权，但议案类型中最为重要的财政议案众议院享有先行审议权，即必须先由众议院审议后才能提交参议院。宪法第45条则规定所有法律草案和议案都须由议会参众两院审议通过。若两院意见不一致则由总理召集两院联席会议进行协商，如仍不能达成协议则政府可以要求众议院做终决，程序上的这一设置使众议院掌握了参议院无法享有的最终议定权。此外，第49条还赋予众议院倒阁权，即对政府可以进行不信任案表决的权力。另一方面，宪法也赋予参议院一定权力以防止众议院一权独大，参议院摆脱了以前宪法中的咨询机构的身份，真正开始参与到立法程序中，体现了制宪者希望议会中参议院与众议院能够形成互相牵制之局势，进而实现削弱议会立法权、加强行政权之最终目标。

　　首先，从议会会期看，1958年宪法规定将议会的会期划分为两段，第一段在秋季为期两个半月，专注于国家预算的审查，另一个会期则安排在春季，最长不超过三个月，用以审议法案。此外，在政府或半数以上议会议员认为必要时可以要求召开临时会议,但若临时会议是由议员发起召开,则会期不得超过十二日且应在议程完毕后立即解散。宪法对议会会期的严格限制的目的在于在政府向议会负责的宪法精神的指引下赋予政府尽可能大的施政空间。

其次,从立法范围看,1958年第五共和宪法开创性地创造了以列举的方式限定议会立法范围的方式。宪法第34条规定,关于人民的权利义务、公权机关的组成与权限由法律规定,除此之外对于国防、教育、社会权以及地方自治事务也由法律作原则性的规定。依据宪法第37条第1款之规定,除上述列举之事项,其他事项完全属于命令规定的范畴,即在此领域内属于总统、总理及部长等行政分支机构的职权范围。其目的是防止议会以立法的形式侵犯行政权。在第五共和国1958年宪法中,议会权力被总统和政府分割,总统可以根据政府的提案将其提交全民公决从而越过议会直接促成立法。

再次,从议会的议程看,1958年宪法没有采取一般议会制国家所采用的将议会组织、议事规则等内容归属议会自律的做法,而是将其事无巨细地规定在宪法条文中。考虑到第四共和国时期议会召开时间过长、干扰行政权的弊端,在1958年宪法第48条第1款规定议会审议法案的议事日程由政府排定,对进入议程的法案可由议员或政府提出。这样通过宪法赋予安排议会议程的权力,政府可以选择安排自己提出的或对自身有利的法案优先进行审议。在1995年修宪中,虽然增加了可由议会自主定立议事日程的规定,但其仅限于每月行使一天,无法取得立竿见影的实际效果。如此苛刻地限制议会的议程与决议,其目的就是要迫使议会提高议事审议效率,排除立法机关对行政机关的不当干扰。

第四,从议会的表决看,宪法第44条第3款规定基于政府的要求,议会得将其提出的议案进行表决。一旦强制表决,议会必须就政府法案的全部或部分予以一次表决。这让议会对政府提出的议案只能进行是或否的限定选择,其目的是为了防止议会对政府议案进行改动,迫使议会终止对议案的讨论。宪法49条第3款则规定总理可以以通过某项议案为由向议会提出要求信任案以决定政府的存续,除非议会在24小时内提出不信任案,否则议案就被视为通过。宪法上对议会表决制度的设计再一次确立了行政机构相对于立法机构的优势地位,总理及政府分享了原本完全属于议会的立法权力。

第五，从议会的监督权来看，最重要的手段是提出对政府的不信任案，根据宪法第 49 条第 2 款规定，不信任案须经众议院至少 1/10 议员联署才能提出。在提出不信任案后 48 小时后可进行表决。不信任案的投票统计只以赞成票核算，且需要获得绝对多数票方能通过。这些条件使得在实践中不信任案的通过极为困难，自 1958 年宪法通过以来实际成功的例子仅有一例[1]。其次，众议院还有权对总统行使弹劾权。宪法第 68 条规定总统对其职务上的行为除叛国行为外不负任何责任。除非经议会两院公开一致的、并获得两院议员绝对多数通过之表决外，不得予以弹劾。宪法的规定表明行使对总统的弹劾权明确限于发生叛国行为的范围之内，这使得弹劾总统的可能性发生的概率微乎其微。自 1958 年以来，尚未发生总统被议会弹劾之事项。相较于第四共和国时期，议会的监督权被大大削弱。

图 1　议会、总统和总理及政府关系图

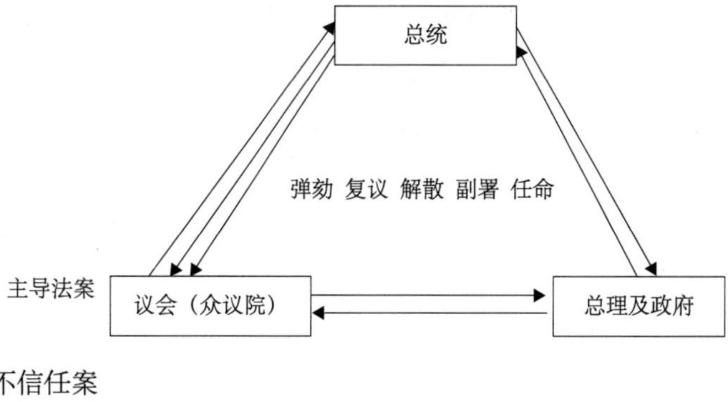

```
                    总统
                   ↗↙  ↘↖
              弹劾 复议 解散 副署 任命
         ↗↙                      ↘↖
主导法案 议会（众议院） ⇄ 总理及政府

提出不信任案
```

（六）司法机构

法国的法院体系极具特色，由若干法院和法院系统组成，包括普通法院系统、行政法院系统、权限争议法院（Tribunal des Conflits）、特别高等法院（Haute Cour de Justice）与共和国法院（Cour de Justice de la République）。

---

[1] 1962 年，因与众议院就总统选举方式问题发生争议，蓬皮杜（Georges Pompidou，1911—1974）政府被众议院以不信任案形式罢免。

普通法院系统负责刑事案件与民事案件的审判，由初审法院、上诉法院和最高法院组成。

初审法院由民事初审法院和刑事初审法院组成。民事初审法院由便利法院（Juridiction de Proximité）、低级初审法院（Tribunal d'Instance）、高级初审法院（Tribunal de Grande Instance）、社会保险事务法院（Tribunal des Affaires de Sécurité Sociale）、商业法院（Tribunal de Commerce）、劳资法院（Conseil des Prud'hommes）组成。便利法院、低级初审法院与高级初审法院管辖权划分的依据主要是所涉财产标的额与所调整法律关系；社会保险事务法院、商业法院与劳资法院则由法律设定赋予特定事务的专属管辖权。刑事初审法院由便利法院（Juridiction de Proximité）、违警罪法院（Tribunal de Police）、轻罪法院（Tribunal Correctionnel）和重罪法院（Cour d'assises）组成。这四类刑事初审法院的管辖权划分的依据主要是所涉犯罪的严重程度。此外，针对未成年人犯罪专门设立了针对未成年人的司法机关（Juridictions pour Mineur），包含少年法官（Juge des Enfants）、少年法院（Tribunal pour Enfants）和少年重罪法院（Cour d'assises des Mineurs）三个层次的机构。

上诉法院（Cour d'appel）为民事初审法院与刑事初审法院案件的上诉法院，其主要职责是负责对不服一审判决的案件进行二审。最高法院（Cour de Cassation）是普通法院体系的最高级法院，其目标是确保法律的正确适用，因而最高法院在处理上诉案件时并不对案件事实进行审查而只审查原审法院判决在适用法律上是否正确。

行政法院在法国具有悠久的历史渊源，历经多次改革最终形成了由行政法庭（Tribunal Administratif）、行政上诉法院（Cour Administrative d'appel）以及最高行政法院（Conseil d'État）组成的行政法院系统。[1]

权限争议法院是为解决法国两大主要法院系统因管辖而产生的纠纷而设立的。其主要职责一是解决普通法院和行政法院因职权交叉产生的管辖权冲突，二是当前述法院就同一类案件作出冲突判决时，可对该案直接进行重审。

特别高等法院与共和国法院是针对特定对象的兼具政治性与司法性的特殊法院。1958年宪法所设立特别高等法院的管辖职责是审理总统在任职期间与其

---

[1] 由于本章第四节，将专门就法国行政法院做出阐述，所以这里我们就不再展开。

职责不相符的重大失职行为；共和国法院则针对政府主要成员的重大失职行为进行审理。

（七）宪法委员会

在1958年宪法中，以专章的形式对宪法委员会作出规定。严格地说，宪法委员会既有司法特性，又具有政治特性。宪法委员会由九人组成，总统、参议院议长和众议院议长分别可任命三名成员，其中委员会主席由总统任命。这九名成员的任期为九年，每三年更换1/3人选。"执法和立法三元首——总统和两院议长——的联合提名，使之得以超越日常的政党政治。"[1] 此外，为增强宪法委员会的权威，宪法还规定退任的前总统是宪法委员会的当然成员。宪法委员会的职责和作用决定了对其成员的任命需要考虑其法律背景与政治经历。"在迄今为止的48次提名中，宪法委员会成员包括议员22名、部长14名、律师12名、最高行政法院法官和法学教授各11名及最高法院法官四名。只有八名成员不属于任何政治团队，只有11名成员缺乏法律训练。"[2]

宪法制定者在宪法中设置宪法委员会的初衷是通过建立一个客观中立的司法机关，维护法国的三权分立传统，防止立法权侵吞行政权，维护政局的稳定。

首先，宪法委员会对宪法中有关议会程序与规则以及"宪法性法律"、"组织法"享有最高解释效力的权力。在法国，处于法律位阶的规范根据对象的性质与重要性划分为"宪法性法律"、"组织法"与"普通法"三类。涉及宪法条文的修正以"宪法性法律"形式发布，关于国家宪政机关的组织和职权以及涉及财政法与社会法等则由"组织法"进行调整，除此之外其他一般的法律属"普通法"。根据宪法的规定，对"宪法性法律"与"组织法"须经宪法委员会合宪审查才能颁布。此外宪法第61条规定，对于组织法和列入宪法并与议会组织与权限等议会程序规则的条款，宪法委员会不仅是被动的最终有权解释机关，而且还须自动地在颁布前履行合宪审查的程序，这就使得议会借由修宪或立法扩大自身权力变得难以实现。

---

[1] Elisabeth Zoller, Droit Constitutionnel, PUF, 1999, p. 203.
[2] 张千帆：《法国与德国宪政》，法律出版社2011年版，第30页。

其次，宪法赋予宪法委员会审查普通法的权力。宪法第61条第2款规定在法律未公布前，总统、总理、众议院议长或参议院议长、60名众议员或参议员联合起来可以把法律提交宪法委员会审查。与前述"宪法性法律"与"组织法"不同的是，宪法委员会对"普通法"的合宪审查并不是强制性的，而是取决于有权机关是否主动提交审查。这种审查"是一种事先的审查，必须在被议会通过之后和被总统正式公布之前提请审查。同时，这又是一种抽象的审查，它在一般意义上涉及合宪性问题，和具体的诉讼没有任何联系。"[1] 在宪法制定之初，有权提请审查的主体限于总统、总理与两院议长。在1974年宪法修正案中，为保护议会少数派的利益，提供挑战议会法案合宪性的机会，修正案扩大了提请合宪审查的主体范围，60名众议院议员或60名参议院议员也有权向宪法委员会提出要求审查普通法律合宪性。"在议会多数与少数发生冲突的情况下，只有法官（宪法委员会）才有权在两种相反的立场中作出决定。"[2]

再次，宪法委员会根据宪法确保选举的合法性和公正性。宪法第58条规定宪法委员会监督保证总统选举，审查申诉并宣布选举结果。第59条接着规定了宪法委员会还有权监督议会选举的过程。宪法授予宪法委员会监督公民复决并宣布复决结果的权力。通过监督总统选举、议会选举和公民复决三个层次的选举，宪法委员会成为国家级别选举事务的监督者和守护者，使选举事务脱离立法与行政领域而纳入司法管辖的范畴。

最后，总统在行使紧急状态权前，必须向宪法委员会咨询；总统在紧急状态时实施措施也要咨询宪法委员会意见。

（八）2008年的最新修宪

2007年，尼古拉·萨科奇（Nicolas Sarkozy）竞选总统成功后推动一项全面政治体制改革，并于2008年成立由前总理爱德华·巴拉迪尔（Édouard Balladur）领衔的并由多党派人士组成的宪法修改委员会进行方案研究。2008年7月21日，法

---

[1] 李晓兵：《法国第五共和宪法和宪法委员会》，知识产权出版社2008年版，第84页。

[2] Rogoff, French Constitutional Law, Carolina Academic Press, p. 230.

国参众两院以539票赞成、357票反对的微弱多数通过了宪法修改的方案，即"第五共和国国家机构现代化宪法性法律"（Loi constitutionnelle de modernisation des institutions de la Ve République）。[1] 这是法国1958年宪法颁布之后的第24次修改，[2] 也是自1962年以来最重大的一次宪法改革。[3]

2008年是法国第五共和国成立50周年，同时也是1958年宪法颁布50周年。在这一年进行宪法修改，一方面是法国总统萨科奇为了兑现竞选诺言，另一方面是因为1958年宪法本身存在着一些欠缺。按照意大利著名比较法学者卡佩莱蒂（Kappelletti）教授的观点，为了扩大行政权力，适应欧洲现代立宪主义发展的潮流，法国1958年宪法背弃了议会至上的传统，这部宪法不是被设计为具有哲学、道德和政治方针性质的宪法，而是一部真正的法律；不是一部高级法，而是一部内容具体的法律。[4] 法国2008年的宪法改革，实际上是对不断增长的民主化进程和公民权利要求的一次重大调整和回应。

这次修宪的最显著变化是赋予普通公民在诉讼中可以要求法院将涉及具体案件的普通法律提交宪法委员会进行审查的权利。2008年宪法修正案通过间接审查的方式使公民成为申请合宪审查权的主体，且申请审查的范围是已经颁布的普通法律，这相较于以前宪法委员会只能审查尚未颁布法律的做法有很大改变。公民如果认为诉讼中所涉及的法律违背宪法，可以要求法院将其提交最高法院或最高行政法院，由其决定是否提交宪法委员会审查。自此，法国的违宪审查机制真正落实到了公民的层次，使得普通公民也有权利请求违宪审查。

2008年修宪另一个主要方面是加强了议会并适当削弱了总统权限。从1958年宪法制定之初，宪法就是朝着强化总统与政府权力，弱化议会权力的方向发展的。

---

[1] 根据法国第五共和国宪法第89条的规定，修改宪法的途径之一是由共和国总统决定将修宪草案交付议会两院联席会议以有效票五分之三的多数表决通过。此次修宪就是采用了这一方式，539票仅仅比法定的五分之三赞成票多了1票。

[2] 关于这次宪法修改的背景和主要内容，可参见法国宪法学会主席贝特朗·马修的论文："改变第五共和国而不背离"，《国家行政学院学报》2009年第5期，张丽娟译。

[3] 1962年，在戴高乐的推动下，法国修改了总统选举方式，总统由选民直接选举产生。这一修改是对第五共和国政体的重大调整。

[4] Cynthia Vroom, Constitutional Protection of Individual Liberties in France:the Conseil Constitutionnel since 1971, Tulane Law Review, December, 1988, p. 275.

在长期的宪政实践中这种倾向导致了议会地位的显著下降，难以发挥立法机构应具有的作用。1962年以来，普选产生国家元首，实行五年任期以及调整议会选举日期，已经改变了代议制的原来面貌。国家权力向行政倾斜，第五共和国半议会、半总统制已经演变为某种超级总统制。

2008年修宪对总统权力进行限制，规定总统在任命宪法委员会等高层次职务时要征询议会的意见，且规定若议会3/5议员反对总统不得任命该人选。对于总统的紧急状态权力也加以限制，规定在宣布紧急状态30天后，宪法委员会可以依申请审查紧急状态的必要性；在宣布60天后，宪法委员会也有权主动审查。在总统的任职条件方面，新修宪向其他国家看齐，规定总统任期不得超过两届。

针对修宪前议会权力弱势的弊端，修正案扩充了议会部分决定议会议程的权力，一定程度上夺回了对议会议程的控制权。同时规定政府的命令必须经过议会的批准，保证了立法过程由议会主导。对于对外军事行动，议会可以发挥监督的权力，政府海外军事行动须三天之内告知议会，超过四个月的海外驻军必须得到议会的批准。

四、重大宪法判例

（一）1962年"全民公决法"裁决

1. 背景

1962年11月6日的"全民公决法"裁决是宪法委员会成立之后做出的一项重大判决，也引起了法国社会各界的广泛争议。这一裁决的社会背景是，1962年在戴高乐的领导下，困扰法国多年的阿尔及利亚问题得到解决。7月1日，阿尔及利亚宣布独立，从而结束了法国在阿尔及利亚132年的殖民统治和持续了7年半之久的阿尔及利亚战争。这一方面提高了戴高乐在民众中的个人威望；另一方面许多传统的议员认为危机已经过去，应当收回政府的权力，重新加强议会的权力，使国家政体恢复到过去的轨道。于是在议会中出现了一个政府反对派，政府和议会的斗争日趋激烈。[1]

---

[1] 参见吕一民：《法国通史》，上海社会科学出版社2002年版，第360—361页。

为了第五共和国政体的延续，进一步提高总统的地位，戴高乐决定修改宪法，通过直接选举产生总统。1962年8月22日，戴高乐总统遇刺，幸免于难。他利用这次机会，加快了修宪的行动。1962年9月底，他通过电视讲话提出了将总统的选举方式由间接方式改为普遍的直接选举的计划。这个动议遭到了几乎所有法国传统政治家的强烈反对，因为在他们看来，总统的权力已经够大的了，直选将进一步加强总统的地位，法国就成为实质上的总统制，从而破坏国家各个权力机构的平衡，损害民主制的根本原则。事实上，在法国历史上只有1848年第二共和国宪法规定了总统由公民直接选举产生，结果导致了路易-拿破仑·波拿巴的政变和独裁，[1] 他们担心出现同样的后果。但是戴高乐决意进行这场政治赌博，1962年10月28日进行了全民投票，占全国人口62%、超过1300万的选民赞成了总统修改宪法的方案。

2. 裁决

当时的法国参议院议长加斯东·莫内维尔（Gaston Monnerville）于1962年11月3日向宪法委员会提出审查申请，要求对以全民公决方式通过的法律的合宪性进行审查。他指出，只有援引宪法第89条才能正当地修改宪法，而对任何其他可能性的许可都会使组织法、宪法与普通法律之间的"根本区别变得毫无意义"。这位议长还争辩说，即使选民行使权利也只有在尊重宪法所确立的规则和程序的前提下方为合法，否则就会造成"不仅是对法律也是对国家机构的稳定性的破坏"。[2]

宪法委员会经过审理，认为"根据立宪的精神，宪法委员会是被作为国家权力活动的调整机关，宪法第61条所指的法律仅仅是指由议会通过的法律，而不包括通过全民公决的方式由人民直接表达国家主权问题的法律。"因此，"宪法委员会无权就参议院议长提交的申请作出决定。"[3] 这部法律于1962年11月8日颁布施行，最终改变了法国总统的选举方式。

3. 影响

宪法委员会的这个裁决是曾经引起外界最猛烈批评的决定之一。在决定宣布

---

[1] 许振洲：《法国议会》，华夏出版社2002年版，第206页。
[2] 参见王振民：《中国违宪审查制度》，中国政法大学出版社2004年版，第67—68页。
[3] 宪法委员会62—20DC号"关于直接普遍选举共和国总统法律"的裁决，1962年11月6日。

的第二天，参议院议长莫内维尔就在《世界报》上发表评论，题目是"宪法委员会刚刚自杀"，他质问："如果宪法委员会都没有能力去审查如此明显而严重的违宪行为，那么在这个国家中谁又能担负此任呢？"[1] 事实上对于这一裁决，宪法委员会内部的意见分歧也很大，当时的 10 名成员——第四共和国卸任总统樊尚·奥里奥尔（Vincent Auriol，1884—1966）也特意参加了会议——是以 6 票赞成 4 票反对作出了裁决。

参议长的批评尽管颇为刺耳，但是，如果站在宪法委员会的立场上来考虑，排除对全民公决通过的法律进行审查的决定是明智的。如果当时它作出了相反的决定，则意味着将 9 个人的意志凌驾于人民主权之上，[2] 势必遭到更加强烈的反对和谴责，甚至有可能会引起戴高乐总统的激烈反应，面临被撤销的命运。[3] 所以，与参议长的意见相反，通过这个重要的裁决，宪法委员会不但没有自杀，反而得以幸存。[4] 若干年之后，乔治·韦德尔（Georges Vedel，1910—2002）在《世界报》（1971 年 12 月 30 日）上撰文指出："在 1958 年的制度下，宪法委员会没有全面的权力。它只是一个被授权的仲裁者。一些批评者不公平地对它进行了抨击。……从法律上说，樊尚·奥里奥尔和加斯东·莫内维尔指责宪法委员会逃避责任是错误的；从政治上说，他们的批评不应针对宪法委员会的谨慎，其实是宪法的制定者限制了它的作用。"[5] 这一评论是比较客观和公允的。

在 2008 年法国宪法修改中，对于全民公决法律的合宪性审查问题作了明确的规定。法国议会两院 2008 年 7 月 21 日通过的"第五共和国国家机构现代化宪法性

---

[1] Le Monde, 8 Nov. 1962.

[2] 宪法第 3 条规定："国家主权属于人民，人民通过自己的代表和通过公民复决来行使国家主权。"

[3] 关于这一点，有必要对照一下最高行政法院所曾经面临的考验。法国总统戴高乐通过 1962 年 6 月 1 日的命令（ordonnace）设立了军事法庭，以专门审判卡纳尔（Canal）等三名发动阿尔及利亚军事叛乱的军官。这三名被军事法庭判处死刑的军官上诉至最高行政法院，质疑军事法庭的合法性。1962 年 10 月 19 日，最高行政法院撤销了总统设立军事法庭的命令。这一判决引起了极大的反响，使最高行政法院面临巨大的政治压力。1963 年 1 月 15 日议会通过新法律，授权总统的命令有效，推翻了最高行政法院的裁决。政府还成立了一个调查研究小组，企图改组最高行政法院，最后因各种原因不了了之。行政法院作为一个历史悠久的机构尚且遭受如此非难和指责，新生的宪法委员会所面临的处境就可想而知了。关于 1962 年的"卡纳尔案"可参见龚祥瑞：《比较宪法与行政法》，法律出版社 2003 年第 2 版，第 236—237 页。

[4] Dominique Rousseau, Droit du Contentieux Constitutionnel, 7ᵉ édition, Montchrestien 2006, p. 65.

[5] 转引自 Louis Favoreu et Loïc Philip, Les Grandes Décisions du Conseil Constitutionnel, 13ᵉ, édition, Dalloz 2005, p. 181.

法律"第 28 条规定，根据宪法第 11 条之规定提交全民公决的法律草案，应事先接受宪法委员会的审查。这一修改理顺了违宪审查与民主的关系，既保证了法律的合宪性，又维护了民主表决的正当性，避免宪法委员会与全民公决背后的人民意志发生冲突。

（二）1971 年"结社自由案"裁决

1. 背景

在 19 世纪的法国，结社自由权受到较大的限制。[1] 1789 年的《人权宣言》第 11 条仅仅确认了公民的言论、著述和出版的自由，并未对结社自由作出规定。1791 年宪法也未对保障结社自由作出规定。相反，1810 年的《法国刑法典》第 291 条规定，只有在获得政府同意的条件下，才能组成超过 20 人的社团。直到 19 世纪末，对这一基本权利的保障才开始受到议会的重视。1884 年，议会立法承认工会和贸易组织的活动自由；1898 年进一步承认了合作社自由。关于结社自由的最为重要的成果是 1901 年制定的《自由结社法》，该法取消了 1810 年刑法第 291 条对社团成立进行事前控制的做法，在结社自由方面有了重大的进展。

《自由结社法》对社团成立的规定主要有：[2]

"第 2 条：个人可自由结社，无需官方批准或事先宣告，但如果不符合第 5 条的规定，它们就不享有法律资格（capacité juridique）。"（关于结社权利）

"第 5 条：所有期望获得第 6 条所规定的法律资格的社团，均须通过其创建人的活动使自身公开。"（关于结社程序）

"第 6 条：每一个正常声明的社团皆无需任何特殊批准，即可在法院诉讼、获得财产等。"（关于法律资格）

尽管 1901 年法对结社自由也作了一定的限制，例如第 3 条规定，"基于非法目的、违背法律或良好道德，或其目标是为了削弱国家的领土完整或政府的共和

---

[1] 参见张千帆：《西方宪政体系》下册，中国政法大学出版社 2001 年版，第 76—77 页。
[2] 参见宪法委员会网页，载 http://www.conseil-constitutionnel.fr/dossier/loi1901/loi.htm。最后访问日期：2006 年 12 月 28 日。

形式"的社团"一律无效";第 7 条规定,可以由民事审判庭宣布解散第 3 条所涉及的社团,并可对违法者处以罚款、监禁等处罚。但是,有一点是确定的,即公民结社无需官方批准,只需登记就可获得社团法人资格。换言之,法律禁止政府对结社行为进行事先的审查和限制,政府只能在事后对违法者进行追究和惩罚,这成为法国的一项基本法律原则。

不过在 20 世纪 30 年代,为了打击法西斯主义的暴力活动,维护社会治安,法国议会于 1936 年通过了"武装团体和私人自卫队法",政府有权对具有煽动和宣扬暴力,进行违法的武装游行等行为的社团予以解散。

1971 年,为了加强对左派组织的控制,右翼的政府提议通过立法修正 1901 年的法律。对 1901 年法律进行修订的起因是"人民事业之友"(les Amis de la Cause du Peuple)事件。在 1970 年 5 月,蓬皮杜(Georges Pompidou,1911—1974)政府根据 1936 年法解散了一个左翼组织。作为抗议,萨特(Jean Paul Sartre,1905—1980)等知识分子成立了一个新组织,取名"人民事业之友"——与被解散的组织名字相同。根据 1901 年法的第 5 条,该组织的发起人向巴黎市警察局进行登记,以获得社团的法人地位。警察局长认为新组织是被取缔的旧团体之翻版,因而根据内政部长的指示拒绝发放"申请回执"(récépissé)。"人民事业之友"的发起人遂向巴黎行政法院提起诉讼。1971 年 1 月 25 日,巴黎行政法院作出一个判决,认定巴黎警察局的行为无效,予以撤销。[1]

在这种情况下,政府提议通过立法来修改 1901 年法律。1971 年 6 月 11 日,政府提出了关于补充 1901 年 7 月 1 日《自由结社法》的法律草案。草案要求由司法机关根据警察局长或者省长或者大区区长的提议对某些结社活动进行事先审查。在政府的努力下,国民议会通过了这项法案。但参议院议长阿兰·波埃(Alain Poher)在朋友的劝说之下,经过一番犹豫和权衡,最终根据宪法第 61 条请求宪法委员会对该法案进行合宪性审查。

2. 审查

71-44DC 号裁决,1971 年 7 月 16 日

宪法第 5 条和第 7 条以及 1901 年 7 月 1 日法令关于社会团体的规定;

---

[1] 参见张千帆:《西方宪政体系》下册,中国政法大学出版社 2001 年版,第 79 页。

宪法第 61 条第 2 款；

参议院议长提请审查：

根据宪法特别是它的序言；

根据 1958 年 11 月 7 日法令所规定的宪法委员会组织法，特别是第二章的规定；

根据 1901 年 7 月 1 日法关于结社的法律，及其修改内容；

根据 1936 年 1 月 10 日法关于武装团体和民兵组织的规定。

a. 鉴于，提交到宪法委员会裁决的法律在议会从 1971 年 4 月 2 日开始集会期间，在遵守宪法规定的程序下，已经由议会两院投票通过；

b. 鉴于，由共和国法律和宪法宣言庄严确认的为数众多的著名的基本原则中，包括了结社自由的基本原则；这一原则是 1901 年关于社团法律的一般条款的基础；根据这一原则，通过一个事前的公开声明，公众拥有自由结社和自由表达的权利；因此，除了对某些特殊类型的结社需要采取措施以外，社团的形成不得由行政权力或司法权力事先进行干涉，即使它们可能看起来不合法或具备非法目的；

c. 鉴于，在该法案颁布之前其文本已经提交给本委员会做合宪性审查，即使它没有对未事先声明的结社的成立作任何改变，该法案的第 3 条试图制造一个程序，依据这个程序，事先声明的结社的法律效力的获得可以由法院对它的合法性进行事先审查；

d. 鉴于上述原因，因此宣布该法案的第 3 条违宪；

e. 考虑到该法的起草、采纳有关条文或议会的立法辩论中，都看不出以上引用的条款与法律的其余部分不可分离；

f. 最后考虑到，这部法律的其他条款与宪法没有冲突之处。

决定：

受审查法律的第 3 条被宣布违背宪法，宪法委员会在今后的审查中将 1901 年 7 月 1 日法的第 1 条和第 7 条作为审查的依据。

经过审查，宪法委员会宣布这项法律的第 3 条、第 7 条无效，因为它破坏了法国 1901 年的《自由结社法》所崇尚的结社自由，该原则是"由共和国宪法和法律庄严认可的根本性原则"。在这个裁决中，委员会强调，它今后将会把包括 1958 年宪法序言在内的宪法文本作为判决的准绳，该序言本身又包括 1789 年的《人权宣言》,包括"特别为我们这个时代所必需"的经济和社会权利的 1946 年宪法序言。

3. 影响

事实上,在 70 年之前,1901 年《自由结社法》在制定时就因为激烈的争论而非常有名;70 年之后,对于它的修改又引起了新一轮的热烈讨论。正如让·里韦罗教授所指出的,在法国,除了刑事法官的判决很荣幸地会在新闻界引起震动之外,其他判决很少成为媒体关注的焦点,而 1971 年 7 月 16 日宪法委员会的裁决则打破了这一惯例。[1]

不过,1971 年 7 月 16 日裁决的意义并不仅仅在于引起舆论对宪法委员会工作的关注,更重要的影响是,它导致了一场切实的法律革命,打破了法国的法律传统,特别是推翻了法律至上的原则。所以,"自由结社裁决"被视为宪法委员会作出的最重要的裁决之一,它对于法国违宪审查制度具有奠基作用。特别要指出的是,这一裁决是在戴高乐将军离开法国政坛并逝世之后作出的,因而更有象征意义。具体而言,它所产生的政治和法律影响至少有三个方面。

首先,重新确立了宪法委员会的角色定位。这一裁决与以往相比,有一个重大的突破:过去的裁决只是判断议会立法所涉及的事项是否逾越了宪法 34 条规定的界限,或者裁决其是否违反法定程序。总之,宪法委员会不对法律的实质内容进行审查,只局限于程序问题,而"自由结社裁决"开始对法律的实质内容是否侵害公民的基本权利和自由进行判断,由此在法国开创了从实体上对法律进行审查的先例,因而在法国宪政史上具有重大的里程碑意义。很明显,从此以后,"法治国"将对代议制民主作出限制:对于"公意"存在着两种竞争性的解释——议会和宪法委员会,没有人可以断言"因为你在政治上是少数派所以你在法律上就是错误的"。[2]

这一裁决也改变了宪法委员会自身的性质,被视为宪法委员会的"第二次出生"。[3] 由于宪法委员会通过裁决来审查法律议案的内容是否侵犯公民权利,实质上同时起到了监督政府和议会的权力的作用,因此它的立场更加中立和独立。这

---

[1] Louis Favoreu et Loïc Philip, Les Grandes Décisions du Conseil Constitutionnel, 13ᵉ édition, Dalloz 2005, p. 245.

[2] Dominique Turpin, Mémento de la Jurisprudence du Conseil Constitutionnel, 2ᵉ édition, Hachette 2000, p. 34.

[3] Pierre Avril et Jean Gicquel, Le Conseil Constitutionnel, 5ᵉ éditon, Montchrestien 2005, p. 36.

一裁决提高了宪法委员会的地位和声誉，它作为公民基本权利保护者的形象也越来越受到普通民众的支持和欢迎。

其次，承认了宪法序言的司法价值。在这一裁决的审查依据中，宪法委员会使用了如下措辞："根据宪法，特别是它的序言……"从这个裁决开始，1958年宪法的序言、1789年《人权和公民权利宣言》以及1946年宪法序言具备了与宪法条款同样的司法价值和效力。[1]

在第四共和国制度下，根据1946年宪法的规定，宪法序言被明确地排除在宪法理事会（Comité constitutionnel）的权力范围之外。宪法理事会的职权是审查议会表决通过的法律在颁布之前是否要先进行修凭，[2]理事会只能对宪法第1—10章条文的修改可能性作出裁决，不包括宪法序言在内。[3]而最高行政法院也不愿宣布一个行政行为因为违背宪法序言而无效，在没有法律依据的情况下，它宁愿选择"法律的基本原则"作为审查依据。

到了第五共和国，在"结社自由裁决"之前，有一些关于宪法序言应当具有宪法价值的主张，理由包括：1958年宪法第1条本身就包括在宪法序言之中；关于宪法委员会职权的规定中并没有明确排除宪法序言作为审查依据等。[4]但是上述意见并未真正在宪法委员会的裁决实践中被采纳，而且，最高行政法院继续保持对宪法序言的司法效力保持怀疑的立场。

在作出"结社自由裁决"之后，情况就明确了：宪法序言成为宪法不可分割的一部分，具有与宪法正文同等的价值和效力。这一结论同样得到了最高行政法院的尊重。

最后，为"由共和国法律所确认的基本原则"提供了注解。无论是在1789年《人权宣言》还是在1946年宪法序言中都没有明确提到"结社自由"的内容。对此，宪法委员会在裁决中进一步写道："在由共和国法律所确认的并由宪法序言所

---

[1] 1958年宪法序言第一段内容是对1789年《人权和公民权利宣言》和1946年宪法的再次确认："法国人民庄严宣布忠于1789年人权宣言所规定的并由1946年宪法的序言加以确认和补充的各项人权和关于国家主权的各项原则。"

[2] 1946年宪法第91条第3款。

[3] 1946年宪法第92条第3款。

[4] Dominique Turpin, Mémento de la Jurisprudence du Conseil Constitutionnel, 2ᵉ édiion, Hachette 2000, p. 34.

重申的基本原则中,应当包括结社自由原则。"这是第一次明确对"由共和国法律所确认的基本原则"的实质内容作了解释。

事实上,"由共和国法律所确认的基本原则"的概念在1946年宪法序言中就提出了,但是,这些原则的具体内容是什么?对此并没有明确的答案。唯一的一个例外是1956年7月11日由最高行政法院所作的一个判决,即"巴黎安南人联谊会"判决,该裁决肯定了公民的结社自由,但并未引起反响。宪法委员会的这个裁决使这个问题重新被提及,并且给出了明确的答案。在这之后,宪法委员会多次提到了这个富有弹性的、"全能的原则",并且不断发掘出新的内容。

总之,"自由结社裁决"对于法国宪法委员会就相当于"马伯里诉麦迪逊案"之于美国联邦最高法院。[1]通过这个裁决,宪法委员会不但改变了违宪审查的性质,同时也改变了自身的性质。宪法委员会从过去监督议会的政治平衡机构转变为以维护公民权利为主要职责的宪法守护者。

(三)马斯特里赫特条约裁决[2]

1. 背景

1991年12月9至10日,第46届欧洲共同体首脑会议在荷兰的马斯特里赫特(Maastricht)举行,与会各方通过并草签了《欧洲经济与货币联盟条约》和《政治联盟条约》,合称《欧洲联盟条约》,即《马斯特里赫特条约》。这一条约是对1958年1月1日生效的《罗马条约》的修订,它是欧洲联盟成立的基础,同时为欧共体建立政治联盟和经济与货币联盟确立了目标与步骤。

法国1958年宪法第6章"国际条约和协定"规定了国际条约的批准权、批准

---

[1] Bernard Chantebout, Droit Constitutionnel, 22ᵉ édiion, Armand Colin 2005, p. 392. 当然也有人持不同意见,认为在这之前,法国就有实质上的违宪审查了。从1959年到1971年,宪法委员会已经审查了22部法律,包括16部组织法和6部普通法律,并且宣布几部法律违宪,例如两部关于法官地位的组织法。1971年的这个裁决实际上是宪法委员会第23次进行法律的合宪性判断。参见Louis Favoreu et Loïc Philip, Les Grandes Décisions du Conseil Constitutionnel, 13ᵉ édition, Dalloz 2005, pp. 254—255.

[2] 本部分主要参考李晓兵:《法国宪法委员会马斯特里赫特条约案(Ⅰ,Ⅱ,Ⅲ)评析》,《案例宪法研究(第一辑)》,莫纪宏主编,群众出版社2008年版。

程序、合宪性审查和法律效力等问题。从法国宪法的规定来看，国际条约的批准或认可有两个基本途径，其一是由总统批准（宪法第52条），其二则是通过全民公决的方式（宪法第11条）。由于《马斯特里赫特条约》意义重大，所以法国通过公民投票方式来批准这一条约。

2. 裁决

《马斯特里赫特条约》于1992年2月7日签署，密特朗总统在3月11日依据宪法第54条的规定向宪法委员会提请审查，以确定《马斯特里赫特条约》是否和宪法相一致，这就是《马斯特里赫特条约》(Ⅰ)案。宪法委员会经审查后做出裁决，批准欧盟条约的法律只有在宪法修改之后才能生效。

由于宪法委员会裁决《马斯特里赫特条约》和宪法的很多内容相冲突，所以，议会两院根据宪法第89条规定启动了宪法修改程序。1992年6月23日，议会两院通过了宪法修改的议案，密特朗总统于25日将其予以公布生效，这就是1992年6月25日92—554号宪法性法律。

在宪法修改完成之后，密特朗总统根据宪法第11条的规定启动了公民投票的方式。7月1日，密特朗总统发布总统令并在政府公报上予以公布，总理也依法定程序提出了相关的建议。9月20日，公民投票如期举行，法国本土和海外领地都举行了关于批准《马斯特里赫特条约》的公民投票，宪法委员会依照宪法第48条的规定对投票过程进行了监督，结果是以微弱多数批准了《马斯特里赫特条约》。

1992年8月14日，60名参议员向宪法委员会提交了关于《马斯特里赫特条约》的第二次合宪性审查，这是议员们根据刚刚修改过的宪法第54条的规定而启动的合宪性审查程序，这就是《马斯特里赫特条约》(Ⅱ)案。宪法委员会做出的裁决如下：1992年2月7日在马斯特里赫特签署的欧盟条约和宪法并不存在冲突。

宪法委员会在9月23日公布了公民投票的结果，授权批准欧盟条约的92—1017号法律于24日公布。但是，另外一项合宪性审查又被提交给宪法委员会，这就是9月20日由60名国民议会议员提交的关于宪法第11条是否可以被用来启动批准条约的立法。他们认为，该条约并不涉及法国现行制度的运行。这次提请审查的依据是宪法第61条的规定，即针对法律，而不直接针对条约，这就是《马斯特里赫特条约》(Ⅲ)案。宪法委员会经审查后，认为自己没有权力来做出上述请求中的宣告。

3. 意义

法国宪法委员会对欧盟条约案裁决提出了"超宪法规范"的问题，这也是欧洲国家在宪法实践中经常会遇到的问题。具体而言，在欧盟条约（Ⅲ）案中，宪法委员会的 92—313DC 裁决引发了学者们关于"超宪法规范"的问题的讨论。所谓"超宪法规范"就是指那些对于制宪权具有约束力的规范。德国宪法法院在其实践中已经确认了"超宪法规范"的存在。德国基本法规定，宪法修改不得触及国家联邦制的形式，不得影响各州参与立法的原则，不得影响基本法第 1 条和第 20 条所规定的各原则（即关于人的尊严和基本权利，以及国家法律基础）。在意大利，其宪法法院同样承认了超越于制宪者之外的原则，理论界和宪法法官将其称为最高原则。

1958 年宪法对于修宪权进行了限制，这主要是指宪法第 89 条的规定，即禁止在国家领土完整遭受危险时从事修宪活动，以及政府的共和政体不得作为修宪议题。同样，人权宣言和 1946 年宪法序言所规定的基本权利，以及共和国法律所确认的法律原则也属于这一范畴。宪法委员会的裁决进一步回答了国际法对修宪权限制的问题。宪法委员会在《马斯特里赫特条约》（Ⅱ）案 92—312DC 裁决中指出，宪法对于修宪的时间进行了限制，即宪法第 7 条、第 16 条与第 89 条第 4 款对修宪所进行的限制。此外，宪法第 89 条第 5 款还规定"不得变更共和政体"。除了这两个限制之外，"制宪权是最高的，它可以自由地以其所认为合适的方式，来废止、修改与补充宪法效力的条文。"宪法所作出的这些限制应该被解释为对议会两院联席会议修宪的限制。在 92—313DC 裁决中，宪法委员会作出了一致的解释，即宪法委员会对于全民公决的尊重。全民公决通过的法律，不管是宪法性法律还是普通法律，宪法委员会一律不予受理。

五、法国宪法的理论渊源

法国宪法的产生与发展与法国大革命这一历史事件是紧密联系的，而启蒙运动在法国的展开为法国大革命的爆发提供了充足的思想准备。虽然真正意义上的宪法是在大革命爆发之后才诞生的，但制定宪法的思想萌芽在大革命前夕就已初见端倪，启蒙运动为宪政的萌芽提供了肥沃的土壤。

法国的启蒙思想家在批判旧制度的弊端时不忘提出他们心目中理想的制度构想，提出现代国家应当有一部符合理性的宪法。天赋人权、三权分立、社会契约、人民主权、代议制等现代理念与制度被启蒙思想家认为是制定宪法的理论依据。在大革命时期，宪法的命运与革命形势的发展休戚相关，宪法与革命形势的互动这一特点在这一时期内有突出体现。而在大革命时期之后的法国宪法，总体上也是延续着大革命宪法所确立的原则和精神的轨迹发展并完善。因此，可以说法国宪法的思想基石是近代法国的启蒙思想。

（一）自然权利理论

自然权利又被称为天赋人权，是指人类所普遍固有的权利，并不由法律、信仰、习俗、文化或政府来赋予或改变，自然权利是不证自明并有普遍性，也是不可转让、不可被剥夺的，当它被国家侵犯或剥夺时，人们就有反抗压迫以恢复天赋之人权的权利。孟德斯鸠、卢梭和伏尔泰等启蒙运动中的代表人物从自然法中推导出自然权利理论，把赋予人们平等和自由的理性的法律视为自然法律，其所保护的是以人的自由、财产和安全为主旨的自然权利。

作为启蒙运动后期的代表人物，孔多塞继承和发扬了启蒙运动中前期代表人物的自然权利思想，强调自然权利理论要与宪法紧密联系起来。他将自然权利总结为安全、自由、财产、社会保障和反抗压迫五项内容。孔多塞认为自由是人的地位和物质需要，思想自由、出版和信仰自由、行使政治权利的自由以及享有安全的自由是自然权利意义上自由的内涵。就平等而言，他认为可分为政治平等和公民平等两个方面，政治平等是指公民享有在一定的条件下行使主权、普选权的权利，而公民平等是每个人都可以自由地行使自然权利，在法律面前人人平等。

自然权利思想源自于古希腊哲学的自然法理论，自文艺复兴以来，成为西方法律与政治思想的重要议题，经过启蒙思想家的阐释与发展，最终落实到宪法性文件纸面之上。在法国宪政史上，最能体现自然权利理论的莫过于1789年《人权宣言》。《人权宣言》在开篇就指出："不知人权，忽视人权或轻蔑人权是公众不幸和政治腐败的唯一原因"，因此要"把自然的、不可剥夺的和神圣的人权阐明于威严的宣言之中"，以使人们能够始终牢记自己的权利与义务，并敦促政府去维护和尊重人权。

（二）社会契约理论

在国家起源问题上，启蒙思想家提出社会契约理论，用世俗化的契约理论取代了中世纪以来天主教会一直奉为正统的神创国家理论。卢梭曾系统地阐述过社会契约理论，他认为社会契约不是人民同统治者所签立的协议，而是人民之间自由组成政治团体所订立的契约，而国家是作为签订契约后所形成的产物存在的。社会契约是"我们每个人都以其自身及其全部的力量共同置于公意的最高指导下，并且我们在共同体中接纳每一个成员作为全体之不可分割的一部分"。[1] 在社会契约中，每个人都放弃天然自由，而获取契约自由；在参与政治的过程中，只有每个人同等地放弃全部天然自由，转让给整个集体，人类才能得到平等的契约自由。作为个人将让渡权力给国家的对价，国家有义务给作为另一缔约方的个人以民主权利，来保障真正能够实现个体的幸福并维护人身和财产不受非法侵害。从目的来看，社会契约所要解决的根本问题就是"要寻找出一种结合的形式，使它能以全部共同的力量来维护和保障每个结合者的人身和财富，并且由于这一结合而使每一个与全体相联合的个人只不过是在服从自己本人，并且仍然像以往一样地自由。"[2]

社会契约论还意味着，人民拥有反抗压迫的革命权。当政府滥用权力，违反公意篡夺了人民的主权时，人民便有权行使反抗压迫和举行起义的权利推翻它，重新在自由、平等的契约关系下，结合成新的国家。这同霍布斯的人民对于君主必须绝对服从的观点是针锋相对的，在当时的法国具有强烈的革命意义。

《社会契约论》在法国产生了重大的影响，法国著名的"自由、平等、博爱"

---

[1]〔法〕卢梭：《社会契约论》，何兆武译，商务印书馆2003年版，第20页。
[2] 同上书，第19页。

口号便来自《社会契约论》。1789年《人权宣言》中"社会的目的是为大众谋福利的"、"统治权属于人民"等内容充分体现了《社会契约论》的精神。社会契约的理论在革命后的长时期里成为资产阶级的政治法律制度的基石。

(三) 人民主权与公意理论

法国的公法理论和宪法实践被深深地打上了卢梭的烙印：1789年《人权宣言》第3条明确规定："整个主权的本原主要是寄托于国民。任何团体、任何个人都不得行使主权所未明白授予的权力。"第6条规定："法律是公共意志的表现。全国公民都有权亲身或经由其代表去参与法律的制定。"1791年宪法第3篇第1条规定："主权是统一的、不可分的、不可剥夺的和不可转移的；主权属于国民：任何一部分人民或任何个人皆不得擅自行使之。"很明显，这些条款背后的指导思想直接来自于卢梭1762年出版的《社会契约论》。

"公意"和"主权在民（人民主权）"是《社会契约论》中的两个基本概念。公意是社会契约的核心和基础，社会契约本质上是一种公意。公意是人民主权的基础，公意产生主权，主权是公意的运用。"《社会契约论》的中心立场是，法律只能来自社会的一般意志；立法权是人民的最高意志的行使。这一权力是不能分立或代理的；从任何其他渊源试图创立普遍可行的规则都代表了对大众主权的一种篡夺，并且不可能产生法律。"[1]

卢梭的国家权力理论是以立法权为核心所构建的，立法权力属于人民且只能属于人民。立法权是人民主权的主要表现形式，主权主要通过立法权表现出来。在人民主权国家里，人民才是国家一切行为的最终目的的最后决策者。在权力体系中，行政权并不具有与立法权平等的地位，而是从属于立法权，掌握行政权的人应在立法者的视线之下进行活动并接受立法者的指导。"人们所能有的最好的体制，似乎莫过于能把行政权和立法权结合在一起的体制了。"[2]

这就意味着立法机关以外的其他部门，例如司法机关无权对代表"公意"的议

---

[1]〔英〕M. J. C. 维尔：《宪政与分权》，苏力译，三联书店1997年版，第166页。
[2]〔法〕卢梭：《社会契约论》，何兆武译，商务印书馆2003年版，第83页。

会的工作进行评估。法国的官方理论明确否定了司法审查的可能性："立法机关在制定法律时须得仔细检查该法是否与宪法一致，能否解决那方面的问题……这意味着宪法解释应该由议会执行。这属于主权行使问题，故议会才是审查自己法律合宪与否的法官。因此法院不能解释宪法，至少他们不拥有事关立法机关的权力。"[1]

总之，法律代表了公意，代表了人民意志的议会是至高无上的，因此法律就不能从外部进行审查，只有立法机关才能审查和限制自己。卢梭的这一思想在法国被奉为金科玉律，在政治生活中产生了巨大的影响。尽管法国宪法变化频繁，但是长期以来，人权宣言和1791年宪法中的上述条款"就像启示宗教的条款一样成为了不可侵犯的教条，并且它们总是确切地成为我们政治生活的一项毋庸置疑的原则。"[2]这就是长期以来法国抵制美国式的违宪审查模式，禁止法院挑战法律的合宪性的重要原因。

那么在法国如何保证法律符合宪法呢？对此的权威解释是：法律制定时期应由立法者审查讨论法律是否合乎宪法，并解决所可能引发的任何困难。立法者通过人民代表解释宪法条款以控制此类困难。最后，当立法者通过某项法律，则意味着立法者已经充分考虑该法律的所有合宪性问题。因此，任何职权机关，尤其是法官均无权参与探讨法律的合宪性问题。国家通过立法者解决并排除此类问题。这一切意味着宪法的解释权属于议会：唯有议会可解释宪法，因为它行使着国家的最高权力，是自己所制定的法律的宪法法官。结果便是法院不能解释宪法。一旦法律被制定出来，则法官必须依据法律的用语将其适用于事实，不得超出法律的范围。法官只能适用普通法律而不能适用宪法。[3]

当然，理论界对卢梭的理论并非一致认同。本杰明·贡斯当就对人民主权理论进行了深刻的批判，提出通过对人民主权在具体行使中的修正和限制来确保其不会蜕变成为"多数人的暴政"。[4]一方面，他认为人民主权的原则，亦即普遍意

---

[1] Raymond Carré de Malberg, La Loi Expression de la Volonté Générale, Sirey, 1934, p. 132.

[2]〔法〕莱昂·狄骥：《宪法学教程》，王文利等译，辽海出版社1999年版，第18页。

[3]〔法〕路易·法沃勒："欧美宪法司法模式比较研究"，金邦贵、施鹏鹏译，《厦门大学法律评论》第十二辑，第172—173页。

[4] 李宏图：《从抽象的权力到具体的权力——贡斯当对"人民主权"理论的反思》，载《上海青年管理干部学院学报》，2003年第4期。

志高于任何特殊意志的原则是不容置疑的；另一方面，人民主权的原则也有可能被误用来论证某种前所未有的暴政。他特别强调人民主权原则也要受到限制："世上没有不受限制的权力，不管是人民的权力，还是那些自称人民的代表的人的权力，不管是拥有什么称号的君主的权力，还是最后根据统治方式不同而表达着人民意志或君主意志的法律的权力，都要受到权力得以产生的同一范围的约束。"[1]

此外，在1923年出版的《宪法学教程》中，法国著名公法学者莱昂·狄骥认为，卢梭的国民主权原则是"一个无根据的假设"，不仅是未经证明的，也是无法证明的、毫无作用的。在对抗封建君主独裁、保卫个人权利的大革命斗争中，卢梭的理论的确有其合理性，但是在人民主权的基础上也会产生新的民主独裁取代君王独裁。因而，"要采取措施来对抗人民代表大会的独裁，这些措施也许应该比对抗君王独裁的措施更加有力。"[2] 很显然，狄骥的主张是倾向于建立违宪审查制度，监督议会立法权。

但是，要改变一种占统治地位的思想并不容易，特别是这些思想已经通过法律的形式被确定下来并且牢牢占据人们的头脑。一直以来，法国的议会以人民的代表自居，抵制对法律的合宪性进行审查的思想。值得注意的是，卢梭本人并不赞同代议民主制，他认为主权是无法被代表的，他批评英国的议会制说，"英国人民自以为是自由的；他们大错特错了。他们只有在选举国会议员的期间，才是自由的；议员一旦选出之后，他们就是奴隶，他们就等于零了。"[3] 他甚至将议员制度与雇佣兵制度相提并论。在他看来，代议民主制不过是权宜之计，直接民主才是保证公意得以实现的正途。而且卢梭还特别强调了"公意"与"众意"的区别，"公意只着眼于公共的利益，而众意则着眼于私人的利益，众意只是个别意志的总合。"而众意之所以存在，是因为政治小团体谋取一己之利，所以"为了很好地表达公意，最重要的是国家之内不能有派系存在，并且每个公民只能是表示自己的意见。"[4] 显然，卢梭的这些思想被议会主权主义者有意无意地忽略了。

---

[1]〔法〕贡斯当：《古代人的自由与现代人的自由》，阎克文、刘满贵译，商务印书馆1999年版，第61页。
[2]〔法〕莱昂·狄骥：《宪法学教程》，王文利等译，辽海出版社1999年版，第21页。
[3]〔法〕卢梭：《社会契约论》，何兆武译，商务印书馆1982年版，第125页。
[4] 同上书，第39页。

所以，在将近两个世纪里，法国的公法领域被卢梭主义者"法律乃公意之表达"的神话所统治。[1] 直到 20 世纪中叶，这一观念仍然是法国政治法律思想的主流。在 1958 年制宪前夕，有记者问戴高乐将军是否准备建立宪法法院，戴高乐的回答是："在法国，人民就是宪法法院。"[2]

（四）权力分立理论

虽然分权学说并不是孟德斯鸠的发明创造，但毫无疑问是他极大地发展了三权分立学说。孟德斯鸠在洛克的基础上对权力集中的危害和分权的必要作了深刻而经典的阐述。"一切有权力的人都容易滥用权力，这是万古不易的一条经验"，"从事物的性质来说，要防止滥用权力，就必须以权力约束权力"[3]。

为了保障政治自由、防止权力滥用，必须要将国家权力划分为立法权、行政权和司法权三个独立部分。依据立法权力，"国王或执政官制定临时的或永久的法律，并修正或废止已制定的法律"。依据行政权力，"他们媾和或宣战，派遣或接受使节，维护公共安全，防御侵略"。依据司法权力，"他们惩罚犯罪或裁决私人讼争。"[4] 在孟德斯鸠看来，三权分立的关键不在于分权，而在于权力的相互制衡，三种权力应该分别掌握在不同的机构手中以防止独裁和侵犯自由，通过权力来制约权力。他主张行政权应通过它的反对权来参与立法；立法机关由两部分组成，它们通过相互的反对权彼此钳制，二者全都受行政权的约束，行政权又受立法权的约束。

1789 年的《人权和公民权利宣言》第 17 条郑重宣告："凡权利无保障和分权未确立的社会，就没有宪法。"这充分体现了分权学说在法国政治法律思想中的重要性。在 1791 年宪法中权力分立这一思想也得以贯彻，宪法规定立法权委托给由人民自由选出的代表所组成的国民议会，由它协同国王的批准按照下面所定的方式行使。而行政权则委托给国王，在他的统辖之下由部长和其他官员按照下面所定的方式行使。司法权则由人民选出的审判官行使。此后，1795 年宪法与 1799 年宪法也

---

[1] Dominique Turpin, Le Conseil Constitutionnel: son Rôle, sa Jurisprudence, 2ᵉ éditon, Hachette 2000, p. 10.
[2] Olivier Duhamel, Dictionnaire Constitutionnel, PUF 1992, p. 195.
[3] 〔法〕孟德斯鸠：《论法的精神》，张雁深译，商务印书馆 1982 年版，第 154 页。
[4] 同上书，第 155 页。

采纳了孟德斯鸠的三权分立理论，建立了权力分立与相互制衡的国家权力体系。

需要指出的是，法国人对于分权学说的理解却是独特的，这种独特性表现在两个方面：一是三权绝对分离，而不是后来美国式的分权与制衡（checks and balances），"权力分立在法国所扮演的角色与其在美国所扮演的角色是不同的……在法国，纯粹权力分立学说强烈地并长期地占据了人们的头脑，这是美国无法比拟的。"[1] 这种绝对的、极端的和纯粹的分权学说认为：为了保障和维护政治自由，防止权力的滥用，关键是要将政府划分为立法、行政和司法三个部门，每个部分都有相应的、确定的政府职能。三个部门都必须限于行使自己的职能，不允许侵蚀其他部门的职权。进而，组成这三个政府机构的人员一定要保持分离和不同，不允许任何个人同时是一个以上部门的人员。这样，没有一群人能够控制全部的国家机器，自由和权利就有了保障。在这一观念的主导下，司法部门的职责只能适用法律，不能干预立法部门的工作。

二是立法权的优位，也就是"议会至上"。在三权之中，议会的立法权具有更高的地位，不允许行政权和司法权的干涉。因为议会权力来自人民的共同意志，符合民主的要求，更具有正当性。相反，如果让其他部门，特别是缺少民意基础的司法部门来对议会立法进行审查是不可想象的。同样地，行政机关和司法机关也必须相互独立，普通法院不能干预行政机关的工作，所以法国建立了独一无二的行政法院系统。[2]

（五）制宪权理论

西耶斯是法国大革命时期活跃的政治家和理论家，他最早提出了宪法制定权的概念并将这一理论系统化。在1789年问世的《第三等级是什么？》这本小册子中，西耶斯对制宪权的主体、性质和运用等问题进行了深入的阐述。他强调主权属于国民，一切公共权力来自国民意志，国民意志永远是合法的，它是一切合法性的根源。"惟有国民拥有制宪权。"[3] 在国民和宪法的关系上，他认为国民的意志

---

[1]〔英〕M. J. C. 维尔：《宪政与分权》，苏力译，三联书店1997年版，第165页。

[2] 参见王名扬：《法国行政法》，中国政法大学出版社1988年版，第550—551页。

[3]〔法〕西哀士：《论特权 第三等级是什么？》，冯棠译，商务印书馆1990年版，第56页。

具有最高性，拥有制宪权的国民除了服从自然法外，不受任何制约，即使是宪法也不得对其进行约束。国民"不仅不受制于宪法而且不能受制于宪法，也不应受制于宪法"，"宪法只同政府相联系，国家通过规章和宪法来约束其代理人，因此，设想国民本身要受这些规章和宪法的制约，这是荒谬的。"[1]

西耶斯区分了两种不同的权力：国民拥有创造宪法的权力或者说制定宪法的权力，政府则行使由宪法所创设的权力，这两种权力的性质是根本不同的。前者是本源，后者是派生的。"政府只有合于宪法，才能行使实际的权力；只有忠实于它必须实施的法律，它才是合法的。国民意志则相反，仅凭其实际存在便永远合法，它是一切合法性的本源。"[2] 这就是说，宪法从属于国民，是国民意志的产物，只有国民才有权改变宪法，判断由宪法引起的争端，国民意志永远是最高法律。宪法不能制约国民，只能制约政府。

尽管西耶斯的理论带有一定的理想化色彩甚至矛盾之处，例如对于国民如何行使制宪权语焉不详，但是由于他的理论迎合了民众的革命心理，与卢梭的"公意"理论一脉相承，制宪权理论不仅在法国大革命时期风靡一时，[3] 而且对法国的政治法律观念产生了深远的影响。这一影响的直接后果是，在法国形成与美国截然不同的宪法观念：在美国，宪法是神圣不可侵犯的；在法国，"法律"（议会立法）是神圣不可侵犯的。[4] 正是受这种宪法观念的指导，使得法国民众一旦不满意现状，就走上街头，或者对政府施加压力，或者直接发动革命，修改或重新制定宪法。

（六）外国宪政理论与实践经验

宪法的产生与发展是一个动态的过程，虽然法国宪法理论主要受到法国启蒙思想家的影响，但外国宪政理论与实践对法国宪法的影响也不可小觑。以美国为

---

[1]〔法〕西哀士：《论特权 第三等级是什么？》，冯棠译，商务印书馆1990年版，第60页。

[2]〔法〕西哀士：《论特权 第三等级是什么？》，冯棠译，商务印书馆1990年版，第60页。

[3] 西哀士自称《第三等级是什么？》是一部"理论教材，我们革命的重大发展都是根据这部教材行动的。"，见〔法〕西哀士：《论特权 第三等级是什么？》，冯棠译，商务印书馆1990年版，序言，第7页。

[4] 参见〔法〕路易·法沃勒："欧洲的违宪审查"，《宪政与权利》，〔美〕路易斯·亨金等编，郑戈等译，三联书店1996年版，第36页。

例，一个全新的宪政制度对于处于变革期的法国来说吸引力是无比巨大的。由于特殊的地缘政治因素，独立战争将美国和法国紧密地联系在了一起，美国的宪政思想通过各种渠道漂洋过海传播到法国，对法国的宪法与宪政产生了巨大的影响。

美国在独立战争期间和独立后，一直在努力宣传和输出独立革命中以美国宪法和《独立宣言》为代表的精神成果。建国初期的代表人物富兰克林（Benjamin Franklin，1706—1790）、杰斐逊在担任美国驻法公使期间，通过各种渠道如私人交往等，在法国介绍美国宪法理论与精神。因此，美国宪法的理念在法国的上层人士中具有较强影响力，在大革命时期，杰斐逊曾经常出入国民议会客厅，与议员商量对策，介绍美国宪政经验，还曾将法国贵族拉法耶特交给自己审阅的权利宣言草案进行修改，为法国宪政运动的发展提供了支持。

与此同时，《独立宣言》、美国各州的宪法或权利宣言纷纷被翻译成法文在法国出版并广为流传，在法国中上层人士中掀起一股研究与学习美国宪政经验的风气。一些在巴黎出版的未署名的小册子曾逐条比对法国《人权宣言》与美国各州权利宣言的异同，从而分析美国宪法的优势与不足，提出对法国宪法的借鉴意义。1788年，受美国宪法学说影响，孔多塞在美国宪法经验的基础上提出了一部宪法草案，主张法国应当制定美国式的完整系统的宪法，吸纳美国宪法的先进理念和制度设计，作为法国的立国之本。

除了美国，与法国隔海相望的英国对法国的宪法也产生了影响。早在启蒙时期，孟德斯鸠等启蒙运动的领袖就将自己的思想建立在英国的洛克等思想家的成果之上，对于英国的社会制度和君主制度表示认同和赞成，提出要参照英国限制法国国王权力建立英国式的政府体制。伏尔泰曾说"英国是世界上抵抗国王达到节制君权的唯一国家；它通过不断努力，终于建立了合理的政府。在这个政府里，君主有无限权力去做好事，而如果想做坏事那么手脚就会被束缚住。"[1] 而在大革命初期，制宪者们用历史的眼光审视英国的宪政制度，抛弃了英国法中成文法与习惯法相结合的做法，决定通过制定统一的宪法来确定宪政体制，但同时肯定英国君主制的政体并据此确立了1791年宪法的君主立宪体制。

另一个外来的思想是德国的"法治国"（Rechtsstaat）理论，它由冯·马耶

---

[1]〔苏〕维·彼·沃尔金：《十八世纪法国社会思想的发展》，杨穆、金颖译，商务印书馆1983年版，第31页。

尔（F. von Mayer，1816—1870）最早提出，之后由耶林（R. von Jhering，1818—1892）、拉班德（P. Laband，1831—1918）、耶利内克等法学家将其发展完善，这一理论强调国家权力本身应当服从法律的规定。20 世纪初，法国著名学者马尔佩（R. C. de Malberg，1861—1935）在其名著《对国家一般理论的贡献》[1]中系统介绍了德国的法治国理论，将其翻译成"État de droit"并且加以改造和充实，促使"法治国"的理念在法国传播[2]。在 1985 年 8 月 23 日的"新喀里多尼亚演化法"裁决中，宪法委员会宣称"法律只有在宪法范围内才是公意的表达。"[3]很明显，这是法治国思想和公意理论结合的产物。

  马尔佩在书中不仅介绍了德国的"法治国"理论，而且还联系法国的实际进行分析。他认为根据 1875 年宪法第 3 条的规定，法国是一个"法制国"（État de légal），而不是一个"法治国"（État de droit）。两者的区别在于：第一，"法治国"的目的在于保护公民权益，而"法制国"的体制则是另一个发展方向，即强调行政机关的权力服从议会的制约；第二，"法治国"要求所有的国家权力服从法律的支配，而"法制国"仅仅突出行政权力受法律制约，议会的权力是至高无上、不受制约的；第三，在"法制国"体制下，行政权力要比在"法治国"下更为独立，它只强调行政部门对议会的服从，即服从法律。而"法治国"要求行政权力的运用不仅要依据法律，还要服从于行政规章自身。[4]

  马尔佩的《对国家一般理论的贡献》一书在法国的宪法理论和国家理论史上占有独特而重要的历史地位，之后的许多思想家和法学家如勒内·卡皮唐（René Capitant）、夏尔·艾森曼（Charles Eisenmann，1903—1980）、乔治·比尔多（Georges Burdeau）、马塞尔·普雷洛（Marcel Prélot）、马塞尔·瓦利纳（Marcel Waline）等人都或多或少地接受了他的思想。不仅如此，他的思想还直接影响第四共和国和第五共和国的宪法制定。[5]

---

[1] 该书的法文名字为 Contribution à la Théorie Générale de l'État，上下两册，由 Sirey 出版社分别于 1920 年和 1922 年出版，2004 年由 Dalloz 出版社再版。

[2] Jacques Chevallier, L'État de Droit, 3ᵉ éditon, Montchrestien 1999, p. 22.

[3] 宪法委员会 85—197DC 号"新喀里多尼亚演化法"裁决，1985 年 8 月 23 日。

[4] R. Carré de Malberg, Contribution à la Théorie Générale de l'État, Dalloz 2004, pp. 490—494.

[5] Éric Maulin, Raymond Carré de Malberg, le Légiste de la République, R. Carré de Malberg, Contribution à la Théorie Générale de l'État, Dalloz 2004, Préface.

最后，奥地利法学家汉斯·凯尔森（Hans Kelsen，1881—1973）的法律等级理论对法国的违宪审查制度的确立提供了理论支持。在凯尔森理论的指导下，1920年奥地利创建了欧洲最早的宪法法院。凯尔森担任首任宪法法院院长，所以他兼具理论和实践经验。他的关于违宪审查理论的著作《关于国家的一般理论》和论文《宪法的司法保障》等被翻译成法文在法国出版，产生了深远的影响。凯尔森的理论强调宪法在国家法律体系中的最高地位，法律的制定要严格依据宪法，而政府规章的创制要严格依据法律，从而建立法律等级体系（La structure hiérarchique）。[1] 凯尔森还强调"根据法律制定规章，根据宪法实施法律"的原则，而这一原则的第二部分内容，即法律应当符合宪法的观念是法国的法律思想传统中所缺乏的。所以说，凯尔森向法国输入了根据宪法审查法律的思想。[2]

六、法国当代宪法学家

法国是近代宪法文化和宪政理论的重要发源地，曾经涌现出了让·博丹、卢梭、孟德斯鸠、贡斯当、埃斯曼[3]、狄骥、奥里乌、马尔佩[4]等宪法大家。相比而言，对于法国当代宪法学家，国内学术界缺乏较为系统全面的介绍。

（一）路易·法沃勒

1. 成长经历

路易·法沃勒（Louis Favoreu）是法国当代著名宪法学家，1936年9月5日出生于法国西南部的比利牛斯—大西洋省（Pyrénées-Atlantiques），2004年9月1日在普罗旺斯地区艾克斯市去世。法沃勒教授是《法国宪法学杂志》的创办人，曾担任艾克斯—马赛大学名誉校长和宪法司法研究所所长、法国宪法学会（AFDC）会

---

[1] Dominique Turpin, Le Conseil Constitutionnel: son Rôle, sa Jurisprudence, 2e éditon, Hachette 2000, p. 9.

[2] 同上。

[3] 何勤华："艾斯曼宪法思想述略"，《政治与法律》1995年第4期。

[4] 何勤华："马尔佩与法国实证主义宪法学"，《中央政法管理干部学院学报》1995年第4期。

长、国际宪法学会（IACL）名誉主席（Honorary President of the IACL）。[1]

2. 学术研究与社会活动

法沃勒于 1962 年在巴黎大学法学院通过博士学位论文并获优胜奖，后在艾克斯—马赛大学法学院教授宪法和行政法，其间成为法学院院长。1977 年至 1982 年，他担任艾克斯—马赛大学的校长。他被认为是关于法国宪法委员会和违宪审查方面的专家，在国内外享有很高声誉。他曾经担任波斯尼亚和黑塞哥维那共和国（Bosnia and Herzegovina，简称波黑）宪法法院的副院长。除此以外，法沃勒教授还担任过艾克斯—马赛大学宪法司法研究所的所长，是德国图宾根大学、日本中央大学、德国萨尔布吕肯大学、比利时鲁汶大学、挪威奥斯陆大学、希腊雅典大学和西班牙马德里大学的荣誉法学博士。1990 年，法沃勒教授与迪迪埃·莫斯（Didier Maus）教授[2]一起创办了《法国宪法学杂志》（Revue Française de Droit Constitutionnel）。

法沃勒自 1987 年至 1999 年曾担任法国宪法学会的会长，后来法国宪法学会为纪念他，专门设立了"路易·法沃勒奖"，在每次宪法学会的大会上颁发给最优秀论文的提交者。2007 年，纪念法沃勒的论文集（Renouveau du Droit Constitutionel, Mélanges en l'Honneur de Louis Favoreu, édition Dalloz, 2007）出版。此外，法沃勒教授还曾由于他的杰出贡献——在法国和法国以外推动宪法司法的制度和理念，被选为国际宪法学会（IACL）的名誉主席。

法沃勒的著作主要包括：合著《宪法委员会重大判决选编》（Les Grandes Décisions du Conseil Constitutionnel, Paris, 2011, Dalloz），主编《基本权利法》（Droit des Libertés Fondamentales, 2012, Dalloz），主编《宪法》（Droit Constitutionnel, 2006, Dalloz），合著《宪法委员会》（Le Conseil Constitutionnel, Paris, PUF, 2005），《欧洲各国的宪法法院与基本权利》（Cours Constitutionnelles Européennes et Droits Fondamentaux, 1999, Economica），《各国宪法法院》（Les Cours Constitutionnelles, 1986, PUF），《法律和条例的领域与界限》（Le Domaine de la Loi et du Règlement, 1981, Economica）等。

---

[1] http://fr.wikipedia.org/wiki/Louis_Favoreu, 2012 年 12 月 3 日最后访问。

[2] 迪第耶·毛斯，1947 年出生，法国宪法学者，巴黎一大教授，1999—2006 年任法国宪法学会（l'Association Française de Droit Constitutionnel）主席，2007—2010 年担任国际宪法学会主席。

路易·法沃勒关于违宪审查方面的论文也被翻译成中文，产生了一定的影响，如《西欧一些国家的宪法法院》（王立宪译，《国外法学》1985年第4期）；"欧洲的违宪审查"，《宪政与权利》，路易斯·亨金、阿尔伯特·J.罗森塔尔编，郑戈等译，三联书店1996年版；"欧美宪法司法模式比较研究"，金邦贵、施鹏鹏译，《厦门大学法律评论》2006年第2期。

3. 主要思想

法沃勒教授侧重于对宪法适用和宪法裁判的研究，坚持规范宪法学和关系宪法学的研究，贯穿法的渊源和基本权利，这种研究基于实定法的角度，尤其是强调对宪法裁判的分析，通过宪法裁判来研究各种宪法问题，并提出了很多非常有代表性的观点，法国宪法学界有"艾克斯学派"之说。

法沃勒教授在欧洲以及世界范围内极力推广宪法的裁判适用，他曾以专家的身份被委任为波斯尼亚和黑塞哥维那共和国宪法法院的法官。在比较了欧洲各国的宪法法院制度以后，法沃勒教授说，"宪法司法的发展当然地构成了二十世纪后半叶欧洲宪法最显著的趋势。"[1] 他在违宪审查领域的学术贡献受到同行的推崇，被认为是法兰西第五共和国公法领域最重要的人物。[2]

（二）弗朗索瓦·吕谢尔

1. 成长经历

弗朗索瓦·吕谢尔（François Luchaire，1919—2009）教授，法国宪法学家和政治家，1919年出生于法国西部海滨城市拉罗谢尔（La Rochelle），2009年在巴黎去世。吕谢尔在法国西北部的瑟堡（Cherbourg）完成中学学业，因为他的父亲被任命为该地的专区区长（Sous-préfet）。[3] 随后，他进入法律学院学习，毕业后在法国中部城市卡昂（Caen）担任律师。1939年，他加入海军，二战期间参加"自由法国"（Forces Françaises Libres）抵抗组织。1945年，吕谢尔通过大学教师资格会

---

[1] Louis Favoreu, Les Cours Constitutionnelles, Paris: Presses Universitaires de France, 1996.

[2] Alec Stone Sweet, "The Politics of Constitutional Review in France and Europe", International Journal of Constitutional Law, 2007, Vol. 5, p. 69.

[3] 法国的专区区长承担类似于省政府秘书长或省长办公厅主任的职责。

考（Agrégation），从此进入法学研究领域，1949 年成为南希第二大学（l'Université Nancy-II）公法教授。

2. 学术研究与社会活动

吕谢尔教授在法国宪法和政治领域十分活跃，经历非常丰富。他曾作为宪法专家参与法国 1958 年宪法的制定工作。在 1965 年至 1974 年期间，他担任宪法委员会的委员，参与了著名的 1971 年的"自由结社"案的审查工作。1971 年，他参与创建巴黎第一大学（佩特农·索邦大学），并成为该校的第一任校长。1972 年参与创建"左派激进党"（Parti radical de gauche, PRG）。1974 年至 1979 年，担任欧洲大学校长协会副主席（Vice-président de la Conférence des Recteurs Européens）。1984 年，吕谢尔担任海牙国际法院法官。同年，他参与创建国际宪法学会并担任主席直至 1996 年。1989 年，他被任命为法国最高行政法院顾问。因为宪法领域的突出成就，他在 1993 年至 1997 年担任安道尔（Andorre）宪法法院的法官，并在 1996 年至 1997 年期间担任院长。2009 年，吕谢尔教授在巴黎去世，法国著名的《世界报》以"第五共和国的奠基者"为题称颂其功绩。[1] 巴黎第一大学专门编辑出版了《弗朗索瓦·吕谢尔：一名为共和国服务的共和主义者》一书以资纪念。[2]

吕谢尔教授的主要学术成果十分丰富，根据宪法委员会官方网站的资料，包括著作 33 部，关于宪法和宪法委员会的论文 124 篇，其他论文 22 篇。[3] 论著中影响较大的有：《宪法委员会》（Le Conseil Constitutionnel）（1—3 卷），[4]《1848 年宪法的诞生》（Naissance d'une Constitution: 1848, Fayard, 1998），《法国海外领地的宪法地位》（Statut Constitutionnel de la France d'Outre-mer, Economica, 1999），《宪法权利和自由的保障》（La Protection Constitutionnelle des Droits et des Libertés, Economica, 1999），《新喀里多尼亚的宪法地位》（Le Statut Constitutionnel de la

---

[1] Mort de François Luchaire, "l'un des Fondateurs de la Ve République", Le Monde, 10 août 2009.

[2] Maus Didier et Bougrab Jeannette, François Luchaire, Un Républicain au Service de la République, Paris: Publication de la Sorbonne, 2005.

[3] http://www.conseil-constitutionnel.fr/conseil-constitutionnel/root/bank_mm/memebres/luchaire_francois.pdf, 2012 年 12 月 3 日最后访问。

[4] Le Conseil constitutionnel Tome I-Organisation et Attributions, Paris: Economica, 1997; Le Conseil Constitutionnel TomeII-Jurisprudence-Première Partie: L'individu, Paris: Economica, 1999; Le Conseil Constitutionnel Tome III-Jurisprudence-Deuxième et Troisième parties: L'Etat, Paris: Economica, 1999.

Nouvelle-Calédonie, Economica, 2000)、《法国和美国宪法法官比较研究》(Le Juge Constitutionnel en France et aux États-Unis: Étude Comparée, Economica, 2002)、《欧洲法在法国的适用》(Le Droit Européen:son Application en France, Economica, 2006) 等。

3. 主要思想

吕谢尔教授一贯强调公民权利保护的重要意义，正如他在《宪法委员会》第一卷前言中所指出的，"法律应当保障个人自由——没有自由，人就不能称其为人。"[1] 法律的确定性是社会安全的基本要素，这种确定性应当扩展到权利保障领域。分权未确立和权利无保障的社会就没有宪法，法官是权利的保障者，司法权是一种防御性权力。[2]

中央和地方关系也是吕谢尔教授关注的宪法问题，他认为权力下放（décentralisation）并没有损害统一的不可分割的共和国原则。保持国家机构之间的平衡，是他的另一个主要观点，这在他参与起草的"韦德尔报告"中可以得到体现。

吕谢尔在比较法国与美国违宪审查机制后指出，美国是一个联邦制国家，但最高法院的决定却趋于统一，法国是一个单一制国家，而宪法委员会却认可地方议会参与国际条约的谈判，这显示两个国家在公法领域的差异。而在公民权利保护方面，却有趋同的一面。

（三）乔治·韦德尔

1. 成长经历

乔治·韦德尔（Georges Vedel），法国著名宪法学者。1910 年出生于法国西南部的欧什（Auch），父亲是一名职业军人。韦德尔在图卢兹（Toulouse）完成中学和大学学业，先后获得哲学和法学学士学位。1936 年获得法学博士学位，主攻公法。获得博士学位后，韦德尔先后在普瓦蒂埃（Poitiers）、图卢兹和巴黎任教，以重建法国公法理论为己任，在专业领域取得显著成就。

---

[1] François Luchaire, Le Conseil Constitutionnel Tome I-Organisation et Attributions, Paris: Economica, 1997, p. 2.

[2] François Luchaire, "La Sécurité Juridique en Droit Constitutionnel Français", http://www.conseil-constitutionnel.fr/conseil-constitutionnel/root/bank_mm/pdf/Conseil/secjur.pdf, 2012 年 12 月 4 日最后访问。

在 1950 年至 1979 年期间，韦德尔在巴黎政治学院任教，1969 年至 1979 年兼任法国经济与社会委员会（Conseil Economique et Social）成员。在 1980 年至 1989 年期间，由吉斯卡尔·德斯坦总统任命，韦德尔担任宪法委员会的委员。在任职期间，他渊博的学识和睿智的见解被社会普遍认为是宪法委员会的亮点之一，在一些重大裁决中发挥了积极作用，如 1984 年 1 月 20 日宪法委员会关于"学术自由"的裁决。1992 年至 1993 年，密特朗总统任命韦德尔主持一个委员会来提出关于法国政治体制改革的报告，他在其中发挥了重要的作用，提出了关于改革法国宪法的重要意见，比如将总统任期由 7 年改为 5 年。

1998 年，韦德尔当选为法兰西学院（Académie Française）院士。巴黎第一大学法学院以他的名字命名一个研究中心。巴黎第二大学以他的名字命名公法、行政学和政治学博士研究生学院（Ecole Doctorale Georges Vedel）。

2. 学术研究与社会活动

韦德尔的著作《宪法基础教程》（1949 年出版）[1] 和《行政法》教科书（1958 年出版）[2] 被视为法国公法的经典著作，影响了几代法律学人，堪称研习法国公法的必读文献。他最受人们推崇的是关于行政法和宪法关系的基础理论，从而将法国的公法理论统一起来。韦德尔教授还撰写了大量涉及宪法、行政法以及政治学方面的论文。

除了学术研究，韦德尔教授也活跃于法国政治和法律领域，向政府提供公共政策方面的咨询意见。例如，在 1956 年至 1957 年作为法国代表团的法律顾问参与欧洲共同市场和欧洲原子能共同体会议的谈判；1972 年提交关于增加欧洲议会权力的报告；参与著名的阿莫科·卡迪兹号（Amoco Cadiz）案件，出具法律意见；[3] 1993 年，主持研究关于法国宪法修改的报告等。

3. 主要思想

韦德尔极力主张将法国总统的任期由 7 年改为 5 年，这样可以解决总统任期

---

[1] Georges Vedel, Manuel Elémentaire de Droit Constitutionnel, Recueil Sirey 1949. 瓦代尔教授去世之后，为了表达敬意，法国达罗兹（Dalloz）出版社在 2002 年 7 月重新出版了该书。

[2] Georges Vedel, Droit Administratif, Presses Universitaires de France 1958.

[3] 阿莫科·卡迪兹号（Amoco Cadiz）是一艘超级油轮，1978 年 3 月 17 日在法国布列塔尼附近触礁。船上装载的 20 多万吨原油泄漏，使法国沿岸大面积的渔场和海滩受到污染，这是世界上最严重的石油污染事件之一。

过长产生的合法性争议，也可以降低"左右共治"（Cohabitation）出现的可能性，使得政治体制更加平衡。法国总统 7 年任期制始于 1873 年。由于议会的任期是 5 年，两者时间交错，选情的变化会出现总统和总理属于不同政治阵营的情况。法兰西第五共和国历史上曾于 1986 年、1993 年、1997 年三次出现"左右共治"，这种执政形式被普遍认为降低了民主的效率。2000 年，法国进行了宪法修改，将总统任期缩短至 5 年。

韦德尔在宪法学和行政法方面均卓有建树。他以比较宪法的开阔视角，对法国传统的宪法理论，特别是关于宪政民主的观念进行革新。在 1949 年出版的《宪法》教科书中，他提出了两种民主的概念：个人民主和集体民主，认为民主不能仅局限在实现个人政治自由方面，还应当用于改善国民福祉。

韦德尔在违宪审查的理论与实践方面均有重要的贡献。他认为，宪法委员会的角色是一个控制者，保证国家机构在宪法的范围内活动，但是这种控制不能损害和侵蚀国家主权。他拒绝承认"超越宪法的标准"（normes supra constitutionnelles），主张违宪审查应当平衡各种宪法原则和宪法价值，不能随意取舍。这些理念对宪法委员会的审查实践具有重要的影响，在多个重要案件中得以体现。

在行政法方面，韦德尔教授的贡献是从理论上论证了行政法植根于宪法。行政法主要是对行政权的运作进行控制的法律规范，这种控制的根据在于宪法。宪法是整个法律制度的基础，但这并不意味着宪法可以包括、取代一切法律。行政法有其自身的独特性，韦德尔对此倾注了大量的研究。他系统地区分了行政法功能概念（notion fonctionnelle）和学理概念（notion conceptuelle），前者侧重于行政审判实践，后者侧重于行政法学理论。

（四）夏尔·艾森曼

1. 成长经历

夏尔·艾森曼（Charles Eisenmann），1903 年出生于法国的第戎（Dijon），其父亲路易·艾森曼（Louis Eisenmann，1868—1937）曾任巴黎索邦大学历史系教授、主任。艾森曼在巴黎大学法律系学习法律，并获得奖学金，于 1926 年和 1927

年两次赴奥地利维也纳的法国高级研究中心（Centre Français des Hautes Etudes）访学。在此间期间，通过其父亲的介绍，艾森曼结识了奥地利著名法学家汉斯·凯尔森（Hans Kelsen）。与凯尔森的交往决定了艾森曼的学术研究方向。艾森曼对法律的一般理论问题产生了浓厚的兴趣，凯尔森的影响使他扩大了视野，开始研究宪法司法理论，对奥地利宪法法院进行分析。1928年，艾森曼获得博士学位，其博士论文就是后来出版的第一部专著《奥地利宪法法院和宪法司法》。

获得博士学位后，夏尔·艾森曼于1930年获得大学教师任职资格，先在卡昂大学任讲师，后在法国斯特拉斯堡大学（l'Université de Strasbourg）担任教授。艾森曼的主要活动在学术研究和教学领域。他曾在1964年至1967年担任高校工会组织"全国高等教育和研究自治联合会（FNSAESR）"的主席。

2. 研究成果

艾森曼的主要著作有：《奥地利宪法法院和宪法司法》（La Justice Constitutionnelle et la Haute Cour Constitutionnelle d'Autriche, Paris, 1928），《分权与法的精神》（L'Esprit des Lois et la Séparation des Pouvoirs, in Mélanges Carré de Malberg, Paris: Recueil Sirey, 1933），《行政法院》（Cours de Droit Administratif, réunis par Stéphane Rials, Paris, 1982 pour le tome 1 et 1983 pour le tome 2, L. G. D. J.），《法理、宪法和政治理论集》（Écrits de Théorie du Droit, de Droit Constitutionnel et d'Idées Politiques, textes réunis par Charles Leben, Paris: Panthéon-Assas, 2002）。

3. 主要思想

夏尔·艾森曼被认为是法国实证主义法学的代表之一，其研究方法对法国的法学影响深远。艾森曼富有批判精神，他对法国公法领域的许多"教条"提出质疑，例如孟德斯鸠的分权学说、在司法权和行政权之间有明确的分界、行政法与私法毫不相干等。[1] 艾森曼认为，孟德斯鸠的目的一方面是要说服贵族们，如果失去了君主，那就会有一场暴动；另一方面则试图提醒君主，如没有贵族的支持，他们就会失败。因此，孟德斯鸠所宣扬的分权只不过是由贵族来分享部分权力。

夏尔·艾森曼对促进法国违宪审查的发展贡献巨大。他是汉斯·凯尔森思想在法国的主要传播者，先后翻译了凯尔森的名著《法与国家的一般理论》（1928

---

[1] http://www.universalis.fr/encyclopedie/charles-eisenmann/，2012年12月5日最后访问。

年)、《民主的性质与价值》(1929 年)、《国际法原理》(1932 年)、《纯粹法理论》(1962 年) 等。在 1928 年于法国发表的一篇译文中,凯尔森指出:"宪法审查就是宪法的司法保障,是旨在保障国家职能合法行使的技术措施体系的一个组成部分。"[1] 这一理念对法国传统的宪法理论形成了巨大的冲击,为 20 世纪 70 年代以来法国违宪审查制度的发展提供了理论基础。与此同时,艾森曼坚持了学术批判和理论思考的自由,并没有对凯尔森的理论全盘照搬。他认为,如果没有一个专门的机构实施宪法,那么宪法只是一套政治方案和道德义务的堆砌,缺乏法律上的强制力而遭到人们的忽视。通过宪法的司法运用可以构建一套法律标准,只有这样宪法才能成为最高法。[2]

除了上述四位已故的宪法学家之外,法国还有数名活跃于宪法学领域的著名学者,如皮埃尔·阿夫里尔(Pierre Avril)、迪迪埃·莫斯、多米尼克·卢梭、奥利弗·杜阿梅尔(Olivier Duhamel)、居伊·卡尔卡索纳(Guy Carcassonne)等。

七、法国宪法的特点和发展趋势

法国是欧洲大陆第一个颁布成文宪法的国家,两百多年来,法国宪法的理论与实践产生了广泛的影响,法国宪法具有自身独特的发展道路和鲜明的法兰西风格。

(一)法国宪法的特点

1. 形式上的特点

首先,法国宪法更换频繁。近代法国产生了 12 部宪法,1789 年到 1875 年间。法国平均约 7 年更换一次宪法,如此频繁更换国家根本大法在国际范围内看也是

---

[1] Hans Kelsen, La Garantie Juridictionnelle de la Constitution (La Justice Constitutionnelle), Revue de Droit Public, No. 17, 1928, p. 198.

[2] http://fr.jurispedia.org/index.php/Eisenmann,_Charles,2012 年 12 月 6 日最后访问。

比较罕见的，以至于法国被称为"世界宪法的试验场"。[1] 现行的1958年宪法虽然总体上较为稳定，但已经进行了24次修改，最近的一次是在2008年7月21日。[2]

为什么法国宪法无法像美国宪法那样保持稳定呢？一般认为，法国宪法频繁变更的原因主要在于法国阶级斗争尖锐复杂；小党纷立，政局动荡；封建势力强大、资产阶级力量弱小；国内的阶级斗争和国际斗争关系密切等。恩格斯的观点具有代表性："法国是这样一个国家，在那里历史上的阶级斗争，比起其他各国来每一次都达到更加彻底的结局；因而阶级斗争借以进行、阶级斗争的结果借以表现出来的变换不已的政治形式，在那里也表现得最为鲜明"[3]。这是从宪法是"政治力量对比的反映"这一原理为依据进行的解读。

一位法国学者进一步认为，美国宪法与法国宪法有不同的历史背景，美国革命的目的是反抗政府公权力的滥用，而法国革命则主要针对封建残余势力、教会和贵族在司法阶层的保护下进行的私人压迫。所以，为了表达不同社会愿望和革命方案，法国宪法必须采取不同的表现形式。[4]

还有学者从法兰西民族的性格特点进行了分析，认为它具有崇尚理性又饱含激情的特点。法律作为社会调控的主要手段之一，是反映当时社会的一面镜子，必然体现一个民族、一个国家当时人们主观上的价值追求，映照一个民族的特性，作为根本大法的宪法更是如此。[5] 事实上，托克维尔也有这样的评价，认为法兰西民族是"一个固守原则，本性难移的民族，以至于从两三千年前的图像中还能把它辨认出来；同时又是一个想法和爱好变化无穷的民族，最后连它自己也感到意外。"[6]

---

[1] 法国学者莫里斯·德朗德尔指出："法国是世界上唯一的宪法试验场，它实行过多种多样的政治体制，这在其它民族的历史上是找不到的。"转引自洪波：《法国政治制度变迁：从大革命到第五共和国》，中国社会科学文献出版社1993年版，第105页。

[2] 2008年7月21日，法国参众两院以539票赞成、357票反对的微弱多数通过了宪法修改的方案，即"第五共和国国家机构现代化宪法性法律"（Loi constitutionnelle de modernisation des institutions de la Ve République）。

[3]《马克思恩格斯选集》第一卷，人民出版社1972年版，第601—602页。

[4] Martin A. Rogoff, "A Comparison of Constitutionalism in France and the United States", Maine Law Review, Vo. 149, 1997, p. 23.

[5] 刘显娅：《从法兰西的民族性看近代法国宪法的频繁变更》，《政法论丛》2007年第3期。

[6]〔法〕托克维尔：《旧制度与大革命》，冯棠译，商务印书馆1992年版，第241页。

需要指出的是，法国宪法动辄改弦易张，而法国的许多法律却一以贯之，例如1804年《法国民法典》和1810年《法国刑法典》虽经多次修改，但基本原则未变，至今仍然有效。事实上，法国至今仍然生效的最古老的法律是由弗朗索瓦一世在1539年制定的著名的"维莱科特雷法令"（Ordonannce de Villers-Cotterêts），该法主要内容是改革司法，限制和排除教会在司法领域的权力，其中对法国影响最为深远的一项规定是在司法和政府活动中必须使用法语，而不是拉丁语，从而确立了法语作为法国官方语言的地位。要解释这一现象，必须从法国人对宪法和法律的不同看法中去分析。按照法国的传统理论，法律是议会制定的，是"公意"的表达，在代议制下，除了议会之外任何机关无权随意更改法律。相反，宪法体现的是全体人民意志，制宪权属于全体国民，而"人民主权"是不受任何约束的，包括宪法本身。这就可以理解随着一次次的革命，法国宪法也随之频繁变更的原因了。

法国宪法也有稳定的一面。《人权与公民权利宣言》所确立的原则与观念在不同时期的宪法中都得到反映。[1] 法国宪法的稳定性还表现在宪法的形式上，除了1875年宪法是由三部宪法性法律构成之外，其它宪法都是以完整的宪法典的形式表现出来的。

2. 内容上的特点

从内容上看，法国宪法具有创新性，包括首次规定"环境宪章"、"半总统制"的政治体制、"混合式"的违宪审查模式以及独立的行政法院等。

（1）环境宪章。2005年2月28日法国议会两院联席会议通过了2004环境宪章（Charte de l'Environnement de 2004），即2005年3月1日的第2005—205号宪法性法律，成为1958年宪法的一部分，与1789年的《人权宣言》和1946年宪法序言具有同等的法律地位。该宪章共有10条，内容包括：人人都享有在一个平衡的和不妨害健康的环境里生活的权利（第1条）；人人都负有义务参与环境的维护和改善（第2条）；人人都应当预防或限制对环境的损害（第3条）；每一个人都应该根据法律规定的条件为其自身对环境造成的损害分担赔偿（第4条）；政府当局通过适用预防原则，建立风险评估程序和采取临时的相称措施来防止损害环境的后果（第5条）；公共政策应当促进可持续发展（第6条）；环境知情权和参与

---

[1] 郭义贵、方立新主编：《外国法制史》，清华大学出版社2010年版，第278页。

权（第7条）；环境教育和培训（第8条）；研究和改革应当有助于环境的维护和利用（第9条）；鼓励法国在欧洲和国际上的环境保护行动（第10条）。

环境宪章的入宪意味着法国率先承认环境方面的人权，将其作为一种个人自由和基本原则加以确认，标志着法国成为世界上第一个通过宪法保护公民环境权利的国家。

(2) 在政治体制方面，1958年宪法独创了颇具特色的"半总统制"（semi-presidential regime）。[1] 一方面，它具有总统制的要素，即作为国家元首的总统掌握着重要的全国最高行政权力；总统由选民直接选举产生，国会仅能从立法上对其实施影响，但不能利用不信任案迫使其辞职。另一方面，它又具有议会制的两个特点：内阁由在议会中占多数的政党组成；政府向议会负责。实际上，半总统制下的法国总统权力比典型的总统制下的总统权力还要大，法国总统拥有解散议会、提议举行公民投票，甚至可以在国家出现紧急状态时行使非常权力，而总统制下的总统一般不具备这些权力。法国的这种政治体制在国际上产生了较大的影响，一些国家和地区模仿和参考这一制度，例如俄罗斯、波兰、韩国以及我国的台湾地区等。

(3) 在违宪审查制度方面，法国也颇具特色。1958年宪法第61条规定，在法律颁布之前，共和国总统、总理、议会两院的议长可以向宪法委员会提出违宪审查的请求。1974年进行了宪法修改，60名国民议员或者60名参议员联名也可以提请审查。如果宪法委员会宣布违宪，则法律不得颁布实施。法律一旦颁布之后，即使存在合宪性的疑问，宪法委员会也无权进行审查。总而言之，这是一种事先审查（contrôle à priori）的模式，属于"宪法秩序保障型宪法监督体制"，其特征是以保障宪法秩序为直接目的，客观上起到保障公民权利的效果。[2] 但是这种模式具有局限性，公民无权提出违宪审查请求，也不能挑战生效法律的合宪性。

2008年的宪法修改对事先审查模式进行了补充，在宪法的第61条增加了如下内容作为第61—1条："当法院在审理案件时，一方当事人认为案件涉及的法律条款侵犯了宪法所保障的公民权利和自由，宪法委员会可以受理由最高行政法院或

---

[1] 这一概念由法国著名记者、《世界报》的创始人于贝尔·伯夫–梅里（Hubert Beuve-Méry）在1959年最早提出，法国政治学学者莫里斯·迪韦尔热在1970年最早从学术上加以概括，参见Maurice Duverger,"A New Political System Model:Semi-Presidential Government",European Journal of Political Research, No. 2, 1980.

[2] 胡锦光主编：《违宪审查比较研究》，中国人民大学出版社2006年版，第256页。

者最高法院在规定的期限内移送的案件。制定一部组织法具体规定前款内容的实施。"具体而言，在行政法院或普通法院所受理的一般诉讼案件中，如果当事人提出请求，认为案件所涉及的法律条款侵犯了宪法所保障的权利和自由，那么法院应中止案件的审理，根据其所属的司法管辖体系提交最高行政法院或者最高法院进行审查。如果最高行政法院或最高法院认为确有必要，则转交宪法委员会进行审理。经过修改之后，公民可以对生效的法律提出审查的请求，从而使法国的违宪审查方式兼具"事先审查"和"事后审查"（contrôle à posteriori）的特点，扩大了对公民权利的保护范围。

（4）独特的行政法院体系。法国司法制度的独特之处主要体现在具有两套相互独立的法院系统，即行政法院系统和普通法院系统，互不隶属、独立运转。两个系统的法院都能对各自管辖的诉讼案件作出最终的判决，而且每个法院系统都有自己的金字塔形的机构设置。

（二）法国宪法的发展趋势

"如果说，'宪法是它们的时代的产物'几乎是最普通的常识，那么，'时代是会变的'就更是不言而喻的真理。"[1]宪法应当具有稳定性，同时宪法必须根据不断变化的社会现实做出相应的调整。正如英国学者梅因所指出的，"社会的需要和社会的意见常常是或多或少地走在法律的前面，我们可能非常接近地达到他们之间缺口的结合处，但永远存在的趋向是要把这缺口重新打开来。"[2]为了适应时代的发展变化，法国1958年宪法已经进行了多次修改调整，其发展趋势可以从以下几个方面进行考察。

1. 宪法委员会向"宪法法院"的转型

在法国曾经有过关于宪法委员会性质的学术争论，即它到底是一个政治机关还是司法机关？[3]在成立的初期，人们倾向于认为宪法委员会具有政治机关的属

---

[1]〔英〕K. C. 惠尔：《现代宪法》，翟小波译，法律出版社2006年版，第66页。
[2]〔英〕梅因：《古代法》，沈景一译，商务印书馆1959年版，第17页。
[3] 参见张丽："试论法国宪法委员会的司法性"，《欧洲法通讯》第一辑，法律出版社2001年3月版。

性：第一，在第五共和国宪法中单列有一章"司法"，而"宪法委员会"一章与其相并列，同时，宪法委员会与普通法院及最高行政法院之间是完全独立的关系，宪法委员会的成员也不一定是法官；第二，宪法委员会在行使职权时与普通法院及最高行政法院之间没有联系，两者在审查规范性文件的合宪性及合法性上有着明确的分工；第三，宪法委员会的成员与普通法院及最高行政法院的法官在产生方式、任期、行使职权的方式及裁决的法律效力等方面都存在着很大差别；第四，从宪法规定和宪法委员会行使职权的实践看，宪法委员会有权而且在事实上也常常对国家政治生活中的重大问题作出决定和判断。

20 世纪 70 年代之后，宪法委员会开始逐步向司法机构转型。在 2008 年修宪之后，宪法委员会的功能主要是保障基本权利，宪法委员会的运作与普通法院的审判活动相结合，它的审查程序也是裁判性的。因此宪法委员会实质上已经是个"宪法法院"。[1] 当然它还承担包括咨询、监督议员选举和总统选举等职能，但是主要的任务是通过具体案件进行违宪审查。

从 2010 年 3 月 1 日开始，宪法委员会正式启动了"事后审查"的实践。截止 2010 年 8 月底，在半年时间内，宪法委员会登记在案的最高行政法院和最高法院转交的关于合宪性先决问题的上诉案件达到 221 件，其中 163 件未被宪法委员会受理，占 68%，58 件被宪法委员会受理，占 32%。在受理的 58 件中，30 件来自最高行政法院，28 件来自最高法院。在宪法委员会已经作出的 22 个裁决中，10 个完全符合宪法，1 个有保留地符合宪法（conformité sous réserve），5 个整体违宪并导致案件延期审理，2 个部分违宪，4 个不予受理。从总体的裁决结果来看，50% 符合宪法，30% 整体或部分违宪，20% 不予受理。案件平均的审理时间为 2 个月左右，最长的 91 天，最短的 23 天。[2] 作为对比，有必要考察一下事先审查实践的情况。根据官方统计，从 1958 年到 2009 年的 3 月 31 日，宪法委员会共审查了 576 件法规，其中普通法律占了 383 件，占 66.5%，平均每年约 7.5 部。[3] 由此可见，事后审查

---

[1] 王建学："从'宪法委员会'到'宪法法院'——法国合宪性先决程序改革述评"，《浙江社会科学》2010 年第 8 期。

[2] 参见法国宪法委员会网页：http://www.conseil-constitutionnel.fr/conseil-constitutionnel/francais/a-la-une/septembre-2010-question-prioritaire-de-constitutionnalite-premiers-chiffres.49188.html，最后访问日期：2012 年 3 月 18 日。

[3] Les Cahiers du Conseil Constitutionnel, n° 26 (2009), p. 71.

的数量已经远远超过了事先审查的案件,尽管上述数据仅仅只是一个片断的反映,但这预示着宪法委员会的工作重心将会发生根本的变化。

2. 政治体制的平衡化

第五共和国宪法的设计者们秉承戴高乐的思想,对第四共和国的"议会内阁制"进行了重大改革。新宪法削弱议会的权力,显著加强行政权力,特别是总统的权力,体现了"重总统轻议会、重行政权轻立法权"的鲜明特点。[1] 法国第五共和国的制度设计强化了行政权力,削弱了议会权力,在此消彼长的过程中,总统的权力缺乏应有的制衡。随着国际大环境以及法国社会本身的变化,行政权对立法权的过度干预与人民主权原则相背离,成为民主进程的绊脚石。法国各界对权力分配与制衡的问题持续关注,执政者也迫切感到,法国国家机构必须进行改革以适应日益高涨的民主化要求。

为了纠正第五共和国制度的"矫枉过正",法国多次对进一步平衡政治体制问题进行研究。例如,1984 年,当时的法国总统密特朗(François Mitterrand, 1916—1996)委托法国国家科研中心(Centre National de la Recherche Scientifique)的巴雷-克里格尔(Blandine Barret-Kriegel)提出发展共和国国家制度的详细报告。[2] 经过研究,巴氏提出了若干建议:今后法国国家现代化应沿着"经过加工"的法治模式发展,需要"加工"的方面包括:三权分立、法律至上、法律秩序、国家机关严格按法律授权进行活动、多元政治。[3]

1992 年,密特朗总统又委托法国资深宪法学者乔治·韦德尔主持宪法修改咨询委员会(Comité Consultatif pour la Révision de la Constitution),就进一步完善宪法提出建议。2007 年萨科奇当选总统之后,邀请前总理巴拉迪尔主持宪政改革研究,成立了"关于第五共和国国家机构现代化与重新平衡研究委员会"(Comité de Réflexion et de Proposition sur la Modernisation et le Rééquilibrage des Institutions de la Vème République)。委员会在对第五共和宪法进行深入研究之后,提交了以规制行

---

[1] 郭华榕:《法国政治制度史》,人民出版社 2005 年版,第 542—546 页。

[2] 该报告在法国以《国家与民主》为书名出版: Blandine Kriegel, L'Etat et La Démocratie, Documentation Française, 1986.

[3] 夏新华:《法治:实践与超越》,中国政法大学出版社 2004 年版,第 62 页。

政权总统权力、加强议会权力及增设公民权利为主题提出了 77 项具体建议，以实现不同权力之间有效制衡，使法兰西第五共和国走上更加民主的道路。

3. 中央权力向地方的转移

法国在历史上是一个典型的中央集权国家。为了消除中央集权带来的弊端，充分调动地方的积极性，提高行政效率，推动民主化进程，从 20 世纪 80 年代初开始出现了中央权力的地方化运动，其核心就是地方政权"非国家化"。地方分权化改革使得法国政府的集权程度逐渐降低，地方政府的权限不断增加，并享有一定自主权。经过长期的酝酿，法国在 1982 年 3 月通过《关于市镇、省和大区权利和自由法》，提供了地方分权化改革的法律框架。

在 2003 年的宪法修改中，通过了第 2003—276 号宪法性法律，即《关于共和国地方分权化组织法》，将地方分权的原则在宪法中加以全面确认。该法律共 12 条，主要内容包括对国家组织体制原则的补充完善、从属原则的确认、实验权、领土单位的财政自治以及平衡机制、地方直接民主的实现方式等，在宪法上进一步充实了法国的地方自治权。[1]

4. 与欧盟关系的协调

法国是欧洲一体化运动的倡导者和发动机，在欧盟中具有重要地位和作用。许多对欧洲一体化的发展方向具有决定性意义的设想和方案都出自法国的创意，法国政治家在欧洲一体化过程中担任重要职务、发挥重要作用。例如，欧洲一体化的第一步——建立欧洲煤钢联营的"舒曼计划"就是以当时法国外长罗伯特·舒曼（Robert Schuman, 1886—1963）的名字命名的；煤钢联营的第一任主席是有"欧洲一体化之父"称誉的法国政治家让·莫内（Jean Monnet, 1888—1979）；欧洲统一大市场的计划是 1985 年时任欧共体委员会主席的法国人雅克·德洛尔（Jacques Delors, 1925—2012）提出来的；实行欧洲单一货币——欧元的设想是法国总统密特朗最先提出来的，而欧盟宪法条约也是在法国前总统德斯坦主持下制定的。

欧洲一体化的发展在宪法上提出了一个新的问题，即如何定位国家主权与欧盟之间的关系。随着欧洲一体化进程的加快，成员国先后缔结条约同意在一些涉

---

[1] 张丽娟："法国地方分权改革的新发展——以 2003 年法国宪法改革为中心"，《中共云南省委党校学报》2006 年第 5 期。

及国家主权的事项上向欧洲共同体让渡权力。为了批准《欧洲联盟条约》，法国于1992年6月25日和1999年1月25日两次采用议会两院联席会议形式修改宪法。根据这些条文的规定，法国参与由主权国家组成的欧洲共同体和欧洲联盟的建设，这些国家自由决定共同行使某些权力；根据互惠原则，按照1992年2月7日签署的《欧洲联盟条约》确定的模式，法国同意移转建立欧洲经济货币联盟所必要的权力。在部分让渡国家财政、货币主权的同时，法国允许居住在法国的欧洲共同体其他成员国的国民参与市镇选举，但不得担任市长、副市长职务。此后，按照1997年10月2日签署的《阿姆斯特丹条约》确定的模式，法国同意让渡确定人员自由流动共同规则所必要的权力。另外，2003年3月25日，法国再次修改宪法第88—2条，以保证欧洲共同体有关欧洲通缉令的规定在法国得到执行。[1]

5. 人权和公民权利保护范围的扩大

作为早在1789年就颁布《人权宣言》、对"忽视人权、遗忘人权、蔑视人权"进行大力声讨的国家，重视对公民权利的保护对于法国来说似乎是一个不言而喻的问题。然而理念与现实之间存在不小的差距，法国在人权和公民权利保护方面也有滞后的一面。例如，男女不平等问题在法国是一个比较突出的问题，直到1944年，法国女性才获得选举权和被选举权。

法国1946年宪法序言根据社会发展，丰富和发展了1789年《人权宣言》的内容和理念，补充了民族和种族自由、经济社会权、男女平等权、罢工权、教育权、社会保障权以及外国人的政治避难权等内容。需要指出的是，这一序言被1958年宪法所继承，仍然具有宪法效力。

法国在扩大人权与公民权利保护方面取得了不断的发展，例如1999年男女平等参政的原则被写进了宪法，2007年将"废除死刑"写入宪法条文。2008年宪法修改又规定公民个人可以提起违宪审查的请求，可以预见，随着这一重大制度改革的不断实践，法国将不断扩大权利保障的范围。

6. 司法独立的加强

受历史传统的影响，司法权在法国第五共和政治架构中一直是三权中最弱的

---

[1] 张莉："法国宪法修改若干问题评析"，《宪政与行政法治发展报告》2003—2004年卷，中国人民大学出版社2005年版，第415—435页。

一权。为增强司法的独立性，法国进行了多次修改宪法的努力。

1993年修改宪法，专门设立了追究政府成员在任期间刑事责任的"共和国法院（la Cour de justice de la République）"。根据新的宪法规定，任何因政府成员任期期间的违法失职行为而遭受损失的个人都可以向一个完全由法官组成的调查委员会提起诉愿，该委员会经调查后决定是否将案件移交最高法院总检察长以便正式启动司法追究程序。

为了避免司法权过分干预国家政治生活，法国宪法明确了议员享有司法豁免权，即议员不会因当选期间的职务言论或表决所为而受到起诉、追查、逮捕、拘禁或审判。在1995年以前，是否解除犯罪嫌疑议员司法豁免权的决定由全体议员投票决定（议会闭会期间则由议院秘书处决定）。1995年宪法修改后，无论是在议会开会还是闭会期间，对相关议员的起诉或逮捕只需其所在的议院秘书同意即可。这样，就避免了议院公开辩论、表决对司法调查独立性的影响。

总之，法国宪法发展的历史源远流长、曲折蜿蜒，宪法的内容丰富多彩、别具一格。法国宪法为当代宪政和法治文明提供了丰富的养料。宪法是一个国家法律制度的核心，是一个国家的政治窗口，透过宪法能够比较清晰全面地了解这个国家和社会。但是也应当注意到，宪法涉及经济、政治、文化、思想、对外关系等极其丰富的内容，不能将宪法条文绝对化，宪法既能起到一叶知秋的作用，也能产生一叶障目的效果。因为宪法条文的规定与现实的政治运行存在反差、扭曲的情况，甚至是天壤之别。[1]

第四节　最高行政法院[2]

对奉行司法双轨制（普通法院与行政法院双轨制）的法国来说，最高行政法院并不仅仅是单纯的行政审判机构，而且同时也是具有政府咨询等职能的政治机

---

[1] 郭华榕：《法国政治制度史》，人民出版社2005年版，第7页。

[2] 本节的最后修改定稿，由华东政法大学行政法教授江利红指导完成。

构。作为19世纪以来法国各历史阶段政治机构的重要组成部分,最高行政法院不仅促成了法国行政法的产生和发展,更参与并见证了行政法治国的形成过程。在法国当今的国家政治生活中,最高行政法院以其重要的政治咨询职能和司法职能与宪法委员会一起处于法国国家权力运作的中心地位,既是中央政府中最重要的咨询机关,又是最高行政审判机关。特别是在2008年7月23日宪法修正案建立了事后违宪审查制度之后,使得最高行政法院参与到了法律的合宪性判断之中,其政治上、法律上的地位和作用显得更为重要了。

一、最高行政法院的地位与作用

与其他重要的宪政机构不同,最高行政法院的重要政治地位并非来自于宪法的明文规定,相反,正是最高行政法院的职能运作本身使其获得了持久的权威和公众价值认同。作为一个宪政机构,在法国的政治框架中,最高行政法院的意义并不仅仅停留在功能意义的层面,由于其在法国历史上的特殊地位,最高行政法院本身还具有重要的政治象征意义。

(一)最高行政法院的地位:"国家化身"的政治象征

在当今的法国政治框架中,最高行政法院被置于相当重要的位置。在政治礼仪上,最高行政法院的等级仅次于议会、总统等政治性机构而位列第一等政治机构。同时,最高行政法院副院长每年都必须向总统就整个国家宪政机构(corps constitués)的情况进行履职陈述(la présentation des voeux),该职能特点也表明了最高行政法院在国家政治生活中的特殊地位。从深层次上说,最高行政法院不仅仅是一个形式上的机构,在其诞生的两百多年时间里,最高行政法院与法国政治同呼吸共命运,其所承担的政治见证以及保证政治延续的功能已经将其深深定格于法兰西共和国的历史进程之中。

作为一个机构,最高行政法院的建立与法国现代国家建立的进程不可分割,并成为该进程的重要组成部分。16世纪,主权国家以及君主集权概念的出现使国

王参事院 (le conseil du roi, 也译为"国王委员会") 得以建立。国王参事院通过协助国王行使专属于自身的所有特权[1], 作为协助国王的新兴组织机构, 在整个国家大厦中起到了顶梁柱 (le chef du voûte) 的作用, 并成为了一切国家权力的象征。由于其组成人员的选取是依据一定的专业资质, 国王参事院下设的各个部门因其任职成员带有某种个人化的色彩。因此, 与其他通过以封建世袭的方式进行组织的机构相比, 国王参事院在一定程度上获得了某种独立地位。这种带有依附色彩的独立性在一定程度上也有助于推进国家制度化的进程, 因为任何一个机构都有扩张自己权力的惯性, 尽管国王参事院依附于国王, 然而通过行使属于国王的特权, 该机构也在一定程度上得以壮大。[2]

1791 年革命者废除了国王参事院, 表明了革命者们试图在全新的理念根基上建立新的国家政权的意愿。1799 年, 在拿破仑的建议下, 国王参事院得以重建, 成为法国最高行政法院的前身, 这标志着大革命时期的突发事件 (la parenthèse révolutionnaire) 以及旧制度下主导国家建立的原则的终结。尽管重生的最高行政法院与旧制度下的国王参事院存在很大的不同, 但相同的职能仍将这两个机构联系到了一起: 与国王参事院相同, 最高行政法院仍然是为行政权力服务而设置的机构, 并拥有从产生法律到进行行政监督的广泛职责。实际上, 正是由于最高行政法院与国家"一体化"(l'identification à l'Etat), 使得最高行政法院能历经各种制度变革和政治危机而仍得以幸存。[3]

最高行政法院与国家"一体化"并尽力减少政治变革的影响, 在一定程度上使得最高行政法院成为国家延续性的保证人 (la garant de la continuité de l'État)。最高行政法院对政治变化的抵制表现为通过解释的运用尽量减弱国家组织原则被颠覆的风险。例如, 通过该方式的运用, 1958 年宪法所进行的大规模政治革新所带来的阵痛得以减弱。虽然与政治权力共生, 但是最高行政法院从来都是毫不犹豫地为政治

---

[1] 这些权力包括制定法律、进行司法审判、征税以及进行行政管理。因此, 从其诞生开始, 最高行政法院便与政治权力存在不可割舍的联系, 其行政顾问的职责也一直延续到第五共和国, 并且其顾问的对象也有所扩大。

[2] Jacques Chevallier, "Le Conseil d'État, au Coeur de l État", Pouvoirs, Vol. 123, 2007, pp. 5—18.

[3] Erik Arnoult, Jean Massot, Le Conseil d'État: de l'An Ⅷ à nos Jours: Livre Jubilaire du Deuxième Centenaire, Belgique: Biro, 1999, pp. 12—23.

权力设置限制，一般法律原则理论的构建就像一个卫士防范政治权力的僭越。[1]

然而，最高行政法院持久的生命力并不是毫无代价的，在整个 19 世纪，最高行政法院的政治依赖（la dépendance politique）曾无数次将其置于制度变革的动荡之中。并且，最高行政法院的幸存也是以自身在其使命的性质、职能的行使以及成员的地位方面的敏感"进化"为代价得来的。在 20 世纪，最高行政法院与政治权力也几度呈现出紧张关系，一方面是其成员对维希（Vichy）政府的效忠[2]；另一方面戴高乐政府时期，在关于阿尔及利亚战争的问题上，最高行政法院持与总统对立的立场。通过 1962 年卡纳尔（Canal）案件，最高行政法院站在一般法律原则的高度对总统的特权加以限制（参见本节第七部分）。

但是，在限制行政权力方面，最高行政法院的能力也是有限的。一方面，最高行政法院的地位决定了其不能与政治权力进行直接对抗；另一方面，最高行政法院在维希（Vichy）政府时期所扮演的角色也颇受争议，对维希政府法律的执行也极大地损害了最高行政法院作为共和国原则保证人的形象。

第五共和国以来，最高行政法院的行政监督的职能不断加强，[3] 其权威性和合法性也获得了越来越广泛的价值认同。[4] 鉴于其在政治上的重要意义，最高行政法院已不再是一个单纯的形式上的机构，而成为共和国制度不可分割的组成部分。从某种意义上说，一种同质化的纽带将最高行政法院与国家联系起来，从形式意义上的机构存在（le corps）幻化为具有人格的机构存在（l'institution），最高行政法院被深深定格于共和国机构的组成之中。

同时，最高行政法院所秉持的价值观也是指导国家合法性（la légitimité）的

---

[1] Erik Arnoult, Jean Massot, Le Conseil d'État: de l'An VIII à nos Jours: Livre Jubilaire du Deuxième Centenaire, Belgique: Biro, 1999, p. 30.

[2] 维希政府或维希体制是指 1940 至 1944 年二战期间，在德国占领时期的法国政府体制。在这段时期内，巴黎仍然是法国的首都，但其政府却位于维希（Vichy），一个宁静的城市。作为政府首脑，马雷夏尔·贝当（Maréchal pétain）主张对德国不抵抗，并在 1940 年采取与纳粹合作的政策。根据 1940 年 6 月的《停战协定》，维希政府在军事工业方面与德国占领军进行合作，并且还要为占领军提供补充镇压军队。参见：http://fr.wikipedia.org/wiki/R%C3%A9gime_de_Vichy. 访问日期，2011 年 3 月 20 日。

[3] 这一点可从最高行政法院一系列的判例中看出。

[4] 最高行政法院的合法性监督职能表现在其通过行政判例发展出规制行政权力恣意行使的"一般法律原则"上。对行政权力僭越的防范足以让最高行政法院获得公众价值认同。

纲领，要归属于该机构，就必须站在"国家意识"（le sens d'état）的高度，这些国家意识包括对公共财产的关注、对公共利益的忧虑以及对公共服务的尽职。如此，站在国家责任的高度，相对于其他国家机构甚至整个社会而言，最高行政法院自身便获得了一种"自豪感"（un sentiment de fierté）和一种道德上的优越感（un sentiment de supériorité morale）。[1]

（二）最高行政法院的作用

从功能意义上说，最高行政法院主要具有政治和司法两个方面的职能。作为共和国政治机构不可或缺的组成部分，法国最高行政法院（Conseil d'état）[2]在国家政治生活和司法生活中均扮演着重要的角色。就其政治职能而言，最高行政法院站在政府的角度为政府提出法案，为政府所进行的行政立法以及采取的重大行政行为提出咨询意见，以保证政府的各项行为能最大程度实现行政预期；[3]就其司法职能而言，最高行政法院是行政法院系统的最高机关，负责对政府制定的法令以及行政行为进行合法性审查，并保障行政相对人的权利和自由。

由于政府利益与行政相对人利益时常处于对立面，政府总是倾向于扩大自己的权力，因此同一机构承担两种相互矛盾的职能便使机构的合法性和权威性受到质疑。英国宪法学家戴雪（A. V. Dicey）就曾将法国行政法院制度等同于英国历史上维护行政特权的星座法庭，认为最高行政法院制度是庇护行政特权的罪恶制度。[4]实际上，在法国本土，自行政诉讼制度建立两百多年来，关于最高行政法院双重职能的争论也就没有停止过。然而，从最高行政法院在法国政治框架中的地位以及公众价值认同的角度看，最高行政法院并非为庇护行政特权制度而生。从

---

[1] Jacques Chevallier, Le Conseil d'État, au Coeur de l État, Pouvoirs, Vol. 123, 2007, pp. 5—18.

[2] 此处笔者将conseil d'état翻译为最高行政法院，并非只偏重该机构所承担的司法职能，然而实际上除了作为最高行政审判机关以外，最高行政法院还承担着重要的政府咨询职能。国内其他学者对conseil d'état也存在着其他译法，如"参事院"。参见〔美〕古德诺：《比较行政法》，白作霖译，中国政法大学出版社2006年版。

[3] 最高行政法院的政治咨询职能在历史上曾经历较长时间的中断，最终在1945年得以恢复。

[4] 〔英〕戴雪：《英宪精义》，雷宾南译，中国法制出版社2001年版，第361—367页。

实际来看，其所承担的政治和司法职能并行不悖，这也是最高行政法院能深深植根于法国政治生活并获得合法性认同的重要原因。

通过政治职能和司法职能的行使，最高行政法院得以参与到国家法律体系的构建和行政法体系的构建过程中。同时，在法国特有的行政诉讼制度的产生过程中，最高行政法院也发挥了十分重要的作用。最高行政法院的历史演进与行政诉讼制度的建立与发展密切相关，可以说最高行政法院发展的历史便是法国行政诉讼制度发展的历史。

在国家法产生方面，双重职能的行使也使最高行政法院发挥了重要作用。可以说，最高行政法院参与了法的产生（从制定到实施）的各个环节。这种对法的生产活动的干预并不仅仅体现在审查法条之间的连贯性与一致性，更重要的在于最高行政法院还审查法规范的内容。作为政府的法律顾问，最高行政法院参与到法律文本的制定过程中，这种咨询职责要么为宪法和法律明文规定，要么由政府主动提出要求。最高行政法院出具咨询意见的法律文本包括政府法案，委任立法以及包含有立法性质的共同体法案。在这些法律文本的咨询中，最重要的是最高行政法院对政府法案和委任立法提供的咨询意见。该咨询职能虽然经历了较长时间的中断，但最终在1945年得以恢复。

在对上述两种文本进行审查时，最高行政法院不仅要审查其规定是否与已经生效的法律相抵触，而且还要通过权衡该法案带来的利益以及政府的论证理由的充分性来审查该法案是否具有行政法上的合理性。当然，最高行政法院的审查并不是对政府政治选择的"根基"（le bien fondé）的评价，而只是对其具体实施方式进行评估。虽然最高行政法院的咨询意见并不必然被遵循，然而通过对立法合理性的评价，最高行政法院不可置疑地成为了法制定过程的参与者。随着政府职能的膨胀，政府提出法案以及委任立法的情况越来越多，最高行政法院越来越成为国家法律体系构建的重要参与者。

另外，最高行政法院在法国行政法体系以及行政诉讼制度的建立方面也发挥着决定性的作用。行政法的存在是基于行政执法不同于其他社会现象，从而需要在适用规则上予以特殊对待这样一种理念。由于负责执行国家职能的机构是不应该与私人一样适用同样的法则并由同样的法官管辖的，最高行政法院的存在使对国家适用不同于普通法的规则的理念成为可能。在这种观念的指导下，17世纪，国王在其私人委员会的内部设立了国家金融委员会负责处理行政和财政诉讼。这种模式经受住了18世纪末法国大革命的冲击并通过建立最高行政法院的形式得以新生。

正是最高行政法院的存在及其行政诉讼职能的积极实施，在旧制度下萌芽的行政法规则才得以逐渐建立。在法律文本缺位的情况下，最高行政法院通过判例确立了行政法的基本原则，并铸造了整个行政法体系，而这项具有奠基意义的工作为"国家的自治"（l'autonomie de l'état）奠定了基础。如果说行政法一开始是从特权法的角度加以构建的，那么政治自由主义以及理想共和主义的进步则将行政法导向了一个价值重构的过程，这种价值重构并没有搁浅国家的司法主权，相反，却以"法治"的名义给予了行政法一个新的姿态，而最高行政法院在这个重构过程中成为了"法治"的捍卫者。

二、最高行政法院的历史[1]

法国最高行政法院是旧制度（ancien régime）下的产物，19世纪是法国行政诉讼制度的建设与形成时期。在19世纪的一百年里，法国最高行政法院经历了动荡的岁月，用法国历史学家加布里埃尔·德·布罗伊（Gabriel de Broglie）[2]的话说，"最高行政法院的持久在宪政史上是一个奇迹（la biologie constitutionnelle）"。[3] 1789年法国大革命时最高行政法院的职能被搁置了，1790年8月关于司法组织的法律第2章第13条规定"司法和行政职能泾渭分明，现在和将来永远分立。普通法院法官不得以任何理由、任何方式滥用其权力干预行政机构的活动，也不得因行政机构行政职能的行使而对其进行审判。"[4] 1791年雅各

---

[1] 本书对最高行政法院的历史主要是从其同时承担政治咨询和行政司法双重职能的角度来讲，并着重分析其行政司法职能的发展和壮大，故参照有关著作，从1799年最高行政法院被授予行政司法职能时叙述最高行政法院的历史演进过程。

[2] 加布里埃尔·德·布罗伊，1931年出生于法国凡尔赛，法国著名历史学家，现为法兰西人文学院、法兰西学术院成员。20世纪60年代曾担任最高行政法院助理办案员、查案官、行政法官等职务。

[3] Bernard Pacteau, Le Conseil d'État et la Fondation de la Justice Administrative Française au XIXe Siècle, Paris: Presses universitaires de France, 2003, préface.

[4] Loi sur l'Organisation Judiciaire des 16—24 Août 1790, Article 13, Titre II. 参见：http://fr.wikisource.org/wiki/Loi_sur_l%E2%80%99organisation_judiciaire_des_16—24_ao%C3%BBt_1790#Article_10. 访问日期：2012年8月10日。

宾派专政时期，最高行政法院几乎处于消失的边缘。但在当今的法国，无论是在政治生活中还是在司法生活中，最高行政法院均占据着一个相当重要的位置。

（一）诞生初期（1799—1814年）[1]

一般认为，最高行政法院诞生于1799年，即共和八年（l'an Ⅷ），拿破仑效仿旧制度下国王参事院制度，设立了国王参事院，作为自己的咨询机构，行使立法、行政、司法方面的职能，成为最高行政法院前身。[2] 但也有法国学者认为，其更准确的说法是拿破仑使最高行政法院得以重生。这是因为：一方面，最高行政法院曾在旧制度下就以国王咨询机构的形式存在，法国大革命以来的启蒙思想的洗礼只是为其注入了新兴的国家主权以及权力分立的理念；另一方面，在执政府以及第一帝国时期，最高行政法院在政治及司法事务中的表现也让人称道。[3]

1799年12月25日宪法第52条规定：在执政的指导下，国王参事院的职责在于起草法律草案以及公共行政条例，同时解决行政上产生的困难。[4] 同年，《国王参事院组织条例》得以制定，并于1802年进行修改，形成了国王参事院最初的组织规则。[5] 在有关行政诉讼的事务上，最高行政法院（国王参事院）的职责在于协助国家首脑进行判决。因此，在这个意义上，最高行政法院所发挥的仅仅是一个咨询的职能（un rôle consultatif）。在这个时期，在司法权的行使上，法国采取的是"保留的审判权"（la justice retenue）制度[6]。最终作出行政决定的权力掌握在国家首

---

[1] 虽然最高行政法院在旧制度下就以"国王参事会"的形式存在，但就其职能来说，作为王权的附庸的色彩比较浓厚，与现代意义上的最高行政法院的角色相去甚远。1799年法律设立的最高行政法院应该看作是现代意义上的最高行政法院的雏形。

[2] 王名扬：《法国行政法》，中国政法大学出版社1988年版，第601页。

[3] Erik Arnoult, Jean Massot, Le Conseil d'État: de l'AnⅧ à nos Jours: Livre Jubilaire du Deuxième Centenaire, Belgique: Biro, 1999, p. 20.

[4] 在1804年《法国民法典》编纂的过程中，最高行政法院发挥了十分关键的作用。

[5] 王名扬：《法国行政法》，中国政法大学出版社1988年版，第601页。

[6] "保留的审判权"（la justice retenue）制度是相对于"委任的审判权"制度（la justice déléguée）而言的。所谓"保留的审判权"制是指司法权是国王主权的象征，国王不仅可以随时参与到具体的诉讼事务中来，而且对于诉讼决定可以随意加以更改，对于任何诉讼事务，国王享有最终审判的权力。"保留的审判权"制是旧制度下绝对集权主义（l'absolutisme）的特征，该政体制度的特点在于所有的权力都绝对集中于国王或是首脑手中。"保留的审判权"存续期间为1790年至1872年。

脑手中。[1] 然而在事实上，国家首脑对于最高行政法院就行政诉讼提出的咨询意见（avis consultatif）总是予以遵循，而且这种遵循的惯例也一直被后任所延续。

就最高行政法院的两大职能而言，其咨询职能在这个时期得以建立，而其作为最高行政法官的职能（角色）当时仍处于萌芽的状态。其原因在于，1790 年 8 月 16—20 日关于司法与行政分立的法律规定：法官不得以任何方式滥用其权力干预行政机构的活动，也不得就行政机构行使其职能的行为向其追责。该条法律确定了权力分立制度（la séparation des pouvoirs），其应用极为严格。这种极端的应用表明了新兴掌权者对法院的戒备和敌视的态度。因为在旧制度时期，当时的法院时常对中央权力提出的改革措施进行阻挠，这给新兴的当权者留下了不好的印象。普通法官不得审理行政案件，而行政法官也不具有对行政案件的完全处决权。如前所述，拿破仑采取的是"保留的审判权"制度，最高行政法院所能做的仅仅是以首脑的名义进行判决或向首脑提出建议，行使的是国家元首所保留的权力。因此，最高行政法院的司法审查和监督职能在当时并不十分突出。

就其行政审判职能而言，在这个时期，最高行政法院对出于"政治动机"作出的行政决定是拒绝予以评价的。但在后来的判例中，最高行政法院改变了这种态度。在 1875 年的拿破仑亲王（prince napoléon）判例中，最高行政法院缩小了以往对基于政治动机的政府行为的宽泛界定。政府行为要豁免司法审查，仅仅在形式上由部长委员会讨论或基于公共利益作出是不够的。该判例的主要意义在于其对传统的政府行为理论作了缩小解释，政府行为不再是笼统抽象和纯理论上的概念，其界定越来越借助于为最高行政法院通过判例所确立的界定标准。今天，豁免司法审查的政府行为主要被限定为以下两种类型：第一，处理政府与议会之间关系的行为；第二，处理法国与其他国家或者国际组织之间关系的行为。[2]

（二）政治动荡中的存续（1814—1852 年）

1814 年 3 月，拿破仑被逼退位。波旁王朝迎来了第一次复辟。对于最高行政

---

[1] Le Conseil d'Etat: de l'An Ⅷ à nos Jours: Livre Jubilaire Du deuxième Centenaire, sous la direction de Jean Massot paris, Paris, 1999, p. 24.

[2] Coneil d'état, févr. 1875, Prince Napoléon, Rec. 155.

法院，复辟者们一直心存戒心，因为最高行政法院在拿破仑执政时期被赋予重要的政治角色，充当着政府智囊团的作用。幸运的是，尽管路易十八（Louis XVIII，1755—1824）颁布的1814年宪章（其地位相当于当时的宪法）并没有提及最高行政法院，然而最高行政法院仍得以幸存。复辟者们主张保留最高行政法院，在他们看来，最高行政法院本身就是旧制度下产生的机构。可以说这种"幸存"是以最高行政法院接受一场"清洗"（épuration）为代价的。

1814年6月29日法令规定设立了新的最高行政法院，并提名其组成人员。在拿破仑时期的25个最高行政法院法官中，13个被法令重新提名从而得以在最高行政法院继续任职。1815年3月，拿破仑重返巴黎，路易十八逃亡比利时。其后，拿破仑对路易十八建立的最高行政法院进行了重组。拿破仑重新将领导最高行政法院的重任委任给四个在复辟时期被弹劾的参事，对于路易十八时期委任的参事，除了叛徒以及极端保皇分子，拿破仑均允许其继续任职。在拿破仑重返政坛的一百天里，最高行政法院宣布波旁王朝的复辟为非法，书面承认帝制为法国国家的政体并宣誓效忠于皇帝的利益。

1815年滑铁卢战役终结了拿破仑的政治生涯，其退位同时也意味着最高行政法院将面临更为严重的"清洗"。路易十八重返王位后，对最高行政法院的组成以及机构进行了修改。对于最高行政法院中拒绝宣誓效忠的参事，予以严惩或放逐。同样，被拿破仑弹劾的最高行政法院参事得以被重新任命。从一定程度上说，人员的延续性保证了最高行政法院在职能上的延续性。从这个时期一直到1830年七月王朝的建立，最高行政法院始终处于被怀疑和批评的境地，其所承担的政府事务咨询人的角色也大为弱化，君主很少就政府事务向最高行政法院征求意见。因此，其职责主要集中在其解决行政诉讼的活动上。

1830年七月革命之后，路易·菲利普（Louis Philippe，1773—1850）即位，时任司法部长的杜邦·德·勒赫（dupont de l'Eure）[1]通过标榜自由主义以及蛊惑民众的宣传试图废除最高行政法院。路易·菲利普最终选择保留最高行政法院，但其组成发生了巨大的变化，三分之二的参事在重组的过程中被剔除，而被剔除的

---

[1] 杜邦·德·勒赫（Jaques Charles Dupont de l'Eure, 1767—1855），于"七月王朝"时期担任司法部长。

案件主审员和助理办案员则更多。尽管在动荡的政局下，1848年"二月革命"仍未威胁到最高行政法院的存在，国民议会投票产生了第二共和国宪法，并深刻改变了最高行政法院的性质，几乎所有七月王朝时期的参事都得以保留并在第二共和国的最高行政法院中任职。

1849年3月3日国民议会通过的法律规定，最高行政法院成员由国民议会选举产生，任期为三年。该法律在政治意义上界定最高行政法院的角色，规定其职责在于参与法律的制定。尽管其成员被赋予很强的政治色彩，然而由于他们当中的绝大多数来自于七月王朝时期的最高行政法院，职责的延续性在一定程度上得以保留。[1]

第二共和国时期，从行政诉讼制度建立的角度来说，最高行政法院经历了一个重要的时期，在这个时期，"保留的审判权"制度曾一度中止。1849年，第二共和国通过法律试图终结绝对集权主义下的"保留的审判权"制度，最高行政法院的角色向"委任的审判权"制度的方向转变。具体表现在：其在解决行政争讼时，最高行政法院不再满足于提出咨询意见（尽管这种意见通常被君主或首领遵循），而是像普通法庭一样，以法国人民的名义（au nom du peuple français）作出具有执行力的判决。行政法院的法官们不再是国王的代言人，现代意义上的行政诉讼制度初见雏形。[2] 在最高行政法院的政治咨询角色弱化的情况下，政府专员制度应运而生，代行最高行政法院政府智囊团的角色[3]。

（三）"委任的审判权"制度最终确立[4]（1852—1889年）

在法兰西第二帝国建立的前一年，最高行政法院被解散了。1852年1月14日，

---

[1] Erik Arnoult, Jean Massot, Le Conseil d'État: de l'AnⅧ à nos Jours: Livre Jubilaire du Deuxième Centenaire, Belgique: Biro, 1999, p. 24.

[2] 然而，第二帝国的建立又终结了"委任的审判权"制度，使"保留的审判权"制重回舞台，直至1872年5月24日第三共和国通过法律再次确立"委任的审判权"制度的法律地位。

[3] http://fr. wikipedia. org/wiki/Conseil_d%27%C3%89tat_ (France)，访问日期：2011年2月20日。

[4] Bernard Pacteau, Le Conseil d'État et la Fondation de la Justice Administrative Française au XIXe Siècle, Paris: Presses Universitaires de France, pp. 144—175.

路易·拿破仑·波拿巴（Louis-Napoléon Bonaparte，1808—1873）称帝以后，通过了1852年法国宪法，将最高行政法院重新变为帝王权力的附庸，赋予最高行政法院强大的政治地位和政治角色，最高行政法院又重新成为政府的重要顾问。在人员的组成上，拿破仑三世指定其两名亲信主持最高行政法院，其他成员仅限于在新制度的拥护者中进行提名。在最高行政法院重组后的第一天，29名成员便联名对拿破仑的武断独裁进行抗议。通过这种细小的反抗与有意识的加强话语权的做法，最高行政法院正一步步地迈向公民自由守护者以及暴虐专制防御者的角色。另外，在其所承担的司法职能上，废除第二共和国时期曾试图推行的"委托审判权"制度，继续采用"保留的审判权"制度，将行政诉讼的最终权力集中于皇帝一人手中。

第二帝国的崩塌给法国的政治体制带来了长期的不确定性，在这期间，最高行政法院也屡次遭遇危机。1870年，普法战争结束后，当时的国防政府经建议决定解散最高行政法院，所有的成员都被革职，在等待制宪会议重组的同时，组成了一个临时委员会，以便处理紧急的案件。在这期间，临时委员会实际上行使着最高行政法院的职能。实际上，临时委员会中有几名成员原本就属于最高行政法院。

在这段动荡的历史中，1872年，最高行政法院经历了巨大的震颤。梯也尔（Thiers，1797—1877）[1]政府决定在新宪法产生之前组织一个临时的最高行政法院，但当时的君主议会试图从梯也尔手中攫取其提名最高行政法院委员的权力。在梯也尔的激烈抗议下，君主议会保留了行政机关提名副院长以及部门负责人的权力。在参事的选举上，绝对多数的投票方式大大地增强了最高行政法院的政治色彩。

1872年选举的参事与以往相比，在平均年龄上比案卷处理法官年轻，另外他们中绝大多数均持保守的价值观。三年后，国民议会通过法律，将提名最高行政法院委员的权力赋予总统，实际上，该法律对即将到来的三年一次的换届选举起到了阻滞作用。另外，该法律逐渐增加了有关最高行政法院委员职位空缺的规定，在一定程度上对被选举的委员起到了一种维持作用。然而，这些"灵巧"的政治安排所起到的作用仅仅是将最高行政法院迈向共和的进程推迟了四年。1879年共

---

[1] 梯也尔（Thiers），法国政治家、历史学家。在路易·菲利普时期担任首相。1871—1873年，先后担任国家首脑，临时总统。

和人士全面掌权后，最高行政法院经历了历史上最深刻的肃清。但如同以往，最高行政法院在国家政治动荡中艰难存续。

同时，1872年5月24日法律决定恢复设立最高行政法院，并明文确立了"委任的审判权"（la justice déléguée）制度，该法律规定：最高行政法院拥有处理一切行政案件的上诉以及所有关于撤销行政机关越权行政行为的诉求的权力。这次改革在最高行政法院发展史上，是一个重要的里程碑。通过这次改革最高行政法院成为名副其实的"最高"的行政法院。在此之前，国家元首虽然总是倾向于同意最高行政法院作出的有关行政争议的裁决，然而，从法律观点而言，最高行政法院并不是真正的法院，并不具有独立的审判权。而此次的法律在赋予最高行政法院独立审判权的同时，设立了权限争议法庭，赋予其裁决行政法院和普通法院之间权限争议的职能。但在部长法官制的背景下，当事人向最高行政法院提起诉讼以前，必须先向部长申诉，只有不服部长的决定才能向最高行政法院起诉。

（四）一般审判权确立（1889年至第四共和国时期）

1889年12月13日，最高行政法院在卡多（Cadot）案件的判决中，否定了部长法官制。自此之后，当事人不服行政机关的决定，可以直接向最高行政法院起诉，而无需事先向部长申诉，最高行政法院的一般管辖权（juridiction administrative de droit commun）由此得以确立。在激烈的政治动荡背景下，最高行政法院的司法职能仍得以不断强化，行政法上许多重要原则借助最高行政法院的判例而得以确立，法国行政法也由此获得了很大的发展。

维希政府时期，最高行政法院的活动更多地侧重于行政条例的制定以及对法律的解释和具体适用措施的提出上。就争讼活动而言，最高行政法院解决行政争讼的职能在后期也有一定退化。如同其他历史时期一样，针对最高行政法院的内部清洗活动也没有停止。1942年，最高行政法院中的犹太成员遭到革职，其中几名犹太成员在放逐的过程中死亡。总之，在该时期，最高行政法院艰难地与制度共生。正如法国学者分析的那样，最高行政法院并没有否定政府行为的合法性从而走到制度的对立面。这是因为最高行政法院作为一个政治机构，其本身也不愿让自己的生存受到威胁。[1]

在解放时期，最高行政法院又一次遭遇危机。随着改革委员会以及肃清委员会的组成，20名委员遭到撤职，5名委员退休，其他7名委员也相应接到其他处罚，被免职的还包括副院长在内的职务较高的成员。在维希政府中遭到撤职的成员得以重返最高行政法院，另外从体制外产生成员的范围得以扩大，一系列重要的人事任命使最高行政法院得以更新换代。在这期间，司法委员会得以创立，由勒内·卡森（Rene Cassin，1887—1976）[2]主持。司法委员会暂行最高行政法院职能，其与最高行政法院共同存在，直到1944年11月22日，二者的职能被合并为止。

1945年7月31日，政府发布法令宣布解散改革委员会。自此，最高行政法院在新的政治格局中重新找到了其权威性及合法性。1953年9月30日的行政审判组织法令和11月28日作为补充规则的公共行政条例，划分了最高行政法院和地方行政法庭管辖一审行政案件的权限。自此之后，一切行政诉讼案件，除法律特别规定外，将由地方行政法庭管辖，最高行政法院受理行政诉讼的权限以法律特别规定为限。

（五）最高行政法院地位巩固（1958年后第五共和国期间）

在第四共和国到第五共和国过渡期间，最高行政法院并无内生的危机，然而其本身却成了制度变革的引擎，并参与到第五共和国形成的政治进程中。戴高乐作为部长委员会的委员长，赋予最高行政法院重要的职能，尤其是在第五共和国宪法的起草中，最高行政法院发挥了重要的角色。为制定第五共和国宪法，最高行政法院连续四天组成特别委员会以及全体会议审议宪法草案。1958年宪法不仅将最高行政法院规定为共和国政治机构的组成部分，而且还在立法权与行政权之间建立了新的制衡关系，而这正是最高行政法院长期以来所呼吁的。因为这样的

---

[1] Erik Arnoult, Jean Massot, Le Conseil d'État: de l'An VIII à nos Jours: Livre Jubilaire du Deuxième Centenaire, Belgique: Biro, 1999, p. 27.

[2] 勒内·卡森（Rene Cassin），法国法学家、政治家、外交家，曾任法国最高行政法院副院长，曾获得诺贝尔和平奖和联合国人权奖。

规定对于相对依附行政权的最高行政法院来说是有利的。

现代意义上的最高行政法院的形成并非一蹴而就，但其地位真正得以巩固和增强却是在第四共和国和第五共和国时期。其存在本身不再成为争论的对象，同时，任何因当权者更迭而导致的"清洗"或重组在这个时期都是不可想象的。最高行政法院也不再仅仅是行政权力的咨询委员会，由于合法性监督职能的扩张和增强，最高行政法院还成为了参议院和国民议会所保护的对象。在解决行政争讼的职能上，其裁判的判例得到宪法委员会的承认和延伸，介于宪法委员会公民权利和自由守护神的角色，最高行政法院因此又多了一个强大的政治依靠。

从公众视野的角度看，由于其通过行政判例提炼出一系列旨在保障公民权利与自由的法的一般原则，因此，最高行政法院获得了高度的公众认可。行政诉讼的概念逐渐获得了宪法上的价值认同。在任职的限制上，最高行政法院成员不得兼任议员。同时，在人员的聘任方面，最高行政法院秉持开放的精神，大量从体制外选聘成员，这种体制外和体制内的交流在某种程度上正是最高行政法院活力所在。

总之，在各个历史阶段中，最高行政法院成为权力斗争中各方争相占领的政治高地，最高行政法院的命运同政治制度的变迁紧密联系在一起。一方面与政治权力共生，而另一方面又要与政治权力保持必要的距离，同时还要对政府行为的合法性进行监督，以保护行政相对人的权益不受肆意行政的侵犯，正是这种正当的角色定位使最高行政法院能够在共和国的机构中获得持久的权威和价值认同。

三、最高行政法院的组织

行政法庭、上诉行政法院、最高行政法院组成了法国的行政司法系统。[1]作为第五共和国宪政机构的重要组成部分，最高行政法院在其组成上却相对简单，这似乎与在法国政治生活和司法生活中发挥的巨大作用不太相称。最高行政法院和宪法委员会同为法兰西第五共和国重要政治机构，其办公场所设于巴

---

[1] 目前，法国共计设立33个行政法庭，5个行政上诉法院。

黎最为复杂的建筑——皇宫（Le Palais-Royal），最高行政法院不仅在工作和议事方式上影响宪法委员会，而且其所发展出的许多重要判例也为宪法委员会所承认和引用。

（一）最高行政法院部门组成

与最高行政法院所扮演的政府顾问以及最高行政法官的角色相适应，最高行政法院分为六个部门，两大类：即行政部和诉讼部。如下图所示，最高行政法院中承担政府咨询顾问的行政部数量为五个[1]，诉讼部一个。在行政部的具体划分上，总理根据所处理的咨询事项的情况以及所涉及的具体政府机构而划分相应的部门，例如行政部中的内政部负责处理总理、内政部长、司法部长、教育部长以及文化部长移交的咨询事项。[2]

图 2　最高行政法院组织结构图

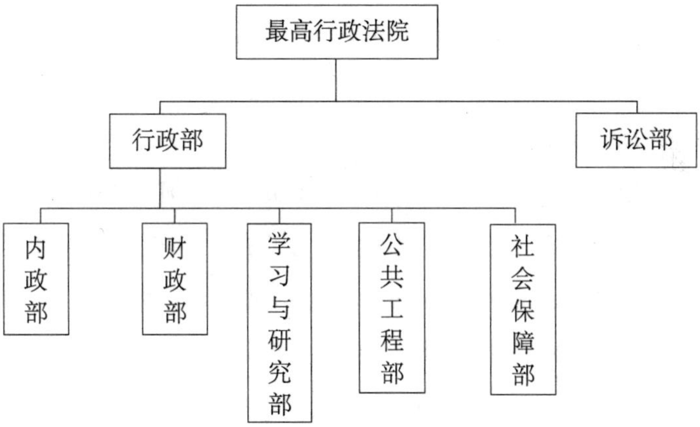

```
              最高行政法院
              ／        ＼
          行政部         诉讼部
       ／  ｜  ｜  ｜  ＼
     内   财   学   公   社
     政   政   习   共   会
     部   部   与   工   保
              研   程   障
              究   部   部
              部
```

行政部负责政府送交咨询的法案、授权立法、政府条例以及其他具体的行政决定等，进行审查并提出咨询意见。诉讼部门负责作出行政案件的一审和终审判决。随着所受理的行政案件数量的增多，最高行政法院的案件处理的低效率长期

---

[1] 这五个部门分别为：内政部门、财政部门、学习与研究部门、公共工程部门以及社会保障部门，这五个部门分别处理与其领域相关的政府咨询事项。

[2] Dominique Latournerie, Le Conseil d'État, Paris: Dalloz, 2005, pp. 5—9.

以来饱受诟病,为了改善这种情况,行政上诉法院(La Cour d'Appel)于1987年得以创立,大大缓解了最高行政法院的压力。[1]

(二)最高行政法院的成员

1. 最高行政法院的人员构成

目前,最高行政法院成员总数为200人,包括20名助理办案员(auditeur)、78名查案官(maître de requête)、82名法官或委员(conseiller)、6名部门负责人、1名秘书长和1名副院长。

除此之外,值得一提的是,另有12名顾问以特别服务的名义供职于最高行政法院的行政部,就相关领域的问题提出专业性的咨询意见。这12名成员来自社会生活的各个领域,包括法学教授、工业家、行会成员、官员甚至大使。与其他成员不同的是,这12名顾问只承担咨询的职能,并不涉足最高行政法院的司法活动。在任期上,该12名顾问的任期为四年,不可连任。这些顾问充足的社会经验和专业知识对最高行政法院处理问题的开放性和妥当性来说是大有裨益的,避免了单一法律思维所带来的不足。

2. 最高行政法院成员的产生

在最高行政法院的组成人员中,助理办案员主要是通过考任的方式产生,而查案官以及委员则是通过选任的方式产生。几乎所有的助理办案员都是从法国国家行政学院(l'école nationale administrative)的毕业生中直接选拔,只有很小一部分是从官员中选聘。最高行政法院中的助理办案员、查案官、行政法官遵循单向流动的原则。其中,3/4的查案官在助理办案员中产生,而2/3的行政法官是在查案官中选拔的。除上述的主要产生方式外,查案官与行政法官还有其他两种产生方式:第一种是体制外的产生方式(par tour extérieur),实质上是从社会上吸纳最高行政法院组成人员。就查案官而言,社会人员录用的条件为年龄在30周岁以上且拥有十年社会公共服务经历;而最高行政法官的职位除了要求十年以上社会公

---

[1] 据统计,2004年,最高行政法院所处理的案件中,处理时间少于1年的为40%;1—2年的为40%;2—3年的为15%;3年以上的为5%。

共服务经历还要求年龄在 45 周岁以上。从体制外提名这两类专业组成人员的方式有利于增强最高行政法院的开放性,避免人员知识结构僵化,从而提高应对各种社会事务的能力。

当然,这种从外部选取组成人员的方式也受到法律的严格规制。首先,这种提名的宣布必须征询最高行政法院副院长的意见;其次,最高行政法院副院长的意见内容必须精确,必须考虑被提名人选曾经从事的工作、经验以及最高行政法院自身的需要;最后,该提名案以及最高行政法院副院长就提名发表的意见须公布于官方媒体,接受公众的监督。[1]查案官以及行政法官产生的第二种方式出于在行政诉讼体系内保持一定程度的统一性的考虑,从行政法庭和行政上诉法院中产生查案官和行政法官。据统计,1/16 的查案官、1/18 的行政法官来自于行政法庭以及行政上诉法院,行政审判的丰富经验使这些法官更能胜任诉讼部工作。

最高行政法院六个部门负责人在行政法官中选任产生,最高行政法院副院长则在部门负责人或行政法官中选任产生,副院长被视为共和国第一公务员。根据1958 年宪法的规定,最高行政法院的院长由总理担任,由其负责主持最高行政法院全体会议,这也许是最高行政法院成为共和国第一机构的原因。然而事实上,总理担任院长的职责只是理论上的宣示,其从不参加最高行政法院任何活动。最高行政法院的日常工作则由副院长主持,领导最高行政法院全部行政工作。同时,最高行政法院副院长拥有管理行政法庭以及行政上诉法院等行政审判机构的权力,他成为了事实上的最高行政法院负责人。[2]

3. 最高行政法院成员的法律地位与权利保障

最高行政法院成员,虽然履行行政法官的职能,然而却不享有法国司法法官所具有的特别保障。行政法官的地位与一般行政官员相同,由于其职能特殊,在职业保障方面,比一般行政官员优越。为了保障行政法官的独立,在晋升上采取年资制,以防止晋升受主管长官好恶的制约。同时,最高行政法院成员的纪律处分也必须由纪律委员会讨论、提出意见、说明理由,并保障被处分人的陈述申辩

---

[1] Dominique Latournerie , Le Conseil d'État, Paris :Dalloz, 2005, p. 5.

[2] Erik Arnoult, Jean Massot, Le Conseil d'État: de l'An Ⅷ à nos Jours: Livre Jubilaire du Deuxième Centenaire, Belgique: Biro, 1999, pp. 3—4.

权。此种保障虽然不能与免职保障相提并论，但事实上其保护力度还是很强的。今天，这种特别的保障已被承认具有宪法效力。宪法委员会在 1980 年 7 月 22 日的一个判决中宣称行政法官独立的原则是共和国法律的基本原则之一。[1]

四、最高行政法院的职能

最高行政法院在法国国家政治生活中主要承担着两种职能：一是充当政府法律顾问，为政府提供法律咨询（政治咨询职能）；二是作为最高行政审判机构，依法审理上诉行政案件和管辖初审案件（司法审判职能）。

（一）作为政府法律顾问的咨询职能

从表面上看，最高行政法院承担的政府法律咨询的角色似乎并没有其承担的司法职能那么引人注目。然而，最高行政法院实际上却与法国法律体系的创建紧密地联系在一起。在法律、政府法令的制定甚至国际条约、协定的批准过程中，最高行政法院均发挥着重要的咨询角色。之所以其咨询职能比司法职能较少受公众瞩目，其原因在于最高行政法院就政府提交以征求咨询意见的法律立项、政府规章等必须保密，不得向外界公布，而政府对该咨询过程以及结果有权决定是否公布。

实际上，最高行政法院的这种非讼职能不论是对该机构还是法治的原则而言都具有实质的意义。尽管法国行政法官们在某种程度上发挥着法官造法的作用，最高行政法院判例发展出的原则为其后的类似判决所遵循。然而政府仍然是行政立法的中心，行政法官仍首先要适用行政立法。法国行政立法的范围十分广泛，根据 1958 年宪法的规定，除第 34 条规定的事项属于法律保留的范围之外，其他均属于政府行政立法的范围。[2] 可见，最高行政法院在行政立法过程中的咨询作用是相当重要的。同时，其所承担的对行政行为进行合法性监督的职能也有利于其提供倾向于保护行政相对人的咨询意见。

---

[1] 王名扬：《法国行政法》，中国政法大学出版社 1988 年版，第 609—610 页。
[2] 参见法国 1958 年宪法第 34 条、第 37 条。

政府提请最高行政法院作出咨询的事项主要包括以下三个方面：

1. 法律文本

就法律文本的咨询而言，政府提起的咨询分为强制咨询（consultation obligatoire）和任意咨询（consultation facultative）。前者是指当某个法律文本就某个事项规定了政府须事先征求行政法院的意见（l'avis）时，该咨询就是强制咨询。目前，强制咨询的规定主要体现于宪法和其他一些有关最高行政法院设置的授权法之中。后者是指在是否就某项行政行为的做出征求最高行政法院的意见上拥有裁量权，出于规避日后法治上的风险或者寻求某种合法性认同的考虑，对于某些非强制咨询事项，政府通常也提交最高行政法院征求意见。

（1）宪法中关于强制咨询的规定

根据宪法第37、38条和第39条的规定，政府必须事先征求最高行政法院意见的法律文本事项包括：为修改僭越政府规章管辖范围、具有议会立法形式的文本而制定政府法令的（décret）；为执行行政规划，经议会授权通过部长理事会就某一事项制定委任立法的（l'ordonnance）；政府提出法律案的（les projets de loi），在交由部长理事会审议之前必须事先征询最高行政法院的意见。

除了宪法文本外，作为最高行政法院奠基的1945年7月31日第45—1078号法令（décret）第23条也规定，最高行政法院对政府法令立项、所有立法性文件规定其必须要介入的事项以及政府向其提交征询意见的问题都应该出具咨询意见。

（2）最高行政法院对提交咨询的处理[1]

对于立法性质的文本，总理的秘书长负责提请最高行政法院出具咨询意见；而对于其他事项的咨询，则由相关的部长启动咨询程序。就咨询的发生时间而言，咨询的提起是政府采取最终决定之前履行的最后步骤。因此，它要求在向最高行政法院提起咨询前，政府已经履行了其他所有必要的咨询程序。

提起咨询的事项送交最高行政法院后，根据相关部长的职责，该事项被分配至相应的行政部门。该行政部门负责人则指定该部门中的某个成员作为该文本的报告人（le rapporteur），报告人将在整个咨询程序中对处理该项文本、提出修改稿负责。就报告人的资质而言，法律并未作出特别规定，原则上任何级别的成员，

---

[1] Dominique Latournerie, Le Conseil d'État, Paris: Dalloz, 2005, pp. 13—16.

即听审员、案件处理法官以及参事均可担任。报告人在咨询程序中所发挥的作用是至关重要的，从其被指定任职开始，报告人便着手了解移交法律文本的内容、背景以及实施目的。在了解和研究文本的过程中，对于有疑义的，报告人可以召集相关政府专员向其提问或要求政府提供补充材料，在获得充分的信息之后逐条逐词对文本进行深入细致的研究，以便在法律上对该文本获得最清晰的认识。

报告人的该项工作在很大程度上来说具有较强的个人色彩，并且在如何处理上报告人也拥有较大的自由。法律和惯例均未禁止报告人在形成对文本的意见时采纳其部门同行的意见，甚至惯例还允许报告人从外界就该项文本获得相关的补充信息，只要其不向外界披露政府提交咨询事项的信息。当报告人就文本形成其最终的立场后，其单独或在政府代表列席的情况下出具"报告人文本"（le texte du rapporteur）。"报告人文本"是在政府提交文本基础上修订的新文本，其内容的差异程度取决于报告人对原始文本修改的幅度。报告人还应提交针对该文本的陈述报告。在其陈述报告中，报告人应该就该立项的目的、经济预期、可能引起的法律问题等所作的修改逐一进行分析和阐述。

在"报告人文本"以及陈述报告准备妥当以后，报告人便将该法案交由最高行政法院相关职能部门进行审查。[1] 值得一提的是，相关职能部门仅就"报告人文本"进行审查，而非政府移交征求意见的原始文本。在提交审查的过程中，"报告人"向审查人员提交"报告人文本"、政府的原始文本以及其他"报告人"认为有助于审查人员了解该法案的补充材料。

同时，政府的相关代表也列席整个审查过程。审查程序开始后，在就法案进行逐条讨论之前，"报告人"应当首先就其报告向审查成员作总体介绍，并就该法案的经济效果进行讨论。在详细审查的过程中，"报告人"应就其修改政府原始文本的原因进行阐述。对有争议的条款，在必要的情况下，可由审查成员举手进行表决。出于某些"重要的法律上的因由"（des raisons juridiques graves），在审查后，审查部门可能就整个法案作出否决的决定。在这种情况下，"报告人"应就该否决的原因作备忘记录，并将该备忘记录提交政府。在审查部门建议删除文本的某部

---

[1] 在提交讨论的文本涉及几个部门的情况下，可由该几个部门组成联合审查小组或抽调其他部门相关成员列席审查。

分或某几部分时,"报告人"也应作备忘记录。

经过讨论与审查之后,最高行政法院所采纳的文本可能会与政府提交的文本有很大的不同,审查部门主任以及"报告人"应当在该最终采纳的文本上签名。随同最终采取的文本,应当将该文本的讨论记录和备忘记录一并送交政府。对于某些性质重要的文本,如法律立项,审查部门还应当将最终采取的文本提交最高行政法院全体会议进行讨论。该全体会议由所有的参事以及文本"报告人"组成。

出于经济成本的考虑,通常会议以"有限全体会议"的方式进行审查(即只要求一个参事列席审查会议)。在该会议审查的过程中,"报告人"应就审查部门最终采取的文本进行陈述,并扮演捍卫该文本的角色(rôle de défendre du texte adopté par la section)。值得注意的是,与议会表决不同,在最终的投票或者讨论结果上,只有两种表决可以允许:赞成或反对。这是因为最高行政法院必须发表明确的意见对政府进行明确的引导,弃权或自我谦抑在这种情况下是不正常的或不符合公共利益的。[1]

(3) 审查内容

对政府提交咨询的法案,就其审查内容而言,行政法学者一般倾向从合法性审查和合理性审查两方面讨论。

a. 合法性审查。合法性审查是指最高行政法院对送交咨询意见的文本依照宪法规定、宪法原则、一般法律原则、国际条约以及共同体法的规定进行的审查。首先,送交审查的文本必须符合宪法文本以及宪法委员会发展出的宪法原则的规定。例如,1958年宪法第34条和37条规定了议会和政府各自的职能和立法范围。在政府送交的政府法令中,如经审查最高行政法院认为该政府法令中包含了属于议会法律管辖范围的事项,为避免日后在行政诉讼中遭遇被撤销的命运,最高行政法院通常会提出删除该条规定的法律意见。对于法案而言,情况刚好相反,一些送交最高行政法院咨询意见的法案可能包含了属于政府立法管辖范围的事项,尽管该法案通过后不会遭遇行政争讼的风险,然而最高行政法院仍然会提醒政府遵守宪法关于议会立法和政府立法各自权限的规定。

---

[1] 即最高行政法院必须就政府提交咨询的文本出具意见。

除了宪法规定以及宪法性原则之外，送交审查的文本还应该遵守最高行政法院通过判例发展出的一般法律原则，如平等接受公共服务的原则、防御权受保障的原则以及享有正常家庭生活的权利等。

除此之外，最高行政法院还审查送交咨询意见的文本是否遵循了法国作为缔约国的国际公约，以及欧盟条例和指令的规定。并且，该层面的合法性在最高行政法院的审查中的分量越来越重。1989年最高行政法院的尼可罗判例是共同体法在合法性审查中的分量日益加重的标志（参见本节第七部分）。

尼可罗（Nicolo）案件是最高行政法院的重要判例，在处理国内法与条约的关系上，该判例迈出了决定性的一步。最高行政法院最终承认了排除一项与条约抵触的国内法的适用的可能性，尽管该国内法于条约之后生效。[1] 参照的国际条约以及欧盟法包括所有致力于人权保护的文本，例如《欧洲人权公约》（la convention européenne de droit de l'homme）及《联合国人权宪章》。另外，欧洲人权法院通过判例所发展出的原则也是最高行政法院进行审查的参照。毋庸置疑，从数量上来讲，共同体法在最高行政法院的咨询活动中的作用最为显著。

原因主要有三方面：首先，政府提出的很多法案实际上是欧盟指令在国内法上的转化。其次，随着议会1992年对作为欧盟建立基础性条约《马斯特里赫特条约》的批准，议会于6月25日通过的宪法修正案大大增加了议会在涉及欧盟法上的管辖权。该宪法修正案在第88条之后新增了一项：政府应当将其提出的包含立法性质条款的共同体法案或建议提交国民议会和参议院进行审查。同样，对于其他欧盟任何机构所制定的法案或立法建议，政府也可将该文本送交国民议会和参议院进行审查。为了平衡政府立法与议会立法各自的权限，在所制定的法案是否包含立法性质条款的问题上，政府倾向于采纳最高行政法院的意见。仅2003年一年，最高行政法院便就政府的405项咨询请求提出了意见。并且，2003年1月30日的总理通告确定了就处于欧盟协商过程中的、可能对国内法产生重大影响[2]的共同体法案提请最高行政法院审查的形式。

---

[1] Conseil d'État, 13 déc. 1889, Cadot, Rec. 1148.

[2] 这些重大影响是指可能导致对宪法的最终修改，以及在转化为国内法时可能遇到预期的困难等。参见 Dominique Latournerie, Le Conseil d'État, Paris : Dalloz, 2005, p. 20.

再者，共同体法在最高行政法院合法性审查中比重增大的第三个原因在于其对涉及竞争法规则的法律文本的审查。在涉及到竞争法的领域，国内法的制定在某些情况下可能从属于共同体机构作出的咨询，尤其是当国内法可能包括对某些经济领域的帮助措施时，共同体法作为审查依据的作用更为重要。

b. 合理性审查。在宽泛的合法性审查之外，最高行政法院是否可就送交的法案等进行合理性审查呢？答案是肯定的。然而，单纯肯定的答复似乎过于武断，在这里需要对"合理性"或"适当性"（l'opportunité）的概念进行细致的斟酌。

首先，最高行政法院应该保证法案的条文至少很好地迎合了政府所预期达到的目标。同时，法案本身所设计的制度也不应该过于复杂，并且为了实现法案所要达到的目的在人力或财力方面也找不到其他更为简便或经济的方式。此外，由于法案规定过于原则或缺乏配套实施的细则，告之政府法案生效时所可能遇到的困难或障碍，这也被认为是最高行政法院的职责。所有这些考虑都是从合理性的角度来考量的。但是，应当看到，最高行政法院的审查活动是应当在行政意义上而非司法意义上来理解的。

作为政府的法律顾问，最高行政法院的目的在于帮助政府采取最好的文本以达成法案所预设的目的。并且，这种使命要求最高行政法院要警示政府法案所可能面临的一切障碍。如同其他所有行政部门的成员一样，"报告人"应在其职责范围内，最大限度地协助政府的立法和制定行政规章的活动。

然而，尽管最高行政法院对政府法案有着如此宽泛的审查权，这种审查还是有其"不可跨越的限制"（une limite infranchissable）。在任何情况下，最高行政法院都不能染指政府用以作为文本根基的政治选择。正是在绝对遵循该原则的情况下，最高行政法院才能历经政治变革而泰然处之，从而保证其咨询角色为历届共和政府所承认。

（4）咨询意见的效力

总体上来说，政府对最高行政法院提出的咨询意见是否采取有选择的自由。当然，政府必须遵循咨询意见的情况也存在，但仅限于少数几种情况。如给予某个特定的第三人以特殊的保障或有关具体的集体利益的事项。[1]针对这种事项政

---

[1] 如政府否定建立个人信息资料的决定、对"圣会"的合法承认或解散以及因修筑国家公路而对某些房屋的征收决定等。

府必须予以遵循的咨询意见（l'avis conforme），政府必须按照最高行政法院出具的意见行事。

需要注意的是，增加这种具有强制服从效力的意见的情况，并不是最高行政法院或政府所乐意的。因为，根据最高行政法院的判例，这种强制性的意见已经涉足对行政决策的具体分析。对作为行政权力的执行者、并处于法官和议会监督之下的政府来说，咨询意见作出者干预过多并不是明智的做法。因此，政府必须遵循最高行政法院出具咨询意见的情况在法国行政法上只是例外。

对于其他政府非必须遵循的咨询意见，如果仅用政府的自由选择权来标识显得过于简单，因为实际情况要复杂得多。即使政府对咨询意见不是必须遵循，那么政府也倾向于对该意见进行"专心的聆听"（une écoute attentive）。言下之意，政府总是倾向于遵循最高行政法院提出的咨询意见。原因主要有三个：

首先，最高行政法院的判例为政府的选择设定了一个框架。最高行政法院承认政府对咨询意见上的裁量自由，但是这种自由却远远不足以让政府最终采取一个不同于其最初提交的文本和最高行政法院提出的文本的地步。文本的任何部分是不可分割的，政府要么最终采用其移交的文本，要么采用最高行政法院提出的文本。在政府认为不宜遵循最高行政法院咨询意见的情况下，政府最终很有可能终止某项法案的议程，因为这些咨询意见虽然不宜被遵循，然而却向政府指出了文本在合法性上存在的风险，最终政府有可能放弃采取该项法案。言下之意，在对待最高行政法院的咨询意见上，政府的选择是受到约束和限制的，即从政府被强制要求咨询最高行政法院的那一刻起，就决定了政府不能在法案中增加其没有移交最高行政法院咨询意见的新规定。

可见，政府在对待最高行政法院咨询意见上有三种选择：第一，采用政府自身所制定并移交最高行政法院审查的初始文本或完全采用最高行政法院审议后提出的文本；第二，在遵循最高行政法院意见的基础上，采纳一个复合性文本；[1] 第三，终止法案的议程。

如果政府在对待最高行政法院的意见上没有遵循这些规则，那么宪法委员会

---

[1] 在某个问题上对最高行政法院意见的采纳只能作为一个整体采纳，而不能将其分割有选择地适用其中的部分意见。

很有可能采用宣告文本违宪的方式来提醒政府对这些规则加以遵守。以 2003 年 4 月 3 日宪法委员会在有关选举地方委员会成员、欧洲议会代表选举以及对政党提供公共资助的法律的决定为例，宪法委员会经审查认为该法律部分违宪。在对这个法律的审查中，宪法委员会认为最高行政法院最终采纳的法案将当选要求修改为"达到登记选民的 10%"，而送交最高行政法院审查的文本却规定当选要求为"达到实际行使选举权的选民的 10%"，政府擅自变更的当选标准并没有经过最高行政法院的审议。因此，可以认为政府最终采取该部分内容是通过"不规则的程序"（la procédure irrégulière）作出的，因而是违反宪法的。

其次，最高行政法院认为由其行政部门作出的咨询意见并不仅仅具有形式上的意义，而是涉及到管辖权的重大问题。这对行政法官监督政府来说具有巨大的意义。因为，对于涉及到管辖权规则的问题，即使当事人没有提出，行政法官也可以自动对其进行审查。因此，行政法院便可对条文进行斟酌以判定移交其审查的政府立法是否违反了有关管辖权规定的准则。如果经审查认为违反了相关规定。那么该政府立法很可能会遭致最高行政法院否定性的评价，这也决定了政府必须对最高行政法院的咨询意见予以"特殊的关注"（une attention particulière）。

第三个方面的原因源于最高行政法院作为政府法律顾问同时又作为行政法院的双重角色。在某个具体的行政诉讼中，行政法官极有可能对某项曾经征求过最高行政法院咨询意见的政府立法进行审查。尽管诉讼部门的行政法官在法律上并无必须遵循行政部门同事们所出具的意见的义务，然而并不排除在关于合法性的问题上，两个部门成员分享相同的观点。例如，在以前的审查中，如果相关行政部门认为某项政府立法草案的某项规定因违反了法律或国际条约的规定而应该被删除，而政府却在最终的版本中采纳了该条规定，那么该项政府立法在以后的行政诉讼中就极有可能面临被撤销的风险。

然而，某项政府立法被撤销所带来的影响是巨大的，因为其撤销不仅针对将来，在理论上该政府立法应被视为从来没有被制定过。这将对政府行政职能的执行带来巨大的混乱，从而也决定了在对待最高行政法院咨询意见的态度上，政府会慎之又慎。当然，行政法官对某项行政立法作出否定性的评价仅仅限于合法性上的事由，对于行政部门基于合理性考量而对政府法案作出的否定评价则不在行政法官的考察之列。

2. 针对"特殊司法困难"的咨询

最高行政法院的咨询职能并不仅限于对政府所提交的法案文本的审查，政府同样可就所遇到的特殊司法困难（les difficultés juridique particulière）请求咨询意见。1945年委任立法规定，部长可就遇到的特殊行政困难向最高行政法院咨询意见。需要注意的是只有部长有提出咨询请求的权力，其他任何公共部门、地方政府甚至议会都没有这种权力，而且，最高行政法院提供咨询的对象也仅限于政府。

政府提出的咨询请求可能针对某个新出现的问题（如1989年"伊斯兰面纱"案件[1]），也可能针对某个法律上的问题，如对两个部之间职能和权限的划分。但总体上来说，政府就法律上的特殊困难请求最高行政法院提出咨询意见的情况是比较少的，在2003年的1142项咨询请求中，就法律上的特殊困难提出的咨询只有19项。

3. 法律问题研究

1945年7月31日授权法将进行法律问题研究的职能赋予了最高行政法院：最高行政法院在认为符合公共利益的情况下，可以向公权力提出就议会立法以及行政立法的体系进行改革的动议。当然，授权法的该项规定并没有剥夺政府就某个问题主动向最高行政法院提出研究请求的可能性。有时候，一项动议是在经过研究之后提出的。

进行法律研究是最高行政法院调查与研究部的职能活动。该职能活动的新颖性在于尽管该项职能由最高行政法院的成员主导，但是在成员的组成上具有极大的开放性。从国籍上来看，这些研究成员可能包含外国人，既可能是体制外的成员也可能是体制内的成员，他们包括司法官员、大学教授甚至某些知名的社会人士。人员组成的开放性在一定程度上保证了在进行法律研究时的兼容并蓄。

调查与研究部进行研究的课题是十分广泛的。既可能是对某个已经存在的法律的分析与研究[2]，也可能是对某个社会热点问题的分析，而这些深入的理论探讨实际上为以后法律的制定方向做了铺垫，旨在打开一定的视角范围，从而为以后

---

[1] 本节第七部分（四）会作详细介绍，此处不再展开。

[2] 例如2000年对1901年集会与结社法的研究。

的法律改革奠定基础。[1] 在是否公开上，由政府提出研究动议的课题在国民革命结束后的很长一段时间并不向社会公开。而自1998年起，政府也总是倾向于公开其部分研究报告。但由最高行政法院自身发动的研究课题从一开始就是公之于众的。

在最高行政法院提出的研究报告的效力上，通常其2/3的报告会在相应的议会立法和政府立法上得到反映。而就另外的1/3而言，调查报告提出的建议也会成为议会以及其他相关领域的参考。通常，这些停留在建议层面上的调查报告有可能在几年后成为议会或政府立法的课题。随着最高行政法院对其作出的调查研究报告的公开力度加大，最高行政法院对政府的咨询职能在社会上的影响也越来越大。从数量上来看，政府就法案请求最高行政法院作出咨询意见的次数逐年增多（2008年政府请求最高行政法院作出咨询意见的法案为102件，而2009年则上升为129件）。并且，这种咨询职能有扩张的态势。在2009年，国民议会首次就有关刑事被告人权力改进的法案向最高行政法院提出咨询请求。这是一个多世纪以来，议会第一次向最高行政法院提出咨询请求。[2] 如此，最高行政法院不仅是政府的法律顾问，同时也成为议会的法律顾问，这也从一个侧面反映了最高行政法院的政治咨询职能在当今法国政治生活中的重要作用。而政府所关注的议题，或课题的公开性，正是对抗行政不透明（l'opacité administrative）的有效武器。

（二）作为最高行政法院法官的行政审判职能

在双重司法体系的情况下，最高行政法院成为行政诉讼系统的最高法院。从大多数公民的直观印象来说，对行政诉讼体系的感知远不如对普通司法体系感知来得强烈。这种公众反应的原因在于行政诉讼体系产生源于近代，另外其所处理的事物对于公众来说并不像普通司法实务那样具有广泛的可获得性。然而，今天，在事关公民切身利益的领域中，从地方选举到税收、从市政规划到基本权利和自

---

[1] 在这些方面的课题有《特殊审判机关在社会中的未来》（L'Avenir des Juridictions Specialisées）、《使行政机关的运作更加透明以及更好的保证公众对公共信息的知情权》（Pour une Meilleure Transparence de l'Administration: Harmonisation des Textes d'Amélioration des Droits du Citoyen en Matière d'Accès aux Données Publiques）。

[2] 以上数据参见 les Echos, 3 Mai 2010。

由的保护，行政法院发挥的作用越来越具有重要意义。

1. 对行政诉讼的专属管辖

大革命时期，出于对普通法院的戒备，行政和司法分立的原则被提出了。1987年1月23日，宪法委员会在其224号决定中正式承认行政和司法分立的原则具有宪法上的价值，相应地，也就在宪法上承认了双重司法体系的分立。宪法委员会曾在其决定中作出如下阐述：1790年8月16—24日法律第10条和第13条基本确立了行政与司法相分立的原则，但是这个原则并没有获得宪法上的效力。作为共和国法律所承认的根本原则的权力分立理念，在法国法上的概念在于，除了在性质上专属于普通司法管辖的事务外，行政机关、公务人员、地方政府或处于前述行政权力监督之下的公共机构在行使公共权力的过程中所作的决定的撤销或变更属于行政诉讼体系管辖的范围。

当然，从宪法上承认行政诉讼体系对行政事务评判的专属管辖权并没有涵盖所有行政诉讼的范围。法国行政法上的行政诉讼主要涉及对行政决定的撤销或变更，也即行政诉讼的主要对象是对"越权行为"（l'action pour l'excès du pouvoir）的评判，此外还有少数行政法官可以替代"不称职"的行政机关（l'administration défaillante）制定规范的诉讼（如最高行政法院出于保护环境的目的作出的分类安置）。对于其他重要的同样属于行政诉讼范围的事务，虽然没有从宪法上明确其专属于行政诉讼的管辖范围，但这并不是说这些事务可以规避行政法院的管辖，而仅仅表明这种行政诉讼管辖权不是在宪法而是在法律的层次上加以保障。

与从宪法上保障行政法院的管辖权相对应，宪法委员会也在其决定中确定了普通法院管辖范围，如涉及私有不动产权利、自然人状况与行为能力以及个人的自由和安全的事务由普通法院管辖。行政法院和普通司法法院管辖的案件范围除了由宪法加以规定外，法律也对两者各自的管辖范围作出规定，在宪法和法律未规定的情况下，则由判例加以确定。

例如，关税、车辆事故、捐赠、继承以及财产税和注册税方面的事务属于普通法院管辖，而所得税、增值税以及地方税则由行政法院管辖。尽管行政法院和普通法院在管辖上的区分从表面上看十分清晰，然而由于实践的复杂性，管辖权冲突的问题时常发生，而权限争议法庭（le tribunal du conflit）正是为解决这种冲突而产生的。权限争议法庭由最高行政法院和最高法院人数相同的代表组成,在双方意见对立且票数相等的情况下,司法部长会介入并投出具有决定性的一票。一旦权限争议法庭做出了决定,行政法院和普通司法法院都必须遵守。

2. 在行政诉讼中的几种角色

(1) 作为一审法官:专属管辖权

在行使审理行政诉讼的职能中,最高行政法院作为行政法院系统的最高法院只是少数的情况下担当案件的一审法官,即最高行政法院的一审权限仅限于法律文本明文规定的事项,而其他绝大多数行政案件的一审权限仍然属于行政法庭管辖。该条规则源于1953年9月30日法令的规定。《行政诉讼法典》将这条原则简明扼要地规定为:除明文规定为最高行政法院保留的管辖权外,行政法庭的法官为管辖所有行政诉讼的法官。[1] 尽管最高行政法院专属管辖的情况并不多见,然而这种情况也不容忽略,[2] 因为最高行政法院享有专属管辖权的案件往往都涉及特别重要的行政事务,这些事务包括:

①总统颁布的法令以及政府条例;

②部长发布的行政规章;

③合议制行政组织的行政决定(如自由与信息委员会、金融市场监管部);

④适用范围超越某个行政法庭管辖权限的行政行为;

⑤最高行政法院作为一审和终审法院的行政行为的合法性的解释与考量;

⑥对有关部委作出的关于经济集中方面的行政决定不服的。

当然,上述事务并没有穷尽最高行政法院具有直接管辖权的行政事务,对于其他一些公共权力部门作出的行政处罚决定,最高行政法院也有专属的管辖权。[3] 此外,最高行政法院还对某几类重要的选举事务具有专属管辖权,这些选举包括欧盟议会议员的选举、地方委员会的选举、新喀里多尼亚以及波利尼西亚议会选举以及国民与外国人委员会的选举。

---

[1] 中译本参见王敬波译,王秀丽校:"法国行政诉讼法典(法律篇)",载《外国行政法制》,2007年第1期,第128页。

[2] 例如,据统计,在2003年,最高行政法院享有专属管辖的案件占其管辖总数的20.7%。

[3] 作出这些处罚决定的组织包括保险监管委员会、电信规制委员会、退休委员会、音像制品委员会,以及控制与反毒品委员会。

(2) 作为上诉法官

自 1987 年司法改革创设行政上诉法院（les cours administratives d'appel）以来，最高行政法院作为上诉法官的职责就显得不是那么重要了。[1] 然而从统计上来看，最高行政法院审理的上诉案件还是占有一定的分量。2004 年，在其审理的案件当中，有 24.1% 的案件是最高行政法院作为上诉审法院作出的。这些案件主要涉及市镇选举中的争议。[2] 此外，在某些罕见的情况下，对于普通法院因标的属于行政法院管辖范围而驳回起诉的行政案件，其上诉管辖权属于最高行政法院。

(3) 作为最高行政法官

作为行政法院系统的最高法院，最高行政法院的这种地位直到 2000 年 5 月 4 日《行政诉讼法典》的颁布，才得到国家正式法律文本的承认。在此之前，没有任何官方文本以最高法院的字眼描述过最高行政法院在行政诉讼体系中的位置。[3]

在行政上诉法院创设以后，至少从数字上来说，最高行政法院作为最高行政法官审理行政案件的情况占其所处理的行政案件的绝大多数。据统计，2004 年，该类案件占其所处理案件总数的 46.6%。[4] 与 1953 年之前最高行政法院主要作为行政案件一审和终审的状况相比，今天最高行政法院审理行政案件的情况已经发生了巨大的变革。其审理对象的不同也决定了最高行政法院应该不断改进审理技术以适应作为最高行政法官的角色。

(4) 法律上的审查之诉

最高行政法院受理这种行政诉讼的职能与其作为最高行政法院的角色紧密联系在一起。在这里，为法律上的利益进行的诉讼是指当某个行政判决已经获得既判力（l'autorité de la chose jugée），且已超过上诉期限时，如果相关部长认为该判决存在法律上的错误（l'erreur de droit），那么部长可就该行政判决以及所涉及的

---

[1] 据统计，2004 年，最高行政法院所处理的案件中，处理时间少于 1 年的为 40%；1—2 年的为 40%；2—3 年的为 15%；3 年以上的为 5%。

[2] Dominique Latournerie, Le Conseil d'État, Paris: Dalloz, 2005, p. 52.

[3] 1945 年 7 月 31 日委任立法第 32 条规定，最高行政法院是行政案件领域的普通法官，负责审理对一审不服的行政上诉案件，同时作为终审法官对行政案件作出最终审判。该授权立法可间接推导出最高行政法院之最高行政法院审级的地位。

[4] Dominique Latournerie, Le Conseil d'État, Paris: Dalloz, 2005, p. 53.

相关法律问题提请最高行政法院进行审理。最高行政法院在此种情况下作出的决定对行政判决所针对的当事人不产生效力，因此该决定在法理上的意义更大。

虽然对已生效的行政判决重新进行审理有违行政行为应当具有确定性的原则，但是通过重新审理一方面也有助于发现司法上的错误，从而确保对法律的尊重。另一方面，最高行政法院的此种决定对于所有的司法机构以及法学院校都具有巨大的教育价值。当然，从法的可预测性的要求来说，这种诉讼的数量还是罕见的。与其他的诉讼相比，该诉讼有三个特点：第一，其提起诉讼主体具有特殊性，即只有部长才有提起的资格；第二，没有诉讼时效的限制；第三，部长既可以针对该决定本身也可就其判决理由提起诉讼。[1]

(5) 应对法律新问题的咨询

出于应对由于欧盟法的发展而带来的新的法律疑问（l'intérrogations juridiques）的情况，议会在1987年12月31日创设行政上诉法院，在法律中赋予了最高行政法院新的权限，即应行政法庭和行政上诉法院的要求，对这两级法院在行政审判中遇到的由于欧盟法和国内法冲突而产生的新的法律疑问，提出咨询意见。[2] 这种职能的赋予更加强化了最高行政法院作为最高法院的角色。

当然，行政法庭和行政上诉法院提出咨询请求要符合三个要求：首先，该法律疑问必须是针对上述新的法律问题；其次，该法律疑问必须涉及一个性质严重的问题；第三，该疑问多次出现于诉讼中却未得到解决。在符合条件的情况下，行政法庭或行政上诉法院可作出中止审理的决定，提请最高行政法院出具司法意见。最高行政法院诉讼部在三个月内作出决定。需要注意的是，在这里，最高行政法院的决定并不对审理案件的法院具有绝对的约束力，这种决定也不是单纯的司法咨询，而是最高行政法院对该案件立场的一个清楚的指示。[3]

2003年2月26日的一个案子很好地说明了最高行政法院在此种司法咨询中的角色。在该案中，国家铁路公司在对某段铁路进行填土以达到维护铁路的目的，而这种填土的铁路却成为养殖兔子的理想场所。由于兔子数量众多，毗邻的庄稼

---

[1] Dominique Latournerie, Le Conseil d'État, Paris: Dalloz, 2005, p. 53.
[2] 参见王敬波译，王秀丽校："《法国行政诉讼法典》（法律篇）"，载《外国行政法制》，2007年第1期，第129页。
[3] 同上[1]，pp. 54—55.

受到了损害。一个受损害的农垦者向行政法庭起诉要求赔偿。经过审理，行政法庭发现有两个上诉法院曾经处理过类似的请求，在责任承担主体上其判决各不相同，因此便向最高行政法院提出咨询请求。

在最高行政法院出具的批复中，其就所有的法律问题一一作出了答复：铁路及其附属设施具有公共工程的性质，法国铁路枢纽作为该铁路的所有者，对所有因该铁路的选址、运行以及维护所产生的损害都应当承担无过错责任（la responsablité sans faute）。而国家铁路公司作为该铁路维护者，因其维护方式不当而给第三方造成了直接的损害也应当承担无过错责任。通过提出咨询意见的方式，最高行政法院为下级行政法院处理类似问题指明了方向，通常下级法院都倾向于遵循最高行政法院提出的司法意见。

3. 行政诉讼的分类

法国著名行政法学者勒内·沙皮（René Chapus）认为，法国行政法上的行政诉讼主要有三类：

①越权之诉（le contentieux de l'excès du pouvoir）。

②完全管辖之诉（le contentieux de pleine juridiction）。

③处罚之诉（le contentieux répressif）。[1]

（1）越权之诉

越权之诉可以看作是行政法官对抗违法行政的"绝对有效的武器（une arme absolue）"。通过宣告某项行政行为违法，该项违法行政行为被撤销，不仅对未来不发生效力，而且在法律上也被视为自始不存在。越权之诉管辖的对象很广泛，地方行政机关以及最高行政机关作出的违法行政行为均可成为越权之诉的对象。即使普通公民或者外国人，在不支付律师费的情况下也可发起越权之诉，申请撤销甚至由国家总统颁布的法令。此外，对于其他具有公共职能的组织或者执行某项公共服务的社会机构作出的违法行政行为也可通过越权之诉予以撤销。[2]

正如该诉讼的命名，越权之诉要惩罚的并不是权力本身，因为权力是有秩序

---

[1] Conseil d'État, 17 févr. 1950, Ministre de l'Agriculture Contre Dame Lamotte, Rec. 110； Dominique Latournerie, Le Conseil d'État, Paris: Dalloz, 2005, p. 61.

[2] 这些组织如地方抗癌中心、负责组织国家体育赛事的组织等。

的社会的保障。在这里，受到否定评价的是对权力的僭越。1950 年最高行政法院的达梅·拉莫特（Dame Lamotte）案件给越权之诉下了一个简明扼要的定义：越权之诉是开放性的、即使法律无明文规定仍可对抗一切违法行政行为，且其使命在于根据共和国法律所承认的基本原则确保合法性原则得以遵循的诉讼。[1] 其特点如下：

a. 为公共秩序进行的诉讼。越权之诉旨在保护一种公共秩序上的利益。可以说，只要有行政行为，就有可能针对该行为提起越权之诉。任何行政行为或政府立法都不得宣称豁免越权之诉的管辖。正因为越权之诉的目的在于重构遭到违法行政破坏的客观的法的秩序，因此，它是所有类型的行政诉讼中最重要的诉讼，然而，从数量来看，越权之诉却是最少的诉讼。近 20 年来，共计提起 30 多起越权之诉讼，而最高行政法院予以受理的总共只有 3 起。[2]

b. 针对所有行政行为的诉讼。根据分权原则的要求，行政法院对行政行为的审查仍然是合法性的审查占据主导地位。因此，旨在维护合法性原则的越权之诉就成了行政诉讼的主要类型。但它也存在例外，主要涉及三方面的政府行为。

第一，政府在国际关系以及外交政策方面的决定，行政法官的权力不能涉及。例如，1997 年和 1999 年，在针对法国政府执行联合国关于禁止向利比亚提供飞机的决议上，最高行政法院宣称自身对该决定没有管辖权。[3] 同样，在 2000 年针对法国政府向科索沃地区派驻军队的问题，最高行政法院同样也持比较温和的态度。

第二，在涉及政府和议会关系的行政决定上，如解散国民议会的决定，这些政治决定涉及到宪法上的权力配置，不属于最高行政法院的职责范围。

第三，在涉及军队纪律处罚的领域以及罪犯具体收监方式等方面，最高行政法院一般也不作评价。

然而，以上三方面事务的发展趋势，表明最高行政法院将逐渐接受对这类行为的审查。例如，在 1995 年最高行政法院受理了一个军人关于纪律处罚的措施抗告。在涉及国际关系的问题上，最高行政法院的大法官通过发展"可拆分行为"

---

[1] Conseil d'État, 17 févr. 1950, Ministre de l'Agriculture Contre Dame Lamotte, Rec. 110.

[2] Dominique Latournerie, Le Conseil d'État, Paris: Dalloz, 2005, p. 59.

[3] 同上 [2], 2005, p. 61.

(les actes détachables)理论的方式逐步扩大对这类问题的审查。[1]正如我们看到的那样，豁免越权之诉管辖的例外情形随着行政法治的发展有减弱的趋势，这也标志着最高行政法院合法性监督职能的增强。

(2) 完全管辖之诉

越权之诉仅可撤销违法行政行为。然而，事实上，行政法官完全可能面临抗告者或公民提出的其他请求。例如，在某些时候，仅仅承认某个行为具有不规范性是不够的，还需要补偿抗告者由于该行为所受到的损失。[2]这样，就出现了完全管辖之诉（也称"全权管辖之诉"[3]）。全权管辖之诉的定义源于19世纪末时任最高行政法院副院长的爱德华·拉费里埃[4]关于行政诉讼的著作。在当代法国，出于对欧洲人权法院撤销行政行为的担忧，法国立法者和行政机构也倾向于将一切对抗行政主体作出的侵益行政行为的诉讼定义为全权管辖之诉。

与越权之诉相比，完全管辖之诉的目的不在于从客观上对整个法治秩序的维持，而在于对某个受损的具体利益的恢复和弥补，因此又被称为主观诉讼。与越权之诉相比，完全管辖之诉有以下特点：完全管辖之诉具有个案性，只有权力受到具体损害的人才有权利提起完全管辖之诉，而所有利害关系人都可提起越权之诉；完全管辖之诉中行政法官享有广泛的权力，不仅可以撤销某项决定还可以其决定替代行政机关的决定；完全管辖之诉的效力仅局限于案件的当事人。[5]完全管辖之诉主要存在于以下领域：

a. 赔偿性诉讼。当行政机关拒绝授予行政相对人行政法上的利益，或认为受到公法人某项行政行为（如公立医院的病人认为受到了某种侵害）的侵害时，可通过完全管辖之诉要求获得金钱赔偿。

---

[1] Dominique Latournerie, Le Conseil d'État, Paris: Dalloz, 2005, p. 61.

[2] 例如，如果被征税对象认为税收的具体数额被扩大，而行政法官也持相同的意见，那么行政法官也可根据税法的规定自行确定应征税额；再如，在镇的选举中，如果选举人认为候选人选票统计有误或在选举中存在欺诈行为，那么在证据确凿的情况下，行政法官可撤销那次选举，并且在统计选票要素齐具的情况下，宣布某个候选人当选。

[3] 参见李晴、张鹏："论法国的越权之诉"，载《法治与社会》，2009.3（下），第380页。

[4] 爱德华·拉费里埃（Louis-Edouard Julien Laferrière, 1841.8—1901.1, 1886—1899年任最高行政法院副院长。

[5] Agathe Van Lang, Geneviève Gondouin, Véronique Inserguet-Brisset, Dictionnaire de Droit Administratif, Paris: Armand Colin, 1997, p. 240.

b. 行政合同之诉。行政合同作为双方合意的行政行为，越来越成为行政机关重要的行政手段。行政机关及公法人每年都通过行政合同的方式将有关公共建设、公共服务等承包给私人或其他组织以达到行政法上的目的。

c. 某几类具体的诉讼。长期以来，立法者们将解决某几类诉讼产生的争议授予行政审判机构，这些事项包括镇、县、大区以及欧盟议会选举产生的争议、出于环境保护而进行的分区安置的决定、关于危害健康或有倒塌危险的建筑的拆毁决定以及庇护请求者是否符合庇护条件的行政决定。

此外，在行政机构之外，存在大量被授予重要权力的社会组织，在经济和金融方面，这些相对独立的社会组织拥有一定的金钱处罚以及专业处罚的权力（如某项许可证照的吊销等）。[1] 对于这些社会组织作出的处罚决定，行政法官可通过完全管辖之诉的方式将自己的决定替代行政机关作出的决定。

（3）处罚之诉

法国行政法上的处罚之诉主要存在于两个方面：

一是针对行政审判机构对社会公域（le domaine social）[2] 的保护职能而言的。"处罚"色彩往往是刑事诉讼的特点，然而由于欧洲特有的历史传统，行政法官也可能扮演像刑事法官那样的角色，只是这种程度要轻得多。早在 1681 年，科尔贝（Jean-Baptiste Colbert）[3] 法令就宣布国家有权对海上的公共领域采取一切措施。后来，这种角色逐渐延伸到国家的河流、岛屿以及铁路等公域。[4]

例如，在 2001 年，权限争议法庭就将所有因对公域的"无名"占领而产生的争议的管辖权授予行政法院。在处理该类诉讼时，刑事诉讼中的相关原则也被借鉴。如行政法官必须秉持严格解释而非扩张解释的原则，并且所课加的处罚具有很强的人身色彩（即相当于刑法上的罪责自负）。在与刑事追溯的关系上，它们

---

[1] 这些社会组织包括音像制品监管委员会、电信规制委员会以及预防和反兴奋剂委员会。此外，2003 年 8 月 1 日，金融安全法创设了金融市场监管局，并将审查该机构作出的管理规定以及针对规制对象所作的处罚决定的审查权赋予行政法官。

[2] 这些社会领域包括道路、水路以及铁路等公共领域。

[3] 让—巴蒂斯特·科尔贝（Jean-Baptiste Colbert，也译为"柯尔贝尔"，1619—1683），法国著名政治家、国务活动家。

[4] Dominique Latournerie, Le Conseil d'État, Paris: Dalloz, 2005, p. 67.

两者是相互独立的，刑事追溯的完成并不对行政法官的再度介入构成障碍。例如，对于一个撞坏公路围栏的醉酒或不灵巧的机动车驾驶者来说，他既有可能面临刑事起诉也有可能面临行政法庭的道路违章罪的判决，并且对这种不利诉讼判决，利害关系人可一直上诉至国家最高行政法院。

二是专业行政审判机构对公用资金的保护（les fonds pulics）。例如，审计院及其地方审计各室以及预算纪律法院可以追究公用资金管理者或者不当运用公共开支的公法人的经济责任。对于这些专业行政审判机构所作出罚款判决，可通过上诉至国家最高行政法院的形式审查其法律适用是否正确。[1]

4. 行政诉讼审查内容

(1) 合法性审查：审查之原则

与绝大部分行政诉讼属于越权之诉相对应，行政法官对作为诉讼标的行政行为的审查是合法性审查（le contrôle de la légalité），它是相对于合理性审查而言的。合法性审查一直在法国行政行为的司法审查上占据着统治地位。合法性原则一方面要求行政行为要符合法律的规定，另一方面还要求行政机关在动机上应保证法律的实施。[2]

合法性原则是法国行政法上的基本原则之一，在行政行为的司法审查上，行政法官也以合法性审查为己任。随着行政法官保护公民权利与自由的角色的增强，合法性的内涵越来越丰富。根据传统行政法著作，法国行政诉讼法上的合法性包括外部合法性和内部合法性两个方面。

a. 外部合法性（la légalité externe）。行政行为的外部合法性主要包括两方面的内容：第一，该行政行为的主体具有合法性，即行政主体有权作出该行政行为。第二，该行政行为的作出在程序或形式上无瑕疵。

行政行为的作出主体存在瑕疵，是行政行为违反合法性原则的重要表现。行政主体在管辖权上的错误分两种情况，即积极管辖错误和消极管辖错误。前者是指作出行政行为的行政主体并没有被宪法、法律或规章授予作出该行政行为的权力；后者是指行政主体本该作出某个行政行为，然而其误认为自身没有管辖权从

---

[1] Dominique Latournerie, Le Conseil d'État, Paris: Dalloz, 2005, p. 68.

[2] Guy Braibant, Bernard Stirn, Le Droit Administrative Français, Paris: Presses de SciencePo et Dalloz, 2008, p. 231.

而消极不作为。行政主体有无管辖权是涉及到法秩序的严重问题，因此，在行政诉讼中，即使抗告者没有提出管辖权的抗辩，行政法官也可依其职权主动审查，这就要求在面临撤销某项行政行为的诉求时，行政法官必须先着手审查行政主体是否有作出该行政行为的权力。

行政行为在形式或程序上的瑕疵，是指行政主体在作出某项行政行为时没有遵循法律所要求的形式或程序，如进行咨询或说明其决定动机等。形式或程序违法的程度也影响着行政行为的命运，但当某些形式或程序违法的程度是非"实质性的"（substantielles），即不是特别为保障行政相对人的权利而设置的时候，这些形式或程序违法并不会导致行政行为的撤销。[1]

b. 内部合法性（la légalité interne）。与对行政行为的外部合法性审查相比，行政行为内部合法性的审查涉及到了更深层次的东西，因为行政法官的审查会深入到行政决定的内部，而不是单纯停留在行政决定的表面。行政行为的内部合法性审查包括两个方面：[2]

一是行政行为作出理由是否违反合法性原则的要求。

行政机关作出行政决定必须有事实上和法律上的理由（les motifs de droit et de fait）。行政机关作出行政决定缺乏法律上的理由，该瑕疵被称之为行政行为的法律错误（l'erreur de droit）。通常，法律上的错误在于行政机关对某个法律规定的理解有误，误解了法律授权的范围以及真意。例如，1977年1月21日，针对行政机关作出的驱逐外国人出境的决定，最高行政法院在其判例中认为，某个外国人有刑事违法行为的事实并不足以证成行政机关将其驱逐出境的决定，因为法律规定的驱逐条件是外国人的行为构成了对"公共秩序的威胁"（menace d'ordre public）。[3]

此外，审查行政行为在法律上的理由也成为行政法院规制行政裁量权的重要武器。在历史上，最高行政法院审查行政裁量权所诉诸的第一个概念便是法律上的错误。在被授予行政裁量权的情况下，行政机关必须对案件事实进行"特殊的审查"（l'examen particulier），即具体案件具体分析从而作出行政决定。如果行政

---

[1] Jean-michel de Forges, Droit Administratif, Paris: Presses Universitaires de France, 1998, pp. 262—265.

[2] 同上[1]，pp. 265—266.

[3] Conseil d'état, Ministre de l'Intérieur C. Cohn-bendit, Rec. 524.

机关只是采取一种僵硬和原则的立场作出一般化的行政决定，那么行政法官便可以法律上的错误撤销该基于裁量权而作出的行政决定。

行政机关作出行政决定缺乏事实上的理由，该瑕疵被称之为行政行为的事实错误。行政决定在事实上的错误包括三种情形。第一种是行政决定的事实依据存在物质上的不确定性（inexactitude matérielle des faits），即行政决定所赖以作出的事实依据实际上从来都没有发生过。第二种情形是行政机关对事实的法律认定（la qualification juridque des faits）有误。事实的法律认定是指行政机关将已发生的事实，经过兼具技术判断和价值判断特征的分析将其转化为法律上的构成要件，从而将法律适用于该具体事实的过程。在这种情况下，促使作出行政决定的事实已经产生，然而这种事实在性质上还不足以证成该行政决定的作出。例如，根据法律的规定，出于保护某个"纪念性建筑物"（les perspectives monumentales）的动机，行政机关拒绝向相对人颁发针对该地方的建筑许可，然而，如果这个地方并不构成法律上的"纪念性建筑物"的话，那么行政机关拒绝颁发建筑许可的决定便是违法的，将面临被撤销的命运。[1]

对行政机关对事实的法律认定的审查是个微妙的问题，从本质上来说，其涉及到司法权对行政权干预的程度。而且，行政裁量权的精髓恰恰在于行政机关在事实的法律认定上所享有的一定程度的自由。在法国行政法上，行政权分为羁束权（la compétence liée）和裁量权（le pouvoir discrétionnaire），二者权力的性质决定了行政法官对行政机关事实的法律认定审查程度的强弱，也决定了行政诉讼对行政的干预和介入的力度。在法律授予的权力为羁束权的情况下，即法律法规已经就作出行政行为的目的和方式作出了具体规定，行政法官会就行政机关对事实的法律认定进行审查，因为此时行政机关如何行为已经完全处于法律的统治之下；在行政机关享有裁量权的情况下，法律赋予行政机关根据具体情况采取或不采取以及采取何种行政行为之自由。

在此情况下，行政机关进行事实的法律认定的行为就带有"合理性"的色彩了，故行政法官不能审查行政机关是否对事实进行了正确的法律认定。需要注意的是，就某个具体的行政行为而言，并不能将其绝对地划归羁束行政行为或裁量

---

[1] Conseil d'État, Gomel, 4 avril 1944, rec. 448.

行政行为，一个行政行为可能同时含有羁束权和裁量权的特征。对于裁量权而言，行政法官对其审查强度要比羁束权小得多。然而，如果完全认为行政法官不侵入行政裁量权的领域从而不审查其事实认定的观点又是不恰当的，因为这有可能将行政裁量权置于某种武断权力（pouvoir arbitraire）的境地。而且行政法判例的实践也表明，最高行政法院的大法官们也在通过各种方式试图将行政裁量权的行使置于其监督之下，当然这种监督仍然是在合法性的名义之下进行的，只不过行政法官大大地丰富了合法性的涵义。

纵观其判例，最高行政法院通过以下几种方式加强对行政羁束权的审查：第一，通过提炼法律的一般原则缩小行政裁量权的内核，从而从总量上扩大行政羁束权的范围；第二，通过1961年的lagrange案件，行政法官发展出了重大裁量错误理论以对裁量行政行为进行审查。所谓重大裁量错误是指，行政机关在一个严重的且毫无根基的裁量错误的基础上作出某个令人"震惊的决定"（la décision choquante）。[1] 第三，在行政权力活跃广泛且涉及公益和私益取舍的征收行政领域，行政机关拥有较宽泛的裁量权。最高行政法院通过1971年的"新东城"（villes nouvelle est）案件发展出成本—效益分析方法（le bilan du coût-avantage）对行政机关的征收行政决定进行审查，通过权衡某项公共工程的利弊，以判定某项公共工程是否具有"公共效用"（l'utilité publique）的属性，从而防止行政权的恣意行使（本节第七部分将对该案进行详细介绍）。由于成本—效益分析方法的运用使行政法官涉足对行政机关利益取舍和价值判断的评判，行政诉讼对行政裁量权的监督又一次得到强化。

二是行政行为的作出有无滥用权力或程序。这方面的审查焦点，在行政机关作出行政行为的动机（les mobiles）上。相比作出理由的审查要素具有一定程度的客观性而言，滥用权力或程序的审查则具有主观性的色彩，因为通过此种审查，行政法官将对行政机关实施行政行为的"意图"进行监督。

尽管行政法理论界有学者提出滥用权力的审查并不仅是合法性审查，在某种程度上是司法迫使行政机关遵守某种"行政伦理"或"行政职业道德"的审查。

---

[1] Conseil d'État, 15 février 1961, Lagrange, Rec. 121.

但是理论界大多数学者仍然认为滥用权力是对行政行为合法性构成要件的违反。[1] 行政机关滥用权力或程序表现在以下几种情形：

第一，非基于公共利益的动机；

第二，虽然基于维护公共利益的动机，但该公共利益并非其所执行的法律的预期。例如，市长通过市长委员会发布在市中心建设电影院的决定，但该决定的作出并非出于为公民提供娱乐设施以减少人群的集中，而是出于充盈市镇财政的目的；

第三，非基于法律规定的实现目的而适用某种程序，例如行政机关故意适用征用程序来达致征收才能实现的结果。

总的来说，行政机关有无滥用权力或程序的审查方法有日益衰落的趋势，行政法官基于该原因而作出的撤销行政行为的判决也越来越少。

出现这种现象主要有两方面的原因：一方面，由于该审查方法涉及对行政机关作出行政行为的主观意图的判定，该认定标准对主观滥用的证据有很高的要求，而不能仅仅是某种泛泛的推测；另一方面，其他合法性审查方法已经为行政法官审查行政行为提供了足够的"武器"，通常，运用前述的合法性审查标准就可以达到撤销某个行政行为的目的。只有在其他的审查标准都不足以推翻某个行政行为的情况下，行政法官才倾向于起用该审查标准。

行政裁量权在社会公共事务繁多以及行政权膨胀的时代有其存在的必要性，然而同时，法治的原则（l'Etat de droit）也不允许一个社会存在任何不受监督甚至武断的权力。在"承认"与"抑制"的尺度之间，最高行政法院显然游刃有余。虽然判例表明最高行政法院对行政裁量权的审查有越来越强化的趋势，但是，实践表明行政裁量权的深入审查并没有导致行政机关公共职能行使的妨碍甚至瘫痪。

这是因为，一方面，最高行政法院仍然将这些审查标准或技术定位于合法性审查的性质，并始终秉持自我抑制的立场，宣称不涉足对行政行为合理性的评价；

---

[1] 行政法学家奥利乌（Hauriou）认为存在一种"行政伦理"或"行政职业道德"，这种伦理或道德向行政机关课加比合法性原则更为严格的要求。参见：法国法律大百科网站：http://fr.jurispedia.org/index.php/Condition_de_validit%C3%A9_de_l%27acte_administratif_relatives_au_but_de_l%27acte_ (fr)，访问日期：2010年4月2日。

另一方面，行政法官始终认同并尊重在必要情况下行政裁量权的行使。判例实践表明，为数众多的最高行政法院判例不仅认同了裁量权的存在，更支持了基于行政裁量权作出的行政决定。这也是法国行政法学著作鲜有讨论以司法处置取代行政裁量的原因。

(2) 合理性审查——司法审查的禁区

与合法性原则作为法国行政法的基本原则相对应，行政行为的司法审查也被定位于合法性审查。尽管最高行政法院通过判例发展出比例原则、重大裁量错误的审查方法以及成本—效益方法，而这些方法在很大程度上涉及对行政决定的价值判断。但是，这些审查技术从性质上来说仍是坚持合法性审查原则的结果。行政决定是否合理的判断权仍然归属于行政机关，行政法官在任何时候都不能取代行政机关作出其认为更为合理的决定。并且，最高行政法院也始终宣称不对行政行为进行合理性判断。

五、最高行政法院与宪法委员会的关系

最高行政法院和宪法委员会之间存在密切的关系，两者不仅办公地点毗邻，而且两者在使命上具有相似性，对于彼此使命的相互认同。[1] 1958年宪法设置了宪法委员会，而最高行政法院在1958年宪法制定的过程中发挥了十分重要的作用，这使两者的关系更为紧密。有学者甚至将最高行政法院比作宪法委员会的兄长。

（一）两者的紧密联系

首先，宪法委员会合宪性审查的技术来自于对最高行政法院合法性审查技术的借鉴。在遵守法的效力位阶的原则下，最高行政法院得以撤销违反法律或更高位阶的法律规范的行政行为，从而达到捍卫宪政秩序的目的。其次，从合作上来

---

[1] 最高行政法院与宪法委员会合署办公，两者分居皇宫（palais royal）两翼。并且，宪法委员会秘书长为最高行政法院的成员。在宪法委员会成员的提名上，总统也倾向于从最高行政法院人员中选择。两者在办公机构上的毗邻，以及任职人员上的交叉，使两个机构在工作方式上存在相似的地方。

看，两者默契程度越来越密切。1980年，宪法委员会在其决定中宣称行政诉讼独立受到宪法的保障；[1] 1987年，宪法委员会确认了极大范围内的行政诉讼的受案范围。在最高行政法院方面，在就政府法案作出咨询的过程中，最高行政法院越来越关注宪法委员会的决定，并提请政府予以适当的注意；在行使司法职能的过程中，最高行政法院同样尊重宪法委员会的相关决定。第三，从两者的判例上来说，最高行政法院与宪法委员会很少产生分歧，总是倾向于尊重对方的判例。总之，同时作为公民自由和权利的捍卫者，在各自的权限范围内，两者共同服务于法治国家的建设。

（二）两者在职能上的区别：以合宪性审查为中心

在法国，宪法委员会设置的最初目的在于防止立法权对行政权的僭越。随着宪法委员会合宪性审查功能的增强，如今的宪法委员会已大大超越了当初设置者们的最初意愿，成为了公民宪法权利的守护神。[2] 从职能上的区分来看，宪法委员会负责进行合宪性审查，保证宪法的权威；而最高行政法院则负责进行合法性审查，保障法律的权威。从审查对象来说，宪法委员会审查的是议会制定的法律；而最高行政法院审查的对象则是行政机关的具体行政行为和行政立法行为。当然这种区分仅是理论上的，事实上，行政审判机构在审理案件的过程中，常常面临法律的合宪性判断的问题。并且，这种判断在2008年7月23日法国宪法修正案增加宪法委员会的事后审查功能后更成为最高行政法院不可回避的问题。

1. 最高行政法院不审查法律的合宪性

宪法委员会作为专门的合宪性评判者是法国法上的一个原则，因为合宪性评判与解释宪法的职能紧密联系在一起，而无论是普通司法法院还是行政法院均不具有解释宪法的权力。如果允许行政法官审查法律的合宪性，必将在逻辑上导致行政法官对立法权的僭越。在1936年最高行政法院的 Arrighi 判例中，最高行政法院拒绝排除一个违宪的法律的适用，认为最高行政法院仅进行合法性审查。[3]

---

[1] 参见张莉："法国行政诉讼法典化述评"，《法学家》，2004年第1期，第121页。

[2] Dominique Rousseau, Droit du Contentieux Constitutionnel, Paris: Montchrestien, 2008, pp. 25—69.

[3] Conseil d'État, 6 Novembre 1936, Arrighi, Rec. C. E. P. 966.

由此，该判例推导出一个原则：即对某个法律是否合宪原则的考量并不属于最高行政法院的职权范围。该判例在理论上是基于"法律屏障"（l'écran de la loi）的原理，根据该原理，行政法官并不能直接排除某个违反宪法的法律的适用，因为该法律构成了行政法院所审查的行政行为与宪法之间的一道屏障，行政法官不能直接越过这道屏障进行司法判断。的确，没有任何一个法律文本授予行政机关撤销或宣布某项法律不再适用的特权。然而，"法律屏障"的理念也并不是万古不变的，事实上，当行政法官在审理案件的过程中面临合宪性判断时，行政法官仅有两种选择：要么选择适用该法律而不问其是否合宪；要么对其是否合宪进行判断。

在坚持不进行合宪性判断的原则下，最高行政法院则通过另一种方式，即审查法律是否符合法国缔结的国际条约或公约（包括欧盟法），从而选择是否适用该法律。换言之，行政法官不得基于违反宪法而排除某项法律的适用，但却可以基于违反国际条约以及欧盟法否定该项法律在案件中的适用。与进行合宪性审查存在法理和法律依据上的种种障碍相比较而言，是否符合国际条约以及国际公约的审查则能找到宪法上的依据。

如前所述，1958年宪法第55条确立了国际条约以及国际公约效力优于国内法的原则，并且规定每个机构都有义务保证这种效力优先得以实现。通过回避合宪性判断的微妙关系，最高行政法院在一定程度上发挥了捍卫宪政秩序的作用。

2. 2008年宪法修正案赋予最高行政法院合宪性审查之提请权

（1）进行事实上的合宪性审查

2008年7月23日宪法修正案在宪法第61条之后新增了1项规定，该规定增加了宪法委员会对法律的事后审查（contrôle à postériori）功能。自此，宪法委员会公民宪法权利守护神的角色进一步增强，宪法委员会成为事实上的宪法法院。根据该条修正案的规定：在案件审理的过程中，如果某项立法涉嫌侵害宪法所保障的权利或自由时，最高行政法院可向宪法委员会提请对该项立法的合宪性作出判断。

在该条修正案通过前，宪法委员会对法律的合宪性审查属于事前审查（contrôle à priori）。事实上，事前审查并不能彻底保证法律的合宪性，因为宪法委员会在法律生效前的审查并不能预测未来可能发生的各种复杂的社会情况。因此，一项法律违宪却仍然得以适用的情况极有可能出现，而这恰恰是对宪政秩序的巨大危害。并且事前审查在性质上是基于对整个法秩序的维护，而非对公民主观权利的维护；基本权利主体既无权向宪法委员会申请事前审查，也无权在具体诉讼中就基本权利受法律侵害提出违宪审查请求。

法国事后违宪审查制度的设置经历了艰难的发展历程。1958年，第五共和国宪法制定时，戴高乐总统坚决反对事后违宪审查制的建立，理由在于只有人民才是最高的审判机关。1989年庆祝《人权宣言》诞生两百周年时，时任宪法委员会主任的罗伯特·邦丹泰（Robert Bandinter）就曾提出过新增宪法委员会事后审查职能的建议。1990年，虽然国民议会通过了以此建议为内容的法律。然而，该法律由于参议院的否决而未能颁布。1993年相同的提案再次遭到搁浅。

宪法委员会事后审查职能的增加不仅是宪法委员会职能的巨变，事实上，在合宪性判断的问题上，最高行政法院以及最高司法法院的职能均有所变化。一方面，最高行政法院可能成为事实上（de facto）的合宪性审查法官。根据该宪法修正案的规定，在行政案件审理过程中，某个法律的合宪性疑问须通过最高行政法院向宪法委员会提起，当事人不得直接请求宪法委员会就受争议的法律的合宪性进行判断，只有在"合宪性先决问题"（la question prioritaire constitutionnelle）解决之后，行政诉讼才能继续进行。

换言之，最高行政法院此时扮演了一种"过滤器"（un filtre）的角色，以防止宪法委员会陷入讼累之中。最高行政法院如果认为受争议的法律并没有违反宪法时，则可不向宪法委员会提出审查请求。通过对该职能的谦抑行使，最高行政法院成为了事实上的合宪性审查机构。根据统计，截至2010年5月3日，最高行政法院共计处理了10件法律依据是否合宪的行政案件，并就其中的5件向宪法委员会提出合宪性审查请求。[1]

(2)"合宪性先决"问题的程序

为实施2008年7月23日宪法修正案第61—1的规定，2009年12月10日，众议院通过2009—1523号组织法（la loi organique），经过宪法委员会的事前审查，

---

[1] Les Echos, 5 Mai, 2010.

确认了其"合宪性",该法律于2010年3月1日生效。该法律确定了"合宪性先决"(即法院适用的法律必须以合乎宪法为前提条件)问题的处理程序和方式,并规定"合宪性先决"问题只能由当事人提出,法官不得以职权提出。[1]

a. 行政法庭和行政上诉法院向最高行政法院提交"合宪性先决"问题审查请求的条件。主要有:第一,当事人质疑违宪的法律必须是适用于本案实体和程序的法律,或至少构成案件的处理根基;第二,受质疑的法律从未被宪法委员会宣布为合宪,但情势变更的情形除外;第三,提出合宪性抗辩的案件所包含的法律问题必须具有严重性。在满足以上三个条件的情况下,审理法院则逐级向最高行政法院提交审查申请,同时中止案件审判(当事人可能被剥夺自由或存在其他紧急情况的除外),待"合宪性先决"问题作出处理后方可继续进行审判。2009—1523号组织法规定,对于审理法院是否向最高行政法院提交"合宪性先决"问题的决定,任何人不得进行申诉。

b. 最高行政法院处理"合宪性先决"问题的程序。对于下级法院提出的"合宪性先决"问题,组织法规定,最高行政法院必须在三个月内作出处理决定,要么向宪法委员会提交审查请求,要么认为不违反宪法,中止"合宪性先决"问题处理程序,恢复具体案件的审理。如在三个月内,最高行政法院未就是否提请宪法委员会审查作出决定的,将视为自动向宪法委员会提出审查请求。组织法还规定,最高行政法院就"合宪性先决"问题的任何决定都是终局的,当事人不能就是否提请宪法委员会审查的决定进行申诉。

c. 宪法委员会处理"合宪性先决"问题的程序。宪法委员会接到最高行政法院就某项法律的违宪审查请求后,应在三个月内就争议的法律是否违宪作出裁决。根据组织法的规定,宪法委员会的审理程序是公开的,并应就"合宪性先决"问题征求总统、总理、参议院长和众议院长的意见,在审理过程中还应听取当事人的陈述。经审查,宪法委员会认为受争议的法律条款确实违反宪法及其基本原则的,该法律条款将不得适用于正在进行的诉讼;除宪法委员会另行确定废止时间外,该法律条款将在违宪决定公告之日起丧失法律效力。

---

[1] 参见 http://www.legifrance.gouv.fr,访问日期:2012年8月18日。

六、最高行政法院的发展前景

通过对最高行政法院政府咨询功能以及诉讼功能的分析可以得出，最高行政法院不仅是共和国运作的重要机构，并且也是现代社会公民权利的重要保证人。从其运作上看，无论是作为政府法律顾问还是作为行政法官，最高行政法院均以其实践和判例捍卫了其在共和国政治机构中不可取代的地位。然而，围绕法国特有的司法双轨制，以及最高行政法院的双重职能的行使问题，在法国国内，理论界和实务界的争论从来没有停止过；在欧盟范围内，欧洲人权法院也曾就最高行政法院双重职能行使的公正性问题做出过判决。

（一）关于司法双轨制以及最高行政法院双重职能的争论

在法国国内，关于司法双轨制的合理性问题常常是法学教授、国会议员、高级司法官员甚至媒体所讨论的对象。主要有以下三种论调：第一种质疑现行普通司法体系和行政诉讼体系划分的合理性，主张废除行政诉讼体系，设立一个统一的最高审判机构，最高行政法院的职能仅在于为政府提供法律咨询；第二种主张保留最高行政法院的部分司法职能，即主张最高行政法院管辖越权之诉，而对于损害赔偿以及行政合同等完全管辖之诉则交由普通司法法院管辖；第三种改革建议更为大胆，主张对法国现行的司法体系进行整合，效仿美国联邦最高法院的形式，建立一个最高的司法审判机构。该最高审判机构负责行使宪法委员会、最高司法法院以及最高行政法院的诉讼职能。[1]

在提出废除行政诉讼体系的学者或司法官员看来，现行的双重司法体系有如下缺点。首先，容易造成司法技术上的困难。双重司法体系不可避免地使行政诉讼的抗告者陷入行政法院和普通司法法院各自管辖权划分的复杂情况之中，可能导致诉讼判决周期的冗长。例如，在审理案件的过程中，当某个问题属于另一

---

[1] 该机构统一审理涉及宪法的、刑事的、行政的、人权的、企业以及财产和合同的案件。

个司法体系管辖时，该问题将被作为"诉前问题"而移交另一个司法体系审理，只有在该"诉前问题"解决后，原受理案件的司法体系才能继续审理案件。其次，双重司法体系极有可能造成判例之间的不统一或矛盾（les divergences entre les jurisprudences）。第三，最高行政法院的双重职能使公众存在行政法官与行政机构之间"合谋"（la collusion）的担忧。行政法院以及行政法官的独立的涵义还应当包含抗告者对这种独立的内心确认，然而其双重职能的行使并不能排除对其判决可能违反公正性原则的合理怀疑。并且，欧洲人权法院也曾就该问题作出过回应。第四，建议者们还认为现行的双重司法体系将会损害司法应有的威信。只有在建立统一的司法体系的情况下，法兰西共和国才拥有名副其实的司法权威。

（二）欧洲人权法院对法国最高行政法院的看法

最高行政法院行政部和诉讼部成员可以交叉任职的情况一定程度上为最高行政法院出具咨询意见和保护公民权利提供了工作上的优势。然而，由于不能排除判决不公正的合理怀疑，这种交叉任职的公正性（l'impartialité）还是受到一定程度的质疑。

1995年，在关于卢森堡最高行政法院的一个案件中，欧洲人权法院认为，曾在行政立法草案中作出咨询意见的成员如果同时又担任涉及到该行政立法的行政案件的法官，这种交叉任职的行为使判决的公正性受到质疑，违反了《欧洲人权公约》第6条第1段的规定，即任何人都有让其诉求由一个独立的、公正的法庭进行审理的权利……[1]

在该案中，欧洲人权法院分析，案中几名行政法官，先后在最高行政法院中就同一个行政立法作出咨询，并以该项立法为依据进行判决的事实，使最高行政法院作为一个机构的公正性受到了质疑。案中的当事人完全有法律上的理由质疑这几名法官作出行政判决仍受曾作出的咨询意见的牵制，因而导致判决结果的不公正。

八年以后，在关于荷兰最高行政法院的案件中，欧洲人权法院表明了其关于

---

[1] L'affaire procola c. luxembourg,参见欧洲人权法院网址：http://hudoc. echr. coe. int/sites/eng/pages/search. aspx#{"dmdocnumber":["700375"]}，2012年10月31日访问。

"公正性"的立场。欧洲人权法院认为：《欧洲人权公约》第 6 条的公正性包含主客观两方面的条件。首先，在主观上，行政法官不得事先就案件形成立场并带有任何个人偏见。其次，在客观上，行政法官应该为抗告者提供足够的保障以消除任何关于不公正的合理怀疑。鉴于最高行政法院内部咨询职能和诉讼职能的交叉行使在"某些情况下"（dans certaines circonstances）可能引发《欧洲人权公约》第 6 条关于审判机构的公正性的问题，行政法官有义务保证抗告者对审理的公正性的内心确信。[1] 在该案冗长的判决书中，"某些情况下"的字眼的运用具有实质的意义，同时也在一定程度上为解读欧洲人权法院的立场指明了方向。[2]

在关于卢森堡最高行政法院的判决之后，立即有学者认为欧洲人权法院对最高行政法院双重职能的行使持批判的立场。[3] 然而，事实上，欧洲人权法院采取的却是更为实用的态度。因为，在其判决中，欧洲人权法院对案件的情况进行了具体的分析，并且特别提出了审理案件的五名法官中有四名曾经就案件所涉及的行政立法作出咨询意见。可见，最高行政法院双重职能的行使并非受到欧洲人权法院的全盘否定，而是在同一批法官中有多数人在行政立法过程中已经做出咨询的情况下，[他们]再来审理同一案件这一做法是否公正，受到了欧洲人权法院的质疑。一般而言，在满足关于判决的公正性的主客观条件的情况下，最高行政法院的判决仍具有正当性。

（三）法国行政诉讼实践的回应

为了防止双重职能的行使可能带来的判决公正性的质疑，最高行政法院的审判实践也发展出一些程序规则（如设定回避制度等）以尽量消除这种疑虑。首先，抗告者如果有重大理由认为某个法官的立场可能影响判决公正性的，可向法院要求该法官退出案件的审理；其次，审理某个案件的法官如果内心确信由于某些原因而不适宜审理案件时，可采取自我回避（Le déport）的措施。

---

[1]《欧洲人权公约》第 6 条规定了被告接受公平审判的权利。
[2] Dominique Latournerie, Le Conseil d'État, Paris: Dalloz, 2005, p. 127.
[3] 同上。

行政审判法典对法官要求回避的动机未作限制性的规定，法官完全可以出于其良心的考虑退出某个案件的审理。这些原因可能是曾经就争议的立法作出过咨询意见，也可能是法官对该案件已形成初步的是非判断。并且，法官并没有说明其回避事由的义务。

尽管存在这些保障程序公正的措施和实践，并不能完全排除欧洲人权法院可能对最高行政法院双重职能行使的否定评价。因此，从这个意义上说，在关于最高行政法院双重职能行使的问题上，欧洲人权法院的态度仍具有不确定性。

（四）反思

针对上述批评与建议，有学者认为，诚然，应该向这些法学者大胆的设想致敬。如他们所言，过去的存在并不能证明现存的合理性。况且，当初产生独立的行政诉讼体系的原因已不复存在，然而，这些建议并不具有十分强的说服力。[1]

首先，最新的立法、行政以及司法上的改革已经使得上述疑虑大为减少。请求权限争议法庭就管辖权争议作出裁决的案件在一年中仅有十余例，并不足以从总体上造成诉讼周期的冗长；行政判决与普通司法判决之间的冲突问题也因最高行政法院以及最高司法法院相互承认判例的惯例而减少；在准入上，提起行政诉讼避免了一切形式主义的弊端且成本低廉，而行政诉讼纠问式的审理模式也减轻了抗告者的负担。

其次，针对最高行政法院与行政机关的"亲近"（la proximité）关系问题，批评者们并没有认识最高行政法院在规制行政权力方面的功绩。例如，最高行政法院不拘泥于传统民事过错责任的约束，发明无过错责任以更好地保护受害人；在征收行政领域发展出成本—效益分析的方法，直至取代行政机构的判断以更好地保护公民的防御权；在裁量权领域又发展出"重大裁量错误"（l'erreur manifeste d'appréciation），以防止行政裁量权的恣意行使。因此，对行政法院可能会偏袒行政机关的担忧是多余的。

---

[1] Dominique Latournerie, Le Conseil d'État, Paris: Dalloz, 2005, pp. 122—133.

最后，司法权威的保有。司法权威不因单一司法体系本身而存在，也不因双重司法体系本身而消失。司法权威存在的根基在于其作出了适应所服务的社会并为公民所认同的判决，更在于判决本身摈弃了政党的立场，且不屈从于时事的压力。也许，公民对于建立一个统一的最高法院的华丽论调并不感兴趣。在一个法治社会，公民所要求的司法应该是这样一种场景：独立作出判决；在其职责范围内纠正法治差错；尊重公民权利与自由；不屈从于媒体的强权；不带有政党视角的偏见；妥善协调个人权利与社会利益之间的冲突。既不僵化于往昔的立场又不盲目跟风。[1]

总之，法国最高行政法院的实践向社会昭示了司法的应有之义，行政法官也将在其职责范围内继续编织捍卫公民权利与保护公共财产之网。就其咨询职能而言，最高行政法院作为政府法律顾问的角色越来越重要。从数量上来看，政府就法案请求最高行政法院作出咨询意见的次数逐年增多，2008年政府请求最高行政法院作出咨询意见的法案为102件，而2009年则上升为129件。并且，在2009年，国民议会也就有关刑事被告人权利改进的法案向最高行政法院提出咨询请求。这是一个多世纪以来，议会第一次向最高行政法院提出咨询请求。[2] 如此，最高行政法院不仅是政府的法律顾问，同时也成为议会的法律顾问，这也从一个侧面反映了最高行政法院的政治咨询职能在当今法国政治生活中的重要作用。

七、最高行政法院相关判例

作为大陆法系的创始国，法国在法治建设中的各个领域，都制定有大的成文法典。然而，在行政法领域，却是依靠行政法院的判例构建起了一个比较系统完备的体系。因此，在法国二百多年行政法的发展史上，最高行政法院的判例起着极其重要的作用。本小节，我们就将介绍和分析若干对法国行政法和法学发展具有重大作用的判例。

---

[1] Dominique Latournerie, Le Conseil d'État, Paris: Dalloz, 2005, pp. 123—135.

[2] 以上数据参见 Les Echos, 3 Mai 2010.

（一）卡多案：废除部长法官制，确立最高行政法院的一般管辖权

1889年卡多案（CADOT）在最高行政法院行政审判功能的发展史上是具有里程碑意义的案件，正是卡多案废除了法国自1790年以来在行政诉讼领域实行的部长法官制。自此，最高行政法院可直接管辖所有的行政案件，而不需要经过部长的审理。最高行政法院行政诉讼的一般管辖权由此确立。仅在法律特别明确规定的情况下，行政案件才需要经过部长的先行处理继而向最高行政法院提起诉讼。[1]

1. 卡多案始末

1889年，马赛路政和水政管理处决定废除该处总工程师的职位，卡多作为该职位工作人员不服该决定向市长请求损害赔偿，该赔偿请求遭到市长否决。随后，卡多向普通司法法院起诉，司法法院以卡多和马赛市之间的合同不具有民法上的雇佣合同的性质为由拒绝受理。卡多继而向省提出同样的请求，省以卡多的请求和工程履约合同的解除无关，同样拒绝处理。最后，卡多将赔偿请求提交内政部予以裁决，内政部以马赛并没有接受其赔偿请求，当事人更不能自行向内政部提出为由拒绝了卡多的赔偿请求，遭拒后，卡多向最高行政法院提起赔偿之诉。

2. 部长法官制的废除

部长法官制来源于法国大革命时期行政和司法严格分立的政治背景，1790年8月16—24日法律确立了法国行政和司法分立的原则，普通司法法院不得干涉行政事务，审理行政案件。在排除普通司法法院对行政诉讼管辖的情况下，行政系统内部的行政审判机关却在悄然发展。1799年，最高行政法院建立之初，虽然仅被赋予进行政治咨询的权力，但其进行行政审判的功能仍然在"保留的审判权"的制度下得到长足的发展。此时的最高行政法院并非独立的行政审判机构，依然以首脑的名义作出判决，行使行政审判权。1872年，"委任的审判权"制度得以确立，最高行政法院成为独立的行政审判机构，以自己的名义行使行政审判权。

从"保留的审判权"到"委任的审判权"，从辅助行使行政审判权到独立的行政审判机构，最高行政法院的行政审判功能得以增强。然而，出于行政和司法严

---

[1] Conseil d'État, 13 Décembre 1889, CADOT, Rec. 1148.

格分立的政治传统，行政审判功能仍受到一些原则的束缚和限制，部长法官制度便是一个例子。根据该理论，既然行政系统不必受制于司法的管束，那么行政审判机构本身也应在处理行政诉讼上遵循自我谦抑的原则，即最高行政法院仅在法律有明确规定的情况下才具有对行政事务的管辖权。在这个意义上，最高行政法院只不过是特定案件的行政法官，而部长才拥有对行政案件的一般管辖权。行政案件只有经部长审理后，并且在申诉的情况下，才可向最高行政法院提起。

在卡多案中，一方面，最高行政法院大法官发挥其积极性和主动性，发挥对一般法律原则的解释，瓦解了束缚最高行政法院管辖权范围的部长法官制。另一方面，时代的发展也是部长法官制不得不退出历史舞台的原因。1889年卡多案发生时，最高行政法院建立近一个世纪，从"保留的审判权"到"委任的审判权"，最高行政法院已演变为真正意义上的、独立的行政审判机构，行政机构既是运动员又是裁判员的自我审判模式已越来越不适应行政法治进步的时代要求。根据行政法治的精神，任何一个具有执行力的行政决定都应该置于司法审查之下，最高行政法院亦可直接接受当事人的起诉。

3. 最高行政法院一般管辖权的确立经过卡多案的判例，最高行政法院的管辖权范围得到极大的拓展。此后，最高行政法院的判例法也得到长足的发展，许多重要的法律原则通过判例得以确立。1953年9月30日法令又一次将最高行政法院变为特别管辖权意义上的行政法官。与1889年之前不同，此次立法是为了减轻最高行政法院受理一审案件的讼累而在最高行政法院和行政法庭之间就一审管辖作出划分。行政法庭拥有对行政案件的一般管辖权，最高行政法院仅在法律特别规定的情况下才直接管辖一审行政案件。尽管如此，卡多案在法国行政法院行政审判职能的发展史上永远具有里程碑的意义，将最高行政法院的行政职能和司法职能清晰地区分开来，并使后者得以长足的发展。

（二）卡纳尔案：最高行政法院与政治权力的博弈

根据1962年4月13日全民公决法律的规定，总统可采取授权立法或政府条例的形式，实施政府1962年3月19日所作的涉阿尔及利亚政治的相关宣告。根据该法律的规定，戴高乐总统于 1962 年 6 月 1 日通过授权立法建立了一个军事法庭，该军事法庭负责审理与阿尔及利亚事件有关的违法犯罪活动。并且，该授权立法规定，对该军事法庭所作的判决，被告人不得上诉。1962 年 7 月 17 日，在被军事法庭判处死刑后，卡纳尔（Canal）就该授权立法的合法性问题向最高行政法院提出抗告，要求最高行政法院撤销该授权立法。最终，经过分析，最高行政法院撤销了总统的该项授权立法。[1]

1. 总统采取授权立法的性质问题

关于上述授权立法，对其性质存有两种解释，一种是立法性质（législative），另一种是行政性质（réglementaire）。从最高行政法院的管辖权的角度来说，不同的性质可能导致不同的审查结果。如果总统颁布法案建立军事法庭的行为是立法性质的，那么最高行政法院对其并无管辖权；如果是行政性质的，那么最高行政法院将有权审查其合法性。最终，根据以往的判例，最高行政法院认为总统根据法律所采取的授权立法在性质上属于行政行为。因此，最高行政法院当然可以对该授权立法进行审查。

事实上，早在 1907 年的判例中[2]，最高行政法院就曾明确，在授权立法的情况下，被授权机构的行为与授权机构的行为并不具有相同的特征。因此，由行政机关根据授权立法采取的立法行为仍具有行政行为的性质。进而，最高行政法院认为，只有议会立法或全民公决法案以及宪法明确规定被转让部分立法权的机构的立法行为，司法机关才不予审查。行政权力在任何时候都不能以立法机关的身份行动。1962 年 4 月 13 日授权法只是授予总统在限定的情况下，运用其特殊的行政权力，采取本属于立法权力范围的措施的权力，而绝非授予总统行使立法权力本身。

2. 授权立法禁止损害一般法律原则

毋庸置疑，所有行政权力都应当无一例外地遵守一般法律原则。最高行政法院认为，如果说根据 1962 年 4 月 13 日法律，总统可以采取设置特殊审判法庭的方式来实施涉及阿尔及利亚的政治决定，那么总统采取的方式或措施决不能损害共和国法律所确认的一般法律原则。当然，在以损害法律原则为由撤销该授权立法

---

[1] Conseil d'État, 19 Octobre, 1962, Canal, Robin et Godot, Rec. 552.
[2] Conseil d'État, 6 Dec. 1907, Compagnie des Chemins de fer de l'Est.

时，最高行政法院未否定在特定情况下，行政行为的违法性可豁免司法审查。

在"特殊情势"（les circonstances exceptionnelles）的理论背景下，"违法"是被允许的。但是，这种"违法"必须符合一定的条件，如，受情势所限，行政机关根本无法合法地作出行政行为；并且，这种"违法"的行政行为是达到行政目的的必要条件。经过分析，最高行政法院认为，受争议的授权立法剥夺了被告人寻求其他任何救济的权利，这种损害的程度是十分严重的。从案件的实际情况来看，总统颁布的授权立法所依据的情势，不足以构成剥夺被告人刑法程序权利的事由。并且，使政府关于阿尔及利亚的宣告得以实施的目的可通过其他不损害被告人基本刑法权利的措施达到。

由于卡纳尔案件判决的作出发生在全民公决前夕，这一判决无疑成为论战的对象。甚至，该判决被认为是最高行政法院采取的政治立场，同时其判决也被舆论在选举活动的意义上进行解读。然而，事实上，该判决只不过是遵守其以往判例确定的原则的结果，而并非最高行政法院的政治激情所致。卡纳尔案件是对总统特殊权力的否定评价，无论如何，该案都可看作是最高行政法院与政治权力的一场博弈。从某种意义上说，最高行政法院以司法的武器战胜了武断的政治。

3. 卡纳尔案件引发的政治反应

当然，就卡纳尔案件而言，戴高乐作为总统并没有敏锐地察觉到该判决所引发的司法讨论的复杂性。在他看来，该案件的判决不过是对总统特权的侵犯，并且在判决上最高行政法院超越了自己的权力，并对阿尔及利亚政治造成了损害。戴高乐谴责最高行政法院在干预政府和行政的问题上走得过远，为了限制最高行政诉讼机构管辖权的扩张，戴高乐专门组成了一个咨询委员会负责进行改革。

在改革的过程中，在最高行政法院的角色以及对抗告人的权利的设置上争论颇多。一方面，改革委员会中某些成员试图减弱最高行政法院的角色，另一方面，也有成员认为任何对最高行政法院独立性以及管辖权的损害均是对其所致力于维护的一般法原则的威胁。在卡纳尔案件判决的评价上，改革委员会成员对最高行政法院的批评，在于认为该判决并没有立足政治现实作出：行政法官们不过是在封闭的象牙塔中，依靠抽象的逻辑思维进行判决，丝毫没有考虑他们的决定所产生的影响。[1]

对这些批评，改革委员会成员中也有人持不同的意见，例如，让·里韦罗认为，那些批评卡纳尔案件判决没有考虑政治现实的人，根本没有考虑最高行政法院的判决在现实中的执行力的问题。在现实中，行政机关总是倾向于忽略行政机关的判决。最高行政法院并没有被赋予应有的权威，那么又如何要求行政法官们在作出判决时一定要对政治现实作出回应呢？如果要让判决回应现实，那么便应该赋予最高行政法院必要的介入权，以保证判决为行政机关所遵守。[2]

当然，关于这个问题的争论还远没有停止。因为如果赋予最高行政法院介入行政机关执行行政判决的权力，关于最高行政法院行使行政和司法双重职能的悖论又不得不重新回到人们的视野。最终，改革条例规定，自行政判决作出之日起6个月内，如果行政机关拒不执行判决，胜诉的行政相对人一方有权告之行政法院并要求其介入行政判决的执行。

就该规定的结果来说，一方面，其赋予行政相对人以告知权和要求介入权，从而不再将行政相对人置于孤立和受忽视的境地；另一方面，行政法院介入并督促判决的执行又为加强自身的权威提供了可能性。[3] 经过改革条例的实施，以及最高行政法院随后几任领导人的努力，在对待行政相对人的态度的问题上，最高行政法院的价值取向有所变化。如果说对行政相对人的"冷漠"（l'indifférence）或"轻视"（le mépris）并没有消失殆尽的话，那么这种态度也是在逐渐消退之中。行政判决的执行问题越来越受到公共机构的重视。自20世纪90年代起，法律和条例相继赋予行政法官在符合条件的情况下在其行政判决上附着命令或束缚的权力，以保证其判决为行政机关执行。

---

[1] R. Cassin, M. Waline, Les Grands Arrêts de la Jurisprudence Administrative, Paris: Sirey, 1990, pp. 608—615.

[2] Erik Arnoult, Jean Massot, Le Conseil d'État: de l'An VIII à nos Jours: Livre Jubilaire du Deuxième Centenaire, Belgique: Biro, 1999, p. 35.

[3] 对于改革条例的该规定，改革条例的起草者持反对意见，并且在最后一审中，该条规定实际上曾被起草者删除。起草者认为，行政相对人就像是投入自动售货机的硬币，只是起到开启行政诉讼机制的作用，之后便沉到机器的底部，因此行政相对人并不是行政诉讼机制设置主要考虑的对象。然而在让·里韦罗看来，正如学生构成教授存在的正当理由一样，处于弱势地位的行政相对人正是行政机关存在的合法性所在。在一个自由民主的国家，任何一个国家机构存在的最终目的均在于向社会和公众提供服务。

（三）尼可罗案：处理国内法与欧盟法的效力问题

1989 年的尼可罗（NICOLO）案件标着最高行政法院在处理国内法与条约（尤其是共同体法）的关系上迈出了决定性的一步。在欧盟国家，如何处理国内法与共同体法的关系是一个十分复杂的问题，并且各个国家处理此类问题的立场各不相同。在尼可罗案件中，最高行政法院在确认后生效的法律不违反 1957 年《罗马条约》的情况下，肯定了该法律在案件中的适用，从而确立了国际条约效力优于国内法（即使该法律于国际条约之后生效）的判例原则（le principe de la suprématie des traites sur la loi）。

1. 尼可罗案件概述

1989 年欧洲议会（当时仍为欧共体委员会）议员选举之际，法国选民尼可罗以该选举有法国海外省公民的参加为由，主张该次选举违反了 1957 年《罗马条约》以及与欧共体委员会选举有关的 1977 年 7 月 7 日法律（以下简称 1977 年法律）的规定。其理由在于罗马条约的适用范围仅仅在于法国领土的欧洲部分，因此作为法国海外领地的公民是无权作为欧洲议会选举的选民。

最高行政法院经过审理认为：根据 1977 年法律第 4 条的规定，共和国领土构成一个独立的选区；根据 1958 年宪法第 2 条和第 72 条的规定，海外省和领地是共和国领土不可分割的组成部分，当然属于共和国作为一个独立选区的组成部分。而 1957 年《罗马条约》第 227—1 规定该条约的适用范围在于整个法兰西共和国，1977 年法律在细化《罗马条约》的规定时并不存在与该条规定不兼容的地方。因此，对于法国海外省或领地的公民而言，只要根据选举法的规定有选举权，那么他们理所当然拥有选举欧洲议员的选举权。罗马条约绝无将海外省以及领地排除在其适用范围之外的意图。鉴于上述分析，在肯定 1977 年法律不违反罗马条约的情况下，最高行政法院驳回了尼可罗的诉求。[1]

2. 尼可罗案件所确立的原则

尼可罗案件的重要性在于，最高行政法院承认了排除某项违反国际条约的国

---

[1] Conseil d'État, Nicolo, 20 Octobre 1989, Rec. 190.

内法适用的可能性，即使该法律后于该国际条约生效。最高行政法院的这种立场标志着其与以前的判决态度的决裂，不再将焦点单纯集中于国内法上，而是通过审查国内法与国际法的兼容性肯定某个法律的适用。

（1）国际条约效力优先于后生效的国内法。需要注意的是，国际法与国内法的效力等级问题在1958年宪法中有明文规定。根据宪法第55条的规定，在国际条约被其他签约方予以同等适用的情况下，所有经正规程序批准和签署的国际条约的效力均高于国内法。毋庸置疑，即使在尼可罗案件以前，最高行政法院也可根据此条规定确定国际条约相对于先颁布的国内法的优先性。然而当面临国际条约与后颁布的国内法的冲突时，最高行政法院则置身于一个合宪性问题的判断之中，而这种判断属于宪法委员会的职权范围。

在以前的判例中，为了避免合宪性审查以及与立法者的冲突，最高行政法院倾向于对宪法第55条的规定采取缓和适用的立场。因此，当某个后生效的国内法与国际条约抵触时，最高行政法院通常认为该法律是在条约明文规定的情况下对该条约的保留适用，从而避免对某个法律进行消极的评价。此外，当后颁布的法律与国际条约之间的冲突无法调和时，最高行政法院也倾向于服从法律的规定。最高行政法院的这种态度与最高司法法院曾经采取的态度极为相似。1989年尼可罗案件则是最高行政法院在处理国际条约与后颁布的国内法上的效力优劣问题上的一个转折点。最高行政法院在1989年的尼可罗判例中确立国际条约的效力优先于后颁布的国内法的原因如下：

第一，宪法委员会的判例拒绝将国际条约作为合宪性审查标准。早在1975年1月15日的决定中，宪法委员会就确立了这样一个原则：即与条约相违背的法律不一定就违反宪法的规定。该原则的确立表明宪法委员会拒绝将国际条约作为法律合宪性审查的标准。宪法委员会采取此种态度的原因在于合宪性审查的决定具有绝对性和确定性，而国际条约相对于国内法的优先性则是相对的。这种相对性一方面在于该国际条约的优先效力仅基于该条约在共和国领土的适用范围而非条约全部；另一方面，条约相对于国内法的优先性必须满足互惠的条件（condition de réciprocité），即取决于其他成员国对该条约的适用情况。自1986年起，宪法委员会的此种立场在判例中表现得越来越明显和精确。

第二，宪法委员会的判例明确了最高行政法院保障国际条约得以执行的职责。在1986年7月3日第86—216号决定中，宪法委员会宣称，宪法第55条的规则即使在法律沉默的情况下同样适用，且共和国的各个机构都有在各自的职权范围内确保国际公约得以适用的义务。经过宪法委员会判例的确认，逐渐形成了这样一种理念：即宪法第55条的规定是以默示的方式授予行政法官以及普通司法法官确保"法律位阶"（la hiérarchie des normes）得以执行的职责。宪法委员会在对待国际条约和国内法关系的态度上的演变也是最高行政法院在1989年尼可罗案中确立国际条约优先于国内法适用的原因。

（2）行政法官对国际条约审查权的扩大。尼可罗案所确立的原则也为最高行政法院带来了新的职责。在确保国际条约优先适用的原则的同时，行政法院必须对条约的批准或转化程序的规范性进行审查。例如，1958年宪法第53条规定了必须由法律批准条约的情况，对于未遵循该程序而签署的国际条约应该受到司法审查的否定评价。

1985年，最高行政法院在其报告中指出，行政诉讼对该条规定的监督缺位使一些违反程序批准的国际条约逃脱了应有的司法制裁（la sanction juridictionnel）。此外，行政法官也必须就该条约是否满足互惠的条件进行系统审查。然而根据判例实践，行政法官并不主动就条约是否符合互惠的条件进行审查，在当事人一方提出请求且存疑的情况下，行政法官通常将该问题作为"诉前问题"提交外交部长作出决定。当然，互惠条件的满足并不是绝对的，对于涉及人权保护的国际公约以及以国际劳工组织的名义颁发的国际公约以及欧洲共同体法，互惠条件的抗辩是没有意义的。

（四）伊斯兰面纱佩戴问题：出具咨询意见解决敏感社会问题

1. 伊斯兰面纱（FOULARD ISLAMIQUE）案件始末

1989年入学之际，克德耶（Creil）中学以三个穆斯林女学生在公共场所佩戴面纱、公开宣示其宗教归属并褪去面纱为由，拒绝该三名女生入学。克德耶中学校长甚至威胁将该三名穆斯林女生开除。除克德耶中学外，其他几个教育机构也发生了类似的情况。该事件在法国媒体以及社会引起了一场激烈的讨论,讨论的问题涉及政教分离(le principe de laicité)、妇女权利的保护以及移民人口的社会融合等方面。针对该中学的立场,法国社会上形成了两种对立的观点。赞成学校行为的观点认为,佩戴伊斯兰面纱的行为与公立教育实行政教分离的原则是相抵触的,同时也标志着妇女相对于男性的从属地位,这与男女平等的原则相违背。此外,佩戴伊斯兰面纱也反映了某些移民人口拒绝融入社会的意愿。

而反对派的观点则认为,公立教育政教分离的原则只拘束学校与教职人员,而学生并非该义务所课加的对象。同时,妇女有权选择其所认为体面的且符合其宗教义务的着装。移民最终融入社会只能出于自愿的行为而非通过约束或开除的措施,而拒绝佩戴伊斯兰面纱的女学生入学的决定则恰恰是阻止这些移民融入社会的行为。

随后,教育部长利昂内尔·若斯潘(Lionel Jospin)以政府的名义向最高行政法院就公立学校执行政教分离原则的情况咨询意见:[1](一)学生在学校佩戴表明其宗教归属的标识的行为是否与政教分离的原则相违背?(二)如果答案是否定的话,那么行政条例、学校章程以及校长可以在什么条件下承认该种权利的行使?(三)如果上述权利行使的条件受到蔑视,那么这种不遵守行使条件的行为是否有足够的理由作出拒绝学生入学或将其开除的决定?[2]

1989年11月6日,最高行政法院就该事件作出了咨询意见。为了支撑其所作出的法律意见,最高行政法院引用了20个法律文本,既包括国内法也包括国际公约。在国内法部分,最高行政法院引用了1789年《人权宣言》、1905年《教会与国家分离法》、1989年教育指导法以及1946年和1958年宪法;在国际公约中,最高行政法院引用的文本包括1950年《保护人权与基本自由的欧洲公约》、1960年《教育领域反歧视公约》以及1966年联合国的《公民政治、经济、社会、文化权利公约》。

2. 最高行政法院就伊斯兰面纱事件所作的咨询意见

首先,最高行政法院认为,根据上述宪法、法律以及国际公约的规定,公立

---

[1] 教育部长认为公立学校的学生应避免佩戴表明其宗教归属的标识,同时,教育机构在处理此类事件时也应通过对话或劝说的方式;在尊重儿童以及年轻人权利的前提下,政教分离的原则应该得到严格的执行。

[2] Erik Arnoult, Jean Massot, Le Conseil d'État: De l'An Ⅷ à nos Jours: Livre Jubilaire du Deuxième Centenaire, Belgique: Biro, 1999, pp. 111—115.

学校的政教分离的原则是建立政教分离的国家以及保证公共服务机构中立性（la neutralité）的必要元素。政教分离的原则在一定程度上豁免了教育对学生良心自由（la liberté de la conscience）的尊重。

同时，最高行政法院也宣称，上述法律文本所确立的原则同样禁止一切基于学生的宗教信仰和内心确信而产生的歧视行为。政教分离的原则所要课加的对象是学校及教师而非学生。其次，在承认学生良心自由的前提下，最高行政法院认为，在尊重学校多样性、不损害他人自由以及不对学校教学活动造成损害的情况下，学生有在学校展示或表达其宗教信仰的权利。第三，最高行政法院认为学生的良心自由的行使并非是毫无限制的，该种权利行使的界限在于其不得对立法所赋予公立教育的使命的完成造成障碍。换言之，在公立学校，学生佩戴表明其宗教归属的标识本身并非与政教分离的原则相抵触。作为一种表达自由，学生佩戴的宗教标识不得带有压制、挑衅或宣传的意味；不得对其他学生的尊严以及自由造成损害；不得扰乱正常的教学活动以及干扰教师的教育角色的发挥。[1]

在最高行政法院咨询意见的指导下，教育部长向公立学校负责人发出通告，通告旨在帮助学校负责人在遵守法律的前提下执行政教分离的原则。针对宗教标识的佩戴所产生的争议，教育部长主张学校负责人通过对话的方式使当事人放弃宗教标识的佩戴。然而，对话的方式并不能解决所有的问题。针对因佩戴宗教标识而被开除所提起行政诉讼，行政法官倾向于撤销学校仅仅基于笼统的佩戴面纱的行为而作出的开除决定。相反，如果这个开除决定的作出是基于某个具体的理由，例如，学生拒绝在体育课上去掉面纱以至于干扰正常的教学活动的进行，并且该学生家属在学校门口的示威行为又进一步加重了对教学活动产生的不利影响，那么，作出开除决定是可以的。

3. 最高行政法院所作咨询意见的法律价值

伊斯兰面纱等宗教标识的佩戴不仅是法律问题，而且还是复杂的政治问题和社会问题。在最高行政法院就宗教标识的佩戴作出咨询意见十年以后，仍有人认为教育机构对伊斯兰面纱的佩戴持一种持续的怀疑和警惕的态度。虽然，最高行

---

[1] Erik Arnoult, Jean Massot, Le Conseil d'État: De l'An Ⅷ à nos Jours: Livre Jubilaire du Deuxième Centenaire, Belgique: Biro, 1999, pp. 111—115.

政法院的咨询意见并不能一劳永逸地解决政教分离原则与穆斯林民族的融合之间的冲突，然而，不能据此认为最高行政法院的咨询意见没有法律上的价值。

首先，该咨询意见昭示了调和政教分离原则与宗教自由原则之间的困难，同时也提出了协调二者之间矛盾的方法。根据最高行政法院在涉及公共自由方面的判例，自由是原则，而对自由的限制则永远是例外。在限制的尺度上，这种限制必须是为保护某种公益所必须的，并且，这些限制不能是笼统和抽象的，必须针对案件的特殊情况进行裁量。正是在这个法律基础上，许多公共自由之间的冲突得以化解。

其次，该咨询意见的第二个意义在于其用一般法律原则处理伊斯兰面纱的佩戴问题，从而避免诉诸特殊的措施，这有助于消除穆斯林团体认为特殊措施有歧视嫌疑的疑虑。

第三，该咨询意见表明政府向最高行政法院提请咨询意见的程序不仅仅在于解决单纯的法律或行政问题，通过咨询意见提炼出的法律原则还可用于解决复杂的政治问题和社会问题。同时，这种对已生效法律的适用避免了通过诉诸"情景立法"（la législation de circonstance）解决新问题的方式，一定程度上增强了法律的适应性。[1]

（五）本杰明案：以比例原则规制行政裁量权的行使

"行政法的精髓在于裁量"，裁量权理所当然成为行政权的重要组成部分。可以说，行政与裁量相伴而生，为便于行政机关更好地进行社会管理，法律必须授予行政机关进行裁量的权力，即根据实际情况作出专业判断的权力，并且这种专业判断权力必须得到司法审查机关的尊重。然而随着行政职能的扩张和行政权的膨胀，游离于"形式法治"统治之下的裁量权必须予以规制。否则，行政相对人的权益将受到恣意行使的行政裁量权的侵犯。

1. 本杰明案始末

1933 年，本杰明（Benjamin，也有译为"邦雅曼"）决定在纳韦尔（Nevers）

---

[1] 参见：http://fr.wikipedia.org/wiki/Voile_islamique_dans_les_%C3%A9coles_en_France，2012 年 7 月 6 日访问。

市[1]举行一次以两个喜剧作者为主题的公开文学集会。该决定遭到公立学校教员工会的强烈反对，理由在于本杰明曾在其作品中公开对世俗教育的工作人员进行侮辱和讽刺。随后，通过媒体、发放宣传单以及张贴布告的形式，教员工会呼吁公共学校捍卫者、工会以及左派团体进行反对本杰明文学集会的抗议。抗议活动之后，纳韦尔（Nevers）市长随即发布决定禁止了本杰明的文学集会。随后，本杰明将公开集会的请求变更为私人集会，仍被市长禁止。两次遭拒后，本杰明以纳韦尔市发布的两项禁止集会的决定违反1881年6月30日、1907年3月28日关于集会自由的法律和滥用权力为由，向最高行政法院提起行政诉讼。[2]

2. 公共自由与公共秩序的博弈

在本杰明案中，行政法官们首先对公共集会（la réunion）进行了定义，认为公共集会是与示威、结社等公共自由相区分的、由一群不特定的人出于聆听某种意见或思想或维护某种思想和权益而自发形成的、临时的集群状态。本杰明先生试图举行的文学集会，不管是以公共的名义还是以私人的名义都属于法律上的集会自由的范畴。

在众多的公民权利中，集会自由是法律保障最为有力的权利之一。1881年6月30日关于集会自由的法律仅要求会议组织者发表一个简单的告知声明。然而1907年3月28日的修订则更为宽松，取消了这一要求，并且从法律上排除了一切可能妨碍集会自由的警察措施。然而，维持公共秩序也是法律授予市政机构的法定职责，为达其目的，当局有权力采取必要的警察措施。因此，集会自由等公共自由的行使必须与维护公共秩序的职责妥善协调。

依照该逻辑，行政法院认为，自由永远是原则，而警察措施的采取始终是例外。市政当局只有在不禁止会议的举行就不足以维护公共秩序的前提下，禁止集会的决定才是合法的，并且要求集会对公共秩序的威胁必须是极其严重（exceptionnellement grave）和迫在眉睫，当局没有必要的警力与手段既保证集会的照常举行同时使公共秩序得以保全。在本杰明案中，市长本可通过召集宪兵等防卫力量的方式既保证集会的正常进行同时又防止潜在的公共秩序的损害，但却武

---

[1] 纳韦尔市位于法国卢瓦尔河和阿利埃河交汇处，以其中世纪风格和出产彩色细瓷器闻名。
[2] Conseil d'État, 19 Mai 1933, Benjamin, Rec. 541.

断地采取了禁止集会的决定,遂撤销了纳韦尔市发布的禁止决定。通过对法的宗旨和精神的解释,警察行政领域的裁量权得到有效控制。

3. 比例原则的提炼及应用

通过本杰明案判例,最高行政法院大大扩展了其进行司法审查的深度。自此,行政当局不得仅以可能造成公共秩序上的麻烦为由任意采取警察行政措施限制公民公共自由的行使。在具体的案件中,行政法官不仅要审查是否存在促使当局采取警察行政措施的公共秩序上的威胁,而且还要判断这种措施的性质与严重程度是否与对公共秩序造成的威胁的严重程度相适应。从某种意义上讲,行政法院以自己的判断取代了行政机关的专业判断,行政机关裁量权空间被压缩。此后,比例原则的应用在判例中不断得到深化和发展,并扩展到警察行政以外的领域,甚至在某些时候成为宪法委员会进行法律事前审查时运用的重要方法。

1980年,在最高行政法院的一个决定中,行政法官将本杰明案中的比例原则应用到对企业的内部规则的合法性的审查当中。根据本杰明案判例的审查方法,行政法官将对劳动者人身权造成的损害与企业内部规则所试图达到的目的进行权衡。当行政法官认为企业所试图实现的目的并不足以证明损害劳动者人身权的方法的正当性的时候,那么企业内部规则将被裁定为违反有关人身权保护的上位法规定。1982年8月4日,在劳动法领域,立法者们将本杰明案确定的比例原则应用到立法中以界定企业内部规则的合法性。根据该法律,在试图实现的目标不足以证实限制手段的正当性的情况下,企业内部规则不得对公民人身权、个人自由以及公共自由进行限制。

本杰明案所确立的比例原则的审查方法也被宪法委员会应用于对法律的合宪性的事前审查之中,尤其是针对企图限制公民自由以维护公共秩序的法律,宪法委员会将通过判定限制公民权利和自由的措施与维护公共秩序的立法目的是否符合比例原则,来决定某项法律是否合宪。1977年1月12日,宪法委员会宣布一项授权司法警察搜查车辆的法律违宪,理由在于,该法律授予司法警察可以行使这些权力的情况过于宽泛和笼统,且此种监督检查的发生具有不确定性,违反了保护个人自由的宪法基本原则。[1]

---

[1] R. Cassin, M. Waline, Les Grands Arrêts de la Jurisprudence Administrative, Paris: Sirey, 1990, pp. 286—293.

（六）"新东城"案：以成本—效益分析方法进行事实上的合理性审查

在法国行政法上，"合法性"审查原则占据经典的统治地位，对裁量行政行为的司法审查遵循的是最小审查的原则，即行政法官倾向于尊重行政机关对"事实的法律认定"，只是在行政机关的认定是如此的不合理以至于任何一个有理性的人都会作出否定评价的时候，行政法官才动用"重大裁量错误"的理论否定行政机关的判断。尽管行政法官们总是宣称不审查行政行为的合理性，然而为弥补"合法性审查"所暴露出来的对行政行为审查力度的不足，最高行政法院的法官们通过对一般法律原则的解释发展出各种技术加强对行政裁量权的司法规制。征收行政行为是行政机关享有极大裁量空间的一类行政行为，为更好地规制行政征收行为的裁量权，保护行政相对人的合法财产权益，行政法官通过判例发展出了成本—效益分析方法以防止行政裁量权的恣意行使。

征收行政行为的目的在于追求"公共利益"的实现。一项公共工程，如为旧城改造进行的土地和房屋征收必须是为实现"公共效用"（l'untilité publique）的属性而进行的。然而，"公共效用"属性内涵和外延都是不确定的，使得行政机关在作出以此为目的的行政行为时拥有极大的裁量权力。并且，"重大裁量错误"理论的应用此时已不能满足对出于"公共效用"属性的行政行为的审查。新东城案之前，最高行政法院的判例倾向于认为"公共效用"属性的认定属于合理性的范畴，不就其内容进行具体的审查。此外，"公共效用"属性的概念也十分宽泛，几乎任何与公共利益有关的工程都可被认定为具有公共效用的属性。

司法对行政机关"公共效用"属性的弱审查随着公共工程所牵涉的利益群体的复杂化变得越来越不合时宜。因为，征收行政行为具有很强的侵益性的特征，在某个单独的征收行为的背后，随之而来的可能是大规模的城市化改造或高速公路的修建，这必将在更大的范围内影响私人的利益。

在1971年的"新东城"案（Villes Nouvelle est）中，最高行政法院创造性地提出了以"利害"（avantages-désavantages）权衡为思路的"公共效用"属性的认定方式，摒弃以往对"公共效用"属性的认定仅进行抽象审查的立场，从而将行政机关拥有极大裁量空间的"公共效用"属性的认定置于行政法官的监督之下。尽管在该案中，最高行政法院最终支持了行政机关的决定，"公共效用"属性的认定公式的提出还是极大地缩小了行政机关作出此类行政行为的裁量空间，从某种意义上说，司法对行政的监督得以增强。[1]

1."新东城"案的始末

1966 年里尔市（Lille）政府决定在里尔市进行新一轮的城市规划：为了发挥高等教育机构对城市建设的带动作用，该规划决定将高等教育机构移出市中心，同时为了保证学生享受城市生活的便利，决定以高校建设规划为契机，在里尔市的东部建立一个接收学生人数约为 3 万的大学城和一个容纳约 25000 名居民的新城。该规划的实施涉及对约 500 公顷土地的调整，估计成本在 10 亿法郎左右。并且该规划的实施意味着对 250 户居民的住房进行征收和拆迁，而这些住户中不乏于 1965 年取得建筑许可并刚刚完成建造的住户。

在面临新近获得建筑许可并刚刚完成建造的被拆迁住户激烈抗议的情况下，住房部将拆迁的房屋数量降为 88 户。但是住房部拒绝了"新东城项目利害关系人防护联盟"（以下简称"防护联盟"）提出的将"新东城"项目中规划的南北公路重新选址以防止对另外 80 户住房进行拆迁的建议。1968 年 4 与 3 日，住房部部长发布决定宣告了"新东城"项目的"公共效用"（l'utilité publique）的属性，"防护联盟"遂向法院提起超越权力之诉，要求法院撤销该部长决定。"防护联盟"除提出了几个关于程序的抗辩以外，还指出，80 户居民住房的拆迁对该项目的实施来说代价畸高，以至于使该项目失去了其"公共效用"的属性，因此法院应该撤销住房部部长关于公共效用属性的宣告决定。

2."公共效用"属性认定——成本—效益分析方法的提出

最高行政法院的最后一点认定，是关于"新东城"项目"公共效用"属性的认定，也是本案最大的亮点。最高行政法院认为：任何一个工程，只有在其所可能带来的对私有财产权的损害、经济成本、社会秩序成本不过分超出其所代表的利益的情况下，才能在法律上被宣告为具有"公共效益"属性。

---

[1] Conseil d'état, 28 Mai 1971, Ministre de l'Équipement et du Logement c. Fédération de Défense des Personnes Concernées Par le Projet Actuellement Denommé Ville Nouvelle-Est. Rec . 409.

最高行政法院经过分析认为，中心高速公路、可容纳2万户居民的新城以及可接收3万名学生的大学的建造足以弥补一定数量的房屋被拆毁所带来的损失；并且应该将该项目实施的重要性与拆迁房屋的数量相权衡：如果一个拆迁100户住户是为了安置50户住户的话，显然项目是明显不合理的；然而，当拆迁100户住房是为了使几千户住房能得以重新建造的话，那么项目的合理性也就不言而喻了。

最高行政法院还认为，可以如"防护联盟"所要求的那样更改公路的选址和路径，然而一旦改变原定的路径，规划项目中的大学与城市的连接就会断裂，而确保大学与城市的连接畅通恰恰是该项目的初衷。根据住房部的规划意图，在征用土地的范围内，大学建筑不得与居民区分离，为了确保该规划目标的实现，行政机关必须拆毁规划区内的部分建筑。鉴于该项目的重要性，一部分民居的拆迁在性质上并不能剥夺该项工程的"公共效用"的属性。正是通过上述对"新东城"项目的"利"与"害"的权衡和比较，最高行政法院才做出了驳回"防护联盟"诉求的决定。并且，里尔行政法庭撤销住房部部长"公共效用"属性的宣告、决定的判决也被最高行政法院撤销。

"新东城"案表明法院对在行政机关享有极大裁量权的征收行政领域中的"公共效用"属性的审查，已经由抽象审查向具体审查转变。对"公共效用"属性的确定也采取了更为多元和具体的方式，即"公共效用"的属性是建立在"利益"（l'avantage）和"损害"（l'inconvénient）的权衡基础上的。这种"利害相权"的"公共效用"属性的界定方式，避免了过去单一定义方式下行政机关裁量权限过大的弊端，因为基本上所有与一般"公共利益"有联系的项目和规划几乎都可被行政机关宣布具有"公共效用"属性。自"新东城"案以后，行政法官对征收行政领域的行政裁量权的审查越来越深入和具体，法院对"公共效用"属性的审查的内涵也越来越丰富。

3."新东城案"的法律价值

（1）突破了以往法官只对"公共效用"属性进行抽象审查的传统

最高行政法院并非是在"新东城"案中才第一次面临征收行政领域"公共效用"属性的审查。但在传统上，法官只是满足于核实一项工程或项目的实施是否出于追求公共利益的目的，而拒绝对项目的具体内容进行审查，尤其是在对征收区块的选择上。例如，在关于公路的修建决定上，法官仅限于核实该公路建造本身是否独立具有促进交通运输等公共利益的目的，而拒绝对公路的选址是否恰当进行审查。在旧城改造的决定中，行政法官同样认为征收土地区块的选取和工程的选址涉及合理性判断而不予审查，只要一定新住房的建造对城市化的建设是必不可少的，那么该新城建造就可被宣告为具有"公共效用"的属性，那么行政机关的决定就应该被支持。

不光是在项目的具体选址上，而且在"公共效用"属性的具体价值的衡量上，法官也以其属于合理性的问题而拒绝审查。例如，在艾格勒（Aigle）镇关于飞机场建造的征用决定的案件中，最高行政法院认为，申诉人关于"不论从周边居民对航空运输的需要还是该镇航空运输活动的实际情况都不足以证明飞机场建造决定的合理性，而且该项目的实施也不在该镇的财力范围之内"的抗辩事由涉及的是合理性的问题，从而拒绝审查。只有在追寻滥用权力的情况下，法官才会深入审查。例如，最高行政法院曾经以滥用权力为由撤销了一个市关于建造马术中心的"公共效用"属性的宣告决定，因为该马术中心建造的主要目的实际上是为了使一个私人马术俱乐部得以入驻。

当然，在"新东城"案以前，最高行政法院有时也越过传统上对"公共效用"属性进行抽象审查（examen in abstracto）的方式，对某项工程与公共利益的相符性进行审查，进而确认行政机关关于"公共效用"属性的宣告是否具有合法性。例如，在卡涅斯·叙莫（Cagnes-sur-mer）案关于赛马场扩张的征收决定的合法性审查中，最高行政法院基于该赛马场的扩张决定是出于推动尼斯（Nice）和卡涅斯·叙莫（Cagnes-sur-mer）地区经济和旅游业发展的目的而认可了行政机关关于"公共效益"属性的宣告决定。

同样，在菲尔米尼（Firminy）市中心的建筑群的翻新决定中，法官们的审查并没有局限于仅仅考察该"翻新"决定本身在总体上具有"公共效用"的属性，而是认为该项决定实施所带来的对停车场的创建在事实上有利于对市中心进行更好的利用，而且停车场地也正是该市当时所缺乏的。通过对具体事实的分析，最高行政法院承认了行政机关对"公共效用"属性的宣告。[1]

――――――――――

[1] R. Cassin, M. Waline, Les Grands Arrêts de la Jurisprudence Administrative, Paris: Sirey, 1990, p. 662.

(2) 承认"公共效用"属性包含对私人利益的权衡

在项目或工程所牵涉的利益日益错综复杂并且不断变换面目的情况下，对征收决定中"公共效用"属性的弱审查（contrôle affailbli）日益表现出令人遗憾的一面。在今天，公共利益和私人利益经常交织在一起，而且在某些情况下，公共利益的实现可以以私人利益的满足为媒介。"如果说本案中公路的绕道给标致（PEUGEOT）汽车公司带来直接和确定的经济利益的话，在同时满足公共交通需要以及促进对本地区经济发展有重要作用的整个汽车工业的发展的情况下，该公路绕道仍是符合公共利益的"。[1]

正如政府专员布雷邦（Braibant）说到：公共机构和公共利益与私人业主和私人利益绝对对立的情况已经发生了改变甚至逆转，征收者和被征收者背后的利益日益交织在一起。事实上，有时，在实施某项工程的决定的做出过程中，对可能受益的私人利益的考量大大重于对该项工程所可能带来损害的公共利益的考量。因此，仅就项目或工程本身，我们无法得出其是否具有"公共效用"的属性。对"公共效用"属性的考量应该建立在对其所带来的"利益"—"损害"、"成本"—"效益"、"无用"—"有用"进行权衡比较的基础上。

(3)"公共效用"属性的确定："利害"相权的结果

在"新东城"案中，最高行政法院创造性地确立了"公共效用"属性的界定方法。要求在每个案件中，"公共效用"属性的界定应该建立在对项目所带来的"利益"和"损害"进行权衡的基础上。换言之，行政机关所宣称的公共利益并非占有绝对的优势，如果某项工程的实施需要以牺牲众多私人利益为代价，那么通过"利害"相权的思路，行政机关作出的关于"公共效用"属性的宣告将由于成本畸高而面临被撤销的危险。

在进行"利害"权衡的过程中，首先，法官应该考虑项目的经济成本（le cout financier），例如一个项目对于一个较大的城市或区域来说是有价值的，然而对于一个小镇来说却会因为其成本过高而不再有利；其次，还应该考虑项目的社会成本（le coût social）。例如，当居住环境或生活质量成为关注焦点的时候，应该避免项目以加剧污染或破坏当地的自然或文化遗产为代价。通常，行政机关更加

──────────
[1] Conseil d'État, 20 Juillet 1971, Ville de Sochaux, Rec. p. 561.

倾向于以牺牲郊区居民的宁静生活为代价来修建飞机场；以破坏部分森林为代价而建造公路。总之，在每个具体的征收案例中，法院应当在项目的支持和反对的理由方面悉心衡量，以确保项目的"公共效用"属性不至于最终遮蔽其可能带来的"公共危害"（la nocivité publique）。[1]

(4)"公共效用"属性的确定亦包含公共利益之间的权衡

在1972年的"圣母升天社团"（société civile Sainte-Marie de l'Assomption）案中，最高行政法院在"新东城"案的基础上，将"公共效用"属性的界定建立在发生冲突的、不同的公共利益的比较和权衡的基础之上。在该案中，涉及的是位于尼斯（Nice）城北部连接普罗旺斯（La Provence）地区和意大利的公路的建造决定，以及使该公路与尼斯城公路网相连接的连接道和立交桥工程的"公共效用"属性的审查问题。

然而该项目的实施不可避免地危及到圣-玛莉精神病医院的完整，该医疗机构是该地区一家自给自足的私立医疗机构，并且在缺乏同类型的公立医疗机构的情况下，该精神病医院是该地区唯一一家治疗精神病患者的医疗机构。公路的建造会导致该医疗机构设有80张床位的建筑被拆毁；而连接道伸向医院的一侧也阻止了医院的任何扩张改建的可能；立交桥的建造意味着医院供餐部的拆毁，而且其绿地和停车场也将被剥夺。[2]

该案所涉及的不是公共利益与私人利益之间的冲突，而是两种公共利益的对峙：公共交通利益和公众健康。在一般情况下，法院倾向于承认行政机关对冲突的公共利益进行衡量的权力。然而在本案中，政府专员莫里佐（Morisot）向最高行政法院建议将发生冲突的公共利益的权衡纳入到审查范围之中，同时向最高行政法院建议，如果某个项目的实施会不可避免地对另一个重要的公共利益造成重大损害，法官必须否定该项目的"公共效用"属性。[3]

最高行政法院采纳了莫里佐的意见，在冲突的"公共交通"利益和"公众健康"利益之间做了裁判：设有80张病床的建筑的拆毁相对于尼斯北部连接公路的

---

[1] R. Cassin, M. Waline, Les Grands Arrêts de la Jurisprudence Administrative, Paris: Sirey, 1990, p. 667.

[2] Conseil d'état, 20 Octobre 1972, Société Civile Sainte-Marie de l'Assomption, Rec. p. 657.

[3] 同上[2]，p. 664.

修建可期待的利益来说，并不构成过分的损害；然而公路连接道和立交桥的建造，尽管其能够极大促进周边交通的便利，但该工程的实施不可避免地将在医院周围形成密集交通区域，继而产生大量的噪音，并且会剥夺医院的绿地和进行任何扩张的可能。基于上述考量，最高行政法院撤消了行政机关关于连接道和立交桥工程的"公共效用"属性的宣告。[1]

该案是在"新东城"判例的指导下最高行政法院第一次撤销行政机关关于"公共效用"属性的宣告决定。该案在"新东城"案的基础上，补充了"公共效用"属性的认定公式：任何一个工程，只有在其所可能带来的对私有财产权的损害、经济成本、社会秩序成本以及对其他公共利益所造成的损害未超出其所代表的利益的情况下，才能在法律上被宣告为具有"公共效用"属性。

通过以上最高行政法院在征收行政领域的判例，我们可以看到，通过以"成本—效益"分析、"利害"相权为内容的"公共效用"属性的认定公式，法院将行政机关享有大量裁量权的行政征收决定也置于其日益细致和深入的审查之下。由于征收行政决定通常涉及的利害关系人数众多且利益复杂，司法的适度介入对于保护公民私权以确保征收行政的规范运作具有十分重要的意义。

尽管最高行政法院通过判例确立了对"公共效用"属性的具体审查，并且这种审查有越来越深入和细致的趋势，但这并不意味着作为城市化建设主导者的行政机关的公共职能的行使。相反，经统计，最高行政法院通过运用"成本—效益"分析的审查技术而取消征收决定的判例是比较少的，法官通常是通过对"公共效用"属性的深入审查继而在说理的基础上认可行政决定具有"公共效用"的属性，上述1971年的"新东城"案就是最好的例子。最高行政法院也认为"利害"相权的审查方法对地区利益和国家利益的影响并非都是消极的。

在自我谦抑原则以及行政机关才是执行法律的专家的价值判断的指导下，最高行政法院多次宣称不对行政决定进行合理性的价值判断，所有的审查均在合法性审查的范围内进行。然而，我们不能因此得出"新东城"判例仅富有理论上的意义而在实践中缺乏效用的论断。实际上，"新东城"案确立的原则已经被许多地

---

[1] R. Cassin, M. Waline, Les Grands Arrêts de la Jurisprudence Administrative, 9ᵉ édition, SIREY, 1990, p. 665.

方公共事务建设奉为指导准则,一些行政机关甚至在"公共效用"属性的宣告决定上附注旨在消除或减轻项目对生态和社会的不利影响的方案,另外地方法院在处理类似案件时也常常引用该案所确立的原则。这种在扩张审查权的同时又进行自我谦抑的司法品质,正是最高行政法院作为行政法官获得越来越多的正当性的重要原因。

第五节 《法国民法典》的诞生及其演进

"好的民法是人们能够给予和接受的最宝贵的财富。"[1]

人们常将1804年《法国民法典》的诞生作为法国民法发展史的分水岭,因为《民法典》的颁布第一次实现了法国民事法律制度的统一,开启了法国民法近代化的新纪元。

在《民法典》之前,法国法律制度的发展经历了两个时期:第一个时期十分漫长,从西罗马帝国灭亡直到1789年法国大革命前夕的"旧法法制时期";第二个时期则非常短暂,从大革命开始至1804年《民法典》颁布之前的"大革命法制时期"(由于其处于旧法法制与现代法制的连接点,又称为"过渡法制时期")。在这两段时期,法国的民事法律制度始终没能在全国范围内实现统一。

旧法时期法制最突出的特征是民事法律渊源纷繁复杂,缺乏统一性。导致这一现象最直接的原因是该时期法国成文法地区和习惯法地区的划分:以卢瓦尔河(Vallée de la loire)为界,以南的地中海地区为成文法地区,适用成文的罗马法;以北的法国中部和北部地区为习惯法地区,适用主要来源于日耳曼文化的口头形式的习惯。而在习惯法地区内部,各地的习惯之间也存在着很大的差异。伏

---

[1] "De bonnes lois civiles sont le plus grand bien que les hommes puissent donner et recevoir"。参见 Discours préliminaire du premier projet de code civil [《民法典》编撰委员会就《民法典草案》第一稿做的立法说明,1801年,由波塔利斯起草。波塔利斯(Jean-Etienne-Marie Portalis, 1745—1807,也译作"包塔利斯"),法学家,文学家,演说家,元老院议员,1804年担任文化部长。《民法典》"开篇"的撰写人]。

尔泰（Voltaire，1694—1778）曾经十分贴切地形容："横穿法国时，法律的变换如同换马匹一样频繁。"在这一时期，虽然客观上也存在着一些使法律趋向统一的因素[1]，统治者和法学家们也为法制统一做出了努力[2]，但由于不同省份、地区之间的矛盾，始终没能在全国范围内统一民事法律规范。

除了缺乏统一的规范之外，旧法时期的民事法律制度还充满了不平等和束缚的色彩。而1789年爆发的法国大革命正是对于这种充满特权和束缚的社会制度的反抗。受到18世纪启蒙思想的激励，革命者以空前的速度彻底废除了旧王朝的全部制度，取而代之的是一系列极具革命性的"过渡时期法制"。

在政治领域，1789年8月4日至11日的法令宣布永远废除封建制度，废除一切与封建特权和人身依附关系有关的不平等制度；1789年8月26日，制宪会议颁布了《人权宣言》，宣布人人都有自由、拥有财产、安全和反抗压迫的权利，宣扬私有财产神圣不可侵犯和政教分离。

这些基本原则在该时期的民事立法中也得到了贯彻。在财产领域，法律明确

---

[1] 首先，教会法对于旧法时期的世俗习惯和法律规则产生了很大的影响。如在婚姻领域，不论是成文法地区还是习惯法地区，都适用教会法规则；在某些其他领域，王室法院有时在全国范围内直接适用教会法规则进行裁判。这使教会法成为促进民事法律统一的因素。其次，罗马法不但是成文法地区实现法律统一的因素，也逐渐对习惯法地区的法律统一起到了推动作用。作为一个科学、系统、协调和全面的法律体系，罗马法在习惯法地区被视为是"成文的理性"，在习惯法没有涉及的领域，人们倾向适用罗马法规则作为补充。随着12世纪罗马法的复兴，罗马法的影响更为广泛。由于罗马法立法技术的成熟，它逐渐取代了习惯法成为适用于法国各地的普通法（尤其在债法领域体现更为明显）。

[2] 颁布王室法令是立法机关促进法律统一的措施之一。这些法令经国王授权制定并适用于全法国境内。如17世纪路易十四时期的科尔贝就推出过数项法令，涉及民事诉讼，刑事、商事和海事等领域。一个世纪后，司法大臣阿盖索（Agusseau）在赠与、遗嘱和代位继承等领域制定了法令。尽管这些法令仅调整某些特定的领域，但至少在一定的范围内促进了法制的统一。法国各习惯法地区从13世纪开始政府组织了习惯法编纂运动，形成了如《巴黎习惯法》、《诺曼底习惯法大全》和《威尔曼德瓦习惯法集》等具有很高权威的习惯汇编。这些习惯集逐渐统一了各地迥异的习惯法，为法制的局部统一奠定了一定的基础。最后，学者学说也成为促进法律统一的推动力。在16世纪，许多旧法学者们就已开始致力于对不同的法律渊源进行研究，试图从中归纳出普通法的基本原则。到了17世纪，杰出的法学家多马（Jean Domat, 1625—1696）在他的著作《自然秩序中的民法》一书中，首次按照逻辑的顺序介绍法律，并试图在规则的背后探求制度的目的。这使他成为对法国法影响最为深远的学者。到了18世纪，奥尔良大学的教授波蒂埃（Joseph Robert Pothier, 1699—1772）在他编写的教科书中也对民事法律进行了十分清晰、系统的介绍。多马和波蒂埃的著作不但对于法律的统一奠定了理论基础，也对《民法典》的编撰者产生了深刻的启发。

承认私人财产权,并将其宣布为一项神圣不可侵犯的权利;在社会生活领域,取缔了行会对于自由经济的束缚,建立了契约自由的原则[1];婚姻家庭制度的改革也同样迅猛激烈:婚姻家庭法彻底实现了世俗化,婚姻仅被视为一项普通的民事契约,教会法对于婚姻的种种严厉限制被大大删减,夫妻任何一方都可以提出离婚;法律削弱了夫权和父权[2];另外,法律将婚生子女与非婚生子女同等对待,宣布他们有平等的继承权。

与此同时,革命者也将统一民法作为重要的目标之一。[3]革命者希望通过统一的民法典实现与旧制度的彻底决裂并缔造一个全新的社会。为了实现这一理想,著名法学家康巴塞雷斯公爵(Jean-Jacques-Regis de Cambaceres,1753—1824)[4]曾在1793年、1794年和1796年相继提出过三个《民法典》草案。但由于大革命时期政治形势动荡,一些亟待解决的政治、军事和社会问题牵扯了统治集团的主要精力,再加之各利益集团对《民法典》的基本原则很难达成共识,康巴塞雷斯公爵的三个草案均没能在国民公会获得通过。这些经验说明没有稳定的政治环境和执政者统一法制的坚强决心,《民法典》的诞生是不可能的。

一、《法国民法典》的诞生

通过雾月政变取得政权后,第一执政拿破仑首先颁布了《共和国八年宪法》,以巩固大革命的胜利成果,这也为《民法典》的制定创造了政治条件。1800年8月12日,拿破仑任命特龙谢(François-Denis Tronchet,1723—1800)[5]、波塔利

---

[1] 根据行文需要,本文对于"合同"与"契约"两词不做概念上的区分。

[2] 将子女成年的年龄减至21岁,并且子女成年后不再受父权的约束。

[3] A. Esmein, "L'Originalité du Code civil", in Code Civil, 1804—1904, Livre du Centenaire, 1969, Libraire Edourd Duchemin Paris et Sauer & Auvermann KG Franfurt, p. 5.

[4] 法国杰出的法律职业工作者和政治实务家。大革命前为蒙彼利埃地方法官。在1793年至1796年,先后提出过三个《民法典》草案,但均未获得通过。1799年曾任司法部长,协助拿破仑实现了雾月政变,并在后来的执政府中担任第二执政和拿破仑的高级法律顾问。在拿破仑的一系列立法,特别是《民法典》的编纂活动中起了重要作用。在政治上深得拿破仑信任,在拿破仑统治时期是权力地位仅次于拿破仑的政治家之一。

[5] 律师、法学家,1789年元老院议员,保守党人,1797年4月被提名为最高法院大法官。

斯（Jean-Etienne-Marie Portalis, 1745—1807）、普雷亚梅纽（Félix-Julien-Jean Bigot de Préameneu, 1747—1825）[1]和马勒维尔（Jacques, marquis de Maleville, 1741—1824）[2]四位著名法学家组成民法典起草委员会，负责起草民法典草案。委员会成员用了5个月的时间完成了草案（史称《共和国八年草案》）。

　　草案首先被送到最高上诉法院和各上诉法院征求意见。之后，国家参政院参考上诉法院的意见形成了正式的草案。但在将草案提交法案评议委员会审议环节，却遭到了占多数的老革命派的极力阻挠。面对这种情况，为了扫除立法程序的障碍，拿破仑选择先撤回法案，再改组法案评议委员会，借此机会肃清了反对派。他又设计出一个针对法案评议委员会的非正式程序，事先向委员会的成员征求意见，使国家参政院在修改草案时对此予以考虑。这样形成的草案顺利获得通过当然是顺理成章的事情。最终，草案的36章分别形成了36项单行法，在立法议会依次获得了通过。在共和国12年风月30日（1804年3月21日）颁布的法律中，立法议会将这36部单行法合并为一部共2281条的《民法典》。享誉世界的1804年《法国民法典》就此诞生[3]！1807年，随着第一帝国的建立，《法国民法典》更名为《拿破仑法典》[4]。

　　1804年《民法典》对于法国和世界都产生了极为深远的影响。它不仅实现了法国民法的统一，也开创了近代法典编撰的先河，并成为大陆法系的基础。《民法典》通过其思想之和平传播带给世界的影响力远远超过拿破仑武力征服和殖民统

---

[1] 民法学家，大革命前曾是巴黎议会律师，后担任最高法院大法官。在波塔利斯去世后，继任文化部长。

[2] 民法学家，元老院议员，保守党人，革命前在波尔多从事律师职业，1791年进入最高法院，1793年当选为议员，1797年担任最高法院院长。

[3] 1804年《民法典》的具体立法程序：由特龙谢（François-Denis Tronchet, 1723—1800），普雷亚梅纽（Félix-Julien-Jean Bigot de Préameneu, 1747—1825）和波塔利斯（Jean-Etienne-Marie Portalis, 1745—1807）组成的委员会，由马勒维尔（Jacques, marquis de Maleville, 1741—1824）担任秘书，起草民法典的草案→转报最高院和上诉法院征求意见→提交国家参事院（Conseil d'Etat）讨论并形成正式民法典草案→由享有立法提案权的第一执政提交给元老院（Tribaut）征求意见→再提交立法机构（Corps législatif）审查草案并进行表决（国家参事院与元老院分别派出三名报告人在立法机构前进行讨论）。Bressoles,"Etudes sur les rédacteurs du Code civil", Revue de Législation et de Jurisprudence, 1, 1852, p. 357, in Claude Gauvard, Les Penseurs du Code Civil, La Documentation Française, 2009, p. 293.

[4] 之后，随着波旁王朝的复辟，《民法典》又更名为《法国民法典》；而到了第二帝国时期，又重取《拿破仑法典》的称谓，一直保持至今。

治的范围。

对于后世,《民法典》也是"值得纪念之地（les lieux de mémoire）"[1]。在其颁布的第100、第150和第200周年,都在世界范围内引起了多国学者的撰文纪念,纪念其对于法国及世界法制发展史的卓著贡献。

1804年《民法典》之所以获得如此之高的赞誉和影响力,源于其自身的各项优良特质和借鉴价值。

首先,"注重实用性"是《民法典》的一个显著特征。拿破仑认为制定法典是为了治理国家,而不是为了进行哲学上的抽象演绎。因此,他提前为《民法典》的制定定下了要注重实用性的基调。他在致国务会议的信中写道:"我们已经结束了大革命的传奇,现在应该着手于它的历史了,在应用革命原则时,只需要其中那些现实的、切实可行的成分,而不需要那种纯理论的、假设的东西。"[2] 为此,他所选任的四名编撰者也都是长期从事司法工作的实务工作者。

《民法典》对于实用性的关注表现在以下两个方面。其一,从《民法典》整体的体例编排方面考察,《民法典》没有采用冗长的总则来陈述哲学原则[3];有关法理的序编部分仅仅包括6个条文:规定了法律的颁布、法律的效力等基本规则;在序编之后,《民法典》的三卷正文部分,第一卷为"人",第二卷为"财产及所有权的各种变更",第三卷为"取得财产的各种方式",也是围绕人、财产和取得财产的方式这样一个实用的逻辑展开的。其二,从具体的法条编撰技巧方面考察,《民法典》语言简洁、通俗易懂。编撰者倾向于提出一些基本的法律原则,尽力避免陷入规则的细枝末节之中,把现实中纷繁复杂的个案交由法官具体解决;而通俗易懂的条文表述可以让从未受过法学专业教育的人也能读懂法律,明确自己的权利义务,知晓自己行为的法律后果,使法制观念逐渐深入人心。

其次,《民法典》也是一部充满理性的"借鉴"与"折衷"的作品。1804年《民法典》产生于资产阶级革命之后,因此它通常更多地被视为大革命精神的体

---

[1] Carbonnier, "Le Code civil", in Les Lieux de Mémoires, 1986, t. I, p. 1341.
[2] 转引自由嵘主编:《外国法制史》,北京大学出版社1992年版,第270页。
[3]《共和国八年草案》曾经有一个内容冗长的续编,包括了对于自然法原则等民法典哲学基础的阐述,但国家参事院认为这部分对于《民法典》的实体内容没有任何意义,果断地删除了这部分内容。

现,是一部充满活力的创新之作,它继承了革命精神所确立的权利平等、私人所有权绝对性、契约自由和过错责任等资产阶级近代民法的基本原则。但若对《民法典》的内容做进一步考察却发现,实际上1804年《民法典》受到多种法律传统和法哲学思想的影响,是编撰者以自然法思想为理论指导,对罗马法、习惯法、王室法令、教会法和大革命法制进行选择、折衷和发展的成果。

一方面,与大革命初期的革命者试图通过一部民法典来实现与旧制度彻底决裂并创造一个全新世界的不切实际的幻想不同,1804年《民法典》的立法哲学更为理性和谨慎。《民法典》的编撰者自认并不是规则的创造者,而只是规则的总结人和法制发展的见证人;他们只是想改革民法以达到国家和谐的目的,而不是对民法进行彻底的革命[1]。

究其原因,不仅是由于《民法典》编撰时期人们对于大革命的狂热已经大大冷却,大革命政府的一些过激的立法改革所带来的动荡和混乱使编撰者更冷静地思考通过制定《民法典》进行民法改革的尺度,更深层次的原因是源于自然法思想的立法理念对于编撰者的影响。如波塔利斯(Jean-Etienne-Marie Portalis, 1745—1807)所言:"根据自然衡平之法则,立法者只能充当一个顺从的解释者的角色,而不是去改变世界[2]"。编撰者意识到"法律不是单纯出自于权力的法令……法律是为人而立,而非人来适应法律;法律应该适应它所为之服务的人民的时代特点和社会习惯。在立法领域,应该对于全新的立法素材审慎对待。盲目地致力于追求绝对完美事物是荒谬的,而对于那些相对好的法律规定,与其改变它,还不如接受它。[3]"因此,他们认为《民法典》的编撰不应与过去的经验相割断,也不应与几个世纪以来所形成的具有积极意义的传统和基本原则相背弃。在他们看来,

---

[1] 事实上,《民法典》的四个起草人都是旧法理念的维护者。比如波塔利斯,他反对大革命时期雅各宾派的激进民主主义,他以神意本质的自然法为名只是想改革民法以达到国家和谐的目的,而不是对民法进行彻底的革命。Jean-Francois Niort, " Retour sur l'esprit du Code civil des Français", in Claude Gauvard, Les Penseurs du Code Civil, La Documentaire Française, 2009, p. 337.

[2] 特龙谢,波塔利斯,普雷亚梅纽和马勒维尔:"开篇",殷喆、袁菁译,载何勤华主编:《20世纪外国民商法的变革》,法律出版社2004年版,第6页。

[3] Fenet, Recueil Complet des Travaux Préparatoires du Code Civil, Paris, 1827, t. I, p. 466—7, Cité par " L'Originalité du Code Civil", in Code civil, 1804—1904, Livre du Centenaire, Librairie Edourd Duchemin Paris et Sauer&Auvermann KG Franfurt, 1969, p. 12.

最好的法典应该是将革命理想与社会现实相结合、在历史传统和大革命法制之间进行正确取舍和折衷的法典。

所以，在不放弃大革命基本精神的前提下，编撰者将眼光投向了过去的法律传统和法学理论，重拾一度被大革命法制完全抛弃的罗马法、习惯法、王室法令以及如多马（Jean Domat，1625—1696）[1]和波蒂埃（Joseph Robert Pothier，1699—1772）[2]等旧法时期著名法学家的法学著作。他们在这一方面也很好地把握了分寸，使《民法典》一方面体现了革命精神，另一方面也大量吸收了旧法传统中经过经验和时间验证为合理的规则。这使《民法典》不仅巩固了大革命法制的部分成果，也在一定程度上缓和了其过激的立法措施。

另一方面，编撰者也十分清楚地意识到《民法典》将成为适用于全国的普通法。因此，当他们从旧法传统中汲取素材时，也兼顾了成文法和习惯法两种法律传统[3]。如波塔利斯（Jean-Etienne-Marie Portalis，1745—1807）所言："每一次当可以在两种法律条文之间寻求折衷或者可以参照其中一个来修改另一个时，在不影响法律统一和符合一般理念的情况下，我们都试图在成文法和习惯法两种传统之间进行兼顾"[4]。但他们并不是在任何问题上都寻求在两种法律传统之间进行折衷，更多的时候，他们需要针对具体的问题在习惯法和罗马法之间加以选择[5]。如果抛开对于具体问题的研究，而从更为宏观的角度考察，在债权和物权制度中，《民法典》大量采用了罗马法规则（即成文法传统）；而在婚姻家庭和继承制度中，尽管也吸收了罗马法的一些规则，但整体上习惯法规则占优势地位。

编撰者的这些选择并非偶然，而是体现了多马和波蒂埃法学思想的深刻影响。这两位法学家进一步发展了自然法思想，认为法律可分为两个领域：一个领域主

---

[1] 法国近代最为重要的自然法学家之一，著有《自然秩序中的民法》，他的民法思想对《法国民法典》的影响十分重大。
[2] 其早年以研究罗马法著称，后兼涉法国习惯法和债法，著有《奥尔良习惯法》、《债权论》等重要论著。
[3] 事实上，从《民法典》草案起草委员会的成员组成：波塔利斯和马勒维尔是罗马法制度的代表，而特龙谢和普雷亚梅纽则是习惯法制度的代言人，这使他们在对于《民法典》规则进行讨论时，能够兼顾对两种法律传统的参考。
[4] Fenet, Recueil Complet des Travaux Préparatoires du Code Civil, Paris, 1827, t. I, p. 466. 如夫妻约定财产制，《民法典》就将存在于习惯法和成文法地区的各种婚姻财产制列举在《民法典》中，允许夫妻自由选择。
[5] 如法定婚姻财产制的确定，编撰者选择了习惯法地区的制度。

要属于自然法管辖,存在着具有普世价值的自然法规则;另一领域属于人为法的范畴,这部分法律应该与民族的习惯和传统紧密相连。这其中已经表达了应将自然法则和历史传统结合并合理布局的立法思想。正是受到这一思想的启发,《民法典》的编撰者在其认为应受自然法则约束的物权和债权制度领域,大量采纳了他们认为已充分体现自然法基本原则的罗马法(在他们对这些制度的报告和立法理由的阐述中多次提及自然法规则);而在其认为应受人为法管辖的婚姻家庭法领域,则大量借鉴了习惯法。

对于历史素材的继承绝不应成为贬低1804年《民法典》历史贡献的借口,我们反而应对其充满理性和折衷的立法哲学给予褒扬。因为若非如此,1804年《民法典》或许会与大革命法制一样仅仅成为历史夜空中的一颗流星,将无法在之后的王朝复辟中得以存留;我们更无法想象其后大陆法系的发展史将会是什么模样。因此,理性立法的理念才是1804年《民法典》留给后世的最为宝贵的财富,这一理念对于现代民事立法都有着十分重要的借鉴意义。

最后,《民法典》也体现了兼顾"自由"与"秩序"的辩证思想。《民法典》第一次以成文法的形式确立了近代民法至高无上的四大原则,体现出了自由主义和个体主义的价值取向。然而,在追求个体自由主义的同时,它并没有忽视维持秩序的价值。

比如,在人法领域,《民法典》确立了民事权利人人平等的原则,但为了维护婚姻和家庭的稳定,也将婚姻家庭的内部秩序置于夫权和父权之下;在物权制度领域,法典在确立所有权绝对性的同时,也规定对所有权的保护以不违背法律和法规为前提;在合同制度中,法典确立了契约自由的基本原则,但同时也规定"禁止以特别约定违反有关公共秩序和善良风俗的法律";而侵权责任领域确立的过错责任原则实际上是在保障人的行为自由的同时,为自由划定了界限,即不实施过错行为的自由。这些都体现了《民法典》试图兼顾保障个体自由与维持社会公平正义和社会秩序的立法理念。正是这一辩证的立法思想使《民法典》所确立的基本原则具有持久的生命力和适应社会变迁的张力。尽管《民法典》对于社会正义与社会秩序的维护程度在现代看来并非尽善尽美,但这种辩证精神在当时已经非常难能可贵了。

二、《法国民法典》的主要内容

然而,要想对1804年《民法典》中各项制度的具体构建和编撰者的立法理念获得更为全面和深刻的认识,还需要深入到各个领域中进行具体考察。本文对于《民法典》的研究并不严格遵循其"人"、"财产及所有权的各种变更"和"取得财产的各种方式"的3卷体例编排来进行,而是按照民法领域的人法、物权法和债权法的传统划分来展开。

(一)人法制度

1804年《民法典》将人法与物法分别规定,意在彰显人的主体地位。人法部分从第7条至第515条,包含11编,规定了社会个体个人生活的全部内容:从单个的人到进入婚姻、组成家庭、再成为父母,从对健全人的规定到对无行为能力人和限制行为能力人的规定。

而《民法典》将个人法和家庭法两部分内容规定在一卷当中,体现了编撰者认为人不仅作为权利主体,也作为社会个体的双重身份。因此,不但个人生活的各方面需要受到法律的规制,而且立法者也需要将个人放在社会团体中予以考察。这从本质上反映了1804年《民法典》对于大革命时期激进个人主义主张的不受限制的个人权利的反思和否认[1];也解释了1804年《民法典》虽然在个人法制度中提出了民事权利人人平等的原则,但在婚姻家庭制度中,为了维护家庭的秩序,并没有将平等和自由原则贯彻到底的原因。

1. 个人法制度

《民法典》的个人法制度基本上集合了所有的"人的人身要素",包括民事权利的享有和丧失、身份证书、住所以及对于无行为能力人和限制行为能力人的保护等有关民事权利主体的规定。而这部分内容最突出的历史贡献是在立法上确认

---

[1] Jean Hauser, "Les Difficultés de la Recodification: les Personnes", in Le Code civil 1804—2004, Livre du Bicentenaire, Dalloz et Litec, 2004, p. 202.

了民事权利人人平等的原则。

(1) 民事权利制度——民事权利人人平等的原则

《民法典》第8条规定:"所有法国人都享有民事权利"。民事权利的普遍化是实现民事权利平等的基石,它意味着任何人都有成为民事权利主体的能力,平等地享有法律所赋予的各项基本权利;为了在社会和经济生活中实现自我价值,每个人享有的权利都应为他人所尊重。《民法典》第7条规定:"民事权利的行使不以按照宪法取得并保持的公民资格为条件"(即民事权利的行使完全独立于政治权利);第448条规定:"满21岁为成年;到达此年龄后,除结婚一章规定的例外之外,有能力为一切民事生活上的权利"。这些都是立法者为实现民事权利平等所规定的保障措施。

"民事权利平等"是1804年《民法典》最重要的原则之一,是法律面前人人平等在民法领域的体现,也与宪法保障的公民政治权利平等相互呼应。尽管《民法典》并没有对各项民事权利的具体内容一一列举,对民事权利平等原则的贯彻也并非十分彻底[1],但这相对于旧法制度的变化却是根本性的。它标志着对人基于出身和身份等级的不同而享有的民事权利不平等的旧法制度的彻底摒弃,宣示着一个人人平等和自由的新社会的到来,因此,在当时具有划时代的意义。

在确认民事权利存在的同时,《民法典》也规定了民事权利丧失制度。人的民事权利除了因自然死亡而随之丧失之外,在1804年《民法典》中,还可因"民事死亡"而归于消失(第22条至第33条)。"民事死亡"制度在旧法时期就已存在[2],在法国大革命时期作为对于一些刑事犯罪的民事附加刑得以存留。1804年《民法典》沿袭了这一做法,将该制度适用于某些受刑罚宣告者,作为民事惩戒的手段。被宣告民事死亡者将被剥夺所有的民事权利,其不再是民事权利主体。当事人因此丧失对其财产的所有权和继续取得财产的能力,他人对其财产的继承也由此开始。

(2) 对无行为能力人或限制行为能力人的监管制度

尽管人人都享有平等的民事权利,但这种权利的实际行使会因为权利主体年

---

[1]《民法典》并未能提出禁止歧视的条款,一些诸如基于性别而产生的不平等还存在于婚姻家庭制度中(如《民法典》第1124条)。

[2] 旧法时期的民事死亡制度有不同的原因:首先,对于有自愿立誓修行的人;其次,来自有对于刑事犯罪的惩戒后果。

龄或精神状况的原因受到一定的限制。1804年《民法典》针对这两种情况分别为未成年人和某些特殊的成年人制定了相应的监管和协助制度，以弥补当事人行为能力的欠缺。

a. 未成年人的亲权和监护制度。对于未成年人的监管问题，《民法典》规定了亲权和监护制度。正常情况下，子女在成年（21岁）[1]或解除亲权前，处于父母的亲权之下，但亲权由父亲单独行使。父母只要有一方死亡或被宣告民事死亡的情形，则适用监护制度[2]。一方父母死亡时，健在一方成为未成年子女的监护人，但法律规定母亲成为监护人时将受到监护辅助人的监督（第391条）。

父母双亡时，监护人的确定遵循以下规则：首先，可以由父母通过遗嘱为未成年子女选任监护人；否则，由父系尊血亲和母系尊血亲成为监护人；以上条件均不具备时，则由亲属会议指定监护人。监护人的职责是照顾被监护人的人身、管理其财产，并代理其从事民事法律行为。但为了保护家庭财产和避免被监护人的权利受到监护人的侵犯，法律还赋予亲属会议对于监护人履行监护职责的监督权[3]。同时，法律还设立了监护监督人制度，当被监护人与监护人的利益发生冲突时，监护监督人代表被监护人的利益进行活动。

b. 有关成年人的禁治产制度和浪费人的辅助人制度。1804年《民法典》中已经有了针对某些成年人的监管制度，包括两项措施。一是为处于痴愚、心神丧失或疯癫状态的精神错乱者设立了"禁治产制度"（第489条至第512条）。被禁治产人几乎不具备任何行为能力；法律禁止其处分自己的财产，并为其任命监护人保护其人身和代理其从事有关财产利益的行为。对被禁治产人人身和财产的监护适用与未成年人监护制度相同的规则。法律同样设立了监护监督人来监督监护人职责的履行。二是为浪费人设立了"辅助人制度"（第513条至第515条）。浪费人从事与财产有关的诉讼、和解、借款、受领动产原本并交付受领凭证、让与和就其财产设定抵押等行为均需要有法院指定的辅助人的协助。

---

[1] 第488条规定："满21岁为成年，到达此年龄后，除结婚章规定的例外之外，有能力为一切民事生活上的行为"（李浩培、吴传颐、孙鸣岗译：《拿破仑法典》，商务印书馆2006年版）。

[2] 这体现了1804年《民法典》是对于健在配偶照管未成年子女的不信任的态度。

[3] 如没有亲属会议的同意，监护人不得与被监护人进行交易、不得出卖或抵押被监护人所有的不动产、不得承认或拒绝属于未成年人的继承或他人向其做的赠与等。

(3) 人的身份证书、住所和"不在"制度

除此之外,《民法典》第1卷还对于各种身份证书(包括出生证书、结婚证书、死亡证书、在法国领土外的军人的身份证书以及身份证书的变更)、住所和"不在"制度(即人停止在其住所出现且其他人无其音信的状态)进行了规定。有关各种身份证书的法律条文规定了证书的制定、证书应载明的基本内容以及证书登记等方面的内容。另外,法律规定身份证书上的信息仅仅在有错误的情况下才可以申请通过司法程序进行更正,而对于身份证书信息的自愿变更则未做出任何规定,因为编撰者认为人的身份信息属于公共秩序的内容,不得自行更改。

2. 婚姻家庭制度

《民法典》有关婚姻家庭制度的内容并未全部包括在第1卷中,第1卷第5至第10编有关婚姻、离婚、亲子关系、收养和亲权的规定仅仅涉及婚姻家庭的人身关系的内容,而有关婚姻家庭财产关系的婚姻财产制和继承制度则被规定在第3卷的第1和第2编。

《民法典》对于婚姻家庭制度的构建与大革命法制强烈的变革意愿相比,更具保守性和妥协性。《民法典》的编撰者仅仅拣选了大革命时期法律中被认为与现实风俗发展趋势相一致的少数规则,将其吸收到《民法典》中(如婚姻的世俗化,子女的平等);而其余的大部分规则,则或是通过直接吸收旧法时期的规则和习惯,或是通过对旧法传统与大革命法制进行折衷来制定的。

这一做法主要来自于两方面的原因:

一方面,受到多马(Jean Domat, 1625—1696)和波蒂埃法学思想的影响,编撰者认为婚姻家庭制度应是传统和风俗的产物[1];立法者应该根据其所为之服务的人们所处时代的特征和社会习惯来制定法律规则[2],即将风俗法律化,而不应将民众与传统风俗强行割离。在这方面,大革命时期试图摧毁一切旧习惯、割断一切旧传统的婚姻家庭制度所带来的动荡和混乱就是最有力的例证。而当时法国社会的婚姻家庭生活仍然深受以"束缚"和"不平等"为特征的旧婚姻家庭制

---

[1] Paul Lerebours-Pigeonnière, "La Famille et le Code Civil", in Code Civil, 1804—1904, Livre du Centenaire, Librarie Edourd Duchemin Paris et Sauer&Auvermann KG Franfurt, 1969, p. 265.

[2] Fenet, Recueil Complet des Travaux Préparatoires du Code Civil, Paris, 1827, t. I, pp. 466—467.

度法的影响[1]。因为虽然大革命法制全面废除了旧法时期不平等的婚姻家庭制度，并建立了充分贯彻平等和自由原则的新的婚姻家庭制度[2]，这对于社会风俗的发展产生了相当的推动作用。但由于大革命法制在历史上只是昙花一现，因此并未能对婚姻家庭生活领域的传统风俗产生全面彻底的影响。对于社会现实风俗的考虑使编撰者无意对婚姻家庭制度进行强行的变革，而是倾向于将传统习惯和新的社会发展趋势进行融合，并通过法律的形式予以确认。

另一主要原因是编撰者认为革命已经结束，《民法典》的制定应该以维护社会稳定为首要任务。而受到16世纪博丹（Jean Bodin，1530—1596）法学思想的影响，编撰者认为社会建立于家庭这一基本单位之上[3]，要想维护社会的稳定，必须首先保障合法家庭的稳定。因此，《民法典》的婚姻家庭制度应该以维护家庭的整体利益和维护合法家庭的稳定为根本出发点来制定法律规则。而旧习惯法中以身份关系为基础的家庭内部等级制度和通过夫权和父权组织家庭秩序的做法，不但符合维护稳定的政治要求，也符合当时大部分法国人的风俗，因此被大量吸收到

---

[1] 法国旧法时期婚姻家庭制度虽然内容极具差异性，但因与旧制度的思想相连接，也有着束缚和不平等的共同特征。首先，旧法制度将家庭建立在男女牢不可破的婚姻的基石之上，禁止离婚。其次，在家庭内部存在着严格的等级制度：已婚妇女处于夫权的控制之下，没有丈夫的协助，妻子不能进行任何法律行为；子女服从于父权之下，即使在成年之后亦是如此，子女的婚姻也需取得家长的同意。另外，为了维护家族的社会地位，家庭的继承中实行长子特权和男子特权制度；遗嘱继承不被承认，法定继承的规则被认为是家庭关系的一个必然结果。最后，受教会法的影响，非婚生子女被法律边缘化：他们只能通过事实上的身份占有来证明其与父母之间的亲子关系；其与父母亲子关系的被承认并不能使他们建立家庭关系，他们只能得到一些抚养的费用，而不享有继承权。

[2] 大革命时期法制对于旧法婚姻家庭制度给予了全然的否定。首先，革命时期的法律宣扬婚姻世俗化的理念，婚姻被看作是简单的民事契约，可以通过双方的同意自由解除；承认离婚自由被认为是尊重个体自由的必然要求。法律同时废除了夫权制度，在婚姻家庭制度中建立了男女平等的原则。另外，法律还废除了旧法时期的长子特权和子女之间继承权不平等的继承制度，实现了子女继承权的平等。最后，法律赋予了非婚生子女与婚生子女同等的法律地位；父母可以选择通过自愿认领与非婚生子女确立亲子关系；经认领的非婚生子女与生父母不仅成立亲子关系，也因此进入父母所在的家庭，从而享有与婚生子女同等的继承权。

[3] 法国著名政治思想家，法学家，近代资产阶级主权学说的创始人，因其"主权理论"而被视为政治科学之父。他认为社会建立于家庭这一基本单位之上，而非建立于社会个体之上。因此，要想保持社会的稳定，必须首先保障合法家庭的稳定。而如同一个国家需要领袖一样，维护家庭的稳定首先需要在家庭中确立一个首领并建立一种秩序和等级，以便于管理和减少纷争，这被认为是公共秩序的一项内容；而丈夫因为在经济和体力上的优势，应作为一家之长来管理家庭事务。

《民法典》中来[1]。对此，波塔利斯（Jean-Etienne-Marie Portalis，1745—1807）一言以蔽之："起草者的目的是将风俗以法律的形式予以确认，来传播家庭的观念，因为这对于维护城邦的观念有益"[2]。

而对于家庭稳定的优先追求必然会在一定程度上损害家庭成员的平等和自由权，1804年《民法典》的婚姻家庭制度也因此具有重秩序而轻平等和自由的特点。但这是立法者出于政治因素的考量而做出的选择，具有历史正当性。维护合法家庭稳定的立法理念不论在人身制度还是财产制度的规定中都有充分的体现。

(1) 人身制度

a. 婚姻制度。1804年《民法典》实现了婚姻的世俗化，并试图通过强化婚姻的要式程序和夫权制度来保障婚姻的稳定；法律允许离婚但设置了十分严格的限制条件。

关于婚姻

《民法典》起草者认为家庭应通过婚姻来创立，因此，婚姻之外的事实同居不为法律所承认。在立法者看来，婚姻的本质既非如神学家所定义的宗教圣事，也非如某些法学家所认为的单纯的民事契约，而是"因爱情而立的特殊契约"[3]。

依照这一理念，首先，应将婚姻民事法律与宗教相分离，这也被认为是尊重公民信仰自由的必然要求[4]。因此，《民法典》继承了大革命时期法律的婚姻世俗化原则，要求所有人以世俗的方式来举行婚礼，不再承认宗教婚礼的法律效力，这是婚姻法发展史上具有里程碑意义的事件。

其次，婚姻具有若干契约的性质，必须有双方的同意方能成立。《民法典》第146条规定："未有同意，不成立婚姻。"婚姻自由原则是尊重个体自由在婚姻领域的体现，也是对于封建社会屈服于父母之命的包办买卖婚姻的否定。然而，婚姻并不同于普通的契约，它因为爱情而具有神圣性和尊严性，家庭和国家都应对于婚姻的缔结给予保护和监督。

---

[1] 之前，习惯法相对于成文法不论在地域和人口数量上都具有很大的优势。

[2] "Lanaissance du Code Civil, la Raison du Législateur", Travaux Préparatoires du Code Civil, Flammarion, 1989, éd. 2004, p. 167.

[3] 同上[2]，p. 180.

[4] Paul Lerebours-Pigeonnière, "La Famille et le Code Civil", in Code civil, 1804—1904, Livre du centenaire, Libraire Edourd Duchemin Paris et Sauer&Auvermann KG Franfurt, 1969, p. 268.

《民法典》一方面规定了婚姻的缔结要满足一定的条件：如女子年满15周岁、男子年满18周岁；家庭成员对婚姻拥有异议权；女子在21周岁前、男子在25周岁前结婚，应取得家长的同意等。立法者如此解释："婚姻行为决定了人终生的幸福，是严肃的且需要足够的理性和社会经验"，而家长的经验有助于保障婚姻缔结的谨慎和未来婚姻的稳定。另一方面，也规定了举行婚礼需遵循的一系列严格的要式程序：婚姻应在市镇政府张贴两次公告之后，在户籍官员面前公开举行，并由户籍官员签发结婚证书。立法者认为，这样既可以使夫妻明确婚姻所产生的权利义务，也可通过公示向未经婚姻就生活在一起的男女表明他们的结合不为法律所认可。这与大革命时期简化结婚程序，将婚姻完全契约化的法律思想又有所不同。

最后，婚姻的神圣性也决定了婚姻的排他性。《民法典》规定在一个婚姻存续期间不允许产生第二份同类契约；婚姻只能在两个个体之间缔结，重婚和多偶制都被禁止[1]。

关于夫妻地位

对于婚姻中夫妻的地位，《民法典》继续采用源于旧习惯法的夫权制度，将家庭内部秩序的组织交由丈夫管理，并没有给予妇女太多的独立地位[2]。立法者认为这不但符合自然法规则、基督教传统和法国的风俗，也是减少纷争、维护家庭安宁的公共秩序的要求。因此，婚姻的一个直接法律后果就是已婚女子丧失法律行为能力并处于其丈夫的监护之下[3]。这在《民法典》的第213条至226条的规定中得到了充分的体现：妻子得到丈夫的保护，但有顺从丈夫的义务；妻子须与丈夫同住在由丈夫所选择的住所，而不能拥有其他自己的住所；妻子未经丈夫允许不能出庭进行诉讼；没有丈夫的参与或同意，妻子也不能以有偿或无偿的方式转让、抵押或取得财产；未经丈夫许可，妻子不得订立遗嘱等。总之，妻子虽然得到一定的生活上的保障，但在大部分家庭事务中都处在从属于丈夫的地位。

关于离婚

对于是否应该承认离婚的问题，1804年《民法典》的态度与旧法制度和大革

---

[1] 以上主要由1804年《民法典》第114条至第202条规定。

[2] 夫权制度来自于旧法时期的习惯法，尽管在大革命时期倍受质疑，但在《民法典》中又得以重新肯定。

[3] 1804年《民法典》第217条。

命时期的法律都有所不同。如前所述,旧法时期的婚姻制度因受教会法的影响,一直禁止离婚;而大革命时期的法律因受自由至上的革命理想的引导,不认为婚姻是夫妻不可摆脱的约束,认为离婚的自由已包含在个体自由权的内涵之中。而《民法典》的起草者对于是否应该允许离婚则出于更为现实主义的立法考量。

尽管《民法典》的起草者承认婚姻的神圣性决定了它应为一个"永恒的契约[1]",但他们很清楚绝对禁止离婚不但是不现实的,也是不适当的。

首先,立法者认为应该"区分希望婚姻持久的愿望"和"是否婚姻一定能够持久的现实"[2]。因为事实证明婚姻生活中对于婚姻义务的违反和暴力都可能存在,而强迫不幸的夫妻生活在一起,对于风俗和社会也是有害的。因此,立法者认为离婚虽不是一件好事,却是弥补不幸和解决婚姻危机的情非得已的补救措施[3]。

其次,现实中的社会风俗也在悄然发展。大革命之后,信仰自由的观念已深入民心,而继续依基督教的道德标准来禁止公民离婚似乎与现实风俗的发展趋势背道而驰。因此,立法者认为《民法典》应该承认离婚,这并不是对传统家庭概念的颠覆,而只是根据客观现实和风俗发展的需要来进一步明确现代婚姻的内涵[4]。但起草者们也很清楚,维护家庭稳定的需要和公序良俗都要求法律对离婚的条件进行严格的限制[5]。

最终,1804年《民法典》承认离婚,但设定了十分严格的限制条件:夫妻双方无权随意解除婚姻契约,只有因一方存在严重过错或家庭遭受严重危机等法定事由,离婚方被允许。具体规定如下:因一方存在过错(一方通奸[6],对另一方有暴行、虐待和侮辱,受名誉刑的宣告)时,另一方配偶有权向法院提请离婚(第

---

[1] "La naissance du Code civil, la raison du législateur", Travaux Préparatoires du Code Civil, Flammarion, 1989, éd. 2004, p. 180.

[2] Paul Lerebours-Pigeonnière, "La famille et le Code civil", in Code civil, 1804—1904, Livre du Centenaire, Libraire Edourd Duchemin Paris et Sauer&Auvermann KG Franfurt, 1969, p. 279.

[3] 同上[1], p. 202.

[4] Paul Lerebours-Pigeonnière, "La famille et le Code civil", in Code civil, 1804—1904, Livre du Centenaire, Libraire Edourd Duchemin Paris et Sauer&Auvermann KG Franfurt, 1969, p. 279.

[5] 同上[1], p. 201.

[6] 在因通奸提请离婚时,夫妻的权利却有所不同,有明显偏向男性的色彩:夫得以妻通奸为由诉请离婚,而妻仅在夫通奸且与对方在夫妻共同居所姘居时,方可诉请。

229 条至第 232 条)。《民法典》也允许夫妻共同诉请离婚,但需要充分证明"共同生活已无法容忍",并且存在"不容置疑的离婚的原因"(第 233 条);此外,共同诉请离婚还要受到诸多条件的限制,如年龄、婚龄时间的限制,家庭中长辈和司法机关的许可,夫妻对于家庭财产和子女安排已达成协议,以及他们在法官面前共同的表示并在 15 个月的考验期中再连续确认三次等,条件颇为严苛(第 275 条到第 295 条)。最后,法典还规定,妻子仅于前一婚姻解除后满 10 个月,方可再婚(第 228 条)。

b. 父母与子女的关系。婚姻的一个必然结果和神圣使命就是繁衍后代,《民法典》也必须建立亲子关系和亲权的规则,这些规则同样体现了立法者维护家庭稳定的初衷。

关于亲子关系

为了维护婚姻的严肃和家庭的稳定,《民法典》对于婚生子女、非婚生子女以及乱伦通奸所生子女与其生父母之间亲子关系的确立规则,进行了严格的区分,其中充满了对于非婚生子女的歧视[1]。

在 1804 年《民法典》中,婚姻是合法亲子关系的唯一基础。对于婚内所生子女,《民法典》确立了"推定父子关系"的原则,子女随父姓。法典第 312 条规定,除非有显然相反的证据,"夫妻婚姻期间受孕的子女,夫为其父"。法律还对于对合法父子关系推定提出异议设定了十分严格的限制条件:首先,妻子无权对于所生子女与其夫的父子关系提出异议,只有丈夫享有异议权;其次,异议仅在因为夫妻远离无法同居、丈夫生理缺陷和妻子隐瞒子女出生的情形下方可提出;最后,异议须在子女出生后的 1 个月或得知此情况后 2 个月内提出,期限很短。

采用推定婚内父子关系的原则与当时科学技术条件和立法者所追求的优先价值都有关系。因为,一方面,当时还不存在鉴定亲子关系的技术[2];另一方面,推定婚内所生子女与丈夫的合法父子关系有利于维护家庭的安宁。最后,为了更方便于婚内受孕子女与夫妻之间亲子关系的承认,《民法典》还规定婚生子女身份可以通过出生证书、身份占有或有佐证支持的证人证言证明之;《民法典》第 322 条

---

[1] 这与大革命时期倡导的婚生子女与非婚生子女平等的理念大相径庭。
[2] 亲子鉴定技术在 20 世纪下半叶才开始发展。

禁止任何人对于出生证书上的身份确认提出异议。

法典对于非婚生子女与其生父母确立亲子关系的规定，使他们成为立法者优先维护合法家庭利益和社会秩序的立法意愿的牺牲品。非婚生子女与生父母之间亲子关系的确立受到法律的严格限制。《民法典》规定生父母的"自愿认领"是建立婚外亲子关系的唯一方式，而非婚生子女主动提出与其生父母确立亲子关系的请求原则上被禁止[1]。因为，立法者认为"来自非善意的请求，会扰乱家庭的安宁……，家庭的和平也将面临危机"[2]；"这种请求是令人不快和引起怀疑的，会引诱不怀好意者试图进入到富有的家庭中来"[3]。

而父母认领非婚生子女也受到诸多条件的限制：第一，若非婚生子女的生父母在向法官提请确认亲子关系之诉时仍处在与他人的婚姻关系中，认领必须要得到其现任配偶一方的允许，且不得损害婚生子女的利益[4]。第二，任何与之有利害关系之人均可对认领提出异议（第339条）。

另外，即使在亲子关系被确认以后，非婚生子女与婚生子女之间也存在着永远不可逾越的身份差异。因为认领的效力仅及于被认领子女与其生父母，子女并不被承认已进入到其父母亲的家庭中来；非婚生子女经认领后，也不得主张婚生子女的权利，其继承权相较婚生子女也受到了很大的限制（第338条）。

最后，对于通奸和乱伦所生子女，法律规定不得进行认领，他们永远无法与其生父母建立合法亲子关系（第335条和第342条）。这些规则仍旧源于立法者保护合法家庭免受外人入侵的初衷。

关于父权制度

关于父母对子女的管理问题，《民法典》的编纂者并未采纳大革命时期提倡的

---

[1] 没有其生父的认领意愿，非婚生子女不得主动提出被其父认领的请求，而对其母提出的被认领请求也受到严格的限制（1804年《民法典》第340条和第341条）。

[2] 特龙谢、波塔利斯、普雷亚梅纽和马勒维尔："开篇"，殷喆、袁菁译，载何勤华主编：《20世纪外国民商法的变革》，法律出版社2004年版，第5页。

[3] Fenet, Recueil complet des travaux préparatoires du Code civil, Paris, 1827, t. X, p. 798, 引自 Paul Lerebours-Pigeonnière, "La Famille et le Code Civil", in Code Civil, 1804—1904, Livre du Centenaire, Libraire Edourd Duchemin Paris et Sauer & Auvermann KG Franfurt , 1969, p. 282.

[4] 若其生父母事后结婚，则可通过婚前合法认领或在结婚证书上认领而使非婚生子女取得婚生子女资格，从而与婚生子女享有同等的权利（第331条）。

建立家事法院监管父母亲权的制度，而是重拾了旧习惯法的父权制度。《民法典》第 372 条和第 373 条规定，虽然子女在年满 21 岁进入成年之前一直处于父亲和母亲的共同权力之下，但仅由父亲单独行使亲权[1]。立法者认为父权是建立在父亲丰富的生活经验和比子女更为成熟和理性的判断基础上的。法典第 374 条至第 377 条对于父权的内容进行了具体的说明，除了看管和教育子女的权力之外，父亲在对子女行为严重不满时法律还赋予其"惩戒权"和"体罚权"[2]。父亲的后两项权力具有部分"公权力"的性质，此时他如同法官，是作为公权力的协助者来管教子女。

母亲只有在丈夫去世的情况下，才能对未成年子女行使亲权；而且，立法者对于母亲管理子女的能力并不完全信任，规定母亲对子女进行禁闭惩戒时，必须要有两个夫家亲属的协助才能进行。因此，《民法典》该部分的规定具有父权至上、父母权力不平等的特点。

(2) 财产制度

婚姻财产制和继承制度被规定在《民法典》第 3 卷"有关取得所有权的各种方式"中，但因其属于家庭财产关系的内容，故将其列在本章中介绍。

a. 婚姻财产制。在法国旧法时期，夫妻可以通过婚姻财产契约来自由约定婚姻中的财产关系，是自 16 世纪末以来就已存在的普遍做法。但当夫妻未就财产关系进行特别约定时，法国各地适用的夫妻财产制却各不相同：成文法地区沿用罗马法的奁产制，各省又有各自不同的具体规则；习惯法地区则适用源于日耳曼传统的共同财产制，而共同财产的范围又因各地的习惯而有明显的差异。

1804 年《民法典》的编纂者无意使法国人与他们之前的习惯做法相脱离，《民法典》的婚姻财产制度不但确立了夫妻可自由约定婚姻财产关系的原则，还借鉴之前各地区的做法列举了几种典型的婚姻财产制，供其选择。虽然法律将最大的自由权交给夫妻，但为了使夫妻未作特别约定的婚姻财产关系有章可循，也规定了法定财产制的内容。

---

[1] 对于父权的期限，《民法典》的起草者没有采用成文法地区的终身父权制（该制度被大革命的法律所废除），而是选择了之前习惯法中的子女进入成年后解除监护的做法。

[2] 父亲对子女行为严重不满时，对于 16 周岁以下的子女可以实行不超过一个月的禁闭，对于 16 周岁以上的子女不多于 6 个月的禁闭。在此情形中，父亲可以请求法院出具逮捕令。

《民法典》编纂者首先将其认为"最有利于社会秩序,也最符合法国国情"的"动产和婚后取得财产共有"确定为法定夫妻财产制[1]。对于其具体内容的设计,编纂者参照了之前巴黎地区习惯法的做法以及之前判例和波蒂埃等法学家的学说,做出了规定[2]。在该种财产制中,夫妻结婚时所拥有的全部动产和婚姻存续期间取得的一切动产、不动产及其孳息(婚后因继承或赠与取得的不动产除外),均为夫妻共同财产,即除结婚时所有的不动产和婚姻存续期间因继承和赠与获得的不动产之外的财产均属夫妻共同财产。夫妻对于共同财产共享收益、共负债务。

但对于夫妻共同财产,法律规定仅由丈夫一人管理之,仅仅丈夫有权买卖、转让共同财产或在共同财产上设立抵押;而妻子则无权管理共同财产,妻子未经丈夫同意所为的一切行为,对于共同财产不发生法律约束力。但法律也对丈夫的权利进行了一定的限制:除非为双方共同子女成家立业的需要,丈夫不得在生前无偿处分共同财产中的不动产或动产的一部或全部。另外,法律还规定,共同财产之外的妻子个人财产也由丈夫管理。

虽然法律规定了法定财产制的内容,但夫妻完全可以通过协议来制定他们认为合适的其他类型的共同财产制或者约定分别财产制等其他形式的财产制(第1387条)[3]。首先,夫妻双方可约定"特别的共同财产制"(第1497条规定),如仅以婚后所得收益为共同财产的财产制(第1498至第1499条)[4]、以动产的一部分加入共同财产的财产制(第1500条)[5]和普遍的共同财产制(第1526条)[6];其次,夫妻还可以在婚姻财产契约中约定排除共同财产的财产制,如源自于诺曼底地区

---

[1] 对于法定财产制的选择,起草过程中立法者之间存在两种意见,来自于习惯法地区的成员倾向于适用共同财产制,而来自成文法地区的成员支持适用奁产制。两种意见之间的争论异常激烈,甚至有人表示已经准备接受在成文法地区和习惯法地区分别适用各自的法定财产制;但最终习惯法地区成员的意见取得了胜利。

[2] Jean-Louis Thireau, " Fondements Romains et Fondements Coutumiers du Code Civil", in " Esprit du Code civil", II, Droits, Revue Française de Théorie, de Philosophie et de Culture Juridique, 2005—42, p. 15.

[3] 只要该协定没有损害丈夫的权利,也没有改变有关继承的法定顺序。

[4] La communauté réduite aux acquêts, 即夫妻现在或将来的财产及双方现在或将来的负债都不属于共同财产,共同财产只包括夫妻结婚时所有的财产所产生之收益或利息及双方或一方婚后取得的收益。

[5] 即夫妻双方约定以一部分动产作为共同财产,而各自保留其余的动产为自己所有的财产制。

[6] La communauté universelle, 即包括全部财产在内的共同财产,夫妻双方可以约定以其现在所有和将来所有的动产与不动产均加入到共同财产的财产制。

的不设立共同财产的财产制（第1530至第1535条）和分别财产制（第1356至第1359条）[1]；最后，还可以选择之前适用于成文法地区的奁产制（又称嫁产制，第1540条至第1580条）[2]。在以上的约定财产制度下，除奁产制外，仍由丈夫负责管理共同财产和妻子的个人财产，妻子相对于丈夫的从属性地位再一次得到了体现。

以上夫妻财产契约需在结婚前，在公证人处以证书订立；契约一经订立，婚姻期间不得变更。

b. 继承制度。有关继承的制度，《民法典》的编纂者认为已超出单纯私人利益的范畴，涉及到政治和社会利益[3]，因此对这部分内容的规定尤为重视。编纂者在制定继承制度的内容时，主要参考了罗马法规则和革命时期的法律，总体上以保障继承人平等、限制遗嘱自由为指导思想。

关于遗产分配的依据

法律首先需要解决的便是遗产分配的依据问题，即遗产分配是应该由法律来制定规则，还是由被继承人依其意愿自由处分；如果两种方式可以并存，应该以哪种方式为主，哪种为辅的问题。

对此，《民法典》的编纂者因受"无财产即无人格"理论的影响认为，人生命终止之时，其享有的财产权同时消灭；其生前所拥有的财产及其依存关系也随之终止。因此，法律应为无主财产建立法定继承的秩序和规则、确定分摊的方式，而不能让个人任意地来推翻法律的权威。

但立法者同时也清楚，大革命时期法律完全剥夺财产所有人订立遗嘱的权利、推行继承人继承权绝对平等的做法，也是违反自然法则的。因此，在法律确立继承的普遍原则之外，也应留给所有权人一定的自由处分遗产的空间。适当给予财产所有人立遗嘱的自由不但可以兼顾到死者的情感、允许死者考虑亲人与他的亲

---

[1] Le régime sans communauté 和 Le régime de séparation des biens。

[2] Le régime dotal，奁产制应在婚姻契约中设立。奁产制源于罗马法，奁产是妻子交于丈夫充作家庭费用的财产。该制度并不能因结婚时妻子从本家带来嫁妆而自动成立（因为这部分嫁妆也可用以建立共同财产制），而是以确立该部分财产属于奁产制财产的法律地位为特征。奁产应由丈夫管理；但在夫妻一方去世时，奁产应被归还给妻子或其继承人。奁产制与共同财产制的根本区别是妻子可以拥有奁产之外的财产，妻子虽然不能转让该部分财产，但对其有管理的权利。

[3] Ambroise Colin, "Le Droit de Succession Dans le Code Civil", in Code civil, 1804—1904, Livre du Centenaire, Libraire Edourd Duchemin Paris et Sauer&Auvermann KG Franfurt, 1969, p. 297.

疏远近、按其意愿进行遗产分配，还可以借助遗产利益使人与人之间的关系亲近[1]。编纂者试图在尊重死者自由意志和保障被继承人家族成员的利益之间寻求平衡，《民法典》最终既规定了法定继承的规则，也承认遗嘱继承；但遗嘱自由不得侵犯法定继承的规则，财产所有人通过遗嘱处分财产的份额受到法律的严格限制。

①法定继承规则。《民法典》第723条规定了继承的顺序：在被继承人没有相反意思表示时，遗产首先由法律规定的处于优先序列的法定继承人继承[2]；在没有上述法定继承人时，遗产由经认领的非婚生子女继承；在无非婚生子女时，再由尚未离婚且健在的配偶继承；以上继承人均无时，遗产归国家所有。

立法者认为，根据公平的原则，所有权人死亡时留下的无主财产首先应留给死者的家庭成员。因《民法典》沿袭了罗马法"血统主义家庭"的概念，其规定的法定继承人范围只包括十二亲等之内的血亲（这实际上是在罗马法规定的7个亲等和习惯法不限制亲等的做法之间进行了折衷处理）[3]；而配偶不被认为是丈夫家族的成员。

另外，在对处于优先序列的法定继承人的继承顺序和分配原则的问题上，此前习惯法的长子世袭财产制和子女份额不平等的继承制度在立法者看来是"不公平和令人愤怒的"；而罗马法确立的不区分性别的子女平等继承、无子女时由最近的亲属继承被认为更符合自然法则。因此，1804年《民法典》抛弃了习惯法的长（男）子特权的不平等的继承制度，接受了罗马法和自然法规则的影响。《民法典》第731条至第755条规定：被继承人的遗产由其婚生子女及其直系卑血亲优先继承，然后是其父母、兄弟姐妹或直系卑血亲，再是其他直系尊血亲，最后是旁系血亲；前序列的继承排除后序列的继承。而对于遗产的分配比例，除在直系尊血亲和旁系血亲的继承中需按父系、母系分为均等两份外，其余情况，遗产在相同亲等的继承人间均按人数平均分配。

以上规则也表明1804年《民法典》的继承制度不是以维持家庭的社会地位为

---

[1] 特龙谢、波塔利斯、普雷亚梅纽和马勒维尔："开篇"，殷喆、袁菁译，载何勤华主编：《20世纪外国民商法的变革》，法律出版社2004年版，第38页。

[2]《民法典》第731条至第755条的规定。

[3] 同上，第755条，参见 Jean-Louis Thireau, "Fondements Romains et Fondements Coutumiers du Code Civil", in "Esprit du Code civil", II, Droits, Revue Française de Théorie, de Philosophie et de Culture Juridique, 2005—42, p. 15.

重点，而更注重保障子女继承权的平等。但也有学者认为，维护子女的平等不过是立法者的借口，背后其实隐藏着立法者鼓励对土地进行分割，避免封建土地集中制的回归和因财富过分集中而形成威胁国家的势力的政治意图[1]。

非婚生子女同样受到歧视，并未被自动列入法定继承人之列。对于非婚生子女的继承权，《民法典》在旧法制度和大革命时期法律之间做了折衷：法律赋予非婚生子女一定的继承权，但拒绝给予他们与婚生子女同等的法律地位。《民法典》规定只有经认领的非婚生子女才有权继承其父母遗产（第 756 条），其继承份额只是婚生子女的三分之一（第 757 条）。另外，因其不属于家庭成员，非婚生子女的继承权仅及于其父母的遗产，他们对于其父母血亲的遗产不享有任何权利。

立法者如此解释：婚姻的本质、道德的要求和社会的利益都要求优先保障合法家庭的利益，不能将婚生子女与非婚生子女同等对待；继承法规则不应在这一问题上与社会秩序相对立[2]。这表明，对于《民法典》的起草者来说，非婚生子女是合法家庭的侵入者；当"令人厌倦的债权人"[3]的利益与合法家庭成员的利益相冲突时，自然是后者受到立法者的优先保护。

②遗嘱继承规则。《民法典》承认被继承人订立遗嘱的权利（第 967 条），但遗嘱处分财产的份额受到法律严格的限制。这就是法国继承法中的"特留份"制度：当事人通过生前赠与和遗赠等方式自由处分的财产（la quotité disponible），不得超过其财产总额的一定比例，其余部分则为应属于法定继承人的特留份（La réserve héréditaire）。《民法典》第 913 条至第 916 条规定：在财产所有人有直系卑血亲时，其通过赠与或遗赠处分的财产不得超过其财产总额的一半（具体的比例参照子女的人数逐次递减：有婚生子女一人时，自由处分的财产不得超过财产总额的一半；有婚生子女两人时，不得超过三分之一；有婚生子女三人或以上时，不得超过四分之一）；如财产处分人无直系卑血亲，只有直系尊血亲时，其自由处分财产必须保证为直系尊血亲保留占财产总额四分之一的遗产；而当财产所有人既无直系卑血亲，

---

[1] La famille et le Code Civil, in Code Civil, 1804—1904, Livre du Centenaire, 1969, Libraire Edourd Duchemin Paris et Sauer&Auvermann KG Franfurt , p. 281.

[2] 特龙谢，波塔利斯，普雷亚梅纽和马勒维尔："开篇"，殷喆，袁菁译，载何勤华主编：《20 世纪外国民商法的变革》，法律出版社 2004 年版，第 39 页。

[3] Fenet, Recueil Complet des Travaux Préparatoires du Code Civil, t. XII, p. 231.

也无直系尊血亲,而只有旁系血亲时,他可以通过赠与和遗赠处分全部财产。

对于死者生前处分的超出其可自由处分财产比例上限的部分,法律规定了赠与或遗赠的"减除"制度(la reduction des libéralités et des legs,第920条,即财产所有人超其可自由处分的份额进行的赠与和遗赠,在继承开始时应减少至有权处分的部分)和赠与份额的"收回"制度(le rapport des libéralités et des legs,第1004条和第1011条,即全部遗赠和部分遗赠的受遗赠人依特留份的额度,向法定继承人返还受赠财产),以保障法定继承人的利益。

关于遗产移转的统一性和整体性原则

在习惯法的继承制度中,遗产继承的规则依据财产的来源和性质的不同而有所区分(如区分所有权人原有的财产和劳动所得、动产和不动产),继承规则极为复杂。大革命时期的法律为了简化继承规则,确立了"遗产移转的统一性原则",这一原则在1804年《民法典》中得到了认可。《民法典》第732条规定:"遗产继承的规则不区分财产的性质和来源"。遗产的继承不再区分动产和不动产、所有权人自己取得的财产和从上辈继承来的财产,全部遗产均适用统一的继承规则。

另外,由于法国采用"广义财产"的概念,认为继承人延续被继承人的法律人格,即通过继承发生两者人格的混同,而人格的混同也导致两者的财产发生混同[1]。因此,遗产继承是对遗产之上的全部债权债务的继承,即"遗产继承的整体性原则"。这也是《民法典》第723条规定"继承人对于遗产的债务负无限责任"的逻辑基础。

(二) 物权制度

从1804年《民法典》的整体编排来看,《民法典》的制定者将物权制度作为整个《民法典》的核心。除了第1卷"人法"制度之外,《民法典》第2卷是有关"财产及所有权的各种变更",第3卷规定的继承、婚姻财产制、合同、侵权和担保等都被视作"取得所有权的各种方式"。广义的物权制度应该涉及第2卷和第3

---

[1] Claude Brenner, La Succession, in 1804—2004, le Code Civil: un Passé, un Présent, un Avenir, Ouvrage Collectif de l'Université Panthéon-Assas (Paris II), Dalloz, 2004, p. 428.

卷的内容，此处介绍的是狭义的物权制度，主要是有关《民法典》第2卷的内容（第516条至第710条）。

《民法典》的物权制度几乎完全抛弃了旧法法制财产制度的规则[1]，更多地借鉴了罗马法财产制度的理论。究其原因，是因为在《民法典》的制定者看来，封建土地所有制及一切封建特权制度已经在大革命中被彻底废除，与封建制度相关的财产制度自然也应一去不复返。而在可能借鉴的模式当中，制定者认为"罗马法的所有权理论已经是非常可靠、非常科学的了，没有比罗马法更好的模式可以借鉴。"护民院的发言人格勒尼耶（Jean Grenier，1753—1841）[2]明确承认《民法典》物权制度对于罗马法的承袭："这部分内容，比其他部分更多地借鉴了罗马法。因为这些内容并不应受传统和风俗太多的影响，我们应该从自然公平中去寻找规则，而罗马人已经很好地总结出了其中的基本原则。[3]"

1804年《民法典》物权制度的三大部分主要内容，财产的分类、所有权的定义和由所有权派生出的物权，都在一定程度上借鉴了罗马法的相关制度。但《民法典》将私人所有权确立为一项绝对的权利，将由所有权派生出的物权种类限制在法律明确规定的范围之内，也体现了对于罗马法规则的改造和超越。

1. 财产的分类

在规定所有权和其他物权之前，1804年《民法典》第2卷首先规定了"财产的分类"。《民法典》采纳了罗马法的划分，按照财产的物理属性把财产分为动产和不动产（第516条）。罗马法虽然进行了这种分类，但并未对动产与不动产的法律制度进行区分，如动产与不动产所有权的转移都是遵循完全相同的规则；而1804年《民法典》则为动产与不动产所有权分别制订了不同的法律规则。如发生争议时，动产的争议需到被告所在地的法院进行诉讼，而不动产争议则由不动产所在地法院管辖；又如，动产适用即时取得制度（"对于动产而言，占有即相当于所有权凭证"第2279条），而不动产的所有权则要求权利证书的证明；再如，不动产转让和不动产物权的设立需要进行公示，而动产原则上不需要这一程序。

---

[1] 这与1804年《民法典》人法部分大量继承了旧法法制规则形成鲜明的对比。
[2] 《民法典》编撰特别委员会委员，曾代表元老院就《民法典草案》的多个部分向立法院进行报告。
[3] Jean Guillaume Locré, Esprit du Code Napoléon, Paris, Impériale, 1805, t. VIII, 209.

然而由于当时社会财产构成主要是土地等不动产，而动产仅占据很小的比例，受到"动产之物，低值之物"观念的影响，1804年《民法典》大部分财产制度规则都是围绕不动产展开的，而对于动产的规定则很少。如在监护制度中，监护人处分无法律行为能力的未成年人所有的土地需要得到亲属委员会的许可，而对于其动产的处分就没有类似的规定；在有关各种婚姻财产制的规定中，立法者经常对丈夫对于妻子所有的不动产的权利进行规定，而丈夫对于妻子动产的管理权则少有涉及[1]。

2. 所有权

所有权制度是1804年《民法典》物权制度中最主要的内容。《民法典》确立了"绝对私人所有权"的原则，不论动产还是不动产，法律均赋予其所有权人最完全的权利和最充分的保护。这一原则成为《民法典》最为核心的原则。为了更好地保障私人所有权的实现，法律明确地规定了所有权的定义、对所有权的限制以及所有权涉及的范围等一系列规则。

（1）所有权的定义——绝对私人所有权。1804年《民法典》的所有权制度由第544条对所有权的定义所展开："所有权是以最为绝对的方式对物进行享用和处分的权利，只要不做法律和法规所禁止的使用。"该条对于所有权的定义借鉴了罗马法上所有权的概念，但与之不同的是，它将私人所有权宣布为一项"绝对"的权利：所有权是人作为主体对物进行支配的最为完整、最为绝对的权利形态，是"主观权利"最为完整的形式。

所有权具有"绝对性"首先意味着法律给予所有权人支配其所有之物最大的自由权（包括对物进行使用、收益和处分的权利），即凡是法律未明确禁止的行为，所有权人皆可为之。这对所有权人来说是一种解放，是其个体自由在财产领域的反映。其次，意味着法律对权利人的所有权予以最大的保障。任何人不得被强制出让其所有权；所有权人权利的行使原则上不受外界的限制，所有权人也有权反对任何外界对其所有权的侵害。总之，所有权绝对主义体现了法律对于个人所有权最大程度的尊重和保护。这一定义具有革命性和象征性，因为在此之前，

---

[1] Bernard Terrat, " Du Régime de la Propriété Dans le Code Civil", in Code Civil, 1804—1904, Livre du Centenaire, Libraire Edourd Duchemin Paris et Sauer&Auvermann KG Franfurt, 1969, p. 343.

任何时期的法制都从未正式承认过私人所有权的"绝对性"地位。

现代意义的所有权的雏形出现在罗马法的《十二表法》中。《十二表法》有关市民法的财产权制度赋予权利人对其所有之物（包括土地）至高无上的、排他的和永久的使用、收益和处分的权利。这意味着财产所有人可以独立自主地行使所有权的各项权能。但罗马法对于所有权的定义并没有产生所有权具有"绝对性"的观念。

法国旧法时期的不动产所有权制度以"所有权各项权能的分离"为特点，因此并不存在同时包含使用、收益和处分各项权能的完整统一的所有权的概念[1]，不动产所有权更不具有"绝对性"的属性。在这一时期，在一项不动产之上通常同时存在着不同人的不同性质的权利；而且，每个权利人在各自领域内享有的权利都是应受尊重的。如对于土地所有权，在封建制度下，土地由佃农耕作，并向封建领主交付租金，而直接领主之上还有更高等级的领主。佃农对土地享有的是"使用性所有权"；各级封建领主对土地享有的是不同等级的"支配性所有权"。因此，任何权利人对于该土地都不拥有"绝对的"和"排他的"权利，任何人也都无权说这是"我的"土地。

到了大革命时期，法律虽然废除了封建特权财产制，对私人财产所有权的神圣性、永久性的属性进行确认，取得了对私人财产保护的重大进步，但最终也没能将其宣布为一项具有"绝对性"的权利[2]。而1804年《民法典》在继续大革命法制保护私有财产权的立场同时，进一步赋予了私人所有权"绝对性"的法律地位，因此具有革命性和象征性的意义。这一定义实际上确立了"人与财产之间关系的全新的、统一的模式"：在不违反法律和法规的前提下，人对于物享有绝对的、不受限制的权利。它不但确立了人的新的法律地位，也实现了对于封建所有权制度的彻底扬弃。

因为《民法典》用一种人与财产之间统一的、普遍的关系代替了旧法法制，将这一关系仅仅局限于某类财产或某类所有权人的状态；用统一的所有权人的身份代替了封建时期与不同的特权相应的不同的个人身份；用包含各项

---

[1] 虽然动产所有权一直都是一项个人的、绝对的所有权。

[2] Rémy Libchaber, "La Recodification du Droit des Biens", in Le Code Civil 1804—2004, Livre du Bicentenaire, Dalloz et Litec, 2004, p. 305.

权能的统一的所有权代替了旧法法制对于一物之上的不同性质的权利的分别确认[1]。正因为此，波塔利斯将私人所有权原则称为"新的财产制度的灵魂"，甚至是"所有新的法律制度的灵魂[2]"。拿破仑本人也完全支持私人所有权的绝对性原则。他曾经说过："所有权具有不可侵犯性。如我本人，手中掌管着大量的军队，却不能侵占一小块田地。因为侵犯一个人的所有权，就是侵犯所有人的所有权。[3]"

然而，将私人所有权放在如此之高的地位，肯定需要充足的理由。从编撰者们对立法理由的阐述中，可以总结出两方面的原因。首先，编撰者们认为确立私人所有权的绝对地位将对社会的发展发挥激励的功能。对此，波塔利斯指出：对所有权的保护将成为"促进社会发展的动力"，"鼓励人们劳动，使沙漠变为绿洲……"[4]。历史事实也证明，《民法典》对于私人所有权的坚决维护，对于正在兴起的资产阶级的成长和资本主义经济的发展，起到了强大的促进作用。

其次，认为所有权具有绝对性也源于1804年《民法典》制定者对所有权是一项"自然权利"的确认。承认所有权是一项自然权利，意味着承认所有权是一种与人相关联的原始权利，是在创制法之先就已原本存在的权利。

在立法理由的阐述中，1804年《民法典》的编撰者多处提到所有权作为一项自然权利的这些特征。如波塔利斯在《开篇》中所言："所有权本身是来自于自然的一项制度"。他在介绍第544条时也曾指出："这一原则（私人所有权绝对性的原则）来自于我们（人）本身"：人是有需要的生物，为了维持生存，人需要利用其周围的物；而这一原则也是"来自于我们（人）所特有的能力"：在自然万物当中，人是唯一能够不但使用，而且能够征服和造就周围之物的，唯一能够将他的人格在物上进行规划的。总之，人是唯一能够将物据为己有的[5]。

---

[1] Rémy Libchaber, "La Recodification du Droit des Biens", in 1804—2004, le Code Civil: un Passé, un Présent, un Avenir, Ouvrage Collectif de l'Université Panthéon-Assas (Paris Ⅱ), Dalloz, 2004, p. 305.

[2] Jean Guillaume Locré, Esprit du Code Napoléon, Paris, impériale, 1805, t. Ⅳ, 84.

[3] 同上[2]，235.

[4] "La naissance du Code civil, la raison du législateur", Travaux Préparatoires du Code Civil, Flammarion, 1989, éd. 2004, p. 274.

[5] Marie-France Renoux-Zagamé, "Définir le Droit Naturel de Propriété ?" in Les Penseurs du Code Civil, Ouvrage coordonné par Claude Gauvard, La Documentation Française, 2009, p. 323.

波塔利斯（Jean-Etienne-Marie Portalis，1745—1807）还认为："其实，自从有了人类就有了私人所有权。原始社会中的原始人对其采摘的果实、身穿的皮衣和狩猎的武器就已拥有所有权。其后所有的时代，我们都可以发现私人所有权的痕迹。这项权利的行使因着理性和经验而不断地扩张和完善。但这项权利的本身就存在于我们中间，它不是人类协议和实体法的产物，而是一直存在于人类的构成当中，存在于我们与我们周围的物之间的关系当中。[1]"这些表述都体现了编撰者认为所有权在本质上是一项自然权利。

历史上最早提出人类拥有将物据为己有的自然权利的是中世纪的以托马斯·阿奎那（Thomas Aquinas，约1225—1274）为首的"经院主义法学派"。古典经院主义哲学认为，这一权利的依据来自于"上帝权利的让与"，是"上帝对其所造之物权利的延伸"，其目的是为了"实现造物主的计划"。"后期经院主义法学派"继承了这一思想并有所发展，提出人的财产所有权与神的财产所有权存在一种"相似关系"。"相似关系说"为其后所有权具有绝对性的观念埋下了伏笔。

这一理论深刻影响了17、18世纪的"古典自然法学派"的法学家们。他们认为"承认人对于物的权利"是对自然、对人与宇宙的关系进行思考的基础。但该学说已不再强调"神的意志或理性"，而是突出"人的理性和人的权利"；所有权被认为是人的法律人格的延伸，是人"不受限制的自由"对物产生的自然反映。

正是这一理论成为1789年《人权宣言》确立个人所有权"神圣不可侵犯"的法律原则和1804年《民法典》将所有权确立为一项"绝对权利"的理论基础[2]。事实上，1804年《民法典》的编撰者希望通过确立所有权的绝对性来确立人的新的法律地位、赋予人对于物不受限制的权利。但值得指出的是，波塔利斯在阐述承认私人所有权的正当性时指出："人类的使命是实现上帝伟大的计划"，也反映了"古典经院主义哲学"对于1804年《民法典》编纂者的影响[3]。

---

[1] " La naissance du Code civil", La Raison du Législateur, Travaux Préparatoires du Code Civil, Flammarion, 1989, éd. 2004, p. 272.

[2] François Terré, Philippe Simler, Droit Civil, Les Biens, Dalloz, 7e éd. 2006, p. 111.

[3] Marie-France Renoux-Zagamé, " Définir le Droit Naturel de Propriété ?" in Les Penseurs du Code Civil, Ouvrage Coordonné par Claude Gauvard, La Documentation Française, 2009, p. 324.

除了《民法典》的编撰者公开阐明的以上两个原因之外，赋予私人所有权绝对的法律地位的背后也隐藏着制定者维护社会稳定、保护已获取所有权阶层既得利益和防止封建制度复辟的政治目的。因为封建领主的土地在大革命中以激烈暴力且无偿的方式被剥夺，对动荡的疲惫和对和平的渴望也促使编撰者尽可能地利用法律给予私人财产最大限度的保护，以避免历史的重演。因此，1804年《民法典》的编撰者也将承认所有权的绝对性作为防止封建制度复辟的手段。

1804年《民法典》所有权制度的另一个显著特征是将所有权设计为一种本质上属于"个人"的权利，而对"集体所有权"的各种形式，《民法典》的制定者没有表现出多大的兴趣。《民法典》对于"法人所有权"或"社团所有权"未作任何规定。即使对于"共有"，《民法典》也只针对极为有限的情形规定了很少的内容：对共有分界物的共有权、有关按套房区分的建筑物的共同所有权（第664条）和继承人对于遗产的共有（第815条第2款，并且法律仅允许处于暂时状态的共有[1]）。

《民法典》的编撰者在其报告中，强烈反驳了主张集体所有权的各种学说。如对于一些学者所主张的财产共有制，波塔利斯指出："主张将所有权由所有的人共有只是为不尊重人权寻找借口，我们不可能赞同！"对于卢梭（Jean-Jacques Rousseau，1712—1778）认为个人所有权会导致分割并成为社会不平等的根源的思想，他也持完全否定的态度："确认个人所有权并不会成为导致社会不平等的根源"；而对于将土地最高所有权交给国家的主张，他回应道："国家应拥有最高的主权，但却不应拥有任何具体的地产"[2]。

《民法典》编撰者将其对集体所有权的敌视态度解释为：集体所有权不利于人的主动性的自由发挥；土地所有权即使掌握在国家的手中，也无法确保土地得到良好的开发和利用，因此应尽量避免将集体所有作为对财产进行利用的方式。但

---

[1] 第815条规定："任何人不得被强制必须维持遗产共有状态，遗产分割请求得随时提出，即使有相反的合意与禁止。"该条确立了财产共有人分割遗产的绝对权，遗产原则上应进行实物分割；无法进行实物分割的再按价值进行分割。第2款允许共有人通过协议维持共有状态，但维持共有的时间不得超过5年。

[2] "La Naissance du Code Civil, la Raison du Législateur", Travaux Préparatoires du Code Civil, Flammarion, 1989, éd. 2004, p. 274.

这背后其实隐藏着两方面更为深层次的原因。首先，所有权制度的历史发展是由集体所有权开始的。因此，在编撰者们看来，集体共有制，尤其是土地集体所有，有着旧法法制的烙印，是过时的制度。而且他们认为，旧法中的家庭共有制和村民集体共有制其实是将个人放置于家庭或集体的奴役之下。而个体所有权突出个人的地位，符合当时社会盛行的个人主义和人权的新理念，是符合未来社会发展趋势的所有权形式[1]。其次，担心团体会因为取得所有权而壮大，从而形成威胁政治、经济的势力，也是1804年《民法典》编撰者敌视集体所有权的原因[2]。

(2) 对所有权的限制。1804年《民法典》在将所有权宣布为一项绝对权利的同时，并没有忘记兼顾所有权产生之自由与社会公共利益的协调。《民法典》第544条在承认所有权是"以最为绝对的方式对物进行享用和处分的权利"之后，附加了"只要不做法律和法规所禁止的使用"的限制。这意味着所有权的"绝对性"其实也是"相对"的，所有权的行使受到法律和法规的限制[3]（有学者因此批评第544条的表述前后矛盾。但实际不必对此过于计较，1804年《民法典》确立所有权绝对性地位的真正价值是将私人所有权推上了前所未有的至高地位，体现了法律对于私人财产权最大限度的保护）。《民法典》的制定者认为这一定义比罗马法对所有权的定义更为精确，可以避免引起法律放任所有权人滥用权利的误解[4]。

对于这一限制性规定，立法者如此解释，尽管所有权是一项绝对的权利，但人并不是孤立地存在于社会当中。当一个人为所欲为时，可能损害他人的利益，甚至是绝大多数人的利益；个人的放纵必然会带来所有人的痛苦。因此，法律需要对人对于物进行利用的有关行为进行规制。因此，真正的自由是建立在与公共利益相妥协的个体权利之上的，应该是在法律允许之下的自由，而非违法的自由。[5]

---

[1] Rémy Libchaber, "La Recodification du Droit des Biens", in Le Code Civil 1804—2004, Livre du Bicentenaire, Dalloz et Litec, 2004, p. 315.

[2] Bernard Terrat, "Du Régime de la Propriété Dans le Code Civil", in Code Civil, 1804—1904, Livre du Centenaire, Libraire Edourd Duchemin Paris et Sauer&Auvermann KG Franfurt, 1969, p. 346.

[3] 但这也意味着所有权的行使也只能受到法律和法规的限制。

[4] "La Naissance du Code Civil, la Raison du Législateur", Travaux Préparatoires du Code Civil, Flammarion, 1989, éd. 2004, p. 268.

[5] 同上[4], p. 276.

关于应兼顾保护所有权和维护社会公共利益的问题，旧法时期的法学家们已有所关注。当他们将所有权定义为"所有权人对其所有之物的自认合适的权利"或"所有权人就是绝对的主人"时，通常都附有"只要……"的但书来对由所有权产生的自由权进行限制。波蒂埃对所有权所做的定义也是如此："处分其所有之物，所有权人不能损害他人的利益，且不能违反法律"[1]。这其中都蕴含着所有权所产生的自由是应受限制的自由、是一个在法律允许之下的自由的思想。显而易见，这些思想对于《民法典》对所有权的定义产生了直接的影响。

但有一点应予明确，第 544 条对个人所有权进行限制绝不意味着承认国家对于私人所有权享有"支配权"。事实上，1804 年《民法典》完全抛弃了国家对于私人所有权享有支配权的思想。《民法典》的制定者明确指出：为了维护良好的秩序和和平，国家依据其最高权力通过法律对私人所有权制度进行规定时，只是作为公共利益的"最高管理人"，而非公民所有财产的"最高所有权人"[2]。《民法典》第 545 条规定："非因公共利益的原因且事先给予公道的补偿，任何人都不受强制转让其所有权"，即仅仅为了公共利益的缘故，国家才可以剥夺私人财产所有权，并且必须以预先给予所有权人补偿为前提。这说明国家也应尊重个人所有权的绝对性，体现的仍是对私人所有权加强保护的思想。

（3）所有权的范围。1804 年《民法典》对于私人所有权的保护十分详尽，对所有权的范围也进行了规范。遵循古老法谚"从物随主物"[3] 和"定着于土地之物为土地之一部分"所确定的规则[4]，《民法典》确立了"所有权得扩张至添附权"和"不动产所有权及于地上权和地下权"两项原则。

首先，在所有权与添附权的关系上，《民法典》通过第 546 条规定了物产生之孳息依添附权归属于物之所有人的一般原则："物之所有权，不论其为动产或不动产，得扩张至该物因天然、人为或附合原因而产生之物。"

---

[1] Robert-Joseph Pothier, "Traité du droit de domaine de propriété...", dans Oeuvres Complètes, Paris, Pichon-Bécher, 1825, I, chapitre I, § 4, cité par Marie-France Renoux-Zagamé, "Définir le droit naturel de propriété ?" in Les Penseurs du Code Civil, Ouvrage coordonné par Claude Gauvard, La documentation française, 2009, p. 327.

[2] "La naissance du Code civil, la raison du législateur", Travaux Préparatoires du Code Civil, Flammarion, 1989, éd. 2004, p. 279.

[3] 在此为所有权人对于主物的所有权得扩张至从物之意。

[4] François Terré, Philippe Simler, Droit Civil, Les Biens, Dalloz, 7e éd. 2006, p. 189.

其后条款又对因"天然原因"产生之添附物和因"人为或附合原因"产生之添附物的所有权分别制定了规则。如第547条和第548条规定，物之果实、牲畜生产之小牲畜等归属于物和牲畜主人所有，即为所有权人对其所有之物产生之天然孳息或产物拥有所有权的体现。第551条又规定了所有权与因"附合"原因引起的添附权的关系的一般规则：与一物"附合"并与之结合为一体之物原则上属于所有权人所有。《民法典》也为"动产"之添附物和"不动产"之添附物的所有权分别制定了规则。第565条至第577条规定了与动产附合引起的添附权的规则。而与不动产附合引起的添附权又包括自然添附和人为添附两套规则。不动产因自然原因引起的添附物原则上属于不动产所有人所有：如鸽子、兔子和鱼逃至他人的鸽笼、兔舍和水域，原则上属于接收它们的鸽笼、兔舍和水域的所有人所有（第546条）；冲积地和滩地原则上归河岸土地所有人所有（第556条和第557条）。不动产因人工添附产生之添附物原则上也归不动产所有人所有：如对于地面上建筑物、栽种的植物和工作物，如无相反的证据，推定土地所有权人依其自己费用设置并归其所有（第553条）等规则。

第553条的规定其实也可以依照不动产所有权与地上权和地下权关系的规则予以解释。因为《民法典》第552条规定："土地所有权同时包括地上所有权和地下所有权"。因此，土地所有权人可以依据此原则取得其地产之上的建筑物或栽种物的所有权。同理，依照土地所有权得扩张至地下所有权的原则，土地所有权人对其地下之埋藏物、矿藏和水流等其他资源原则上也拥有所有权[1]。

3. 其他物权

在为所有权制定了详尽的规则之后，1804年《民法典》还规定了由所有权派生出的物权和担保物权。

（1）由所有权派生的物权。这些权利是对所有权属于他人之物享有的由所有权派生出来的权利，仅仅赋予权利持有人与所有权相关的一部分权利。《民法典》对于这类物权的规定有两类：一类是用益权，赋予权利人对他人所有之物的使用权和收益权；另一类是役权，即为了某项不动产的使用和便益而在另一项不动产

---

[1] 1804年《民法典》对于所有权涉及的范围的规定十分复杂，本节仅介绍主要原则的规定。详细的内容可参见〔法〕弗朗索·瓦泰雷，菲利普·森勒尔：《法国财产法》卷上，罗结珍译，中国法制出版社2008年版。

上设置的负担。这两类物权分别对应的是罗马法和旧法时期的"人役权"和"地役权"。

1804年《民法典》对于由所有权派生的物权的规定有两个特征。第一个特征是这些物权主要涉及的是不动产（或者说是土地更为精确），而对于动产只有用益权的规定，这与当时以农业为主的社会经济相适应[1]。第二个更为主要的特征是《民法典》对这些物权的种类进行了限制性的规定，这些物权仅仅存在于法律明文规定的种类，在此之外，不存在其他的物权。1804年《民法典》第543条规定："对于财产，或取得所有权，或取得单纯的用益权，或仅取得土地供自己役使之权"，说明在所有权之外仅仅存在用益权和役权两类物权，这与中世纪时期法制承认种类繁多的物权形成鲜明的对比。这里再次体现了1804年《民法典》加强对于私人所有权保护的立法思想。因为这些物权若从权利持有人的角度看，是物之所有人权利的部分让与；但若从物之所有人的角度考察，则构成了对其所有权排他性的限制。因此，法律严格限制能够对所有权构成限制的物权种类也是立法者保护所有权排他性的一种手段，体现了立法者避免所有权被过度限制的立法意图[2]。

对于"用益物权"，为了与封建制度彻底划清界限，1804年《民法典》刻意避免继续沿用"人役权"的术语来规定这类权利。"用益物权"的规定包括一般用益权（第578条）、使用权（第625条到第631条）和居住权（第632条到第636条）两项特殊用益权。《民法典》为这些用益权分别制定了权利设立、效果和消灭等方面的规则。这些用益权可以通过法律规定和人为约定两种方式设立；其中一般用益权和使用权既可以在动产上也可以在不动产上设立，而居住权只能在不动产之上设立。

为了调整所有权具体行使过程中出现的特殊情况，使得所有权人权利的行使不致侵犯别人的合法权益，制定者从旧法判例和习惯法中筛选出较为典型的役权将其规定在《民法典》中。与用益权不同，"役权"仅涉及不动产。《民法典》的编撰者就役权设立的必要性做了如下阐述："社会化的生活方式使我们必须尊重他人的权利，如同他人也需要尊重我们的权利一样。因此，我们不得在我们所有的不动产之上从事损害邻人或他人既得权的行为，社会交往的必要性和多样性使我

---

[1] Rémy Libchaber, "La Recodification du Droit des Biens", in Le Code Civil 1804—2004, Livre du Bicentenaire, Dalloz et Litec, 2004, p. 364.

[2] 同上，p. 353.

们有必要规定一个所有权人不能不承认的役权"[1]。可见，设立这些役权的目的是基于他人合法利益的考虑，对不动产所有权的行使做出必要的调整或限制，并不构成对于不动产所有权的否认或侵犯。

就具体内容而言，《民法典》按役权的起因将役权分为三类："役权之发生，或者因场所的自然位置，或者因法律规定的义务，或者因所有权人之间的约定"，即自然役权、法定役权和约定役权（第639条）。《民法典》对自然役权的规定主要是排水役权，土地划界权和不动产周围设围权（第640条至第648条）；法律设定的役权（第649条至第685—1条）主要涉及因共有分界墙或分界沟产生的役权、采光权、眺望权、檐滴权、通行权。

值得指出的是，在上述为了私人不动产便益的私益役权之外，1804年《民法典》也规定了以公共便益和市镇便益为目的的法定役权。这是出于当个人所有权与公共便益发生冲突时，个体利益需服从公共利益的必要。而约定役权则具有开放性，法律仅规定了设立该种役权的一般规则，如对约定役权的限制（只要设立的义务不是加于某人也不是为了某人的利益，而是就不动产以及为不动产的便益而设定，且不得违反公共秩序）、约定役权的设立、役权产生的权利义务以及役权的消灭等。因此，当事人可以按其意愿设立如水管、檐滴、眺望、通行、汲水、放牧、建筑物不得超过的高度等役权。

（2）担保物权

最后，1804年《民法典》在第3卷"有关取得所有权的各种方式"中，也对优先权、质押权、抵押权进行了规定。这些权利实际上并不真正构成"取得所有权的方式"，而是为了担保债权的实现而在物上设定的担保物权，是与所有权和由所有权分解出的物权等主物权相对应的从物权。

（三）债权制度

1804年《民法典》借鉴了罗马法的债法理论，将合同、侵权作为债发生的主

---

[1] "La Naissance du Code Civil, la Raison du Législateur", Travaux Préparatoires du Code Civil, Flammarion, 1989, éd. 2004, p. 281.

要原因。其中合同制度占据了很大的比重,有近900个条文(第1101条至第1369条关于合同制度的一般规定;第1582条至第2218条有关具体类型合同),而属于非合意之债的侵权制度和准合同制度部分总计只有17个条文(第1370条至第1386条)。

合同制度在《民法典》中相对其他债权制度的优势性地位已经体现于旧法时期的债法制度中,原因是合同被认为是债发生的最主要和最经常的原因。这一观点可以在多马和波蒂埃的法学论著中找到依据,两位学者的著作均对合同制度进行了充分的分析和论述,而对侵权和准合同制度的研究仅占据十分有限的比例[1]。

相对于旧法制度,合同制度的主导性地位在1804年《民法典》中得到了进一步的强化,这与18世纪末19世纪初的"自由经济理论"和"实用主义的社会关系学说"有着密不可分的关系。这一时期的经济学理论宣扬合同在现代国民生活中的重要地位,主张将人际关系交给自由契约支配,从而将合同的领域扩展到经济和社会生活当中[2]。另外,实用主义的社会关系理论认为,只有合同行为有利于建立社会关系并实现社会利益,而侵权行为不但是非理性的,也是败坏风俗的行为。利益优先的理念使该理论认为在债权制度中合同制度应该比侵权制度占据更为重要的地位,甚至将合同法即视为债权法[3]。上述原因解释了合同制度在1804年《民法典》债权制度中的过度扩张和侵权制度的相对萎缩。

1. 合同制度

如果我们希望找到立法者制定某一制度的指导思想,与其通过成文的条文去揣测,还不如到立法阶段的准备性文件中去直接了解立法者的立法动机和依据。对于1804年《民法典》制定合同制度的理论依据的探究亦是如此。立法者在立法

---

[1] 多马(Jean Domat, 1625—1696)的《法学教科书》(《Traité des lois》)和波蒂埃(Joseph Robert Pothier, 1699—1772)的《债权法》(Traité des obligations)两部著作。

[2] David Deroussin, " Le contrat à travers le Code civil des Français", In Les Penseurs du Code Civil, Ouvrage Coordonné par Claude Gauvard, La Documentation Française, 2009, p. 254.

[3] Rapport fait par le tribun Jaubert sur le Chapitre V, " de l'extinction des obligations", Fenet, Recueil Complet des Travaux Préparatoires du Code Civil, t. 13, cité par David Deroussin, " Le contrat à travers le Code civil des Français", In Les Penseurs du Code Civil, Ouvrage Coordonné par Claude Gauvard, La Documentation Française, 2009, p. 254.

预备阶段的报告和说明等历史文献中显示，1804年《民法典》的起草者认为合同制度对于建立民事社会具有十分重要的作用，他们正是以此为目的来构建合同制度的。

为了使合同制度更趋于合理，起草者认为应该从自然法则、历史传统和社会现实中去获得启发。在立法者看来，不同于民法的一些领域，合同领域中存在着约束立法者意志的自然法则，如自由、平等、公正和理性等。自然法则在起草者们的说明和报告中多次被提及。如波塔利斯在《开篇》中所言，合同的有些制度并不是立法者的意志，因为世界上存在一些适用于所有合同的自然法则[1]；特雷亚尔（Jean-Baptiste Treilhard，1742—1810）[2]指出："合同规则应受自然法则支配，立法者只是将其表达出来而已。"[3] 普雷亚梅纽（Félix-Julien-Jean Bigot de Préameneu，1747—1825）也指出："有关合同的规则是从事物自身的本质，即公平的理念中获得的。"[4]

而自然法则中的大部分规则已经在罗马法中得到了很好的总结。"罗马法的合同制度是从自然法则中汲取出的法律规则，已接近公正，反映了理性和人类内心的所有需求"；罗马法中有关公平的理念，"已经达到了一个不可逾越的高度，以至于不太可能在此基础上再取得进步"[5]。这些法则在起草者看来应具有普遍适用性，而不仅仅限于某一国民。因此，《民法典》的任务是要"用从罗马法宝藏中提取出的一系列规则来形成合同领域的基本理论，使之服务于社会"[6]。1804年法国《民法典》的合同制度直接采纳了罗马法的规则：技术性规则如合同的分类、法律术语，实体规则如契约自由的思想、合同相对性原则、契约必须严守原则和诚实信用原则等。以至于有学者说："有关合同的章节包含了所有约定之债的规定……

---

[1] Fenet, Recueil Complet des Travaux Préparatoires du Code Civil, t. I, p. 476 et 509.

[2] 法学家、政治家，拿破仑政府时期参事院成员，之前曾在督政府时期任过职。

[3] Treilhard, Fenet, t. 14, p. 399, 引自 David Deroussin, " Le contrat à travers le Code civil des Français", In Les Penseurs du Code Civil, Ouvrage coordonné par Claude Gauvard, La Documentation Française, 2009, p. 250.

[4] Fenet, Recueil Complet des Travaux Préparatoires du Code Civil, t. I, p. 218.

[5] 同上[4]。

[6] David Deroussin, " Le contrat à travers le Code civil des Français", In *Les Penseurs du Code Civil*, Ouvrage coordonné par Claude Gauvard, Le Documentation Française, 2009, p. 251.

对此，几乎应该全部归功于罗马人。[1]"

但这一表述未免有些言过其实，因为1804年《民法典》的合同制度与罗马法存在着诸多差异。如1804年《民法典》中，合同的成立采用的是意思主义原则，这与罗马法采用的形式主义原则不同[2]；罗马法只承认有名合同具有完全的法律效力，而1804年《民法典》中，其创建的合同法一般理论适用于所有契约，有名合同与无名合同具有相同的法律效力[3]；再如，罗马法中并不存在"同意的瑕疵"这样的概念，而《民法典》却将误解、欺诈和胁迫作为合同无效的原因。

《民法典》与罗马法的差异也很容易解释。因为1804年《民法典》对于罗马法规则的继承并非是通过直接的方式，而是以17和18世纪两位著名法学家多马和波蒂埃的法学著作为媒介。而这两位法学家的法学思想也受到教会法和基督教哲学的影响。

与罗马法推崇合同成立的形式主义不同，中世纪后期的教会法认为，表示意愿的行为即使未通过某种特殊的形式表现出来，也可以产生法律上的义务，因为"人一旦做出承诺，就应谨守，否则就犯了背信罪"[4]。承诺应该以合理的方式做出，由此引出三项原则：首先，合同双方的同意不能有瑕疵，这便是"意思表示瑕疵理论"；其次，合同双方不能因合同不当得利，这是"合同损害理论"；最后，缔约双方不能没有任何目的或为实现非法或不道德的目的做出承诺，这是"合同原因理论"的起源[5]。这些规则被吸收到两位法学家的法学思想中，也对1804年《民法典》的编撰者产生了很大的影响。

最后，主导近代社会经济学理论的自由经济理论也对《民法典》的起草者们产生了一定的影响。经济自由理论认为，人为了满足个体的需求，需要进行商品交换，而合同自由正是商品自由交换的基本保障；合同法制度应为此提供保障，

---

[1] Jaubert, Locré, Esprit du Code Napoléon, Paris, Impériale, 1805, t. XII, p. 544, 引自 F. Terré, Ph. Simler, Y. Lequette, *Droit Civil: Les Obligations*, 10ᵉ éd., 2009, p. 36.

[2] 尹田：《法国现代合同法》，法律出版社2009年第2版，第35页。

[3] 1804年《民法典》第1107条第1款规定："契约，无论有名契约或无名契约，均适用本章所规定的合同的一般性规则。"

[4] F. Terré, Ph. Simler, et Y. Lequette, Droit Civil: Les Obligations, Dalloz, éd. 10, 2009, p. 37.

[5] 同上 [4]。

而不是侵犯社会个体的私人领域[1]。自由经济理论的影响和资本主义自由经济发展的现实需要使 1804 年《民法典》确立了契约自由原则。

最终形成的 1804 年《民法典》合同制度包括两个主要部分：一部分是适用于所有合同的一般规则；另一部分则是对于几种典型合同的具体规定。而一般规则部分更能全面充分地体现 1804 年《民法典》合同制度的特点，故本文对这部分内容进行重点介绍。

通说认为 1804 年《民法典》的合同领域贯穿了意思自治的原则，但这一说法有待补充。事实上起草者对于意思自治的态度还是比较谨慎和实际的，并没有完全依靠意思自治来构建合同制度[2]。《民法典》的合同制度规则应该从两个方面进行说明：立法者一方面确立了当事人意思自治的原则，将其作为对自由经济的保障，由此产生的契约自由和当事人的创制权成为资本主义自由经济社会中充满活力的因素[3]；这种经济活动的自由权也丰富和充实了宪法上的自由权，使后者不至于沦为空洞的政治口号[4]。另一方面，为了避免过分的自由给社会利益造成伤害，《民法典》同时也对当事人个体意志的发挥规定了限制范围并提供了监督手段。基于辩证、制衡的立法理念建立起来的合同制度使 1804 年《民法典》的合同制度保持了持久的生命力。

（1）通过尊重契约自由来追求公正

立法者认为社会个体对于利益的自由追求会产生公平的结果，法律对此不应做过多的干涉，而应为当事人合理的自由意思提供保障。因此，1804 年《民法典》的合同制度确立了当事人意思自治的原则，使缔约双方自由地按其意愿来创设权利义务关系并受其约束；而合同成立的同意主义、契约自由的原则、合同强制力和合同相对性等原则都是意思自治原则的具体体现。这在客观上为资本主义自由经济的发展提供了保障，使整个社会经济可以自动且协调有序地运行和发展。

---

[1] Jean-Michel Poughon, " Cambacérès: Des approches du Code civil", In Les Penseurs du Code Civil, Ouvrage coordonné par Claude Gauvard, La Documentation Française, 2009, p. 339.

[2] F. Terré, Ph. Simler, et Y. Lequette, Droit Civil: Les Obligations, Dalloz, éd. 10, 2009, p. 29.

[3] 同上[2]，p. 38.

[4] 张飞舟："论《拿破仑法典》所体现的人权精神"，载何勤华主编：《20 世纪外国民商法的变革》，法律出版社 2004 年版，第 101 页。

a. 合同有效成立的同意主义原则。1804 年《民法典》对合同成立的标准采用同意主义原则。《民法典》第 1108 条规定:"合同当事人的同意是契约有效成立的核心要件之一。"在其他要件得到满足的条件下,一经双方当事人达成同意,合同即告成立,而无需具备任何特定的形式(如书面合同等)。换言之,当事人是否就约定事项达成合意在合同成立中具有决定性的作用,该合意是否具有某种特定的外部表现形式并不影响合同的成立。因为在编撰者看来,如果强迫当事人履行特定的形式或程序,则当事人的意志独立就不复存在。同意主义原则体现了自由经济理论的影响和追求经济效率的要求,也是意思自治在合同成立环节的体现。

b. 契约自由原则。1804 年《民法典》赋予当事人决定是否订立合同的自由、选择合同相对方的自由和决定合同形式、种类和内容的自由,这些均是契约自由原则的体现。首先,当事人决定是否订立合同的自由和选择合同相对方的自由不受法律的干涉;其次,当事人可以自由选择合同的形式和种类;再次,若当事人不愿采用《民法典》中明文规定的合同类型或服从其法律效果,只要不违反法律,当事人完全可以在有名合同之外订立其他类型的合同或约定特殊的规则;最后,当事人可以自由地确定合同的内容,当事人不但可以在订约时自由确定双方的权利义务,也可之后基于双方合意对已经约定的事项进行变更。

契约自由原则的确立体现了自然法思想的影响。自然法学者认为,契约自由是人的一项自然权利,该权利在法律将其赋予人之前就已存在于自然法则中;它也是实现公正的必要手段。因此,法律不应侵犯个体意思自治的领域而应为此设置相应的保障程序。

c. 合同条款解释探求当事人真实本意的原则。对于表达不清楚或有争议的晦涩、模糊的合同条款,法官需要对之进行确认和判断。1804 年《民法典》合同条款解释的原则也体现了法律对于契约当事人意思自治的尊重。《民法典》第 1156 条规定:"当合同条款隐晦不明时,应从契约中寻找缔约当事人的真实本意,而不应拘泥于条款的字面意思"。因此,法官对合同条款进行解释时,应探求当事人"共同的、真实的"意思,而不能根据自己的判断从合同条款中推定他认为公平的解释。即使当事人刻意追求某种不公平的结果,其意愿也应予尊重。

d. 合同强制力原则。对当事人意思自治的尊重还体现于合同的强制力原则中。

法国 1804 年《民法典》第 1134 条规定:"依法成立的合同在当事人之间具有相当于法律的效力"[1]。合同强制力原则又衍生出如下规则:

首先,任何一方当事人都不能擅自更改已经约定的权利义务,合同只有经缔约双方当事人一致同意或具备法定原因时,才能被变更或撤销。

其次,合同一旦有效成立,就具有相当于法律的效力,违反合同的约定应该承担法律责任。第 1147 条规定:"凡债务人不能证明其不履行债务系由于不应归责于他的外来原因时,即使其并无恶意,如有必要,债务人对于其不履行或迟延履行债务应承担损害赔偿责任。"

再次,有效成立的合同所约定的权利义务具有不可触犯的特点,免受公权力的干预。这意味着,一方面,法官只能在产生争议时介入到当事人的合同关系中;另一方面,在没有法律特别规定的情况下,法官也无权主动运用司法权力对合同内容进行变更(1804 年《民法典》第 1134 条),即使合同条款导致了不公平的结果。如在违约责任的问题上,第 1152 条明确规定,"若契约已载明债务人不履行债务应支付一定数额的违约金,则给予另一方当事人的赔偿不得高于或低于已规定的数额。"因此,违约责任的损害赔偿只能严格依照当事人约定的数额来确定,即使这一数额与当事人的实际损害存在巨大的差距,法官也必须尊重当事人的约定,无权运用司法权力对违约数额进行变更。

最后,1804 年《民法典》拒绝承认合同损害可以导致合同无效,也体现了当事人自由意志原则上不受法律干涉的特点。第 1118 条规定,合同损害(也可理解为显失公平的合同)原则上不能成为合同无效的原因[2];在互易合同和和解合同中,法律都明文禁止因合同损害而主张合同无效(第 1706 条和第 2052 条)。《民

---

[1] 有学者认为该条给予公民在与他人的合同关系中立法者的身份,其基础便是意思自治。笔者认为该观点有待商榷。因为,第一,法条已经阐明合同具有强制力的前提,即"依法成立",即意思自治必须服从法律的规定;第二,合同的强制力由法律赋予。因此,有关合同强制力的规定不是将法律降到合同的地位,而是法律赋予合同具有相当于法律的效力。法律的权威才是合同强制力的真正基础,而不是意思自治。另外,多马(Jean Domat, 1625—1696)和波蒂埃(Joseph Robert Pothier, 1699—1772)两位学者尽管受到格劳秀斯(Hugo Grotius, 1583—1645)和自然法学派学者思想一定的影响(他们将法律的权威更多地建立在人和天赋自由权之上,成为 18 世纪的个人主义思潮的起源),也认为合同的强制力是建立在道德上的义务,即遵守承诺,而不是建立在个体自由和其逻辑后果人的意志的权威。

[2] 只有对于某些特殊的合同和当事人,才可以构成合同无效的原因。

法典》拒绝承认合同损害将导致合同无效一方面与维护交易安全的考量有关，因为立法者认为，如果允许法官对于合同中双方给付是否公平进行监督将有损于合同关系的稳定（在这一点上，大革命时期大量的解约行为曾导致交易混乱、甚至一度引起财政危机的历史教训为立法者所借鉴）；另一方面则是尊重当事人自由意志的体现，因为个体是自由的，应该由他们自己来判断和维护其利益；既然是当事人同意的，就应视为对他们是公平的[1]。

e. 合同效力的相对性原则。最后，《民法典》第 1165 条规定，合同仅在缔约当事人之间发生约束力，合同不得损害第三人，原则上也不得使第三人获益。合同产生的法律效力仅及于缔约当事人，不能对第三人产生效力。这是因为当事人通过订立合同自愿服从于其约定的权利义务，那么只有表达此种意愿之人才能被合同约束。

（2）法律、公共秩序和公平原则对意思自治的限制

然而，《民法典》的起草者很清楚合同并非单纯个人之间的事务，而是构成融合于社会生活中的社会行为。因此，法律在保障契约自由的同时，也应兼顾当事人个人利益之间的公平、个人利益与社会利益的和谐。在 1804 年《民法典》中，契约自由不仅受到来自外部的公序良俗的限制，也有来自于理性、公平等永恒原则的限制。

a. 公序良俗对合同当事人意思自治的限制。法律赋予当事人的契约自由并不是绝对的和不受任何限制的。波塔利斯对此做出如下解释：一方面，进行交易是人的一项需要，受到合理限制的合同自由能使合同的内容更好地满足社会个体不同的交易需要；另一方面，如果说人人都有需要得到满足的权利，但他也应该尊重他人同样的权利。所以，人的自由只能是原则上的自由，公平、善良风俗和公共利益都构成对于自由的限制。而且，使契约自由服从于社会一般利益也是维护公共秩序的方式，后者是所有社会的"最高法则"[2]。公序良俗对合同当事人意思自治的修正体现在《民法典》第 6 条的规定中："任何人不得以特别约定违反有关

---

[1] F. Terré, Ph. Simler, et Y. Lequette, Droit Civil: Les Obligations, Dalloz, éd. 10, 2009, p. 320.

[2] Tronchet, Bigot-Préameneu, Portalis et Maleville, " Préliminaire ", in Fenet, Recueil Complet des Travaux Préparatoires du Code Civil, t. I, p. 509 et 510, cité par David Deroussin, " Le contrat à travers le Code civil des Français ", In Les penseurs du Code Civil, Ouvrage coordonné par Claude Gauvard, La Documentation Française, 2009, p. 263.

公共秩序和善良风俗之法律。[1]""公共法则与私法则之间碰撞"的结果是所有威胁公共秩序的意志被视为不存在或无效[2]。

《民法典》提供了两种途径确定合同是否与公序良俗相符，即对于合同标的和原因的审查：合同的"标的"和"原因"必须存在并合法，否则合同无效。

首先，法律要求合同的标的必须合法。《民法典》第1108条和第1128条规定合同的标的应确定并应为法律允许交易之物。当事人仅能就法律允许进入商品交易范围的物品或行为订立合同。若合同标的违背社会道德或危害公共利益，如交易物为毒品、人体器官或限制人身自由等，合同无效。在这一方面，需要法官对于合同是否充分尊重了社会道德和公共利益进行监督[3]。

其次，合同的原因必须存在且不能违反有关公序良俗的法律。1804年《民法典》第1108条规定，合同有效成立的要件之一就是合同必须具备合法的原因；其后的第1131条又进一步阐明，"无原因之债，基于错误原因或不法原因之债，不发生法律效力"。合同仅在存在原因且原因合法时，才能有效成立。《民法典》并没有对"原因"的定义进行说明。合同的原因可以理解为当事人订立合同的理由或利益[4]。如波塔利斯指出，"在双务有偿合同中，原因即是双方通过缔约期待的利益或好处"；"对于买卖合同，仅仅当价格与所售物品的价值相应时，合同才被视为有原因。"[5]

立法者通过要求合同原因必须"存在"，意图指出所有的债必须来自于一个"合理的协商"。此时，"原因"可以防止一方利益被另一方非法侵害，成为平衡双方利益的工具，保证当事人之间最低程度的公平。而要求合同原因必须"合法"

---

[1] 善良风俗存在于社会生活中处于主导地位的道德之中，通常不是由法律直接规定。公共秩序通常指涉及国家、家庭的公共利益，在传统立法上体现为一种强制性或禁止性的法律规范。在合同领域，体现为禁止当事人订立某类合同或合同条款的强制性法律规范。

[2] Jean-Guillaume Locré, Esprit du Code Napoléon, Paris, impériale, 1805, t. 1, p. 9, cité par David Deroussin, " Le contrat à travers le Code civil des Français", In Les Penseurs du Code Civil, Ouvrage coordonné par Claude Gauvard, La documentation française, 2009, p. 263.

[3] F. Terré, Ph. Simler, et Y. Lequette, Droit civil: Les Obligations, Dalloz, éd. 10, 2009, p. 316.

[4] J. Flour, J. -L. Aubert, et E. Savaux, Droit civil: Les Obligations, v. I, II, III, Armand Colin, 13ᵉ éd. 2001, p. 185, n° 254.

[5] David Deroussin, " Le contrat à travers le Code civil des Français", In Les Penseurs du Code Civil, Ouvrage coordonné par Claude Gauvard, La documentation française, 2009, p. 266.

(《民法典》第 1133 条:"如原因为法律所禁止,违反善良风俗或公共秩序,视为不法原因"),意味着合同当事人的自由意志不能否认公共利益和公共道德。这是从社会公共利益和公共道德的角度去限制合同自由的。可见,原因理论也是对于意思自治的限制,即当事人不能为所欲为,合同必须出自于一个合理、公平的意愿。

最后,是善意履行原则、公平原则、习惯或法律构成对于合同的补充。《民法典》第 1134 条第 2 款规定:"契约得以善意履行之。"第 1135 条规定:"契约不仅依其明示产生义务,也按照契约的性质,发生依公平原则、习惯和法律所产生的义务。"这是法律在合同约定条款之外对于合同履行依据所做的规定,也是对当事人意思自治的补充。

b. 理性和公正对意思自治的限制。意思自治并不意味着法律承认缔约当事人所有的意思,而仅是理性的、具有公正和平衡的意思表示。首先,1804 年《民法典》在将"当事人的同意"规定为合同有效成立的要件的同时,也对同意的"完全性"提出了要求,即同意必须是经过对"真实"的客观情况进行思考而"自由"做出的;如果同意是在有误解、欺诈或胁迫的情形之下做出的,则同意有瑕疵,会导致合同无效[1]。这一规定不再是对当事人意思表示实体内容合法性的审查,而是"程序合法性"的要求。因为只有不受欺骗和干扰且按正常程序进行,才能保证当事人的意思表示是"理性"和"完全"的。

其次,尽管《民法典》并没有承认"合同损害"将导致合同无效的一般原则,但《民法典》第 1118 条规定,对于某些特殊的当事人或者某些特殊合同,合同损害构成契约无效的原因。"某些当事人"指未解除亲权的未成年人[2];"某些合同"指不动产出售或分割的合同[3]。这类合同若存在合同损害,构成合同无效的原因。这是法律基于公平的原则在特定的范围内对于合同当事人意思自治的限制。尽管在自由、平等的条件下订立的合同通常会产生公平的结果,但对于法律行为能力存在缺陷的当事人或某些涉及重要财产价值的合同,法律通过合同损害制度来避

---

[1]《民法典》第 1109 条规定:"如同意系因错误、欺诈、胁迫所致,不为有效同意。"

[2] 1804 年《民法典》第 1305 条。

[3] 对于不动产分割,《民法典》第 887 条规定,若当事人所得数量较应得数量少 1/4 以上,构成合同损害;对于不动产出售,第 1647 条规定,若出卖人的损失超过不动产价金的 7/12,构成合同损害。

免一方当事人利益受损，也间接保护了公共利益和交易公平[1]。

综上所述，1804年《法国民法典》将合同作为使社会个体互相接近的法律工具。立法者意图通过保障意思自治和契约自由来实现当事人之间公平交易和维护社会公共利益；但《民法典》中的"意思自治和契约自由"并不是绝对的，公平、理性等永恒原则和公序良俗均对其构成限制。

2. 侵权责任制度

1804年《民法典》的侵权责任制度被规定在第3卷第4编第2章的"侵权与准侵权"中。这部分内容极为简略，仅包括第1382条至第1386条5个条文，充分体现了《民法典》条文简洁的特点。

《民法典》将侵权责任彻底地从刑事责任的阴影中解放出来，使其取得了真正的独立自主。因为在此之前，虽然侵权责任自罗马法以来已有悠久的历史，但在很长一段时间里，都混同于刑事责任当中。

罗马法上"侵权"的定义并不是与违约责任相对应的一个概念，而是更接近于现代刑法中罪行的概念，是指法律或大法官根据引起损害的性质和严重程度对其规定了不同惩罚的行为。尽管罗马法将侵权行为区分为"公犯"和"私犯"[2]，但却从未能够将刑罚和民事损害赔偿进行彻底的区分，也就没能使刑事责任与民事责任相互分离。初期的罗马法中，侵权行为通常都伴随着刑事惩罚和民事赔偿两种结果，法律并不承认一个不能引起刑罚的行为可以只引起民事赔偿。其后，罗马帝国时期的法律虽然创设了一些以赔偿为主要目的的"准民事诉讼"和另一些主要以对侵权行为人进行惩罚为目的的"准刑事诉讼"，但也没有系统地区分刑罚和民事损害赔偿。到了罗马帝国后期，法律甚至创制了一些混合诉讼，对某些行为既宣告刑罚也同时判决承担损害赔偿，使这种区分甚至有消失的趋势[3]。

但罗马法对于公犯与私犯的区分却启发了法国旧法时期的法学家，他们以此

---

[1] David Deroussin, "Le contrat à travers le Code civil des Français", In Les Penseurs du Code Civil, Ouvrage Coordonné par Claude Gauvard, La Documentation Française, 2009, p. 269.

[2] 公犯是指危害国家的行为；私犯指侵犯他人人身或财产的行为。罗马法中的私犯才是现代法意义上的侵权行为的起源。

[3] G. VINEY, Traité de Droit Civil, sous la direction de J. Ghestin, Responsabilité Civile, t. I, L'Introduction de la Responsabilité Civile, 2008, p. 8.

为基础提出了将民事责任与刑事责任分离的理论：对于罪行的惩罚应由国家来进行；而民事损害赔偿则是私人之间的事务[1]。法学家的理论尽管没有对当时的立法和司法实践产生太多的影响，但却在1804年《民法典》中得到了体现。《民法典》对于侵权责任的规定并没有以刑事责任作为参照，损害赔偿责任的成立也不再以罪行的存在为前提，侵权责任的独立性切实地得到了保障。

然而，《民法典》侵权责任制度最大的历史贡献却是在立法史上首创了过错责任的一般原则，即《民法典》第1382条和第1383条。侵权责任一般原则的创立表明1804年《民法典》抛弃了罗马法侵权责任制度"决疑论"的方法论[2]，试图将侵权责任体系建立在一项具有普遍意义的基本原则的基础之上。

罗马法采用对于各种类型的侵权行为进行具体规定的做法，如《优士丁尼法学阶梯》中所列的私犯有四种，分别为窃盗、强盗、对物私犯和对人私犯。尽管罗马法在其发展过程中所承认的侵权行为的种类不断增多，但却始终没有能够形成侵权责任的一般条款，实现侵权损害赔偿的普遍化。而法国旧法时期的侵权责任制度虽然一直尝试扩展侵权责任的适用范围、强化过错在侵权责任构成中的作用，但也一直没能将过错一般化到所有侵权责任的构成要件中。因此，1804年《民法典》能够最终摆脱罗马法决疑论的影响，在立法上首创过错责任的一般原则，在世界侵权责任制度发展史上具有划时代的意义。

1804年《民法典》不但确立了个人过错责任的一般原则，还以过错为核心构建了整个侵权责任制度。在整个侵权责任体系中，过错责任或者直接地得到适用（如个人行为责任），或者以间接方式得以适用（如在为他人行为责任和物件致损责任中），并不存在过错责任的例外。这是1804年《民法典》侵权责任制度最突出的特点。

建立在过错责任基础上的侵权责任制度不但使侵权责任能够有效发挥惩罚加害人和恢复受害人权利的双重功能，也体现了法律对于个人行为自由的尊重。因

---

[1] G. VINEY, Traité de Droit Civil, sous la direction de J. Ghestin, Responsabilité Civile, t. I, L'Introduction de la Responsabilité Civile, 2008, p. 9.

[2] "决疑论"是一种以个案为基础的推理方法。在法律领域，决疑论是罗马法中最重要的推论方式。由于罗马法并无法典，因此其推论皆以各个个案为逻辑起点，透过对个案的分析、比较、抽绎、区分，得出一些一般性的原则，再将之适用于其他个案。参见焦宝乾："论题学的法律方法论意义"，《求实学刊》2011年第5期。

为它实际上赋予了人们以不实施过错行为为前提的行为自由,这不但与当时社会盛行的自由主义思潮相一致,也在资本主义初期对于鼓励公平竞争、促进社会经济活动发挥了重要的作用。这也是过错责任原则在此后为多国民事立法所效仿,成为近现代民法基本原则之一的原因。

(1) 个人过错责任的直接适用

1804年《民法典》有关个人行为责任的规定,在立法审议过程中,经历了由一般条款加特殊条款相结合的立法模式转变为最终仅规定一般条款的过程。最初的前期立法草案,以两个一般条款加两个特殊条款相结合的方式,对个人行为责任进行了规定。其中,具有一般条款性质的两个条文分别规定了个人(故意)过错行为责任和因懈怠、疏忽大意行为引起的责任;而另外两个条文则具体列举了两项具体类型的个人过错行为责任:房屋主人和临时房客对从房屋中抛掷的物给行人造成损害的赔偿责任。在将草案提交国会进行审议时,两个一般条款未受争议地得到了通过,成为《民法典》著名的第1382条和第1383条;而草案有关个人过错责任的两个特殊条款却未被采纳。议员们给出的理由是过错责任的一般规定已经涵盖了所有的过错责任,没有必要再列举其中的某些具体情形[1]。

因此,1804年《民法典》最终选择了仅运用过错责任的一般原则,来规范一切过错行为引起的损害赔偿责任的做法。《民法典》第1382条和第1383条规定:"任何行为致他人发生损害时,因其过错致行为发生之人,应对该他人负赔偿责任";"任何人不仅对因其行为造成的损害负赔偿责任,也对其懈怠或疏忽大意造成的损害负赔偿责任"。

过错责任一般原则的确立,首先意味着任何过错行为,无论是故意过错还是懈怠和疏忽大意的过错,都会引起行为人的损害赔偿责任。而对没有任何恶意的懈怠或疏忽大意的行为,也同样追究责任的理由,编纂者做出如下解释:"也许我们会自问这一规定是否有些过分?如果一个人并没有这样的故意意图,对他依然进行惩戒是否有失公平?但法律不能在行为有过失的人和遭受痛苦的人之间摇摆

---

[1] Olivier Descamps, "La responsabilité civile dans le Code civil", in Les Penseurs du Code Civil, Ouvrage coordonné par Claude Gauvard, La Documentation Française, 2009, p. 296.

不定；公共秩序的基本原则决定了这一做法的合理性。[1]"可见，确立个人过错责任的一般原则被立法者认为是公共秩序的内容，是维护社会秩序的必然要求。

过错责任一般原则的另外一层含义是任何人都应对自己的过错行为负责。但因 1804 年《民法典》采用主观过错的概念，没有主观识别能力的未成年人和精神病人被认为不能实施过错行为，自然他们本人也不需要为其行为引起的损害负责[2]。

另外，与罗马法只承认特定种类的损害赔偿不同，在 1804 年《民法典》中，过错行为造成的任何类型的损失，不论是人身损害、财产损失，还是精神损害或既得利益的丧失，均可获得赔偿。只有因不可抗力等因素使因果关系不能确立时，受害人才独自承担不幸命运的后果。

对于损害赔偿数额的确定，《民法典》采用了按实际损失全部赔偿的原则，即赔偿数额的确定以受害人实际损失的范围为准，行为人过错的严重程度对于赔偿数额的确定不产生任何影响。对此，护民院议员塔里布勒（Jean Dominique Léonard Tarrible，1752—1821）[3]在《民法典》草案的报告中已经阐明："这一条款在其广阔的范围内，对于所有类型的损害和义务人适用统一的赔偿规则"，"从谋杀到轻微伤害，从一幢小屋的火灾到一幢大楼的焚毁，都适用同样的损害赔偿法则……"[4]。过错责任一般原则的创立大大扩展了侵权损害赔偿责任的适用范围，任何人的任何过错行为引起的任何损害，都会引起损害赔偿责任，这是 1804 年《民法典》对于侵权责任制度发展做出的最卓著的贡献。

过错责任一般原则的确立，从本质上体现了自然法思想的影响。作为自然法思想的拥护者，1804 年《民法典》的起草者认为，侵权责任领域中也存在着对于任何国家、任何时代都普遍有效的自然法则。因此，他们希望将从理性、公平中衍生出来的这些基本规则总结出来，并将其建立在法律强制力的权威之上[5]。他们确信这

---

[1] 格勒伊（Joseph Bertrand de Greuille，1758—1833），元老院成员，在其向元老院阐述《民法典》立法理由时的报告。

[2] 但对于未成年人的致损行为，《民法典》在其后规定了父母责任。

[3] 政治家、法学家，元老院议员。

[4] G. VINEY, Traité de Droit Civil, Sous la direction de J. Ghestin, Responsabilité Civile, t. I, L'Introduction de la Responsabilité Civile, 2008, p. 22.

[5] 同上[3]，p. 21.

样的法律规则因能够满足公平正义的要求,将成为一个具有普遍和永恒意义的法律规则,对所有人类社会普遍适用,也将是维护社会秩序必不可少的法则[1]。

正是这样的愿望促使《民法典》的编撰者,借鉴了多马的"以过错为基础的民事责任的一般理论",创设了第1382条和第1383条的规定。1689年,多马在《自然秩序中的民法》一书中最早提出:"任何因过错行为引起的损失,不论是因为疏忽大意还是任何其他的过错,无论其多么轻微,过错行为人都应该负赔偿责任。即使没有恶意,也构成过错。[2]"但是多马还是受到罗马法决疑论的影响,因为这段论述实际上只是为了说明某些特殊的损害行为也应引起损害赔偿责任。

在其之后,法学家雅内斯(Michel Prévost de la Jannès,1695—1749)[3]提出了完全脱离决疑论的民事责任一般原则理论,但他的学说并没有得到太多的反响[4]。而对于1804年《民法典》编撰者制定第1382条和第1383条具有直接影响的是加拉(Dominique-Joseph Garat,1749—1833),大革命执政府时期的内政部长,他早年曾在一篇文章里对于多马有关侵权的理论进行了极为系统的分析。《民法典》编撰者之一贝尔汤德在向法院陈述立法理由时多次直接引用了该文的原文[5]。

自然法思想对于1804年《民法典》的影响在编撰者对立法理由的阐述中可以轻易找到印证。如特雷亚尔指出:"这种约束是建立在深植于所有人内心之中的基本原则的基础上,对于他人,我们应该做出我们希望他人在同样情形下对我们做的同样的事情。因此,我们应该对于我们的过错行为引起的损害承担赔偿责任。各位即将读到的条款(即《民法典》中所规定的侵权责任的相关条款)是这

---

[1] G. VINEY, Traité de droit Civil, sous la direction de J. Ghestin, Responsabilité Civile, t. I, L'Introduction de la Responsabilité Civile, 2008, p. 22.

[2] Domat, "Les lois civiles dans leur ordre naturel", t. I, 7, 8, Paris, David, 1713, fol. 181, cité par Olivier Deschamps, "La responsabilité civile dans le Code civil", in Les Penseurs du Code Civil, Ouvrage coordonné par Claude Gauvard, La Documentation Française, 2009, p. 299.

[3] 法国18世纪时期的法学家。

[4] Prévost de la Jannès, Les Principes de la Jurisprudence Française, t. 2, 28, 621, cité par Olivier Deschamps, "La responsabilité civile dans le Code civil", in Les Penseurs du Code Civil, Ouvrage coordonné par Claude Gauvard, La Documentation Française, 2009, p. 299.

[5] Olivier Deschamps, "La responsabilité civile dans le Code civil", in Les Penseurs du Code Civil, Ouvrage coordonné par Claude Gauvard, La Documentation Française, 2009, p. 299.

一永恒不变之真理的必然要求";贝特朗(Bertrand)的报告也与此相呼应:"任何人都是自己行为的担保者,这是一个社会的最基本的原则";"你们会发现这些规则是从理性、智慧、公平和从最神圣的伦理道德等原则中得来的,而这些原则是一个良好和持久的法律制度得以建立的基础[1]"

(2) 个人过错责任原则的间接适用:为他人行为责任和因物件致损责任

1804年《民法典》并没有仅仅规定个人行为责任,而是在第1384条到第1386条中以有限列举的方式又规定了为他人行为责任和物件致损责任。

第1384条规定了四种为他人行为责任,分别是父亲(父亲去世时为母亲)为未成年子女侵权行为承担的责任(第4款)、雇主为雇员侵权行为承担的责任(第5款)以及教师为其学生、手工业师傅为其学徒侵权行为承担的责任(共同规定在第6款)。编撰者设立这一责任的目的是为了给受害人的损害赔偿增加一个更具清偿能力的担保人,贝特朗在陈述立法理由时甚至将这些责任直接称为"担保"[2]。

而法律追究民事责任人责任的依据则是行为人处于民事责任人的权力之下,由此产生了民事责任人对行为人的监管义务。若行为人实施了过错行为,法律则推定是因民事责任人疏于监管所造成(父母对于子女教育或监管的过错、雇主选择和监管雇员的过错、教师和手工业师傅监管学生或学徒的过错)。因此,民事责任人需要为其过错承担损害赔偿责任。

推定过错的归责原则也解释了1804年《民法典》为他人行为责任制度的以下两组规则:首先,民事责任人责任的成立要求行为人的行为发生在其处于前者实际监管之下的期间,因为这是推定责任人存在监管过错的前提。因此,父母责任的成立要求子女与父母共同居住;教师和手工业师傅的责任也要求学生或学徒的侵权行为发生其在学校或在工厂的期间;而雇主责任的发生则要求雇员的侵权行为发生在履行职务过程中。其次,民事责任人(如父母、教师和手工业师傅)都可以通过提供反证得以免责,如已尽到监管义务等。但雇主不存在这种可能,立

---

[1] "La naissance du Code civil, la raison du législateur", Travaux Préparatoires du Code Civil, Flammarion, 1989, éd. 2004, p. 348.
[2] 同上[1], p. 346.

法者认为这是雇主从雇员行为中获利的逻辑后果[1],这也是现代"危险—利益"理论的来源。

另外,由于法律创设为他人行为责任的首要目的是为了给损害赔偿增加一个担保,而并非惩戒民事责任人。因此,对于民事责任人责任的追究并不引起行为人个人责任的免除。理论上受害人有权选择同时起诉行为人;民事责任人承担责任之后也有权向行为人进行追偿。

物件致损责任规定在《民法典》第1385条和第1386条,分别是动物使用人或主人对其使用或饲养的动物引起损害的责任和房屋主人对倒塌的房屋引起损害的责任。这两项责任也是建立在对责任人个人过错的推定的基础之上:推定动物主人或使用人对动物的看管有过失和推定房屋主人对房屋的维护或建筑的监管有过失[2]。

以上两类责任本质上只是个人过错责任的间接适用,因为责任人的过错,尽管是推定的,始终是其责任成立必不可少的要件,只不过在这些情形下,过错通常体现为疏忽大意的过失。

由此可见,在1804年《民法典》中,"过错"是整个侵权责任体系的唯一基础,并不存在任何客观责任。这体现了教会法思想对起草者的影响。

基督教神学自中世纪初期开始在法国广泛传播,一些教会法学者从具有影响力的神学家(如圣托马斯[3])的著作中总结出了教会法学的理论基础。在侵权责任领域,法学家们努力将基督教对于道德责任的理解融入到侵权责任的基本原则中来,强调过错在侵权责任中的地位。正是将民事责任紧密连接到道德责任之上的理念,使1804年《民法典》确立了过错在整个侵权责任体系中的绝对的统治地位,使侵权责任成为惩戒不法且道德上应受谴责的行为的后果。在个人过错责任中,不论是故意过错,还是疏忽大意的过错,都是道德上应受谴责的行为;同样,为他人行为责任和物件致损责任也体现了法律对于道德的参照,特雷亚尔(Jean-

---

[1] "La naissance du Code civil, la raison du législateur", Travaux Préparatoires du Code Civil, Flammarion, 1989, éd. 2004, p. 347.

[2] 同上[1], p. 348.

[3] Thomas Aquinas, 约1225—1274, 是中世纪经院哲学的哲学家和神学家。他是自然神学最早的提倡者之一,也是托马斯哲学学派的创立者。他所撰写的最知名著作是《神学大全》(Summa Theologica)。

Baptiste Treilhard, 1742—1810) 的报告更是明确地反映了这一点。在介绍完第 1382 条至第 1386 条之后，他指出："这些责任都是公平的；法律之所以追究其责任，均是因为责任人对其行为难辞其咎。[1]"

三、《法国民法典》的演进

《法国民法典》更让人惊叹的是它持久的生命力，它历经了法国两个多世纪政治、经济和社会的变迁，依然适用至今。究其原因，除了因为编撰者对于《民法典》基本原则的准确把握使其具有适应社会变迁的张力之外，还应该归功于历代立法者和法官为《民法典》适应社会发展所做的努力。现今的《民法典》已非 1804 年时的面貌，其体现的法律思想也发生了深刻的变化。

（一）演进的基础和方式

立法者对于《民法典》进行修订，无疑是《民法典》发展最为直接的途径。在试图对《民法典》进行一次性全面变革的尝试失败后，立法者转而采用局部修订的方式，来使《民法典》不断适应社会发展的需要。从整体上看，《民法典》的几大部分当中，婚姻家庭制度的立法修订最为彻底和全面，有关离婚、亲子关系和亲权的条文几乎被全部重写，继承和婚姻财产制的条文也经历了重要的修订。

在物权法和债法领域，立法者虽然对《民法典》条文进行的直接立法修订相对较少，但却在《民法典》之外发展了大量的单行法。如合同领域中有关不动产买卖、租赁、保险和运输等特别法的制定；侵权责任领域有关交通事故、产品责任等各类事故赔偿特别法的制定；物权领域有关国家征用土地、矿藏及有关航空飞行器等特别法的出台。这些单行法既构成了对于《民法典》的重要补充，也成为法国民法制度的重要组成部分。

除了立法者的工作之外，司法判例在审判实践中对法律条文进行重新诠释也

---

[1] G. VINEY, Traité de Droit Civil, Sous la direction de J. Ghestin, Responsabilité Civile, t. I, L'Introduction de la Responsabilité Civile, 2008, p. 23.

是《民法典》适应社会发展的有效途径。与一个世纪后诞生的《德国民法典》严谨精确的文风不同,《法国民法典》的条文表述极为简洁和原则,这种开放性也为法官留下了更大的解释法律的空间。法官可以根据社会发展的需要从现存的法律条文中解释出新的原则,有时甚至做出与法条本意完全相反的解释。这一现象在法国现代侵权责任制度的发展过程中表现尤为突出。

为了满足现代社会事故频发而产生的赔偿受害人的需要,法国最高法院的判例依据原本只是"过渡段"的第1384条第1款确立了物件致损责任的一般原则。在合同领域,判例发展出了"滥用权利理论"来保障交易公正。在物权制度和人法制度的发展过程中,司法判例也同样发挥着十分重要的作用。在法国民法中,判例作为法律渊源的地位尽管没有得到正式的承认,但事实上它已经成为法国民法的渊源之一。司法判例不但为立法者减轻了负担,也具有更为灵活的优点。

经过立法者和法官的共同努力,《民法典》的各个领域都发生了深刻的变革。从法律思想的变化考察,人法制度与物权、债权制度似乎在朝着两个相反的方向发展。人法领域的改革加强了法律对于个体利益的保护:个人法制度的发展强化了法律对于各项个人权利的保护;婚姻家庭制度的改革更是加强了法律对于家庭成员的平等和自由的保障。而物权和债权制度的发展则呈现出了社会公共利益对个体利益的制约加强的趋势:在物权法领域,所有权受到了越来越多的限制;在合同法领域,对于契约自由的限制也日益增加;在侵权责任领域,现代法律逐渐确立并发展了无过错责任,侵权损害赔偿朝着社会化和集体化的方向发展。

这些特点也是其他许多国家民法在20世纪的共同发展趋势[1]。这从本质上体现了20世纪"人权观念"和"社会化思潮"对于民法各领域分别产生的影响:一方面,人权观念的发展要求法律对于个人在社会生活和家庭生活中的平等和自由给予更多的保护;另一方面,在社会化思潮的影响下,所有权和债权不再仅仅被认为是当事人的个人事务,对社会整体利益和他人利益的保护要求法律加强对个人权利的限制和使个人承担更多的责任。

---

[1] 王云霞:"论《法国民法典》的时代精神",何勤华主编:《20世纪外国民商法的变革》,法律出版社2004年版,第97页。

（二）法典内容的变迁

具体而言，1804 年《民法典》颁布至今，在如下一些领域发生了巨大的变化。

比如，在人法方面，法国自 1964 年以来对《民法典》第 1 卷的人法制度进行了全方位的改革：1964 年 12 月 14 日的法律改革了未成年人监护制度、1965 年 7 月 13 日和 1985 年的法律改革了婚姻财产制、1966 年 7 月 11 日和 1976 年 12 月 22 日的法律改革了收养制度、1968 年 1 月 3 日和 2007 年 3 月 5 日的法律改革了无行为能力成年人的监护制度、1970 年 6 月 4 日和 2002 年 3 月 4 日的法律改革了亲权制度、1972 年 1 月 3 日和 1993 年 1 月 8 日的法律改革了亲子关系制度、1974 年 7 月 5 日的法律修改了成年年龄[1]、1977 年 12 月 28 日的法律改革了"不在"制度、1975 年 7 月 11 日和 2004 年 5 月 26 日的法律改革了离婚制度、1993 年 7 月 22 日的法律改革了国籍制度、1994 年 7 月 29 日的《生物科技法》建立了对人身体的保护制度以及 1971 年 7 月 3 日、2001 年 12 月 3 日和 2006 年 6 月 23 日的三部法律相继对继承制度进行了改革等。[2]

又如，在物权制度的发展方面，1804 年以来，《民法典》第 2 卷的内容表面上保持了稳定，194 个条文中，仅有 48 条经过修改，[3] 但事实上，受反对个人所有权绝对性思潮的影响，法国物权制度在整个 20 世纪发生了深刻的变革。如集体所有权逐步为法律所承认并得到了显著的发展，成为与个人所有权并列的所有权形式，自 20 世纪末以来，法律开始承认民事公司和其他团体的法人资格，这些法人在各自不同的范围内的财产所有权也随之得到法律认可。尽管这种所有权本质上只是一种带有"关注集体利益色彩的个人所有权"，[4] 但仍与单纯的个人所有权有着很大的差别。同时，财产权（动产或者不动产）的内涵不断丰富，船舶与飞机，有

---

[1] 将成年的年龄由 21 岁降为 18 岁。

[2] 经过改革，《民法典》所确定的法定继承得到了全面的革新，通过承认配偶和非婚生子女的法定继承权，使法定继承权除了可通过传统的合法血亲关系获得之外，还可以通过婚姻和其他亲子关系而取得。

[3] 2006 年 4 月 21 日第 2006—460 号法令（L'Ordonnance de n° 2006—460 du 21 Avril 2006）将原第 556 条中的"江、河岸边不为人觉察而逐步形成的冲击地与扩增地"修改为"新增滩地"。

[4] François Terré, Philippe Simler, Droit Civil: Les Biens, Dalloz, 7ᵉ éd. 2006, p. 434.

价证券和金融产品，因文学艺术作品而产生的文艺产权以及因工业设计而产生的专利、商标、外观设计和原产地名称等工业产权等，都成为了财产权的内容。此外，个人所有权开始丧失最初神圣不可侵犯的"绝对性"地位，受到公权力越来越多的限制，出现了"所有权的社会功能理论"，认为，对于财富的占有者来说，所有权是其利用所占有的财富来实现和加强社会的相互依存关系的一项义务；体现在法律层面，法律应基于保障公共利益的需要对个人所有权进行限制[1]。尤其是现代法律对于某些新型权利的确认使私人所有权受到了限制。尤其在租赁合同领域，现代法律呈现了对承租人加强保护的倾向，赋予承租人许多可以对抗承租物所有权人的权利。这一现象在商业租约、工业用地租约和住房租约等领域均有体现[2]。

再如，在债权制度方面，1804 年《民法典》颁布至今，受社会经济、政治发展的影响，无论是合同制度还是侵权制度都发生了显著的变革。在合同领域表现为契约自由越来越多地受到法律的限制，尤其是对那些因契约自由的放任而产生的霸王条款[3]，法律进一步加强了规制，从而出现了由关注表面的平等向关注实质的平等的转变；合同制度的重心逐渐从保障个体自由向维护交易公正与社会经济秩序的转变；合同订立时形式主义重新得以强化，越来越多的合同被法律要求必须采用书面形式或进行公示、登记；用强制性规范对合同自由进行限制，如法律将责任保险合同强加给许多从事特定职业或特定活动的当事人，如机动车驾驶员[4]、建筑工作者、律师[5]和公证员[6]等；如今在法国，强制保险义务存在于70余个领域。另外，法律还规定承租人必须为所租房屋购买保险[7]、经营者必须在银行开设商业账户[8]。法律甚至规定，雇主不得因雇员性别或所属工会组织的原因拒绝

---

[1] Léon Guguit, Les Transformations Générales du Droit Privé Depuis le Code Napoléon, 1912, p. 158.

[2] Jean-Louis Thireau, " La propriété du Code civil: Modèles et anti-modèles ", in Code Civil et Modèles: Des Modèles du Code au Code Comme Modèle, Ouvrage collectif sous la direction de Thierry Revet, LGDJ, 2004, p. 173.

[3] F. Terré, Ph. Simler, et Y. Lequette, Droit civil: Les Obligations, Dalloz, éd. 10, 2009, p. 39.

[4] 如1958年2月27日法律（La Loi du 27 Février 1958）规定机动车驾驶员必须订立责任保险合同。

[5] 1971年12月31日的法律（La Loi du 31 Décembre 1971）。

[6] 1955年5月20日的法律（La Loi du 20 Mai 1955）。

[7] 1989年7月6日的法律（La Loi du 6 Juillet 1989）。

[8] J. Flour, J. -L. Aubert, et E. Savaux, Droit Civil: Les Obligations, v. I, II, III, Armand Colin, 13e éd. 2001, p. 86, n° 125.

雇佣[1]，对商品和服务的价格做出限制，[2]以抑制通货膨胀。

在侵权责任制度的发展方面，随着工业革命的推进，因机器、机动车等引起的意外事故剧增，社会大众每个人都可能成为突发事故的受害者，因此，"多数人法则"和"平等主义"要求侵权责任制度能够在更大范围内保护受害人的利益[3]。法国现代侵权责任制度因此发生了从"行为人主义"向"受害人主义"的转变，出现了危险理论[4]，将民事责任建立在一个客观的基础"危险"之上："将一项损失在行为人和受害人之间进行分配时，将其分配到对损害发生有促进作用或从中获利的人身上会比让什么都没有做的无辜的受害人承担更公平。"[5]在此理论指引下，各种传统的为他人行为责任也由过错推定责任逐渐转变为无过错责任[6]，精神病人和低龄儿童，也将承担个人的责任[7]。

另一方面，现代法律同时还利用集体赔偿机制，如责任保险、国家赔偿基金等，来保障受害人损害赔偿的切实实现。1985年7月5日的《交通事故损害赔偿法》更进一步强化了保险人在损害赔偿中的作用。并催化了"国家赔偿基金"的发展。这类基金由国家设立，其理论基础与民事责任大相径庭："如果说损害是针对个人的，但后果应该由全社会来分担。这是一个全新的公平的概念。……社会成为一个互助的整体，一个由互助规则连在一起的组织，里面的任何人对于别人来说都不是没有关联的他人。[8]"而2002年3月4日的法律，则在医疗责任领域设立了医疗事故赔偿基金，当医疗机构和医务人员的医疗责任不能成立或责任人及其保险人不具

---

[1] 1948年9月1日的法律（la loi du 1er septembre 1948）第54条和《劳动法典》（Code du travail）第123条和第412条。

[2] F. Terré, Ph. Simler, et Y. Lequette, Droit Civil: Les Obligations, Dalloz, éd. 10, 2009, p. 40.

[3] J. Flour, J.-L. Aubert, et E. Savaux, Droit Civil: Les Obligations, v. II, Le Fait Juridique, Armand Colin, 13e éd. 2001, p. 64.

[4] R. Saleilles, Les accidents du Travail et la Responsabilité Civile, Dalloz, 1897. 1. 437.

[5] 同上[3]，p. 65.

[6] 不包括教师为学生侵权行为承担的责任，1937年的法律取消了对教师责任过错推定的归责原则，回归到了举证过失。但由国家替代教师（公立学校的教师及与之签订教育合同的私立学校的教师）对学生的行为引起的损害承担责任。

[7] 法国最高法院全体会议1984年5月9日判例（C. Cass. Ass. Plén. 9 mai 1984, Bull. Civ. n° 2 et 3）。在本案中，法院判决未成年人受害者由于其过错行为不能得到全额赔偿。但由此可推论，当未成年人为行为人时，也应对其过错行为负责。

[8] F. EWALD, "Responsabilité-solidarité-sécurité", Risques, 1992, p. 17.

有清偿能力时，受害人可以请求国家医疗事故赔偿办公室（ONIAM）来对受害人进行赔偿；2003年8月1日的法律设立的强制保险赔偿基金（FGAO）[1]，该基金可以在受害人不能从责任人的保险人那里获得全部赔偿时，进行补充赔偿。[2]

最后，由于2007年2月19日法国公布生效了《关于建立信托制度的法律》，决定建立信托制度，从而促使《法国民法典》在第3卷中增设了"信托"编，用21个条文（第2011条到第2031条）对"法国式"的信托制度进行了规定。[3]

第六节　环境法、城市规划法、文化遗产法

一、法国环境法

（一）环境法的起源

在法国，有关环境保护的法令最早可追溯到1669年《森林政令》，此后相继发布了1810年《关于手工工场和作坊散发出有害健康的或致人不舒服的气味的决定—法令》、1827年《森林法典》、1906年《自然环境和风景保护法》、1917年《有害健康和危险企业法》、1930年《自然环境和风景保护法》、1957年《有关自然保护区建立的法令》、1961年《有关国家自然公园建立的法令》、《有关反大气污染和气味的法令》、1964年《狩猎法》、《有关水的分配管理和预防水污染的法令》、《有关水文地理盆地建立的法令》、1967年《地区自然公园建立的法令》等[4]。

---

[1] 强制保险赔偿基金是2003年8月1日的法律将1994年3月30日的法律设立的交通事故赔偿基金的领域扩展而设立的。
[2] 关于20世纪以后法国民法的发展变化，详细请参阅本丛书第14卷《现代私法的变革》。
[3] 详细参见李世刚："论《法国民法典》对罗马法信托概念的引入"，《中国社会科学》2009年第4期。
[4] 彭峰：《法典化的迷思：法国环境法之考察》，上海社会科学院出版社2010年版，第98—99页。

但是，现代意义上的法国环境法起源于20世纪70年代初，以1971年环境部的设立为标志，第一任部长为罗伯特·波亚德（Robert Poujade）。由于与环境相关的法律文本的膨胀、散乱，依据1971年1月27日《有关自然保护和环境保护部设立的法令》，政府决定设立环境部[1]。

让·拉马克（Jean Lamarque）教授的《自然与环境保护法》（1973年）一书为法国环境法方面的先锋著作。在书中，作者首次提到自然与环境保护法是一个新的部门法，这本书集中反映了作者的"保护"思想，主要涉及到对自然的保护。他写道："必须在最广泛的意义上强调，'保护'这个词并不仅仅是预防破坏，也要确保最理性的使用自然资源，改善自然要素的质量；它可以是改造一个风景，解救一个城市煤矿石的工地，重建一个绿色空间，但是所有这些都在于对公正的期待中"[2]。

由于让·拉马克教授的《自然与环境保护法》出版于1973年，该书强调的是确保最理性地使用自然资源，显然受到了经济学功利主义的影响，但在当时的条件下，此观点是非常进步的。其后出版的环境法论著逐步开始强调环境的"价值"，从"工具价值"发展到"内在价值"，与西方环境伦理学思想的发展达到了契合。可见，法国环境法最早起源于对自然的保护，其后逐步发展成一个较为庞大的体系。

（二）环境法的形成

法国环境法的形成以1995年2月2日《有关加强环境保护的法令》（又称《巴尔涅尔法令》Barnier）[3]的通过为标志，该法确立了环境法的基本原则，堪称法国环境法的基本法，引起了一系列环境法令的起草与修改。《巴尔涅尔法令法令》第1条确立了法国环境法的四大基本原则，即预防行动与纠正原则、风险预防原则、污染者付费原则以及公众参与原则[4]。《巴尔涅尔法令》第1条最早被编纂到农村法典L.200—1条中，后被编纂到环境法典L.110—1条。

---

[1] Philippe Malingrey, Introdiction au Droit de l'Environnement (3^{e}édition), Paris: Lavoisier, 2006, p. 9.
[2] Jean Lamarque, Droit de la Protection de la Nature et de L'Environnement, Paris: LGDJ, 1973, p. 14—15.
[3] Barnier是时任法国环境部部长Michel Barnier的姓，该令由Barnier推动起草，因此以其姓命名。
[4] Article 1 de la Loi Barnier devenu l'article L. 110—1 du code de l'environnement.

预防行动与纠正原则与风险预防原则比较类似，法国环境法典 L. 110—1 条中，将预防行动与纠正原则表述为"优先于源[1]的，环境损害的纠正"原则，该条规定："在可接受的经济成本条件下，自由运用的最好技术条件下，优先于源的，环境损害预防行动和纠正原则。"法国环境法中环境影响评价制度的实施构成了预防原则适用的特许方式。法国早在 1976 年 7 月 10 日《关于自然保护的法令》中规定了环境影响评价制度，其后在 1977 年 10 月 12 日的一项政令中予以细化。

与预防行动与纠正原则不同，风险预防原则的前提是"不确定性"，而前者针对的则是对"已经确定"的损害进行预防。风险预防原则重在采取预防措施以避免环境恶化之可能，预防行动与纠正原则重在采取措施以制止或阻碍环境损害的发生；风险预防原则适用的是严重或不可逆转的环境损害之威胁或风险，预防行动与纠正原则适用的环境损害范围既包括环境损害之风险，又包括实际发生的或即将发生的环境损害；风险预防原则针对的是在科学上尚未得到最终明确证实但如等到科学证实时才采取防范措施则为时过晚的环境损害之危险或风险，预防行动与纠正原则并非专门针对此种情况[2]。

因此，与预防行动与纠正原则通过环境影响评价制度得以适用不同，法国环境法中根据风险预防原则创设了决策过程中的风险预防程序。法国环境法典 L. 110—1 条对风险预防原则进行了如下的表述："风险预防原则，由于确定性的缺乏，鉴于当代科学与技术的认知，提前采取有效的及相称的措施，旨在预见一个严重损害及对环境不可逆转的风险，以期控制在可接受的经济成本之内。"法国 2004 年《环境宪章》第 5 条亦对风险预防原则作出了规定，并于 2005 年写入宪法序言。当然，在法国风险预防原则的适用领域并不仅限于环境保护领域，同时也适用于公众健康以及其他相关领域。

污染者付费原则的经济基础是经济学上的外部性理论。该理论的发展经历了马歇尔的"外部经济"、庇古的"庇古税"和科斯的"科斯定理"三个阶段。根据法国环境法典 L. 110 条对污染者付费原则的规定，其适用主要在三个方面：

首先，相关的反污染规范的确定。这一类规范，被广泛适用于大气污染、水

---

[1] 这里的"源"指"污染源"。
[2] 王曦：《国际环境法》，法律出版社 1998 年版，第 115—117 页。

污染、声污染方面[1]。

其次，环境税。法国自1990年12月政府通过国家环境计划起，即开始有关环境税的讨论。在对过往环境政策的成就和教训的评价以及与其他主要工业化国家的比较中，法国1990年的国家环境计划认为，法国公共和私人环境保护支出低于主要工业化国家。根据国家计划，1991年建立了环境与节能机构，该机构负责对废弃物倾倒征收新的环境税，并对其进行管理。根据污染者付费原则，针对环境问题的财政措施采取专门税收，或者给企业或家庭财政特许权（加速折旧，降低税率或扣减应纳税利润）的形式，由公共部门负责专项税收的管理和征收[2]。

目前，法国的环境税主要分为以下几种：

第一，预算目标的税种，如石油产品内部税。这类税种并不对环境构成首要的影响，而是能够影响或多或少长期的消费行为，并且参与到污染物的减排。

第二，押金退还。这项制度多用于饮用水及其家用垃圾方面。该制度事实上依据的是使用者付费原则，主要针对由稀少资源的消费所导致的污染物处理的消费者，其目标是提供一种服务的资金，同时这种押金方式对行为亦产生影响。

第三，公路运输的税收，与其他经济合作与发展组织（OECD）国家一样，法国尤其是从对机动车燃料的税收中获得了大量的收入。

第四，税收激励。这种激励方式旨在节约能源，鼓励有利于环境的行为。大约五分之一这种类型的税应用于多种行业，如水、废弃物、日常油污的去除、森林和树木的开垦、飞行器噪音、涂料、证件和纸板等。

1999年建立了一种新的污染活动一般税（TGAP税），该税种代替了之前存在的五种污染物排放税（大气污染税、家用废弃物税、特殊工业废弃物税、日常油税、飞行器噪音税）。

2000年这种TGAP税的税基扩展到了根据植物检疫内容的洗涤剂、柔软剂，采石场使用的石料、农用农业检疫产品以及分类设施税等[3]。对于专项环境税的用途，根据"共同原则"指定其专项用途，如税收收入可用于研究和开发，或者用

---

[1] Agathe Van Lang, Droit de l'Environnement, Paris: PUF, 2002, pp. 80—81.

[2] 经济合作与发展组织（OECD）：《税收与环境：互补性政策》，张山岭、刘亚明译，中国环境科学出版社1996年版，第83页。

[3] Sandrine Maljean-Dubois, Quel Droit pour l'Environnement, Paris: HACHETTE Superieur, 2008, p. 89.

于帮助交纳专项税的污染者对污染防治或治理设施投资。这类投资帮助主要限于那些缴纳了该税种的单位。

公众参与原则。根据《巴尔涅尔法令》第1条第1款的规定，每一个公民必须有权获得与环境相关的信息，并且包括获得关于危险物质与危险活动的信息，第2款规定了公民享有健康环境的权利（即环境权）以及保护环境的义务。在法令第1部分（此部分从第2条至第10条），对公众参与原则以及环境保护社团进行了规定，其中规定了公众参与环境保护的程序以及环境保护社团授权等。

在《巴尔涅尔法令》中对公众参与原则用第1部分进行了具体详细的规定，而对其他原则仅仅进行了定义，可见法国环境法将公众参与环境保护放在了异常重要的位置。[1] 法令规定，每个人被允许获得有关环境信息的范围主要包括：

第一，为了人的健康和收集、运输、处理、储存以及废弃物的存放所带来的不利影响，以及预防和补偿这种影响所采取的措施的信息；

第二，某些领土区域内的主要风险以及相关保障性措施的信息，这项权利适用于技术风险和可预见性的自然风险；

第三，以公众健康和环境为目标，在遵守法律所规定的信息保密范围内，获得转基因产品故意分散的影响的信息；

第四，空气质量及其对健康和环境的影响的信息；

第五，在技术风险的预防计划或预防可预见性的、规定的或已批准的自然风险计划所覆盖的地区，或由最高行政法院的政令所限定的地震频发区的不动产的承租人或财产获得者必须被该计划或政令所针对的风险存在的卖主或出租方告知。

行政机构可以拒绝交流有关咨询或通报的相关信息，这些信息包括相关的环境信息，以及已经提供了根据法律条款、规章、行政机构的文件所规定的被要求的信息，并与其泄露不一致的第三方信息。此外，最高行政法院对"准备中的"的文件和"未完成的"文件有明确的区分，尽管"准备中的"文件被要求为未来的决策，但它被确定为不是"正在起草中的"文件。

在环境保护参与权方面，法律规定了公众调查、公众辩论和地方公民投票三

---

[1] 彭峰："法国公众参与环境保护原则的实施及其对我国的借鉴"，《环境科学与技术》2009年第11期，第201—205页。

大程序。《巴尔涅尔法令》增加了调查委员会的角色，委员会能够向行政法院主席要求在"现存调查特殊性的情况下"，设计"增加一个专家负责帮助调查委员会"，专家的成本由工程业主负责。这条规定暗含着对反鉴定权利的承认。调查委员会也可以组织公众的对立讨论（通过公众信息与交流会议），法令删除了作为否决权解释的预先许可机制。法令同样加强了决策过程中公众调查的角色，对一个更好的公众观点的表达亦有贡献。

在诉诸司法方面，司法实践中，法国环境保护的诉诸司法的权利往往由环境保护授权性协会发起，如一些环境保护协会发起了关于能源方面的诉讼行动，被称为"游击战诉讼"[1]。

（三）环境法的法典化

法国环境法法典化的需要虽然非常早就被提出了，但直到 2000 年才得以完成，以 2000 年 9 月 18 日环境法典的最终通过为标志。在法国环境部建立仅仅五年的时间内，并且有关环境的诸多专项法律还没有被制定并颁布时，当时的司法部部长勒卡尼埃（Le garde des Sceaux Jean Lecanuet）在 1976 年 1 月 23 日宣布："为了方便实践者行动，着手编纂一个环境法典，我相信是必要的。"[2] 法国自 1971 年设立环境部到 1989 年的近 20 年间，有关环境保护的法律、法规越来越多地出现难以理解、分散、混乱的问题，众多的有关环境保护的法律、法规既不能体现法国环境法的实际情况，也不能与国家宏观政策相一致，现实中环境法的发展状况并不是很容易地反映出来。

因此，根据 1989 年 9 月 12 日的一项法令，法国法典化高级委员会确定了工作方法，并且负责协调各工作组对法国环境法典的起草工作。1991 年，环境法典的起草正式启动。环境法的法典化主要基于三个理由："所有的法典编纂都是两种需要的反映，其一是更好的认识法律的内容，其二是为了更好的适用法律而使公众以最容易的方式理解法律。环境法法典编纂的第三个理由是来自于它本身的，以

---

[1] Sandrine Maljean-Dubois, Quel Droit pour l'Environnement, Paris: HACHETTE Superieur, 2008, p. 61.

[2] Revue Juridique de l'Environnement, numero 3—4, 1976, p. 10.

一个法典的形式，使环境法作为一项合法的、毫无争议的社会价值获得承认"[1]。

私人的环境法典编纂在让·拉马克（Jean Lamaraue）先生的主持下，以实体法汇编的形式，早在1980年由达洛出版社出版了第一部民间环境法典。"这种幻想式的假定以预演的方式带来了新的生命，即一个真正的环境法典的诞生"[2]。"关于环境法法典编纂可能性"的可行性研究工作，在1989年由环境部研究处委托法国环境法社团承担。研究发现，在所搜集到的已有的有关环境保护的法律文本中，由于这些文本的分散性，造成了对法律的遵守过程中的误解[3]。环境法的法典编纂使环境法更加清晰明了，从而使环境法更加有效[4]。这样也更加便于删除重复使用和不同法律文本之间的矛盾。

同时，环境法法典编纂的意愿也是与法国当时普遍的法典化浪潮相一致。1989年9月12日89—647号政令设立了法典化高级委员会以重组法国的法典化工作，该委员会由总理直接领导。环境法的法典编纂在该委员会成立后的第一批项目中被确认[5]。在1989年开始进行法国环境法法典编纂时，原定的初步工作计划如下[6]：

表3 法国环境法法典制定工作计划

时间	专家委员会	工作组
1991年9月	启动	选定
1991年10月至1992年3月	起草环境法典总则部分计划的方案，国际部分和环境刑法部分计划的方案	（1）文本的收集 （2）根据法律和法规的价值，分析其中的内容
1992年3月至1993年2月	每两个月跟踪工作组的工作	（3）根据（2）准备法典编纂法的计划 （4）准备政令计划和法典编纂计划

---

[1] Michel Prieur, "Pourquoi une codification ?", Revue Juridique de l'Environnement, numéro spécial, 2002, p. 8.

[2] Jean Lebon, Meurtres au Conseil d'Etat, Paris: Calmann-Lévy, 1989, p. 124.

[3] Christian Pierret, JO, déb. AN 9. Octobre 1990, p. 3499.

[4] Michel Prieur, "Le Code de l'Environnement", L'Actualité Juridique-Droit Administrative, 2000, p. 1031.

[5] Et dans le premier rapport d'activité de la commission supérieure de codification, Petites Affiches 8 mars 1991.

[6] Michel Prieur, Réflexions Preliminaries sur l'Eventualité d'une Codification du Droit de l'Environnement, Rapport de Synthèse, Volume1, Dans SFDE, Mai, 1991, p. 40.

续表

1993年3月		(5) 根据宪法第37条,提交宪法委员会
1993年4月至5月		(6) 在法典化高级委员会、最高行政法院、部长委员会通过草案、提交议会
1993年6月至11月		(7) 草拟法典编纂政令及最高行政法院建议
1993年10月至12月	议会讨论	
1994年1月1日	颁布法典编纂法,公布法典编纂政令	

但事实上,从法国环境法法典化的过程看,由于种种原因环境法典的出台被耽误了,并未按照原定计划完成。

法国环境法典的起草事实上被证明是非常艰辛的,经历了一个漫长的周期。大体上,从法国环境法典的起草到通过可分为四个阶段。

第一个阶段,即初级阶段,从1989年的环境法法典编纂的相关专业性学术研究开始。法国环境法法典编纂的研究项目由法国环境法社团承担,法国环境法社团的研究团队在1989年到1991年间集中了9次,分别在里昂、巴黎、斯特拉斯堡和尼斯等地,于1991年5月向环境部提交了综合报告,共两卷。

在《环境法法典化的可能性》的可行性综合研究报告中得出的结论证明了:(1) 环境法典起草的必要性;(2) 将环境法的基本原则一体化到国家政策中并且将环境政策作为一项优先政策的必要性;(3) 将环境刑法编纂入环境法典的必要性;(4) 环境法典在法国的社会现实需要及司法的必要性[1]。但是,在这个过程中,一个自然保护法的行政的法典编纂程序已经由自然保护处开始着手进行。所导致的结果是,环境法典中自然保护部分的法典编纂根据1989年10月27日84—804和84—805号法令[2]和1991年4月15日的91—363号[3]批准书已经被编纂入农村法典。

第二个阶段也就是环境法典法律部分正式准备的阶段。鉴于与三个机构的联合工作,环境法典的起草直到1996年才正式展开。这三个合作机构分别是:第一,

---

[1] Michel Prieur, "Le Code de l'Environnement", L'Actualité Juridique-Droit Administrative, 2000, p. 1031.

[2] *JO* 4 Novembre 1989.

[3] *JO* 17 Avril 1991.

1992年7月9日指定的环境法典起草专家鉴定委员会,这个委员会由大学的法学家和吉勒·马丁(Gilles Martin,时任法国环境法社团主席)所领导的实践者组成,该委员会具体负责准备环境法典计划以及讨论;第二,法典化高级委员会,该委员会负责修正和批准环境法典计划;第三,由1992年5月12日92—432号政令所设立的环境部法律处,该处受到环境部中央行政机构的支持,主要负责收集现存文本(约22000条)和进行法典编纂的具体工作[1]。

第三个阶段是以一系列议会的变化为特征。环境法典的法律部分经过长时间的耽搁后,最后于1996年2月21日被提交给国民议会。耽搁的主要原因是法典编纂的决议一直等到1995年2月2日《Barnier法令》的通过,该法对环境法典总则部分环境法的基本原则的贡献是必不可少的。1995年2月2日的法令是明确以环境法的法典编纂为目的而构想的。这部法令以1994—1995年间议会已经讨论过的1994年5月25日的方案为基础。但是,在经过一年国民议会的等待后,国民议会产品与交流委员会办公室并没有一个深入的理由确切地解释给环境部长科琳娜·勒帕热(Corinne Lepage)女士,而仅仅是以一些客套话解释了为什么环境法典法律部分被灾难性地搁置下来。报告人雅克·韦尼耶(Jacques Vernier)先生只是抱怨,自从7部新法律涉及到环境法典法律部分的全部或部分后,法律草案便遭遇到了一个不好的立法时刻,特别是1996年12月30日《关于大气和合理使用能源法》的出台,因而最后只好放弃[2]。

的确,在环境法典法律部分的草案中重复了很多内容的错误。句法结构的错误以及拼写方法的错误,使其怀疑到法典化高级委员会工作的严肃性以及被最高行政法院审查过的环境法典法律部分草案的严肃性[3]。结果,环境法典法律部分的草案也被指责遗漏了大量的条款:如森林、健康、海洋漂流物、肥料物质、广告和告示等。一个国民议会产品与交流委员会的成员甚至形容,环境法典的草案是一个"法律垃圾",议会不是一个"立法垃圾箱",在法典编纂的历史上从来都不

---

[1] Rép. min. n° 12180, *JO* déb. Sénat 17 septembre 1992; rép. Min. n° 63711, *JO* déb. AN 8 février 1993; rép. Min. N° 24541, JO déb. Sénat 4 mars 1993.

[2] Rapport AN n° 3344 du 20 février 1997.

[3] Rapport préc. p. 7.

是!环境部和法典化高级委员会也被这种话语所激怒了[1]。

最后,法典化高级委员会同意根据政府修改法律计划(2583号),将法典草案中的一些错误的内容删除,校正一些条款并且编入自1996年2月以来已通过的法律。环境法典草案的文本在没有被公共会议审查前,环境法典草案被自动撤回。居易·布雷邦(Guy Braibant)先生说,这对于更正环境法典草案部分的错误是一个好的机会。以同样的理由,1998年5月27日的新草案在新国民议会讨论前被搁置。

第四个阶段始于1999年12月16日99—1071号法律的通过,政府启动了以法令的形式授权通过新的环境法典法律部分草案的程序,环境法典法律部分的草案在2000年9月18日以法令的形式通过。这次通过的环境法典是第4个版本,也是最后一个版本。在行政的法典编纂和立法的法典编纂之后,这种依法令的形式授权通过法典的方法是第三条路。

法国环境法典编纂参与者之一,米歇尔·普里厄(Michel Prieur)教授说到:"我们感到非常自豪,因为如此创举,将最新的内容放入一个确定的框架中而且还需要不断的变化,在比较法上是很少见的。假如我们忽略掉在一些国家中现存的名义上的环境法典,那些事实上是关于'环境'的基本法或框架法(如阿尔及利亚、非洲的象牙海岸、墨西哥、多哥等),有很少现存的法典编纂是根据系统的计划重组环境法分散的文本,使之同时覆盖了基本原则、污染法和自然保护法"[2]。

法国环境法典自2000年出台后,立法者每段时间都要继续将新颁布的法律、规章、政令中的法律条文取出、移转并复制到环境法典中,它分为法律部分和法规部分,法律部分包括7卷,法规部分只是对法律部分的第一卷、第三卷、第四卷和第七卷进行了补充。法律部分分总则和分则,第一卷为总则,包括五个部分,基本原则篇、信息和市民参与篇、机构篇、环境保护协会篇和资金机制篇,分则包括6卷,分别是环境要素卷、自然空间卷、动植物卷、污染、风险和妨害的预防卷、新喀里多尼亚、法属波利尼西亚、瓦利斯群岛和富图纳群岛、北极及法属南极、科罗利岛的适用条款卷、南极环境保护卷。

在包括总的原理和惯例的公共条款方面,环境法典被分为四个大的部分:

---

[1] Pierre Albertini, "La Codification et le Parlement", L'Actualité Juridique-Droit Administratif, 1997, p. 664.

[2] Michel Prieur, "Le Code de l'Environnement", L'Actualité Juridique-Droit Administrative, 2000, p. 1030.

环境要素（水和空气），自然空间（清理和自然遗产的开发，海岸，公园和保护区，风光，风景，如何进入自然界），动物和植物（动植物保护，狩猎，捕捞），风险和公害的预防（分类设施，化学物质，转基因组织，废物，自然危害，声学和视觉学公害，海报和广告）。法国环境法典的法典编纂，根据2000年9月18日的2000—914号政令的第5条废除了之前的41部法律中的全部或部分，被新的环境法典（法律部分）超过975条的条文替代，法规部分2003年虽已公布，但还未完成。

在法国，环境法是一个年轻的部门法，在这样一个法域要编纂一部法典无疑是一个大胆的政策和立法措施，这个编纂过程从布里斯·拉隆德（Brice Lalonde）部长开始，经过了米歇尔·巴尼耶（Michel Barnier），塞戈莱纳·罗亚尔（Ségolène Royal），科琳娜·勒帕热和多米尼克·瓦内（Dominique Voynet）等四任部长，最后由司法部确定，受到法典化高级委员会的支持。米歇尔·巴尼耶先生在他对国民议会提交的有关环境的报告中，形象地并具有挑衅性地写到：

"我们推进了140部法律和817项政令的编纂，但并不总是环境法"[1]。环境法典的出台特别地反映了立法者的耐心。因为，除法典的内容、形式和不完善之外，它象征性的贡献是，它将环境保护的价值融入到了行政条文和多重公、私法角色中，使之作为一个新的实用的工具[2]。根据居易·布雷邦（Guy Braibant，法典化高级委员会副主席）的话说，假如为了起草一部认真的法典，我们要花3到4年，甚至8年的时间，5部"汇编型的法典"能够完成，而环境法典令我们非常惊奇，它花了10年时间[3]。

（四）环境法的宪法化

相对于许多国家的宪法，法国宪法对环境问题并非足够重视。在几次宪法的修订过程中，从未在环境保护的意义上进行修改，直到2004年《环境宪章》的通

---

[1] Michel Barnier, Rapport d'Information sur la Politique de l'Environnement, Assemblée national, n° 1227, 11 Avril 1990.

[2] Michel Prieur, "Le Code de l'Environnement", L'Actualité Juridique-Droit Administrative, 2000, p. 1030.

[3] Guy Braibant, "La Problématique de la Codification", Rev. fr. adm. publ. Avril-juin1997, p. 169.

过。法国《环境宪章》的起草计划始于 2003 年 4 月，经过一年的努力，2004 年 5 月 1 日被通过并实行。2004 年《环境宪章》确认了环境中的人权和社会权的宪法价值，这一宪法价值从此无须再讨论。2005 年颁布了《关于环境宪章的 2005—205 号宪法性法令》，该法令将 2004 年环境宪章完全纳入到法国宪法的序言中。

法国 2004 年环境宪章[1]

（法国议会两院联席会议于 2005 年 2 月 28 日通过）

法国人民，

考虑到：

自然资源和自然的平衡是人类产生的条件；

人类的未来，甚至存在都和他所在的自然环境不可分离；

环境是人类共同的财富；

人类对其生活条件和自身的发展所施加的影响与日俱增；

某些消费或生产方式和对自然资源的过度开采对生物的多样性、人的充分发展和人类社会的进步产生了有害的影响；

环境的维护应该和民族其他的基本利益一样被追求；

为了确保可持续发展，旨在满足现阶段需求的选择不能有损将来几代人和其他人民满足他们自身需求的权利；

宣告如下：

第一条 人人都享有在一个平衡的和不妨害健康的环境里生活的权利。

第二条 人人都负有义务参与环境的维护和改善。

第三条 每一个人，在法律规定的条件下，都应当预防其自身可能对环境造成的损害，或者，如果未能预防时，应当限制损害的后果。

第四条 每一个人都应该根据法律规定的条件为其自身对环境造成的损害分担赔偿。

第五条 当损害的发生会对环境造成严重的和不可逆转的影响时，尽管根据科

---

[1] 参见 2005 年 3 月 1 日的第 2005—205 号宪法性法律《法国 2004 年环境宪章》，赖荣发、王建学译，http://www.law-walker.net/detail.asp?id=3608，2012 年 7 月 11 日访问。

学知识这种损害的发生是不确定的，政府当局仍应通过适用预防原则，在其职权领域内建立风险评估程序和采取临时的相称措施来防止损害的发生。

第六条 公共政策应当促进可持续发展，为此，它们要协调环境的保护和利用、经济的发展和社会的进步。

第七条 在法律规定的条件和限制下，每一个人都有权获得由政府当局掌握的与环境相关的信息，并参加会对环境产生影响的公共决定的制定。

第八条 环境教育和培训应该为实施本宪章规定的权利和义务作出贡献。

第九条 研究和改革应当有益于环境的维护和利用。

第十条 该宪章鼓励法国在欧洲和国际上的行动。

《环境宪章》使法国成为世界上第一个通过宪法保护公民环境权的国家，因此，该宪章对于法国宪法的发展具有重大意义，并可能对其他国家的宪法构成影响。法国《环境宪章》的通过是法国对欧盟《在环境问题上获得信息、公众参与决策和诉诸法律的奥胡斯公约》的回应，该公约于 2001 年 10 月 30 日正式生效。

《环境宪章》将环境权、风险预防原则提升到宪法的层面。传统环境权理论不论是名称还是内容均众说纷纭，但大体而言，具有一些共通的性质：第一，宪法位阶，即从人权的角度立论，将环境权与其他基本人权并列；第二，实体权，即环境权不仅具有宪法位阶，而且是一种财产权性质浓厚的实体权；第三，共有权，即环境权为全民所共有；第四，不可转让，此一特征为基本人权特质的衍生，即环境权作为一项基本人权，一旦被定性为不可转让，无论基于何种考虑，已经实际地限制了资源运用的方向[1]。

宪法中若有环境权的明文规定，一般通过两种形式表现出来：一为宪法中具体明白地创设出环境"权"，此为第一阶宪法；二为仅宣誓保护环境的政策，此为第二阶宪法。法国《环境宪章》事实上在宪法中明确创设了环境权（第 1 条、第 2 条），同时确立了以参与为本位的环境权（第 7 条），容许民众透过立法与行政程序，保障环境权的实现。

---

[1] 叶俊荣：《环境政策与法律》，中国政法大学出版社 2003 年版，第 5—6 页。

（五）环境法的新发展

法国环境法，以 2008 年环境部的扩张、2009 年环境协议法 I 和 2010 年环境协议法 II 的通过为标志，进入了新的发展阶段。自 1971 年环境部设立后，2002 年 5 月 15 日的 2000—895 号政令，第一次改组环境部为生态与可持续发展部[1]，其主要职能也由之前仅仅涉及自然保护扩展到环境政策与可持续发展两方面。

2007 年，法国总统尼古拉·萨科奇进行政府行政机构改革，2007 年 5 月 18 日的政令将法国生态与可持续发展部重组为生态、可持续发展与领土整治部。2008 年 3 月 19 日生态、可持续发展与领土整治部再次重组为生态、能源、可持续发展与领土整治部。2009 年 6 月 23 日最终调整为生态、能源、可持续发展和海洋部。由此，新部门的职能范围也扩展到资源、领土与居民；能源与气候；可持续发展；风险预防与交通等。法国生态、能源、可持续发展与海洋部转变为一个切切实实的大部制机构。

伴随着新的生态、能源、可持续发展和海洋部的成立，环境协议法，首次于 2009 年 8 月 3 日获得通过，学界简称为"环境协议法 I"[2]，其目的在于实践 2007 年 10 月间召开的环境圆桌会议之协议结果。第二次于 2010 年 7 月 12 日再次通过"环境协议法 II"，更进一步完善了环境协议。法国总统萨科奇在 2007 年 5 月 21 日召开"环境协议"（Grenelle de l'Environnement）会议[3]，由总统、政府部门、数十个环保团体与民间团体代表商谈，以确定法国未来五年的环境政策。在该次会议中，提出了两百多项提案，最终聚焦在四个方面[4]：公权力机构关于施政结果评量的公开性、具体策略的实用主义（pragmatisme）倾向、执行主体（国家、地方自治团体、工会、企业、非政府组织）间的协调合作、生态民主（démocratie

---

[1] Philippe Malingrey, Introduction au Droit de l'Environnement (3ᵉ édition), Paris: Lavoisier, 2006, p. 11.

[2] Loi n° 2009—967 du 3 Août 2009 de Programmation Relative à la Mise en Oeuvre du Grenelle de l'Environnement.

[3] Grenelle 原为法国巴黎西南区一地名，在法国 1968 年群众运动时，政府与各党派、层级之人士在此签订 Grenelle 改革协议。此后，Grenelle 一词逐渐演变成"多方协商"的代名词，因此法国（Grenelle de l'environnement）又称为"环境协议"。

[4] Hélène Vestur, "Grenelle I: une loi « hors norme »", Revue Environnement et Développement Durable, n° 2, Février 2010, Étude 4, Paras. 8—12.

écologique）的主张。

"环境协议法 I"共 57 条，分成四大部分：气候变化（包括降低建筑能源消耗、城市规划、运输、能源、可持续发展研究）、生物多样性（包括保存野生生物多样性、水资源、农业、海洋与海岸管理），环境、健康与垃圾风险的避免（包括环境与健康、垃圾、治理、信息与教育）与海外领地的规定等。

此后，为进一步完善环境规划法制，法国于 2010 年 7 月 12 日再次通过了"环境协议法 II"[1]。原本提案仅有 104 条，但正式通过后变为 257 条，涵盖范围基本上同"环境协议法 I"类似，但更强化了国家与行政机关对各项环境议题的贯彻、相关法律的修正，与市民社会的合作等。

环境协议法 II 主要包括[2]：第一，建筑部分，修正了建筑与居住法典，强化有关建筑能源使用的测量制度，要求在 2020 年以前，法国建筑所使用的能源可降低 38%。第二，气候政策部分，对受雇者在 250 位以上的企业作出有关能源使用政策的特别规定。最后，地方自治团体部分，修正了一般地方团体法典中关于城市规划适应、公共资产、城镇间运输、水质量、消毒、街道电车、垃圾、天然灾害与水患、可持续发展、法令的实施等方面的规定[3]。

环境协议法 I 和 II 是法国 2008 年 7 月 23 日修宪[4]后，首次依据宪法第 34 条所提出的新类型立法"规划法"（loi de Programmation），确立的"国家行动目标"[5]。因此，该法是关于环境议题的国家行政权力之行动纲领，仅停留在相关原则的宣示方面，未有可操作性的规定。不过，该法授权各行政机关有义务敦促修订相关法令或法典（例如环境法典或城市规划法典），实质上具有"促进立法或修正"的作用[6]。环境协议法 I 和 II 创建了一个开放的全民参与过程，参与者包括国家、地方、企

---

[1] Loi n° 2010—788 du 12 Juillet 2010 Portant Engagement National pour l'Environnement.

[2] Blandine Berger, "Grenelle 2: l'impact sur les entreprises", Revue Environnement et Développement Durable, n° 8, Août 2010, Étude 17.

[3] Philipe Billet, "Grenelle II de l'Environnement et Collectivités Territoriales", Revue Environnement et Développement Durable, n° 8, Août 2010, Étude 18.

[4] Loi Constitutionnelle n° 2008—724 du 23 Juillet 2008 de Modernisation des Institutions de la Ve République.

[5] Art. 34 (5) de la Constitution: « Des Lois de Programmation Déterminent les Objectifs de l'Action de l'État. ».

[6] Hélène Vestur, "Grenelle I: une Loi « Hors Norme »", Revue Environnement et Développement Durable, N° 2, Février 2010, Étude 4, Paras. 24—27.

业、工会和环保组织；推动公共政策变化以及结构性调整，促进气候、能源、绿色产业、大规模建设计划等可持续发展战略的实施[1]。

二、法国城市规划法

（一）城市规划法的起源

随着人类开始定居生活，对土地和空间的占用问题就被提出。早在古希腊时期，我们已经可以找到有关城市规划的理论和工程，如建筑师希波达摩斯的米利都（Hippodamos de Milet）及其哲学思想[2]，以及亚里斯多德（也译作亚里士多德）或柏拉图有关古代城邦的城市规划理论等。

法国城市规划法的起源可追溯到前工业化时期。这一时期，公共权力对土地和空间的组织和使用的干预是多变的。政治、经济、社会的变动对城市的发展和解放都会产生影响。在中世纪，城市规划以城堡、修道院和教堂为中心开始发展，之后防御城市、要塞城市逐步出现，如卡尔卡松（Carcassonne）、[3]阿维尼翁（Avignon）[4]等。此后，新的城市出现，到了文艺复兴时期（15世纪），城市以更加理性、美学的方式加以设计和组织，以补充其安全性的功能。伴随城市艺术的出现，城市规划法以兼顾志愿服务、美学、防御性为标记[5]。

---

[1]〔法〕维拉希尔·拉克霍、埃level温·扎卡伊："法国环境政策40年：演化、发展及挑战"，郑寰、潘丹摘译，《国家行政学院学报》2010年第5期，第125页。

[2] 城市设计师希波达摩斯（Hippodamos）所采用的栅格状规划此后就被称为希波达摩斯系统，其设计的米利都（Milet）的规划长期以来都是希腊殖民城市的典范之作。

[3] 法国南部城市，奥德省（Aude）首府。卡尔卡松旧城是一个中世纪要塞城市，人口约4万。城市建在河谷平原上，被奥德河分成下维莱和锡蒂两部分。隔比利牛斯山与西班牙相望。1997年被联合国教科文组织列入世界遗产名录。卡尔卡松城内的古城堡号称是欧洲现存的最大、保存最完整的城堡，固若金汤的中世纪古堡拥有内城与外城的双重城墙，内墙是罗马式城垒，外围为哥特式城墙，内外城各26座箭楼。

[4] 法国东南部城市，沃克吕兹省（Vaucluse）首府。1995年联合国教科文组织将阿维尼翁历史地区作为文化遗产，列入世界遗产名录。该城是14世纪罗马教皇的居所，在14世纪基督教化的欧洲扮演突出角色。它的起源可追溯到13世纪末，由于罗马政教各派别之间的激烈斗争，直接威胁到教皇的安全。在法王腓力四世的支持和安排下，1309年，教皇克雷芒五世从罗马迁居到阿维尼翁。由于教皇的迁居，教徒们把阿维尼翁作为朝拜的圣地。

[5] Bernard Drobenko, Droit de l'Urbanisme (2ᵉ edition), Paris: Gualino Editeur, 2005, p. 33.

在缺乏城市发展的特别规则和文件的情况下，政府主要依靠一些皇室法律对城市规划加以规制，如1607年的苏利[1]（Sully）赦令。该赦令规定，河岸边界的公路，从私人财产中分离，政府当局可以采取一定的措施对于通道的宽度、建筑商、建筑物做出多种限制，这是最早的城市总体组织文件。这些法律条款一直沿用到1791年7月12日的一部法令、1807年9月16日的法令和1884年4月5日《市政法令》的发布，规定在所有市镇建立规划[2]。

（二）城市规划法的形成

法国现代意义上的城市规划法形成于工业化时期。这一时期，以经济、社会的深刻变革带来城市转型为标志。在欧洲主要工业国家中，法国工业化、城市化的发展是晚于英、德两国的，直到第二次世界大战后，法国还有近一半的农业人口，远落后于当时城市化水平已经超过70%的英国[3]。

虽然城市艺术通过城市几何学形式被提出与城市现象的出现一样古老，但现代意义上城市规划法的形成是19世纪城市人口扩张的结果[4]。城市规划概念来自于建筑学架构，但是在古代的大型建筑城市艺术和现今的城市规划之间，形式是非常丰富的，经历了历史的转变，其文化措施也变得相对复杂。当代城市规划的主要目标是空间的整治[5]。

法国现代意义上第一个城市规划法令的建议，早在1909年和1912年已经被提出，直到1919年3月14日的《科尔尼代[6]法令[7]》（ornudet）才予以颁布，法令强

---

[1] 该赦令以亨利四世的助手苏利公爵命名。
[2] Fabien Fenestre, "La Notion d'Amenagement et de Composition Urbaine dans les Documents d'Urbanisme-Retour sur un Siecle d'Evolution", http://doc.sciencespo-lyon.fr/Ressources/Documents/Etudiants/Memoires/Cyberdocs/MSPCP/fenestref/these_body.html, 2012年9月16日访问。
[3] [法] 米歇尔·米绍、张杰、邹欢：《法国城市规划40年》，社会科学文献出版社2007年版，第1页。
[4] Pierre Soler-Couteaux, Droit de l'Urbanisme, Paris: Dalloz, 2008, p. 3.
[5] Jerome Chapuisat, Droit de l'Urbanisme, Paris: PUF, 1983, p. 5.
[6] 该法令的议会报告者之名。
[7] Jean-Pierre Demouveaux et Jean-Pierre Lebreton, La Naissance du Droit de l'Urbanisme (1919—1935), Paris: Journaux Officiels, 2007, p. 59.

制要求超过10000居民的城镇必须建立整治、点缀和延期的规划[1]。此后，1924年7月19日法令，对前法进行了补充和修订，规定规划需要提交细则，并提出了当时的一些城市规划的形式原则，如前置授权制度以保障卫生规则和对"低层住宅用地"（Lotissement）[2]地段的保护。除此之外，通过建筑许可证的逐步泛化赋予行政机构监督权限以保障城市规划的遵守。

第二次世界大战后，法国进入城市快速扩张时期，巴黎作为欧洲乃至世界重要的经济、文化中心，其发展对整个法国的决定性作用是显而易见的。在巨大的城市磁力吸引下，巴黎等一些主要城市向郊区无序蔓延扩张。20世纪30年代，政府曾制订了巴黎大区规划，力图控制郊区的扩张，但收效甚微。随着产业结构的变化，尤其是商业、服务业的发展，城市中心也经历了大规模的改造和不同程度的衰退。在这一阶段，法国的城市规划政策也从最早的保障新城建设顺利实施，政府通过法律赋予公共部门控制发展的权力，控制土地价格到较低水平，遏制投机，发展到城市建设的核心从旧城复兴向历史保护的转变[3]。

1926年3月3日，雷蒙·普安卡雷（Raymond Poincaré）[4]政府，内政部部长卡米耶·肖当（Camille Chautemps）向众议院办公室提出起草由1924年的法令所创立的"低层住宅用地"地段整治的法令的建议。1927年，一份调查显示，法国196000的小块用地并未纳入常规网络中进行管理，无饮用水、无电、无下水道。1928年3月15日发布了《萨罗法令》[5]，对私人设施的建造可以提供公共援助[6]。此后，1930年7月13日和1931年4月18日相继通过了有关"低层住宅用地"的法令，放宽了资金资助的条件。

1932年5月14日通过了《授权建立巴黎地区整治计划的法令》[7]，法令规定了

---

[1] Pierre Soler-Couteaux, Droit de l'Urbanisme, Paris, : Dalloz, 2008, p. 4.

[2] 在巴黎的城市土地使用规划中有一类"UL"用地，这类地区被称为"Lotissement"，主要是指建于1860年到第一次世界大战之间位于城市环线附近，成片开发的低层住宅区。它作为一种特殊类别在土地使用规划中单独列出而受到保护。

[3] [法] 米歇尔·米绍、张杰、邹欢：《法国城市规划40年》，社会科学文献出版社2007年版，第3—4页。

[4] 法兰西第三共和国总统。

[5] 阿尔贝·萨罗（Albert Sarraut），法国总理之名。

[6] Jean-Pierre Demouveaux et Jean-Pierre Lebreton, La Naissance du Droit de l'Urbanisme (1919—1935), Paris: Journaux Officiels, 2007, p. 211.

[7] Loi du 14 Mai 1932, Autorisant l'Établissement d'un Projet d'Aménagement de la Région Parisienne.

整治计划的内容和起草程序、大区规划和市镇规划两级规划制度、有关城市规划优先保护措施（如对树木、森林和公园的优先保护）以及实施条款等。1935年7月25日发布了一系列有关城市规划地区计划的法令和政令[1]，其中包括《有关建立地区城市规划计划的法令》、该法令通过1935年7月25日《关于巴黎地区整治的政令》、1935年8月8日《关于花园租售[2]的政令》和1935年10月30日《关于扩展1935年7月25日有关巴黎地区整治计划和装饰的政令》得以具体实施。

（三）城市规划法的完善

由于战后重建的迫切性以及城市的急速扩张，城市建设大量采用标准化的建设，1943至1955年的建设项目大多没有太高的建筑价值。到了1958年，当国家政策由区域性的"战后重建"开始向全国性的"城市更新"过渡，人们开始意识到城市发展到了一个非常关键的"十字路口"。50年代的法国，城市中心被战争毁坏，街区残破和肮脏，大量城市中心尤其是历史地区被定为"不卫生街区"。同时，法国政府面临着城市住宅和设施严重匮乏的问题，因此城市在加速扩张，大型开发项目在大城市周边大量发展，引起机动交通发展又产生城市拥堵等问题[3]。

1957年8月7日，《肖舒瓦法令》（Chochoy）[4] 颁布，要求对土地整治，城市规划和住房建设等问题进行整体考虑。从此，住房政策不再是战后重建的主要内容，而是和城市规划、城市整治联系在一起。但该法令在几个月后随着第四共和国的结束而失败[5]。

1958年，第五共和国将重建和住房部改组为建设部，标志着新的城市发展阶段的开始。为了保障这一目标的实现，国家出台了一系列措施，1958年12月

---

[1] Les Décrets-lois de 1935 Relatifs à l'Urbanisme.
[2] Lotissement-Jardins 指 Lotissement 地段与花园。Lotissement 是一种统一开发的带私人花园的独立住宅区，在整个巴黎共有182公顷，大多分散在现有的市区环线周围，是旧时的城市郊区。参见奚文沁、周登："巴黎历史城区保护的类型和方式"，《国外城市规划》，2004年第5期，第63页。
[3] 邵甬：《法国建筑：城市景观遗产保护与价值重现》，同济大学出版社2010年版，第67页。
[4]《肖肖伊法令》。
[5] 邵甬：《法国建筑：城市景观遗产保护与价值重现》，同济大学出版社2010年版，第68页。

31日的两个政令[1]分别建立了"优化城市化区域"（ZUP）、城市更新和地块划分等制度。ZUP制度的目标在于允许那些公众团体希望实现建筑计划的区域快速建造和进行城市规划。这些团体需要与整治者、公共机构或建筑的混合经济社团签订协议。ZUP制度后来被1967年通过的地产指导法律中规定的协调整治区[2]制度（ZAC）所代替，该法还创造了一种新的地方设施税种。

1975年12月31日的《地产政策改革法令》[3]建立了地产干预区（ZIF）[4]制度，用于代替之前的城市优先购买权，并扩大了优先购买权的适用范围。该法同时也建立了土地占用规划（POS）[5]制度，规定超过10000居民的市镇，有关城市区域的POS需获得批准；低于10000居民的市镇，可自由建立ZIF；超过10000居民的市镇可决定减少或消除ZIF。

（四）城市规划法的新发展

在20世纪90年代末，为了使城市规划成为合理有效的地方政策制定和行政管理手段，必须解决两个突出的问题：第一，拓展地方规划的调控管理范围。改革的核心思路是优化城市群合作体制，其目标是弥补法国传统行政区划分割细碎、面积狭小、人口稀少等不利因素；改变地方政府博弈对峙局面，促成城镇合作伙伴关系，加强地区和谐平衡发展。第二，为提升区域综合竞争能力，树立可持续发展的价值观念，加强规划政策合理性及实效性[6]。受到可持续发展理念和欧洲一体化思想的影响，为了加强跨地方合作，法国1999年7月通过了《有关加强及简化市镇合作法令》[7]，2000年12月13日通过了《城市互助与更新法令》[8]，这两部法律，使改革的方向得到了有序的整合。

---

[1] Les Décrets du 31 Décembre 1958 Relatif aux Zones à Urbaniser par Priorité (ZUP) et à la Rénovation Urbaine.

[2] Zones d'Aménagement Concerte (ZAC).

[3] 又称为《Galley法令》。

[4] Zones d'Intervention Foncières (ZIF).

[5] Plan d'Occupation des Sols (POS).

[6] 冯萱："1999年—2000年法国城市规划改革及其启示"，《规划师》2012年第5期，第111页。

[7] La Loi n° 99—586 du 12 Juillet 1999 Relative au Renforcement et à la Simplification de la Coopération Intercommunale.

[8] La Loi Relative à la Solidarité et au Renouvellement Urbains (Loi SRU).

1999年，为解决由于实施地方分权政策后出现的市镇人口规模过小和财力过于分散等问题，促进区域发展和市镇间合作，法国议会通过了《有关加强及简化市镇合作的法令》，批准地方政府组建跨市镇的合作公共机构[1]。该法令从城市规划的制度基础——地方行政体系着手，建立了城镇群合作平台，并在城市与乡村拥有资源不平等的情况下，通过对地区收益实行公平共享机制，强化了区域合作关系[2]。该法令建立了以自愿为基础的，随合约而缔结的一种开放性区域联盟城镇合作制度，以资金扶助的方式鼓励相关市镇结成区域共同体及其管理机构，即市际合作公共机构（EPCI）[3]，该机构具有一定的行政管理权限，是准地方行政机关。

《有关加强及简化市镇合作的法令》为了保障这种市际合作制度的运行，要求：第一，组建共同体的市镇必须将各自的经济发展权、规划权、社会住房建设与管理权、公共设施建设和经营权、环境保护及污染防治权等转交由 EPCI 统一行使。在面对复杂形势时，各地政府可通过该联盟组织摆脱有限的行政范围，采取统一协调的联合行动，从更高层面对资源进行调动与组织。第二，城市与乡村的平衡发展、大城市与小城镇之间的关系是区域合作中的核心问题。为确保区域资源的合理配置，缩小中心城区与周边地区由于资源分布不均造成的财政收入差别，提高区域各城镇的协同积极性，法国中央政府以优越的财政补助方式促进共同体成员间实行企业业务税的统一征收和分配。

税收统分实际上是将区域发展的成果在各市镇成员之间进行再分配，真正实现效益共享。对采用上述税收方式的市镇联盟，国家在其创建的头五年中，提供每年每位居民 27—80 欧元不等的补助。法令在不破坏法国既有行政结构的情况下，以鼓励的方式促进生成了符合区域发展要求的行政层次。由于城市主要的发展权和管理权都向 EPCI 集中转移，使区域共同体在很大程度上代替了单一市镇的位置，成为日后统筹城乡区域发展的决策及管理主体[4]。

2000 年 12 月颁布的《城市互助与更新法令》，在 1999 年《有关加强及简化市

---

[1] 翟建雄，"法国公共财政对文化事业投入情况分析"，http://www.dfczyj.com/Article/ShowArticle.asp?ArticleID=771，2012 年 9 月 19 日访问。

[2] 冯萱："1999 年—2000 年法国城市规划改革及其启示"，《规划师》，2012 年 5 期，第 111 页。

[3] L'Établissement Public de Coopération Intercommunale (EPCI).

[4] 同[2]。

镇合作法》的基础上细化了区域规划中城镇群结盟的原则、联合决策制度及规划编制、实施程序,并建立了"区域协调发展规划纲要"(SCOT)制度,构建了以此为核心的城市公共政策体系。法令的影响主要表现在以下几个方面:第一,用SCOT制度代替了SD[1]制度;第二,用PLU[2]制度代替了POS制度;第三,废除了关于永久删除ZAC思想的PAZ[3]制度,将城市化文件下放到地方文件中;第四,在可持续发展的框架内,减少非城市和城市周围空间的消费,以有助于城市空间的合理密度。

然而,由于受到地方选举的影响,2000年的《城市互助与更新法令》在实施上并不顺利。更确切地说,人们对该法令的内在精神、内容和实施条件提出了批评。在精神方面,被批评缺乏实用主义,甚至是独断。因此,在一些地方选举中,该法令成为攻击的对象,有些市镇甚至已经放缓实施该法令。在内容方面,某些技术条款被认为并没有足够详细的解释。在适用方面,受到国家服务态度的影响,事实上是备受责难的,行政服务机构往往采用"对立"的态度无视立法者的意图。政府并不真正希望实行2000年《城市互助与更新法令》规定的改革[4]。

为此,2003年7月2日,法国发布了新的《城市规划与栖息地法令》,通过一些激励政策,以保障《城市互助与更新法令》的实施。2006年的1月底,2000年的《城市互助与更新法令》的修订,被国民议会采纳,关于住宅国家义务的法律[5]计划通过一读。在4月初,参议院删除了法令规定的若干条款后,5月30日,该法案在国民议会通过了二读。7月13日法令获得了通过。该法令第65条对2000年《城市互助与更新法令》进行了修订。

未来法国城市规划法的发展将面临三大挑战:第一,法国的最终目标在于建立一个生态城市规划法[6]。然而,现实总是有差距的,立法的独立性原则与实施上的实用主义之间的平衡将是未来重要的挑战之一。第二,法律安全的担忧。由于

---

[1] Les Schémas Directeurs (SD),指导纲要。

[2] Les Plans Locaux d'Urbanisme (PLU),地方城市规划。

[3] Les Plans d'Aménagement de Zone (PAZ),区域整治规划。

[4] Pierre Soler-Couteaux, Droit de l'Urbanisme, Paris: Dalloz, 2008, p. 10.

[5] Le Projet de Loi Portant Engagement National pour le Logement (loi ENL).

[6] Pierre Soler-Couteaux, Droit de l'Urbanisme, Paris: Dalloz, 2008, p. 17.

实施上的困难，前法常常被后法纠正，造成了法律的不稳定。第三，技术性的挑战与城市规划法规中的比例问题。城市规划法本身的特征之一是具有技术性的，法律规则制定中如何合理地设置公众参与程序，以及"民主所有权"的现实空间，将是未来的课题。

三、法国文化遗产法

（一）文化遗产法的起源

法国人一直以其悠久的历史与璀璨的文明而自豪，其文化遗产保护政策与法律由来已久，并且堪称世界典范。"遗产"一词源于拉丁语，指"父亲留下的财产"[1]。"遗产"是法律上特定的群体与某些十分具体的财产之间的一种特殊关系，既可涉及到"文化遗产"，包括传说、回忆、语言，又涉及到"'生态'遗产"，即自然界有趣的生物具有的种种明显特性，甚至还涉及到近几年出现的令人震惊的人的"'基因'遗产"……随着"遗产"一词涵义的不断扩大，遗产的概念具有了明显的情感意义，可以指民族存在，甚至人类存在的某种基本条件[2]。

"遗产"一词最早仅指不动产遗产，后来通过联合国教科文组织（UNESCO）的发展，扩展到口述史等。法国的"遗产"分为以下几个大类：第一，动产；第二，不动产；第三，公共场所的遗产，如大海、山地等；第四，非物质文化遗产，如口述史、传统、稀有树木、博物馆等。

1434年勃鲁乃列斯基（Filippo Brunelleschi，或译菲利波·布鲁内列斯基，1377—1446）设计的佛罗伦萨大教堂穹顶建成，标志着欧洲文艺复兴运动的开端，改变了欧洲中世纪基督教神权一统的面貌，推行人文主义观念，人们开始认识到古希腊和古罗马建筑的艺术价值，促进了文物建筑的保护和修复，以法国"风格修复"运动为代表。法国遗产保护意识的觉醒与大革命息息相关，1794年一位法国神父创办历史文物委员会，他创造了"具有破坏文物主义倾向"一词。一切以

---

[1] 张朝枝：《旅游与遗产保护——基于案例的理论研究》，南开大学出版社2008年版，第5页。
[2] 卢思社、王长明：《法国文化遗产保护》，世界图书出版公司2010年版，第1页。

各种理由破坏文化遗产的行为都被视为反革命行为，因为遗产与政治无关。

在 19 世纪，法国对历史、艺术进行调查、识别、库存标识、归类的大型工程已经开始展开。1830 年 10 月 21 日，法国内政部大臣基佐（Guizot）起草了一份报告，声称要设立"历史古迹监察委员会"，报告详述了历史古迹监察员应该完成的任务："第一次巡查结束以后，要提交一份准确完整的文物目录，让政府能够重视偏僻地区的建筑和古迹"。报告最后指出：这份文物目录交内政部"备案归类，以便随时查阅"。这似乎是"归类"一词的最初意义[1]。此后，设立专门办公室，成立了第一个历史纪念物监察机构，卢多维克·维泰（Ludovic Vitet）为第一任监察长[2]。1837 年法国政府设置了专门的历史委员会，对城市个体文物建筑进行系统保护和修复运动[3]，制定需要保护和修缮的古建筑清单。

1887 年 3 月 30 日，法国通过了历史上第一部《历史纪念物法令》[4]。该法律认为应从"历史或艺术角度"对具有"国家利益"的建筑物进行保护，从而限制私有财产，将国家干预合法化。根据该法律建立了文物建筑主任建筑师（ACMH）队伍。1887 年的法律确立了两个重要的规定："第一，神圣的私有财产所有权可以受到限制。根据'国家利益'，确立保护清单，保护名单上所有建筑的工程都必须得到中央有关部委的同意，包括产权人对该建筑进行拆除、修缮或改变等工程。这标志着财产权的第一次社会化。第二，基于对文物建筑环境的思考，对文物建筑周边的环境的保护和对其本身的保护同样重要。这一概念被纳入后来的法规中，并对历史环境中的新建筑的建设控制起到了重要作用。[5]"但是，由于"国家利益"非常难以界定，因此保护清单中受保护的建筑非常的少。1887 年法令的实施并未遇到太大的困难，一直被谨慎地适用。

直到 1905 年《教会与国家分离法》对法兰西的宗教建筑遗产是一个重要打击。该法令引起了第一次有关具有"国家利益"遗产保护的大讨论。1905 年 12 月

---

[1] 卢思社、王长明：《法国文化遗产保护》，世界图书出版公司 2010 年版，第 14 页。

[2] Marie Cornu, "La Formation du Droit du Patrimoine Culturel", Voir Marie Cornu, Jerome Fromageau (Eds), Genèse du Droit de l'Environnement (Volume I), Paris: L'Harmattan, 2001, P. 41.

[3] 张凡：《城市发展中的历史文化保护对策》，东南大学出版社 2006 年版，第 25 页。

[4] Loi de 1887 sur Les Monuments Historiques.

[5] 邵甬：《法国建筑：城市景观遗产保护与价值重现》，同济大学出版社 2010 年版，第 46 页。

3 日颁布的法令明确法兰西共和国保证公民的信仰自由,但不提供资助。所有宗教建筑都是"公共的",但小教堂划归市镇所有,大教堂等划归国家所有。由于"宗教"不再等同于"国家",不像以前国家没有区别地资助维护和修缮所有的教堂,许多市镇的教堂长期得不到资金维护,引发了国家是否需要新的政策对宗教建筑进行保护的讨论。

真正意义上的法国文化遗产法的起源以1913年12月31日颁布的《历史纪念物法令》[1]为标志[2]。早在1907年,法国成立了文物建筑委员会,建立专业建筑师队伍负责处理有关历史建筑保护的事宜。根据1913年的法令,第一,将1887年《历史纪念物法令》中确立的以"历史、艺术利益"为标准的"国家利益",修改为"公共利益",将一些很有价值的宗教建筑纳入国家管理和资助的范畴[3]。第二,把拟保护的建筑分为"列级保护的历史建筑"和"注册登录的历史建筑"两类[4]。如果国家认为符合"公共利益",不经产权人同意就可以对某一建筑进行"列级"保护。第三,规定主管文化的部长负责文物建筑保护工作,但必须听取文物建筑委员会的意见。

(二)文化遗产法的形成

1930年,法国颁布了《有关自然景物和具有艺术、历史、科学、传统和画境特色的"景观地"法令》(以下简称《景观地法令》)[5]。该法保护的对象是具有"艺术、历史、景观的价值或是留下传说的、留下人类痕迹的"景观。该法令是对1906年颁布的《景观地保护法令》的补充和修改。在1906年《景观地保护法令》中,规定为了保护自然界的美好,为了所有人的利益,必须保护壮丽或优美的景观,应该限制从法国大革命开始赋予每个人的"神圣不可侵犯"的所有权。这一

---

[1] Loi du 31 Décembre 1913 sur les Monuments Historiques.

[2] Marie Cornu, "La Formation du Droit du Patrimoine Culturel", Voir Marie Cornu, Jerome Fromageau (Eds), Genèse du Droit de l'Environnement (Volume I), Paris: L'Harmattan, 2001, p. 42.

[3] 邵甬:《法国建筑:城市景观遗产保护与价值重现》,同济大学出版社2010年版,第48页。

[4] 王景慧、王伟英:"法国文化遗产保护体系——中国城市规划设计研究院文化遗产考察报告",《中国名城》2010年第7期,第2页。

[5] La Loi du 2 Mai 1930 Relative à la Protection des Monuments Naturels et des Sites de Caractère Artistique, Historique, Scientifique, Légendaire ou Pittoresque.

法令第一次明确,应该在人类活动和自然保护、资源地和生活地保护之间找到平衡。该法将对"景观地"的个体保护扩展到对自然景观地和遗产地的保护,授权在历史建筑周边地区建立一个受保护的区域,"景观地"的概念开始向一些自然物上逐步扩展,并从自然景观扩展到城市景观。

该法确立了列级和登录两个级别的保护方法,与1906年《景观地保护法令》相同。根据1930年法令第12条的规定,被列级保护的景观地"除非有特别的准许,禁止任何破坏、改变其面貌状况",因此,所有可能引起景观地的性状及其完整性改变的项目,如立面维修、树木裁剪、拆除建筑物和构筑物等都受到严格的控制,而对注册登录的景观地控制则相对灵活很多[1]。

随着城市面貌不断加速改变,人们逐渐意识到文物建筑与围绕空间不可分离。所有邻近的环境的改变,不管是自然的还是人工的,都会影响人们的感觉。1941年《有关发掘的法令[2]》对"考古学"价值做出了规定。1942年,法国设立了"景观督察官"一职,其主要任务是对"具有艺术、历史、科学、传奇或优美风景价值的自然古籍和景观"通过登记的形式予以保护,该登记公布之后,这些景观和古籍即受法律保护[3]。此后,1943年通过了《文物建筑周边环境法令》[4],在文物和景观之间建立起联系,文物建筑周边半径在500米范围内所有的改造或者是建设许可,都必须由国家公务员——法国国家建筑师进行审核,国家建筑师有权拒绝发放建筑许可证,或者搁置项目。该法令同时也关注在文物建筑视线内的建筑物情况[5]。1966年12月30日的法令对1943年的法令进行了扩展和强化[6]。

(三)文化遗产法的完善

法国文化遗产法进入发展完善阶段是从1960年到2004年遗产法典的颁布。这

---

[1] 贾俊艳:《文化遗产保护立法之比较研究》,武汉大学硕士论文2005年,第20页。

[2] Loi de 1941 sur Les Fouilles.

[3] 王云霞:《文化遗产法教程》,商务出版社2012年版,第252—253页。

[4] Loi du 25 Février 1943 Relative à la Protection des Abords du Monument Historique.

[5] 〔法〕米歇尔·米绍、张杰、邹欢:《法国城市规划40年》,社会科学文献出版社2007年版,第93页。

[6] Marie Cornu, "La Formation du Droit du Patrimoine Culturel", Voir Marie Cornu, Jerome Fromageau (Eds), Genèse du Droit de l'Environnement (Volume I), Paris: L'Harmattan, 2001, p. 46.

一阶段以 1960 年有关设立国家公园的法律、1962 年关于设立历史街区的《Malraux 法令》[1]、1983 年与 1993 年有关设立建筑、城市和景观遗产保护区的法律为核心，"遗产"概念在自然遗产领域和文化遗产领域得到进一步扩展。由此，海洋文化遗产、各种公共藏品、各种具有重要价值的文化财产等都被纳入法律保护的范围之中。与此同时，法国还出现了将景观等自然遗产与历史古迹等文化遗产予以整合的趋势，遗产的单纯保护让位于保护、管理与开发三位一体，文化遗产的法律保护观念得到了进一步的更新，文化遗产的法律保护在现代社会更加受到重视[2]。

1959 年，法国成立有关文化事务的中央行政管理机构，即文化事务部，由安德烈·马尔罗（André Malraux）出任第一任文化部部长。在 Malraux 部长的推动下，1962 年 8 月 4 日颁布《Malraux 法令》，确立了法国的"保护区"概念和制度，第一次将城市发展和建筑、城市遗产的保护联系起来。该法将有价值的历史街区划定为"历史保护区"，制定保护和继续使用的规划，纳入城市规划的严格管理。保护区内的建筑物不得拆除，维修需经过"国家建筑师"的指导，并可得到国家的资助[3]。

该法建立的"保护区"制度，确立了双重目标：第一，将保护范围从单体建筑的保护扩展到对历史环境的保护。这种城市遗产的概念渐渐得到了发展，认为许多城镇的历史价值、文学价值和美学价值就在于城市肌理和组成城市肌理的建筑和空间的整体协调性。当城市中的某些区域"体现出历史的、美学的特征，或其建筑群整体或局部应该得到保护、修复和价值重现"时，国家就可以建立"保护区"，在该区域内实行特别的管理制度和专门的审批程序。第二，为城市更新提供了多一种模式。保护区政策强调，城市更新的目的不仅是物质更新，其更重要的评价标准是能否改善环境品质以及带来新的活力[4]。

历史街区的保护有两个目的：第一，避免或阻止在历史街区中可能造成的不可挽救的损失；第二，不仅保证历史的、建筑的、城市遗产的品质，并且改善老

---

[1] 安德烈·马尔罗时任法国文化部部长，该法令以其命名，一般译为《马尔罗法令》(Loi Malraux)。
[2] 叶秋华、孔德超："论法国文化遗产的法律保护及其对中国的借鉴意义"，《中国人民大学学报》，2011 年第 2 期，第 12 页。
[3] 单霁翔：《城市化发展与文化遗产保护》，天津大学出版社 2006 年版，第 124 页。
[4] 邵甬：《法国建筑·城市景观遗产保护与价值重现》，同济大学出版社 2010 年版，第 69—70 页。

住宅，以保证其中的生活能够满足现代化标准。以法国港口城市巴约纳为例，老城区 300 米半径范围内，城市相关职能部门对其历史建筑进行修缮，对于宽度超过 6 米的街巷，会作为消防通道保留；对于年代久远的老房子，政府不是直接让居民搬走，而是邀请专家前来考察、评估、制定保护解决方案，同时给予资金支持，以鼓励对老房子进行保护性修缮，从而使得老城区的格局得以完整保存[1]。

保护区制度要求，"保护区"的设立是国家根据建筑、艺术、人文等方面标准进行鉴定后强制确定的，并明确要为保护区制订一个长期的"保护和价值重现规划"（PSMV）。通过该规划对保护区进行非常细致深入的全面研究，充分考虑所有美学、技术等因素，确定具体、可操作的保护、整治措施。出于国家强制性的特点，保护区的"保护与价值重现规划"的编制权和审批权一直保留在国家手中，即使在此后的地方分权法律下放诸多权力到地方后，保护规划成为唯一由国家进行编制和管理的城市规划文本[2]。

1964 年，法国成立了第一个对历史纪念性文物进行普查的普查局。1972 年，联合国教科文组织创立了世界人类遗产保护名册。受此影响，法国于 1973 年颁布一项新的城市规划法律，该法是一部专门针对城市改造制定出来的文物保护法。这部法规重申了在城市改造中，对作为文化遗产的历史街区所应实行的整体保护原则。无论所在街区是否同意，都必须服从该法律条文。所在历史街区也应制定出长期规划，那些因不遵守长期规划而擅自施工、破坏原有城市景观者，将受到法律追究。该法为在城市开发过程中保护传统历史街区，做出重要贡献[3]。

1974 年 3 月法国文化事务部转变为文化与环境事务部，此后 1978 年 4 月转变为文化与交流部，这一名称沿用至今。法国文化部包括：(1) 秘书长；(2) 各个司以及委员会："法兰西文档司"、"法兰西博物馆司"、"音乐、舞蹈、戏剧和表演司"、"建筑与遗产司"、"书籍与公共读物司"、"法语与法兰西语言委员会"、"造型艺术委员会"、"发展与国际事务委员会"。中央派驻地方机构主要包括：(1) 大

---

[1] "法国文化遗产保护区起到突出作用"，http://www.cuheri.com/a/dl/rwdl/2011/1103/4739.html，2012 年 9 月 17 日访问。

[2] 邵甬：《法国建筑：城市景观遗产保护与价值重现》，同济大学出版社 2010 年版，第 122 页。

[3] 顾军："法国文化遗产保护运动的历史与今天"，http://www.ihchina.cn/inc/detail.jsp?info_id=125，2012 年 9 月 17 日访问。

区文化事务厅；(2) 省级建筑与遗产局。地方文化遗产保护的行政机构分别包括市政一级、省一级及大区一级的相关文化遗产保护行政管理机构等[1]。

在法国的遗产保护体系中，各类委员会作为咨询与监督机构起着非常重要的作用，并纳入遗产保护法定程序中。这类机构包括：(1) 文物建筑国家委员会；(2) 保护区国家委员会；(3) 景观地高级委员会；(4) 遗产和景观地大区委员会；(5) 景观地省级委员会；(6) 保护区地方委员会等[2]。

自20世纪80年代开始，城市规划编制管理权从国家开始向地方下放，但同时历史文化遗产保护的权力仍然在中央，"文物建筑"、"景观地"、"保护区"的保护和管理权还是由国家机构负责。1983年1月7日通过的地方分权法律[3]提出可以在文物建筑范围及更普遍的因其美学或历史原因而值得保护或价值重现的街区或景观地，建立建筑和城市遗产保护区（ZPPAU[4]）[5]。法令建立了地方性遗产保护制度，并首次将"美学利益"引入城市更新中[6]。

ZPPAU制度的确立使市镇在对其所属土地进行城市规划的同时，有可能和国家一起共同保护和管理其所属土地上除了"文物建筑"、"景观地"和"保护区"以外的建筑和城市遗产，以促进地区复兴和城市发展。法国在中央主管建筑部委下设立"保护区国家委员会"（CNSS），负责确立保护区政策、讨论各地保护规划的编制、修改和审核。根据该法令，1984年和1985年分别颁布了84—304号和85—45号有关实施问题的政令[7]。

法国历史学家皮埃尔·诺拉（Pierre Nora）[8]在1978年编写的《新史学》中首次提出"记忆场所"概念。1984年，他的《记忆的场所》[9]一书出版，该书在研究

---

[1] Sophie Monnier, Elsa Forey, Droit de la Culture, Paris: Gualino, 2009, pp. 26—27.

[2] 同上[1], pp. 25—44.

[3] Loi n° 83—8 du 7 Janvier 1983 Relative à la Répartition des Compétences Entre les Communes, les Départements, les Régions et l'Etat, 该法也可称为 Loi « Bouchardeau »。

[4] Zones de Protection du Patrimoine Architectural, Urbain (ZPPAU)。

[5] 王景慧、王伟英："法国文化遗产保护体系——中国城市规划设计研究院文化遗产考察报告"，《中国名城》，2010年第7期，第2页。

[6] Phillippe Ch.-A. Guillot, Droit du Patrimoine Culturel et Naturel, Paris: ellipses, 2006, p. 7.

[7] Le Décret n° 84—304 du 25 Avril 1984 et n° 85—45 du 1er Juillet 1985.

[8] Pierre Nora（皮埃尔·诺拉），法国著名历史学家。

[9] 《记忆的场所》(Lieux de Mémoire)。

地方与空间在集体回忆中的角色做出了很大的贡献,他说:"一个'记忆的场所'是任何重要的东西,不论它是物质或非物质的,由于人们的意愿或者时代的洗礼而变成一个群体的记忆遗产中标志性的元素(这里所指的是法国社会)。"

皮埃尔·诺拉在研究集体记忆的过程中发现,历史遗留的地方空间对于地域文化认同的建构有非常大的贡献。于是他主张通过研究碎化的记忆场所来拯救残存的民族记忆与集体记忆,找回群体的认同感与归属感。同时,他在1984年—1992年之间编辑了《记忆场所·共和国》、《记忆场所·民族》和《记忆场所·统一多元的法兰西》等三部宏大著作,使得记忆场所这一概念在欧洲广为传播,衍生了"统一欧洲的记忆场所"、"德国的记忆场所"等概念。毫无疑问,记忆场所对于全球化语境中国家与民族认同建构有着积极的意义[1]。《记忆的场所》一书意义深远,首次将"记忆"的概念引入法国的遗产保护思想中。

到了1993年1月8日,法国颁布了93—24号有关景观保护和价值体现的法律[2],该法是对1983年法令的修订和完善,明确对因"公共利益"在比较普遍概念上的"景观"进行保护。该法将1983年法令中建立的"建筑和城市遗产保护区"扩大为"建筑、城市和景观遗产保护区"(ZPPAUP)[3],用以保护美学、历史或文化标准需要保护和价值体现的文物建筑周边环境、街区、景观地以及其他空间。

"建筑、城市和景观遗产保护区"的建立,使市镇在对其所属土地进行城市规划的同时,也有可能与国家一起共同保护和管理其所属土地上的其他历史文化遗产,以促进地区复兴和城市发展。"建筑、城市和景观遗产保护区"制度成为法国遗产保护与地方城市发展间协调的非常重要的工具,这一制度的目标在于解决当时保护体制中不完善或不合理的部分:第一,调整文物建筑周边环境的保护方法;第二,加强对城市和乡村历史文化遗产的保护;第三,发挥市镇对其遗产管理和价值重现的积极作用[4]。建筑、城市和景观遗产保护区的范围除了包含文化遗产外,也

---

[1] "拯救记忆场所 建构文化认同",http://naoce.sjtu.edu.cn/index.php/menuxydt/menuxwdt/249-2012-04-12-07-59-31.html,2012年9月18日访问。

[2] La Loi n° 93—24 du 8 Janvier 1993 sur le Paysage.

[3] Zones de Protection du Patrimoine Architectural, Urbain et Paysager (ZPPAUP).

[4] 邵甬:《法国建筑:城市景观遗产保护与价值重现》,同济大学出版社2010年版,第135页。

包含了自然遗产,但是对自然遗产的保护方式和方法仍未做出具体的规定[1]。

为了更好地保护文化遗产,法国在 1996 年 7 月 2 日的 96—590 号《有关遗产基金会的法令》[2]中决定创建国家遗产基金会,1997 年 4 月 18 日的政令正式建立基金会,并批准了其法律地位。基金会的目标在于推动国家遗产的认知、保护和价值重现,同时也参与到一些非保护遗产的识别、保护和价值重建中。基金会收到的捐赠和财政分配中至少 95% 必须用与对相关工程的补贴[3]。

(四)文化遗产法的新发展

进入新世纪,以 2004 年 2 月 20 日遗产法典的颁布实施为标志,法国文化遗产法进入系统化、法典化时期,"遗产"的概念、种类、范围、保护方式、保护程序以及法律责任等得到进一步明确和统一。遗产法典第六卷中单列第三编"景观"对具有艺术、历史、科学、传奇或优美风景价值的自然遗迹和景观进行保护。保护的方法依然是通过各省设立景观、风景和风光委员会对自然景观和古籍进行分类和登记。这些经过分类的自然景观和古籍,未经授权不得擅自改变其外观或者形状[4]。至此,一个完整、协调的文化遗产法律保护体系最终建立起来[5]。法国遗产法典共 7 卷,包括一般规则、档案、图书馆、博物馆、考古、历史古迹与景观和保护区、海外省的相关规定,分别对不同类型的文化遗产的概念、取得、转让、保存、修复与违法行为的处罚等做了明确规定。

2004 年的一项法令[6],法国将 1964 年成立的总普查局转移给各地方大区政府进行管理。法国文化与交流部,经过 2004 年 8 月 18 日的政令[7],后被 2006 年 11

---

[1] Phillippe Ch. -A. Guillot, Droit du Patrimoine Culturel et Naturel, Paris: ellipses, 2006, p. 69.

[2] Loi n° 96—590 du 2 Juillet 1996 Relative à la Fondation du Patrimoine.

[3] Sophie Monnier, Elsa Forey, Droit de la Culture, Paris: Gualino, 2009, p. 57.

[4] 王云霞:《文化遗产法教程》,商务印书馆 2012 年版,第 253 页。

[5] 叶秋华、孔德超:"论法国文化遗产的法律保护及其对中国的借鉴意义",《中国人民大学学报》2011 年第 2 期,第 12 页。

[6] Loi du 13 Août 2004.

[7] Le Décret n° 2004-822 du 18 Août 2004 Relatif à l'Organisation et aux Missions de l'Administration Central du Ministère de la Culture et de la Communication.

月24日2006—1453号政令[1]，2007年5月25日2007—994号政令[2]的数次修改和行政职能改革。发展到今天，它的三大主要使命包括：第一，遗产的保护和价值重现；第二，支持艺术创造，推动艺术教育和技能的传承；第三，确保文化产业发展，对文化遗产的创造、传播、新技术发展做出贡献[3]。

2003年，法国加入联合国教科文组织非物质文化遗产保护国际公约，并于2007年4月23日颁布法令成立国家非物质遗产机构[4]。特别在法语的保护方面，积极推动法语的国际化，并写入2008年7月23日2008—274号第五共和国政府机构现代化的宪法法律中，加强世界各地法语区和说法语的人之间的合作和交流。"遗产"的概念，也逐步从动产、不动产扩展到非物质文化遗产[5]。

2007年，法国成立世界遗产协会。2010年9月20日，法国文化部部长、环境保护部国务秘书，以及法国世界遗产协会组织主席共同签署了法国《世界遗产管理宪章》（以下简称《宪章》）。该《宪章》推动了世界遗产突出普遍价值的保存及其开发利用，并推进了遗产融入长期的土地发展规划[6]。《宪章》提供了法国世界遗产管理的共同框架。

法国文化遗产法的演进可以看到它的历史发展脉络，第一阶段以单体建筑、构筑物等的保护为主；第二阶段由单体建筑扩大到建筑群、城市景观和建筑环境的保护之中，由对点的保护扩展至对区的保护，这是针对第一阶段出现的对单体建筑周围社会、文化、物质环境等的破坏而产生的修正；第三阶段即制定更具有针对性的、特别的和地方化的保护政策，这一阶段的保护的实质是如何在保护的前提下更大化地利用历史文化遗产，使其产生应有的经济价值。如果说先前的保护是注重对历史特性的保护，那么第三阶段保护已经转向关注历史文化遗产的未来发展。由此，其文化遗产保护思想也由单一的控制性保护到保护与利用并重，再到在保护基础上文化遗产的振兴；由对单体的保护扩大到区域的保护，这是对

---

[1] Le Décret n° 2006-1453 du 24 Novembre 2006.

[2] Le Décret n° 2007-994 du 25 Mai 2007, Relatif aux Attributions du Ministre de la Culture et de la Communication.

[3] Sophie Monnier, Elsa Forey, Droit de la Culture, Paris: Gualino, 2009, p. 27.

[4] Agence du Patrimoine Immatériel de l'Etat, APIE.

[5] 同上[3]，p. 171.

[6] 王云霞：《文化遗产法：概念、体系与视角》，中国人民大学出版社2012年版，第97—98页。

文化遗产价值认识不断深化、保护的实践不断发展的过程[1]。

法国文化遗产保护法,从早期的 1887 年法令确认"历史"和"艺术"利益,到 1930 年法令确认"科学"利益,发展到 1941 年有关发掘的法律确认"考古学的"利益等。期间,一直缺乏对"传说"利益的确认,也将非物质文化遗产的保护排除在外。直到 2003 年 10 月 17 日,法国签署《联合国教科文组织非物质文化遗产国际公约》。在 1983 年的法令中,法国将"美学"利益引入遗产保护法。至今为止,虽然文化与交流部拟定的文化政策中鼓励和推动新技术的研发,然而,"技术"利益仍未被确认为文化遗产保护的价值之一,将是未来的新议题。

第七节 刑法[2]

一、法国大革命时期的刑法

(一)封建时期的刑法

在公元前 2 世纪末,罗马入侵高卢地区之前,散居着许多敌对的原始克尔特人部落。当时,部落解决侵害性纠纷的主要方式为血亲复仇,虽然这种处罚方式相当的落后,既缺乏统一的法律形式,也没有固定的诉讼程序,使得制裁犯罪非常任意,但是这种原始的复仇方式已具有了部落间针对个人的私人制裁的特征。[3]

476 年西罗马帝国灭亡。在奴隶社会的废墟上,高卢地区先后建立了一些日耳曼人国家。481 年法兰克人在高卢北部建立了法兰克王国。486 年,法兰克蛮族

---

[1] 杨振之:"法国文化遗产的保护和利用——对我国文化遗产保护的反思",http://www.venitour.com/Columns_con.aspx?id=1484,2012 年 9 月 17 日访问。

[2] 本节中的法语文献由中国政法大学朱琳副教授和华东政法大学马贺博士增补。

[3] 何勤华主编:《法国法律发达史》,法律出版社 2001 年版,第 343—344 页。

封建王国——墨洛温王朝建立。[1] 507—511年，带有大量习惯法的《萨利克法典》编纂完成。此部法典的条文总计约405条，具有刑法性意义的条文多达340余条，主要是有关犯罪和刑罚处罚的内容，以侵害人身和财产犯罪的规定为主，较之以前注重同态复仇的制裁方式，该法典将赎金作为主要的犯罪惩罚的形式，如《萨利克法典》规定杀害一个自由农民的偿命金为200索里达；半自由人和被释放的奴隶偿命金为100索里达等。[2] 审判程序除采用宣誓证明外，还采用神意裁判法和搏斗法，带有强烈的私人裁判的特征。此后的400余年来，法兰克王国一直处于分裂的状态，未能在全国范围内形成相对统一的刑法制度，各领地之间仍适用各自的习惯法。

843年，法兰克的查理曼帝国分裂为"东、西、中"三个独立的王国，其中西部地区重新组成法兰西王国，刑法以罗马法、宗教法、习惯法、判例和国王的敕例为主要渊源，刑罚野蛮而落后。[3] 封建割据时期，国王只在巴黎等少数地方行使权力，其它封建领主则在自己的独立王国里保留法庭。

12世纪后半期，逐步获得中小领主支持的法国国王加强了王权统治，不断削弱封建大领主的势力。13世纪，国王路易九世（Louis IX，1214—1270）进行司法改革，专门设立"巴列门"（巴黎高等法院）来进一步限制和缩小地方封建领主的司法权。此外，国王颁布的许多单行刑法规定，也迫使地方封建领主的习惯法逐渐适应王室法令、诏书和法律公告。至13世纪末，私人裁判原则上已经被排除，刑事立法呈现出注重法的解释和依法适用刑罚，强调罗马法基本原则的倾向。由于受欧洲中世纪神学和罗马《学说汇编》等法典的影响，14世纪后逐步发展起来的法国刑法制度具有将宗教戒律与世俗法律相互混合，实体法与程序法紧密结合的特征。自16世纪起，虽然法国的资本主义生产关系开始萌芽和发展，但是此时的法国刑事制度却与宗教势力的结合更为紧密，国王的权威地位得到了进一步的巩固，刑法为统治阶级利益服务的性质表现得更为明显，成文法取得了绝对地位。这个时期刑种繁多，死刑、肉刑和羞辱刑被广泛运用，特别是死刑的使用占绝对多数，执行的方式不仅

---

[1] 杭州大学历史系《法国简史》编写小组：《法国简史》，商务印书馆1978年版，第9页。
[2] 张芝联主编：《法国通史》，北京大学出版社2009年版，第24页。
[3] 何勤华主编：《法国法律发达史》，法律出版社2001年版，第345页。

众多而且非常残酷,主要有绞死、斩首、车磔、活埋、火焚、水煮、油炸等。这些刑罚除了适用于犯罪人本身,有时还扩大至犯罪人的家庭,充分体现了封建刑法的报应主义和恐吓主义的典型特征。[1]"采取这样的镇压手段,旨在获得'集体威慑'作用"。而刑罚的适用则表现得既随意,又具有强烈的等级性。如君主可以随意地"通过诸如特赦书、赦免书、赎罪书以及废止诉讼诏书;随意让法官停止诉讼,或者甚至发生这样的情形:君主与法院并行其道,自行组织诉讼,确定惩处,尤其是通过发出加盖国王玉玺的信件,不经审判即命令对人犯实行不定期的关押。"[2]

(二)法国大革命时期的刑法

法国封建社会后期,日益兴起的资产阶级日益感到政治地位与经济实力的不相称,他们极力反对贵族和教士的特权,并对关卡制度、行会条例和不公平的征税制度非常不满。封建等级特权、刑罚的野蛮残酷、司法的专横擅断、制度的纷繁杂乱已严重阻碍了法国新兴资产阶级的发展。他们除了抨击天主教会和专制王权,还传播科学知识,来宣扬民主、自由、平等、理性,代表资产阶级利益的启蒙运动在法国大陆蓬勃发展起来,要求刑法改革的呼声也日渐高涨。1748年,法国启蒙思想家孟德斯鸠(Charles de Secondat, Baron de Montesquieu, 1689—1755)在其著名的《论法的精神》一书中提出了人民主权思想和三权分立的宪政理论。1764年,意大利刑法学家贝卡利亚(Cesare Bonesana Beccaria, 1738—1794)出版了《论犯罪与刑罚》,对当时盛行于整个欧洲的刑罚的严酷性进行了猛烈的抨击,主张采用确定的、温和的刑罚来取代死刑制度,以此来实现惩罚的客观(实际)平等化。其刑法思想迅速成为了欧洲大陆刑法改革的理论基础,而他所提出的罪刑法定主义、罪刑相适应原则、废除野蛮残酷刑罚等先进的刑法理论两年后也被法国司法机关所重视,代理总检察长塞尔万在议会复会的首次会议上发表演讲,力主对刑事法院的管理体制进行深刻的改革,在法国国内引发了强烈的反响。

---

[1] 王志亮:《外国刑罚的执行制度研究》,广西师范大学出版社2009年版,第8页;童德华:《外国刑法导论》,中国法制出版社2010年版,第23页。

[2] [法]卡斯东·斯特法尼等:《法国刑法总论精义》,罗结珍译,中国政法大学出版社1998年版,第76页。

1788年5月7日,法国国王路易十六(Louis XVI,1754—1793)主持司法会议,提出了具有一定进步意义的司法组织方案和刑事法律的改革计划。"会议拟定的敕令就当时刑法的混杂性质、刑罚的严酷、司法的专断等问题都作出了较为缓和的规定"。虽然国王路易十六提出的具有改良主义性质的敕令遭到了政治对立势力的强烈反对与阻挠,刑法改革的计划也被迫搁浅,但是要求废除不合理刑种、减轻刑罚、取消法官专断权以及简化诉讼程序的刑法思想和司法改革的呼声,为即将进行的刑法制度的全面改革奠定了良好的基础。[1]

旧制度下的法国社会等级结构在18世纪末期已经越来越成为法国经济发展、社会进步的严重阻力,1789年终于爆发了以资产阶级为首的第三等级摧毁特权等级和专制王权的革命,[2] 颁布了具有划时代意义的《人权宣言》,确定了罪刑法定主义、罪刑等价主义和刑罚人道化等一系列重大的刑法原则。1789年9月,"议会的一个七人委员会就刑法改革向议会提出报告,要求各城市组成一个知名人士团,协助法官工作,并制定了一些保护被告权利的临时性措施,如应在被告被捕后24小时内出庭、审判公开以及不得对被告滥施残酷行为、被告在宣告前推定为无罪等"。1789年10月10日,议会通过了这一报告。1790年1月21日,制宪议会颁布法令,将所有的刑法改革建议确定为临时性刑法条例。[3]

(三) 1791年《刑法典》

为贯彻1789年《人权宣言》的原则,法国制宪会议自1790年12月26日起,对刑事司法机构及其适用对象和范围作了多次的专题讨论。1791年7月和10月,法国制宪会议通过了有关城市治安与"矫正(轻罪)警察"的法律和"刑事(重罪)警察"的法律。这两项法律实现了法律的统一与法典的编纂,从而成为了官方颁布的第一部刑法典。[4] 该刑法典共分两编:第一编规定了刑法的一般原则;第二编主要是有关犯罪及刑罚的规定。其主要内容包括以下几个方面:首先采用

---

[1] 〔法〕卡斯东·斯特法尼等:《法国刑法总论精义》,罗结珍译,中国政法大学出版社1998年版,第77—79页。
[2] 王养冲、王令愉:《法国大革命史》(1789—1794),东方出版中心2007年版,第27页。
[3] 同上书,第171页。
[4] 〔法〕卡斯东·斯特法尼等:《法国刑法总论精义》,罗结珍译,中国政法大学出版社1998年版,第79页。

了总则与分则相结合的形式,将刑法的一般规定和解释性规定同具体的犯罪构成要件有机地组合在一起。在界定刑法的基本概念和专业术语方面,此法注重防止刑法用语使用的随意性;其次废除了原封建制法典中有关宗教犯罪的概念,取消了亵渎神圣罪、主张无神论罪、异端罪、妖术罪、分立教会罪等触犯宗教的罪名,使世俗刑法脱离宗教的严密控制;再次是关于刑罚的规定,严格限定死刑的适用范围和执行方式,明确规定只有侵犯他人生命和危害国家根本利益的犯罪才能适用死刑,[1] 并禁止在执行死刑时附带适用任何非人道的肉刑。不仅大量缩减了适用死刑的犯罪种类,而且还规定对自杀、同性恋等行为不作犯罪处理。在废除了无期徒刑及其它残酷的刑罚的基础上,建立了以自由刑为主的刑罚制度,这无疑较前期封建时期的刑法规定是一种巨大的进步;最后是确立了严格的罪刑法定主义原则。明确规定刑罚适用绝对刑制度,以防止法官的自由裁量,虽然这样可以保持刑事法律的统一性,但其所表现出的机械、僵化的刑罚制度,也"使刑事法官的职能就是按照事先制定好的规则,用一种刑罚与违法行为进行交换,"[2] 对各种犯罪的刑罚均作硬性规定,无上限、下限之分。对犯罪行为的定性,是法官在面临做刑事处罚决定时所需考虑的唯一事情。

1791年的《刑法典》是法国资产阶级登上历史舞台后,刑法单独立法的里程碑,它"第一次规定了严格规则主义意义上的罪刑法定原则,在造就刑罚普遍化的同时也造就了刑罚普遍化的逆命题——刑罚个别化。"[3] 1791年《刑法典》是法国资产阶级在革命上升时期制定的体现严格法定主义的法律,具有历史进步性,因而被称为"革命刑法"。虽然这部刑法典最终未能付诸实施,但所产生的影响是深远的。

二、1810年《刑法典》

1804年12月,拿破仑·波拿巴(Napoléon Bonaparte,1769—1821)称帝,建立了法兰西第一帝国。拿破仑执政后,为巩固政权,他"试图通过制定、颁布一系列法典的方法来维护资本主义所有制,调整社会的经济秩序和政治秩序,这一

---

[1] 将可以适用死刑的犯罪限定在30种。
[2] 何勤华、夏菲主编:《西方刑法史》,北京大学出版社2006年版,第240页。
[3] 王志亮:《外国刑罚执行制度研究》,广西师范大学出版社2009年版,第136页。

奠定大陆法系的立法措施无形中为拿破仑政权带来了无可非议的光荣"。[1] 1804 年拿破仑专门设立了起草刑法和刑事诉讼法的委员会，并亲自主持刑法典的起草和编撰工作。1810 年 2 月 12 日，《刑法典》制定完成，并于 1811 年 1 月 1 日正式生效。该法典的法律术语准确，概念简明，体系严谨，贯彻了资产阶级刑法的基本原则，被称为"铁律法典"。

（一）法典的结构与内容

《刑法典》由总则及分则四编组成，共计 484 条。总则部分是关于犯罪的分类和处罚原则的规定，具体内容分为"通则"、"应受处罚的犯罪人、可以宽恕的人和具有责任的人"、"重罪与轻罪及其处罚"三部分。分则的第一编是有关重罪、轻罪之刑及其效力的规定。将刑罚处罚分为身体刑：死刑、无期重惩役、流放、有期重惩役和轻惩役。名誉刑：枷项示众、驱逐出境及剥夺公民权及惩治刑：定期拘押、定期禁止行使政治权利及科处罚金三种；第二编是关于重罪、轻罪之处罚、宥恕与刑事责任的相关规定。对精神病患者或受不可抗拒之胁迫之犯罪行为的免刑，16 岁以下 70 岁以上的罪犯免刑或减刑；第三编是有关重罪、轻罪及其刑罚的规定。主要有危害国家安全罪与危害人身安全罪两章，其中对危害国家安全罪的惩处最重，有 17 条是适用死刑的规定。对于妨害执行公务，伤害公职人员的行为，及公职人员的贪赃枉法行为，也都严加惩处，充分体现了法律面前人人平等的原则；第四编是关于违警罪及其惩罚的规定。违警罪是轻微的违法行为，刑法规定只采取拘役、罚金和没收等轻微刑罚措施。虽然此部法典后经数次修改，但基本的法律体系框架则一直保留和延续了下来。

（二）法典的特点

1.刑法原则上的折衷主义

基本贯彻了罪刑法定主义、罪刑相适应、法不溯及既往等资产阶级刑法原则，

---

[1] 何勤华主编：《法国法律发达史》，法律出版社 2001 年版，第 360 页。

但同时又给予"法官有限的自由裁量权,体现了一种在革命刑法(1791年《刑法典》)与封建刑法的罪刑擅断之间的折衷"。如《刑法典》第4条规定:"不论违警罪、轻罪或重罪,均不得以实施犯罪前法律未规定的刑罚处之",明确表述了罪刑法定主义和法不溯及既往的原则,同时又在《刑法典》的第三编中规定了刑罚的最高限和最低限,允许法官在为犯罪人定罪量刑过程中自由选择刑种和刑期,从而克服了1791年《刑法典》刻板规定带来的弊端。[1]

2. 深受古典学派客观主义和功利主义的影响

《刑法典》深受当时流行的刑事古典学派客观主义和英国哲学家边沁(Jeremy Bentham,1748—1832)功利主义思想的影响,二者构成了法国1810年《刑法典》重要的理论基础。刑事古典学派客观主义将犯罪行为视为定罪量刑的重要评判标准,认为有行为就有责任,无行为则无责任。对既遂犯与未遂犯、主犯与从犯在量刑上不作区别,理由是他们都实施了犯罪行为。对预备行为也不加追究,因为这种行为还没有实施。虽然《刑法典》有关于区分犯罪主体主观要件的规定,如精神病患者可不负刑事责任,未成年人在实施犯罪时如出于恶意应承担相应刑事责任,但这种规定在整个法典中却显得寥寥无几。英国哲学家边沁所主张的刑罚制裁的严厉程度必须与犯罪人造成的社会危害程度保持相应比例的功利主义观点,对《刑法典》的制定产生了深刻的影响。"1810年刑法的制订者认为,人的一切行为都必然基于避苦求乐选择。所以,对于犯罪就必须毫不犹豫地采取心理威慑的方法,而形成心理威慑的主要途径就是强化刑罚的制裁力度,让人们在衡量实施犯罪可能带来的快乐和接受惩罚可能遭受的痛苦的数量关系时,将抉择的天平倾向于不犯罪和放弃犯罪。"[2] 为了充分实现震慑犯罪人的目的,1810年的《刑法典》加大了对犯罪的打击力度,不仅扩张了死刑的适用范围,而且还增加了许多肉刑处罚措施。如将断手作为杀害父母罪的附加刑,恢复了在身上烙火印(作为所有无期徒刑与有期限强制劳动的附加刑)的刑罚,这在1791年《刑法典》中是没有规定的,因为这种做法不利于罪犯复归社会。对此,当时的法国刑法学家塔尔

---

[1] 何勤华主编:《外国法制史》,法律出版社2006年版,第261页。
[2] 何勤华主编:《法国法律发达史》,法律出版社2001年版,第361页。

热为这种变化这样辩护:"显然,死刑是必要的……死刑并不违背人性,它为那些被歹徒杀害者的生命价值而存在,同时也会保护那些将来有可能成为受害者的人们"。此外,他还声称,"只有死刑才能震慑那些冷酷无情、残暴、毫无道德感的人,这些凶犯只服从自己粗暴的性情。"[1] 而且,"自大革命以后,人们错误地抛弃了这种刑罚……出于复归社会的美好道德愿望,烙火印是合理的,不仅仅在于它给那些粗暴的人留下最深刻的印象,还因为人们就此可以很容易认出那些受到法律惩处的人。对于累犯,烙火印是最强有力的刑罚措施。"[2] 基于同样理由,1810年的《刑法典》还恢复了1791年《刑法典》曾经摒弃的无期徒刑,充分显示了此部《刑法典》封建、威吓、残酷、客观归罪和报应刑的特点。

3. 分则内容的先进性

《法典》的总则规定远不及分则发达,这与立法者注重实际运用有关。分则部分沿袭了中世纪日耳曼法的分类习惯,将各类重罪和轻罪分为"妨害公共利益的犯罪"和"侵害私人利益的犯罪"两大部分,为了适应拿破仑专制主义和权威主义的需要,《刑法典》将妨害公共利益的犯罪列于分则的首位,具体罪名包括各类危害国家安全罪、非法集会罪、侵犯宪法罪和妨害公共秩序罪等。法国刑法学家塔尔热认为"最危险,也就是最为严重的犯罪是那些危害国家安全的犯罪。它们危害社会的基本秩序,破坏公共安宁。就行刺而言,该犯罪集众罪于一身,是最为严重的犯罪。"[3] 所以,在1810年刑法典的484个条文中,维护国家内外部稳定的条文就多达197个。而侵犯私人利益的犯罪则主要为一些侵犯人身权利的犯罪,如杀人罪、伤害罪、强奸罪、遗弃罪、侮辱罪等。总体而言,分则条文简单明了,一般是将同类犯罪都规定在相邻的条文里,而不论这些犯罪的严重程度和刑罚是否相近,以便于法官引用。但是由于缺乏总则的理论原则的铺垫,以及法条的组成结构都采取了先刑罚后罪名的结构方式,也暴露出了此法典的形式主义的缺陷。[4]

1810年刑法典是法国大革命的重要成果之一,它是拿破仑法典体系的重要组

---

[1] Jean-Marie Carbasse, Histoire du Droit Pénal et de la Justice Criminelle, p. 400.

[2] 同上 [1],p. 401.

[3] 同上 [1],p. 402.

[4] 何勤华主编:《外国法制史》,法律出版社2006年版,第261页。

成部分。"从立法技术上，它超过了1791年的'革命前辈'，但肯定不如1804年拿破仑《民法典》那样成功，那样具有深远影响"。[1]尽管如此，此部法典还是在拿破仑时期法国所征服的欧洲地区得到了广泛的实施，其基本模式影响了欧洲大多数国家刑法典的编纂，甚至是亚洲国家的日本和中国的刑事立法。[2]它基本上贯彻了罪刑法定等资产阶级的刑法原则，无论从内容还是技术上说，都称得上是欧洲大陆资本主义社会的一部代表性法典，具有广泛的示范意义，也奠定了近代大陆法系刑法的基础，具有重要的历史价值。但其刑事政策上出现的重罚主义和一系列带有明显封建刑事专擅主义色彩的刑罚制度，在一定程度上表现出刑法制度的倒退。此外，对于法典的编排，法国法学理论界也认为存在某些先天的不足："如有一些实体规则在《刑法典》中没有规定，而是归入了《刑事诉讼法典》（重罪审理法典）；有一些重要概念，诸如，'法律的准许'、'紧急避险'（紧迫状态）、'对法律的误解'等，旧法典都没有予以考虑"。[3]

（三）法典的修订

1810年的《刑法典》一直顽强生存了184年，直至1994年法国重新颁布《刑法典》将其取代。[4]"究其原因，关键之处在于这部刑法典自颁布施行之后，就始终处在不断修正和不断补充的过程之中，能够不断地顺应时代变迁的要求"，除了基本体例和少量的原则性规定被保留之外，许多内容都发生了根本的变化。[5] 1810年的《刑法典》的原有条文，"只有不到20%的条文仍然保留了最初的文字表述，而且大多不是很重要的条文。"到1944年为止，修改刑法典的法律就有近30项，1944年10月至1959年1月间又颁布了34项具有立法价值的文件，而自从1960年

---

[1]〔法〕让·帕拉德尔等："为新《刑法典》总则条文释义"，《法国新刑法典》，罗结珍译，中国法制出版社2005年版，第248页。

[2] 童德华：《外国刑法导论》，中国法制出版社2010年版，第39页。

[3] 同[1]。

[4] 一般法学界习惯于将1994年颁布的《刑法典》称之为新《刑法典》，而将1810年颁布的《刑法典》称为旧《刑法典》。下文我们也将采用此种称谓。

[5] 何勤华主编：《法国法律发达史》，法律出版社2001年版，第366页。

颁布修改《刑法典》立法部分的法令之后，又颁布了近 70 项文件"。[1]

1. 19 世纪的重大修订

1814 年，法国国王路易十八（Louis XVIII, 1755—1824）上台，为了证明其统治地位的合法性以及强化政治统治和稳定社会秩序的需要，复辟王朝接受了新神学理论的刑法思想，认为"君主行使权威并维护正义是依据上帝的委托授权，'上天'最终会对每一个人的行为表现，或者对每一个人连带负责的人的行为表现，给予公正的报应"。为此，复辟王朝制定了"渎圣法"，恢复了针对新闻记者的"加盖国王封印的密札"制度，规定由轻罪法院行使审判新闻犯罪的管辖权。这种刑事立法上的规定，激起了法国社会的普遍不满和尖锐对抗，民众强烈要求"当局必须采取与民风相适应的立法"。1830 年前后，随着自由思想的复兴和七月王朝的建立，刑事改革的时机出现了。[2]"受古典主义影响的刑法在人道主义和基督教思想的影响下，一方面在赎罪忏悔的基础上确立了治疗罪犯的思想，一方面确立了人是自己行为的主宰者和责任者的观念"。[3] 在古典主义刑罚个人化的影响下，七月王朝共对 90 个刑法条款进行了修订，在法国近代刑法史上第一次出现了刑罚宽缓主义的倾向。具体表现在严格限定死刑的范围，规定死刑只适用九种犯罪；废除肉刑和财产刑；剥夺了重罪法院对某些轻罪案件的管辖权；区分了主、从犯以及犯罪既遂与未遂，以确定不同犯罪人的刑事责任。不仅大大降低了刑罚的严酷性，而且还将 1810 年《刑法典》中仅限于少数犯罪的减轻情节扩大适用至所有犯罪。可以说，此次刑法修订既是一次对抗严刑峻法的运动，还有效抑制了法官刑罚的自由裁量的权力。

19 世纪中叶，刑法折衷主义的哲学思想占据了支配地位。这一时期由于政治变化的频繁，许多人被投入监狱，关于惩罚的目标与刑罚的目的成为了人们热议的话题，刑罚的惩戒性的示范价值开始受到质疑，在"既不要自由的精神决断，也不要实用的社会防卫"的折衷刑法思想的指引下，1863 年，法国第二帝国政府

---

[1]〔法〕让·帕拉德尔等："为新《刑法典》总则条文释义"，《法国新刑法典》，罗结珍译，中国法制出版社 2005 年版，第 249 页。

[2]〔法〕卡斯东·斯特法尼等：《法国刑法总论精义》，罗结珍译，中国政法大学出版社 1998 年版，第 83 页。

[3]〔法〕雅克·博里康、朱琳编著：《法国当代刑事政策研究及借鉴》，中国人民公安大学出版社 2011 年版，第 74 页。

对刑法进行了第二次的修订和补充。此次修订涉及 65 个条款，一方面进一步减轻刑罚的处罚，如依据 1848 年宪法的规定，取消了对政治性犯罪科处死刑的规定等；另一方面是根据社会情况，增加了一些犯罪种类，如伪造旅行证件罪、故意毁弃封印罪、胁迫罪、准绑架罪、公然猥亵罪、奸淫亲族罪、暴力盗窃罪、拔除路标罪、诱拐、藏匿或调换儿童罪等。总之，1863 年的刑法修改是法国政府为顺应社会的发展而对出现的新型犯罪所进行的一系列确定和规范的刑事立法活动，力求运用刑事制裁的方法来强化对社会的控制以及实现对公务秩序、生产秩序和私有财产保护的立法目的。而就立法技术而言，"则在强调 1810 年刑法定义准确、用语精当的基础上力求更全面、更详尽地对各种犯罪构成要件进行明确地规范，因而所修改或者增补的条款都具有较强的可操作性，基于这一系列周全而折衷的立法措施，在此后的 30 年时间内，法国刑法无重大的修改或增补。"[1]

19 世纪末的几次修订主要是通过颁布刑事单行法的形式来对刑法典进行补充和修改。1885 年 5 月 25 日，法国政府针对犯罪人重复犯罪修改了有关社会防卫和保安处分的法律，并颁布《累犯惩治法》，规定对裁判认定属于不可矫治的累犯，可以实行具有保安处分性质的"流刑"作为附加刑，以加强对累犯的惩治和预防。同时还对惯犯、常习犯和职业犯施行流放制，将上述罪犯送往法国的海外省来消除犯罪。该法律的第 19 条还规定了禁止居住，即禁止犯罪人出入某些危害社会秩序的场所。1885 年 8 月 14 日，又颁布法律调整适用缓刑的司法程序，赋予了法官在没有总统特赦令的情况下可在原判刑期一半的范围内自由确定假释的期限，"体现了立法者想使刑罚与犯罪人人格相适应的决心"。[2] 1891 年 3 月 26 日，颁布《减轻和加重刑罚法》，重点对重罪累犯和轻罪累犯进行了重新界定。此法将重罪累犯定义为是指被判处一年以上重罪的监禁刑，在刑满后五年内又犯轻罪和重罪的犯罪人；轻罪累犯是指判处一年以上轻罪的监禁刑，刑满之后五年内又犯轻罪或重罪的犯罪人。虽然这部法律的名称表面上看起来具有双向的意味，但是起草者承认该法的唯一目的只是为加强打击累犯，并对惯犯或偶犯等犯罪人给予严厉的惩

---

[1] 何勤华主编：《法国法律发达史》，法律出版社 2001 年版，第 371 页。

[2] [法] 雅克·博里康、朱琳编著：《法国当代刑事政策研究及借鉴》，中国人民公安大学出版社 2011 年版，第 81 页。

罚措施，同时也可看出立法者在实证主义的影响下，从过去只关注犯罪行为转为开始关注犯罪主体了。1893 年，法国政府将组织、成立集团犯罪归入危害公共秩序犯罪，明确规定参加犯罪组织或参与谋议或明知是犯罪组织而为其提供犯罪工具、犯罪方法、居住或活动场所的，都构成犯罪。1898 年，又按照遗弃犯罪主体身份的不同，将遗弃罪分为两类：一是尊亲属实施的犯罪，法定刑较高，并可附加刑；二是无亲属关系而实施的犯罪，较之前犯罪刑罚略轻。同时还规定了对于以上两种行为人在实施遗弃犯罪时如有加重情节，如因为遗弃行为而导致遗弃人死亡或受伤的，则按照故意杀人罪或故意伤害罪论处。[1]

2. 20 世纪的修订

20 世纪初期，法国政局稳定，刑法修订主要是针对青少年犯罪展开。1912 年，青少年犯罪问题引起了立法者和公众舆论的重新关注，为此，法国政府首次将少年犯罪与成年犯罪的刑罚予以分离，专门制订了针对少年犯罪的法律。"该法设立了少年法庭和监视自由，从而将未成年人的刑事制度和成年人的刑事制度区别开来，将未满刑事成年年龄的未成年人视为可改造的人，而刑事成年年龄已经被 1906 年 4 月 12 日法律从原先的 16 岁提高至现在的 18 岁"。[2] 第二次世界大战之前，刑法的修订工作也只是零星开展，主要是围绕社会经济发展而对不断出现的新型犯罪进行控制和规范。如 1928 年立法规定，对军队行政官员和会计人员虚报士兵人数或违法制作会计记录的，则以伪造、变造会计报告罪处罚；如果军人在执行公务时，利用职务之便侵占现金、票据、证券、武器、弹药、器材等有价证券或物质，则构成军人侵占罪。1933 年在修订监狱法时，增加了监管人员的非法拘禁罪，即监管人员在无合法手续或未按照法定程序无故留置犯人的，构成非法拘禁罪。1934 年 3 月和 1935 年为了应对西方世界经济危机的消极影响，法国政府两次颁布法律对集会、结社的行为进行严格的限制。二战期间，法国依据战争形势，刑罚的处罚力度开始趋于严格，1939 年 7 月 29 日，法国恢复了 1848 年宪法曾经废止的对政治犯处以死刑的规定，并对"侵害国家外部安全"的犯罪进行了重大修改，将侵害国家安全的犯罪一律作

---

[1] 何勤华主编：《法国法律发达史》，法律出版社 2001 年版，第 371—372 页。

[2] [法] 雅克·博里康、朱琳编著：《法国当代刑事政策研究及借鉴》，中国人民公安大学出版社 2011 年版，第 168 页。

为重罪处理,并处以重刑。此外,1932 年至 1934 年间,法国政府曾试图制定新的刑法典,并公布了草案,但终因种种原因未能提交议会讨论。[1]

20 世纪中后期,刑法改革在全球范围内开始大规模的开展。1945 年,法国政府成立了刑法改革委员会,其主要职责为拟定刑法改革草案以及论证草案的可行性,在刑法改革委员会的主持下,一系列旨在维护社会稳定、促进经济发展的刑法法律规范相应出台。其中 1958 年和 1960 年先后两次对刑法进行了较大规模的修订。1958 年的刑法修订主要涉及犯罪构成和刑罚制度两个方面。在犯罪构成方面,主要是对经济犯罪和人身伤害犯罪的构成要件进行了调整和规范。例如将公文、证书、许可证、执照、票据、护照、账册、私人文件、商业资料及其中的签名和印章都作为伪造文书罪的犯罪对象。对故意伤害罪的犯罪内容细分为故意伤害致残罪、故意伤害致死罪、伏击伤害罪、过失伤害罪、殴打罪以及使用器械伤害罪等多种犯罪类型,以便司法机关选择适用。对遗弃罪在犯罪类型和构成要件上重新修改和补充,将教唆他人遗弃婴儿、无正当理由遗弃父母或子女、遗弃已怀孕两个月以上妻子等犯罪行为都视为遗弃罪的表现形式。而关于刑罚制度的规定,则主要体现在对各种刑罚的执行手段方面进行了规范。如将惩役和禁锢的刑期从最高刑 30 年一律降低为最高刑 20 年,并分设了 5 年以上 10 年以下以及 10 年以上 20 年以下的两个量刑阶段。为了与有期徒刑的期限相衔接,还特意将拘禁的刑期统一规定为 2 个月以上 5 年以下。此次对于刑罚制度改革的主要目的在于统一刑罚的适用标准以及限制法官的自由裁量权。此外,依据 1958 年宪法的规定,此次刑法修订还将"违警罪"归入"条例性质"的事项,由行政法规来具体调整。自此,法国刑法的法律渊源除了通过议会决议的法律以外,还有部分属于行政法规。1958 年的修订和补充,使法国刑法初步具备了现代刑法的基本特征,特别值得一提的是通过对犯罪构成要件和刑罚制度的调整与规范,法国刑法确立了法人犯罪应当承担刑事责任的制度。当然也有学者认为"经过 1958 年全面修订的法国刑法仍然存在着比较严重的缺陷,维希政府遗留在刑法中的侵犯人权的规定并未被彻底消除,刑法的体系过于复杂而显得比较混乱,刑法对侵害国家利益的犯罪和新型的经济犯罪缺乏全面、准确的规

---

[1] 何勤华主编:《外国法制史》,法律出版社 2006 年版,第 262 页;何勤华主编:《法国法律发达史》,法律出版社 2001 年版,第 373 页。

范，各种制裁犯罪的刑罚制度亟待调整和充实。"[1]

1959年1月法兰西第五共和国成立。1960年法国颁布了一系列重要的法律，对刑法进行了大规模的修订。其主要动力是由于自20世纪50年代末期至60年代初期，法国社会的犯罪数量和犯罪结构都一改前期平稳和多样化的状态，[2]出现了快速增长和犯罪种类单一的态势。根据法国检察机关的统计，1959年法国刑事立案数为829,898件，1963年为1,250,000件。[3]而犯罪总量中增长最快的则主要集中在盗窃、窝藏及其他各类侵犯财产性的犯罪。为了应对严峻的社会治安问题而对国家安全和社会稳定所造成的不利影响，法国政府将1960年刑法的修订重点确定为全面规范危害国家利益的犯罪和侵犯经济秩序的犯罪，以保障国家经济的建设和发展。1960年6月4日，法国政府颁布第60—529号法律，对危害国家安全罪、危害国家军事利益罪、侵犯国家主权和领土完整罪、暴力扰乱国家秩序罪、暴动罪、非法聚集罪等涉嫌危害国家安全和利益的犯罪进行了重新规范，并同之前有关国事犯罪的刑法条款结合在一起，构成了完整的惩罚国事犯罪的刑法体系。在戴高乐（Charles de Gaulle, 1890—1970）总统执政期间，法国的刑事法律政策一直以国家利益为主导。受社会防卫思潮的影响，20世纪70年代，法国刑法开始注重对犯罪人的人身权利和被害人权益的保护。1972年12月19日，法国政府颁布刑事法令，规定监外执行的犯人可以半自由地被许可外出，并与自由工作者一样从事职业活动，或接受教育和治疗。

三、1994年《刑法典》

"各种法典，如其有生命，自当有死亡，终有一天会被取代"。"1994年3月1日，一部新《刑法典》诞生了，取代了1810年问世的旧《刑法典》"。[4]这部刑法典无论

---

[1] 何勤华主编：《法国法律发达史》，法律出版社2001年版，第377页。
[2] 1919—1955年为法国社会的相对稳定期，犯罪结构没有发生太大的变化，其中侵犯财产犯罪约占犯罪总数的65%，侵犯人身犯罪占30%左右，危害国家、政府罪占5%—6%。详见〔法〕雅克·博里康、朱琳编著：《法国当代刑事政策研究及借鉴》，中国人民公安大学出版社2011年版，第170页。
[3] 康树华主编：《比较犯罪学》，北京大学出版社1994年版，第135页。
[4]〔法〕皮埃尔·特律什·米海依尔·戴尔玛斯："序：为《刑法典》在中国出版而作"，《法国新刑法典》，罗结珍译，中国法制出版社2005年版，第1页。

是内容还是体例都与时代与社会的发展变化及立法要求紧密相连。虽然新《刑法典》在形式上全面替代了旧《刑法典》,但就刑法的基本原则和内容规定而言,在许多问题上则延续了1810年旧《刑法典》的精神,"新《刑法典》的条文所表现的谨慎又符合人们所说的'演变中的连续性'",突出体现了法国刑事立法的"一贯性"。[1]

(一)法典的制订

进入到20世纪中后期,1810年的《刑法典》在历史和社会的巨大变化以及飞速发展面前,显现出其对社会规范调节和国家政策实施上的力不从心,其不足和缺陷日益凸显。这种巨大的变化完全打乱了1810年《刑法典》的思想体系,其表现主要有以下三个方面:首先,法国刑法的刑罚学体系已经从"威慑和消除"逐步过渡到"刑罚的个人化"与注重改造犯罪人的"回归社会"的思想;其次,刑事责任理论也完全不能适应社会的发展变化,"如今,法人在社会经济生活和其他方面占有极为重要的地位,而拿破仑时代的立法者不可能考虑到这一点";最后,随着新的犯罪行为和犯罪手段的不断翻新,一些应当被规定为犯罪的行为旧刑法典没有涉及,严重与社会现实发展脱节。[2] 当然,如前所述,从1814年起,几乎每一届法国政府都曾对刑法典进行各种修订、补充和完善以顺应社会的发展潮流,但是立法者"在旧法典的原有'大厦'之外增添的各种'侧翼'建筑,甚至建起了许多'独立的楼阁',由此也带来了双重的弊端:一方面,在形式上,《刑法典》变得越来越庞杂……另一方面,'特别刑法'也变得极为分散,分散在《刑法典》的'分则'和各种专门法律,甚至各种专门法典等不同法律文件当中"。[3] 甚至还出现了刑法典中的一些重要内容,如免于处罚、缓刑适用等刑罚执行制度以及审判组织形式等程序性的内容,与刑事诉讼法和司法制度相互重叠或相互冲突,严

---

[1]〔法〕皮埃尔·特律什、米海依尔·戴尔玛斯:"序:为《刑法典》在中国出版而作",《法国新刑法典》,罗结珍译,中国法制出版社2005年版,第2—3页。

[2]〔法〕让·帕拉德尔等:"为《新刑法典》总则条文释义",《法国新刑法典》,罗结珍译,中国法制出版社2005年版,第248页。

[3] 同上书,第248—249页。

重削弱了刑法典效力的发挥。对刑法进行全面的改革，重新制定一部符合时代发展的刑法典已是一件刻不容缓的事情。

实际上，法国与其他欧洲许多国家一样，对刑法典改革运动一直在不断的进行。1886年法国就成立了一个刑法修改委员会，并于1892年就向掌玺官提交了一份共计120条的文件，作为未来刑法典的第一部分条款。但是，这一工作未能持续下去。1931年，法国刑法典修改委员会起草了《刑法典》修改草案，并于1934年由杜梅格政府向议会提交。此修改法案（又称为《马特尔法案》）[1]共有493条。它不仅将"刑罚"与"保安处分措施"明确地加以区分，而且还确认了法人的刑事责任原则。但由于随后严峻的战争形势和国内的不稳定的安全局势，国民议会并没有讨论该修改文本，大大拖延了制定新《刑法典》的时间。

二战结束后，法国的刑事政策发生了重大变化，在刑法改革中注重人权保护和民主原则。1954年，法国著名刑法学家安塞尔（Mare Ancel，1902—1990）出版了《新社会防卫——人道主义的刑事政策运动》一书，系统地阐述了新社会防卫论的观点，从而形成了新的刑事理论学派。安塞尔主张在系统体系内积极调动全社会的力量来预防犯罪，保护社会不受犯罪行为的侵害。既要维护个人和社会的权益，也要维护犯罪人的合法权益。而且"在处罚具有人身危险性的犯罪人时，不得违反罪刑法定原则，在绝大多数情况下，在犯罪行为出现之前，不宜仅依据人身危险性处罚罪犯。"[2]此种"维护自由"的理论，与法国政府要求刑法应广泛而深入地干涉和控制社会经济生活，即主张"维护秩序"的特殊刑事政策思想背道而驰，二者产生了尖锐的矛盾和冲突。究竟法国的刑事法律是应当回归重刑还是实施恤刑轻罚，关于法国"刑法应走向何处"的讨论在法国国内越来越激烈。

在经历了20世纪60年代末至70年代初急剧的政局震荡和严重的社会治安形势后，法国政府意识到应尽快修订刑法典，实现其调整社会秩序的社会功能。1974年，刑法典的改革重新开始启动，司法部长勒卡努依据1974年11月8日以及1975年2月27日的法令专门组建了刑法修订委员会，在征得多方法律界人士的意见后，委员会起草了新法典的总则部分，并计划借鉴其他国家刑法编排体系，

---

[1] 因马特尔当时担任驻最高司法法院检察长兼刑法典修改委员会主席，故此法案以他的姓名命名。
[2] 马克昌主编：《近代西方刑法学说史略》，中国检察出版社1996年版，第328页。

分为总则和分则。1976年7月6日，刑法总则部分草案提交至司法部。1978年6月，几经修改的刑法总则草案向社会正式公布。

在这部草案中，一些刑法的专有术语被取消，如"责任"、"有罪"、"犯罪行为人"等，而取而代之的是一些比较温和的称谓，如将"犯罪行为人"改称为"应受惩处的人"，并将此概念扩大至包括工、商性质或金融性质的法人在内。此外，还取消了"重罪徒刑"与"监禁刑"的区分，统一称为"余刑期"。对于重罪规定，修改草案限定了四种类型，即死刑或最高处30年的监禁刑、最高处30年、20年和10年的监禁刑。同时1978年的刑法修改草案还有所创新，除确认了"免除制裁"与"普通推迟刑罚宣告"的制度，还提出了两种刑事制裁的新制度："附考验期的推迟刑罚宣告"以及"附命令的推迟刑罚宣告"。虽然草案倾向于刑罚严厉化，但是通过立法者巧妙的立法技术处理，重罚主义思想得到了很好的掩饰，因此获得了理论界较为审慎的欢迎。[1] 1978年修正案的出台是为了回应1976年社会的批判之声。"但是德斯坦总统及其司法部长阿兰—佩尔菲特向安全政策的转向延缓了刑法的修订工作，仅有一些分则条款"被纳入到后文的《治安与自由法案》当中。[2]

1980年5月2日，一项主张加大对暴力犯罪处罚的刑事法案——"治安与自由法案"颁布。法案的主要内容一经公布于报端，立即遭到了社会舆论的猛烈批判，虽然该法案只是作为维护社会安全与稳定的过渡性措施，但民众普遍认为此法案的立法精神违背了之前法国政府倡导的轻罚恤刑的刑事政策，要求尽快替换。1981年法国大选，社会党执掌政权，在司法部长巴丹戴尔（Robert Badinter）的领导下，于1983年6月制定出刑法总则部分的修订草稿，[3] 内容共涉及三部分：刑法、刑事责任和刑罚，共计162条，但因客观原因未能正式提交议会审议。与1978年草案相比，此部草案突出体现了刑罚轻刑化的特征，如将轻罪的监禁刑的最高刑期降低为7年，并规定可通过"公共利益劳动、日罚金"等若干替代刑的方式来行使。此外，

---

[1]〔法〕让·帕拉德尔等："为《新刑法典》总则条文释义"，《法国新刑法典》，罗结珍译，中国法制出版社2005年版，第252页；何勤华主编：《法国法律发达史》，法律出版社2001年版，第386页。

[2] Jean-Pierre Allinne, Gouverner le Crime, les Politiques Criminelles Françaises de la Révolution au XXIè Siècle, L'Harmattan, 2004, p. 196.

[3] 同上书。

还将保安处分制度以及在"精神—医疗制度"下执行的监禁刑取消。[1]

1986年2月,刑法典的修订工作跨越了决定性的一步。尽管关于刑法分则草案的内容尚未全部完稿,但是社会党政府还是向参议院提交了整个刑法典改革的草案。该草案共分三卷,分别是"总则"、"侵犯人身之重罪与轻罪"、"侵犯财产之重罪与轻罪"的内容规定。此部缺乏系统的论证匆忙提交的草案,在社会上引起了广泛的争议,"人们对这部刑法改革草案的态度褒贬不一,对其中大量似是革新实为保守的所谓改革、严厉而广泛地制裁法人犯罪的基本构想以及一系列具体的刑法制度则持既不全面肯定也不坚决反对的漠然态度"。[2]

此后的三年,法国政坛出现了社会党政府与反对党"共治"的独特的政治结构,而对刑事政策的直接影响则表现在既强调重罚又重视恤刑,这种矛盾、冲突的刑事政策一直持续到1989年2月。在政府的要求下,1989年,议会对刑法典的讨论于四卷分别进行,使得这一讨论比较混乱。[3] 时任总理的罗卡尔先生提出应对1986年的刑法典草案进行重新审议和表决,他提议将原300多项法律条文分为三个独立的法律文件,每一个法律文件都是原草案的第一卷的内容,此提议受到了法国当局的允肯,故将原草案的第二卷和第三卷暂时撤出,并请求参议院对已提交的刑法典草案第一卷进行审议,重新调整后的第一卷内容共分三编:第一编为刑法;第二编为刑事责任;第三编为刑罚。1989年5月和10月,参议院和国民议会对新《刑法典》草案的第一卷内容,即总则部分进行了一读审议。1990年4月和5月,参议院和国民议会进行了二读审议。

由于两院在一些问题上的表决结果不同,于是在1991年4月又专门成立了一个"混合委员会"对存在的意见进行会议讨论,二者的分歧主要集中在5个方面:从刑是否应当取消;"决策者"的责任范围;正当防卫的认定;法人的刑事责任问题以及适用的刑罚;"关押"的期限。在两院对上述问题进行商议的同时,议会两院对新《刑法典》的其他几卷内容进行了审议和表决。由于历次刑法修订都比较

---

[1] 何勤华主编:《外国法制史》,法律出版社2006年版,第263页。

[2] 何勤华主编:《法国法律发达史》,法律出版社2001年版,第387页。

[3] Jean-Pierre Allinne, Gouverner le Crime, les Politiques Criminelles Françaises de la Révolution au XXIè Siècle, L'Harmattan, 2004, p. 197.

重视对刑法分则的修订和补充，所以刑法分则中有关犯罪构成的要件明确清晰，在表决时未遇到严重的阻力。1992年7月，新《刑法典》的第四卷有关民族与国家安全的犯罪也以单独法律文件的方式顺利通过了表决。至此，法国历史上第三部刑法典的颁布已是指日可待了。[1]

由于此次《刑法典》的修改范围比较广泛，为了减少新《刑法典》对民众所产生的不适应性，立法机关决定将组成未来《刑法典》的四卷内容陆续生效。而刑法内容的大规模修订也必然牵涉到相关法律的更改，为保证刑事立法的统一性和协调性，当时《刑事诉讼法典》以及其他相关立法的修订还未结束。因为上述种种原因，政府于1992年5月提交了一项有关新《刑法典》生效以及修改刑法和刑事诉讼法若干规定的法案。在这篇有着262条的文件中，法国政府明确表示应对法国刑法等众多制定法进行适应性处理，故将新《刑法典》的生效日期定于1993年3月1日。1992年12月16日，法国出台《适应法》，又对这部新《刑法典》中的有些内容进行了调整和补充，将部分已经生效的关于违警罪的刑事条例归入到新《刑法典》第六卷中，同时废除了一些过时的罪名，如撤消了妇女自行堕胎的刑事责任规定，并将生效日期更改为1993年9月1日。1993年7月19日，国民议会认为新《刑法典》的颁布牵涉范围较广，应慎重为之，故又将其正式施行日期推迟至1994年3月1日。[2]

（二）法典的内容

新《刑法典》包括法律和条例两大部分。第一部分"法律"共分七卷内容，分别是总则；侵害人身之重罪与轻罪；侵犯财产之重罪与轻罪；危害民族、国家

---

[1]〔法〕让·帕拉德尔等："为新《刑法典》总则条文释义"，《法国新刑法典》，罗结珍译，中国法制出版社2005年版，第253—255页；〔法〕卡斯东·斯特法尼等：《法国刑法总论精义》，罗结珍译，中国政法大学出版社1998年版，第100—101页。

[2] 有不少学者也将1994年3月1日颁布的《刑法典》称为1993年刑法，理由是1993年颁布的《刑法典》与推迟至1994年颁布的《刑法典》在内容上几乎没有分别，仅在违警罪的个别罪名上有所调整。但是我们认为1993年的《刑法典》没有正式颁行，立法机关基于刑事立法的社会适应性，不断推迟其颁行日期，所以还不能称之为《刑法典》。依据正式颁行的日期，我们倾向于将1994年3月1日颁行的《刑法典》称为新《刑法典》。

及公共安宁罪；其他重罪与轻罪；违警罪和适用于海外领土与马约特领地的规定。第二部分"条例"，主要是法国最高行政法院根据时代发展，对刑事立法做出的资政意见后颁布的单行法令，可与第一部分"法律"内容的各项规定相对应，亦可视为是对刑法内容的补充和完善。二者共同构成了新《刑法典》的全部内容。

在具体的编排上，法典遵循"卷、编、章、条"的编排规律。为避免"几年后出现刑法第几条（2），第几条（3）之类的情形"，法典使用的是"编序号"而不是"连续号"，即将每编的序号固定，对于日后需要修改或补充的条文，则在固定的序号后用连续号依次排列，如"第111—1"就表示第1卷第1编第1章第1条的意思，接下来的"第1卷第1编第2章的第1条"则为"第112—1"，依次类推。除了第一卷"总则"部分，其他第二卷至第七卷关于各项罪名和刑罚的规定，与1810年刑法的编排形式大致相同，采取了"……的行为予以……处罚"的条文表达形式，既简单明了，又易于理解。

1. 第一部分"法律"的内容

第一卷"总则"部分包括三编。

第一编"刑法"的主要内容主要是关于刑法的一般原则和效力（时间效力和空间效力）问题的规定；第二编的"刑事责任"分为一般规定和例外规定，即不负刑事责任或减轻刑事责任之原因；第三编"刑罚"则围绕着刑罚的性质、刑罚制度和刑罚的消灭展开。在"刑罚的性质"一章中，新《刑法典》将刑罚的适用分为自然人刑罚和法人刑罚两种不同的形式。第二章"刑罚的制度"规定得非常细致，除了规定数罪并罚和累犯适用这两类一般性的刑罚制度，还创新性地规定了刑罚的个人化方式，内容包括半释放、分期执行、普通缓刑、附考验期缓刑、附完成公共利益劳动义务的缓刑、刑罚的免除与推迟宣告。而时效的消灭、宣布特赦和大赦以及恢复权利都为第三章"刑罚消灭"的内容。此卷条文共计177条。

第二卷"侵犯人身之重罪与轻罪"由两编组成：第一编"反人类罪"和第二编"侵犯人身罪"。其中"反人类罪"分为种族灭绝罪和其他反人类罪。"侵犯人身罪"是本编的重点，《新刑法典》通过七章来详细说明并予以规定。第一章按照犯罪人的主观方面将"侵害人之生命罪"分为故意伤害生命罪、非故意伤害生命罪以及适用自然人之附加刑三部分；第二章"伤害人之身体或精神罪"分为了7

节，分别是故意伤害人之身体罪、非故意伤害人之身体罪、性侵犯罪、精神骚扰罪、毒品走私罪、适用自然人之附加刑和对自然人及法人的共同规定；第三章是关于"将他人置于危险犯罪"的规定，内容包括了故意造成他人危险犯罪、抛弃不能自我保护的人犯罪、非法中止妊娠犯罪、挑动自杀犯罪、用人身进行试验的犯罪等七种类型；第四章是对"侵犯人身自由的犯罪"规定，构成此罪名的行为包括绑架、非法拘禁、劫持航空器和船只等交通工具等；第五章和第六章是关于"侵犯他人精神犯罪"和"侵犯他人人格的犯罪"，具体可分为侵犯人之尊严罪和侵犯人格罪。两章内容共计13节，涉及罪名众多，有歧视罪、淫媒牟利罪、利用未成年人卖淫罪、侵害对死者应有之尊敬罪、侵犯私生活罪、诬告罪、侵犯秘密罪、侵害信息处理或信息缩片产生的人之权利罪、采用遗传基因进行人之特征或鉴别研究产生的人身侵害罪等；第七章是专门针对"危害未成年人权益及家庭的犯罪"规定，将遗弃未成年人、妨害行使亲权、妨害亲子关系以及置未成年人于危险之中等行为都视为犯罪，此卷条文共计187条。

第三卷"侵犯财产之重罪与轻罪"，将侵犯他人私有财产的犯罪分为两编："欺诈据有财产罪"和"其他财产罪"。其中第一编的内容由盗窃罪、敲诈勒索罪、诈骗罪及相近似的犯罪以及侵吞财产罪这四个犯罪构成组成。第二编的"其他侵犯财产罪"则包括窝藏赃物罪、毁坏财产罪、侵犯数据资料自动处理系统罪和洗钱罪四部分内容，此卷共计98条。

第四卷"危害民族、国家及公共安宁罪"的各条内容规定贯彻了法国政府为应对严峻的社会治安形势而对任何危害、分裂民族和国家的犯罪行为所持有的严厉惩罚的刑事政策。

此卷内容由五编组成，第一编"危害国家基本利益罪"，依据第410—1条的规定："依本编之意义，国家基本利益系指国家独立、领土完整、安全、各种制度之共和体制、防务手段与外务手段，在法国及国外保护其人民，保护其自然环境与环境平衡，国家之科学与经济潜能之基本要素及其文化财富。"[1] 该编由四章构成，分别为"叛国罪与间谍罪"、"其他危害共和国之各种制度或危害国家领土完整罪"、"其他危害国家防务罪"和"特别规定"。

---

[1]《法国新刑法典》，罗结珍译，中国法制出版社2005年版，第131页。

第二编是关于"恐怖活动罪"的规定。

第三编危害国家权威罪的内容较多，分为"危害公共安宁罪"、"由履行公职的人实施的危害公共行政管理罪"、"个人妨害公共行政管理罪"、"妨害司法罪"、"危害欧洲共同体及成员国"以及"其他外国与公共国际组织之公共管理罪"五章内容。其中第一章"危害公共安宁罪"包括了妨碍行使言论、劳动、结社、集会或游行示威自由罪、违反参加聚众滋事罪、非法游行示威、违法参加游行示威或公众集会罪、组织、参加或者重建武装小集团罪等四种犯罪类型；第二章由四节构成，分别是针对行政部门滥用权势罪、针对个人滥用权势罪、违反廉洁义务罪和附加刑；第三章的内容很多，《新刑法典》将其细分为十二节，主要内容包括个人实行的行贿或受贿罪、针对担任公职的人进行恐吓活动罪、窃取或隐匿存放于公共保管之处之财物罪、侮辱罪、暴力抗拒执法罪、反对实施公共工程罪、盗用职权罪、盗用公共权力部门专用标记罪、盗用职衔罪、违反规定使用身份罪、亲任人之户籍身份罪、附加刑及法人之责任；第四章的内容主要由阻挠法院受案罪、妨碍司法活动罪、危害司法权威罪这三部分组成；第五章"危害欧共体或欧盟成员国的犯罪"主要是关于受贿和行贿方面的规定。

第四编"妨害公众信任罪"则包括伪造文书罪、伪造货币罪、伪造公共机关发行的证券或其他有价信用证券罪、伪造权力机关之标志罪四种罪名构成。

第五编为"参加坏人结社罪"。此卷共计条文216条。

第五卷"其他重罪与轻罪"主要是针对生物医疗和动物保护的犯罪规定。全卷共分两编，分别是"在公共卫生方面的犯罪"和"其他规定"。其中第一编的内容是关于"在生物医学伦理方面的犯罪"。第二编"其他规定"主要是对动物的严重虐待或残忍行为的规定。此卷共计条文30条。

第六卷内容主要是有关违警罪的规定，共分五编，分别为"一般规定"、"侵犯人身之违警罪"、"侵犯财产之违警罪"、"危害民族"、"国家或公共安宁之违警罪"以及"其他违警罪"。违警罪"既有法律之义又有其犯罪学之义。我国法律研究和法律实践中与违警罪联系最紧密的概念是治安违法行为"。[1] 由于此卷内容是刑法修订委员会最后增加上去的，所以在《新刑法典》的编排上将此卷内容调整

---

[1] 张晓菲、吴瑞："浅论违警罪的概念及其处罚"，《甘肃警察职业学院学报》2011年第1期。

到第二部分"条例"中。除第一编"一般规定"和第二编至第五编有关"违警罪"的内容，立法者按照犯罪行为对社会危害性的轻重，由轻至重将违警罪分为第一级至第五级，处罚也逐渐加重。此卷共有条文69条。

第七卷"适用于海外领土与马约特领地的规定"是立法者为法国海外领土及专属领地适用法国刑法，于1996年3月28日而专门制定的法令。此法令1996年12月30日由第96—1240号法律批准，随后即作为法国新《刑法典》的一部分而存在。

2. 第二部分"条例"的内容[1]

将"条例"作为新《刑法典》的组成部分，其法律依据来源于新《刑法典》第111—5条："当提交其审理的刑事诉讼的结局有赖于此种审查时，刑事法院有权解释行政性、条例性文件或个人性质的文件，并评判这些文件的合法性。""新《刑法典》出台之前，关于刑事法官解释行政性文件以及评判这种文件的合法性的权力问题，法律并无明确规定，唯一由判例来解决，但是，判例就这一问题所区分的不同情形并不尽如人意。"对于刑事法官解释的行政性文件究竟是否具有法律效力，法国"权限冲突法院"与最高司法法院刑事庭之间产生了分歧。权限冲突法院认为，如果刑事诉讼需要刑事法官对条例性质的行政文件作出解释或对文件的合法性作出评判时，刑事法官便具有权力。但对于那些属于"个人性质的行政文件"，则刑事法官无解释权和评判权。最高司法法院刑事庭则认为，应当赋予刑事法官更广泛的权力，刑事法官不仅对刑事诉讼中的行政性文件有权做出解释和评判，而且还应扩充至个人性质的行政文件上。最后，最高司法院的主张得到了理论界的认同，刑法学家认为条例性质的文件，因为具有总体规范的特征，所以与法律相类似，刑事法官应当有权力对包含个人性质的行政性文件作出解释和评判。参议院法律委员会将其作为修正意见提出，并得到了政府的同意，故有了第111—5条的规定。[2]

第一卷"总则"在第三编"刑罚"补充了刑罚之性质内容，将自然人适用的刑罚扩充至吊销驾驶执照、禁止驾驶特定车辆、封存车辆以及从事公共利益劳动；

---

[1] 参见〔法〕让·帕拉德尔等："为《新刑法典》总则条文释义"，《法国新刑法典》，罗结珍译，中国法制出版社2005年版，第265—267页。

[2] 《法国新刑法典》罗结珍译，中国法制出版社2005年版，第4页。

而关于法人适用的刑罚则是明确了第131—36条所指的合适司法代理人的范围,即必须是符合"1985年1月25日所规定的司法管理人、企业清算司法代理人以及企业诊断专家的条件,或者从《刑事诉讼法》第157条所指的名单之一登记的人员中挑选",当然法院可以依据职权,在说明理由后指定具有经验或特别资格的自然人作为司法代理人。[1] 此外,条例第R133—1条和R133—2条规定对于特赦,条例规定特赦申请应由司法部长预审,特赦令由总统签发,总理、司法部长和进行预先审查的部长副署。

第二卷"侵犯人身之重罪与轻罪"只是对第二编的第六章"侵犯人格罪"做了相应的补充。根据条例规定,所有制造、进口、展出、提供、出租或销售任何仪器设备都必须事先批准,对每一种类型的仪器设备,申请书中都必须详细载明申请人的基本信息、使用目的、使用地点、仪器型号和技术特点并接受必要的监督。签发的批准书最长时效为三年,所有持有批准书的人应置备登记簿以便登记相关事项。

第三卷"侵犯财产之重罪与轻罪"增加了"窝藏赃物罪及相类似或相近似犯罪"的类型,对从事销售或交换某些动产物品之职业活动的人以及有关某些动产物品出售或交换之集市的活动做了规范。要求所有按照第321—7条置备动产物品登记簿的人,应向其主要营业机构所属管辖的省、区行署事先申报,如在巴黎,则应向市警察局申报。如是将动产物品在集市中出售或交换,也应置备登记簿并载明相关事项,所有的登记簿都由警察分局局长编号并签字,或由集市所在地的市镇长编号和签字。在集市期间,警察、宪兵、税务、海关以及有关竞争、消费与制裁欺诈活动的部门都有权查验,活动结束后的8天内,登记簿还应交存举行集市的市区行署。

第四卷"危害民族、国家及公共安宁之重罪与轻罪",将"危害军事力量之安全以及危害与国家防务有关之保护区域罪"以及"妨害国防机密罪"作为其他危害国家防务罪的补充。条例规定所有被确定为应予保护的范围,由负责具有秘密性质之设施、物资或研究、制造项目之事务的部长确定。对于进入受保护区域的人,由保护项目的部长按照指示予以批准并接受其监督。而第三编"危害国家权

---

[1] 第R131—35条,详见《法国新刑法典》,罗结珍译,中国法制出版社2005年版,第204—205页。

威罪"有关"违法参加聚众滋事罪"要求在适用第431—3条规定时，必须由主管当局事先经过三次警告督令，在不奏效的情况下方能进行。

第五卷"其他重罪与轻罪"所规定的在动物身上进行科学研究或实验，由《农村法典》和本条例第R511—1条共同确定。

（三）法典的特点

在当代各国刑法中，法国刑法以其具有的全面性、系统性和进步性受到刑法学界的普遍赞誉。虽然"刑法改革委员会的成员与政府的愿望是，要向公民提交一部汇集整个刑法的结构紧密、协调一致的法典。诚然，将所有的刑事法律都编载于所有的人都能方便理解的单一法典中，无疑是人们所希望的，但是，要将属于经济刑法、税收刑法、环境刑法等方面的全部规定都纳入一个单一的法典，困难极大，尤其是当遭到违反的规范应当包括商法与税法的各个层面时，更是如此"。[1] 但是优秀的传统刑法原则、先进的刑法制度和高超的立法技术都保证了法国刑法进入到世界先进刑法的行列中。法国总检察长皮埃尔·特律舍和巴黎第一大学教授海依尔·戴尔玛斯认为法国新《刑法典》的修订充满了谨慎性。我们认为在谨慎态度下制定的法国刑事立法，具有鲜明的承续性、创新性和时代性的特征。

1. 承续性

（1）刑法原则的承续

法国刑事立法的发展注重历史的延续性，在许多问题的规定上，以往刑法的精神都在新《刑法典》中得到了保留，这一点在总则部分表现得最明显，如"罪刑法定"原则，新《刑法典》不仅继续沿用，而且还通过8个条文加以确认，大大扩展了旧刑法典只有4个条文的规定。具体内容包括："本义上的罪刑法定原则；'法定'含义的明确性与严格性要求；刑法应严格解释原则；刑事法院对行政法规合法性的监督原则；不溯及既往原则及从轻原则不溯及既往原则的例外，主要涉及程序、追

---

[1]〔法〕卡斯东·斯特法尼等：《法国刑法总论精义》，罗结珍译，中国政法大学出版社1998年版，第103—104页。

诉、行刑等方面的法律；上诉的程序事项应按照现行法律；新法的适用不影响已完成之法律行为的有效性，但依新法不再具有犯罪性质时，刑罚停止执行"。[1]

(2) 刑法概念的承续

对于刑法基本概念方面的表述，新《刑法典》也没有发生大的变化，如继续使用"刑事责任"、"刑罚"等概念，而之前在众多刑法修订草案中有的则抛弃了这些经典术语，主张使用"可惩罚性"、"制裁"之类的概念。虽然为了适应时代的发展，新《刑法典》也调整了某些概念的定义和表述方式，但总体而言，新旧法典的规定依然十分相近，其本质都是相同的。如1810年《刑法典》表述的"精神错乱"，现在改为一个更现代的定义，称之为"完全不能辨别或控制自己行为"的"精神紊乱"或"神经精神紊乱"。[2] 这种表述体现了新《刑法典》在法律语言的表述上更加追求精确性和完整性，将可能发生的犯罪行为的表现方式都纳于刑事立法的规范下，注重立法承续性的特征。

(3) 刑法适用的承续

关于刑法的适用，新《刑法典》做了概括性的规定。这些规定大多是对1810年《刑法典》所提出的学说以及通过判例已解决的问题的成文化表现，这不单是民主国家法治观的基础，是近代刑法的基本原则和原理，也是法国传统刑法所具有的特征。在"犯罪"与"刑罚"的关系上，新《刑法典》采取了新古典学派的主张，将犯罪分为重罪、轻罪与违警罪三种。[3] 对重罪的刑罚继续采用1810年《刑法典》规定的30年的上限。把轻微犯罪（包括违警罪）做"非罪化"处理，排除刑罚的适用，使其具有"强烈的行政性制裁体系的色彩"，这也是与西欧国家刑事立法不同的动向之一。1958年前，法国审判机构在审判刑事案件时较少考虑合宪性，但1958年成立宪法法院后，法官开始谨慎地对待每一起刑事案件，充分将宪法精神融入到审判实践中。[4] 而且凡是涉及刑事领域的新法，也几乎都要经过宪

---

[1] 郑伟："法国新刑法评述"，《法学》1997年第2期。

[2]〔法〕皮埃尔·特律什、米海依尔·戴尔玛斯："序：为《刑法典》在中国出版而作"，《法国新刑法典》，罗结珍译，中国法制出版社2005年版，第3页。

[3] Mireille Delmas-Marty, Avant-propos (Nouveau code pénal), Revue de Science Criminelle et de Droit Pénal Comparé (3), juill.-sept. 1993, p. 433.

[4]〔日〕北川敦子："宪法院と刑事裁判官"，《比较法学》44卷第3号。

法委员会审议。[1]

尽管近年来法国刑事立法深受欧盟法及其它欧洲国家法律的影响,[2]但总体来说法国刑法保持着较强的承续性。比如,对于传统的犯罪"三分法"法国刑法规定了不同的审判模式。重罪审判,法国刑法规定在重罪法庭审判的重罪必须启动陪审制,以保护犯罪人的权益。轻罪和违警罪可由职业法官适用简易程序进行。违警罪的审理一般不公开,引进"略式命令"。这也可以认为是构成传统法国刑事立法的骨架。其他有关刑法制度的规定,如犯罪既遂、未遂或共犯的制度,新旧《刑法典》的规定也基本相同。此外,新《刑法典》还吸收了"新社会防卫论"的某些观点,如增加了具有"保安处分"性质的"补充刑";大幅度地吸取了"代替刑"。"对于犯罪的无行为能力人,新刑法没有采取过去几次刑法草案中提出的代替刑罚的'保安处分'和'治疗处分',而是把过去判例加以集中修改后,在条文中表现出来,这些也是一种连续性的表现"。[3]

在分则方面,新旧刑法典在体系内容的构成方面基本相同,都分为国家安全犯罪、侵犯人身犯罪以及侵犯财产犯罪这几个主要方面,只是在排列顺序上有些调整。1810 年《刑法典》将国家安全犯罪列为分则的首位,而新《刑法典》则为了强调法律对保护"人身和财产安全"的重视,将侵犯他人人身和财产安全的犯罪调整至分则的首位和次位。

2. 创新性

(1) 刑事责任规定的创新

一般"传统刑法都持有'刑法是社会最低道德要求'的基本观念,将所有具有刑事责任能力的社会成员都视为能够明确了解刑法基本准则的行为主体和责任主体"。[4]为维护统治阶级的地位和社会的正常秩序,各个历史时期的刑事立法都毫无例外地严格贯彻着"不知法不得作为免除刑事责任理由"的准则,只要具备刑事责任的行为人由于过失或故意为社会造成了一定的社会危害性,不论行为人

---

[1] 郑伟:"法国新刑法述评",《法学》1997 年第 2 期。
[2] 〔日〕幡野弘树、足立公志郎:"欧盟法对法国刑法规范产生的影响",《阪大法学》59 卷第 2 号。
[3] 何鹏、张凌:"法国新刑法总则的若干特色",《法制与社会发展》1995 年第 3 期。
[4] 何勤华主编:《法国法律发达史》,法律出版社 2001 年版,第 394 页。

是否存在着对刑法的误解或事实的认识错误，刑法都不可能因为误解或认识错误而对行为人作出减免刑事责任的决定。然而，法国立法机关认为刑法作为重要的法律规范，应当负有实现全体人民利益的责任，要求所有人都了解和把握刑法的规范，将所有的行为人都视为绝对相同的认识主体可能会造成事实上的不平等和不公正。所以在新《刑法典》修订过程中，立法委员会吸收了应对行为人个体差别对待的考虑意见，并最终将其反映在总则第122—3条内，从而动摇了法国刑法一个根深蒂固的传统，对"任何人都不被认为不知道法律"的格言做出了挑战。[1]

第122—3条规定："证明自己由于无力避免的对法律的某种误解，本以为可以合法完成其行为的人，不负刑事责任。"很显然，将法律错误引入刑法典也是经历了重重波折，[2] 法国刑事理论对这条法律规定给予了高度评价，认为"新刑法的这一规定是一种进步、一种尝试，它使'能够辨明自己无罪的人'在刑事法律纷繁复杂的规定中不再处于不知所措的状态。新刑法典的规定可以避免不公正的判决，特别是在对有些疑难问题的解释，连最有经验的刑法学家也不可能作出明确答复的情况下，避免引起的不肯定或自相矛盾的判决"。[3] 迄今为止，只有法国刑法对由于自己无法避免的误解而产生的社会危害行为，做出了免除刑事责任的规定。

(2) 法人刑事责任规定的创新

早在1670年，法国的刑事法令中已有采用刑事手段惩治组织体的规定，以及审判的程序和具体的处罚措施：罚金、剥夺特权和损毁建筑物，后来因为受到大革命时期强烈的个人主义的影响，该刑事法令予以废除，也正是这个原因，在1810年的《刑法典》中没有关于法人犯罪的任何规定。但这并不妨碍法国立法机关通过刑事法令的形式颁布单行法来规定法人犯罪以及追究其刑事责任。1829年，法国法院根据"雇主责任制"原理，对违反矿山安全法的法人犯罪给予了相应的刑罚。进入20世纪后，关于法人犯罪的单行法逐渐增多。1945年5月5日的法令规定了新闻企业在战争期间同敌人进行合作的刑事责任。1976年12月6日的《劳动法》第

---

[1] "长期以来，法国法院的判例，在这一问题上一直是坚定不移的。判例认为：违法行为人不知道其行为违法当罚，'不能成为辩护的理由，'援用不知道法律'对犯罪意图并无影响'"。《法国新刑法典》，罗结珍译，中国法制出版社2005年版，第10页。

[2] Christine Lazerges, A Propos du Nouveau Code Pénal Français, Revue de Droit Pénal et de Criminologie, 1997, p. 137.

[3] 《法国新刑法典》第122—3条注释，罗结珍译，中国法制出版社2005年版，第10页。

263—3—1条规定了企业在严重并反复违反有关安全、卫生等法规的情况下出现工伤事故时应负刑事责任并应制定安全计划。随着社会和经济的发展,法国立法机关愈益感觉到只凭单行法不足以规范法人的行为,而且由于缺少统一的刑事立法,对法人犯罪的行为的处罚上面也显得较为软弱。1978年"刑法典草案"在其第38条规定:任何从事商业、工业或金融业活动的组织,对其机构以其名义并为其利益而故意触犯的轻罪负刑事责任。稍后,1983年的"刑法典草案"对该条作了改动,规定任何法人,包括社团和工会,可以对任何罪行负刑事责任。1986年刑法典修改草案依据法典修改委员会成员的建议,正式规定了法人刑事责任的原则。

新《刑法典》所称的法人犯罪,指的是除国家之外的企业一切具有法人资格的企业,在法律或条例有规定的情况下,对其机关或代表为其利益实行的犯罪。[1] 关于法人犯罪,法国新刑法典将其分为"法人承担刑事责任的条件"和"法人犯罪适用的刑罚"两大内容。关于法人承担刑事责任的条件主要是法人主体认定的问题。世界各国刑法有关法人犯罪的刑事责任往往只是法人代表或其工作人员来承担,一般不涉及法人团体,但法国新《刑法典》第121—2条规定得非常明确,不仅肯定了法人是刑事责任主体这一事实,而且还扩大了刑事责任主体的范围,除了法人本身应对法人犯罪承担刑事责任以外,其他在法人机关、法人代表以及具体实施犯罪行为的工作人员都应追究刑事责任,法人和法人代表,并不绝对地等同于法人机关。对于那些只是临时管理企业的自然人、受托管理其他企业的法人等都应视为被授权的法人,虽然"接受授权的自然人或法人,以特定的目的形成的人际组织和财产组合并不一定具有公司法上的法人资格或法人代表的资格,但仍然可能成为实际上的法人代表,并因此而为法人的利益实施特定的刑事犯罪"。[2] 所以,新《刑法典》将除国家这一特殊的对象以外的所有团体,如股东大会、基金会、各种公会或协会组织,甚至市镇的参议会也会包含在法人犯罪的范围之内。

关于法人犯罪罪名的规定。法人对哪些犯罪负刑事责任,属于刑法典分则规定的内容。而法国新《刑法典》分则中所规定的大部分罪名,法人都能够适用。在新

---

[1]《法国新刑法典》第121—2条,罗结珍译,中国法制出版社2005年版,第8页。
[2] 何勤华主编:《法国法律发达史》,法律出版社2001年版,第396页。

《刑法典》第二卷关于"侵害人身的犯罪"规定中,法人可能承担刑事责任的犯罪主要有:各种反人类重罪、挑动种族歧视罪、杀人罪、故意暴力罪、伤害罪、非法试验罪、种族灭绝罪、毒品走私罪、洗钱罪、造成他人面临死亡危险罪、牟利罪、强制他人接受违反其尊严的劳动与住宿条件罪、侵害私生活罪、侵害个人形象罪、诬告罪、因信息卡片或信息处理而侵袭的侵犯人身权利罪、妨碍亲子关系罪。[1] 第三卷关于"侵害财产的犯罪"中,法律明文规定法人可负刑事责任的犯罪有:盗窃罪、勒索罪、敲诈罪、诈骗罪、滥用未成年人之状况或容易攻击的人的状况罪、滥用他人信任罪与损害财产罪、侵害信息数据处理系统罪等。[2] 第四卷关于"危害民族、国家或共和国安宁罪"的规定中,法人应当承担刑事责任的犯罪有:叛国罪、间谍罪、谋反罪与策动谋反罪、参加暴动罪、篡夺指挥权与其他危害国家防务罪、恐怖活动罪、危害公共安宁罪、滥用权势罪、妨碍实施公共工程罪、篡夺职权罪、盗用职衔罪、违反规定使用身份罪、伪造文书罪、伪造货币罪、变造权力机关之标志罪、撕毁由法官命令张贴的告示罪、伪造公共权力机关发行的证券罪等。[3] 另外,为规范市场行为,保护国家经济的正常运转,法国在近年来不断以法案形式出台适应法国经济社会发展的补充立法,其中大部分也适用于法人犯罪,如对《反垄断法》和《反不正当竞争法》等相关法律进行修订,2008年8月将2001年颁布的新经济调整法案(2001—420)中有关市场竞争的内容进行调整,将审查机构和处罚标准都重新予以了规定,使法案更加具有针对性和灵活性。[4]

---

[1] 详见《法国新刑法典》第213—3条、第221—7条、第222—21条、第222—42条、第223—2条、第223—9条、第225—4条、第225—12条、第225—16条、第226—7条、第226—9条、第226—12条、第226—24条、第227—14条。

[2] 同上书第311—16条、第312—15条、第313—9条、第314—12条、第314—13条、第321—12条、第322—17条、第323—6条。

[3] 同上书第414—7条、第422—5条、第431—20条、第433—25条、第441—12条、第442—14条、第443—8条、第444—9条。

[4] 法国于2008年出台了L420,L426法规,其中对法人组织规定了一系列的禁止性措施,其个人最高可处以300万欧元罚款和四年监禁。2009年1月又规定市场垄断行为分别由法国商务调查委员会和DGCCRF组织负责,其中DGCCRF组织享有事前调查的权力。对于企业组织违反反垄断条例的行为,在调查前,企业如主动供述和提供新信息,调查委员会可视情况对该企业适用减免罚金的权力。但减免金额最多不超过50%,且此权利只属于企业组织。关于这方面的论述,详细可参见 MICHAEL O'KANE, The Law of Criminal Catels:Practice and Procedure, Oxford University Press, 2009, pp. 296—299.

关于法人犯罪的适用刑罚。与自然人犯罪一样，法人犯罪同样适用重罪、轻罪和违警罪的刑罚和确定适用刑罚方式，只是在实施内容方面有略微的不同。根据法典第131—37条和第131—38条的规定，法人可处之重罪或轻罪的刑罚主要为罚金，适用罚金的最高比率为自然人罚金最高比率的5倍。其他还有一些资格刑的处罚，[1] 主要包括：禁止执业或活动，分永远和5年期限；解散法人团体；关闭机构；逐出市场；禁止签发有价票据等。同时，为保证刑罚的执行，刑法典还规定了执行刑罚的具体要求，如判决须在权威性法庭上宣布；代理人在履行投资监督职责时须将执行情况按时向法官报告；所有金融机构、公共机构禁止向犯罪法人进行各种名义的集资和贷款等。此外，新刑法典还规定了法人犯违警罪适用的刑罚，包括罚金刑和剥夺或限制刑两大类，从形式上看法人犯违警罪适用的刑罚与前面所介绍的法人适用的刑罚基本上相同，但是性质却完全不同。

根据新《刑法典》第131—42条规定：对于法人犯第五级违警罪，罚金刑还可以下列一种或几种剥夺权利或限制权利之刑罚替代之：最长1年期间，禁止签发支票或者使用信用卡付款，但出票人在受票人处提取资金或经鉴证确认之支票除外；没收用于或旨在用于实施犯罪之物或犯罪所生之物。对于法人重罪、轻罪或违警罪的累犯，新《刑法典》规定适用罚金的最高比率为惩治该重罪、轻罪或违警罪的法律所定最高罚金比率的10倍。[2] 关于法人适用单一缓刑，是根据新《刑法典》新确定的"刑罚个人化方式"原则加以规定的。第132—24条规定：法院应在法律确定的限度内，综合考虑犯罪人的犯罪情节及人格表现，来确定刑罚。在宣告罚金刑时，还应评估犯罪行为人的收入与负担，决定罚金的数额。作为刑罚个人化的表现形式之一，对于法人的单一缓刑的适用条件极其严格，只有未因普通法的重罪或轻罪被判处数额超过6,0000欧元的罚金者，才能适用缓刑。对法人在考验期内重新犯罪的，法人的缓刑制度必须撤销。

传统的大陆法系刑法否认法人可以成为刑事责任的主体。法国历次刑事立法都没有法人犯罪的原则性规定，判例更是排斥对法人处以刑罚。然而法国新《刑

---

[1] 有学者认为：法国刑法典适用资格刑的规定，可以说是创设了大陆法系刑事立法的第一个先例。参见吴平："《法国刑法典》中的资格刑规定述评"，《行政与法》2002年第10期。

[2] 《法国新刑法典》第132—12条至132—15条，罗结珍译，中国法制出版社2005年版，第29—30页。

法典》却明确将法人作为刑事责任主体,无疑是其创新性特点中最具有代表性的,"其规定的法人犯重罪、轻罪及违警罪适用的刑罚和确定适用刑罚的内容与方式,以及规定法人累犯及对其的惩处和法人适用单一缓刑的条件及作用等,都反映了立法者在这一问题上的明确态度",[1]产生的影响及其对其他国家刑法建设的示范性意义也必定是深远的。

(3) 刑罚的多样化与个别化

法国刑罚的多样化主要表现在新《刑法典》关于轻罪和违警罪的规定。除了上文所列的法人刑罚的措施外,适用于自然人的刑罚手段有:"徒刑、罚金、日罚金、吊销驾驶执照、没收车辆、封存车辆、禁止持有或携带武器、没收武器、吊销打猎执照并禁止申请颁发新执照、禁止签发支票以及信用卡付款、没收犯罪关联物、禁止某种职业或社会活动、参加不付报酬的公益活动、剥夺公权、民事权与亲权等。"[2]另外,针对各种损害社会利益和公民利益的轻罪,法国新《刑法典》采取了灵活多样且因人而异的处罚方法,既有效地避免重刑使用过度而形成的逆反心理,还有利于社会治安秩序的稳定。对于违警罪,新《刑法典》采用分类适用的原则,广泛采用罚金、权利限制和剥夺权利的替代刑,比较圆满地实现了刑法教育和矫正犯罪人的目的。

刑罚的个别化最早是由法国学者雷蒙·萨雷伊在《刑罚个别化》一书中正式提出:"将刑罚的个别化分为法律上的个别化、裁判上的个别化和行政上的个别化。"[3]而刑罚的个别化受到法国刑事立法机关的注意,则是自20世纪中叶以来,法国刑事政策领域中的明显变化,主要表现为:其一,面对日益攀升的犯罪率,法国加大了惩罚的力度;其二,法国将刑事诉讼中的两个角色:犯罪人与被害人,也纳入刑事考量的范畴。随着刑事法律地位重要性的不断增加,法国刑法表现出了刑法的个别化以及检察官权限的相对化等特点。[4]从犯罪人的角度而言,开始逐渐推行安塞尔提倡的刑罚个别化。而在被害人方面,就是尽量使对被害人的赔

---

[1] 冯锐:"法国新刑法典中的法人犯罪",《法律适用》1995年第3期。
[2] 郑伟:"法国新刑法述评",《法学》1997年第2期。
[3] 王志亮:《外国刑罚执行制度研究》,广西师范大学出版社2009年版,第136页。
[4] [日]齐藤笑美子:"フテソス刑事法·刑事政策",《法律时报》2010年82卷第13号。

偿更加容易。[1]

  法国新《刑法典》的刑罚体系极具个性特征，在编排上按照罪之轻重的重罪、轻罪、违警罪与犯罪主体之自然人、法人的分类配置刑罚，反映"人、罪、刑"法定的三元结合。新《刑法典》第二章的"刑罚制度"为了与第一节的"一般规定"相呼应，专门在第二节中设立"刑罚个人化方式"：以"半释放、刑罚的分期执行、普遍缓刑、附考验期的缓刑、附完成公共利益劳动义务的缓刑、刑罚的免除与推迟宣告"六目71个条文，该节篇幅占到总则的1/5强，其内容主要有：半释放的犯罪人有参加职业活动、教育、培训、实习和家庭生活或者治疗的权利；对被判处一年或一年以下监禁刑的犯罪人可以在不超过三年的期间分期执行；缓刑制度除了可以适用普通缓刑，还可以对被判处五年以下监禁刑的重罪与轻罪的犯罪人适用附考验期的缓刑以及附公益劳动义务的缓刑；对于已经重返社会和准备重返社会的犯罪人，如其造成的社会危害已停止，并获得了弥补，法院可以宣告对其免除刑罚或推迟宣告刑罚。这种详尽的刑罚个别化的规定，不仅可为司法机关的刑事审判提供法律依据，而且这富有弹性的刑罚措施也充分体现了法国刑事法律政策所倡导的防控和教育的指导方针。

  3. 时代性

  "一部新法典应当表达在特定时期，一个国家里公认的根本价值"。[2]法国新《刑法典》的时代性特征主要表现在两个方面：其一是在国际社会人权运动的影响下，为了充分反映当代法国社会重视人的基本权利，它改变了大多数国家刑法将危害安全罪和侵犯国家利益的犯罪列于分则首卷的作法，首次将侵犯人身犯罪列为卷首，充分表明了法国立法机关对侵犯人身利益犯罪的打击的力度和对国民人身安全的重视程度；其二是新《刑法典》依据国际和国内形势的变化，不仅删除了一些不合时宜的犯罪，如堕胎罪、同性恋犯罪等，同时还在分则中创设了许多新的罪名及其犯罪的构成要件，以便及时对社会生活做出规范和调整。当然，这种详细规定各种犯罪行为的做法，也体现了法国刑法意欲通过不断扩充罪名和加

---

[1] Dictionnaire de Droit Pénal Général et Procédure Pénale, Annie Beziz-Ayache, Ellipses, 2001, p. 28.

[2]〔法〕皮埃尔·特律什、米海依尔·戴尔玛斯："序：为《刑法典》在中国出版而作"，《法国新刑法典》，罗结珍译，中国法制出版社2005年版，第1页。

强制裁，来干预民众的社会生活范围的意图。

(1) 注重人权保障

法国新《刑法典》将旧《刑法典》分则列于卷首的"危害公共法益罪"置换为"侵犯人身权利罪"，这一调整的背后反映了现代社会根本价值取向。在"侵犯人身之重罪与轻罪"一卷中，新《刑法典》增加了种族灭绝罪、大规模屠杀罪、酷刑罪、全体流放罪等，表明法国立法机关对"危害人身行为犯罪"概念有了新的理解与阐释。从这些罪名以及犯罪的构成要件中可以看出，法国议会认为危害人身权益的犯罪，不仅是孤立的个人行为，以国家的名义公然对民众的人身权益造成的毁灭和伤害往往都是致命的，也显示了法国同各类战争犯罪斗争的坚定决心。种族灭绝罪的罪名来源于第二次世界大战中的战争罪犯的国际审判，是一种没有追诉时效的严重犯罪。对于在二战中饱受战争之苦的法国，对纳粹德国实施的种族歧视和灭绝罪的记忆深刻，虽然在战时，大多数法国民众的人身权利未曾受到纳粹德国直接和大规模的侵犯，但是作为欧洲大陆的重要国家，法国认为其有责任将这种严重践踏人类生命和尊严的犯罪行为正式列入刑法，故在1964年颁布了一项反人类罪的法令。1994年法国《新刑法典》将反人类罪作为重罪正式规定其中，但从犯罪构成的要件上看，此法主要是针对法国国内和以法国为对象的侵犯公民人身权利的犯罪，已与二战后国际社会所确立的战争犯罪大不相同了。

(2) 对主要的新型犯罪进行重点防范和打击

暴力犯罪和金融犯罪已成为当代世界各国重点防范和打击的主要形式。法国也不例外，1994年新《刑法典》还特辟专编或专章对上述两项犯罪行为进行了详细的规定。相比较而言，恐怖主义是所有暴力犯罪中破坏性最大、影响程度最为广泛的犯罪，故成为了世界各国首要打击的犯罪。而洗钱罪由于其本身所具有的专业化程度高、犯罪手段隐蔽、侦破困难等特点，给国家的金融管理和社会经济秩序都带来了巨大的障碍，故也是各国重点打击的犯罪形式。

恐怖主义犯罪的规定。20世纪中后期，由于受国际社会恐怖主义的影响，以及国内阶级矛盾、经济和社会矛盾的激化，失业、贫困人口的大量增加以及贫富分化等一系列社会现实问题，法国社会中恐怖主义犯罪一直处在高发的态势。[1] 1980 年巴黎发生严重的恐怖主义犯罪。为此，法国于 1986 年 9 月 9 日颁布了第 86—1020 号《打击恐怖主义法》，随后又于 1987 年 7 月 16 日颁布第 87—542 号《批准 1977 年 1 月 27 日斯特拉斯堡签署的〈欧洲打击恐怖主义公约〉法》以及在 1992 年 12 月 16 日为新刑法典的颁布而做准备，专门颁布的第 92—1336 号《针对新刑法典生效及由此带来的刑法和刑事诉讼法的必要修改法》。

1994 年的法国新《刑法典》第四卷第二编对参与有组织犯罪团伙实施恐怖主义的犯罪规定了明确的刑事责任。其中第二编用两个章节构设了完整的恐怖主义刑事责任的追究制度。第一章"恐怖主义活动罪"（第 421—1 条至 421—4 条）对恐怖主义的定义做出了限定并规定了不同的恐怖主义行为所应承担的相应刑罚；第二章"特别规定"（第 422—1 条至 422—5 条）[2] 是对实施恐怖主义犯罪的行为人所适用的不同刑罚及免除刑罚的标准规定，并对参与或协助实施恐怖主义活动的法人在刑事责任上做了一些调整。[3]

根据新《刑法典》第 421—1 条的规定来看，"恐怖主义组织可以理解为个人或以实施下列行为为目的组建的犯罪团体，即以恐吓或恐怖手段实现严重破坏社会秩序，须以侵害他人生命与之不可侵犯的权利，绑架或非法将他人关置于封闭区间内进行人身拘禁，劫持飞行器、船舰或其他交通运输工具，偷盗，敲诈等行为"。[4] 所有的恐怖主义犯罪都为重罪，并在处以自由刑的基础上加重刑罚：如"当处 30 年徒刑之犯罪的，加重为无期徒刑；当处 20 年徒刑之犯罪的，加重为 30 年徒刑；当处 15 年徒刑之犯罪的，加重为 20 年徒刑……"而且被处以 15 年以上徒刑的犯罪人还需并科 750,000 欧元的罚金。[5] 对因实施恐怖主义犯罪的行为人不得适用延期执行或者分期执行刑罚，所有犯罪人在刑期内不允许离开监狱，不能享有减刑或附条件免除刑罚的规定。

---

[1] 据统计，自 1975 年以来，法国共发生了 6,000 起左右的恐怖事件，主要是爆炸事件。[法]雅克·博里康、朱琳编著：《法国当代刑事政策研究及借鉴》，中国人民公安大学出版社 2011 年版，第 431 页。

[2] 刑法典 422—426 条和 422—427 条是对 2001 年 11 月 15 日第 2001—1062 号法律关于恐怖主义犯罪刑罚规定的说明，故此处包括上述两项法条。

[3] 董兴佩、赵路："法国有组织犯罪刑事责任立法解析"，《中国刑事法杂志》，2009 年第 12 期。

[4] 赵路："法兰西有组织犯罪刑事责任立法解析"，何秉松主编：《全球化时代有组织犯罪与对策》，中国民主法制出版社 2010 年版，第 361 页。

[5] 《法国新刑法典》第 421—423 条至 421—425 条，罗结珍译，中国法制出版社 2005 年版，第 142—143 页。

在新《刑法典》颁布后的几年内，法国立法机关又通过颁布单行法令的形式对恐怖主义犯罪进行更为详尽的规定并加大打击的力度。1996年7月22日，法国立法机关通过第96—647号法令在法典中增加了第421—2—1条，补充规定了构成恐怖主义犯罪的要件以及处罚措施，使恐怖主义犯罪的规定更加明确化。2001年11月15日，通过第2001—1062号法律，增加了第421—2—2条，调整了恐怖主义犯罪并处罚金的自由刑的刑期及金额，即因恐怖主义犯罪（不论既遂还是未遂）被判处10年以上监禁刑的人员，应并处罚金225,000欧元。这些对恐怖主义犯罪规定的单行法令也作为新《刑法典》打击恐怖主义犯罪的组成部分。

鉴于全世界范围内的恐怖主义犯罪形势越来越严峻，各国都进一步加大了打击这种犯罪的力度。法国也不例外。2003年3月18日第2003—239号《国内安全法》、2004年3月9日第2004—204号《与犯罪变化相应的司法调整法》、2005年12月12日第2005—1550号《修改部分防卫条款法》、2006年1月23日第2006—64号《打击恐怖主义和增加若干关于安全和边境检查条款法》以及2008年2月13日第2008—134号《批准欧洲委员会2006年公约法》，都进一步明确了恐怖主义犯罪的定义、加大在打击这一犯罪方面的司法协助，以及注重防范和应对措施等，从而使法国在打击恐怖主义犯罪方面走在了世界前列。

洗钱犯罪的规定。法国国内洗钱罪的上游犯罪来源主要为恐怖主义犯罪的资金、毒品犯罪的资金和淫媒犯罪的资金三种形式。针对这三种犯罪来源的洗钱犯罪，法国的反洗钱法律规范主要包括三个层次：第一层次是由法国议会制订的反洗钱刑事法律；第二层次是根据法律的"授权"由有关政府机关制定的反洗钱的行政法规；第三层次是由有关监管机构或者行业组织制定发布的一些反洗钱相关的指导性的行业准则。[1] 1990年7月，法国议会通过了第90—614号法令，公布施行《反洗钱法》，此法律是适用于金融领域的反洗钱法律，具体规定了金融机构在打击毒品犯罪有关的洗钱活动中应负的义务。1993年又进行修订，把所适用的上游犯罪扩展到了所有与有组织犯罪相关的犯罪活动。其中金融机构既包括按照法国《银行法》成立的信贷机构：如各商业银行、邮政局、金库，也包括非金融

---

[1] 姜威主编：《反洗钱国际经验与借鉴》，中国金融出版社2010年版，第52页。

机构：如保险公司、养老基金和证券经纪人等。[1]

1994年3月1日，法国新《刑法典》在颁布时，关于洗钱罪的规定还只是零散地规定在其他一些犯罪中，如有组织犯罪、恐怖主义犯罪、毒品犯罪等。直至1996年5月13日，法国议会通过了第96—392号法令，才明确将洗钱罪正式列入新《刑法典》，并作为第三卷"侵犯财产犯罪"下的一个独立罪名来设立专章规定。在第四章"洗钱罪"中包含两小节：第一节"普通洗钱罪与有加重情节的洗钱罪"（第324—1条至324—6条）是有关洗钱罪的认定标准和适用的刑罚的规定；第二节"自然人适用之附加刑与法人的刑事责任"（第324—7至324—9条）是对自然人因洗钱犯罪而适用附加刑的规定以及法人因此承担的刑事责任。根据第324—1条的规定，洗钱罪可由两种行为构成，一是以任何手段，通过为犯罪行为人提供虚假证明或隐瞒其收入来源等形式给犯罪行为人带来直接或间接利益的行为；二是采取投放、隐藏或兑换行为而为犯罪行为提供协助的行为，亦构成洗钱罪。[2] 对于洗钱犯罪一般处以5年监禁并处375,000欧元的罚金。但如果是惯犯以及利用职务之便或者是有组织的团伙犯罪，则犯罪行为人将承担10年监禁并处750,000欧元罚金的刑事责任。

为了严厉打击这种妨碍金融秩序和社会经济发展的重罪，法国新《刑法典》还规定洗钱犯罪的未遂与既遂的刑罚相同，对于自然人犯罪，还可以在主刑之外并处以下附加刑：禁止担任公职或社会活动、禁止持有或携带需经批准的武器、禁止签发支票以及使用信用卡、吊销驾驶执照、没收犯罪行为人的车辆或武器、禁止居住或限制出境，以上附加刑的适用期限都在五年之内。而法人对此应承担的刑事责任则主要为罚金，即依据第131—38条规定的法人适用罚金的最高比率为对自然人科处罚金最高比率的5倍。[3]

---

[1] 按照此部法律规定，上述两类机构或组织，在客户发生金融活动时，需对客户身份进行确认，必须要求客户提供能证明其真实身份的证明文件。对可疑的金融交易，具有报告义务，即必须向打击非法金融活动行动和情报处理处报告。对于超过一定金额但表面看不出问题的金融交易，开户或交易机构应当予以审查。但具体金额以及何为可疑情况的定义未加以明确。在客户要求关闭账户或结束金融交易之日起，客户身份信息需保留五年。如有违反上述规定，构成犯罪的就要追究刑事责任，从根本上杜绝犯罪人利用金融机构进行犯罪的渠道。赵金成：《洗钱犯罪研究》，中国人民公安大学出版社2006年版，第33页。

[2] 《法国新刑法典》第324—1条，罗结珍译，中国法制出版社2005年版，第128页。

[3] 同上书第324—7条至324—9条、第131—38条，罗结珍译，中国法制出版社2005年版，第129—130页、第24页。

四、刑法改革中的重要人物与事件

(一) 安塞尔与保安处分的改革

马克·安塞尔（Mark Ancel, 1902—1990），法国著名的刑法学家、犯罪学家、新社会防卫理论的代表人物。曾任国际社会防卫协会主席、法国比较法研究中心主任、巴黎刑事政策研究中心主任等重要职务。主要著作有：《社会防卫思想》、《新社会防卫论——人道主义的刑事政策运动》等。[1]

1. "新社会防卫"理论的内容

1953年，安塞尔在刑事实证学派提出的"社会防卫"理论的基础上，"以折衷调和特色异军突起，自立一派，称新社会防卫论"。[2]安塞尔的这种折衷主义理论促进了资产阶级刑法新、旧两派理论的折衷与调和，[3]对法国及西方国家的刑法理论和刑事立法产生了重大影响。在《新社会防卫思想》中，安塞尔主张社会防卫理论的发展，应适应二战后的社会形势来开展刑事政策运动的研究和发展，并从两方面入手：一方面是以人道主义和保障人权为核心；另一方面他认为应积极将人类各种科学手段纳入到刑事政策的实践当中去，并以各种社会科学理论为基础构建刑事政策。[4]他的"新社会防卫"理论思想的主要内容包括以下各点：

(1) 关于刑法的基本原理

主张重新定义犯罪的概念。他认为"社会防卫论"涉猎的范围很广，从解剖学、生理学、生物学、社会统计学、心理分析学等现代科学的方法来认识犯罪现

---

[1] 鲜铁可："安塞尔新社会防卫思想研究"，《中外法学》1994年第2期。

[2] 马克昌主编：《近代西方刑法学说史》，中国人民公安大学出版社2008年版，第486页。

[3] "社会防卫"一词，最先由刑事实证学派于19世纪末期提出，就其本义而言，指保护社会免受犯罪之害，但因此学派片面强调对社会的防护，忽视对犯罪人的保护，与以拯救犯罪人、矫正有犯罪倾向者的现代价值有一定的距离。1945年在人道主义复兴浪潮的影响下，意大利刑法学家菲利普·格拉马蒂卡（Filippo Gramatica, 1901—1979）提出了激进的社会防卫理论，要求为全面保障人权而取消刑罚规定。他的这种彻底否定犯罪、责任与刑罚，要求取消整个刑法体系的观点，遭到了许多人的批评。参见马克昌主编：《近代西方刑法学说史》，中国人民公安大学出版社2008年版，第485页。

[4] S. Enguéléguélé, Les Politiques Pénales, 1958—1995, L'Harmattan, 1998, p. 106.

象，解释犯罪原因，所以犯罪并不是一个单纯的抽象空洞的法律概念，而应当运用多种刑事科学手段来认识和理解。

调整刑事责任的认定标准。安塞尔反对刑事实证学派的行为主义和报应刑，认为"生来犯罪人"论是没有依据的，而且认定刑事责任的根据是行为人而不是行为，对行为人应实行人道主义，对之适用以预防为目的的制裁措施或保安处分，以使之重返社会，而不应科以报复性刑罚，而且人身危险性与道义责任之间并不存在完全的对立，两者都是"人格"的表现，与人的行为紧密相连。

倡导进行刑罚改革。刑罚改革是新社会防卫论中最重要的内容之一。安塞尔反对激进的社会防卫学派抛弃刑法、采取保安处分一元论的主张，认为应把刑罚与保安处分合并为刑事制裁的统一体系，根据行为的种类或行为者、人的必要性来选择适用刑罚或保安处分，并应在考虑犯罪者人格的同时，修改现行的刑罚制裁体系，使刑事制裁措施具有更大的教育与特殊预防作用。他认为犯罪者有复归社会的权利，教育、改造罪犯成为新人，使之复归社会，是真正的、最高的人道主义。死刑和短期监禁刑不利于罪犯的重新社会化，因而他强烈反对死刑和短期监禁刑，并主张采取刑罚替代措施来帮助罪犯再社会化，如在保留传统的监禁制度的前提下改变绝对的关押方法，建立"开放监狱"、"实行周末监禁"等；推广缓刑和假释的适用；适当的用罚金刑来替代短期监禁刑，对罚金刑用"日额罚禁制"等方法。

(2) 非刑事化思想

新社会防卫思想努力突破传统的刑法领域，力求建立一个综合又完善的刑事政策体系，安塞尔认为"从重打击"、"加重处罚"从来都不是一个好办法，犯罪率的增加主要的原因在于"个人尤其是年轻人得不到对话的机会，找不到他人的谅解和理解。"[1] 所以，预防犯罪远远比惩罚犯罪更为有效。非刑事思想在安塞尔的新社会防卫论中占有重要地位，内容包括"四化"，即非犯罪化：取消过时的罪名、非刑罚化、受害人化、社会化。

2. 保安处分的改革

其实早在 1810 年的《法国刑法典》第 66 条就规定了保安处分：对于少年犯，

---

[1] 马克昌主编：《近代西方刑法学说史略》，中国检察出版社 1996 年版，第 326 页。

可以"移交双亲"、"移交慈善事业家或慈善院"。[1] 1885 年法国又通过了关于累犯和少年犯处置规定的刑法修正案，规定对累犯和少年犯可以适用酗酒者治疗所、酒店禁例、善行保证、对累犯的保护管束和劳役场等保安处分措施。1945 年 2 月 2 日《未成年人犯罪人法令》颁布，开创了不满 18 周岁的未成年人以接受救助性、监督性和教育性保护措施为原则，监禁刑为例外的先河。但是这些措施的规定还并不完善，也未能成为法国的一项重要的刑事政策贯彻至刑法中。

1953 年，安塞尔的"新社会防卫论"一经提出，立即受到了世界各国的关注，他的著作被翻译成许多国家的文字，受到赞誉的同时也招致了各种各样严厉的批评，其中一些意见认为新社会防卫运动是一种倒退，还有一种意见认为会导致权力的滥用，甚至会对刑法产生"非法院裁判化"。[2] 虽然他的新社会防卫论存在很大的历史和阶级局限性，但不可否认，他所倡导的非犯罪化、非刑罚化以及行刑社会化的思想，越来越受到世界各国的重视，并成为了世界各国刑事立法改革的导向。

1953 年至 1975 年，法国出台了一系列具有保安处分内容的法律或法令。1953 年 12 月 24 日颁布了可预审法官命令强行戒毒的法律；1954 年 4 月 15 日颁布对危险的酗酒者进行解毒治疗的法律；1954 年 7 月 3 日颁布法律，将放逐从附加刑中剔除；1955 年 4 月 18 日颁布了禁止拘留的新规定，将禁止拘留变成一种既保护刑释人员也保护社会的一项制度。1970 年以后，法国立法机关更是试图把新社会防卫理论提出的刑罚模式变为刑事制度的核心，不断进行刑罚改革来巩固"新社会防卫"理论的成果，如扩大假释和缓刑的适用范围；取消流放刑；设立监禁刑的替代刑，并增加了刑罚个人化的技术手段。[3]

1980 年法国社会党执政后，在司法部长巴丹戴尔的积极推行下，进行了一系列刑罚改革。"1981 年 10 月 9 日法律取消了死刑，实现了安塞尔多年的梦想。作为改革代表的 1983 年的一部法律提出以避免短期监禁为目标，另外 1987 年的一部法律重申了刑罚个人化的原则以及刑罚的再社会化目标"。[4]

---

[1] 张明楷：《外国刑法纲要》，清华大学出版社 1999 年版，第 445 页。
[2]〔法〕卡斯东·斯特法尼等：《法国刑法总论精义》，罗结珍译，中国政法大学出版社 1998 年版，第 93 页。
[3] 同上书，第 92 页。
[4]〔法〕雅克·博里康、朱琳编著：《法国当代刑事政策研究及其借鉴》，中国人民公安大学出版社 2011 年版，第 96 页。

1994年颁布的法国新《刑法典》虽然"保安处分措施不存在幅度问题，也未得到立法者的明确规定，"[1]但是我们依然可以见到许多"保安处分"措施的规定，比如针对自然人刑罚的保安处分措施有：第131—3条规定了"日罚金、公共利益劳动"；第132—25条至132—28条的"半释放"和"分期执行"；第132—54条至132—57条的"附完成公共利益劳动义务的缓刑"；第132—58条至132—70条的"刑罚的免除与推迟宣告"。[2]对于法人保安处分措施有：第131—31条的"禁止拘留"；第225—20条、第222—47条的"收回护照"；第132—58条的"没收"；第221—7条、第222—44条的"吊销与撤销驾驶执照"；第222—48条的"驱逐出境"；第132—45的"禁止签发或兑换票据"等。[3]

（二）巴丹戴尔与死刑的废除

罗贝尔·巴丹戴尔（Robert Badinter），法国著名的律师和政治家。"其名声一方面是与一系列著名案件联系起来的，如男爵昂颁案、部洛利家族案、罗贝尔·布兰案和克罗索·科瓦桑案等；另一方面是与为废除死刑而奋斗联系起来的"。[4]他不仅先后三次出任第五共和国司法部长，而且还被弗朗索瓦·密特朗总统（Francois Mitterrand，1916—1996）任命为法兰西宪法委员会第五任主席。在巴丹戴尔担任司法部长期间，法国于1981年10月9号废除死刑，巴丹戴尔从此获得法兰西"废除死刑之父"的美誉。

1. 死刑存废之争

纵观法国历史，死刑的存废之争一直未停止过。有学者将此划分为三个阶段：启蒙和发展阶段（1764—1848）、死刑废除论的巩固时期（1849—1908）和沉默时期（1909—1980）。[5]在贝卡利亚提出废除死刑的理论之前，法国的孟德斯鸠（Montesquieul，1689—1755）、卢梭（Rousseau，1712—1778）、伏尔泰（Voltaire，

---

[1]〔法〕卡斯东·斯特法尼等：《法国刑法总论精义》，罗结珍译，中国政法大学出版社1998年版，第502页。
[2]详见《法国刑法典》，罗结珍译，中国法制出版社2005年版，第12—13页、第32—33页，第39—40页。
[3]同[1]，第502—509页。
[4]〔法〕罗贝尔·巴丹戴尔：《为废除死刑而战》，"译后语"，罗结珍、赵海峰译，法律出版社2003年版。
[5]陈丽萍："死刑在法国"，《人民检察》2007年第2期。

1694—1778)等都曾就死刑问题进行过论述和探讨。"1791年5月，法国制宪会议在对刑法典进行讨论时，报告人第一次提出了废除死刑的提案，但未获通过。同年10月国民议会表决通过一项法律废止酷刑，但死刑将继续保留，只是适用死刑的罪名从115个缩减到了32个。"[1] 1832年至1848年，死刑的适用范围进一步缩小，废除了对政治犯的死刑刑罚。

1849年至1870年，废除死刑的提案仍在不断提出，虽然遭到了否决，但是死刑的执行率却在大幅度地下降。1905年12月，法国司法部长再次向国会提交了废除死刑的提案。然而受"对极其严重的罪行应该保留死刑"观点的影响，在死刑废除的问题上，国会迟迟不做表态。1908年12月8日，就死刑存废问题，参议院有史以来第一次采取投票方式进行表决，最后以330票对201票的结果决定在法国继续保留死刑。进入20世纪50年代，在全世界以及欧洲许多国家纷纷废除死刑的大趋势下，法国各党派的政治家不断提出废除死刑的议案，但议案并未获得讨论。法国民众及政府对废除死刑的态度也几经起伏，1960年民意调查显示50%的人反对死刑，1972年人数变为27%。[2]

2. 为废除死刑而战

1972年，巴丹戴尔为一名故意杀人案件的从犯辩护，但未能使被告人免除死刑。此案使他意识到废除死刑是自己的"一项基本的和彻底的义务"，他发誓要成为"一个决不退缩的反对死刑的斗士"。[3] 从那以后，他开始积极参加一些为废除死刑而组织的民间团体以及在研讨会发言，运用大量的国际性调查作为依据，竭力证明死刑并没有人们所想象的那种强大的"威慑功能"，人们之所以坚持死刑，是因为他们坚信那个"不可动摇的、古老的同等报复的血腥法则：'杀人偿命'。在执行死刑的规矩里铭刻着'以命抵命'的赎罪祭献"，而"这一切不过是为了不可克服的痛苦情绪的折射"，[4] 凡是废除死刑的地方，血腥的犯罪率并没有增加，但是他的主张并未引起法国政坛的注意。

---

[1] 赵秉志等编著：《穿越迷雾——死刑问题新观察》，中国法制出版社2009年版，第239页。
[2] 赵秉志、[加]威廉·夏巴斯主编：《死刑立法改革专题研究》，中国法制出版社2009年版，第78页。
[3] [法]罗贝尔·巴丹戴尔：《为废除死刑而战》，罗结珍、赵海峰译，法律出版社2003年版，第4页。
[4] 同上书，第9页。

1973年议会选举，关于"死刑废除"的议案只是作为政客们增加政治砝码以吸引选民支持的工具，并未得到真正的实施。1976年1月，一名8岁的男孩被绑架，并残忍地被杀害。一时间，人们群情激愤，在接受采访的民众中，有99%的法国人赞成死刑。地方新闻界还掀起了一片反对"杀人恶魔"的浪潮。法国总统对此也表示关于废除死刑的问题，立法者应谨慎对待。而先前已将废除死刑的问题写进共同纲领的左翼社会党政府也不敢贸然宣布赞成废除死刑。

在这种情况下，巴丹戴尔受邀担任了被告人的辩护律师。在辩护过程中，巴丹戴尔本人及其家人不断受到抗议者的威胁和恐吓，有人甚至将一枚人造小型炸弹扔到他所住的楼梯平台上。为了实现自己一定要为"废除死刑而战"的诺言，巴丹戴尔邀请了三位证人来证明死刑的不合理性、非人道性以及与犯罪率的上升无关联性，在法庭上律师团也大声疾呼，不能因一个未成熟的孩子的性命来断送了另一个孩子的性命。在巴丹戴尔等人的共同努力下，被告人被判处无期徒刑。此案的胜利，极大鼓舞了赞同废除死刑的团体和民众的热情，法国律师公会、司法官公会和警察公会联合协会都表示将积极支持废除死刑的运动，"废除死刑联络委员会"还组织了"废除死刑国际周活动"，许多关于死刑探讨的书籍也相继问世，但是由于长时间内受科西嘉等极端民族主义的恐怖活动威胁的困扰，"恐怖主义"一直都是法国国内有关死刑辩论的核心问题，对于支持死刑的人来说，只有断头台才能够威慑恐怖主义，废除死刑无异于解除了"镇压"的武装。

1976年3月，法国总统宣布成立"暴力与犯罪问题研究委员会"。为解决废除死刑后产生的社会不稳定性，此委员会建议设置替代刑，即被判处无期徒刑的人不得享有任何的减刑或假释措施。对此，巴丹戴尔表示强烈的反对，他认为死刑是一个原则性的问题，废除死刑应当是无条件和彻底的。1978年7月1日，刑法典修订委员会公布的草案中，死刑仍作为极刑而存在。而此时作为欧洲大陆唯一保留死刑制度的国家，法国在国际间开展的打击犯罪和防止犯罪方面也受到了阻碍，许多国家都拒绝与法国签订引渡公约。而法国国内关于死刑存废之争仍然在继续，且毫无实质性的进展。政府在此问题上的立场依旧是左右摇摆、犹豫不决。1980年6月26日，国民议会终于批准政府加入1966年《联合国公民权利和政治权利国际公约》，此举意味着法国将遵守公约条款，禁止对不满18岁的重犯实行死刑，从而为全面主张废除死刑带来了希望。

1981年法国进行总统选举，死刑问题成为竞选事项之一。左翼领导人密特朗承诺如当选，将宣布废除死刑。1981年6月，巴丹戴尔当选司法部长，并开始积极筹备废除死刑的建议法案，法案的内容共分三部分：其一，死刑的废除适用于任何时期，不论是和平年代还是战争时期；其二，死刑的废除必须是纯粹的、简单的、彻底的，不存在任何的替代刑；其三，不能因为废除死刑就加重无期徒刑的处罚。此外，还必须删除1810年《刑法典》中"所有被判处死刑的人都施以斩首"的条款。最高行政法院、总统与总理对此都无异议。

1981年9月17日，国民议会对巴丹戴尔提出的废除死刑的建议法案进行辩论，并举行表决，"最终该建议法案获得2/3多数的支持（下议院票368:113；上议院票160:126）。9月18日，两院正式表决，以363票对117票通过方案"。[1] 10月9日，第81—908号废除死刑法案予以公布。至此，罗贝尔·巴丹戴尔视为终生将为之奋斗和努力的事业——废除死刑终于获得了成功。

20世纪80年代后半期以来，法国政府依然为全面废除死刑进行着艰苦不懈的努力。1985年12月，法国批准了关于废除死刑的《保护人权和基本自由公约》的第六号议定书，以保障公民的人权和基本自由。1990年法国批准加入了《儿童权利公约》，其中规定未满18周岁的人不得判处死刑。1998年法国与其它12个欧洲国家联合组织了"欧洲废止死刑联盟"，共同致力于推进死刑在世界范围内的终结。

2002年5月，法国和其它30个国家签署了《欧洲人权公约》第13号议定书，禁止国家在任何情况下适用死刑，包括战争期间。但死刑在人们思想上的废除远比法律上的废除要缓慢和艰难。2006年1月，法国总统希拉克宣布修改宪法，旨在为废除死刑扫清障碍。2007年2月19日，众议院和参议院表决通过了宪法修正案，在宪法中增设"任何人不得判处死刑"的规定（第66条第1款），至此废除死刑成为了宪法性原则，以杜绝法国社会中要求对某些暴力犯罪执行死刑的呼声。[2] 2007

---

[1] 赵秉志等编著：《穿越迷雾——死刑问题新观察》，中国法制出版社2009年版，第240—241页。

[2] 1981年在宣布废除死刑的第二天，民意显示仍有62%的人支持死刑，1998年有44%的人要求恢复死刑，2006年有40%的人支持。2004年，一项议案提交国会，建议对恐怖等暴力性犯罪重新适用死刑。参见赵秉志、〔加〕威廉·夏巴斯主编：《死刑立法改革专题研究》，中国法制出版社2009年版，第77—78页。

年8月,法国在《欧洲人权公约》第13协定书上再次重申:在法国国内禁止在所有情况下对罪犯适用死刑,即使在战争期间。

五、重大案例:德雷福斯案件[1]

1870年在普法战争中,法国屈辱战败,法兰西第二帝国灭亡。自1870至1890年,法国国内政局动荡、社会矛盾重重,"君主派妄图复辟帝制,时刻伺机东山再起。资产阶级统治集团内部也发生分裂,为巩固统治地位,执政的共和派对内颁布了一系列限制人们民主权利的法令;对外积极扩军备战,准备对德国进行'复仇战争',极力煽动沙文主义情绪"。[2] 而自普法战争后,法德之间的间谍与反间谍活动一直没有间断过。

(一)案件的产生与发展

1890年,法国陆军总参谋部反间谍部门发现一系列机密文件被窃取,军事地图、新炸药性能说明书、法国的动员计划以及法国准备同俄国进行合作的计划书等,都先后不翼而飞,种种迹象引起法方情报部门的高度怀疑和警惕。加上刚发生不久的巴拿马丑闻与财政金融界的犹太人有牵连,[3] 所以社会上的反犹势力也开始随之抬头。

1890年,法国新民族主义的代表德吕蒙在法国组成反犹同盟。1892年,他在自己创办的《自由言论报》上发表了《为了法国人的法国》,大肆渲染犹太人之间的国家联系,认为犹太人借由法国革命的解放和从工业资本中获得了实力,甚至

---

[1] 详见中国法律史学会主编:《外国著名司法案例》,1981年版,第33—61页;〔美〕迈克尔·伯恩斯:《法国与德雷福斯事件》,郑约宜译,江苏教育出版社2006年版。

[2] 周剑卿:《十九世纪末法国的一起大冤案——德雷福斯案件》,商务印书馆1981年版,第6页。

[3] 19世纪80年代,法国一家开凿巴拿马运河的公司,为转嫁破产危机,通过运用滥发股票债券、贿赂政府官员等不正当手段而引发的舞弊案,1888年该公司倒闭,受害者达50万人。1892年贿赂事件被揭发,立即引起了全国政治风潮。由于公司的两位创办人都是犹太人,因此也成为了反犹主义实行反犹运动的理由。参见〔美〕迈克尔·伯恩斯:《法国与德雷福斯事件》,郑约宜译,江苏教育出版社2006年版,第5页。

还危言耸听地声称：一旦犹太军官掌握了法国军权，犹太人便将成为法国的主宰。19世纪末，法国的民族主义势头空前高涨，德吕蒙的言论和书籍得到了广大民众的欢迎。1886年，他的《犹太法国》一书在第一年便销售了100,000本，后来每年的销售量都在剧增，到了1899年，他的这本书已经出版到第200版，就连最保守的家庭都将这本书连同圣经一起放在书架上。[1] 正是在这种社会的大背景下，为德雷福斯冤案的发生和发展埋下了伏笔。

1894年9月一个在德国驻巴黎大使馆武官办公室打扫卫生的法国女特工，在纸篓中捡到一张撕碎的写有法国国防情报的无署名备忘录。她交给陆军统计处（负责法国军方情报部门）军官亨利。亨利吃惊地知悉该备忘录是他的同事埃斯特哈齐所写，他俩同为法德双料间谍。他把备忘录上交，并极力暗示此备忘录的笔迹为犹太下级军官阿尔弗勒德·德雷福斯（Alfred Dreyfus，1859—1935）。"当时法国极右势力的政治代表是反动的君主派，他们和天主教会、复仇主义者、极端沙文主义者沆瀣一气，时刻企图推翻共和制。军队则是反动势力盘根错节的主要堡垒。在军队高级领导层中，君主派和天主教占主导地位。由于他们带有强烈的反犹偏见，犹太军官备受歧视和限制，当时得以进入陆军参谋部的军官仅德雷福斯一人"。[2] 所以，其他军官也都带着强烈的种族偏见，不分青红皂白地认定间谍就是犹太军官德雷福斯。在法国右翼势力、极端沙文主义和反犹复仇主义者的煽动下，法国陆军部长以字迹相似为由，以间谍罪和叛国罪将犹太实习军官德雷福斯逮捕，并于同年12月举行了秘密审判，在场者只有七名军事法官和四名双方当事人。在四天艰难的取证和审讯过程中，案件一直未获得实质性进展。为尽快结束此案，公诉方不惜伪造"密档"和提供虚假证人证言。军事法庭不顾案情真相，一致裁定德雷福斯有罪，判处无期徒刑并革除军职。

当时，法国舆论和广大民众一致赞扬军队处事果断、雷厉风行，有人甚至对德雷福斯未被处以死刑而感到愤慨。当时的法国著名人士克列孟梭和饶勒斯还在议会发言中主张对德雷福斯判以重刑。在被告人自己及亲属的锲而不舍的申诉下，新上任的法国反间谍处处长皮卡尔在比对后续截获的机密情报笔迹中发现了真正

---

[1]〔美〕迈克尔·伯恩斯：《法国与德雷福斯事件》，郑约宜译，江苏教育出版社2006年版，第8页。
[2] 周剑卿：《十九世纪末法国的一起大冤案——德雷福斯案件》，商务印书馆1981年版，第8页。

的犯罪嫌疑人，并将此重大发现汇报给上级。但有关部门却一直拖延，不予重审，使真正的犯罪嫌疑人得以逍遥法外。

法国著名作家左拉（Zola，1840—1902）在《震旦报》上发表致总统公开信《我控诉》，将德雷福斯案件的内情暴露给公众，并痛斥法国军方的不法行为，他认为："以国家利益为借口，将国家要求真理及正义的呼声塞入它的喉咙……误导、操弄公众意见并使之走上狂热，是一项罪行……毒害谦虚、普通平民的心灵，鼓吹反动、褊狭的狂热，自己却躲在泛犹太主义那可憎的堡垒背后，也是一项罪行"。[1] 为此，他要求严惩炮制这起冤案的所有人员，还事实以真相。然而，左拉却因此受审并被判诽谤罪。皮卡尔也被控泄漏军事秘密，囚禁监狱。

1899年6月，最高法院在强大的社会舆论和国内外政治压力下，被迫撤消原判，由军事法庭重新审判，9月9日，七名法官仍然以间谍罪改判德雷福斯十年有期徒刑。为平衡利益关系，法国政府决定在维持判决不变的情况下，以总统名义宣布赦免德雷福斯，同时释放皮卡尔，左拉也回到了法国。

1899年9月19日，德雷福斯发表"清白宣言"，发誓将为争取恢复名誉而永远斗争。1906年7月12日，最高法院撤消了军事法庭的原判，宣布德雷福斯无罪，并正式宣布没有必要对此案再做任何判决。7月20日，军方根据国民议会通过的一项法律正式为德雷福斯恢复军阶，升他为少校，并于高等军事学校颁给他荣誉军团勋章。1908年6月，根据议会1906年通过的决议，左拉的骨灰在隆重的送葬仪式中从巴黎马特尔高地移葬巴黎"先贤祠"。

（二）启示与意义

"德雷福斯案件"（Dreyfus Affair）是一起刑事案件，然而它给我们所带来的启示与意义更多是表现在宪法层面上。这起冤案的铸成，从表面上看是由于判断的错误，而错误的判断源自其背后根深蒂固的种族偏见和优势心理，而且随着"新的证据和事实逐渐显露该案件可能是冤假错案时，大权在握的人刻意去掩盖的行

---

[1] 左拉："我控诉"，〔美〕迈克尔·伯恩斯：《法国与德雷福斯事件》，郑约宜译，江苏教育出版社2006年版，第97页。

为更令人恐惧"。[1] 虽然，公正审判有时极难实现，即使是认真负责的法官也有可能被外界因素所左右。"残缺的信息、可疑的证据、伪造的书证、虚假的证言、顶罪的被告人、错误鉴定、恶意诬陷和马虎的法官，都可能导致错案的发生"，[2] 但是这一切都不能成为错案无法避免并拒绝纠正的理由。

在本案中，国家、政府、军队高层和与之有着千丝万缕联系的权力在错案的发生与发展中起到了关键性的作用。有学者认为："当国家权力或者政府权力有意炮制错案或者刻意掩盖已经铸成的冤假错案的时候，他们在社会上的那种虚幻的神圣色彩也随之褪去。从这类案件中，我们应当获得一个基本认识是，国家、政府这些抽象而神圣的名词掩盖了组成国家、政府的那些人是和其他人一样都是普通人而不是天使。既然如此，就应当像约束凡夫俗子一样去约束那些握有大权的权贵"。[3] 在最早倡导平等、自由和民主，并提出公民权利神圣不可侵犯的法国，最早要求"三权分立"以限制和制约公权力的法国，却出现了公权力被恣意滥用，公民的权利遭到严重践踏的案件，不能不说是一件极其悲哀的事情。

也许正是基于这个惨痛的教训，德雷福斯"这个拿破仑死后最出名的人"，他的名字已不再属于他本人，而是变成了象征的符号。这个符号代表了人的尊严、对公正与自由的追求以及国家价值与民族团结的体现。1998 年 1 月，法国总统雅克·勒内·希拉克（Jacques Rene Chirac）在《谈及〈我控诉〉一百周年的信》中说："维希政府之后的五十年，我们知道恶势力、不容忍、不正义能够渗入国家的最上层。但是我们也知道，在真理的一刹那，伟大、强壮、团结与警惕的法国懂得如何返回正途和改善。无疑地，多年来这正是左拉与德雷福斯穿越时空对我们说的，因为这两位不寻常的人对我们的共同价值——国家与共和的价值——充满信心"，"让我们永不忘这个有关爱与和谐的重要教训"。[4]

自由、平等、安全和反抗压迫，这是 1789 年法国《人权与公民权利宣言》(《人权宣言》) 的宗旨，也是"德雷福斯"案件为我们带来的最深远的启示与意义。

---

[1]〔法〕勒内·弗洛里奥:《错案》，张建伟:"序言"，赵淑美、张洪竹译，法律出版社 2013 年版，第 2 页。
[2] 同上书，第 3 页。
[3]〔法〕勒内·弗洛里奥:《错案》，张建伟:"序言"，赵淑美、张洪竹译，法律出版社 2013 年版，第 2 页。
[4]〔法〕雅克·勒内·希拉克:"谈及《我控诉》一百周年的信"，〔美〕迈克尔·伯恩斯:《法国与德雷福斯事件》，郑约宜译，江苏教育出版社 2006 年版，第 185 页。

第八节 司法制度

法国是世界上最早实行司法近代化的国家之一。法国近代司法制度,无论在司法理念还是司法制度上,都开创了一个崭新的时代,产生了深远的历史影响,并为大陆法系司法制度的发展奠定了基础。

一、法国司法制度的起源

法兰西王国时期,[1]封建制度在法国逐渐形成、发展、达到鼎盛,最终面临危机。在政治上,国家权力经历了由初期地方封建领主实力强盛到中央王权不断强化直至发展为君主专制的过程。[2]由于政治力量对比发生了变化,司法制度也相应地从以领主司法为主发展成为国王司法占主导。

在封建割据时期,法国国王虽然是国家最高权力的象征,但国家权力却被各地方的封建领主所分割。这种政治力量对比体现在司法领域,便是封建领主在各自的领地内享有司法权;虽然当时法国境内国王法院、领主法院并存,但王国司法机构的真正核心是领主法院。因为领主与法官角色的混同,这一时期并不存在专门的职业法官,领主法庭的法官由领主选定的贵族组成,但审判权只属于拥有领主地位的贵族。13世纪前,领主法院的裁决不得上诉,具有终审的效力。

这一时期,王国内除了领主法院之外,还存在着教会法庭、城镇法庭等司法组织。教会法庭处理涉及宗教的犯罪,城镇法庭则负责维持公共治安。除了司法机构的盘根错节之外,封建割据的局面也导致该时期法国境内各地司法制度存在极大的差异。此外,即使该时期开始出现了司法工作者的职业化倾向,但只有教

---

[1] 公元843年,根据《凡尔登条约》,法兰克王国被一分为三,形成法兰西、德意志、意大利三国。从法兰西王国开始,法国才成为独立的主权国家。法兰西王国一直持续到1789年大革命之前。

[2] 9世纪至12世纪,法国基本处于封建割据状态;从12世纪开始,法国开始逐渐走向中央集权;进入16世纪,法国已经发展成为君主专制国家,君主专制制度一直持续到18世纪法国大革命的爆发。

会法庭的宗教裁判官以及早期的检察官,才被要求具有法律方面的学位。[1]

12世纪后,随着王室领地不断扩大,王权逐渐加强。王权的强化也带动了中央司法权的强化,促进了全国统一的司法体制的确立。

13世纪后期,为了巩固统治,法国国王路易九世进行了司法改革,旨在强化中央司法权,其措施之一便是扩大王室法院的司法管辖权,并将地方领主的司法权置于中央司法权的管辖之下。从此,所有法院都成为王室法院的组成部分,王室法院成为不服领主法院判决进行上诉的管辖法院,而对于一些重大案件和政治案件,则只能由王室法院受理。[2]

与此同时,法国国王在巴黎设立了王室最高法院(Parlement de Paris),又称"巴黎高等法院"、"巴黎巴利门法院",作为处理司法事务的常设机构,巴黎巴利门法院成为重大案件的一审法院和所有案件的终审法院。巴黎高等法院由卡佩王朝的御前会议(la Curia Regis)演化而来。御前会议是法国国王路易九世定期召开的封建主议事会议,主要讨论并作出答复的事项多为司法行政方面。15世纪初,由于各种原因,御前会议不再定期召开,由巴黎巴利门法院取代成为处理司法事务的常设机构。

其后,各省也设立了隶属于巴黎巴利门法院的地方巴利门分院,对相应的领主法院享有司法和行政管辖权。新的王室法院系统的建立扩大了国王的司法权,削弱了地方领主法院的司法权,王室法院逐渐取代领主法院和教会法院而取得主导地位。到了16世纪,领主法庭与王室法庭之间的隶属关系已经完全确立。这些改革措施逐步建立了由国家统一控制的、从中央到地方的阶梯式司法组织系统。

法国封建社会王权强化时期,司法制度的特点是司法权与行政权、立法权的混同。并且,这种混同随着中央王权的日益强化而更为突显。

早在13世纪路易九世(Louis IX,1214—1270)统治时期,国王开始担任国家最高审判官,从此集最高行政权和最高司法权于一身。起初,国王亲自审理案件,称为"国王保留司法权"。[3] 在此种形式下,国王可以真正亲自出庭审理,也

---

[1] 〔法〕皮埃尔·特鲁仕:《法国司法制度》,丁伟译,北京大学出版社2012年版,第4页。
[2] 何勤华主编:《法国法律发达史》,法律出版社2001年版,第29页。
[3] "国王保留的司法"的含义是由国王本人来行使司法权,而其他任何司法官均无权干涉。

可交由法律委员会（Commissaire）或国王参事院（Conseil du Roi）具体行使。尽管拥有自主行使的司法权，但大体上国王还是依靠国王参事院来审查案件。君主体制下，国王身边设有多个辅助国王统治的机构，统称为国王参事院。国王参事院没有属于自己的权限，只行使国王所掌握的立法、行政、司法权力。国王参事院内设的一些机构具有一部分司法的职能，负责审理当事人对于巴利门法院判决不服的案件和对于地方总督决定不服的案件。在司法方面，国王参事院行使的是"国王保留的司法权"，拥有民事、刑事、行政案件的最高审判权，为对其他法院作出的终身判决提供了提起复核审的救济途径。但是，国王参事院不属于任何一级审判机关，它只是对判决本身进行审查，而不是涉及具体案件的事实部分。其职能里面，蕴含着法国后来的最高法院和最高行政法院的影子。这种司法救济方式贯穿于大革命时期并于二百年后被当代的法国最高法院所仿效。[1]

然而，由于案件数量巨大和国王事务繁重，国王通常不可能亲自审理每个案件。13世纪后期，国王逐渐将司法审判权委托给地方总督、司法执行官等各级司法官吏、巴利门法院和省参事院行使。这些机构属于普通法上的司法机构，负责除特别管辖权司法机构管辖范围之外的各类民事、治安和刑事案件的审理。[2] 同时保留对案件的监督权和提审权，从而形成了"国王保留司法权"和"委托司法权"并存的局面[3]。

发展到17世纪中叶至18世纪，王权和司法权混同色彩更为浓厚，该时期被认为是法国历史上王权和司法权混同最为严重的时期，国王被认为是"一切司法的来源"[4]。这一时期，国王司法权的行使仍以"国王保留司法权"和"委托司法权"两种形式存在。但"委托司法"逐渐成为国王行使司法权最主要的形式，而"保留司法"则成为辅助形式。[5]

---

[1] 参见：Aude Mory, L'Essentiel de l'Introduction Historique à l'Etude du Droit, Gualino éditeurs, 2005, p. 58；金邦贵主编：《法国司法制度》，法律出版社2008年版，第7页与第206页。

[2] 王室授权地方总督（Prévotés）负责基层司法事务；行政总管和司法总管作为国王密使对地方总督进行司法监督。

[3] 金邦贵主编：《法国司法制度》，法律出版社2008年版，第6页。

[4] J. P. Royer, J. P. Jean, B. Durand, N. Derasse, B. Dubois, Histoire de la Justice en France du XVIIIe Siècle à nos Jours, Presses Universitaires de France, 4e éd. 2010, p. 35.

[5] 同上 [4]，p. 49.

不仅行政权与司法权混同在一起，司法权与立法权的界限也不尽分明。这一时期，巴利门法院在司法组织系统的地位不断强化。巴利门法院的判决是下级法院审判的重要参照，成为重要的法律渊源。巴利门法院不仅拥有法律解释权，还有权干预立法，[1]王室法令未经巴利门法院登记不能生效。而这在革命者看来是十分危险的，这也是在其后的法国大革命中巴利门法院被撤销的原因[2]。与此相应，领主法院的权力大大减弱。但教会法庭的权力仍不容忽视。除了谋杀、通奸或其他此类情节严重的犯罪须交由领主法院审理以外，神职人员的案件，无论是民事还是刑事方面，都由教会管辖，世俗法院没有管辖权。

应予指出的是，尽管中央司法权因为王权的加强而不断得到强化，但其也反过来对王权产生了强有力的制约。路易十五时期（Louis XV, 1710—1774），国王意欲实施的很多改革方案均因法院拒绝登记注册而无法顺利进行，从而导致旧制度后期司法权与王权之间矛盾重重。在具体诉讼制度方面，封建时期的诉讼制度总体上经历了从民事诉讼与刑事诉讼界限不尽分明向两种诉讼逐渐分离、由控诉式诉讼向纠问式诉讼、由神明裁判、宣誓等非理性的证据形式向书证、人证等理性证据形式转变的历程。

在民事诉讼领域，在1667年《民事法令集》颁布之前，法国民事诉讼制度不但分散且十分混乱，多种法律渊源并存。一般而言，诉讼采取自诉原则。为了改革各个法院民事诉讼程序不一致的状况，法国国王路易十四时期（Louis XIV, 1638—1715），起草了《民事法令集》。《民事法令集》首次以法典的形式对民事诉讼程序的程序规则进行了系统的规定，其最大的进步是将过去严格的书面程式改为书面与口头相结合的方式，当事人提交诉状或答辩状采用书面形式，法庭辩论阶段采用口头形式。[3]该法令集对于促进当时法国全境民事诉讼制度的统一发挥了重要作用，也在后来成为拿破仑时期制定民事诉讼法典的重要参照。

封建初期的刑事诉讼采用控诉式的诉讼程序。一般只有受害人或其家属提起

---

[1] 前引 J. P. Royer, J. P. Jean, B. Durand, N. Derasse, B. Dubois, Histoire de la Justice en France du XVIIIe Siècle à nos Jours, p. 45.

[2] 前引 Aude Mory, L'Essentiel de l'Introduction Historique à l'Etude du Droit, p. 68.

[3] 金邦贵主编：《法国司法制度》，法律出版社2008年版，第407页。

诉讼,诉讼程序方可启动,法官原则上不得依职权受理案件。领主法院对于刑事案件的庭审奉行公开、言辞及对席原则。起诉书、答辩状和证据均需以言辞形式提交。另外,当事人必须亲自出庭参与辩论,不得聘请律师。而民事诉讼则可以聘请诉讼代理人。14世纪中期,随着国王代理人制度的确立,法国刑事诉讼制度完成了被害人自行起诉向国家公诉的过渡。但私人控诉制度依然在很长的时间里继续存在,直到国家追诉主义在法国全面确立。公诉制度的确立为纠问式诉讼提供了前提条件。14世纪末期,纠问式诉讼在法国得以确立。大部分情况下,检察官负责发动公诉并承担举证责任;但同时,法官也可依职权主动受理某些刑事案件。另外,刑事诉讼案件的庭审秘密进行,证据实行证人宣誓制度和书面证据原则。在绝大多数情况下,被告不会见到证人,不享有与其对质的权利。最后,为获取被告口供,大量适用酷刑,大量的冤假错案在所难免。[1]最后,路易十四于1670年颁布了《刑事法令集》,对于统一法国刑事诉讼程序发挥了重要作用。

但是,发展到封建社会末期,随着启蒙思想的传播,封建司法制度经历着前所未有的危机。司法机构设置的繁冗与混乱、各类封建司法特权和法官的官爵买卖制的存在、立法权、司法权和行政权之间的权限混乱均受到了启蒙思想家们的猛烈抨击[2]。在启蒙思想的影响下,法国于1789年爆发了著名的大革命。法国大革命彻底摧毁了包括封建司法制度在内的封建制度,也开启了法国近代司法制度的新纪元。

二、法国近代司法制度

法国近代司法制度的发展历程大致分为如下五个时期:大革命时期、拿破仑时期、1815—1939年的过渡时期、被占领时期和第四共和国时期。大革命时期为法国近代司法体系的初建阶段;拿破仑时期为其基本形成期;其后直至第四共和国时期,则是法国近代司法体系在曲折中逐步发展完善的阶段。

[1] 金邦贵主编:《法国司法制度》,法律出版社2008年版,第380页。
[2] 前引 J. P. Royer, J. P. Jean, B. Durand, N. Derasse, B. Dubois, Histoire de la Justice en France du XVIIIe Siècle à nos Jours, pp. 153—176.

（一）法国近代司法体系的开端：大革命时期

制宪会议以《人权宣言》作为建国纲领，建立了以自由、平等、博爱为基础的新制度。法国司法制度也随之步入现代化时期。在1789年至1799年间，以制宪会议为核心的革命政府在"三权分立"和"司法独立"原则的指引下，宣布彻底废除旧司法制度，取消了国王、封建领主和教会的所有封建司法特权、废除了法官的官爵买卖制和世袭制，并依据新的司法基本原则，建立起了崭新的司法体系，成为法国近代司法体系的开端。新的司法体系以更为简化的司法机构、法官选举制和人民司法等为特征。

1. 全新司法原则的提出

制宪会议通过颁布法令提出了一些重要的司法原则，其中一些原则时至今日仍然为法国司法制度所遵循[1]：如权力分立、普通司法系统与行政司法系统分离原则以及司法面前人人平等原则等。

革命政府认为，司法权作为国家权力的一个分支，应独立于立法权和行政权。因此，司法权应被委托给民选产生的法官机构。为贯彻分权原则，法律严禁法官干预和影响立法和行政，规定法官只能适用法律，法官解释法律的权力受到严格的限制；同时司法权也不受行政权的影响[2]。

分权原则的另一个结果则是法国行政审判与普通司法审判分离原则的建立[3]。尽管制宪会议在宣布行政职能独立的同时，并没有设立一个专门的行政法院来管辖行政诉讼，行政争议只能通过向行政机关的上级机关申诉来寻求救济。而且对于行政机关越权行为，应向作为政府首脑的国王提出申诉。但法国行政审判与普通法院司法审判权相互分离原则的提出，奠定了法国具有独创性的双轨制司法体制的基础。

另外，1793年12月27日的一项决定首次明确提出了"司法面前人人平等"

---

[1] Serge Guinchard, Gabriel Montagnier, André Varinard, Institutions Juridictionnelles, Dalloz, 2007, p. 9, n° 7.

[2] 金邦贵主编：《法国司法制度》，法律出版社2008年版，第54—57页。

[3] 前引 Serge Guinchard, Gabriel Montagnier, André Varinard, Institutions Juridictionnelles, p. 102, n° 78.

的原则，旨在保障纳税人不会因为经济原因而丧失提起诉讼的权利。这一原则被认为是 1789 年《人权宣言》所宣布的"法律面前人人平等"原则的含义之一[1]。

2. 全新司法体系的建立

与此同时，革命政府也采取了一系列具有开创性的司法改革措施，建立了与旧社会决裂的、等级观念更为弱化的司法机构体系。制宪会议通过颁布以 1790 年 8 月 16—24 日法律为代表的一系列法令，对司法机构进行改革：设立三级法院：基层法院、区法院和最高法庭，统一了全国的司法系统；同时规定民事案件与刑事案件分开审理；实行两审终审制。

(1) 新司法机构的建立

a. 普通法院系统

由于大革命时期实行民事案件与刑事案件分开审理的原则，民事法庭（院）和刑事法庭（院）在每一级法院分开设置，既有合并在一级法院分设两庭，也有单独设立的情况。

在基层法庭级别，民事领域设立治安法官（Juge de Paix）负责审理小额、简单民事纠纷。每一辖区需要配备的治安法官的人数由当地的人口数量决定。较大的城市设若干个，比如在巴黎就设置 48 个治安法官的职位[2]。治安法官裁决案件的方式主要是调解与仲裁。

在刑事领域，1791 年制宪会议起草的《刑法典》将违法犯罪行为依照情节严重程度分为违警罪、轻罪和重罪三等。与此相呼应，法律设置了与这三类行为相对应的三类刑事法庭：违警法庭、轻罪法庭和重罪法庭，受理相应的刑事案件。而在旧制时期并不存在这种划分。其中，违警法庭负责较轻的违警案件的一审，具体由市镇行政官员负责审理。轻罪法院负责轻罪案件，由一名治安法官和两个助手出席审判[3]。重罪案件的审理分为三个阶段：首先是预审阶段，在治安法官的主导下进行；其次是起诉阶段，在区法院进行，由八名陪审员负责审理；审判阶段在设立在省级区域的重罪法院进行，庭审成员由一名主席、三名从各区法院挑

---

[1] 前引 Serge Guinchard, Gabriel Montagnier, André Varinard, Institutions Juridictionnelles, p. 215, n° 164.

[2] 金邦贵主编：《法国司法制度》，法律出版社 2008 年版，第 10 页。

[3] 同上书，第 11 页。

选的法官和 12 名陪审员组成[1]。

第二级为区法院（Tribunal de District），实行合议制，负责审理基层法庭无权审理的初审案件和针对基层法庭判决的上诉案件。上诉人可在所有区法院中任选一个提起上诉。据统计，区法院的数目最后达到 547 个，是现代大审法院的雏形。而对区法院判决的上诉不是由上一级法院受理，而是采取一种独特的上诉制度："循环上诉制度"，即对区法院裁判案件的上诉由其他较近的区法院受理。[2] 这一上诉制度与在中央与区之间的省一级并没有设立法院系统有关，因为革命者试图简化司法机构层级设置，亦不愿恢复旧制时期的巴利门上诉法院[3]。

第三级，也即最高级别，为最高法庭，建在巴黎。该最高法庭是法国现在最高法院的前身。最高法庭由 1790 年 11 月 27 日—12 月 1 日的法律设立，分为三个部门：诉状受理庭、民事庭和刑事庭，负责审理经区级法院判决后提出的上诉案件[4]。最高法庭的法官从全国各区法院 30 岁以上的资深法官或法律职业者中选举产生，其中很多人成为后来政治制度发展的推动者。立法者设立最高法庭主要有两个目的：第一，是为了在一定程度上弥补循环上诉制度可能给当事人带来的权利救济不充分的弊端。[5] 第二，是为了保证法律在全国范围内适用的一致性。因为，立法者已经试图将法国原来各地方的习惯统一制定为法律，而为了避免同一部法律在不同的法院得到不同的适用，便设立一个最高审判机关来监督法律的统一适用和撤销明显违反法律的判决。

但最高法庭无权对案件的事实部分进行审理并作出判决，只可撤销各法院的判决，再将案件发回原审法院以外的其他法院进行重审。而各法院并不受最高法庭决定的强制约束，可以对发回重审的案件再作出一个与前次完全相同的判决；如第二个判决又受到指责，最高法庭便必须将所争议问题提交立法机构做出最终

---

[1] 前引 Aude Mory, L'Essentiel de l'Introduction Historique à l'Etude du Droit, p. 81.

[2] 后经多次行政区划调整和法律改革，1810 年更名为市民民事法院，即 Tribunal civil d'arrondisseent，1958 年设立了大审法院取代至今。前引〔法〕皮埃尔. 特鲁仕：《法国司法制度》，丁伟译，第 11 页。

[3] 前引 J. P. Royer, J. P. Jean, B. Durand, N. Derasse, B. Dubois, Histoire de la Justice en France du XVIIIe Siècle à nos Jours, p. 271.

[4] 最高法庭也负责审理经省刑事法院判决后的上诉案。

[5] 同上〔3〕, p. 273.

裁决。这就是所谓的立法紧急程序（Référé Législatif）。[1] 因为法官对法律进行司法解释被认为会侵蚀立法机关的权力、与权力分立原则相抵触。

另外，大革命时期，尽管所有旧制度下的司法机构均被废除，但单独的商事审判制度却幸存下来。1790 年 8 月 16—24 日法律规定商务争讼由专门设立的商事法院管辖，其法官从商人中选举产生，并明确了商事法院的法律地位，体现了当时立法者对于单独商事审判理念的认同。

b. 行政争议的管辖

制宪会议认为普通法院无权审理行政纠纷，行政争议只能通过向行政机关的上级机关申诉来寻求救济，而且对于行政机关越权行为，应向作为政府首脑的国王提出申诉。虽然制宪会议并未设立一个专门的行政法院来单独管辖行政诉讼，但法国行政审判与普通法院司法审判权相互分离原则的提出，奠定了法国具有独创性的双轨制司法体制的基础。

制宪会议制定单独解决行政争议的政策，具有特定的思想与时代背景。

一方面是因受到孟德斯鸠"三权分立"思想的影响，强调司法机关和行政机关相互独立。普通法院不能干涉行政，因此自然不能审查行政机关的行政行为是否具有合法性。1790 年 8 月 16—30 日制宪会议所制定的"关于司法组织的法律"第 13 条规定："司法职能和行政职能不同，现在和将来永远分离，法官不得以任何方式干扰行政机关的活动，也不能因其职务上的原因，将行政官员传唤到庭，违者以渎职罪论"。[2]

另一方面，也是源于革命者对历史的反思和对当时国际、国内形势的考量。旧制度时期，司法权对王权构成了一定的挟制。自 16、17 世纪开始，法国资产阶级势力逐渐强大，并产生了更多的政治诉求。国王为了迎合资产阶级利益的需要，开始实施一些有利于发展工商业的改革措施。但是，掌握普通法院控制权的封建势力却利用其拒绝登记政府法令的权力对改革进行阻挠，与政府矛盾重重。大革命后，制宪会议吸取历史教训，为了避免普通法院对行政的干扰，禁止普通法院

---

[1] 前引 J. P. Royer, J. P. Jean, B. Durand, N. Derasse, B. Dubois, Histoire de la Justice en France du XVIIIe Siècle à nos Jours, p. 259.

[2] 王名扬：《法国行政法》，中国政法大学出版社 1988 年版，第 553 页。

受理行政诉讼案件。此外,在旧制度时,在普通法院之外已经存在一些专门受理行政案件的行政法庭,例如审计法庭、森林法庭、租税法庭等。最后,在旧制度下,国王派往地方上的总督(Intendants des Provinces)也受理一些行政诉讼案件。特别在中央政府中,国王参事院(Le Conseil du Roi)既是行政机关,也是司法审判机关。所以解决行政纠纷另辟蹊径对法国人来说并不是一个陌生的制度。最后,法国大革命初期,欧洲的封建势力联合起来对法国的资产阶级政府发动战争。法国国内的封建势力与境外的封建势力相互勾结。资产阶级政府为了自身的安全起见,不得不禁止普通法院受理行政机关的案件,以加强行政机关的权力。

c. 其他司法机构。这一时期,在以上司法机构之外,还存在一些专门审判机构。如在最高法庭之外,制宪会议还设立了一个"全国特别高等法庭",由最高法庭法官和高级陪审员组成,专门负责审理政府要员的犯罪案件和危害国家安全的重大罪行。

此外,由于战争和经济危机,国民公会重新恢复政治审判,因此该时期出现了司法例外或特别司法(Justice d'Exception)。作为审判王权的临时措施而存在的这种司法体制贯穿了大革命司法的全过程。最具代表性的审判便是对国王路易十六(Louis XVI,1754—1793)的审判。1793年国民公会授权革命法庭和"爱国者陪审团"负责镇压所有反对革命的企业、所有危害共和国的行为和所有企图复辟王权的阴谋。

(2) 司法人员

制宪会议基于对封建制度下法官世袭制的厌恶,制定了法官选举制度。从基层的治安法官到最高法庭的法官,均通过选举产生。而国王不再拥有选择法官的权力,只有形式上授予法官资格证书的权力。这是法国历史上唯一实行法官选举制的时期。革命者认为实行法官选举制可以限制国王对司法的干预权,是法官独立性和代表性的最好保障。这一时期,担任司法官虽然不要求有相关的文凭[1],但也有严格的准入条件:需有五年的司法职业经验,由辖区内有选举权的公民产生,每六年重新选任一次。由于废除了官爵买卖制,法官由国家支付工资,但由于当时国家财力的限制,因此法官多是贵族,拥有足够的个人财

---

[1] 前引 Aude Mory, L'Essentiel de l'Introduction Historique à l'Etude du Droit, p. 81.

产[1]。在第一批由选举产生的法官中，不少人为法国司法的发展做出了卓越的贡献，其中包括《民法典》和《民事诉讼法典》的编纂者。[2]但法官选举制在第一共和国时期并没有取得理想的效果。在此期间，因为对选任法官的不满，直接导致法国历史上的第一次司法大清洗。大整肃使选举法官失去威信，法官任命制成为必要。[3]

此外，大革命时期，法官被禁止干预和影响立法和政治，只能适用法律，其解释法律的权力也受到严格的限制。立法者基于立法权与执法权分立的必要性，认为法官只应是"法律的见证人，而非法律的解释者"[4]。这直接催生了1790年8月16—24日法律第12条的规定："（法官）绝对不可自行制定法律规则，而应在其认为必要的任何时候向立法者请求解释法律或者制定一项新法"。这一条文明确地剥夺了法官解释法律的权力，是规定立法紧急程序的直接依据。因法官解释法律被认为等同于创设法律，而后一行为是立法者独有的权力。对于法官审判权进行严格限制除了源于权力分立的思想，也体现了大革命时期立法者对于法官极为不信任的态度。由于旧制度时期的巴利门法院常常用司法解释的方式规避或限制国王的改革立法，成为改革的阻力，因此，立法者对于法官多少怀有敌意。

然而，立法者也意识到若该条文被赋予普遍效力，其后果也是十分危险的，很可能会导致法官的职权陷于瘫痪。因此，1790年11月27日—12月1日法律确立了区分"具体解释"和"抽象解释"的原则。法官对法律进行具体解释得到许可，而法官对于法律进行抽象解释的权力则被完全禁止，即使是最高法庭也无权如此行为。"具体解释"可被理解为法官依据法律对事实进行认定，如一违法行为构成轻罪还是重罪，这实际上是法官适用法律的行为，该行为受到最高法庭的监督。在法律规定存在模糊时，需要求助立法者对其进行抽象解释。如在被最高法庭两次发回重审的第三个判决又受到指责时，在立法者看来，便意味着法律规定

---

[1] 前引 Aude Mory, L'Essentiel de l'Introduction Historique à l'Etude du Droit, p. 81.

[2] 金邦贵主编：《法国司法制度》，法律出版社2008年版，第10页。

[3] 〔法〕皮埃尔·特鲁仕：《法国司法制度》，丁伟译，北京大学出版社2012年版，第12页。

[4] 前引 J. P. Royer, J. P. Jean, B. Durand, N. Derasse, B. Dubois, Histoire de la Justice en France du XVIIIe Siècle à nos Jours, p. 258.

存在模糊之处。因此,最高法庭便有启动立法紧急程序、将所争议问题提交立法机构做出最终裁决的必要。

对此,有学者评论道:"事实上,在制宪会议制定的法律体系里,并没有司法权多大的地位,最终,法官比法律本身更附属于立法者。"[1] 这直接导致了大革命初期最高法庭的审判权受到严格监督。因此,最高法庭附属于立法机构。在革命政府看来,最高法庭的专属职务是"法律的最高守护人",[2] 其首要任务是协助立法机关监督各类法院,防止司法偏离法律条文。

检察机关在大革命时期被分成了两大部分:一部分是所谓"国王特派员",由国王任命,负责刑罚建议;另一部分即所谓"公诉人",由人民选举产生,负责刑事追诉。"国王特派员"之所以被剥夺公诉职能,原因在于制宪会议认为依据权力分立的原则,应将旧制时期检察机关拥有的适用法律、执行判决的权力与控诉的权力按其不同的职能分别开来。对于法官的不信任促使立法者将这些重要的权力分派给不同的人。在他们看来,如果这些权力掌握在同一群人的手中,则会导致权力的无限扩张以致滥用的风险。[3] 因此,立法者决定将执行判决和监督法官的权力交给最高执行权持有者的代理人——国王特派员;而公诉权是政治工具,应当将其保留给人民行使,将此权利委托给"来自于人民的人",为此在每个刑事法庭里设立了经选举产生的公诉人。

另外,制宪会议撤消了原来设置在司法系统中的律师机构,律师从此转变为自由职业者。

(3) 诉讼制度的构建

a. 刑事诉讼制度

受保障人权思想的影响,新司法体系对刑事诉讼领域进行了全面改革。刑讯逼供、严刑拷问、被告人宣誓等严重侵犯人权的取证方式被废除;法律定罪量刑、无罪推定等近代的司法理念确立起来,成为新的刑事诉讼司法体系建立的根基。

---

[1] 前引 J. P. Royer, J. P. Jean, B. Durand, N. Derasse, B. Dubois, Histoire de la Justice en France du XVIIIe Siècle à nos Jours, p. 260.

[2] 同上 [1], p. 274.

[3] 同上 [1], p. 276.

另外，曾经消失的刑事辩护重新建立。预审权交由法官行使，并由两名知名人士协助，其后又交由治安法官，并受陪审团长监督。[1]

但是，刑事诉讼领域最为重大的改革还是重罪审判陪审制度的引入。为了避免法官严格恪守法律的僵化做法，法国制宪会议参照英国的制度，在刑事领域的重罪审判中引入了陪审制度。1791年9月16—29日法律正式建立这种陪审团。它由从30名选民名单中抽签定出的八人组成，由一名法官担任团长主持工作。陪审团有两种，一种是控诉陪审团，其任务是决定某一案件是否准予起诉；一种是裁判陪审团，其任务是决定被判的罪名是否成立。犯罪事实经治安法官初步确认可签发逮捕令，并将犯罪嫌疑人和相关材料送至起诉陪审团所在地。起诉陪审团进行询问、再经秘密评议决定是否将嫌疑人移送重罪法庭进行审判。如果控诉陪审团决定不对犯罪嫌疑人提出控诉，则犯罪嫌疑人应当被立即释放；相反，如果控诉陪审团决定将犯罪嫌疑人移交刑事法庭接受审判，则陪审团团长应当发布人身逮捕令，并将被告人移送省拘留所，把相关案件材料移送至刑事法院书记室。控诉陪审团的裁决不得上诉。[2]对于陪审团判断的依据采取"绝对内心确认原则"还是"综合法定证据和内心确认原则"，立法过程中曾有争论。1791年的一项命令最终要求，陪审团需要单独评议并且应当按内心确信审慎确定其判断的理由，即采取绝对内心确认原则，这一举措废除了旧制度下的法定证据原则。[3]一旦陪审团作出决断，其判决不能上诉，只可提起复核审之诉。

b. 民事诉讼制度

相对于刑事诉讼，民事诉讼制度的改革相对较少。但这一时期值得关注的是革命者对于仲裁和调解等非诉争端解决方式的重视。1790年8月16—24日法律第1章第1条明确指出："仲裁是结束公民之间纷争的最合理的方式……"。仲裁员由具有声望和公信力的人担任，仲裁的依据不是法律而是最简单的公平原则。一般

---

[1] 施鹏鹏："不日而亡——以法国预审法官的权力变迁为主线"，《中国刑事法杂志》2010年第7期，第119页。

[2] 施鹏鹏："法国的陪审制移植失败了吗？——以法国陪审制发展史为中心展开"，http://justice.fyfz.cn/art/920986.htm，访问日期：2012年11月10日。

[3] 前引 J. P. Royer, J. P. Jean, B. Durand, N. Derasse, B. Dubois, Histoire de la Justice en France du XVIIIe Siècle à nos Jours, p. 281.

而言，仲裁是可供当事人选择的解决纠纷途径，但对于一些家庭成员的纠纷，立法者则规定进行仲裁是强制性的。另外，对于治安法院的法官，其在处理民事案件时也被鼓励尽可能地采用调解的方式解决纠纷。[1] 治安法院中设有专门的调解办公室（Bureau de Paix）。因为对案件的解决方式是调解或仲裁，所以治安法官的法律知识并不是其必须掌握的，甚至可以说对法律了解得越少越好。[2]

（二）法国近代司法体制的形成：拿破仑时期

1799年拿破仑取得政权，也成为法国近代司法制度史上的重要里程碑。拿破仑在司法领域进行了一系列改革。这些改革措施并没有从根本上改变大革命时期确立的司法体系的基本框架，而是在其基础上的进一步调整与完善，如司法组织机构体系得以继续完善，普通司法系统和行政司法系统分离原则得到进一步强化，在民事诉讼和刑事诉讼领域也形成了两部重要法典。

1. 司法组织制度

在法国司法制度发展史上，行政司法权与普通司法权分离的制度在旧制度时期即已存在。该原则经法国大革命未作过多更改地被继承下来，又在拿破仑时期通过设立专门处理行政争议的部门而得到了进一步的强化，从而建立了行政法院和普通法院双轨制的司法体制。[3] 这是这一时期司法体制最为重大的变化。法国现行的司法组织制度很大一部分都是继承拿破仑时期的司法体系而来的。

（1）普通法院系统的改革

在加强中央集权思想的指导下，拿破仑对大革命时期普通法院系统的司法机构也进行了调整与完善，使司法机构的等级结构更加分明，同时也减少了全国法院的数量。这一司法体系一直持续到第二次世界大战末期[4]。

---

[1] 前引 J. P. Royer, J. P. Jean, B. Durand, N. Derasse, B. Dubois, Histoire de la Justice en France du XVIIIe Siècle à nos Jours, p. 265.

[2] 金邦贵主编：《法国司法制度》，法律出版社2008年版，第10页。

[3] 同上[1], p. 442.

[4] 前引 Serge Guinchard, Gabriel Montagnier, André Varinard, Institutions Juridictionnelles, p. 9, n° 8.

在民事法院系统，1800 年的一项法律，依据新的行政区划分，即县（Canton）、市（大城市的区，Arrondissement）和省（Département），改革了法院系统的机构设置。[1]

县级法院治安法官一职被保留下来，负责处理简单的民事案件。

市级区域或大城市的区设立市法院，取代了大革命时期的区法院（District）。市级法院对一审案件有广泛的管辖权，并受理对下一级治安法官做出判决的上诉案件。市法院总数为 361 个，这个数字直到 1919 年没有改变。[2]

另外，由于循环上诉制度被废除，省级区域设立了上诉法院，每三个省设立一个，1810 年统一为 29 个上诉法院。这是真正意义的上诉法院，负责受理针对民事、商事法院判决的上诉案件。而且，上诉法院重新获得了以前巴利门法院的权力，开始公布判例。[3]

最后，大革命时期最高审级的最高法庭被保留下来，于 1804 年改称为最高法院（Cour de cassation）。最高法院法官共计 50 名，由参议院依照第一执政的推荐来任命，终身任职。[4]此外，还设有公证、诉讼代理人、执达员等附属机关。作为最高层级的司法机关，最高法院不仅继承了大革命时期审理上诉案件的职能，也对整个司法系统进行监督。在审理上诉案件时，虽然原则上最高法院仍然不能根据案件的是非曲直作出自己的判断，而只能撤销受到指责的原判、将案件发回与原审法院同审级的其他法院重新审理，但若上诉法院对于发回重审的案件两次判决维持原判，最高法院不再需要像大革命时期那样向立法机关请求立法解释，而有权通过全员审判庭联席会议（Sections Réunies de la Cour）对案件做出判决。但这一障碍的排除并非一帆风顺，1807 年 9 月 16 日的法律又重新赋予拿破仑在此情形下通过"公开的管理条例"（Règlement d'Administration Publique）解释法律的权力。[5]

---

[1] 各法院的等级排列与当时的地方行政机构设置改革相呼应。拿破仑改革了地方行政机构的设置，增加了省的数目；取消了区，设立了范围更大的专区（市）；而县得以保留。前引 J.-P. Royer, J.-P. Jean, B. Durand, N. Derasse, B. Dubois, Histoire de la Justice en France du XVIIIe Siècle à nos Jours, p. 435.

[2]〔法〕皮埃尔.特鲁仕：《法国司法制度》，丁伟译，北京大学出版社 2012 年版，第 13 页。

[3] 前引 J. P. Royer, J. P. Jean, B. Durand, N. Derasse, B. Dubois, Histoire de la Justice en France du XVIIIe Siècle à nos Jours, p. 434.

[4] 同上 [3]，p. 436.

[5] 同上。

在刑事诉讼领域，对于违警的轻微刑事案件，同大革命时期一样，由县级治安法官负责处理；轻罪案件由同时负责审理民事案件的市级法院受理，此时，其被称为轻罪法院。[1] 轻罪法院的上诉同样归于省级上诉法院，上诉法院内部设置控诉庭。对于重罪案件，1811年设立了重罪法院取代省重罪法庭来负责审理。

另外，1806年5月18日法律设立了劳资争议仲裁院，设在里昂。商事法院依旧独立于民事法院系统，负责审理商事案件。

(2) 行政司法系统的确立

1799年宪法设立了国家参事院（Le Conseil d'État），这是法国最高行政法院的前身。国家参事院的职能实际上与旧制度时期的国王委员会（Le Conseil du Roi）有些类似。

1799年宪法第52条规定："在执政的领导下，国家参事院负责草拟法律草案和公共行政条例，解决行政上所发生的困难。"国家参事院除了在立法方面代替第一执政起草和审查法律、行政法规和在行政上作为第一执政的顾问外，还具体负责受理公民对于行政机关申诉的行政案件。但当时国家参事院只能以国家元首名义对行政诉讼做出裁决，实际上是在行使国家元首所保留的权力，称为"保留的审判权"。这种情况一直持续到法兰西第三共和国前夕。

为了加强国家参事院组织制度建设，共和八年（1799年）雪月5日，政府制定了《国家参事院组织条例》。同年12月25日，国家参事院第一次全体会议在卢森堡（Luxembourg）举行。1806年，国家参事院内部成立了一个诉讼委员会，集中执行行政争议裁决。因此，国家参事院也成为了解决行政争诉的专门裁判机构。诉讼委员会的成立是行政审判专业化和独立化的开端。[2] 由此，普通司法系统和行政司法系统分离的原则得到了进一步的强化。国家参事院后来演变成最高行政法院。最高行政法院在法国司法制度中具有举足轻重的地位。它既是中央政府中最重要的咨询机关，又是最高行政审判机关，是所有行政法院共同的最高法院。

---

[1] 民事法院与刑事法院合一具有一定的优点，一方面，可以使司法裁判组织更加经济，另一方面，可以使刑事法官保持接触民事法律，避免司法官在司法专业上发生扭曲。但这一规则也受到一些法学家的批评。他们认为，刑事案件应由"专业化的法官"来进行审判。〔法〕贝尔纳．布洛克：《法国刑事诉讼法》，罗结珍译，中国政法大学出版社2009年版，第14页。

[2] 王名扬：《法国行政法》，中国政法大学出版社1988年版，第602页。

此外，法国依据共和八年（1800年）雨月28日的法律，在地方各省也设立了参事院。由省长主持这一新的行政争议审判机构。这样，便形成了从地方到中央的两个层级的行政司法机构[1]。

除了国家参事院和地方参事院外，这一时期的行政司法系统还存在其他司法组织，如审计法院，可视为旧制度审计法庭的延续。

2. 司法人员

拿破仑时期对于有关法律职业者的各项制度也进行了改革，为法国现代司法人员体系的建立奠定了基础。[2]

首先，拿破仑时期抛弃了大革命时期法官选举制的做法，实行法官任命制。依据共和八年风月27日（1800年3月18日）法律，所有法官均由执政官任命。这一时期已经开始对法官的学历提出要求：需要具有法律本科学位并在律师公会注册两年。另外，虽然法官继续由国家负责支付工资，但当时国家经常无法及时支付，因此，在贵族中间任命法官的传统得以继续。最后，法律还规定法官一旦被任命，终身任职，不得罢免，这便是法官终身制的起源。

另外值得一提的是，这一时期确立了法官独立的原则。对于法官的角色，有别于革命法制时期立法者认为法官的职责就是严格适用法律而不能对法律进行解释的理念。立法者认为法官应该在适用法律过程中更为积极地发挥作用，以弥补法律的漏洞。《民法典》第4条规定，在没有法律规定的情况下，法官有进行判决的义务。这意味着在法律未作规定和法律规定极为原则时，法官应参照习惯、公平自然法则和学说，按自己的理解提出填补法律空白的解决方案。[3] 另外，如前所述，立法者还废除了大革命时期规定的最高法院在上诉法院对于发回重审的案件两次判决维持原判的情形下应向立法机关申请解释法律的制度，恢复了法官解释法律的职能和判例的地位。但是，随着时间的推移，渐渐地，旧法国的一些符号复活了：法袍重新穿上，首席检察官和首席法官的头衔重新出现。一些古老家族

---

[1] 前引 J. P. Royer, J. P. Jean, B. Durand, N. Derasse, B. Dubois, Histoire de la Justice en France du XVIIIe Siècle à nos Jours, p. 443.

[2] 前引 Aude Mory, L'Essentiel de l'Introduction Historique à l'Etude du Droit, p. 86.

[3] 同上[2]。

的后代又穿上了法袍,而不论其能力和群众的态度,那些贵族们摇身一变成为司法权贵。这股复古风唤醒了沉寂已久的司法,但是也同时带来了极大的负面效应:"我们的司法官群体都是政府官员,一种等级对应着一种待遇、官阶、服装等。普通法官梦想着成为首席法官,基层的司法官梦想着到上诉法院,上诉法院的法官又梦想着有朝一日谋取最高法院的职位"。[1]

其次,检察院在拿破仑时期得以恢复,其组织系统严密,级别分明,重新成为专属追诉机关。[2]

再次,随着法律学校的复校,律师执业逐渐恢复。律师职业的准入条件是法律本科学位并做实习律师满三年。1810年,律师公会成立,其会长由总检察官任命。[3]

最后,诉讼代理人与书记员等司法助理职务成为公职。

3. 诉讼制度的法典化

这一时期,在拿破仑的极大热情与关注下,完成了以《民法典》为代表的一系列法典的编纂。这些法典的颁布标志着法国资产阶级法律体系的形成,也实现了法国全国法律的统一。其中就包括1806年《民事诉讼法典》和1808年《刑事诉讼法典》。

(1)《民事诉讼法典》

在拿破仑的组织下,1806年法国颁布了近代第一部《民事诉讼法典》。该法典由有关法院程序和各种诉讼程序的上、下两卷组成。对起诉、受理、传唤等诉讼程序,证人、鉴定人等证据制度,债务的强制执行程序以及婚姻与禁治产等方面都做出了规定,但并没有包括有关司法组织和司法人员的内容。

虽然《民事诉讼法典》在很大程度上借鉴了1667年路易十四时代《民事诉讼条例》的内容,但相对旧制度仍有一定的革新。首先,因受到启蒙时代个人主义思潮的影响,法典确立了"绝对当事人主义"的诉讼模式,法官在诉讼程序中处于消极和被动的地位;诉讼程序的启动、审前程序的运作以及庭审阶段,都采用自由放任的当事人主义。其次,法典加强了对于债权人利益的维护,规定了当债

---

[1]〔法〕皮埃尔·特鲁仕:《法国司法制度》,丁伟译,北京大学出版社2012年版,第15页。
[2] 执政府时期取消了公诉检察官。
[3] 前引 Aude Mory, L'Essentiel de l'Introduction Historique à l'Etude du Droit, p. 86.

务人不能履行债务时,债权人有权请求法院扣留债务人等内容。[1] 另外,法典明确地规定了法官自由心证和公开审判制度。[2]

由于《民事诉讼法典》继受了旧制度中充满形式主义且复杂、耗时、耗费的程序性规定,并规定诉讼需要诉讼代理人和律师的介入。这使得一般民众到法院诉讼是不太可能的。此外,法典在证据规则等方面的规定亦不尽完善,体现了旧制度的很多特征。

不论如何,该法典在全法国范围内建立起了统一的民事诉讼程序,具有很大的意义。这部法典所确立的绝对当事人主义的制度以及自由心证和公开审判等制度不仅满足了当时社会发展的需要,也开启了近代民事诉讼法典发展的新纪元,对欧洲大陆许多国家民事诉讼法的制定产生了深远的影响。

(2)《刑事诉讼法典》

拿破仑时期的刑事诉讼程序与大革命时期相比,步入稳健发展阶段。

1808年12月16日,《刑事诉讼法典》颁布,并于1811年元月1日正式实施。这部法典事实上是对大革命时期的刑事诉讼程序和1670年法令规定的刑事诉讼程序的折衷。在立法精神上,已开始体现出立法者试图在保护社会利益与尊重犯罪嫌疑人人权之间寻求平衡。

如前所述,《刑事诉讼法典》对于不同的违法犯罪行为实行等级管辖制,分别设立违警法庭、轻罪法庭和重罪法庭来审理相应严重程度的犯罪。在违警罪法庭,不一定要求被告人亲自出庭。违警行为人可以由持有委托书的代理人或者律师代理出庭。在轻罪法庭,被告人仅在其受指控的犯罪当处监禁刑时,或者法庭有此命令时,才必须出庭。除此之外的情形,被告人可以由代理人出庭。而在重罪法庭,被告人出庭是强制性的。

法典将诉讼程序分为三大阶段:起诉阶段、预审阶段、审判阶段。在诉讼形式上,法律在旧制度的纠问式和大革命时期的控诉式之间进行了折衷,采取二者结合的方式:预审阶段适用纠问式诉讼;庭审阶段实行控诉式诉讼。[3]

---

[1] 李秀清主编:《外国法制史》,北京大学出版社2012年版,第201页。

[2] 金邦贵主编:《法国司法制度》,法律出版社2008年版,第408页。

[3] 前引 J. P. Royer, J. P. Jean, B. Durand, N. Derasse, B. Dubois, Histoire de la Justice en France du XVIIIe Siècle à nos Jours, p. 441.

为了保证司法官在收集与判断证据时的独立地位与公正性，法典还确立了侦、控、辩、审职能分离的原则，即侦查权由警察机关行使；公诉权由检察机关行使，检察院有主动提起公诉的权力[1]；预审权由预审法官行使；[2]审判权由审判法官行使。

其中，预审阶段并不传唤犯罪嫌疑人，而是以书面和秘密的方式进行。[3]另外，预审法官职责被加强，其成为法国刑事诉讼的关键"人物"（Personnalité Importante）。[4]预审法官有权实施各种强制措施，搜集证据，形成书面的案件卷宗，在此基础上决定是否将被告人交付审判。警察在预审程序中，仅能接受预审法官的委托或指派查案，作为助手实施各种强制性措施与查证行为，处于辅助地位。而在之前的初步侦查阶段，警察可实施各种任意性侦查措施，但不享有强制侦查的权力；在现行犯罪中，司法警察虽可行使与预审法官同样的权力，但限于紧急情形。[5]

审判阶段在重罪法庭进行，采用口头和公开辩论的原则。刑事被告有权通过主张其受到过分的强制措施来推翻之前的供述。[6]

另外，对于陪审制，法典取消了预审阶段的陪审制度，但在庭审阶段保留了陪审制度。陪审员仍可通过其内心的确信发表意见，并不受任何证据规则的限制。法典规定，庭审中，如若全体法官认为陪审团对于案件认定有误，可以延期开庭，在下次庭审将案件重新提交给新组成的、不包含任何之前陪审员的陪审团。[7]

此外，《刑事诉讼法典》还确立了法官自由心证原则，承认法官的理性分析和内心确认对于认定事实的重要作用，这是对中世纪以来形而上学的法定证据制度的否定。

---

[1] 受害人也有发起公诉的可能性。发生现行重罪的情形下，预审法官可以依职权受理案件。

[2] 预审法官与检察官司法官的主要区别在于他们职能的不同。另外，预审法官是座席法官，而座席法官是不能撤换的，共和国检察官是站席法官，是可以被免职与撤销职务的。

[3] 前引 J. P. Royer, J. P. Jean, B. Durand, N. Derasse, B. Dubois, Histoire de la Justice en France du XVIIIᵉ Siècle à nos Jours, p. 441.

[4] 施鹏鹏：《不日而亡——以法国预审法官的权力变迁为主线》，《中国刑事法杂志》2010 年第 7 期，第 119 页。

[5] 马静华："法国的警察拘留制度：历史、现状与困境"，《中国刑事法杂志》2011 年第 9 期，第 123 页。

[6] 同上 [3]，p. 439.

[7] 同上 [3]，p. 441.

(三) 司法制度的改革 (1815—1958)

在第一帝国覆灭后至第五共和国建立之前的接近一个半世纪的时间里，法国国内政治形势动荡，再加之两次世界大战的影响，政权更迭频繁。司法制度因其与政治的天然连接，其发展也历经曲折。这一期间，法国司法制度尽管从总体发展趋势上看并没有发生根本的改变，但也不乏改革之举。这一时期法国司法制度的发展可从1815年至1939年的司法体制过渡时期、被占领时期的特别司法和第四共和国时期共和法制的重建这三个阶段得到体现。

1. 司法体制的过渡时期（1815—1939）

1815年至1939年间，法国先后共存在四个政权，其中三个是专制政权。在这期间，司法体制的整体格局仍然是建立在1810年的司法体制之上的。但在司法官制度、刑事诉讼领域以及司法组织制度方面，仍不乏改革之举。其中最为显著的当属行政司法制度的重大发展。

（1）司法组织

a. 行政司法系统的重大发展

随着行政争议的增多，法国独立的行政法院系统在19世纪逐步形成并发展起来。这是这一时期法国司法制度发展变化最为显著的领域。

这一时期法国行政司法系统的改革经历了两个主要步骤。首先是1872年专门规范行政法院的《参事院法》的颁布。与此法律相呼应，1872年法律还设立了"权限争议法庭"（Tribunal de Conflit），专门负责解决普通法院与行政法院之间的管辖权争议。[1] 在1889年12月13日的卡多（Cadot）案中，国家行政法院进一步否决了部长法官制。这一判决确立了国家行政法院对于行政争议的直接管辖权，强化了它的司法职能，标志着法国行政司法制度的正式确立。

b. 普通法院系统

在1810年后很长的一段时期里，法国在普通法院组织制度领域并没有发生太

---

[1] 武彪主编：《司法制度和律师制度》，上海社会科学院法学研究所编译，知识出版社1981年版，第155页。

大的变化。但在1883年的司法肃清运动中,除巴黎上诉法院外,所有上诉法院归于同一审级,从而形成了三级审判制度。[1] 其后,1926年9月3日的法律又带来了一场重要的司法改革:市法院被省法院所取代。这一举措一下减少了228个机关,[2] 简化了普通法院系统的机构设置。

此外,1837年最高法院又重新获得了法律解释权,对于第二次发回的案件不再需要议会的法律审查,而是由最高法院的联合法庭负责审理。这结束了最高法院依附于立法机构的状况,使最高法院成为真正意义的最高审判权力机构。另外,这一阶段,随着最高法院法律复核案件的增加,1938年的一部法律在最高法院内部增设了社会法庭,1947年又增设了商事法庭,同时撤消了起诉审查庭。

最后,这一时期,刑事法院系统的一些专门法院得以设立或恢复。如,1912年在巴黎首次设立了未成年人法院,使未成年人犯罪归入特别法院系统管辖。未成年人法院一直延续至今,属于刑事法院系统中的专门法院。1939年,海事法庭得以恢复,改称为海商法庭,[3] 虽然其名字听起来似乎是审理民商事案件的司法机构,但事实上它是一个纯粹的刑事审判机构。[4]

c. 特别司法机构

由于这一时期政治斗争激烈、政权更迭频繁,也存在过一些作为政治斗争工具的特别司法机构。如复辟时期,设立特别法庭(Cours Spéciales)。其后,七月王朝于1830年宣告废除特别法庭;对国王家族实行的谋杀罪属于"同类法庭"(Chambre des Pairs)管辖。

(2) 司法人员

在这一时期,法官职业管理方面的制度亦有一些改革举措。

首先,法官准入制度得到改革。如前所述,拿破仑时期的法律规定,从事法官职业必须取得法学学士学位,并作为律师从业2年。波旁王朝复辟以后,这些职位由法官们推选或指定产生,且往往是在司法官的儿子中间进行推荐。因此,

---

[1] 金邦贵主编:《法国司法制度》,法律出版社2008年版,第15页。
[2] 前引〔法〕皮埃尔·特鲁仕:《法国司法制度》,丁伟译,北京大学出版社2012年版,第16页。
[3] 海事法庭最早设立于1852年,其后该机构曾被取消。
[4] 同上[1],第200页。

法官这一职业往往掌握在地方显要贵族手中。

其后，法官准入标准逐渐发生了变化。1876年司法部长杜佛尔提出了举行准入考试的建议。最终，1906年8月18日法令正式设立了司法官准入考试制度。有学者对于法官准入制度的改革作出如下评价："法官准入方式变革的历史就是权力与司法相分离的痛苦历史，悠久的旧制度传统的终结和大革命的疾风暴雨都没有破坏这一历史进程，因为无需任何怀疑，建设新的共和国需要法官发挥应有的作用"。[1]

其次，法官晋升制度和法官待遇方面也有改革举措。1906年设立了法官职业晋升名单，由最高法院法官组成的委员会负责审核并最终确定，这在客观上构成了对于政府享有法官任命权的牵制，可视为保障法官独立性的改革措施。另外，政府还实施了法官待遇改善计划，并规定候补法官从1910年开始可以领取薪水，这些举措使法国逐渐摆脱了贵族法官制度的阴影。

再次，更重要的是，依照第三共和国的一个关于司法组织的法律，1883年建立了初期的最高司法官委员会，其成员组成以最高法院法官为主，负责对法官和检察官进行纪律监察。

最后，出于政治的需要，这一时期旨在净化法官的司法清洗运动此起彼伏。如复辟时期，当局对法官开展大清洗运动，近300名司法官被从王室法院清除；第三共和国初期，当时的司法部长克雷米尔开除了500名与拿破仑三世政权有关的司法官；其后，1883年8月30日又取消了614个法官和检察官职位。[2]

（3）诉讼制度改革

1806年《民事诉讼法典》从生效至1975年全面修改之前只经历了若干次零星的修订。

在刑事诉讼领域亦是如此。1879年，法国曾经酝酿过对《刑事诉讼法典》进行全面的修订，但终因两院意见相左而未果。20世纪30年代，随着《刑法典》的修订，《刑事诉讼法典》的修订工作也被提上了日程。法国于1938年完成了修订草案，但终因第二次世界大战爆发而被束之高阁。最终，1808年《刑事诉讼法典》

---

[1] J. P. Royer, J. P. Jean, Histoire de la Justice en France du XVIIIe Siècle à nos Jours, Presses Universitaires de France, 1996, p. 615, 引自〔法〕皮埃尔·特鲁仕：《法国司法制度》，丁伟译，北京大学出版社2012年版，第16页。

[2]〔法〕皮埃尔·特鲁仕：《法国司法制度》，丁伟译，北京大学出版社2012年版，第17页。

一直沿用至 1958 年，长达 150 年之久。

但其间，法国刑事诉讼制度也有一些零星的修订，主要从维护被告人的权利和扩大法官的职权范围两个方面进行完善，试图在维护社会公共利益和保障刑事被告人权、在惩戒犯罪与保障自由之间寻求合理平衡。

如，受自由主义影响，1897 年 12 月 8 日法律对预审程序进行了改革，确认被告人自首次至预审法官处到案开始即可得到诉讼辅佐人的协助，后者有权查阅预审过程中的案件材料。预审程序虽然仍是书面程序和秘密进行且不实行对席审理，但程序的进行仍受到监督，预审不再是在被告人不知情的情况下进行。受追诉的诉讼辅佐人可以按照规定接触诉讼案卷中的所有材料，可以提出建议，在对质时，亦可向证人提出问题。[1]

另外，在刑罚的执行、陪审团与检察机关的职权方面也有改革。

1832 年 4 月 28 日法律为了降低刑罚等级，规定陪审团有权决定从轻情节；1891 年 5 月 26 日法律建立了刑罚执行的缓刑制度。

在检察制度方面，尽管处于司法部的领导之下，但检察院仍然是追诉的主角，并依照旧法国的传统享有法庭言论自由权。并且，检察官所有的职业行为完全不受司法部长的控制，法律禁止部长强制检察官进行追诉。另外，1863 年有关现行犯的法律还规定检察院可以不经预审程序直接诉至轻罪法院。[2]

2. 维希政府时期的特别司法（1940—1945）

1940 年 7 月 17 日以后，法国进入维希政府时期（Régime de Vichy）。这一时期，维希政府使法国司法体制进入战争逻辑，组建了漠视共和原则的司法机构。这一时期的司法主要表现为司法粗暴化与简单化。

首先是司法粗暴化。由于国内抵抗运动的兴起，尤其是活跃的共产主义抵抗组织更是被维希政府视为眼中钉，维希政府组建特别法庭，主要打击夜袭、黑市、非法持有武器等犯罪，为占领时期的重大活动提供安全保障。为了打击日益兴起的共产党和无政府主义活动，维希政府还在占领区的上诉法院和保留区的军事法

---

[1]〔法〕贝尔纳·布洛克：《法国刑事诉讼法精义》，罗结珍译，中国政法大学出版社 1998 年版，第 93 页。
[2] 1880 年轻罪法庭受理的检察官直接起诉的案件占所有受理案件的 70%，是此前半个世纪的 10%。前引〔法〕皮埃尔·特鲁仕：《法国司法制度》，丁伟译，北京大学出版社 2012 年版，第 18 页。

庭建立了特别法庭，其审判不受追诉时效的限制。另外，为了加强镇压，维希政府于 1941 年 9 月 7 日又专门建立了国家法庭，下设巴黎、里昂两个法院，其成员包括政府总理和专员在内共 13 人，职权十分广泛，包括审理主犯、共犯以及所有损害公共秩序、国内和平、国际关系和法国人民的犯罪行为。后期，1944 年 1 月又成立了军事法庭，专门打击携带武器、炸药进行的恐怖活动。[1]

其次是司法简单化，一切为了便利镇压。维希政府时期，刑事程序并没有被彻底取消，特别法庭的组成人员仍旧是法官和准备从事律师的人员，但是审理程序却被大大简化。如司法机关在接到案件后必须在两天之内进行审判；法庭的判决会被立即执行；上诉被禁止等。此外，国家法庭自己有权决定审理程序，不得适用缓刑，不得减轻刑罚。军事法庭由军队控制，实行合法的恐怖。[2] 一个极端的例子是 1940 年成立的审判政治犯和军人的最高法庭，曾判处政治领袖和政府高层近十年的监禁。上述政策破坏了司法机构的应有职能，使其成为行政机关的下属部门，只需执行，无需考虑政府行为的合法性。

3. 重建共和法治（第四共和国：1946—1958）

1944 年，和平再度降临，共和制度得以恢复，法国步入第四共和国时期。共和制度恢复之初，所有战时法令便被宣布废止。1946 年宪法建立了一系列由共和国法律保障的基本原则，为共和国的发展奠定了基石。有关司法制度的规定也在 1946 年宪法中得以重现。这一时期，司法独立得到了一定程度的回归，司法的地位得以提高。司法组织制度和刑事诉讼制度的改革是当时司法制度建设的主流。

(1) 司法组织

在司法组织制度上，第四共和国宪法在普通法院系统之外建立了最高司法官委员会和宪法咨询委员会等特别司法机构。此外，行政司法机构在这一时期也得到了进一步发展。

a. 行政司法机构的发展

第四共和国时期，法国行政司法体系得以进一步调整与完善。1953 年 9 月 30

---

[1]〔法〕皮埃尔·特鲁仕：《法国司法制度》，丁伟译，北京大学出版社 2012 年版，第 19 页。

[2] J. P. Royer, J. P. Jean, Histoire de la Justice en France du XVIIIe Siècle à nos Jours, Presses Universitaires de France, 1996, p. 615,〔法〕皮埃尔·特鲁仕：《法国司法制度》，丁伟译，北京大学出版社 2012 年版，第 19 页。

日法令设立了 24 个行政法院，取代了原来设立在地方各省的参事院。与此同时，对于行政诉讼案件"一审管辖权"由最高行政法院转移到了各省行政法院，其法官成为审理行政争议的一般初审法官。而最高行政法院经过改革，逐渐发展成为主要受理行政争议上诉和法律复核审案件的法院。

b. 宪法咨询委员会

另外，1946 年宪法还设立了"宪法咨询委员会"，负责对立法进行违宪审查。

c. 特别高等法院

最后，1946 年宪法重新设立了特别高等法院（Haute Cour de Justice），其管辖范围相较 1875 年的法律规定更为狭窄，仅负责对于共和国总统的叛国行为和各部长的职务违法行为及犯罪行为进行审判。尽管这个特别高等法院事实上从未受理过任何此类案件，但其始终是法兰西第四共和国宪法体制中的一个重要机构。[1]

d. 最高司法官委员会

曾经被第三共和国宪法忽视的司法权在 1946 年宪法中得到了恢复，法官的独立性和职权重新得到重视。其中最具代表性的措施是"最高司法官委员会"（Conseil Supérieur de la Magistrature）的成立[2]。最高司法官委员会是一个独立的宪政机构，共和国总统担任主席，其成员除两名由总统任命之外，其余成员均由国民会议和法官选举产生，任期六年。其职能是保障司法权独立、确保司法纪律，并促进各项国家权力之间的配合。

宪法赋予最高司法官委员会之前由纪检部门行使的职权，具体负责普通法院法官的任命以及对法官和检察官的纪律检查与惩戒。[3] 其成员由国民议会选举产生的规定也体现了法律试图将司法权通过国民议会的代表交给人民，使其置于人民的监督之下。[4] 此外，最高司法官委员会还成为负责普通法院法官晋升的唯一

---

[1] 金邦贵主编：《法国司法制度》，法律出版社 2008 年版，第 16 页。

[2] 如前所述，依照第三共和国的一个关于司法组织的法律，最高司法官委员会最早出现于 1883 年 8 月 31 日。当时最高司法官委员会的组成类似糅合了所有审判庭的最高法院，裁决法官和检查官的纪律惩戒事项。但此时最高司法官委员会还仅仅是一个普通的法定机构。直到 1946 年 10 月 27 日的第四共和法制定，最高司法官委员会才成为一个独立宪政机构。

[3] 前引 J. P. Royer, J. P. Jean, B. Durand, N. Derasse, B. Dubois, Histoire de la Justice en France du XVIIIe Siècle à nos Jours, p. 1029.

[4] 〔法〕皮埃尔·特鲁仕：《法国司法制度》，丁伟译，北京大学出版社 2012 年版，第 20 页。

机构，这使其独立性获得了实质的内容。

另外，宪法还规定共和国总统可以对委员会行使特赦权，更使最高司法官委员会获得了相对于其他国家机构的绝对独立性。法国对于司法机构管理方式的重大改变也体现了当时法国政治风俗的深刻变革。但是，由共和国总统担任委员会主席作为司法独立的保障，似乎掺杂着司法与行政权界限不清的味道。[1]

(2) 刑事诉讼制度的改革

1808年《刑事诉讼法典》实施以来，警察拘留权的滥用、预审法官对检察官的从属性、对被告权利保护的不足在19世纪已饱受诟病。[2]二战结束后，《刑事诉讼法典》的修订工作再次被提上日程。

1953年，政府成立了刑事立法研究委员会，负责起草改革草案。草案尤其在加强预审法官的独立性、完善拘留制度、改善刑事被告的权利等方面提出了改革建议。该草案最终在1957年底获得通过，《新刑事诉讼法典》最终取代了1808年的《刑事诉讼法典》，于1958年3月2日正式生效。

新法典保留了不少旧法典的传统原则和制度，如预审程序、审检合一、重罪陪审和刑事程序可附带民事赔偿请求等，也在诸多方面进行了革新。其基本精神是强调对个人自由和被告辩护权的保障，强化法治、司法民主和提高审判效率。具体内容如下：在制度设计上，审前程序采用纠问主义、庭审程序采用弹劾主义，保证了诉讼传统的延展性；[3]强化侦查、起诉、预审和审判的职能分离，起诉职能从预审法官向检察院转移；[4]拘留权首次被立法承认，此项措施交由起诉庭行使；确立了刑事诉讼的一般公诉原则；确立了公诉和解制度；规定了公诉时效；为了贯彻刑罚个别化原则，建立了刑罚执行法官来监督刑罚的执行；规定讯问被告人

---

[1] 前引 J. P. Royer, J. P. Jean, B. Durand, N. Derasse, B. Dubois, Histoire de la Justice en France du XVIIIe Siècle à nos Jours, p. 1029.

[2] 前引 J. P. Royer, J. P. Jean, B. Durand, N. Derasse, B. Dubois, Histoire de la Justice en France du XVIIIe Siècle à nos Jours, p. 1054.

[3] 金邦贵主编：《法国司法制度》，法律出版社2008年版，第381页。

[4] 1949年提出的一个改革计划是把预审法官的职能分为刑事侦查审批权和预审裁决权，而具体的刑事侦查由检察院负责实施，但这个计划是不可接受的，因为1958年开始预审法官不再领导司法警察，层级上也不再高于检察院。〔法〕皮埃尔·特鲁仕：《法国司法制度》，丁伟译，北京大学出版社2012年版，第20页。

和对质时必须有辩护人在场。[1] 另外，预审法官的独立性得到加强，预审法官也不再从属于检察官，而是由法院起诉庭领导。对于特定的案件，选择或撤销庭审法官的权力不再属于检察官，而属于法院追诉庭负责。[2]

（四）法国近代司法制度的特点及影响

1. 法国近代司法制度的特点

（1）普通法院系统与行政法院系统两分的司法体制

与英美法系的国家不同，法国的司法分为两系统。一是普通法院系统，另一是行政法院系统。二者互不干涉，并设立权限争议庭解决二者之间的管辖争议。普通法院系统审理民事、刑事案件，行政法院系统行使对政府行为的司法审查权，并兼具咨询功能。普通司法系统与行政司法系统两分的体制来源于孟德斯鸠的三权分立理念，司法、行政、立法三权分立，行政不能干涉司法，司法亦不能干涉行政。因此普通司法机关无权受理行政争议，而是另外设置行政法院专门受理行政争议。两个法院系统有一个重要区别，普通法院的法官是终身制，其任免独立于政府首长，但行政法院的法官不是终身制，审计法院除外。

（2）独特的最高法院

法国在民事与刑事案件方面的最高审级法院是最高法院，该法院与英美法系以及日耳曼法系各国的最高法院在特征上殊有不同。最高法院由法国革命时期立法所创立，最早名称为"最高法庭"，其首要职能是协助立法机构，而不是行使一般的法院职权：它的任务在于监督各类法院，防止司法偏离法律条文，从而侵蚀立法机关的权力。具体来说，最高法院只可以撤销各法院的判决，而不能针对案件的是非曲直作出自己的判决；其次，各法院并不受最高法庭的决定的强制约束，而且可以对发回的案件再作出一个与前次完全相同的判决，如第二个判决又受到

---

[1] 李秀清主编：《外国法制史》，北京大学出版社2012年版，第216—217页。

[2] 前引 J. P. Royer, J. P. Jean, B. Durand, N. Derasse, B. Dubois, Histoire de la Justice en France du XVIIIe Siècle à nos Jours, p. 1054.

指责，最高法庭便必须将所争议问题提至立法机构作出最终裁决。

(3) 复杂的普通法院系统

最高法院以下的法院系统并不是与欧洲大陆其他国家一样的两级体系。这种状况一直延续到 1958 年改革。复杂的普通法院系统表现为上诉程序的复杂与专业法院、特别法庭的存在。一是上诉程序复杂。虽然实行两审终审制，但是在大革命时期，上诉法院并不是更高一级的法院，而是接近的与被上诉法院平级的法院，即所谓的循环上诉制度。后来才实行在更高一级法院提起上诉的制度。二是专业法院的存在。如 1806 年成立劳动法院（Conseil de Prud'hommes）、审计法院、商事法院等等。尤其是商事法院，单纯由商人这一非职业法官组成。三是经常设立特别法庭。复辟时期、维希政府时期等均建立了特别法庭制度以镇压反革命、反德国的抵抗运动。设立特别法庭是司法沦为政治工具的表现。

(4) 反复的司法肃清运动

司法随着政权的更迭而震荡。近代法国历史上几次发生司法肃清运动，严重破坏了司法秩序。复辟时期，接近 300 名司法官被从王室法院清除；第三共和国时期，500 名与拿破仑三世政权有关的司法官被开除；1883 年 8 月 30 日法律又取消了 614 个法官和检察官职位；[1] 1940 年和 1941 年的普通法院和最高行政法院展开肃清活动，目的是找出其中的犹太人和共济会成员。在第四共和国时期又展开了新一轮的队伍整肃活动，不过这一时期的整肃是为了纠正错误。法官的职权独立性重新恢复，尤其是成立最高司法官委员会，它的 14 名成员均是由国民会议选举产生，任期 6 年。

2. 法国近代司法制度的影响

近代法国，在反对司法专横的背景下，建立了一整套司法民主原则和制度，对欧洲大陆其他国家的司法制度产生了深远影响。首先，法国的行政诉讼制度奠定了现代行政诉讼的基础。诸多行政诉讼理论与制度，如行政法院制度，越权之诉等为其他国家行政诉讼的发展提供了丰富的素材。近代前期，欧洲大陆许多国家行政诉讼的基本架构均受到法国行政诉讼制度的影响。其次，法国刑事诉讼中

---

[1]〔法〕皮埃尔·特鲁仕：《法国司法制度》，丁伟译，北京大学出版社 2012 年版，第 17 页。

的预审程序亦在欧洲大陆产生重要影响。随着拿破仑对欧洲的征服,预审法官制度被移植到欧洲大陆各国,到了 19 世纪后期,大多数欧洲国家都建立了预审法官制度。法国学者戴尔马·马蒂教授(Mireille Delmas-Marty)就指出:"在法国占领时期,欧洲大陆的绝大多数地方适用的是拿破仑诉讼法典。在法国撤出以后,新解放的国家有的(如比利时)继续适用该法典,有的(如意大利和德国)则将其作为制定他们自己的诉讼法典的基础"。[1]

三、法国现代司法制度

1958 年第五共和国建立以来,法国司法制度改革不断深入发展。司法机构设立的合理化、宪法价值、司法独立、司法效率与公正以及人权保障成为法国现代司法改革追求的核心价值。经过半个多世纪的不断改革完善,法国的司法体制已经日趋成熟。

(一)司法组织机构的改革

1958 年 10 月 4 日宪法颁布以来,法国的司法组织制度发生了深刻的变革。法国在进一步巩固普通法院和行政法院分立的法院组织体系的同时,也对具体的机构设置进行了改革,使之更为合理。与此同时,最高司法官委员会的改革使司法独立进一步得到保障;宪法性司法机构的发展使宪法权威在现代社会得到进一步彰显。

1. 普通法院系统的改革

为适应第五共和国成立后新宪法的颁布,1958 年法国对 1806 年《民事诉讼法典》进行了修订,重新组织普通法院系统,各级法院的组织机构和管辖范围发生了变化。

1958 年 12 月 22 日的一系列法令根据新的行政区划重新组织普通法院的机构设置。改革的主要目的是为了简化司法机构、维护法官尊严以及改善法官的

---

[1] 潘金贵:"预审法官制度考察与评价",《河南师范大学学报》2008 年第 2 期,第 132 页。

工作环境。[1] 这次改革以设立在各市（Arrondissement）的小审法院（Tribunal d'Instance）取代了原先设在县（Canton）级单位的治安法院；以设立于各省（Département）省会所在地的大审法院（Tribunal de Grande Instance）取代了原先设在市（Arrondissement）一级的市法院。[2]

大审法院与小审法院相对应，是法国最为重要的普通民事一审法院，对于民事和刑事案件均有管辖权。二者相比较，小审法院的审理程序比大审法院要简化得多，实行独任法官制，采用口头审理，注重和解；大审法院受理的案件较小审法院受理的案件标的额要高，案件社会影响力大。这次改革中，之前即已存在的商事法院、劳资纠纷仲裁院和农村租约对等法院得以保留。

对于第二审级的上诉法院，1958年法令扩大了上诉法院的职权，上诉法院受理民事和刑事方面一切一审普通管辖权法院和专门管辖权法院的上诉案件。另外，在上诉法院内部增加了新的社会法庭。[3]

在1958年的改革中，最高法院继续负责申诉案件的法律审。之后经过几次改革，最高法院最终包括一个刑事庭和五个民事庭，分别是第一、二、三民事庭、商事财政经济庭和社会法庭。

2002年又设立了近民法院（Juridiction de Proximité）[4]。近民法院同小审法院一样，亦采用法官独任审判制，其功能是对小审法院的补充，即对数额较小、案情简单的民事诉讼案件或较轻微的刑事案件，由非职业的近民法官进行简易快捷的审理，并且审案过程注重调解。

然而，随着法国半个世纪经济和社会发展各方面情况的变化，1958年所确立的司法机构地域分布与行政区划的不协调性越发明显，各地大审法院规模大小不一，分布也不尽合理，这很不利于保证诉讼的效率与质量；另外，对于法院财政

---

[1] 当时撤消了2,902个治安法院和150个一审法院。前引 J. P. Royer, J. P. Jean, B. Durand, N. Derasse, B. Dubois, Histoire de la Justice en France du XVIIIe Siècle à nos Jours, p. 1089.

[2] 在人口数量特别大的省，也有设立两至三个大审法院的情形。前引 J. P. Royer, J. P. Jean, B. Durand, N. Derasse, B. Dubois, Histoire de la Justice en France du XVIIIe Siècle à nos Jours, p. 1090.

[3] 前引 J. P. Royer, J. P. Jean, B. Durand, N. Derasse, B. Dubois, Histoire de la Justice en France du XVIIIe Siècle à nos Jours, p. 1090.

[4] 又称为街区法院，负责受理金额低于4,000欧元、并与非职业生活需要相关的诉讼，如强制还债令等。

预算的增加也要求取消一些现实中用处不大的法院。[1] 20 世纪 80 年代以来,改革司法机构设置的呼声愈发高涨。萨科奇（Nicolas Sarkozy）担任总统之后,在当时司法部长达蒂（Rachida Dati）女士的主导下,法国在 2008 年至 2010 年间进行了一次调整司法机构地域分布的改革。这次改革精简与调整并重,取消了一定数量的大审法院、小审法院、商事法院和劳动争议仲裁院,并根据具体情况增设了一小部分小审法院、近民法院和商事法庭,而对于上诉法院则未作任何变动。[2] 司法机构分布的新格局与各地的人口状况更为符合、地域分布更为均衡,同时机构的精简也为国家财政节约不少预算。

2. 行政法院系统的改革

第二次世界大战后,法国对于行政法院的组织进行了调整。1987 年,立法者在一审行政法院与国家最高行政法院之间增设了行政上诉法院,使其分担绝大多数原由最高行政法院承担的上诉案件的审理。这是 1958 年以来对法国行政司法体系影响最为深刻的改革。[3] 上诉法院的设立大大减轻了国家最高行政法院的负担,改变了过去当事人直接上诉到国家最高行政法院经常遇到判决拖延的状况。

另外,行政法官的权限也不断扩张。行政法院的法官如今可以对国家、地方政府发出强制禁令；1995 年的一项法律规定行政法官可以直接命令行政机关做出行为,改变了过去行政法官只能撤销行政机关的决定或拒绝行政机关的要求的做法。到了 2004 年,全法国上诉法院总数达到八个。[4]

除此之外,法国也对行政司法系统的专门法院进行了改革。1982 年法律设立了地区财政法院,使财政领域的专门法院从审计法院中独立出来。这一做法主要是为了实现对地方政府财政监管的一致性。1982 年 3 月 2 日有关向地方分权的法律赋予财政法院更为广泛的管辖权。[5]

---

[1] 前引 J. P. Royer, J. P. Jean, B. Durand, N. Derasse, B. Dubois, Histoire de la Justice en France du XVIIIe Siècle à nos Jours, p. 1204.

[2] 同上 [1], pp. 1204—1206.

[3] 前引 Serge Guinchard, Gabriel Montagnier, André Varinard, Institutions Juridictionnelles, p. 12, n° 14.

[4] 金邦贵主编:《法国司法制度》,法律出版社 2008 年版,第 217 页。

[5] 同 [3]。

3. 宪法委员会的设立

此外，1958年宪法还设立了独立于普通司法机关的宪法性司法机构——宪法委员会，其主要职能是在法律生效前对其合宪性进行审查，以实现对立法权监督。宪法委员会的设立体现了第五共和国的立法者对于大革命所拥护的法律至上极端思想的反思，认为法律应受到宪法的约束。该委员会的成立也与第五共和国宪法将法国政体由议会内阁制改为半总统制相呼应，有助于改变第四共和国时期议会至上的弊端。[1]宪法委员会的裁判属于宪法性判例，具有绝对效力，所有政府机构和司法机关必须遵守，不得上诉。因此，宪法委员会从本质上是区别于普通法院和行政法院的第三类法院，即宪法法院。[2]1974年10月29日的宪法改革之后，宪法委员会的成员中增加了为数众多的众议员和参议员，他们有权向委员会进行提案。从此，宪法委员会在监督共和国法制建设方面，发挥着越来越重要的作用。宪法法院的法官通过其解释权的行使俨然成为法律的制定者。[3]

4. 政治性司法机构

此外，法国还存在两个特殊的政治性司法机构——高等法院和共和国法院。宪法委员会在1999年的一项裁决中宣布只有高等法院有权处理总统的刑事责任。因此，高等法院是只负责受理唯一当事人——共和国总统刑事责任的专属法院。[4]而对于普通的政府成员，1993年7月27日的宪法性法律宣布成立共和国法院，允许其依据普通法对于政府成员追究责任，专门负责审判部长职务范围内行为的刑事责任。[5]

5. 最高司法官委员会

成立于第四共和国时期的最高司法官委员会在第五共和国时期得以继续存在，继续承担保障司法权独立和对法院系统进行纪律监督的职能。1958年宪法第64条规定："国家元首，作为司法权独立的保障，由最高司法官委员辅助，其负责司法

---

[1] 金邦贵主编：《法国司法制度》，法律出版社2008年版，第246页。

[2] [法] 皮埃尔·特鲁仕：《法国司法制度》，丁伟译，北京大学出版社2012年版，第41页。

[3] J. P. Royer, J. P. Jean, B. Durand, N. Derasse, B. Dubois, Histoire de la Justice en France du XVIIIe Siècle à nos Jours, p. 1086.

[4] 在法国，宪法并没有对总统执行职务期间的不当行为进行问责的规定，除非总统叛国。

[5] 同 [2]，第44页。

官的任命和监督"。由总统担任最高司法官委员会主席，被认为是对司法权独立的保障。[1]

（二）司法人员

1958年以来，法国有关法律职业者的制度也发生了一些变化。

第五共和国建立后，一系列有关法官管理制度的改革措施使司法官的地位得到提升。首先，1959年成立了法国国家司法官学院，设在波尔多，成为专门培训法官的机构。国家司法官学院的成立改变了之前律师公会选拔司法官的传统。1958年宪法重申了法官终身制原则，作为对司法独立的保障措施之一。1968年6月8日，法官公会成立，成为维护法官合法权益的行业性机构，为表达法官群体意见以及与外界沟通发挥着重要作用。[2]另外，1970年颁布了法官组织法，使法官的待遇和培训条件得到了大幅提升，也使司法官职业逐渐摆脱了人员短缺的局面。近年来，法官队伍中女性的比例和通过司法官考试之外的途径任命的法官数量大幅提高。[3]

其次，1965年11月30日第65—1002号法令将司法系统内的书记员收归国有。从此，普通法院系统的书记员转为国家公务员，商事法院书记员的司法助理身份却被保留下来，继续以自由职业公司的名义履行职务，而行政法院系统的书记员一直都是国家公务员身份。

另外，律师和诉讼代理人在1971年实现了职业的合并。从此，律师可以从事原来由律师和诉讼代理人分别有权从事的职业。此前，律师专门负责协助委托人并为其进行辩护，而诉讼代理人则负责代理客户诉讼的其他事务。从1992年起，律师职业又吸收了原来的法律顾问这一职业[4]。

---

[1] 前引 J. P. Royer, J. P. Jean, B. Durand, N. Derasse, B. Dubois, Histoire de la Justice en France du XVIIIe Siècle à nos Jours, p. 1097.

[2] 同上[1], p. 1114.

[3] 同上[1], p. 1207.

[4] 前引 Serge Guinchard, Gabriel Montagnier, André Varinard, Institutions Juridictionnelles, p. 12, n° 13.

（三）诉讼制度的改革

第五共和国以来，法国在诉讼制度领域也进行了较为频繁的改革。在立法理念方面，加强对当事人合法权益的保护、提高诉讼效率、减少诉讼成本成为民事、刑事和行政诉讼制度改革的共同关键词。

1. 民事诉讼制度[1]

第五共和国成立以后，法国决定对民事诉讼制度进行全面的修订，并于1975年12月颁布了《新民事诉讼法典》。新法典全面系统地规定了民事诉讼的基本规则和制度，与旧法典相比，新法典不论在形式，还是内容上，均有诸多革新。首先，新法典体系更完整、结构更合理、用语更专业化和现代化。其次，在民事诉讼模式的选择上，新法典在坚持当事人主义的前提下，兼采职权主义，扩大了法官的职权，如加强法官调查取证的权限、对于法官的释明权做出了规定。这些改革改善了绝对当事人主义所产生的诉讼延迟的弊端。再次，新法典还对诉讼程序进行了改革，使诉讼程序依据法院种类和案件种类的不同而有所差异，诉讼程序更为多元化和更具灵活性。最后，新法典从不同方面简化了诉讼程序，减少了诉讼成本。如实行起诉免费制度；扩大独任法官的审理范围；为了审理的简便，有时不实行强制律师代理制；扩展一审法院的权限，以避免当事人援用耗时耗力的方式；为了避免上诉，新法典还创设了法院对于判决的补正制度。1975年《新民事诉讼法典》的颁布实施使法国的民事诉讼法进入了一个新的发展阶段。

1975年《新民事诉讼法典》颁布实施之后，一直处在不断修改和补充当中。1981年5月12日的法令颁布了《新民事诉讼法典》的第3—4卷，对于民事特别程序和仲裁制度进行了规定；1991年和1992年两个法令对于1975年《民事诉讼法》没有规定的民事执行程序进行了补充。最近的一次修订为2004年8月20日颁布的《关于修改民事诉讼程序的法令》，该法令对于民事诉讼程序进行了19个方面、60个条文的修改和完善。

---

[1] 李秀清主编：《外国法制史》，北京大学出版社2012年版，第215—216页。

这些改革主要围绕应对诉讼案件剧增、诉讼迟延和诉讼成本昂贵等方面的问题展开，采取了以下几方面的措施：

为了解决诉讼延迟的问题，首先，在诉讼模式方面，在坚持当事人主义的前提下，进一步加强法官在民事诉讼中行使职权的主动性和积极性，尤其是在推动诉讼进行方面的权力，以期提高诉讼效率。其次，优化诉讼程序规则，废止许多传统不合理的诉讼规则，力求诉讼的简便和灵活；包括当事人自行和解、制度化和解、司法和解等多种方式在内的和解制度的适用，提高了解决争端的效率。最后，加强了审前程序的改革，使当事人更有效地整理争点，不仅有利于保障庭审的效率和坚持对审原则，也便于当事人达成和解。

为减少诉讼成本，现代法制改革采取了一些新举措：包括设置简易处理程序以减少运作成本；减免诉讼和上诉的费用，体现了团结互助的精神。

另外，在法院执行程序制度领域，主要有以下两方面改革内容：一方面，着力实现民事审判程序和执行程序相分立的立法体例，1991年和1992年有关民事执行程序制度的两部法律并没有被编入法典，而是形成了独立的民事执行法；另一方面，让检察官参与执行，以强化执行的效率。

2. 刑事诉讼制度

第四、第五共和国交替间隙颁布的1957年《新刑事诉讼法典》在实施之后，以加快审判效率和强化当事人合法权利保护为主旨，经过了数次修改。较早的改革如：1970年7月17日有关限制判决前临时羁押的法令；1972年1月3日规定可以将轻微案件移送轻罪法庭独立审理的法令等；1981年10月9日宣布废除死刑的第81—908号法令。1993年新刑法正式实施后，法国《刑事诉讼法典》的修订也随之进入高潮，对于被告人在整个诉讼过程中的权利和自由进行了多项补充，对于侦查、起诉、预审和庭审不同阶段法官的职权、义务和责任进行了调整和补充，强化了他们之间的制约关系。[1]

2000年之后，法国刑事诉讼法又重新进入到了频繁的变革阶段。有四次主要的改革，旨在强化人权保障、强化程序的公正和效率。

---

[1] 李秀清主编：《外国法制史》，北京大学出版社2012年版，第216页。

2000年6月15日，法国出台了《有关保障无罪推定和被害人权利的法律》。该法首次将无罪推定原则写进《刑事诉讼法典》，并将该原则贯穿于刑事诉讼从拘留到刑罚执行阶段的所有程序；增加了程序公正、对质与平衡、保护人的尊严等基本原则。其次，完善了拘留制度，强化对被拘留人权利的保护，如对于未成年人的审讯需要制作视频录像；未经允许，散布被采取临时强制措施的人的照片构成侵权等。再次，增强了审前程序辩论的公开性；加强了预审阶段当事人的权利。此外，该法还改革了重罪案件一审终审的原则，赋予被告上诉的权利。最后，为了解决预审法官权力过于集中的问题，法律设立了自由与羁押法官，以此来避免预审法官的倾向性和滥用审前羁押措施，并将预审法官独任制改为合议制。[1]

2004年3月9日法律再一次对法国刑事诉讼程序做了重要的修订，主要围绕提高诉讼效率、减轻法院负担和应对有组织犯罪的问题。首先，为了提高诉讼程序的效率，在公诉领域，法律扩展了行政和解程序的适用范围；其次，为了减轻法院的负担，该法借鉴了美国的辩诉交易制度，建立了法国式的辩诉交易制度；最后，为了使刑事诉讼适应与恐怖主义、毒品犯罪等有组织犯罪抗争之需要，立法者对于有组织犯罪的审前程序的侦查和预审进行改革，规定了如监视、卧底等一系列特殊的侦查措施。

2007年3月5日，法国颁布了"有关强化刑事程序平衡的法律"，主要针对审前程序进行了三大方面的改革：一是改革以保障犯罪嫌疑人权利为目的的审前羁押制度，二是改革以发现真相为目的的预审程序，三是改革以提高效率为目的的审前预备程序。为了保障犯罪嫌疑人的权利，该法严格规制了审前羁押的适用范围，并规定审前羁押过程中，应对犯罪嫌疑人的审前问询进行录像存档；法律加强了对法官所做拘留决定的监督，要求法官应该对临时拘留的决定进行具有充分理由的说明。为了有利于对事实真相的调查，新法设立了预审合议制度以取代预审法官独任制，增强认定事实的客观性；要求分别对质以便揭示真相；最后，新法还改革了司法鉴定制度，规定对相互矛盾的鉴定结果，检察机关和当事人有权请求法官调整专家的任务，并邀请其他专家加入到法官指定的专家组中共同工作。

---

[1] 前引 J. P. Royer, J. P. Jean, B. Durand, N. Derasse, B. Dubois, Histoire de la Justice en France du XVIIIe Siècle à nos Jours, p. 1177.

为了提高效率，新法限制"刑事裁判暂时中止民事裁判"的适用，规定除因犯罪引起的民事赔偿诉讼必然适用该原则外，在民事法院提起的其他诉讼，公诉的启动并不必然中止民事诉讼，立法者将决定权交由法官自由裁量。[1]

萨科奇当选总统后，将保护刑事犯罪受害人作为其司法改革的重要目标之一。2008年颁布了《安全留置法》，该法规定对于因犯重罪，如暴力、恋童癖或谋杀未成年人等犯罪，被判监禁15年或以上者，如果在监禁期满时仍被评估为对社会具有危险性者，将被继续留置于专门设立的留置中心。该法颁布的本意是为了保护潜在的受害人，但却因其漠视对于刑满人员个人自由权利的保障而饱受非议。

3. 行政诉讼制度

第五共和国建立后，面对新的社会形势和公民法治意识的不断提高，行政诉讼制度也处于不断改革和不断发展的过程中。其中提高诉讼效率成为改革的重点目标。为此，法国通过创建上诉行政法院、引入法官独任审理制、改革紧急审理程序等一系列改革措施，在提高行政审判效率方面取得了初步成果。

另外，2001年《行政司法法典》颁布生效。该法典提出了行政诉讼的十项基本原则，并对最高行政法院、上诉行政法院和一审行政法院的组织、运作及诉讼程序进行了全面系统的规定。[2]

四、影响法国司法制度进程的人物与案件

（一）莫普与高等法院改革

18世纪的法国高等法院与王权之间形成相互制约的关系。

它们以国王的名义对司法案件行使最终的审判权，还有对王室的新法令、敕令行使登记注册权，即所有重要的新法令、敕令不经高等法院注册不能生效。若法官们认为新法令中存在弊端，可拒绝注册并向国王交谏诤书。凭借自身悠久的

---

[1] 施鹏鹏："法国审前程序的改革及评价——以2007年3月5日的《强化刑事程序平衡法》为中心"，《中国刑事法杂志》2008年7月号，第106—113页。

[2] 金邦贵主编：《法国司法制度》，法律出版社2008年版，第40—41页。

传统及重要的职能，高等法院与路易十五政府就宗教与财政问题产生摩擦与冲突。莫普改革正是18世纪高等法院与王权之间冲突演进的合理结果。

莫普，全名勒内·尼古拉·夏尔·奥古斯坦·德·莫普（René Nicolas Charles Augustin de Maupeou，1714—1792），法国政治家，大法官。莫普出生于蒙彼利埃（Montpellier）司法贵族之家，其家族自16世纪起即为穿袍贵族（noblesse de robe），他是勒内·夏尔·德·莫普（René Charles de Maupeou，1688—1775）的长子。莫普自幼修习法律，成为其父的助手。1763年任巴黎高等法院院长，1768年9月接替其父的职务，任大法官。[1]

莫普在其当政时期采取一系列措施推进司法改革。首先1771年4月13日成立了莫普法院以取代巴黎高等法院，并大大削减新法院中的法官数量。其次缩减高等法院的权力。新法院的司法权限被大大缩减，仅相当于一个外省高法的管辖范围。再次重新规划司法管辖范围。新法令在六个原本没有高等法院的城市建立了六个新法院，即高级法庭，旨在使法院的分布更加合理，建立更加有效的司法网络。大多数的外省高等法院被改造，基本保留了过去的权限，只保留大约一半的老法官。此外，四个高等法院被废弃，司法官员买卖传统废除。检察官由"高等法院的律师"取代，后者兼具律师和检察官的职能。[2]

1771年11月底，莫普要求高等法院立即审议其提交的一纸敕令，但遭到巴黎高等法院的集体抵制。路易十五采取集体流放的方式惩罚这些不满的法官。

由于改革措施严重侵犯了封建势力的利益，莫普改革以失败告终。改革虽然失败，但对法国近代司法制度产生重要影响。莫普改革后，律师作为一种重要的司法力量活跃在法国政坛。在改革的激荡中，改革派与反改革派之间的论战，大大开启了民智，为大革命后的司法改革作了思想准备。

（二）1873年布兰科诉国家案[3]

布兰科（Blanco）诉国家案确立了普通法院与行政法院划分管辖权的新标准。

---

[1] 参见http://zh.wikipedia.org/wiki，最后访问日期：2013年10月9日。
[2] 庞冠群："莫普司法改革与法国旧制度的崩溃"，《世界历史》2007年第3期，第79页。
[3] 胡建淼主编：《外国宪法案例及评述》下册，北京大学出版社2004年版，第626页。

布兰科一案具体案情如下：法国吉伦特（Gironde）省一国营烟草公司的雇佣工人在开着翻斗车作业时不慎将布兰科先生的女儿撞伤。布兰科先生向普通法院提起诉讼，要求国家赔偿损失。他的诉讼依据是《法国民法典》第1382条："任何行为使他人受到损害时，因自己的过失而致使损害发生之人，对该他人负赔偿责任"；第1383条"任何人不仅对因其行为所引起的损失，而且对因其过失或疏忽所造成的损害，负赔偿责任"；第1384条"任何人不仅对其自己的行为造成的损害，而且对应由其负责的他人的行为或其管理下的物件所造成的损害，均应负赔偿责任"。

布兰科认为，国营烟草公司的人员所犯的过失国家应负民事上的责任，所以他将吉伦特省的省长列为了被告。普通法院予以受理。吉伦特省长向普通法院提出不服管辖书，而普通法院又坚持自己对该案的管辖权，从而产生了普通法院与行政司法管辖权限的积极争议，被提到权限争议法院予以裁量。当时政府专员大卫提出了一个问题：在行政司法机关与普通司法机关之间哪个机关拥有审理要求国家损害赔偿诉案的一般权限，这就是此案的本质所在。

权限争议法院对本案的判决如下："因国家在公务中雇佣的人员对私人造成损害的事实而加在国家身上的责任，不应受在民事法典中为调整私人与私人之间关系而确立的原则所支配，这种责任既不是通常的责任，也不是绝对的责任，这种责任有因其固有的特殊规则，依公务的需要和调整国家权力与私权利的必要而变化。"权限争议法院排除了普通法院对公务诉案的管辖权，确定了行政司法机关是审理这类案件惟一具有权限的机关。

布兰科案的判决的意义在于，以国家债务人和公共权力行为审判权限为标准的传统，被公务观念这一新标准所取代。这一标准，强化并进一步合理化了法国传统的分权理论。

（三）卡多案与法国行政司法制度的正式确立

卡多案是法国近代行政诉讼制度改革过程中的一个重要判例。具体案情本章第三节"最高行政法院"已做详述。最高行政法院利用卡多案的审理，做出了如下判决：关于马赛路政和水政管理处总工程师卡多先生对市政府的申诉，由于马赛市政府与市长不予受理，明确拒绝，故在当事人之间产生了争议。这种争议的审理权限归属于行政法院。最高行政法院的判决还认为，内政部长对事实上不属其权限范围内的问题放弃处理是明智的。

卡多诉内政部长案判决的意义在于：该案否定了"部长法官制"，与地方政府之间的行政争议毋须先由部长裁决，可直接向行政法院提起诉讼。从此，除非有法律明文规定特定的争议需应先向上级行政机关提出行政申诉，所有行政争议都可直接向行政法院提起诉讼。卡多案确立了国家行政法院对于行政争议的直接管辖权，使得行政法院成为享有普遍管辖权限的法院，标志着法国行政司法制度的正式确立。

此外，勒内·卡桑对行政法院进行的改革，进一步巩固了法国的二元司法体制。第四共和国时期，1953年9月30日法令把原来的省参事院改为24个行政法院。曾经与维希政府同流合污的最高行政法院，在副院长勒内·卡桑领导下开始了长达15年的改革，逐渐成为仅受理上诉和撤销之诉的法院，审计法院也如此。这项改革措施，意味着最高法院统一司法权的梦想的破灭。[1]

主要参考文献

一、西语文献

（一）专著

1. Aude Mory, L'Essentiel de l'Introduction Historique à l'Étude du Droit, Gualino Éditeurs, 2005.

---

[1]〔法〕皮埃尔·特鲁仕：《法国司法制度》，丁伟译，北京大学出版社2012年版，第20页。

2. Bernard Drobenko, Droit de l'Urbanisme (2e edition) , Paris, 2005, Gualino Editeur.
3. Jerome Chapuisat, Droit de l'Urbanisme, Paris, 1983, PUF.
4. Jean-Pierre Demouveaux et Jean-Pierre Lebreton, La Naissance du Droit de l'Urbanisme (1919—1935) , Paris, 2007, Journaux Officiels.
5. Pierre Soler-Couteaux, Droit de l'Urbanisme, Paris, 2008, Dalloz.
6. Philippe Malingrey, Introduction au Droit de l'Environnement (3e édition) , Paris, 2006, Lavoisier.
7. L. Favoreu, L. Philip, Les Grandes Décisions du Conseil Constitutionnel, 13e édition, Dalloz, 2005.
8. J. P. Royer, J. P. Jean, Histoire de la Justice en France du XVIIIe Siècle à nos Jours, Presses Universitaires de France, 1996.
9. Serge Guinchard, Gabriel Montagnier, André Varinard, Institutions juridictionnelles, Dalloz, 2007.
10. Phillippe Ch. -A. Guillot, Droit du Patrimoine Culturel et Naturel, Paris, 2006, Ellipses.
11. Sophie Monnier, Elsa Forey, Droit de la Culture, Paris, 2009, Gualino.
12. La Déclaration des Droits de l'Homme et du Citoyen de 1789: Histoire, Analyse et Commentaire sous la Direction de Gérard Conac, Marc Debene et Gérard Teboul, Economica, 1993.
13. Christian Dadomo and Susan Farran, French Substantive Law, Key Elements, Sweet & Maxwell, 1997.
14. Frédéric Bluche, Manuel d'Histoire Politique de la France Contemporaine, PUF, 2001.
15. Rogoff, French Constitutional Law, University of California Press, 2010.
16. J. Imbert, H. Morel, G. Sicard, M. Ganzin, A. Leca, C. Bruschi, Les Principes de 1789, Presses Universitaires d'Aix-Marseille, 1989.
17. Gérar Conac, Marc Debene, Gérard Teboul, La Déclaration des Droits de l'Homme et du Citoyen de 1789: Histoire, Analyse et Commentaires, Economica, 1993.
18. Présentation par Lucien Jaume, Les Déclarations des Droits de l'Homme, FLAMMARION, Paris, 1989.
19. Pierre Avril, La Ve république, Histoire Politique et Constitutionnelle, PUF, 1987.
20. Elisabeth Zoller, Droit constitutionnel, PUF, 1999.
21. Cynthia Vroom, Constitutional Protection of Individual Liberties in France: The Conseil Constituteonnel since 1971, Tulane law review, December, 1988.
22. Dominique Rousseau, Droit du Contentieux Constituteionnel, 7e édition, Montchrestien, 2006.
23. Dominique Turpin, Mémento de la Jurisprudence du Consel Constitutionnel, 2e éition, Hachette, 2000.
24. Pierre Avril et Jean Gicquel, Le Conseil Constitutionnel, 5e éditon, Montchrestien, 2005.
25. Bernard Chantebout, Driot Constitutionnel, 22e éition, Armand Colin 2005.

26. Dominique Turpin, Le Conseil Constitutionnel: son Rôle, sa Jurisprudence, 2e éditon, Hachette, 2000.
27. Olivier Duhamel, Dictionnaire Constitutionnel, PUF, 1992.
28. Jacques Chevallier, L'État de Droit, 3e éditon, Montchrestien, 1999.
29. R. Carré de Malberg, Contribution à la Théorie Générale de l'État, Dalloz, 2004.
30. Éric Maulin, Raymond Carré de Malberg, le Légiste de la République, R. Carré de Malberg, Contribution à la Théorie Générale de l'État, Dalloz, 2004.
31. Raymond Carré de Malberg, La loi Expression de la Volonté Générale, Sirey, 1934.
32. Louis Favoreu, Les Cours Constitutionnelles, Paris, Presses Universitaires de France, 1996.
33. Maus Didier et Bougrab Jeannette, François Luchaire, un Républicain au Service de la République, Paris, Publication de la Sorbonne, 2005.
34. Le Conseil Constitutionnel Tome I-Organisation et Attributions, Paris, Economica, 1997; Le Conseil Constitutionnel Tome II-Jurisprudence-Première Partie: L'individu, Paris, Economica, 1999; Le Conseil Constitutionnel Tome III-Jurisprudence-Deuxième et Troisième Parties: L'Etat, Paris, Economica, 1999.
35. Georges Vedel, Manuel Elémentaire de Droit Constitutionnel, Recueil Sirey 1949.
36. Georges Vedel, Droit Administratif, Presses Universitaires de France, 1958.
37. Hans Kelsen, La garantie Juridictionnelle de la Constitution (La Justice Constitutionnelle), Revue de Droit Public, No. 17, 1928.
38. Le Conseil d'Etat: de l'An VIII à nos jours: Livre jubilaire du Deuxième Centenaire, sous la Direction de Jean Massot Paris, 1999.
39. Bernard Pacteau, Le conseil d'état et la Fondation de la Justice Administrative Française au XIXe siècle, Presses Universitaires de France, 2003.
40. Dominique Latournerie, *Le conseil d'état*, Dalloz, 2005.
41. Agathe Van Lang, Geneviève Gondouin, Véronique Inserguet-Brisset, Dictionnaire de Droit Administratif, Armand Colin, 1997.
42. Dominique Latournerie, le conseil d'état, Dalloz, Paris, 2005.
43. Guy Braibant, Bernard Stirn, Le droit Administrative Français, Presses de Science Po et Dalloz, 2008.
44. Jean-michel de Forges, Droit Administratif, Presses Universitaires de France, 1998.
45. Dominique Rousseau, Droit du Contentieux Constitutionnel, Montchrestien, 2008.
46. R. Cassin, M. Waline, les grands arrêts de la jurisprudence Administrative, 9e édition, Sirey, 1990.
47. Les Cahiers du Conseil Constitutionnel, n° 26 (2009).
48. 1804—2004, le Code Civil: un Passé, un Présent, un Avenir, Ouvrage Collectif de l'Université Panthéon-Assas (Paris II), Dalloz, 2004.
49. Carbonnier, Le Code Civil, in Les Lieux de Mémoires, 1986, t. I.

50. Code Civil et Modèles: Des modèles du Code et Code Comme Modèle, Ouvrage Collectif sous la Direction de Thierry Revet, LGDJ, 2004.
51. Code civil, 1804—1904, Livre du Centenaire, 1969, Libraire Edourd Duchemin Paris et Sauer & Auvermann KG Franfurt.
52. F. Terré, Ph. Simler, et Y. Lequette, Droit civil: Les Obligations, Dalloz, éd. 9, 2005.
53. Fenet, Recueil Complet des travaux préparatoires du Code civil, Paris, 1827.
54. G. CORNU, Droit Civil, Introduction, Les personnes, Les biens, Montchrestien, 8e éd. 1997.
55. G. Lepoint, R. Monier, Les obligations en droit romain et dans l'Ancien droit français, Recueil Sirey, 1954.
56. G. Viney, Traité de Droit Civil, sous la Direction de J. Ghestin, Responsabilité Civile, t. I, L'introduction de la Responsabilité Civile, Dalloz, 2008.
57. G. Viney, et P. Jourdain, Traité de Droit Civil, sous la direction de J. Ghestin, Responsabilité civile, t. II, Les conditions de la Responsabilité civile, LGDJ, 3e éd. 2006.
58. La Naissance du Code civil, La Raison du Législateur, Travaux Préparatoires du Code Civil, Flammarion, 1989, éd. 2004.
59. Les Penseurs du Code Civil, Ouvrage Coordonné par Claude Gauvard, La Documentation Française, 2008.
60. J. Flour, J. L. Aubert, et E. Savaux, Droit Civil, Les obligations, v. I, II, III, Armand Colin, 13e éd. 2009.
61. Y. Lambert-Faivre et L. Leveneur, Droit des assurances, Précis Dalloz, 2005.
62. Michael O'kane, The Law of Criminal Catels: Practice and Procedure. Oxford University Press, 2009.
63. Catherine Elliott, French Criminal Law, Willan Publishing, 2001.
64. Catherine Elliott, French Legal system, Longman, 2000.
65. Bell John, Priciple Of French Law, Oxford University Press, 1998.
66. Jean-Marie Carbasse, Histoire du Droit Pénal et de la Justice Criminelle, Presses Universitaires de France, 2000.
67. Dictionnaire de Droit Pénal Général et Procédure Pénale, Annie Beziz-Ayache, Ellipses, 2001.
68. Tom Daems, Engaging with Penal Populism: The Case of France, Punishment & Society, 2007.
69. Bernard E. Harcourt, Neoliberal Penality: A Brief Genealogy, Theoretical Criminology, 2010.
70. J. Flour, J. L. Aubert, et E. Savaux, Droit civil, Les Obligations, v. II, Le fait juridique, Armand Colin, 13e éd. 2001.
71. F. EWALD, Responsabilité-solidarité-sécurité, Risques, 1992.
72. Philippe Malingrey, Introdiction au Droit de l'Environnement, 3e édition, Paris, 2006, Lavoisier.
73. Jean Lamarque: Droit de la Protection de la Nature et de L'Environnement, Paris, 1973,

LGDJ.
74. Agathe Van Lang, Droit de l'Environnement, Paris, 2002, PUF.
75. Sandrine Maljean-Dubois, Quel droit Pour l'Environnement, Paris, 2008, HACHETTE, Superieur.
76. Jean Lebon, Meurtres au conseil d'Etat, Paris, 1989, Calmann-Lévy.
77. Michel Prieur, Le Code de l'Environnement, L'Actualité juridique-Droit Administrative, 2000.
78. Michel Prieur, Réflexions Preliminaries sur l'éventualité d'une Codification du Droit de l'Environnement, Rapport de synthèse, volume1, dans SFDE, mai, 1991.
79. Pierre Albertini, La Codification et le Parlement, L'Actualité Juridique-Droit Administratif, 1997.
80. Michel Prieur, Le Code de l'Environnement, L'Actualité Juridique-Droit Administrative, 2000.
81. Michel Barnier, Rapport d'Information sur la Politique de l'Environnement, Assemblée national, n° 1227, 11 avril 1990.
82. Guy Braibant, La Problématique de la Codification, Rev. fr. adm. publ. avril-juin1997.
83. Jean-Pierre Demouveaux et Jean-Pierre Lebreton, La Naissance du Droit de l'Urbanisme (1919—1935), Paris, 2007, Journaux Officiels.
84. Pierre Soler-Couteaux, Droit de l'Urbanisme, Paris, 2008, Dalloz.
85. Marie Cornu, La Formation du Droit du Patrimoine Culturel, voir Marie Cornu, Jerome Fromageau (Eds), Genèse du Droit de l'Environnement (Volume I), Paris, 2001, L'Harmattan.
86. Marie Cornu, La Formation du Droit du Patrimoine Culturel, voir Marie Cornu, Jerome Fromageau (Eds), Genèse du Droit de l'Environnement (Volume I), Paris, 2001, L'Harmattan.
87. S. Enguéléguélé, Les Politiques Pénales, 1958—1995, L'Harmattan, 1998.

（二）论文

88. Blandine Berger, Grenelle 2: l'impact sur les Entreprises, Revue Environnement et Développement Durable, n° 8, août 2010, étude 17.
89. Fabien Fenestre, La notion d'Amenagement et de Composition Urbaine dans les Documents d'Urbanisme-Retour sur un siecle d'Evolution, Pierre Soler-Couteaux, Droit de l'Urbanisme, Paris, 2008, Dalloz.
90. Hélène Vestur, Grenelle I: une loi hors norme, Revue Environnement et Développement Durable, n° 2, février 2010, étude 4.
91. Philipe Billet, Grenelle II de l'Environnement et Collectivités Territoriales, Revue Environnement et développement Durable, n° 8, août 2010, étude 18.

92. L'origine idéologique des 'Principes de 1789', par Jean Imbert, de l'Académie de Sciences Morales et Politiques, J. Imbert, H. Morel, G. Sicard, M. Ganzin, A. Leca, C. Bruschi, presses universités d'Aix-Marseille, 1989.

93. La déclaration des Droits de l'homme et du Citoyen: Droit Naturel et Droit positif, par Michel Ganzin, J. Imbert, H. Morel, G. Sicard, M. Ganzin, A. Leca, C. Bruschi, Presses Universités d'Aix-Marseille, 1989.

94. Alec Stone Sweet, The Politics of Constitutional Review in France and Europe, International Journal of Constitutional Law, 2007.

95. Mort de François Luchaire, l'un des Fondateurs de la Ve République, Le Monde, 10 août 2009.

96. Martin A. Rogoff, "A Comparison of Constitutionalism in France and the United States", Maine Law Review, vol 49, 1997.

97. Jacques Chevallier, *Le conseil d'état, au coeur de l'état*, pouvoirs, 123, 2007.

98. Jean-Pierre Allinne, *Gouverner le Crime, les Politiques Criminelles Françaises de la Révolution au XXIè Siècle*, L'Harmattan, 2004.

99. Maurice Duverger, "A New Political System Model: Semi-Presidential Government", European Journal of Political Research, No. 2, 1980.

100. Michel Prieur, Pourquoi une Codification Revue Juridique de l'Environnement, Numéro spécial, 2002.

101. Mireille Delmas-Marty, Avant-propos (Nouveau code pénal), Revue de Science Criminelle et de Droit Pénal Comparé (3), juill-sept. 1993.

102. Christine Lazerges, A Propos du Nouveau Code Pénal Français, Revue de Droit Pénal et de Criminologie, 1997.

（三）立法文件

103. Loi n° 96—590 du 2 juillet 1996 Relative a la Fondation du Patrimoine.

104. Loi n° 2009—967 du 3 août 2009 de Programmation Relative à la Mise en Oeuvre du Grenelle de l'Environnement.

105. Loi n° 2010—788 du 12 Juillet 2010 Portant Engagement National pour l'Environnement.

106. Loi Constitutionnelle n° 2008—724 du 23 juillet 2008 de Modernisation des Institutions de la Ve République.

107. Loi n° 82—155, 11 février 1982, Loi de Nationalisation.

108. Loi Portant Amnistie d'Infractions Commises à l'Occasion d'Évènements Survenus en Nouvelle-Calédonie.

109. Loi relative à l'élection du Président de la République au Suffrage Universel Direct, Adoptée

par le Référendum du 28 Octobre 1962.
110. Loi portant Adaptation de la Justice aux Évolutions de la Criminalité.
111. Acte Additionnel aux Constitutions de l'Empire du 22 avril 1815.
112. Loi Modifiant la loi n° 86—1067 du 30 Septembre 1986 Relative à la Liberté de ommunication.
113. Loi Renforçant la Sécurité et Protégeant la Liberté des Personnes.
114. Loi Relative aux Contrôles et Vérifications d'Identité.
115. Loi du 9 Décembre 1905 Relative à la Séparation des Églises et de l'État.
116. Loi Complémentaire à la Loi n° 59—1557 du 31 Décembre 1959 Modifiée par la loi n。71—400 du ler Juin 1971 et Relative à la Liberté de l'Enseignement.
117. Loi Portant Dérogation au Monopole d'Etat de la Radiodiffusion.
118. Loi Visant à Limiter la Concentration et à Assurer la Transparence Financière et le Pluralisme des Entreprises de Presse.
119. Loi Autorisant la Visite des Véhicules en vue de la Recherche et de la Prévention des Infractions Pénales.
120. Loi de Finances pour 1984.
121. Loi Relative à Certains Ouvrages Reliant les Voies Nationales ou Départementales.
122. Loi de Finance pour 1974.
123. Loi de Finances Rectificative pour 1986.
124. Loi n° 2006—888 du 19 Juillet 2006 Portant Règlement Définitif du Budget de 2005.
125. Loi Portant Validation d'Actes Administratifs.
126. Loi Modifiant les Modes d'Élection de l'Assemblée Territoriale et du Conseil de Gouvernement du Territoire de la Nouvelle-Calédonie et Dépendances et Définissant les Règles Générales de l'Aide Technique et Financière Contractuelle de l'Etat.
127. Loi Autorisant le Gouvernement à Prendre Diverses Mesures d'Ordre Économique et Social.
128. Loi de Finance pour 1974.
129. L'Ordonnance du 7 Novembre 1958 Portant Loi Organique sur le Conseil Constitutionnel.
130. Loi Constitutionnelle n2003—276 du 28 Mars 2003.

(四)案例文件

131. L'Arrêt du Conseil d'État en Date du 23 Novembre 1936.
132. Taxation d'Office (51DC), 27 Décembre 1973.
133. Décision n. 73—51DC du 27 Décembre 1973.
134. Coneil d'État, Févr. 1875, Prince Napoléon, Rec. 155.
135. Conseil d'État, 13 Déc. 1889, Cadot, Rec. 1148.

136. Conseil d'État, 17 Févr. 1950, Ministre de l'Agriculture Contre Dame Lamotte, Rec. 110.
137. Conseil d'État, Ministre de l'Intérieur C. cohn-bendit, Rec. 524.
138. Conseil d'État, Gomel, 4 Avril 1944, Rec. 448.
139. Conseil d'État, 15 Février 1961, Lagrange, Rec. 121.
140. Conseil d'État, 6 Novembre 1936, Arrighi, Rec. C. E. P.
141. Conseil d'État, 19 Octobre, 1962, Canal, Robin et Godot, Rec. 552.
142. Conseil d'État, 6 Dec. 1907, Compagnie des Chemins de fer de l'Est.
143. Conseil d'État, Nicolo, 20 Octobre 1989, Rec. 190.
144. Conseil d'État, 19 Mai 1933, Benjamin, Rec. 541.
145. Conseil d'État, 28 Mai 1971, Ministre de l'Équipement et du Gogement c. Fédération de Défense des Personnes Concernées par le Projet Actuellement Denommé Ville Nouvelle-Est, Rec. 409.
146. Conseil d'État, 20 Juillet 1971, Ville de Sochaux, Rec. 561.
147. Conseil d'État, 20 Octobre 1972, Société civile Sainte-Marie de l'Assomption, Rec. 657.
148. Loi du 14 Mai 1932 Autorisant l'Établissement d'un Projet d'Aménagement de la Région Parisienne.
149. Les Décret-lois de 1935 Relatifs a l'Urbanisme.
150. Les Décrets du 31 Décembre 1958 Relatif aux Zones a Urbaniser par Priorité (ZUP) et a la Rénovation Urbaine.
151. La Loi n° 99—586 du 12 Juillet 1999 Relative au Renforcement et à la Simplification de la Coopération Intercommunale.
152. La Loi Relative à la Solidarité et au Renouvellement Urbains (Loi SRU).
153. Loi de 1887 sur les Monuments Historiques.
154. Loi du 31 Décembre 1913 sur les Monuments Historiques.
155. La Loi du 2 Mai 1930 Relative à la Protection des Monuments Naturels et des Sites de Caractère Artistique, Historique, Scientifique, Légendaire ou Pittoresque.
156. Loi de 1941 sur les Fouilles.
157. Loi du 25 Février 1943 Relative à la Protection des Abords du Monument Historique.
158. Loi de 1941 sur les Fouilles.
159. La Loi n° 93—24 du 8 Janvier 1993 sur le Paysage.

(五) 网络文献

1. 法国政府的法律公共服务网站
   http://www.legifrance.gouv.fr
2. 法国法律大百科网站
   http://fr.jurispedia.org

3. 法文维基百科网站

　　http://fr.wikipedia.org

4. 法国宪法委员会网站

　　http://www.conseil-constitutionnel.fr/

5. 法国最高行政法院网站

　　www.conseil-etat.fr

二、中文文献

（一）著作

1. 《北京大学法学百科全书》，宪法学·行政法学卷，北京大学出版社1999年版
2. 陈泽宪主编：《犯罪定义与刑事法治》，中国社会科学出版社2008年版
3. 陈家林：《外国刑法通论》，中国人民公安大学出版社2009年版
4. 陈立、陈晓明主编：《外国刑法专论》，厦门大学出版社2004年版
5. 端木正主编：《法国大革命史词典》，中山大学出版社1989年版
6. 范忠信：《中西法文化的暗合与差异》，中国政法大学出版社2001年版
7. 龚祥瑞：《比较宪法与行政法》，法律出版社2003年第2版
8. 故宫博物院明清档案部汇编：《清末筹备立宪档案史料》（上册），中华书局1979年版
9. 郭义贵、方立新主编：《外国法制史》，清华大学出版社2010年版
10. 郭华榕：《法国政治制度史》，人民出版社2005年版
11. 郝守才、张亚平、蔡军著：《近代西方刑法学派之争》，河南大学出版社2009年版
12. 何秉松主编：《全球时代有组织犯罪与对策》，中国民主法制出版社2010年版
13. 何勤华、夏菲主编：《西方刑法史》，北京大学出版社2006年版
14. 何勤华、张海斌主编：《西方宪法史》，北京大学出版社2006年版
15. 何勤华主编：《法国法律发达史》，法律出版社2001年版
16. 何勤华主编：《大陆法系及其对中国的影响》，法律出版社2010年版
17. 何勤华主编：《外国法制史》，法律出版社2011年第五版
18. 何勤华主编：《20世纪外国民商法的变革》，法律出版社2004年版
19. 何勤华：《西方法学史》，中国政法大学出版社2003年第二版
20. 洪波：《法国政治变迁史：从大革命到第五共和国》，中国社会科学文献出版社1992年版
21. 胡建淼主编：《外国公法译介与移植》，北京大学出版社2009年版
22. 胡建淼主编：《外国宪法案例及评述》下册，北京大学出版社2004年版
23. 胡锦光主编：《违宪审查比较研究》，中国人民大学出版社2006年版

24. 姜威主编：《反洗钱国际经验与借鉴》，中国金融出版社 2010 年版
25. 经济合作与发展组织（OECD）编：《税收和环境：互补性政策》，中国环境科学出版社 1996 年版
26. 金邦贵主编：《法国司法制度》，法律出版社 2008 年版
27. 李晓兵：《法国第五共和宪法与宪法委员会》，知识产权出版社 2008 年版
28. 梁根林：《刑事政策：立场与范畴》，法律出版社 2005 年版
29. 楼均信：《1871—1918 年的法国》，商务印书馆 1989 年版
30. 楼均信主编：《法兰西第三共和国兴衰史》，人民出版社 1996 年版
31. 卢建平主编：《未成年人犯罪的刑事司法制度》，北京师范大学出版社 2010 年版
32. 卢思社、王长明主编：《法国文化遗产保护》，世界图书出版公司 2010 年版
33. 吕一民：《法国通史》，上海社会科学出版社 2002 年版
34. 罗结珍译：《法国刑法典》，中国法制出版社 2005 年版
35. 马克昌主编：《近代西方刑法学说史》，中国人民公安大学出版社 2008 年版
36. 马志毅著：《洗钱与反洗钱——跨国界跨世纪的交锋》，红旗出版社 2009 年版
37. 彭峰：《法典化的迷思：法国环境法之考察》，上海社会科学院出版社 2010 年版
38. 彭小瑜：《教会法研究》，商务印书馆 2011 年版
39. 阮传胜：《恐怖主义犯罪研究》，北京大学出版社 2007 年版
40. 单霁翔：《城市化发展与文化遗产保护》，天津大学出版社 2006 年版
41. 邵甬：《法国建筑、城市、景观遗产保护与价值重现》，同济大学出版社 2010 年版
42. 上海大学法治建设与法学理论研究部级课题组著：《金融反恐趋势与对策——以指标检测法分析》，华东理工大学出版社 2008 年版
43. 沈德咏主编：《中国少年司法》，人民法院出版社 2010 年版
44. 史彤彪：《法国大革命时期的宪政理论与实践研究》，中国人民大学出版社 2004 年版
45. 宋远升、闵银龙编著：《最新国外刑事司法制度》，东南大学出版社 2007 年版
46. 孙平：《法国打击累犯的刑事政策和我国的借鉴》，中国人民公安大学出版社 2008 年版
47. 童德华：《外国刑法原论》，北京大学出版社 2005 年版
48. 王娟：《少年犯犯罪的社会控制》，山西大学出版社 2007 年版
49. 王名扬：《法国行政法》，中国政法大学出版社 1988 年版
50. 王曦编著：《国际环境法》，法律出版社 1998 年版
51. 王燕飞：《恐怖主义犯罪立法比较研究》，中国人民公安大学出版社 2007 年版
52. 王志亮：《外国刑罚执行制度研究》，广西师范大学出版社 2009 年版
53. 王振民：《中国违宪审查制度》，中国政法大学出版社 2004 年版
54. 韦庆元等：《清末宪政史》，中国人民大学出版社 1993 年版
55. 魏东：《当代刑法重要问题研究》，四川大学出版社 2008 年版
56. 武彪主编：《司法制度和律师制度》，上海社会科学院法学研究所编译，知识出版社 1981 年版

57. 吴国庆：《当代法国政治制度研究》，社会科学文献出版社 1993 年版
58. 新成等主编：《法汉大词典》，上海译文出版社 2002 年版
59. 夏新华：《法治：实践与超越》，中国政法大学出版社 2004 年版
60. 肖建国主编：《社区青少年法律研究》，华东理工大学出版社 2006 年版
61. 肖蔚云：《我国现行宪法的诞生》，北京大学出版社 1986 年版
62. 许崇德：《中华人民共和国宪法史》（上卷），福建人民出版社 2005 年版
63. 许振洲：《法国议会》，华夏出版社 2002 年版
64. 徐爱国主编：《世界著名十大法学家评传》，人民法院出版社 2008 年版
65. 徐显明主编：《少年司法的一个世纪》，商务印书馆 2008 年版
66. 徐久生：《保安处分新论》，中国方正出版社 2006 年版
67. 叶俊荣：《环境政策与法律》，中国政法大学出版社 2003 年版
68. 尹田：《法国现代合同法》，法律出版社 2009 年第二版
69. 张凡：《城市发展中的历史文化保护对策》，东南大学出版社 2006 年版
70. 张千帆：《西方宪政体系》，下册，中国政法大学出版社 2001 年版
71. 张千帆：《法国与德国宪政》，法律出版社 2011 年版
72. 张明楷：《外国刑法纲要》，清华大学出版社 1999 年版
73. 赵秉志主编：《惩治恐怖主义犯罪理论与立法》，中国人民公安大学出版社 2005 年版
74. 赵秉志等编著：《穿越迷雾——死刑问题新观察》，中国法制出版社 2009 年版
75. 赵秉志、〔加〕威廉·夏巴斯主编：《死刑立法改革专题研究》，中国法制出版社 2009 年版
76. 赵金成：《洗钱犯罪研究》，中国人民公安大学出版社 2006 年版
77. 周国强：《社区矫正制度研究》，中国检察出版社 2006 年版

（二）论文

1. 陈崇武："中国的法国史研究"，《历史研究》1980 年第 8 期
2. 陈丽萍："死刑在法国"，载《人民检察》2007 年第 2 期
3. 董兴佩、赵路："法国有组织犯罪刑事责任立法解析"，载《中国刑事法杂志》2009 年第 12 期
4. 冯锐："法国新刑法典中的法人犯罪"，载《法律适用》1995 年第 3 期
5. 冯萱："1999 年—2000 年法国城市规划改革及其启示"，载《规划师》2012 年第 5 期
6. 傅静坤："《法国民法典》改变了什么"，《外国法译评》1996 年第 1 期
7. 韩伟华："拿破仑'百日王朝'《帝国宪法补充条款》论析"，载《华东政法大学学报》2013 年第 1 期
8. 何勤华："埃斯曼宪法思想述略"，《政治与法律》1995 年第 4 期
9. 何勤华："中国近代宪法学的诞生与成长"，《现代法学》2004 年第 5 期

10. 侯建新："西欧向近代社会转型的动因"，《历史研究》1991 年第 3 期
11. 贾俊艳，"文化遗产保护立法之比较"，武汉大学硕士论文，2005 年
12. 蒋劲松："论当代法国宪法规定的行政与立法机关关系"，《人大研究》1996 年第 6 期
13. 姜涛："死刑废除与刑罚制度的完善"，载《人民检察》2010 年第 21 期
14. 李晓兵："法国宪法委员会马斯特里赫特条约案（Ⅰ，Ⅱ，Ⅲ）评析"，《案例宪法研究（第一辑）》，莫纪宏主编，群众出版社 2008 年版
15. 李世刚："论《法国民法典》对罗马法信托概念的引入"，《中国社会科学》2009 年第 4 期
16. 李元明："论拿破仑法典"，《历史研究》1980 年第 1 期
17. 刘显娅："从法兰西的民族性看近代法国宪法的频繁变更"，《政法论丛》2007 年第 3 期
18. 刘仁文："中国死刑改革的回顾与展望"，载《河南财经政法大学学报》2012 年第 2 期
19. 聂卫锋："《法国商法典》总则述评——历史与当下"，《比较法研究》2012 年第 3 期
20. 潘金贵："预审法官制度考察与评价"，载《河南师范大学学报》2008 年第 2 期
21. 庞冠群："莫普司法改革与法国旧制度的崩溃"，载《世界历史》2007 年第 3 期
22. 秦立崴："《法国民法典》合同制度改革之争"，《环球法律评论》2011 年第 2 期
23. 施鹏鹏："法国审前程序的改革及评价——以 2007 年 3 月 5 日的《强化刑事程序平衡法》为中心"，《中国刑事法杂志》，2008 年第 7 期
24. 施鹏鹏：《走向刑事宪法？——以宪政框架下的法国刑事诉讼改革委背景》，载《浙江社会科学》2011 年第 6 期
25. 王加丰："1800—1870 年间法国社会思潮的冲突与整合"，《中国社会科学》2011 年第 5 期
26. 王建学："从'宪法委员会'到'宪法法院'——法国合宪性先决程序改革述评"，《浙江社会科学》2010 年第 8 期
27. 王景慧、王伟英等："法国文化遗产保护体系：中国城市规划设计研究院文化遗产考察报告"，载《中国名城》，2010 年第 7 期
28. 王养冲："十八世纪法国的启蒙运动"，《历史研究》1984 年第 2 期
29. 吴平："《法国刑法典》中的资格刑规定述评"，载《行政与法》2002 年第 10 期
30. 奚文沁、周登："巴黎历史城区保护的类型和方式"，载《国外城市规划》2004 年第 5 期
31. 肖怡："中西无被害人犯罪立法的比较研究"，载《贵州民族学院学报》2008 年第 1 期
32. 熊芳芳："近代早期法国的乡村共同体与村民自治"，《历史研究》2010 年第 1 期
33. 徐涤宇："法国法系原因理论的形成、发展及其意义"，《环球法律评论》2004 年第 1 期

34. 叶秋华、孔德超:"论法国文化遗产的法律保护及其对中国的借鉴意义",载《中国人民大学学报》2011年第2期
35. 张丽:"试论法国宪法委员会的司法性",《欧洲法通讯(第一辑)》,法律出版社2001年版
36. 张莉:"法国宪法修改若干问题评析",载《宪政与行政法治发展报告》(2003—2004年卷),中国人民大学出版社2005年版
37. 张丽娟:"法国地方分权改革的新发展——以2003年法国宪法改革为中心",《中共云南省委党校学报》2006年第5期
38. 张千帆:"法国民法典的历史演变",《比较法研究》1999年第2期
39. 张亚平:"法国犯罪人狱外监控",载《中国刑事法杂志》2011年第4期
40. 赵文经:"恐怖主义犯罪论",载《烟台大学学报》(哲学社会科学版)2003年第1期
41. 郑伟:"法国新刑法述评",载《法学》1997年第2期

(三) 中文翻译文献

1. 〔法〕安东尼·德·巴克、弗朗索瓦丝·梅洛尼奥:《法国文化史》,第三卷,"启蒙与自由:十八世纪和十九世纪",朱静、许光华译,华东师范大学出版社2006年
2. 〔意〕贝卡利亚:《论犯罪与刑罚》,黄风译,中国大百科全书出版社1993年版
3. 〔法〕贝尔纳·布洛克:《法国刑事诉讼法精义》,罗结珍译,中国政法大学出版社1998年版
4. 〔法〕贝尔纳·布洛克:《法国刑事诉讼法》,罗结珍译,中国政法大学出版社2009年版
5. 〔法〕贝特朗·马修:"改变第五共和国而不背离",张丽娟译,载《国家行政学院学报》2009年第5期
6. 〔英〕伯克:《法国革命论》,何兆武、徐振洲、彭刚译,商务印书馆2005年版
7. 〔英〕《不列颠简明百科全书》(修订版),中国大百科全书出版社2011年版
8. 〔美〕布鲁斯·雪莱:《基督教会史》,刘平译,北京大学出版社2004年版
9. 〔法〕戴高乐:《希望回忆录》,《希望回忆录》翻译组译,上海人民出版社1973年版
10. 〔法〕戴高乐:《战争回忆录(第三卷)》,陈焕章译,中国人民大学出版社2005年版
11. 〔英〕戴雪,《英宪精义》,雷宾南译,中国法制出版社2001年版
12. 〔意〕登特列夫:《自然法——法律哲学导论》,李日章、梁捷、王利译,新星出版社2008年版
13. 〔法〕弗朗索·瓦泰雷,菲利普·森勒尔:《法国财产法》,罗结珍译,中国法制出版社,2008年版
14. 〔德〕格奥尔格·耶利内克:《〈人权与公民权利宣言〉:现代宪法史论》,李锦辉译,商务印书馆2012年版

15. 〔法〕贡斯当:《古代人的自由与现代人的自由》,阎克文、刘满贵译,商务印书馆 1999 年版
16. 〔美〕古德诺《比较行政法》,白作霖译,中国政法大学出版社 2006 年版
17. 〔德〕海因里希·罗门:《自然法的观念史和哲学》,姚中秋译,上海三联书店 2007 年版
18. 〔美〕亨利·J.亚伯拉罕:《司法的过程:美国、英国、法国法院评介》,泮伟江、宦盛奎、韩阳译,北京大学出版社 2009 年版
19. 〔美〕林·亨特:《人权的发明:一部历史》,沈占春译,商务印书馆 2011 年版
20. 〔英〕K.C.惠尔:《现代宪法》,翟小波译,法律出版社 2006 年版
21. 〔法〕卡斯东·斯特法尼等:《法国刑法总论精义》,罗结珍译,中国政法大学出版社 1998 年版
22. 〔英〕科斯塔斯·杜兹纳:《人权的终结》,郭春发译,江苏人民出版社 2002 年版
23. 〔法〕雷蒙·加桑(Raymond GASSIN)、朱琳:"解析西方民主国家刑事政策的变化:以法国为例",载《比较法研究》2010 年第 3 期
24. 〔法〕莱昂·狄骥:《宪法学教程》,王文利等译,辽海出版社 1999 年版
25. 〔法〕路易·法沃勒:《欧洲的违宪审查》,载〔美〕路易斯·亨金等编:《宪政与权利》,郑戈等译,三联书店 1996 年版
26. 〔法〕路易·法沃勒:"欧美宪法司法模式比较研究",金邦贵、施鹏鹏译,载《厦门大学法律评论》第十二辑
27. 〔法〕卢梭:《社会契约论》,何兆武译,商务印书馆 1980 年版
28. 〔德〕《马克思恩格斯选集》第一卷,人民出版社 1972 年版
29. 〔英〕梅因:《古代法》,沈景一译,商务印书馆 1959 年版
30. 〔美〕迈克尔·伯恩斯:《法国与德雷福斯事件》,郑约宜译,江苏教育出版社 2006 年版
31. 〔英〕约翰·麦克唐奈、爱德华·曼森:《世界上伟大的法学家》,何勤华、屈文生、陈融等译,上海人民出版社 2012 年版
32. 〔法〕孟德斯鸠:《论法的精神》,张雁深译,商务印书馆 1982 年版
33. 〔法〕米涅:《法国大革命》,北京编译社译,商务印书馆 1981 年版
34. 〔法〕米歇尔·维诺克:《法国资产阶级大革命——一七八九年风云录》,侯贵信、孙昆山译,世界知识出版社 1989 年版
35. 〔法〕米歇尔·米绍、张杰、邹欢主编:《法国城市规划 40 年》,社会科学文献出版社 2007 年版
36. 〔法〕帕斯卡尔:《思想录》,钱培鑫译,译林出版社 2010 年版
37. 〔法〕皮埃尔·米盖尔:《法国史》,桂裕芳、郭华榕译,中国社会科学出版社 1998 年版
38. 〔法〕皮埃尔.特鲁仕:《法国司法制度》,丁伟译,北京大学出版社 2012 年版
39. 〔法〕乔治·勒费弗尔:《法国革命史》,顾良、孟湄、张慧君译,商务印书馆 2010

年版
40.〔法〕索布尔:《法国大革命史论选》,王养冲译,华东师范大学出版社 1984 年版
41.〔美〕托马斯·潘恩:《人的权利:驳伯克并论法国大革命与美国革命》,田飞龙译,中国法制出版社 2011 年版
42.〔法〕托克维尔:《旧制度与大革命》,冯棠译,商务印书馆 1992 年版
43.〔英〕M.J.C. 维尔:《宪政与分权》,苏力译,三联书店 1997 年版
44.〔法〕维拉希尔·拉克霍、埃德温·扎卡伊、郑寰、潘丹摘译:"法国环境政策 40 年:演化、发展及挑战",载《国家行政学院学报》2010 年第 5 期
45.〔法〕沃尔金:《十八世纪法国社会思想的发展》,商务印书馆 2002 年版
46.〔法〕西耶斯:《论特权 第三等级是什么?》,冯棠译,商务印书馆 1990 年版
47.〔法〕雅克·夏普萨尔、阿兰·朗斯:《1940 年以来的法国政治生活》,全康康等译,上海译文出版社 1981 年版
48.〔法〕雅克·博里康、朱琳编著:《法国当代刑事政策研究及借鉴》,中国人民公安大学出版社 2011 年版

三、日语文献

1. 北川敦子:《宪法院と刑事裁判官》,载《比较法学》2011 年 44 卷第 3 号
2. 齐藤笑美子:《フランス刑事法·刑事政策》,载《法律时报》2010 年 82 卷第 13 号
3. 淹尺正:《フランス法》,三省堂 2008 年 9 月版

第二章 德国法

论述大陆法系的形成和发展，除了法国法之外，第二个必须提及的贡献最大的法域，就是德国法了。

第一节 导论

德意志地处欧洲的心脏，这是一个变幻莫测令人迷惑的国度。它时而温驯如绵羊任人摆布，时而凶残如恶魔宰割世界，时而用高深的哲学考问世界，时而用冷酷的皮鞭拷打世界。尼采说："德国人的灵魂深处埋藏着许多曲折环绕的通道，它们之间互相连接着，那儿有洞穴、躲藏处和地牢，它的杂乱无章使它更加迷人和神秘，而德国人是熟悉这些混乱的通道的"。[1]

而作为德意志民族精神体现的德国法，在世界法律体系中占据了非常重要的地位的同时，也表现出它的两重性和矛盾性。一方面，几个世纪来，德国法一向以其体系严谨、概念准确、结构精巧、追求体例而著称，并和法国法并称为大陆法系的两大代表支派。在整个19世纪，德国的法理学曾经站到了世界法学的最前列，引领世界法学的发展潮流，在那个时代，世界上各国的法律工作者都为拥有

---

[1] Friedrich Nietzsche, Beyond Good and Evil: Prelude to A Philosophy of the Future, New York: Random House, 1966, p. 119.

德国法学的学位而感到骄傲和自豪。

但是与此同时,德国法也曾在第二帝国时期在德国封建容克贵族的压力下显现出保守、落后和野蛮的一面,帮助帝国政府对内加紧压迫,对外积极争夺殖民地,从而最终引发了第一次世界大战;德国法也曾在第三帝国时期为德国法西斯获得德国民众支持从而攫取国家最高政权铺路搭桥,成为法西斯当权者的最大帮凶之一,而最终的结果——第二次世界大战,在给世界人民造成了极其深重的灾难的同时也成为了德意志人民最为不堪回首的一段历史。

同样的,德国为人类贡献了一大批世界级的著名法学家,普芬道夫(Baron Samuel von Pufendorf, 1632—1694)、萨维尼(Friedrich Carl von Savigny, 1779—1861)、耶林(Rudolph von Jhering, 1818—1892)、费尔巴哈(Ludwig Andreas Feuerbach, 1804—1872)、拉德布鲁赫(Gustav Radbruch, 1878—1949),这些都是人们耳熟能详的名字,一代一代的德国法学家为人类法律的发展做出了巨大的贡献。但是与此同时,拉伦茨(Karl Larenz, 1903—1993)、施密特(Carl Schmitt, 1888—1985)、达姆(Georg Dahm, 1904—1963)、胡伯(Ernst Rudolf Huber, 1903—1990)等基尔学派(Kieler Schule)的干将们,则在为人类历史上最臭名昭著的理论——民族社会主义(Nationalsozialismus)[1]理论张目的同时,也在自己的学术生涯上划上了最具争议的一笔。

德国法是复杂多变的,它时而像天使一样被人追捧,时而像恶魔一样被人唾弃。而正是由于它的复杂性,才使得它具有着其他国家法律所没有的特征而形成了世界上独树一帜的样式。作为西方法律传统中不可或缺的一个分支,德国法在当代越来越体现出其重要性,尤其是对于大陆法系中继受了德国法律制度的国家和地区而言。

以中国大陆为例,越来越多的大学教师留学德国拿到学位,或在德国进修交流,然后回国从事与德国法相关的教学和科研活动。尽管自21世纪以来,在伴随着经济全球化而兴起的法律全球化的大背景下,这些国家和地区的法律体制也逐

---

[1] 在德语中,Nationalsozialismus从字面上进行翻译,指的是民族社会主义,Staatsozialismus从字面上翻译,指的是国家社会主义,但是两者实际上内涵是一致的,因为德国是一个典型的民族国家,之所以在俾斯麦时代,翻译为国家社会主义而在第三帝国时期却翻译成民族社会主义,原因在于第三帝国时期存在着对犹太民族的迫害,为了体现这种民族之间的迫害,所以一般翻译成民族社会主义。之所以在很多文献中,Staatsozialismus会被翻译成王朝社会主义,是因为很多历史学家认为,德意志第二帝国并非是一个现代民主国家,而是一个权贵阶层掌握一切国家命脉而人们并无太多实质权利的帝国,其本质与现代国家的民主、法治、平等、自由的思想背道而驰,所以以非常具有中国特色的王朝二字来指代它。

渐受到英美法的影响，但是由于其法律的基本架构，如宪法、民法、刑法、行政法等依然主要建构在德国法的基础之上，可以预期的是，德国法律传统仍将在21世纪对这些国家和地区产生持续和深远的影响。

另一方面，要深刻理解德国法，对德国法律史的研读是永远都绕不过去的一条路径。就德国国内而言，法律史课程不仅是德国各大学法学院的必修课之一，也是德国国家考试（类似我国的司法考试）的必考科目之一。而对于中国大陆这样一个在很大程度上继受了德国法的国家而言，如果说继受的仅仅是德国法律的条文和概念，而忽略了这些法律条文和概念背后的社会历史和文化背景的话，那么中国大陆的法律教育必将由于缺乏足够的历史感而使得法律教育沦为一种职业技术教育，法律人沦为能够熟练运用现行法律条文而精于利益算计，却对执着于公平正义毫无兴趣的法匠，法律从而失去了和人文之间应有的紧密联系。

从某种意义上而言，目前我国现阶段和德国继受罗马法后的"现代运用阶段"（usus modernus）颇有几分相似之处。在继受了德国法之后，并不单纯地、照搬照抄地通过立法程序将德国法适用于现实的社会生活，而是将其作为习惯法或法理加以深入考察和研究，从而加深现代人对法律精神的理解和对法律内涵的把握，从而创造出真正适合自己当代社会的法律理论与法律制度。而这一目标，离开了对德国法律历史发展的整体梳理，以及对若干重要历史片段的细致考察的话，显然是不可能实现的。

本章试图从19世纪初（确切地说是维也纳会议结束后的1815年）的"欧洲协调"起笔，直到当代德国，在整个历史背景的衬托下为读者介绍这近两百年来的德国法的发展脉络，以期帮助读者更多地了解德国法，了解大陆法系的发展。

第二节　文献综述

一、研究现状

在德国本土，德国法律史的研究可谓有着悠久的历史。早在19世纪初叶，德国历史法学派的先驱们就发表了一系列著述，对历史中的法律进行了挖掘和阐明。而历史法学派后期的发展，日耳曼学派和罗马学派的分流，则奠定了现当代德国法律史研究的基本格局，目前德国各大高校的法学院里，基本上都有两个研究中心，日耳曼法研究中心和罗马法研究中心。

尽管如所有的学派一样，德国历史法学派也经历了兴起、称雄和衰落的过程，然而，几个世纪的积淀，成就了德国本土法律史研究的巨大成果。如早期的弗里德里希·萨维尼所著的六卷本的《中世纪罗马法史》(Geschichte des römischen Rechts im Mittelalter) 和八卷本的《现代罗马法的体系》(System des heutigen römischen Rechts)，格奥格·弗里德里希·普赫塔（Georg Friedrich Puchta, 1798—1846）所著的两卷本的《习惯法》(Gewohnheitsrecht)，奥托·冯·祁克（Otto von Gierke, 1841—1921）所著的《德意志团体法论》(Das deutsche Genossenschaftsrecht)，卡尔·弗里德里希·艾希霍恩（Karl Friedrich Eichhorn, 1781—1854）所著的《德国国家和法律史》(Deutsche Staats-und Rechtsgeschichte) 等。而现当代德国本土的法律史研究，和上几个世纪相比，有以下几个差别：

第一个差别在于其研究正在不断地向纵深方向发展，换言之，德国法律史的研究正在从宏观研究走向微观研究。其中最典型的例子就是迪特尔·格瑞姆（Dieter Grimm）所著的《德国宪法史：从1776年到1866年》(Deutsche Verfassungsgeschichte: 1776—1866)，诺特科尔·汉姆史坦恩（Notker Hammerstein）所著的《17及18世纪国家学思想家》(Staatsdenker im 17. und 18. Jahrhundert) 以及笔者参考较多的卡尔·克洛雪尔（Karl Kroeschell）所著的《二十世纪德国法律史》(Rechtsgeschichte Deutschlands im 20. Jahrhundert)。

以《德国宪法史：从1776年到1866年》一书为例，该书用大量的篇幅探讨了德国现代立宪主义的演进，肇端于18世纪后半叶和19世纪初叶的南德、发展于19世纪中叶的普鲁士，乃至德意志邦联时期的宪法发展，包括1848年以后保罗教堂宪法，直至德意志邦联的瓦解。这部宪法史的著作，在笔者看来，无论从资料的翔实程度，还是从理论的深入程度，都是以往的德国宪法史研究所不能比拟的。这也使得这本书成为了当代研究德国宪法史的学者永远绕不过去的一本著作。

第二个差别在于法律史的研究重点逐步从私法史向公法史转移。观察一下早期德国法律史学家的成果，我们不难发现，早期的成果主要集中在罗马私法和日耳曼私法的研究上，除了上面提及的萨维尼的作品之外，还包括耶林所著的出版于1867的《罗马私法中的过错要素》（Das Schuldmoment im römischen Privatrecht），祁克所著的三卷本的，于1895年出版于莱比锡的《德国私法》（Deutsches Privatrecht）等。

而自20世纪60年代以来，德国马克斯——普朗克研究中心（Max-Planck Institute）逐步成为了欧洲法制史的研究中心，其研究的重心也从私法领域逐步转向了公法领域。大量德国公法史的著作得到了出版，如米歇尔·施托莱斯教授（Michael Stolleis）所著的三卷本的，分别出版于1988年、1992年和1998年的《德国公法史》（Geschichte des öffentlichen Rechts in Deutschland），还有任教于哥廷根大学的迪特玛·维罗维特教授（Dietmar Willoweit）所著的《德国宪法史》（Deutsche Verfassungsgeschichte）和汉斯·芬斯克（Hans Fenske）所著的，出版于1984年的《德国宪法史》（Deutsche Verfassungsgeschichte）等。大量德国公法史著作的出版，一方面标志着德国公法史研究的繁荣和德国私法史研究的相对衰落，另一方面也暗示了西方法学研究从私法走向公法的一般发展路径。

除上述两个特点之外，根据陈惠馨的总结，当代德国法律史的研究，开始对1933年至1945年间纳粹第三帝国时期的法律现象有所触及。毕竟，即便在二战结束许多年后，很多大学教授都不愿意对这个时期的法律问题进行深入的研究和探索。原因很简单，米歇尔·施托莱斯教授（Michael Stolleis）也在其著作《不法中的法——对纳粹法律史的研究》（Recht im Unrecht-Studien zur Rechtsgeschichte des Nationalsozialismus）一书中一针见血地指出："讨论这一问题或许会碰到自己的过去不可告人的经验或者得顾虑到其他同事的过去。"[1] 所以从这一点来说，尽管日耳曼民族通常被认为是一个深具忏悔理性的民族，德国人也确实在二战之后以一个下跪的姿态赢得了世界上绝大多数国家的谅解和宽容，但在现实的自身利益面

---

[1] Michael Stolleis, Recht im Unrecht-Studien zur Rechtsgeschichte des Nationalsozialismus, 1. Auflage. Suhrkamp, 1994, S. 42f.

前，恐怕德国法律史学界也同样经历了或者正在经历着一个从自我掩盖与逃避走向自我反省与剖析的深刻历程。

另一方面，当代德国法律史学界，逐步开始重视对刑法史的研究，一部分德国刑法史著作的出版，代表着德国刑法史的最新发展，其代表著作是古斯塔夫·拉德布鲁赫（Gustav Radbruch, 1878—1949）和乌福里德·诺依曼（Ufrid Neumann）所主编的《刑法史》（Strafrechtsgeschicht）。同时，当代德国法律史的研究已经不仅仅局限于文本中的法律制度的研究，而将其关注点更多地放到判例上。如巴恩哈德·迪斯特尔卡普（Barnhard Diestelkamp）等教授所组成的研究小组对于神圣罗马帝国的帝国法院自1495年至1806年间的判决，从各个国家档案资料库里加以搜集并整理出版。[1]

在中国大陆的外国法律史学界，对德国法律史的研究，当然无法和德国本土相比较，甚至于也落后于其他国家和地区如美国、日本，以及中国台湾地区的研究水平。中国大陆的德国法律史研究，限于文化背景的巨大差异，以及语言能力的局限，目前仍停留在非常典型的翻译型研究、追赶型研究的阶段，尚未能发展到原创型研究的高度。

当然，可喜的是，笔者看到了中国大陆有一大批学者，在资源非常有限的情况下，翻译和整理了一大批较有分量的著作和译著，为德国法律史研究在中国大陆的发展贡献着力量。在著作方面，中国大陆华东政法大学何勤华主编，法律出版社2000年出版《德国法律发达史》，是中国较早的对德国法律史的全面梳理和研究。华东政法大学李秀清所著，商务印书馆2005年出版的《日耳曼法研究》，也代表了目前中国大陆对日耳曼法研究的最高水平。中国台湾地区政治大学法学院教授，德国雷根斯堡大学法律史学博士陈惠馨所著，出版于2007年7月的《德国法制史——从日耳曼到近代》一书，通过对德国法律发展史的若干历史片段的深入剖析，对德国法律史进行了较为全面的梳理，若笔者没有考察不周的话，该书是目前对德国法律史研究最为深入的中文原创书籍。

而在译著方面，目前较为重要的一部德国法律史译著是米歇尔·施托莱斯教

---

[1] 参见陈惠馨：《德国法制史——从日耳曼到近代》，元照出版有限公司2007年7月版，第47页。

授所著，西南政法大学雷勇教授翻译的《德国公法史（1800—1914）：国家法学说和行政学》。当然，在部门法领域，也有很多相关译著的出版，如刑法领域的弗兰茨·冯·李斯特（Franz von Liszt, 1851—1919）所著，埃贝哈德·施密特（Eberhard Schmidt, 1891—1977）修订的《德国刑法教科书（修订译本）》，该书由徐久生翻译，何秉松校订，由法律出版社 2006 年 5 月出版。

二、文献评述

在德国法律史研究的书籍中，比较经典的，同时笔者也参考得较多的著作包括：

1. 卡尔·克洛雪尔（Karl Kroeschell）所著，哥廷根范德霍克 & 鲁普惹希特出版社（Vandenhoeck & Ruprecht in Göttingen）出版于 1992 年的《二十世纪德国法律史》。该书分为六个部分，它们分别是：第一部分，德意志第二帝国（到 1918 年）；第二部分，魏玛共和国（从 1919 年到 1933 年）；第三部分，第三帝国（从 1933 年到 1945 年）；第四部分毁灭和新的开始（1945 年到 1949 年）；第五部分，德意志民主共和国（1949 年到 1990 年）；第六部分，德意志联邦共和国（1949 年到 1990 年）。在每一个部分中，作者都对该相应时期中的宪法、民法、商法、经济法、刑法、司法制度等的演变进行了介绍和探讨，资料翔实，论述充分。

2. 格哈德·科博勒（Gerhard Köbler）所著，弗朗茨·法伦出版社（Verlag Franz Vahlen München）2005 年出版的第六版《德国法律史》（Deutsche Rechtsgeschichte）。作为克洛雪尔教授的得意门生，科博勒显然是得到了老师的真传。在该书中，科博勒从三个阶段来对德国法律史展开论述。第一个阶段是"古老的民族"，主要谈及印欧人、罗马人和日耳曼人这三个德意志民族在人种学上的渊源，以及这些古老民族的法律渊源。第二个阶段是"法兰克—德意志王国"，亦即东法兰克王国，在该阶段，科博勒教授分别从中世纪早期，中世纪中晚期和近代早期这三个时代展开了介绍。第三个阶段是"19 到 20 世纪的王国和共和国"，在该阶段，作者主要探讨了德意志邦联，德意志第二帝国，魏玛共和国，第三帝国，战后两德的分立和合并以及共同走向欧洲联盟的历程——显然，因为笔者撰写的历史年代是自 1815 年始,所以这个阶段是笔者在本章的写作中参考和引注最多的一个部分。

3. 阿道夫·劳福茨(Adolf Laufs)所著,瓦尔特·德·格吕特出版社(Walter de Gruyter)1978 年出版的《德国法律发展史》(Rechtsentwickungen in Deutschland)。该书从十个阶段对德国法律发展历程进行了阐述。第一个阶段是"中世纪德国法:萨克森明镜",谈及的是德国法的古老渊源——日耳曼法;第二个阶段是"罗马法的继受",谈及了注释法学派的工作以及教会法的影响;第三个阶段是"改革和变革",谈及的是帝国的改革、1525 年的农民起义以及加洛林纳刑法典;第四个阶段是"1648 到 1806 年间的神圣罗马帝国时期",主要谈及了威斯特发利亚(也译作威斯特伐利亚)和约的签订和神圣罗马帝国后期的法律演变;第五个阶段是"自然法和启蒙运动——大规模的立法活动",谈及了普鲁士邦 1794 年的邦内立法,奥地利 1811 年关于世袭土地的民法典;第六个阶段是"德意志邦联(1815—1866)",主要介绍了德意志邦联条约和维也纳条约体系,历史法学派和潘德克顿法学,德意志邦联及其民事立法;第七个阶段是"1848 年",这是一个对德国,同时也对整个欧洲来说非常特殊的年代,作者在这个阶段介绍了哥廷根七君子的努力、保罗教堂内的立宪尝试和卡尔·马克思(Karl Marx,1818—1883)的共产党宣言。第八个阶段是"立宪的民族国家",指的是德意志第二帝国时期的法律发展,尤其介绍了 1900 年民法典的制定过程;第九个阶段是"魏玛共和国",谈及了 1918 年的十一月革命、魏玛共和国的宪法制定,以及在劳动法和社会立法领域的进步;最后一个阶段是"民族社会主义和法制大破坏",主要介绍了 1933 年纳粹的夺权和后来的法制"扭曲",以及第三帝国晚期德意志人民对希特勒(Adorf Hitler,1889—1945)的反抗。

除了上述三本著作之外,笔者还参考了大量其他德国学者关于德国法律史的论述,如迪特玛·维罗维特(Dietmar Willoweit)所著的《德国宪法史》、汉斯·芬斯克(Hans Fenske)所著的、出版于 1984 年的《德国宪法史》、迪特尔·格瑞姆(Dieter Grimm)所著的《德国宪法史:从 1776 年到 1866 年》、弗兰兹·劳福克(Franz Laufke,1901—1984)所著的《德意志邦联和民事立法》(Der deutsche Bund und die Zivilgesetzgebung)、希尔德布兰特(Hildebrandt)主编的《19

到 20 世纪的德国宪法》(Die deutschen Verfassungen des 19. und 20. Jahrhunderts)。

另外，笔者还参考了一部分德国部门法学者的研究成果，它们包括克劳斯·罗克辛（Claus Roxin, 1931—）所著的《刑法总论》(Strarecht Allgemeiner Teil)、迪特尔·梅迪库斯（Dieter Medicus, 1929—）所著的《民法总论》(Allgemeiner Teil des BGB)、汉斯—恩利希·叶什克（Hans-Heinrich Jescheck, 1915—2009）所著的《刑法总论部分的教科书》(Lehrbuch des Strafrechts, Allegemeiner Teil)、约瑟夫·伊森希（Josef Isensee, 1937—）和保罗·基森霍夫（Paul Kirchhof, 1943—）所合著的《国家法手册》(Handbuch des Staats Rechts) 等等。

当然，除了针对德国法律史进行研究的著作之外，笔者还搜集到了大量的有关德国历史方面的中文书籍，在这里限于篇幅，不能一一加以列举，但必须提及德国的史学家迪特尔·拉甫（Dieter Raff）所著的《德意志史——从古老帝国到第二共和国》(Deutsche Geschichte, vom Alten Reich zur zweiten Republik) 一书，该书的中文版于 1985 年由波恩 Inter Nationes 出版社出版。这是一本由德国人撰写的中文书籍，通过对该书的阅读，使笔者对德国历史的发展有了一个清晰的了解。而这是至关重要的，因为在笔者阅读德文版的法律史书籍的时候，德国作者往往会预想该书的读者是德国的法律人或者对德国法律史感兴趣的德国人——他们都是对德国历史有着一般了解的人，所以德国作者往往会跳过对某些历史事实的基本描述而直接进入主题，而对于笔者这样对德国历史了解尚嫌不足的读者而言，在阅读德文版的德国法律史书籍时难免会遇到障碍。在这样的时候，借助这本德国史学家写的中文版的德国史，就能在很大程度上帮助笔者的理解，从而走出困境。

另外，我国国内对一般德国历史的研究也取得了一定的成就，在这里笔者想提到武汉大学吴友法，吴教授对德国历史的研究，在当前中国，应当是属于前列的。笔者拜读了吴教授的《德国现当代史》和《德国资本主义发展史》两本书籍，并从中受益良多。另外，丁建宏所著的《德国通史》、丁建宏与李霞合著的《德国文化：普鲁士精神和文化》、赵星铁等著的《德国史纲》、孟钟捷所著的《试论魏玛共和国的社会政策》等书籍，都对笔者撰写此章有着或多或少的帮助。

第三节　统一前的分裂：德意志邦联

一、德意志邦联和维也纳方案

（一）维也纳会议与"德意志人民的声音"

当拿破仑在德国的宗主统治结束后，德意志地区的一个历史问题又浮出水面，是成立一个统一的民族国家还是德意志邦联？这个答案取决于四个反法同盟的胜利国的态度，他们是俄国、英国、奥地利和普鲁士。而且，由于法国外交部长塔列朗公爵（Talleyrand-Péigord，1754—1838）在政治方面的老谋深算，法国在战败后很快又重获欧洲大国的地位，使得法国的态度对德意志地区的未来同样影响重大。

在主要由俄国、英国、法国、普鲁士和奥地利五大国组成的维也纳会议（der Wiener Kogress）上，各大国的首脑，尤其是奥地利首相梅特涅（Klemens Wenzel von Metternich，1773—1859），将成立一个统一的德意志民族国家看成是对欧洲和平的巨大威胁。从合法性、复旧性和诸侯们的团结等基本原则出发，各国政府致力于把欧洲各国相互间的关系置于对所有参加国均有约束力的法律基础之上。在这方面所有能拿历史的统治权作为依据的政府均是合法的政府。如这些政府已被拿破仑颠覆，则需恢复之，并通过条约确定其占有权并相互声援，共同反对每一个捣乱的人，维护所谓"欧洲均势"（Konzert für Europa）。

维也纳会议的召开在欧洲重建了自1792年失去了的政治均衡，而这种均衡也涉及到德意志的两个大邦——普鲁士和奥地利，前者拥有莱茵省（Rheinland）和威斯特伐利亚（Westfalen），奥地利则拥有蒂洛（Tirol）、萨尔茨堡（Salzburg）、东南和南部伦巴第（Lombardei）等区域。[1] 尽管德意志地区在政治上依然是分裂

---

[1] Gerhard Köbler, Deutsche Rechtsgeschichte, 4. Auflage. Verlag Franz Vahlen München, 1990, S. 191.

的，但是德意志人民对此却发出了要求统一的呼声。并要求一个"日耳曼人全新的共同的未来"(eine neue gemeinsame Zukunft Gemaniens)。[1]在自由、平等和自决的旗帜下逐渐成长起来的年轻人，和那些曾经的法占区和莱茵联盟地区成长起来的资产阶级，要求成立一个统一的民族国家。

国家政治统一和德意志人民自由的呼声在精神领域的代表，是一大批文学家和诗人们的作品。德国政治评论员、出版商、作家克劳斯·梅纳特(Klaus Mehnert, 1906—1984)说："威廉·狄尔泰(Wilhelm Dilthey, 1833—1911)和荷曼·诺尔(Herman Nohl, 1879—1960)所提出的'深度的自觉和自知'(Tiefere Besinnung)，我们实际上已经具备了，启蒙思想、古典主义思想和浪漫主义思想直接影响了德国的各种运动，自从18世纪中叶开始，德国人已经超越了以前的自身并对自己的历史任务了然于心。"[2]康德的学生，狂飙突进运动的主力约翰·格特里普·赫尔德(Johann Gottlieb Herder, 1744—1803)提出了一个人民组织机构和功能的架构，而这个架构的前提则是："自然的"国家只允许由一个民族组成。

著名的唯心主义哲学家约翰·格特里普·费希特(Johann Gottlieb Fichte, 1762—1814)，一个法国大革命狂热的拥护者，在1807到1808年冬季学期期间，以及在法军占据普鲁士首都期间，在柏林的大学发表了支持德国统一的演讲。费希特向民众呼吁要求在一个统一的德意志国家里将所有外国的民众驱除出去！而最坚定、同时也常常引起敌视的言论来自大学教授、诗人、新闻工作者恩斯特·莫里兹·阿恩特(Ernst Moritz Arndt, 1769—1860)，他早在1803年就发表声明："人民健康的生活只能通过人民和国家的统一才能得以实现。"[3]

18世纪中叶到19世纪初欧洲和德国最重要的剧作家、诗人、思想家约翰·冯·歌德(Johann von Göthe, 1749—1832)，在1813年12月总结德国的时代精神时写道："您可别以为我对自由、人民、祖国等伟大思想无动于衷。不！这些思想就在我心中；它们是我们生命的一部分，没有人能摆脱它们。我也总把德国萦怀在心中。每当我想起作为个人如此值得尊敬而作为整体却那么可怜的德国人

---

[1] Dr. Adorf Laufs o. Professor an der Universität Heidelberg, Rechtsentwicklungen in Deutschland, 2., Ergänzte Auflage, Walter de Gruyter & Co. 1978, S. 140.

[2] 同上[1], 142.

[3] 同上。

民来就感到切肤之痛。把德国人民和其他民族相比会使我们感到羞愧难堪。我千方百计地想摆脱这种感觉,在科学和艺术中我找到了可以使自己升腾起来以超越这种情绪的翅膀。"[1]

另外一些在科学和教育领域闪耀的名字则属于普鲁士的改革家,他们通过各种途径,主要在非政治的领域作出改善国家状况的工作。那些爱国者在1812年到1815年间提出大量草案,要求将各种爱国的措施具体地规定到宪法当中去。这些爱国者中的代表者是卡尔·冯·施泰因男爵(Heinrich Friedrich Karl Reichsfreiherr vom Stein, 1757—1831)和威廉·冯·洪堡(Wilhelm von Humboldt, 1767—1835)。他们的目标是通过渐进改革,建立一个由某个邦主导的联邦国家,实行人民代表制度,统一全国的法令和国家自决。

(二)"欧洲协调"与《德意志邦联条例》

尽管德意志人民已经发出了自己的声音,"欧洲协调"中的强权国家们却不同意这样的方案,所以,在列强的直接干预下,建立了一个由奥地利、普鲁士、巴伐利亚、汉诺威和符腾堡组成的五强委员会,该委员会于1815年6月8日签署了《德意志邦联条例》(Deutsche Bundesakte)。[2] 据此,34个君主国和四个自由市(美因河畔的法兰克福、不来梅、汉堡和吕贝克)结合成为一个德意志邦联。它包括:一个帝国、五个王国,一个选帝侯国、七个大公国、九个公国、十个侯国、一个伯爵领地和四个自由市。奥地利帝国只有它的德语区、波希米西和摩拉维亚属于邦联。普鲁士王国的东普鲁士、西普鲁士和波森没有加入邦联。

德意志邦联是一个松散的联合体。条例确定,"邦联的目的是维持德意志外部和内部的安全,以及邦联各成员国的独立和不可侵犯,"各邦的经济、军事、内政、外交部各行其是。对外,邦联不能作为整个德意志的统一体行使外交权力。

---

[1] Göthe über die Zukunft Deutschlands [13. Dezember 1813] in Walter Wulf [Hg.], Geschichtliche Quellenhefte 6/7, 118f. 转引自〔德〕迪特尔·拉甫:《德意志史——从古老帝国到第二共和国》,波恩Inter Nationes出版社1985年中文版,第62页。

[2] Hildebrandt (Hrgs.), Die Deutschen Verfassungen des 19. und 20. Jahrhunderts, 12. Aufl., Fedinand Schöningh, 1983, S. 7.

对内，没有中央政府，没有国家元首，没有统一的最高法院，虽有"起草邦联的根本法"的议定，但这实际上仅是一个空头许诺。似乎作为中央机构的唯一象征，就是设在美因河畔法兰克福城的议会。

该议会由各邦的代表组成，由奥地利代表任主席。全部事务的领导由一个委员会负责，其成员共 17 人，普鲁士、奥地利等大邦各拥有一个席位，其他小邦共同拥有六个席位。涉及对内对外重大问题，由共有 69 票的全体大会决定。每作出一项决议，至少要三分之二的多数票通过，在许多情况下甚至需要全体通过才行，因此实际上，邦联会议并不具有什么行动能力。票数的分布也是大小邦不等的，帝国、王国均拥有 4 票，小邦只有 1 票。而且由于三个非德意志君主的存在，也给欧洲列强干预德意志民族事务埋下了伏笔。

《德意志邦联条例》中仅有一项许诺，也算得上是对那个时代精神的唯一让步，就是允许各邦联国家的公民可以拥有邦等级议会组织法和新闻自由。除了几个小国和 1818 年以来在新宪法中以国家法律形式载明，将使其获得的各片地区合并和一体化的德国南部的中等国家以外，当时还没有别的国家坚守这一规定。[1]

从本质上说，德意志邦联完全是一个维护旧秩序的工具，维护列强在德利益的工具。德意志人民在反法战争中赢得了民族解放，却未能实现民族的统一和自由。然而，经过法国大革命的影响和反法战争的洗礼，全德人民关于民族统一和自由的愿望再也无法消除了。

二、历史法学派和潘德克顿法学

（一）古典主义、浪漫主义与历史法学派的思想来源

在 19 世纪初期拿破仑称霸欧洲的战争中，一个问题摆在德意志人民面前，即是否应将已在若干区域引入的法国法在更广泛的德意志地区适用。一部分莱茵河沿岸地区的邦国对此持肯定看法，而以汉诺威选帝侯雷堡（Rehberg, 1757—1836）

---

[1]〔德〕迪特尔·拉甫：《德意志史——从古老帝国到第二共和国》，波恩 Inter Nationes 出版社 1985 年中文版，第 65 页。

为代表的反对派却以民族为原因对此坚决抵制。[1] 而实际上，雷堡的思想基础就是与古典主义相对立的浪漫主义。

在 18 世纪末开始的德意志浪漫主义思想运动是作为与启蒙运动和古典主义相对立的思潮发展起来的。从卢梭（Jean-Jacques Rousseau，1712—1778）、赫尔德（Johann Gottlieb Herder，1744—1803）和年轻的歌德（Johann von Göthe，1749—1832）开始，这一思潮把自己看作是个人的世界主义者，首先竭力颂扬自然和自由。随着他们的思想被用于国家和法律，浪漫主义者们不久就坚信：根据他们对有机发展的信仰，国家和法律也来源于自然和人民的发展，因而是他们本质的组成部分，他们就这样把目光引导到每个民族的特性、生活方式和历史上去。这样，一种新的民族意识产生了，并对德意志人的思想产生了深刻的影响，在法律领域的代表，则是以弗里德里希·卡尔·冯·萨维尼为代表的历史法学派。

对法律进行历史观察以对法律起源进行解释，这一方法并非全新。而且，不仅在法学领域，在"民族经济学"（Nationalökonomie）领域也有历史研究的传统。18 世纪的德国历史法学主要适用于对法律文物的鉴定与解释，并没有人将历史法学与现行立法或法学理论联系在一起。当时在哥廷根的胡果（Hugo Gustav，1764—1844），是第一个试图对罗马法的精神进行理解并搜寻其变迁轨迹的法学家。[2]

19 世纪的德国是历史法学派的天下，就像德国著名路德教牧师、大学教师威廉·埃贝尔（Wilhelm Ebel，1784—1861）所指出的："历史法学是浪漫主义大树上的一株分支"。[3] 当时的历史法学派实际上非常侧重私法，将个人的和民事的思想放在一个很高的位置上。古斯塔夫·拉德布鲁赫（Gustav Radbruch，1878—1949）在他的著作中将路德维希·费尔巴哈（Ludwig Andreas Feuerbach，1804—1872）的犯罪学和上述历史法学派的代表萨维尼互相对立，认为他们的思想在相同程度上，同时在相对的方面，对德国法学的发展产生了重大影响，从而将启蒙思想和浪漫

---

[1] Gerhard Köbler, Deutsche Rechtsgeschichte, 4. Aufl. Verlag Franz Vahlen München, 1990, S. 201.

[2] Stephan Meder, Rechtsgeschichte: eine Einführung, 3 Auflage, Böhlau Verlage GmbH & Cien, Köln Weimar Wien, 2002, S. 273.

[3] Dr. Adorf Laufs o. Professor an der Universität Heidelberg, Rechtsentwicklungen in Deutschland, 2., Ergänzte Auflage, Walter de Gruyter & Co. 1978, S. 154.

主义思想非常紧密地联系起来。

如德国历史学家佛朗兹·施耐贝尔（Franz Schnabel, 1887—1966）所说的一样，浪漫主义中"充满了矛盾的事物"，从而非常难以界定，历史法学也同样如此。历史法学的前提、背景以及它的两个互相联系却又针锋相对的学派，日耳曼学派（germanische Schule）和罗马学派（romantische Schule），乃至其最后的结局，潘德克顿法学（Pandektenwissenschaft），都使得历史法学令人感到难以琢磨。[1]

同时需要注意到的一个事实是，历史法学侧重历史事件的把握而对晚近的局势进行了刻意的回避，历史法学大量的代表者，基本上都是大学教授而不是法律实践者，而这一点就引起了来自柏林的政治家、律师尤利乌斯·冯·克什曼（Julius von Kirchmann, 1802—1884）发表于 1848 年的评论，他说："历史法学作为法学研究对司法实践没有任何价值。历史法学有三大特点：提升研究者自我满足的幻觉、对法律实践的陌生和对遥远的法律渊源的偏好。哪怕是避免对历史法学进行过高评价的人也必须看到，历史法学作为一种教授法学，通过大学里的潘德克顿研究者，间接地影响了整个世纪下半叶的立法和司法实践，但是却未能起到一个直接为德意志法律统一服务的作用。"[2]

而德国的历史法学家们则声称要从历史中去寻找法律的真义从而建构一个全新的法律体系。它将实用性从它的哲学和史学研究中剥离，从古老知识和古老的方法论中剥离，从而使研究者的意图和目的从历史法学的研究中剥离。这就是为什么历史法学的意义和历史研究方法在 19 世纪之后就未能极大地普及和发展的原因。而卡尔·马克思对萨维尼的评论则是：历史法学将法律渊源的研究看成是个人的兴趣爱好而提升到了一个极端的高度。萨维尼驾着船掉头，没有迎着风暴，而是向着出发地驶去，因为他觉得这是一条比较容易走的路径。[3]

尽管历史法学在当时和以后饱受诟病，但是不管怎样，在德国的法学家长廊中，萨维尼始终是最耀眼的明星之一。保罗·克莎克尔（Paul Keschaker, 1879—

---

[1] Dr. Adorf Laufs o. Professor an der Universität Heidelberg, Rechtsentwicklungen in Deutschland, 2., Ergänzte Auflage, Walter de Gruyter & Co. 1978, S. 155.

[2] 同上。

[3] 同上。

1951）曾说："他（萨维尼）使德国的法学获得了整个欧洲的视野，而他的功绩在很大程度上是由于其和歌德的世界以及浪漫主义思想之间的联系。作为一个对稳定情势的偏好者，一个憎恨法国大革命平等理性主义的保守贵族，以及一个反对法兰西世界主义理论的日耳曼主义者，萨维尼非常喜欢历史的连续性而排斥任何形式的革命。他的思想本身就是古典主义的。"[1]

萨维尼早在青年时代就在法学领域有远大理想，他的目标是要做"法学界的康德"，他于 1800 年的秋季在马尔堡大学（Philipps-Universität Marburg）以一篇名为《论犯罪行为的形式竞合》（de concursu delictorum formali）的论文获得了博士学位，然后留校作为讲师开始了他的教学生涯。[2] 他首先教授刑法，然后教授法学方法论，在教学和科研的过程中逐步形成了他的法学世界观，即"法律科学不外乎是法律史"（Rechtswissenschaft ist nichts weiterer als Recntsgeschichte）。他在其大作《占有权论》（Über das Recht des Besitzes）中首次展示了他的法律史观念，此书在 1803 年一经出版就在欧洲引起了轰动。他在书中认为，中世纪的释义法学家（Glossator）的众多评论，不仅与法律渊源相矛盾，而且根本不是法律渊源的内容之一。只有法律典籍，即优士丁尼法典（Das Recht Justinians），才是真正的法律渊源。

《占有权论》一书的成功给萨维尼带来了巨大的荣耀，这个荣耀使得他将自己的历史法学作出更加系统的研究，将法律的历史渊源进行阐明，将法律史原则进行梳理。在以后的几年里，萨维尼整理了他对古罗马到中世纪法律思想的研究，尤其是通过 1804 年到 1805 年间在巴黎的学习，而他的学生雅克布·格林（Jacob Grimm，1785—1863）则给了他极大的帮助。1808 年，萨维尼接受了祖国的召唤，回到巴伐利亚的朗兹胡特（Landshut），两年后，随着洪堡在柏林大学的就职，他加入了新成立的柏林大学，任教两年后出任柏林大学校长。

1814 年，海德堡大学教授安东·尤斯突斯·弗里德里希·蒂堡（Anton Julius Frierich Tibaut，1772—1840）发表了《论德意志统一民法典的必要性》（Über die Notwendigkeit eines allgemeinen bürgerlichen Recht für Deutschland）一文，提出德国

---

[1] Dr. Adorf Laufs o. Professor an der Universität Heidelberg, Rechtsentwicklungen in Deutschland, 2., Ergänzte Auflage, Walter de Gruyter & Co. 1978, S. 156.

[2] Stephan Meder, Rechtsgeschichte, 3 Auflage, Böhlau Verlage GmbH & Cien, Köln Weimar Wien. 2002, S. 274.

应尽快制定一部像法国民法典一样的统一民法典。蒂堡的思想受到了萨维尼的批判，后者发表了著名的《论立法及法学的现代使命》（Vom Beruf unserer Zeit für Gesetzgebung und Rechtswissenschaft）一文，反对立法的盲目和激进。要求立法者和法学家在对历史上的法律进行深入研究从而具备渊博的法律知识后，再考虑制定一部完善的统一的法典。

萨维尼不仅否定了蒂堡的看法，同时也否定了当时施行的三部法典——《德意志普通邦法》（全名为《普鲁士国家的普通邦法》，Allgemeines Landrecht für die Preussischen Staaten，ALR）、《法国民法典》（Code civil des Français）和《奥地利普通民法典》（Allgemeine Bürgerliches Gesetzbuch für die gesamten Erbländer der österreichischen Monarchie，ABGB）。[1] 其原因不仅是因为他觉得目前法律研究尚不足，还因为他希望能够向立法提供更多更丰富的法律史材料而更大地影响立法，从而使其本人在德国学术界中获得更高的声誉，也使他的法律渊源研究形成相关的体系——在他看来，这种体系则恰恰是立法工作所需要的。

（二）历史法学的发展与潘德克顿法学

历史法学的研究到后期就不可避免地走向了潘德克顿学者所专注的"概念法学"（Begriffsjurisprudenz）。通过对法律组织产生和法律发展的研究，虽然萨维尼极力避免概念法学和社会实际生活的脱节，然而他却依然无法将法学研究和当时法律体系需要统一化的政治要求结合起来。但萨维尼主观上却认为在法律和生活之间并没有差距，法律来源于生活，也就是所谓"民族精神"（Volksgeist）。萨维尼通过这种建构使法律成为一种"自生自灭、自我独立"的事物，而不需要任何外在力量的推动，从而使得社会现实和社会需要的考虑不合时宜。他使他的法律体系变得非常抽象从而步入了法律形式化的大门。

同时，就像潘德克顿法学经典读物自称的一样，潘德克顿法学鲜明的概

---

[1] Dr. Adorf Laufs o. Professor an der Universität Heidelberg, Rechtsentwicklungen in Deutschland, 2., Ergänzte Auflage, Walter de Gruyter & Co. 1978, S. 159.

念形式化，是萨维尼的学生和追随者，格奥格·弗里德里希·普赫塔（Georg Friedrich Puchta，1798—1846）将其推向极致的。在普赫塔分别出版于1828年和1837年的两卷本的著作《习惯法》一书中，这位学者将知识渊博的法学家看成是仅有的具备了法律能力的法律解释者和制造者，应当垄断所有法律的理论和实践。在普赫塔的眼里，法学家处于法律生活在19世纪所能达到的最高阶段，是人民的某种"机构"。

但是很多人却对此持否定意见，他们认为普赫塔的理论看上去就像是一个停留在"普通的无须开发的理解"的层面上，而就这种理解而言没有什么是不可知的、抽象的。在这些理论中，对现实生活的关注和关怀都已消失，对现实的需要也不置一词。同时，普赫塔追随了萨维尼的理论，将法律的渊源分为三个部分，即人民、立法和知识。同时也认为法律是由民族精神在不同的"文化阶段"（Kulturstufe）中，由法学家和立法机构间接地制定出来。[1]

而在普赫塔的著作《潘德克顿》（Pandakten）和《学院教程》（Cursus der Institutionen）中，他充分阐述了一个潘德克顿学者的方法论，即赋予富有知识的法学家以创造新的法律描述的权力。他说："这是知识界的任务，将法律描述和法学体系这两者联系起来作出互为条件和前提的理解，从而使得法律的家谱变成不仅仅是个别法律的汇编，从而上升到法律原则，并将这些法律原则提高到一个最高的地位。"[2]

通过这样的工作使对法律描述上升为法律意识。在这些法律原则中蕴涵着的民族精神，这些民族精神，既不能直接地从民歌和民间小说中了解，也不能从立法者的需要中得知，只有通过法学家的演绎才能使之清晰地表现出来。所以潘德克顿法学不仅不是民歌和民间小说，也不是立法者的需要，而是表现为一种知识的汇编和转化。所以那是一种"知识的法律"（Recht der Wissenschaft），或者说由于其通过法学家的个人工作不可避免地带上的某些个人特点和观点，将其称为"法学家的法"（Jristenrecht）。这一趋势导致的结果是，法律实践在法律发展中将无能为力，司法

---

[1] Stephan Meder, Rechtsgeschichte, 3 Auflage, Böhlau Verlage GmbH & Cien, Köln Weimar Wien. 2002, S. 288.

[2] Dr. Adorf Laufs o. Professor an der Universität Heidelberg, Rechtsentwicklungen in Deutschland, 2., Ergänzte Auflage, Walter de Gruyter & Co. 1978, S. 156ff.

行为仅仅是简单的法律识别,上级法院也由此失去了对下级法院的指导作用。[1]

这个趋势使得司法操作逐步趋向形式化发展而疏远了对社会、政治和道德上的现实考量,将形式主义的做法逐渐普及并推向高峰。对潘德克顿法学而言,它只需要一场法律思想的更新运动,而这场运动首先否定的是理性主义和自然法的效力。概念法学放弃对现实社会关怀的倾向,引起了知识界和政治实务界日益深刻的矛盾,从而导致了反对形式主义的呼声在日后一次次的论辩中日益高涨。

同时,在历史法学派的发展进程中,不仅在历史法学派的外部,在历史法学派内部,观点交锋也日益尖锐。德国著名法学家奥托·祁克(Otto F. von Gierke, 1841—1921)说:"日耳曼法学者首先提出德意志民族主义思想是力量的源泉。从而将民族法律的统一看成是民族解放的一个重要的前提和组成部分。所以日耳曼学者将法学研究的前提和法律的普及性以及大众性联系了起来。"这一观点和同属历史法学派的罗马学派的观点相左,于是就引起了日耳曼学派和罗马学派的严重分歧乃至决裂。

这一决裂发生在1839年,一个新的组织,德国法杂志社(der Zeitschrift für das deutsche Recht)在奥古斯特·路德维希·雷舍(August Ludwig Reyscher, 1802—1880)和威廉·爱德华德·维尔达(Wilhelm Eduard Wilda, 1800—1856)的努力下成立。在成立大会中他们说:"成立杂志社的目的不仅仅在于完成德意志国内的法律统一,还在于和民族法学教育和法学研究共同促进和发展。杂志出版的意义非常重大,因为杂志出版的前提不仅仅是一个共同的、一个国家的、大众普及的法律基础,还意味着罗马法学派研究前景的覆灭。"[2] 普赫塔曾提出应在立法中将日耳曼法作为基本背景来进行考虑,而这一观点被格奥格·贝塞勒(Carl Georg Christoph Beseler, 1809—1888)所接受并发扬光大。他认为罗马法的继受是一种"民族的不幸"(Nationalunglücke),因为这必将导致一种非普及的法学家法的统治。[3]

1843年贝塞勒(Carl Georg Christoph Beseler, 1809—1888)出版了《人民法和

---

[1] Stephan Meder, Rechtsgeschichte, 3 Auflage, Böhlau Verlage GmbH & Cien, Köln Weimar Wien. 2002, S. 288.

[2] Dr. Adorf Laufs o. Professor an der Universität Heidelberg, Rechtsentwicklungen in Deutschland, 2., Ergänzte Auflage, Walter de Gruyter & Co. 1978, S. 156ff.

[3] 同上[1], 289.

法学家法》(Volksrecht und Juristenrecht) 一书，书中提及：在当时德国研究罗马法的学者已经是非常少了，人民对罗马法的关注也非常少。贝塞勒要求这些罗马法学者从与世隔绝的研究环境中走出来，和民族法学融为一体。一个深层的民族运动将法学向更符合自然法和更大众化的方向进行了推动，成为一个清除和现实生活疏远的、落后陈旧的法学的代表性运动。

1846年和1847年在吕贝克和法兰克福举行了日耳曼学派大会，来自海德堡的教授约瑟夫·安东·米特尔迈耶（Carl Joseph Anton Mittermaier，1787—1867）就日耳曼法而不应当是罗马法作为整个民族法律基础的必要性作出了演讲，同时雷舍则提倡对日耳曼世界里的法律进行统一化的推动，从而形成一个"共同的法律"，同时雷舍还抨击了到目前为止他所看到的罗马法学研究的一些重大漏洞。这两个学派之间激烈的争论直到19世纪的结束一直没有得到解决，而这个重大的思想分歧，首先导致了1848年保罗教堂里的激烈争论却迟迟无法得出最后的统一结果，乃至最终导致了19世纪下半叶严重的立法危机，当然这是后话。

我们该如何对历史法学派进行客观清醒的评价，是否就应该像保罗·克尔沙克尔（Paul Koschaker，1879—1951）评价的一样？历史法学将法律史当作一条新的法学原则进行考虑，从而在所有欧洲的大学里普及开来，但是并不意味着它是非常特别的法学领域。他们追求将共同法（罗马法）和德国特别私法（日耳曼法）的原则融合起来，解放至今还很低下的法学家的工作效率。当德国法学家在1900年前整理出一堆日耳曼法和罗马法法律素材期间，就只剩下一个法学——那就是潘德克顿学者的成果，就像萨维尼在一开始就设想的一样，那就是德国普通法。同时，由于有帝国统一目标的存在，潘德克顿法学家和所有德国私法学学者都有一个基本的努力方向，那就是为帝国统一准备一套高度发展了的法律体系。当然，政治条件的成熟并不是由大学教授们所促成的，但是条件一旦成熟，他们的成果就会立即在宪政上和立法上体现出重大的意义。

就像在每次思想运动中历史法学都会提供一系列意见和观点一样，历史法学在法律思想上作出了重大贡献，甚至可以代表那个时代的法学思想，我们感谢历史法学派——尤其是历史法学家们所提供的法律是共同文化建设的要素以及法律和历史共同发展的观点。

三、德意志邦联和民商事立法

（一）民族法律统一的努力

为民族法律统一而战是19世纪德意志法律史的主题之一。从理论界和评论界的情况来看，在蒂堡教授于1814年发表的《论德意志统一民法典的必要性》一文中已经清楚地表明了德国普通民法统一的必要性。约翰·戈尔斯（Johann Görres，1776—1848）在《莱茵河简刊》中多达七次表示："所有的一切都为德意志法律的统一服务。"[1] 爱国者阿恩特也多次要求建立一个统一的德意志法院系统以及一个德意志地区共同的最高法院。这个广泛的呼声最后在《保罗教堂宪法》（Paulkirchenverfassung）第64条中得以落实，大会一致通过如下决议："帝国权力建立在所有人民的民法典、商法和票据法典、刑法典和相关程序法的颁布上。"很多人将这一条款称为"黄金条款"（goldenern Artikel）。

这个呼声也体现在来自巴登的法学家、民运人士、政治家安东·克里斯特（Anton Christ，1800—1880）写给为德国统一而战的政法学者兼自由撰稿人米特尔迈耶的信中。米特尔迈耶在海德堡整理了大量德国民事法律的档案，发表了大量的论文和评论，为统一法典化做出铺垫。建立统一的德意志帝国在1848年保罗教堂国民议会时期虽然还是一个梦想，但是保罗教堂的议员们却为德国法的统一作出了巨大贡献，推动了德国法统一的进程。发展中的工业经济需要一部统一的交通法规，公司企业致力于制定商法和票据法，而在各行各业工作的法律工作者们则为法律的全面统一而努力工作。

1860年5月16日，普鲁士法院报（Peußische Gerichtszeitung）在柏林召开德意志法律工作者大会（deutscher Juristentag）进行研讨并发表社论，要求以"帮助德国法在各个领域内达成统一"作为主题。这样，在1860年的德意志法律工作者大会第一次会议中，也将"建立一个互动的意见交换平台，建立一个法律工作者

---

[1] Dr. Adorf Laufs o. Professor an der Universität Heidelberg, Rechtsentwicklungen in Deutschland, 2., Ergänzte Auflage, Walter de Gruyter & Co. 1978, S. 156f.

之间的私人交流渠道,在民事、刑事乃至程序法等法律的各个领域,对德国法的统一形成日益一致的看法,明确德国法统一道路上的障碍并为此提出解决建议,从而推动德国法的统一"定为主要目标。

另一方面,直到北德意志同盟和德意志第二帝国的建立,尽管存在着很多矛盾和制度上的缺陷,统一德国法的努力依然在实质上影响着德意志各邦。德意志邦联在它存在的最后阶段对德国法的统一作出了重大的推动,特别在商法、债法、民事程序法、票据法、专利法和著作权法等领域。在德意志邦联大会的官方记录以及委员会的社论中都可以看到为了德国法的统一所作出的巨大而又繁重的劳动。而很多推动德意志法统一的法律工作者拒绝邦联大会和委员会提出的法律方案的原因,则在于他们认为通过政治途径推行的是政策而不是法律,他们致力于完成一个德国法统一的基础,在此基础上德意志第二帝国继续努力,最终完成了统一的大业。

实际上,民事立法统一的能力对邦联来说,在1848年前依然是不可能具备的。而在1848年以后的"后革命时期"(nachrevolutionäre Epoche),德意志民事立法的进程得到了极大的加速。但是当时的主流观点依然认为,哪怕是这样的一个德意志邦联,由于其缺乏相关的能力,也依然对德意志民事立法问题无能为力。因为当时有权立法的是各个邦而不是邦联自身,邦联只有权提出草案,这个草案须和各个邦国的宪法相统一并经各个邦国通过后方能得其效力。在开始的时候人们还期望能够通过努力在邦联大会上一致通过一项草案,从而完成立法,但是很快他们发现各邦总是以自由为借口拒绝草案的通过。

早期的各邦在自由与统一问题上往往更注意实现本邦的自由立宪,所谓"宁要没有统一的自由,不要没有自由的统一"便是这一倾向的典型概括。很快那些立法草案和立法建议都被各邦否决,从而将德意志邦联限制在一个各邦之间的"调解倡议人"(vermittelnde Initiative)的地位,从而限制了邦联在德意志统一立法上发挥进一步作用的可能。

但是需要引起注意的是,虽然邦联在立法方面的能力有限,但是通过这个平台,各邦,尤其是各邦的法学家得到了交流,从而并非在形式上,而是在实质上为形成一个"实质法律统一"(materielle Rechtseinheit)做出贡献。当然,由于缺乏一个统一的最高司法机构,这种统一肯定是不完全的,而且法律的统一在司法层面上也无法得到推进。但"未来法律统一景象"（Einheitlichkeit foresischer Rechtsfortbildung）已在此时得以显现。所以说，德意志邦联为德意志地区法律统一所作出的努力真的意义重大，因为它奠定了德意志法律统一的基石。[1]

弗兰兹·劳福克（Franz Laufke）在他的研究报告中指出："德意志邦联和民事立法之间的关系，主要体现在政治上的成就、宪法改革的推进以及邦联的立法活动。关于要求立法统一的呼声不断高涨，两次对邦联构成冲击。一次是在1856年克里米亚战争（Krimkrieg）结束的时候，另一次是在1859年上意大利地区（撒丁王国）发生的反奥解放战争及奥地利和法国发生冲突的时候。"[2] 在这些危机时刻，大量增加的立法申请推动了邦联的活动。反而在平静的年代里，邦联却是行动迟缓的。

总体而言，邦联的立法还遭到了德意志两大国之一的普鲁士的阻挠，正如奥托·冯·俾斯麦（Otto von Bismarck，1815—1898）于1851年到1859年在法兰克福议会中担任普鲁士大使时所做的一样，普鲁士的政策目标在于得到邦联领导者的权力，排挤奥地利，将邦联置于普鲁士霍恩佐伦家族（Hohenzollern Hause）占统治地位的霸权之下。

但是奥地利的政策则与普鲁士相反，它在梅特涅（Metternich，1773—1859）的主持下寻求在德意志邦联内的各邦"协调"，以避免革命的发生。而其他中小邦国——当然彼此之间也有位次上的区别，它们则更注重于维持本邦的存在和增强本邦的实力，以确保自身在各大国之间的地位。所以对它们来说，存在是第一位的。但是与此同时，各邦内部的爱国主义者却致力于邦内的法律统一，因为在他们看来，邦联本来就是"单个邦的联合"，但是这样的努力也间接地为整个德意志地区民族法律的统一做出了贡献。

（二）1861年《德意志普通商法典》及其他民商立法成就

遵循一般的法律发展轨迹，德意志地区法律统一进程也是自商事法典始。以1808年法国商法典（Code de commerce）、1829年西班牙商法典、1833年葡萄牙商

---

[1] Dr. Adorf Laufs o. Professor an der Universität Heidelberg, Rechtsentwicklungen in Deutschland, 2., Ergänzte Auflage, Walter de Gruyter & Co. 1978, S. 157.

[2] Franz Laufke, Der Deutsche Bund und die Zivilgesetzgebung, Karlsruhe, Verlag C. F. Müller, 1961, S. 57.

法典，以及1838年荷兰商法典为范本，1848年的保罗教堂议会通过了1847年由各个邦共同拟定的《普通票据法》（Allgemeine Wechselordnung）草案，使之成为帝国立法并于1848年11月27日予以公布，同时为了确保其法律地位，有些邦又将该法以邦法的形式再次进行了确认。[1]

德意志邦联立法最突出的例子当属1861年的《德意志普通商法典》（das allgemeine Deutsche Handelsgesetzbuch von 1861，ADHGB 1861）了，这是19世纪全德第一部统一法典，也是现行的《德国商法典》的前身。[2] 同时这部法典也成为了当时欧洲商事立法中最引人注目的一部法典，因为这部法典将日耳曼法和罗马法的要素完美地结合在了一起，这部法典的出台，正式拉开了德意志地区统一商事立法的序幕，并在很大程度上在德国政治统一之前实现了法律上的统一。

该法典的草案是由普鲁士提出来的，而在当时的普鲁士境内，罗马法、法国法以及日耳曼法都在适用。正如黑森州司法局局长彼特·海胥（Peter Raisch，1946—）所说的："这部法律的通过具有着里程碑式的意义，自这部法典生效以来，德意志地区的民事立法的统一在商事立法的带动下，马上就向前推进了很大一步，而在商事立法中有关于物权和债权的法律要素，随着商法典的通过，同时起到了为民事立法统一服务的巨大作用。"[3] 同时，《德意志普通商法典》也为后来的1900年《德国商法典》奠定了基础。

当时，德意志邦联在立法活动中充分考虑到了和以前在各州使用的法律之间的接轨问题。巴伐利亚（Bayern）、巴登（Baden）、符腾堡（Württemberg）的议会也曾多次提出过相应的立法建议，而其动议主要集中在1833年通过的关税同盟的问题上。[4] 在1838年德累斯顿关税会议中，这个观点是占优势地位的，即商法和票据法的统一在德国目前来说基本上还是一个不可能的任务。而且有个别邦又已经在自行审议商法和票据法了。所以在1848年的保罗教堂议会中，商法的统一是一个重大的议题，可惜未完成的商法典草案却由于法兰克福国民议会的失败而被搁置了下来。

---

[1] Dr. Gehrd Köbler, Deutsche Rechtsgeschichte, Verlag Franz Vahlen München, 2005, S. 205.

[2] Karsten Schmidt, Handelsrecht, Carl Heymanns Verlag, 1999, S. 34.

[3] Peter Raisch, Geschichteliche Voraussetzungen, Dogmatische Grundlagen und Sinnwandlung des Handelsrechts, Mueller, 1965, S. 21.

[4] 关于这个问题，请参见本章第四节之一中的（三），李斯特与关税同盟的建立。

巴伐利亚的外交部长于 1856 年在法兰克福议会上提出了这样的提案：统一商法典的编纂工作应交给一个特别的委员会来完成。决议通过了这个提案并于 1857 年 1 月成立了由几乎所有成员邦的代表组成的委员会，会议地点设在纽伦堡。纽伦堡委员会第一次会议共由 27 个成员组成，其中 8 个是商人。委员会通过决议，普鲁士邦的商法典草案应作为统一商法典的立法基础，同时须加入和草案相一致的有关于物权法和债权法的内容。

这个 1856 年到 1857 年的商法最新成果，被后来的邦联盟委员会和普鲁士的最高法律顾问——弗里德里希·威廉·奥古斯特·卑斯西奥甫博士（Dr. Friedrich Wilhelm August Bischoff, 1804—1857）看作为重要的法律渊源，他说："这部法典草案中涵括了最新的商法理论成果，也考虑到了商事活动的实践性，同时又将德国法院的司法审判成果和外国商法典的最新立法经验加入了进来。"[1] 他所说的这些外国商法典，包括 1807 年法国商法典和 1829 年西班牙商法典，还包括 1849 年法兰克福议会中的立法成果，甚至于也顾及到了符兹堡和奥地利的商事规则。

然后，邦联委员会在汉堡的保险法和海商法方面又对商法做出了补充，1861 年 3 月，委员会终于完成了任务。这部相当抽象和富有技术性的交易法规让广大商家受惠，大多数邦同意采用德意志统一商法典在其邦内的适用，这样终于迈出了德意志法律统一的第一步。从 1869 年开始，德意志统一商法典又正式被北德意志联盟原封不动地采用，1871 年为德意志第二帝国采用，直到 1900 年被新商法典所取代。而在奥地利，这部商法典于 1863 年作为《普通商法典》（Allgemeines Handelsgesetz）被引入，一直沿用到 1938 年 5 月 13 日被德国商法典所取代。

而 1848 年《德国统一票据法》（Die Allgemeine Deutsche Wechselordnung von 1848）的编纂历史基本上和德国统一商法典的相一致，直到 19 世纪上半叶，德国各地还盛行着各种各样的票据规则，经济的发展要求一部统一的票据法的出现。当然在票据法统一之前，在海因里希·图尔教授（Heinrich Thöl, 1807—1884）和卑斯西奥甫博士（Dr. Friedrich Wilhelm August Bischoff, 1804—1857）艰苦的工作下，相当数量的草案肯定是必不可少的。普鲁士在 1847 年以德意志关税同盟的名义召开了票据法协商会，首次提出了提案。1847 年，29 位各邦代表在莱比锡

---

[1] Dr. Adorf Laufs o. Professor an der Universität Heidelberg, Rechtsentwicklungen in Deutschland, 2., Ergänzte Auflage, Walter de Gruyter & Co. 1978, S. 170.

(Leipzig)召开会议，在普鲁士提案的基础上编纂统一的票据法。

而1848年法兰克福保罗教堂国民议会则认为，克服票据法版本多样的困难对他们来说是义不容辞的任务，所以他们将莱比锡会议中未能通过的草案正式宣布通过，将其作为在整个德国适用法律来看待，从而使得德国统一票据法在德意志地区得到了真正的适用。米特尔迈耶（Carl Joseph Anton Mittermaier，1787—1867）庆祝道："帝国票据法的颁布是一件非常幸运的事情，因为这是德意志法律统一中令人非常欢欣鼓舞的一步。"[1] 有几个邦甚至在1848年法兰克福国民议会决议之前就已经将该法律在本邦适用了，而绝大多数邦则是在1848年票据法通过后正式适用的。

德意志邦联期间其他的立法成就还包括1866年在德累斯顿会议中由奥地利、巴伐利亚、萨克森、汉诺威、符腾堡、黑森-达姆施塔特、法兰克福等邦代表共同宣布通过的德意志统一债权法的草案（der Entwurf des allegemeinen deutschen Gesetzes über Schuldverhältnisse）。虽然由于邦联的结束和第二帝国的建立令该草案最终无果而终，但是它依然对德国债权法的发展有着持续的影响。另外，德意志邦联还在法律援助、度量衡、民事诉讼法、专利法的统一方面做出了推动，哪怕是那些尚未浮出水面的计划，也为后来的大规模的立法活动做出了贡献。

第四节　革命的年代：1848年的德国

一、"三月革命"前的德国

（一）汉巴哈大会和法兰克福起义

1830年7月，法国再次爆发推翻波旁复辟王朝的革命，这一革命激励了欧洲其

---

[1] Dr. Adorf Laufs o. Professor an der Universität Heidelberg, Rechtsentwicklungen in Deutschland, 2., Ergänzte Auflage, Walter de Gruyter & Co. 1978, S. 171.

他国家的自由主义者。而在德国，饱经反动时期种种令人失望之举的人们，将自由化运动开展得如火如荼，而且运动的范围，不再局限在某个邦国以内，而是开始向全德各邦共同行动的方向演化。同时，运动主要成员，不再仅仅是知识界，还包括小资产阶级和手工业者阶层，而汉巴哈大会的召开就是这一特点的集中表现。

1832年5月27日，大约有三万大学生和公民来到哈尔特河畔诺伊施塔特的汉巴哈宫（Das Hambacher Schloss）集合。大会的组织者是西本普法伊费尔（Siebenpfeiffer, 1789—1845）和奥古斯特·维尔特（August Wirth, 1798—1848），摆脱国内外的暴虐统治、废除君主制、建立统一的德意志共和国成了大会的中心议题，大会还举行了声势浩大的示威游行。

不到一年，1833年4月3日，在"新闻和祖国协会"分会及大学生协会的秘密策划下，法兰克福几十名大学生、手工业者和波兰军官，冲击了法兰克福警备总署，并敲响警钟，试图以此掀起反专制的人民起义。汉巴哈大会和法兰克福起义事件（后被镇压）的发生，促使各邦当局采取更为激烈的压制和更为疯狂的迫害，各德意志邦议员的权力受到限制、言论和集会自由被取消，书报检查更加严格。中央调查委员会又恢复了活动，该会对所谓煽动分子发动更为残酷的迫害，数百名反对派成员遭到长期监禁。自由化运动和民族运动暂时不得不偃旗息鼓。

（二）时代的榜样——哥廷根七君子

哥廷根七君子（Göttinger Sieben）——哥廷根大学的七位教授，他们在1837年汉诺威宪法危机中的抗议和反对，造就了德国三月革命前的时期（Vormärz），也就是从1815至1848年间的这个时期反对封建割据和独断专制的高潮。相对于1789年法国大革命的精神而言，"哥廷根七君子更倾向于英国宪法国的榜样，"恩斯特·鲁道夫·胡伯（Ernst Rudolf Huber, 1903—1990）说，"从南德小邦的拘束中解放出来，从而直接建立一个完整的德意志民族国家。通过这样的方式，将民族法律的自信和尊严坚定不移地树立起来，从而实现民族的权力。同时进一步开展民族国家的爱国主义运动，这将成为1848年宪法运动的最强音。"[1]

---

[1] Dr. Adorf Laufs o. Professor an der Universität Heidelberg, Rechtsentwicklungen in Deutschland, 2., Ergänzte Auflage, Walter de Gruyter & Co. 1978, S. 176.

1833年的这场改革实际上是一场骚动的结果,1831年,由私人讲师[1]、德意志的自由斗士海因里希·阿任斯(Heinrich Ahrens, 1807—1874)、约翰·恩斯特·豪逊普拉特(Johann Ernst Arminius von Rauschenplatt, 1807—1868)、卡尔·舒斯特(Carl Wilhelm Theodor Schuster, 1815—1897),以及激进学生和市民们发动的骚动,直接使得自由主义的动议在宪法中取得了优先的地位。宪法规定了邦权力的两个部分——由贵族代表组成的第一部分和由市民、教士和农夫代表组成的第二部分。邦议会掌握立法权、征税权和预算权,但是国王依然享有特权。国王有权任命或解任部长。部长在政治上对议会负责,但是议会并不享有对部长的弹劾、质疑权。

而1837年的风波则始于汉诺威王国的王位更迭,威廉四世(König Wilhelm IV, 1765—1837)的逝世,意味着自1714年确立起来的英国和汉诺威邦之间的邦联的解体。[2] 因为在国王去世而没有男性子嗣的情况下,在英国应该直接由女王即位,而汉诺威却遵行了萨利安人的传统,即只有在王室家族男性全部死亡的情况下才能由女性即位,于是威廉四世的弟弟、坎伯兰公爵、专制狂人恩斯特·奥古斯特(Ernst August, 1771—1851)坐上了国王的宝座。奥古斯特即位后拒绝向其兄指定的宪法(即1833年的自由主义宪法[3])宣誓,并声称保留一切国王的专制权力。他认为威廉四世没有权力颁布一部限制其继任者权力的宪法,同时社会各个阶层的同意并不是宪法生效的要件,王位的继任者完全有权也必须将这种传统的权力收回。

恩斯特·奥古斯特首先在贵族阶层和格奥格·冯·舍勒男爵(Freiherr Georg

---

[1] 德国的 Privatdozent,从字面意思直译应为"私人讲师"(目前我国国内比较普遍的一种叫法是"编外讲师")。但是,实际上和我国所谓家庭教师、私人教师内涵大相径庭。在德国,所谓 Privatdozent,指的是已完成博士学位,并且通过教授资格论文审查,得以应聘为特定教席的德国学术工作者,只是大学尚未空出相应的教授讲席,所以他们只能作为替补教授而工作。德国的 Privatdozent 制度是世界上各主流国家教育体制中的孤例,也是德国教育体制中最具特色的一点。

[2] 1814年10月,维也纳会议决定,为了给予英王在德国事务上的发言权,决定将汉诺威选帝侯国提升为汉诺威王国,并与英国组成共主邦联。但这个共主邦联很快瓦解,当1837年英王威廉四世驾崩后,英国王位传给了血缘关系较近的肯特郡主维多利亚。但因德意志地区施行萨利安法(Salisches Recht),禁止女性继承王位。维多利亚三伯父的汉诺威王位传给了她的五叔坎伯兰公爵。

[3] 汉诺威王国自1833年始,建立起了宪法,这是一部在保守主义势力和自由主义势力之间的寻求妥协和平衡的宪法,它在维持政府和社会各个阶层之间的平衡上起到了卓有成效的作用,从而取代了1819年的法规。

von Schele, 1771—1844) 的帮助下延迟了议会的召开，并要求议会通过决议宣誓对新国王效忠。这次议会的推迟实际上意味着国王对宪法宣誓的拒绝，意味着又将开始一个新的君主对国家的统治。而随着新国王继任而走马上任的新议会长舍勒男爵则声称支持国王，支持国王的措施，反对宪法的继续实施。而这张1837年7月5日签发的任命书则表明，国王无论在形式上，还是在实质上，都不再受到宪法的约束。

奥古斯特粗暴乖张的行为引起了汉诺威王国的一场风暴，也拉开了整个德国乃至半个欧洲的风暴的序幕。许多有说服力的论据被提出，论证1833年宪法的合法性，反对君主国的原则，废除宪法的行为在没有相关阶层的同意之下是无效的。当时只有公法学者尤斯图斯·克里斯托弗·莱斯特（Justus Christoph Leist, 1770—1858）依然拥护国王的主张。在莱斯特的理论指导下，奥古斯特决意"保卫"古老的帝国，1837年10月30日，他公然解散了已经被延迟了的议会，并于11月1日宣布宪法"自始无效"。他说："1833年9月26日通过的宪法不应当被我们认为是有拘束力的宪法，因为它是以一种完全无效的方式运行的。宪法被宣布取消是一个自然的结果，自从它被取消始，原来的邦法重新生效。"[1] 国王公然向议会施压，使得议会成员在受到恐吓和威胁的情况下容忍了原邦法的通过。

邦宪法的废除也意味着原先由汉诺威公职人员共同捍卫的宪法誓言沦为一句空谈。当国家宪法被宣布废除，其结果必定是，国家的公职人员，那些原先我们可以完全信任并期待他们遵行国家法令的人，失去了在法律面前宣誓的义务，由此我们可以在某种程度上认为，法律对他们失去了拘束力。这个宣誓义务解除的命令无论如何都是错误的，而这样做的结果，则会使公职人员的执法工作不再依凭其良心，从而导致法律上和政治上的双重危机。卡尔·施密特（Carl Schmitt, 1888—1985）的得意门生恩斯特·弗里森哈恩（Ernst Friesenhahn, 1901—1984）说："典型的三段式的公职人员誓词不再起作用，它被历史中陈旧的向国王的宣誓所取代，从而公职人员的工作将不再依照宪法的指引，他们只效命于国王。"[2]

─────────

[1] Dr. Adorf Laufs o. Professor an der Universität Heidelberg, Rechtsentwicklungen in Deutschland, 2., Ergänzte Auflage, Walter de Gruyter & Co. 1978, S. 178.

[2] 同上 [1], 179.

国王如此公然践踏法律尊严，在汉诺威的各阶层引起了轩然大波。面对强权在握的君主，知识界的精英通过抗议书的形式向国王的倒行逆施表达不满，哥廷根七君子就是其中的杰出代表。这七人均是哥廷根大学教授，他们是史学家克里斯托弗·达尔曼（Christoph Dahlmann，1785—1860）、法学家乔治·格特里普·格尔维努斯（Georg Gottfried Gervinus，1805—1871）、雅可布·格林（Jacob Grimm，1785—1863）、威廉·格林（Wilhelm Grimm，1786—1859）、威廉·爱德华德·阿尔布雷希特（Wilhelm Eduard Albrecht，1800—1876）、东方学家乔治·海因里希·奥古斯特·爱华德（Georg Heinrich August Ewald，1803—1875）、物理学家威廉·爱德华德·韦伯（Wilhelm Eduard Weber，1804—1891）。1837年11月18日，他们联名发表声明，宣称保卫宪法。达尔曼说："这关系到德国存亡。如果邦联可以眼睁睁地看着一部邦宪法就像玩具一样被随意毁掉……那德国将来的命运就已经注定了。"[1] 自1829年开始就在哥廷根大学治学的公法学家、法律史学家埃希霍恩（Karl Friedrich Eichhorn，1781—1854）的学生弗里德里希·约翰·阿尔布雷希特（Friedrich Johann Albrecht，1779—1856），在对著名的行政法先驱毛伦布莱希（Maurenberecher）的著作《当代德国公法学基础》（Grundsätze des heutigen deutschen Staatrechts）发表书评中坚称："国家是法律人的集合体！"[2]

哥廷根七君子向汉诺威教育局提交的抗议书要求国王对宪法进行宣誓，同时要求选举权在各阶层之间进行合理分配。他们的抗议书是这样写的："在充分考虑了当前情况的前提下，可以认为没有什么比这个更有说服力，即宪法应该继续有效。只有这样，才能在不违背自己良心的基础上通过任何法令。在不需要更多调查和辩护的情况下，通过国家的强力保护人们的权利不受到侵犯。国王您的义务始终是存在的，也需要明确地宣布出来，即您必须在宪法的基础上遵行您的誓言并履行您的义务，所以既不应该通过改选的方式将宪法弃之不用，也不应当在违背宪法程序的情况下召开会议或进行选举。"[3]

---

[1]〔德〕迪特尔·拉甫：《德意志史——从古老帝国到第二共和国》，波恩Inter Nationes出版社1985年中文版，第75页。

[2] Dr. Adorf Laufs o. Professor an der Universität Heidelberg, Rechtsentwicklungen in Deutschland, 2., Ergänzte Auflage, Walter de Gruyter & Co., 1978, S. 178.

[3] 同上[2], 181.

有关宪法宣誓问题（Verfassungseid）[1]一直是法学界非常敏感的话题，通过约翰·威廉·艾伯尔（Johann Wilhelm Ebel，1784—1861）的考证，发现哥廷根七君子中只有一位教授，即于1835年到哥廷根大学就职的格尔维努斯，才真正地在1833年宪法前进行过宣誓，并且是完全按照1833年宪法所规定的那种礼节来进行的。而其他六位则没有向宪法进行过任何宣誓，因为他们在1833年之前就已经就任了，而当时宪法并没有关于宣誓的要求。这就意味着，这七位教授至少有六位，之所以会提出强烈抗议，不是因为对宣誓的忠诚，而是完全基于他们作为知识精英的良知。而汉诺威其他很多公职人员之所以会追随七君子，也是基于相同的原因，当然他们同时也基于对1833年宪法的信仰，尽管这部宪法已经被新国王废除。

同时，他们对国王废除宪法的行为之不满也体现在实际活动中。1837年11月1日废除宪法时宣布今后的选举方式按照1819年的旧程序进行，而哥廷根大学就是一个选举单位，于是七君子就对这样选举的程序合法性提出了反对意见，七君子拒绝行使他们的选举权利，并进一步质疑了依据王权而进行选举的合法性。

暴君奥古斯特不能再容忍七君子的行为了，他在1837年12月11日解除了这七位教授的教职，并拒绝听取教授们的任何申辩。他在其公文中这样写道："这些虚伪的教授们，通过发表这样言论和抗议，以博取好的名声。他们完全无视我们作为上级主管部门的身份，忘记了他们需要向我们效忠的忠诚义务。所以我们今天完全有权宣布，鉴于他们和国王的对立地位，国家和他们的职务关系，就此宣告结束了。同时这项命令对于哥廷根大学而言，则是一个必要和适当的警告。"[2]同时，奥古斯特指责七君子中的前三人（达尔曼、格尔维努斯、雅可布·格林）为"顽固的核心人物"，不允许他们继续在汉诺威王国停留，限定三日内离开，否则将进行抓捕，命令其余四人必须立即保持沉默。12月17日，三位教授被迫离开，

---

[1] 宣誓问题在1833年宪法的161条明确写明，公职人员的职务宣誓是建立在对宪法的忠诚义务上的。威廉四世将这一条规定刊印颁布并进行说明："我们将忠诚市民的提案通过宪法来进行规定，即职务宣誓将建立在对宪法的忠诚之上，因为我们发现，公职的履行必须依赖这种忠诚来引导，这种忠诚是职务履行的最高准则，所以从某个角度来说，这种对宪法忠诚的宣誓是公职人员最高的义务。"这就说明，这种单方面的忠诚宣誓意味着公职人员不仅需要接受宪法的拘束，而且还要接受自己内心"自由意志"的拘束，即遵循自己作为一个人的良知和道德。

[2] Dr. Adorf Laufs o. Professor an der Universität Heidelberg, Rechtsentwicklungen in Deutschland, 2., Ergänzte Auflage, Walter de Gruyter & Co. 1978, S. 182.

达尔曼先到莱比锡寻求避难，然后又去了耶拿，雅可布·格林去了卡塞尔，而格尔维努斯则经过达姆斯塔特去了海德堡。

七君子事件虽然最后被封建王权镇压，但它为未来的"统一自由"目标做了良好的铺垫。而所谓"哥廷根精神"（Göttinger Geist）的概念也由此得以确立。不久，在各方压力下，汉诺威又在1840年重新通过新宪法，它继续保留了1833年宪法中有关宪政国家的规定（不过君权色彩略有加重），由此，汉诺威的复辟力量遭受重挫。

（三）李斯特与关税同盟的建立

尽管自由化运动激进化，可是直到1848年，统一运动在政治领域，一直未能做出重大的进步。然而，富有戏剧性的是，在经济领域，德国却朝着民族统一的方向迈出了坚实而又关键的第一步，其杰出代表，就是经济学家弗里德里希·李斯特（Freidrich List，1789—1846）。

1815年成立的德意志邦联，仅仅虚构了一个统一德意志的外貌，而各邦在邦事务的处理上仍享有绝对的自主权，而出于保护本邦产业的需要，各邦设置了重重关税，从而严重遏制了德意志地区整体的经济发展。当时的德意志邦联，从马格德堡（Magdeburg）到德累斯顿（Dresden）须过16道关卡，从汉堡（Hamburg）经易北河到德累斯顿的货物须纳35次过境税。更有甚者，各邦内部也存在严重的关税壁垒，直至1818年废除境内关税之前，普鲁士境内还有60个税卡。

而李斯特的一生则致力于降低乃至于取消这种遏制德意志经济发展、甚至于遏制德意志统一的关税。在他的倡导下，普鲁士于1818年5月通过了《1818年普鲁士关税法》（preußischen Zoll-und Steuergesetz von 1818），废除境内关税，而后又经过普鲁士的艰辛努力，终于在1834年通过和德意志邦联中大多数邦签订税务条约的办法，实现了李斯特一直倡导的全德关税同盟。

这个连成一片的经济区拥有230万人口，加入同盟的地区占全德领土五分之四。同盟条约规定：废除内地关税，同盟各邦之间免除关税，对同盟外邦国实行统一进口税；关税收入按人口比例分配于各邦。关税同盟的建立，排除了各邦之间的经济樊篱，作为一个经济政策整体出现的统一的经济区建立起来了，为资本主义的发展和民族的统一奠定了经济基础。同时，它也成为普鲁士最终统一德意志的先声。

二、"三月革命"和保罗教堂国民议会

（一）统一的先声——"三月革命"

1848年初，瑞士、意大利的革命，尤其是法国二月革命的消息，就像一声霹雳传到德国，几乎使每个人都惊呆了。从1815年起就为之顽强奋斗的一切，仿佛在一夜之间成为了现实。曾参加过1848年三月革命的大学生，后来流亡美国成为美国的内务部长的卡尔·舒尔茨（Karl Schurz, 1829—1906）说："当诸侯试图拒绝给人民所要求的权利和自由时，每个人都认为，报之以武力，而不是递交请愿书，是理所当然的。"[1] 同时，和欧洲其他国家一样，经济上的困难也在整个德意志地区蔓延，使得人们，尤其是工人和农民的生存受到威胁。

这样，受到法国二月革命的影响，与之毗邻的德国爆发了著名的"三月革命"（Märzrevolution）。巴登州（Baden）首先发难，2月27日巴登人民在曼海姆（Mannheim）举行大会，3月1日卡尔斯鲁厄（Karlsruhe）发生示威游行。3月4日，奥卡尔省爆发了农民起义。3月6日，涅卡省农民以武力迫使伯爵放弃封建特权。在靠近瑞士的地区，农民起义声势更大，农民拒绝向地主履行各种封建义务。到3月中旬，巴登的政权已转到自由派手中。德国政治家、律师、政治评论员古斯塔夫·斯特卢威（Gustav Struve, 1805—1870）欢呼道："专制的时代已经过去，现在已经进入人民主权的时代了。"

在黑森（Hessen），人们成立了人民委员会，向选侯提出最后通牒式的要求：所有的部长职务由获得人民信赖的人担任，重新选举并召开等级议会，新闻、集会、结社自由，特赦1830年以来的政治犯。大公被迫退位，把政权交给他的儿子。

在巴伐利亚（Bayern），首府慕尼黑（München）于3月2日爆发革命，市民、

---

[1] Gordon A. Graig, Europe since 1815, 2 ed., New York, Chicago, San Francisco, Toronto, London p. 139.

大学生和工人联合行动，占领军械库，全面武装起来，矛头指向国王宠妾及其走狗，即所谓"罗拉内阁"（Cabinet des Lolas）。国王路德维希一世（Ludwig I，1786—1868）不得不让位于自己的儿子马克西米利安一世（Maximilian I，1756—1825）。由自由资产阶级的代表组成新内阁，颁布出版自由、公开审判、责任内阁等法令。这样，在南德诸邦几乎都成立了由资产阶级自由派参加的内阁，史称"三月内阁"。

3月13日，维也纳（Wien）的小资产阶级、大学生、市民和工人汇集于议会外的广场，要求实行宪政、政治民主、出版自由、陪审制和责任内阁，尤其要求人人痛恨的梅特涅下台，帝国政府进行镇压未果。不久，皇帝屈服并解除梅特涅的职务，梅特涅男扮女装逃往英国，各部大臣辞职，皇帝带着朝廷逃往因斯布鲁克（Innsbruck），武装群众和大学生夺取了政权。

这些事件不仅使位于东南的德意志大国奥地利面临严峻考验，也把位于帝国东北部的另一个德意志大国——普鲁士卷入天翻地覆的革命动乱漩涡。柏林的工人走出工厂，街垒已筑起，冲突时有发生。普鲁士国王镇压无效，只得让步，3月17、18日连续颁布命令，确定于4月12日召开联合的邦议会，并奢谈缔造一个统一的德意志国家，实行人民代议制。对此，资产阶级感到心满意足，但当集会的群众要求国王撤走军队时，双方发生了激烈的冲突，于是人民群众和军队之间的街垒战开始了。

装备简陋的起义群众与配有36门大炮的1.4万士兵浴血奋战了13个小时，重创军队。普王惊慌失措，于是下令军队撤出城外，并发表《致亲爱的柏林市民们》（An meine lieben Berliner）一书，请求市民停止战斗，拆除街垒，起义胜利了。三月革命在各邦的初步胜利，使封建势力遭到前所未有的打击。而由于梅特涅的倒台和维也纳以及柏林革命的胜利，也使得两个德意志大国失去了左右德国问题的能力，而且再由邦联和各邦政府进行改革也已不再可能，德国问题的解决权最终交到了人民手里。

（二）保罗教堂国民议会

虽然革命进行得如火如荼，但是三月革命实际上并没有解决任何德国的问题，首先一些传统的权力如贵族、军队、公务员等都没有被触动，同时德国一如既往地保持着分裂的状态，各国王室依然是作为革命的对立面出现的。从而，"人民主权和君主主权，革命党和保守党，各邦王朝和邦联帝国，日耳曼民族和少数民族，德意志国家和周围的强权国家，所有这些问题交织在一起，但是任何一个问题都没有在1848年到1849年的革命中得到解决，甚至没有试图去解决，"历史学家、政论家戈洛·曼（Golo Mann）说，"那个时代，在一片纷繁复杂的多方博弈之中进行着一次次民主的尝试。"[1]

三月革命中的革命者主要是市民，当然还包括农民、手工业者和工人。他们通过三月革命所要求的是：出版自由、集会和结社自由、建立刑事陪审法庭、普遍的武装权、国王对宪法进行宣誓、国民议会的选举等。温和派基于传统的皇权思想希望能够通过改革和妥协，使皇权和民权能够达成一致。而大多数市民也认为，革命的目标是建立一个君主立宪的政体和统一的德意志国家，以保持和过去法律之间的连续性。而作为温和派的反对者出现的激进派、民主主义者和共产主义者，则倾向于激进的革命，但是由于他们是少数派，所以最终还是被多数的自由主义者所影响而不得不妥协，维持旧的体制。

温和派和激进派之间的政体之争，首先发生在法兰克福的"国民预备会议"（Vorparlament）中。当时，所有现任的和过去的各邦议会议员全部被邀请参加在法兰克福召开的国会，实际前往的人数为573人，这个国会来源于人民运动，也来源于革命。它在邦联议会的同意下决定召开国民议会以制定德意志帝国宪法。一个由预备会议选举产生的50人委员会作为全德过渡性机构，负责筹备立宪国民议会的选举工作，并在各政府的配合下进行选举。但预备会议中的激进派议员由于和保守派意见不合愤而退场。

这次国民议会的基本任务，是制定一部全德宪法，以实现民族的统一。[2] 1848年5月18日，议员走进法兰克福的保罗教堂，他们多数受到过法律教育，经统计，这573人中，大地主38人，资产阶级20人，公务员、小资产阶级246人，知识分

---

[1] Dr. Adorf Laufs o. Professor an der Universität Heidelberg, Rechtsentwicklungen in Deutschland, 2., Ergänzte Auflage, Walter de Gruyter & Co. 1978, S. 156.

[2] Isensee/Kirchhof, Handbuch des Staatsrechts, Bund I, C. F. Müller Verlag, 1987, S. 17.

子229人，教士23人，军人11人，土地经营者3人，手工业者4人，没有工人也没有农民。由于这是一次受到良好教育并在社会上享有名望的人士的集会，被人们讽刺为"学者会议"。梅林（Merlin）说："在没有伟大的人民生活的城市里开会，是一个严重的损失。它们缺乏英国革命和法国革命在伦敦和巴黎所有过的喷火的土地。"[1]

国民议会首先讨论的是德意志人的基本权利问题，十七个享有声望的人于1848年4月26日提出了一个草案供议会讨论，这个十七人草案被认为坚持了人民统一和国家统一的原则，并将君主制、联邦制、人民代表制以及法治国的原则很好地结合在一起。[2] 虽然这十七人草案当时由于普鲁士的反对而未果，但是这个草案为德国以后的宪法中有关基本权利的内容提供了基础。

1848年5月24日，议会决定再组建一个由企业家、自由主义政治家巴瑟曼（Friedrich Daniel Bassermann，1811—1855）和来自黑森州的德国自由主义政治家马克斯·冯·加格恩（Max von Gagern，1810—1889）担任主席的三十人宪法委员会，他们的制宪工作就是以基本权利的确定开始的。6月，委员会就向议会提交了宪法草案，这个宪法草案议会几乎讨论了整整一年半。1848年12月通过了宪法中的基本权利部分，被称为《关于德国人民的基本权利宣言》（Gesetz betreffend die Grundrechte des deutschen Volkes），12月28日，该宣言在帝国法律公告上进行公告后马上生效，并马上在帝国和各邦人民之间建立起一个直接的联系。《基本权利宣言》后来作为第四部分（133—189条）被纳入最终未能生效的1849年3月28日的法兰克福宪法。为德国"法治国"理念的发展做出了贡献。

国家政体问题也是法兰克福议会中的争论焦点之一，激进派坚持认为，只有共和制才能彻底清除德国的封建残余。但议会中保守派占有绝对的优势。最终议会确定了与王权妥协的君主立宪政体。在德意志统一问题上，大会又延续了一个争论已久的问题：即德意志的统一应遵循"大德意志"（große Deutschland）还是"小德意志"（kleine Deutachland）方案？有代表支持成立由奥地利统治的大德意志，将奥地利本部与波西米亚并入新德国，建立统一的德意志帝国，是为"大

---

[1] 赵星铁等：《德国史纲》，http://bbs.pep.com.cn/thread—263738—1—10.html 访问时间：2008—04—13.
[2] Isensee/Kirchhof, Handbuch des Staatsrechts, Bund I, C. F. Müller Verlag, 1987, S. 18.

德意志方案"。也有代表则支持由普鲁士统治的小德意志,不包括任何奥地利的领土。最后小德意志派获胜。

至于组织临时中央政府问题,议会确定在根据宪法产生的政府之前组成临时中央政权。6月27日,议会以403票对135票的优势推举奥地利大公约翰·莱昂波特(Johanne Leopold,1823—1898)为帝国执政。同时组成帝国政府,设有首脑(兼内务大臣)、司法大臣、商业大臣、财政大臣、军事大臣、外交大臣。但它并不是在去除割据政权基础上建立起来的中央政府。[1] 同各邦拥有官吏、财政和兵力相比,这个帝国政府的权力可怜极了。外交部长得不到任何欧洲大国的承认,财政部长掌握不了1芬尼(德国货币单位),军事大臣指挥不了1支枪。政府权力不出圣保罗教堂大门之外,所征税额只有法兰克福城和一个小国绍姆堡—利珀(Schaumburg-Lippe)照付。

关于宪法制定的问题,与法兰克福议会的争论不休相比,奥地利和普鲁士的速度就快了很多,1848年12月5日,普鲁士就颁布了一部钦定宪法,而1849年3月4日,奥地利也颁布了钦定宪法,这对法兰克福正在举行的制宪会议来说无疑是一种挑衅。[2] 经过将近一年的清谈空辩,一直到1849年3月27日,法兰克福国民议会终于制定了一部帝国宪法,宪法规定建立统一的德意志君主立宪制国家,实行内阁部长责任制。帝国议会被分为上下两院,即联邦院和众议院。根据1849年4月12日的帝国选举法,两院的选举遵循普遍选举、平等选举、秘密选举和直接选举的原则。

同时,议会选举普鲁士国王弗里德里希·威廉四世(Friedrich Wilhelm Ⅳ,1795—1861)为帝国皇帝,[3] 但威廉四世却拒绝加冕,并发表声明说:"只有在德国各国王、诸侯和自由城市确系自愿让步而拥戴他为帝的情况下才能接受皇冠。"而他的内心想法,在他写给普鲁士驻伦敦公使的信中就曾透露道:这个"皇位,可能带给他最大的不幸",他不愿戴这"奴仆的颈圈"。因为这"是用背信弃义、违反誓约和背叛国家的污物和脏土捏成的王冠,……它是可憎的1848年的产物","它

---

[1] Isensee/Kirchhof, Handbuch des Staatsrechts, Bund I, C. F. Müller Verlag, 1987, S. 19.

[2] 何勤华主编:《德国法律发达史》,法律出版社2000年版,第121页。

[3] 同上[1]。

像腐朽尸肉一样臭不可闻,不能让它脏了霍亨索伦家族的手"。[1]

实际上,普王深知:这种所谓"宪法的统一"是虚幻的遐想。它必然引来欧洲列强的干涉,奥地利的破坏和各邦的反对。同时,普鲁士也拒绝承认帝国宪法。随后,在欧洲封建势力的反扑中,法兰克福宪法流产,很多议员被各邦政府抓捕,就这样,德国一次大的政治尝试宣告失败。但是,在有着政治自觉的市民心中,保罗教堂的宪法,将全民族通过代表制度联系在了一起,为后人树立了一个榜样,同时将法治国的思想深深地植入了人民的心中。[2]

第五节 德意志的统一与全面立法:德意志第二帝国

一、皇帝、联邦参议院和帝国议会

(一)帝国宪法

在1866年普鲁士和奥地利的战争中,德意志邦联最终解体,奥地利被排挤出德国,而剩下的德意志各邦,则由普鲁士居首脑地位。1866年秋,北德各邦签订条约,组成联邦,并通过由各邦共同任命议员的国会(Parlament)来实现北德意志同盟。俾斯麦将这个宪法设想为一个改革了的德意志邦联,由普鲁士取代奥地利的首脑地位,而联邦参议院(Bundesrat)则作为一个各邦合作的执行机构。一个引人注目的变化是根据法兰克福议会所修订的选举法来进行国会的选举。

遵循普遍选举、平等选举、秘密选举和直接选举原则的北德意志联邦的国会的选举法,使得该国会成为那个时代最先进的国会。但是俾斯麦却在他构思的宪

---

[1] 〔德〕迪特尔·拉甫:《德意志史——从古老帝国到第二共和国》,波恩 Inter Nationes 出版社 1985 年中文版,第 88 页。

[2] Isensee/Kirchhof, Handbuch des Staatsrechts, Bund I, C. F. Müller Verlag, 1987, S. 20.

法中希望做出重大改变。[1] 1867 年 3 月 22 日，根据来自汉诺威的民族自由党主席鲁道夫·冯·本尼格森（Rudolf von Bennigson, 1824—1902）的要求，俾斯麦提出对北德意志联邦宪法做出修正，即在皇帝公布法律时应以帝国的名义作出，同时须有宰相的副署，由此来承担相应的责任。[2] 而与此同时，由于宰相是参议院主席，通过这条修正案对帝国议会负责。这样，尽管存在着联邦参议院，主席团依然是帝国最高行政的掌握者，而普鲁士国王则掌握着主席团的大权。在国际法上有权代表整个联邦，决定战争与和平，他是联邦军队的最高统帅，宣布、签发已经通过的法律并任命联邦首相。所以，北德意志联邦并没有包含立宪制度的民意机构务必坚持的权力，它没有人民的基本权利，没有税收批准权，没有部长负责制，没有规定议员津贴，代替这些的却是铁的军事预算和联邦首相强有力的权力地位。[3]

没过几年，当普法战争以普鲁士的胜利告终时，1870 年南德各邦——巴伐利亚和符登堡王国、巴登和黑森大公国，都以条约的形式加入联邦。在由俾斯麦起草的所谓皇帝诏书（Kaiserbrief）中，巴伐利亚的国王路德维希二世（Ludiwig II, 1845—1886）同意尊普鲁士国王为皇帝，同时北德意志联邦帝国议会修正了北德意志联邦宪法，将"北德意志联邦"改为"德意志帝国"，将"联邦主席团"改成"皇帝"。

那幅安东尼·冯·维尔纳（Anton von Werner, 1843—1915）的名画《普王威廉一世在凡尔赛宫镜厅加冕为德意志皇帝》（Kaiserproklamation），在很大程度上是带有欺骗性的。当时所建立的由普鲁士领导的所谓"法治国"，并不体现法治国和宪法的精神。而且当时所通过的宪法，也和 19 和 20 世纪的宪法大相径庭。人们更多地把这部宪法看成一份合约，通过这份合约，诸侯和自由城市实现了一个永久的联盟，以保护联盟的领土和在这个领土内实行的法律，以及保护德国人民的福利。也正是基于这样的原因，有学者认为，相比于 1848 年保罗教堂宪法而言，

---

[1] C. F. Menger, Deutsche Verfassungsgeschichte der Neuzeit, 7., Auflage, C. F. Müller Juristischer Verlag Heidelberg, 2002, S. 147.

[2] 史称本尼格森修正案，见帝国宪法第 17 条第 2 款。

[3] August Bebel über den norddeutschen Reichstag, in Walter Wulf, [Hg.] Geschichtliche Quellenhefte 6/7, 5 Aufl. Frankfurt a. M. 58f. 转引自：[德] 迪特尔·拉甫：《德意志史——从古老帝国到第二共和国》，波恩 Inter Nationes 出版社，1985 年中文版，第 145 页。

帝国宪法（Reichsverfassung）更像是一次倒退。[1]同时需要注意的是，这部宪法中没有规定任何的基本权利，其原因在于俾斯麦相信，国民和国家之间的关系应属各成员邦的内部事务，不应由联邦来规定。[2]

但是，不应被忽视的是1871年4月16日的帝国宪法也有进步意义，它规定了以多数票决的原则取代了王朝割据的传统（dynastisch-partikularistischen Tradition），这一原则的确立无疑具有很大的革命性。[3]同时，帝国宪法（Reichsverfassung），正如其他重要的宪政立法一样，将时代背景下法律体系的任务及其理念很好地表达了出来。[4]

"我们威廉家族，被仁慈的上帝指定为德意志皇帝和普鲁士国王，在参议院和议会的同意下，以帝国的名义规定：……"这是1900年《德国民法典》的序言开头，也是德意志第二帝国时期所有法律的序言开头。这在很大程度上造成了误解，但是也非常富有启示意义。

从第一眼看去，德意志第二帝国就是一个君主立宪制的国家，皇帝的立法权受到了来自参议院和帝国议会的限制。根据《帝国宪法》第5条第1款的规定，法律草案在联邦参议院（Bundesrat）和帝国议会（Reichstag）的多数决议的情况下方能获得通过，第17条第1款则规定皇帝只负责签署和公布。

在立法机构中，由22个诸侯和3个自由市共58名代表组成的联邦参议院占主导地位，是整个帝国最重要的机构，实际上掌握着国家权力。有权对提交给帝国议会的法案做出决议，并有权议决议会做出的决议，并将其付诸实施。当时，联邦参议院被认为是国家主权的实际享有者，作为联盟各邦的代表机构，共有58个席位，而普鲁士享有其中的17个，这意味着普鲁士不能通过联邦参议院的操作对其他邦进行命令，但是可以通过少数否决权（Sperrminorität）的行使来决定宪法修改的问题[5]。由皇帝任命的宰相是联邦参议院的主席，也是参议院中普鲁士代表

---

[1] Isensee/Kirchhof. Handbuch des Staatsrecht, Band I, C. F. Müller Juristischer Verlag, Heielberg, S. 42.

[2] C. F. Menger, Deutsche Verfassungsgeschichte der Neuzeit, 7., Auflage, C. F. Müller Juristischer Verlag Heidelberg, S. 147.

[3] Isensee/Kirchhof. Handbuch des Staatsrecht, Band I, C. F. Müller Juristischer Verlag, Heielberg, S. 38.

[4] 同上[3], 36.

[5] Horst Hildebrandt, Die Deutschen Verfassungen des 19. und 20. Jahrunderts, UTB Schöningh, 1971, S. 68.

团的首席代表。巴伐利亚也在联邦参议院中享有重要的位置，掌握着外交委员会主席的职位。

皇帝同样也是一个非常显要的位置，他是联邦主席团的主席，就像任命内阁部长一样有权任命只对他个人负责的宰相。在国际法上他作为国家元首对外代表这个国家及国家的人民，经联邦参议院同意后，决定战争及和平，和外国签订条约，委派驻外使者[1]。同时他拥有帝国所有武装力量的指挥权，即所有帝国军队都隶属于皇帝的辖制[2]。

联邦参议院和皇帝，以及帝国宰相，领导帝国的政治。而帝国议会的作用，在很多历史学家那里，至今仍被低估。很多历史学家都认为，帝国议会没有独立的权力，从而形同虚设。实际上，自从北德意志联邦开始，帝国议会就是一个论坛，一些基本的法律问题在这里进行讨论并得以解决，就像1867年确立的迁徙自由（Freizügigkeit）和职业自由（Gewerbefreiheit），以及1874年确立的出版自由（Pressefreiheit）。1873年米奎尔—拉斯克法（Lex Miquel-Lasker）的通过，终于开启了民事法律统一的大门，而1877年《司法行政法》，则为整个德国奠定了以法治国理念为原则的统一的法院系统和程序法基础。当然反对天主教的和镇压工人运动的法律，如果没有帝国议会，也不可能出台。

威廉一世时期的帝国宪法一直处于修正之中，其中最早的修正可以追溯到建立帝国之初。当时除了帝国总理部（Reichskanzleramt）统管一切以外，只有一个独立的外交部（Auswärtiges Amt），1872年在俾斯麦的主导下成立了帝国国防部（Reichsmarineamt），1873年成立帝国铁道部（Reichseisenbahnamt），1876年成立帝国邮政部（Reichspostamt），1877年成立帝国司法部（Reichsjustizamt），最后又于1879年成立了帝国内务部（Reichsamt des Inneren）和帝国财政部（Reichsschatzamt）。在这些部门中没有部长，只有国务秘书，而且几个重要部门由宰相亲自进行管理。直到1878年3月17日《职务代理法》（Stellvertretergesetz）的出台，才使宰相能够将他的权力交给国务秘书去处理，而国务秘书们则在一定程度上起到副部长（Unterminister）的作用。所以在帝国宪法中，应将"帝国领导者"（Reichsleitung）

---

[1] Horst Hildebrandt, Die Deutschen Verfassungen des 19. und 20. Jahrunderts, UTB Schöningh, 1971, S. 58.
[2] 同上[1], 66.

解释为帝国宰相和国务秘书。人们尽量避免使用"政府"这个词，因为实际上这样的组织结构既不像内阁制，又不像对自己职权范围内的事务负独立责任的部长制。而同时，随着时间的推移，通过这种所谓"普鲁士的国务秘书化"（Staatsekretarisierung Preußens）的趋势，加强了帝国的集权。

另一个引人注目的发展也发生在威廉帝国时期，即帝国议会在帝国政治系统中越来越获得独立的政治地位。这首先在1908年的政治危机中可以看到，当时的德皇威廉二世（Prinz Friedrich Wilhelm Viktor Albert von Preußen, 1859—1941）有欠考虑地在英国《每日电讯报》（Daily Telegraph-Interview）的采访中发表"自白"，说自己亲英但曲高和寡，暗示德国国内普遍反英。当时的帝国宰相福斯特·毕罗（Fürst Bülow, 1849—1929）也出现工作失误，未能仔细阅读采访文稿致使该采访被《每日电讯报》全文刊登，德国因此大丢颜面。毕罗因此受到帝国议会的猛烈抨击而不敢承担责任，只有引咎辞去宰相职务。同时威廉二世在克吕戈电报事件（Kruger Telegram）[1]中，又把法俄有意干涉一事告知其外祖母维多利亚女皇，公海舰队会协助英国的对日战争，而当时英日是同盟，英国认为这是在挑拨离间两国关系。

帝国议会在国家政治中的分量越来越重，使得集权主义者思考如何将这个讨厌的机构废除。俾斯麦就曾在1890年考虑过解散1867年到1871年的联邦，重建一个新的没有帝国议会的联邦，但是由于帝国议会的反对而未果。同时帝国议会还再次延长了自1878年实行的《反社会主义特别法》（Sozialistengesetz）。威廉二世曾在1894年考虑修订联邦条约，以三级会议的形式来选举帝国议会，从而削弱帝国议会的民主职能。但由于当时的宰相列奥·冯·卡普里维伯爵（Leo von Caprivi, 1831—1899）的反对而未能付诸实施。

尤其引人注目的是被同时代人称为"个人统治"的威廉二世。他的很多言行表明他对宪法一无所知，将自己当作是帝国的独裁者。他曾公开表示："这个国家只有一个统治者，那就是我！"1891年他要求在慕尼黑城市志中加入以下词句：

---

[1] 1896年3月1日发生克吕戈电报事件，位于今南非东北部特兰斯瓦（Transvaal）的南非共和国与英国发生纠纷，"无人阻止"的情况下威廉二世贺电予共和国祝贺其成功抵抗外侮维护独立。但是英国认为已在1866年吞并南非共和国，现在德皇口无遮拦侵其主权扫其颜面，德英关系即陷于低潮，加上公海舰队及巴格达铁路的推波助澜，纵使德国之前说无意称霸世界，但欧洲各国都认为德国意欲武力与征服。

"君主的意志是最高的法律！"（regis voluntas suprema lex！）[1] 他对待自己的这种态度在事实上是否影响了宪法的发展是有争议的。但是无论如何，他都被人斥为"专制的、独裁的、虚伪的立宪主义"，而且他在任皇帝期间对诸多政治恶果的造成负有不可推卸的责任。

（二）公法和法治国

19世纪下半叶，德国公法学的研究也为"实证的概念法学"（positivistische Begriffsjrusprudenz）所统治。概念法学的渊源可以追溯到著名日耳曼法学者盖尔伯（Karl Friedrich Gerber, 1823—1891）和罗马法学者鲁道夫·耶林（Rudolf von Jhering, 1818—1892），他们通过在《当前罗马和德国私法教义学年鉴》（Jahrbücher für Dogmatik des heutigen römischen und deutschen Privatrechts）中发表一系列论文，奠定了概念法学在德国法学中的地位。同时，盖尔伯1865年出版的《国家法》（Staatsrecht）一书，将这种概念法学引入了公法研究之中。所谓"法律学的方法"（Juristische Method），即概念法学方法论，就是一种通过概念来建构法律体系的方法论，对它的使用主要通过演绎的方式。

威廉帝国时期概念法学在公法层面的主要代表人物是盖尔伯学说的继承人，法史学、私法和商法专家保罗·拉邦德（Paul Laband, 1838—1918）。拉邦德出生于布雷斯劳（Breslau）的一个犹太医生家中，曾在海德堡大学学习，自1872年始在斯特拉斯堡大学（Strasbourg Universität）担任教授职务直至1918年去世。他的三卷本巨著《德意志帝国公法》（Das Staatsrecht des deutschen Reiches），是当时第一部以概念法学的方式系统论述国家公法的书籍，在他的书中充满了实证主义的色彩，将法学概念和法的历史起源及其社会效用完全隔离开来。同时，在当时的潘德克顿民法学中，非常注重个人意志通过法行为的表达，所以拉邦德就将这个理念引入到公法学中，认为国家是很多个人意志的集合，实际上是统治阶级的意志表达，相对于个人意志而言，国家意志占主导地位。

---

[1] Karl Kroeschell, Rechtsgeschichte Deutschlands im 20. Jahrhundert, Vendenhoeck & Ruprecht in Göttingen, 1992, S. 6.

在公法学的发展中，有意思的是私法学家奥托·祁克和拉邦德之间的论战，祁克批评拉邦德的理论是一种"基因隔绝论"（genetische Isolierung），即法是纯粹的逻辑性思维的行动，国家是纯粹的统治阶级的工具，而忽略法的历史起源和社会功效。如果是这样的话，那么对帝国建立的思考就不需要考虑之前任何一次德意志统一的尝试；同时作为宪法而言，也不需要考虑国家各个机构的权力划分，它们之间的冲突解决，只需要笼统地谈到国家意志即可，因为"在拉邦德看来，国家始终是一个整体。"[1] 总而言之，祁克比较强调帝国内部包括机构间和个人间的合作，将国家看成是德意志人民的国家，每个德国人都是其中的一个成员，每个人的权利都不得被随意剥夺。而现代的法学家对拉邦德理论的批判则在于，将法律"从所有的附政治的以及国家哲学的理由中纯化出来"的行为，会起到一个为保守的君主制度辩护从而"固化"现有制度的作用，从而未能前瞻性地考察政治的发展方向。

而将所谓"法律学的方法"（juristische Methode）引入行政法学的是德国著名行政法专家奥托·迈耶（Otto Mayer，1846—1924）。他出生于巴伐利亚，就学于海德堡和柏林，毕业后在斯特拉斯堡（Straßenburg）和穆尔豪森（Muhhausen）当律师，后取得斯特拉斯堡大学的教授资格，1903年迁居莱比锡。跟拉邦德持同样看法的迈耶也认为法律是统治者的法律。但是，在他的巨著——1895年到1896年出版的《德国行政法》（Deutsches Verwaltungsrecht）中，他首先探讨了通过法律来确定公民的自由权利和行政权力的边界问题，在他看来，19世纪中叶前的德国是"警察国家"（Polizeistaat），而以后的德国应当是法治国家（Rechtsstaat），即将一切国家行政行为纳入法制的轨道，而且在他看来，社会制度的建构不是国家的任务，而是法律本身的任务，法律本身是塑造国家制度的最重要的因素。他说："一个行政行为没有通过行政法来规制的国家，不是一个法治国。"[2]

"法治国"这个用语，最早在1798年出自一本由约翰·威廉·普拉西度斯（Johanna Wilhelm Placidus，1758—1815）所著的名为《国家学文献》（Literatur der Staatslehre）的著作中，作者将国家与法律结合在一起，并从法律的角度来讨论国

---

[1] Karl Kroeschell, Rechtsgeschichte Deutschlands im 20. Jahrhundert, Vendenhoeck & Ruprecht in Göttingen, 1992, S. 7.
[2] 同上 [1]，8.

家观。而这个概念经过日后多位学者的研究，引发了各种理解。如弗瑞兹·斯蒂尔·索姆罗（Fritz Stier-Somlo，1873—1932）就认为："在知识体系中仍缺乏法治国这一概念。"而其他的一些学者，如赫伯特·克吕格（Herbert Krüger，1905—1989）、卡尔·乌尔里希·梅恩（Karl Ulrich Meyn，1939—）、康拉德·黑塞（Konrad Hesse，1919—2005）、卡尔·杜灵（Karl Döhring，1879—1941）、赫尔姆特·莱德（Helmut Ridder，1919—2007）、彼得·萨拉丁（Peter Saladin）、尼古拉斯·卢曼（Niklas Luhmann，1927—1998）等人，也从不同的角度对法治国一词进行理解，得出了不同的重点。[1]

尽管各方对法治国一词的理解各有侧重，但是在19世纪后半叶德国的法律和政治层面上，"法治国"越来越多地被作为一个要求提了出来。而自从1864年库尔黑森（Kurhessen）的法官奥托·贝尔（Otto Bähr，1817—1895）所著的《法治国——一个构想的发表》（Der Rechtsstaat-eine publizistische Skizz）出版以来，人们了解到，一个国家中的公民有权利通过法院获得相对于公权力的保护，即司法机关的职能之一是保护公民私权利不受公权力的侵犯。但是，究竟应该通过一个完整的法院系统，还是通过一个独立的行政法院，来完成这一任务，在德国曾有过长期的讨论。直到1863年，来自柏林的罗马法和国家法教授、德国自由派法学家、法制改革家鲁道夫·冯·戈奈斯特（Rudolf von Gneist，1816—1895），才最终做出了倾向于后者的决定，并在巴登设立了行政法院。

但是实际上，低级的行政法院会较多地受到行政司法当局的影响从而未能很好地起到保护公民私权利的作用。而"纯粹的"行政法院，则是最高级别的司法机关——分别在南德和北德设立的最高行政法院。1875年在柏林设立的著名的普鲁士最高行政法院，由戈奈斯特担任副院长。在很多判例中，法院作出了对行政机关不利的判决，即将警察权的行使限制在法律的范围之内。如著名的1882年6月14日的克罗兹堡判例（Kreuzberg-Urteil），克罗兹堡是地名，位于柏林城市南部的弗里德里希海因—克罗兹堡区内。该判例的案由是，柏林的公安局发布命令，禁止那些在克罗兹堡拥有地产的人在该地建造超过一定高度的建筑，以避免将新

---

[1] Philip Kunig, Das Rechtsstaatsprinzip, J. C. B. Mohr (Paul Siebeck) Tübingen, 1986. S. 3f.

建的克罗兹堡雕像遮住。这道命令的发布引起该地市民的反对,将之诉诸最高行政法院,最高行政法院做出了对市民有利的判决。

在戈奈斯特的著作中,不仅对法治国的理论进行了深入探讨,还借鉴英国经验提出了"自治"(Selbstverwaltung)的思想。[1] 所谓自治,指的是各种组织自行确定其任务要求,自行规范各种行为,而国家仅在合法性上进行审查,对合目的性的问题则不予审查。[2] 19世纪末,在德意志各邦中,都建立起了地方和城市的自治,而且自治的思想还被发展到了普遍的"地区统一"(Gebietseinheit)。具有划时代意义的是在戈奈斯特思想的指导下,普鲁士、符腾堡、黑森、下萨克森等邦于1872年制定的自己的组织法,即1872年的《县区条例》(Kreisordnung),将县区通过双线来进行管理。一条线是由被称为最低国家行政长官的县长(Landrat)来管理,另一条线则为地区自治管理,也就是说通过地区的自治机构——专区议会(Kreistag),以及由专区议会选出来的专区委员会(Kreisausschuß)来进行管理,但是县长必须是专区委员会的主席。1875年,在普鲁士的主导下又在帝国各省内实行自治,设立省议会(Provinziallandtag)和省委员会(Provinzialausschuß),通过选举产生省长(Provinzhauptmann)。从那时开始,直至现在,在北莱茵-威斯特伐利亚州(Nordrhein-Westfalen)还存在着莱茵和威斯特伐利亚的地方自治机构。

二、民法典和法学

(一)民法典的产生

1867年,议员约翰内斯·米奎尔(Johannes von Miquel,1829—1901)在北德意志联邦的帝国议会提出,通过制定一部民法典来消除境内众多民事立法存在不统一的现状。当时这一提议被议会否决了。但两年以后,也就是1869年,这一提案再次被提交帝国议会,并获得了通过。1873年,基于议员米奎尔(Johannes von Miquel,

---

[1] C. F. Menger, Deutsche Verfassungsgeschichte der Neuzeit, 7., Auflage, C. F. Müller Juristischer Verlag Heidelberg, 2002, S. 154.

[2] Dieter Grimm, Einführung in das Öffentliche Recht, C. F. Müller Juristischer Verlag Heidelberg, 1991, S. 143.

1829—1901)和艾德伍德·拉斯克（Eduard Lasker，1829—1884）的草案，帝国议会修订了帝国立法权，出台《米奎尔—拉斯克法》（Lex Miquel-Lasker），将帝国立法权扩大到了全部的民商法领域，从而扫清了帝国层面上进行民商事立法的宪法障碍。[1] 同时根据帝国宪法第2条所规定的"帝国法优于邦法"（Reichsrecht bricht Landrecht）的原则，自1814年开始的全德民商事立法的萌动，终于可以修成正果了。

毫无疑问，1900年德国民法典（Bürgerliches Gesetzbuch 1900，BGB）的制定，在很大程度上是建立在潘德克顿法学的成果之上的。潘德克顿法学的研究使德国民法典注重逻辑思维和理论概括，具有结构严谨、规范细密、条理性强的特点。"倾向于使用一种法律的专业语言和艺术语言，倾向于创造抽象的语言和技术意义的表达方式。"[2] 而这些，都是比它早100年制定的法国民法典所不能够企及的。

但是同时，由于当时德国的政治现实[3]，德国民法典的制定是建立在无数个小邦民法的基础之上，在民法典制定之初，德意志地区并无统一的民事成文立法，多的则是众多的地区法（Partikularrechta）。所以这部法典的制定背景是非常严重的"法律分裂主义"（Rechtszersplitterung），这也就是为什么莱哈特·伯克教授（Reinhard Bork）会将这部民法典称为19世纪之子，并随着德意志地区的政治统一得以贯彻施行的原因。显然，政治上的统一会对法律统一提出相应的要求。[4]

另一方面，也正是基于这样的政治现实，《德国民法典》没有足够表现出自由资本主义走向垄断资本主义这个时代所应该具有的特点，反而让人觉得那是一个旧时代的总结。正如有的学者评价德国民法典所说，"《德国民法典》是光辉的潘德克顿法学所完成的19世纪之子，但却未能成为20世纪之父。一般而言，伟大的法典都是过去灿烂的法律文化的结晶，但是却很难成为孕育应然的未来社会的种子，法典编撰的这种历史命运，在《德国民法典》中得到了印证。"[5]

1874年2月28日德国成立了民法典起草筹备委员会，由于该委员会是第一草

---

[1] Reinhard Bork, Allgemeiner Teil des Bürgerlichen Gesetzbuchs, 2. Auflage, Mohr Siebeck, 2002, S. 13.

[2]〔德〕卡尔·拉伦茨：《德国民法通论》（上），王晓晔等译，法律出版社2003年版，第27页。

[3] 在1871年德意志帝国成立时，全德国分四个法域：普鲁士邦法的适用地域、法国民法适用地域、撒克逊民法适用地域以及普通法适用地域。

[4] 同上[1]。

[5]〔日〕大木雅夫：《比较法》，范愉译，法律出版社1999年版，第205页。

案的起草委员会,史称"前委员会"(Vorkommission),由五位著名的德国法学家组成,他们分别是:列文·歌德施密特(Levin Goldschmidt,1828—1897)、弗兰茨·菲利普·冯·库贝尔(Franz Philipp von Kübel,1819—1884)、路德维希·利特·冯·诺依迈尔(Ludwig Ritter von Neumayr)、赫曼·舍林(Hermann Schelling,1824—1908)和安东·冯·韦伯(Anton von Weber)。该委员会对各地区民事立法的基础资料及其适用程序进行了仔细考察,为民法典的起草做前期的筹备工作。[1]

经过了四个月的工作,联邦参议院(Bundesrat)又于1874年6月22日指定了一个由德国最高商事法院院长海因里希·艾德华德·帕普法官(Heinrich Eduard von Pape,1816—1888)为主席的民法典制定委员会(也称第一委员会,erste Kommission),另外的十个成员中,还有五个法官和三个政府公职人员,他们都是来自德国不同的邦和不同的法域,共同获得了联邦的任命。其中有著名的汉诺威法官、法学家格特里普·普朗克(Gottlieb Planck,1824—1910)[2],三名政府公职人员分别是阿尔伯特·戈贝哈德(Albert Gebhard,1869—1937)、卡尔·库尔鲍姆(Karl Kurlbaum)、歌德弗里德·利特·冯·施密特(Gottfried Ritter von Schmitt,1827—1908)。另外两个学者成员则带来了日耳曼私法和罗马私法的研究成果,他们中的一位是来自慕尼黑的日耳曼法学家保罗·鲁道夫·冯·罗特(Paul Rudolf von Roth,1820—1892),而另一位则是大名鼎鼎的潘德克顿法学家本哈德·温德海德(Bernhard Windscheid,1817—1892),当时他是海德堡大学的教授,后来去了莱比锡。委员会中,只要有五个成员意见一致,就可以拟定某个部分的草案。自1881年委员会的工作进入了总体导论的阶段,在这个阶段,温德海德在委员会的工作中几乎起到主导作用。

1874年9月17日,第一委员会召开第一次会议,基于前委员会的建议,第一委员会既不打算以现有的邦民法典、也不打算以既存的法典草案为基础,而是打算在五个方面做出全新的规定。每个部分将委任一名负责人,总则部分委任阿尔伯特·戈贝哈德(Albert Gebhard,1869—1937),债法部分委任弗朗茨·冯·库贝尔,

---

[1] Schubert, Materialien zur Entstehungsgeschichte des BGB, München, 1978, S. 170ff.

[2] 其他四位法官分别是古斯塔夫·迭亚沙德(Gustav Derscheid)、莱霍尔德·约豪(Reinhold Johow)、弗朗茨·冯·库贝尔、安东·冯·韦伯。

物权法部分委任莱霍尔德·约豪（Reinhold Johow, 1823—1904），家庭法部分委任格特里普·普朗克（Gottlieb Planck, 1824—1910），继承法部分委任歌德弗里德·利特·冯·施密特（Gottfried Ritter von Schmidt）。1887年10月底到12月底，委员会对个人所拟定的部分进行了通稿审查。1887年12月27日草案拟定并提交帝国总理。[1]

1888年1月31日，第一委员会解散，并将第一草案（erster Entwurf）连同五卷理由书（Motive zum bürgerlichen Gesetzbuch）一并公布，供公众讨论。

1874年9月17日第一草案公布后，引起社会各界的强烈反响和批评。据统计，从1888年到1896年，约有四百多人、八十多个团体参加了法典的讨论，社会各界对法典提出了很多批评意见。尤其是法学家们，纷纷著书提出意见，其中比较著名的有奥托·贝尔于1892年所著的《民法典草案的反对草案》（Gegenentwurf zu dem Entwurf eines Bürgerlichen Gesetzbuches）、奥托·祁克于1889年所著的《民法典草案和德国法草案》（Der Entwurf eines Bürgerlichen Gesetzbuches und das deutsche Recht）、奥地利民事诉讼法学家安东·门格尔（Anton Menger, 1841—1906）于1890年所著的《民法典和无产阶级》（Das Bürgerliche Recht und die besitzlosen Volksklassen）、普费兹（Pfizer）于1892年所著的《德国法危机》（Ein Notruf für deutsches Recht）等。

学者们在著书提出意见的同时也展开了广泛的讨论，其中最引人注目的争论来自于两位法学大家——安东·门格尔和奥托·祁克。

安东·门格尔是来自维也纳的民事诉讼法教授，也是弗里德里希·恩格尔（Friedrich Engel, 1820—1895）所主张的"社会主义法"（Juristensozialismus）在德国民法典制定过程中的代表人物。在他1890年出版的《民法和无产阶级》一书中，对第一草案进行了严厉的批评，认为这个草案仅仅维护了有产阶级的利益而未能考虑整个社会的公平正义。他要求建立起法律援助的制度，从而使得无产阶级的权益得到应有的保护。门格尔的批评还在于贯穿整部法典的抽象原则——交易自由原则，在他看来，这是"非社会的原则"（das unsoziales Prinzip）。同时他也提到，仅仅对有产者进行保护，从而导致的社会不公，必定会最终导致社会动乱。

---

[1] Reinhard Bork, Allgemeiner Teil des Bürgerlichen Gesetzbuchs, 2. Auflage, Mohr Siebeck, S. 16.

另一位批评者是奥托·祁克，来自柏林大学的德国法教授。他的工作主要体现在社会政策协会（Verein für Sozialpolitik）的活动中。祁克从他的团体主义思想出发，于1888至1889年间通过撰写一系列的论文，批评第一草案。他的主要思想，可以通过他1888年在维也纳法律协会中题为"私法的社会责任"（Die soziale Aufgabe des Privatrechts）的演讲中了解。祁克批评这个草案，认为草案的拟定"未能深入探究日耳曼法的精神，而是照抄罗马法的原则"。同时祁克认为，需要深入研究日耳曼法的精神，需要从日耳曼法的视角去看待财产权利和义务，通过私法的运行来进行社会的塑造。并主张使用中世纪德国团体制度的研究成果，来解决当代社会不公、法律保护强者的问题。

1890年帝国司法部将来自全国的批评意见整理成六卷意见书，并于同年的12月4日经联邦参议院决议，组成了一个新的委员会，即第二委员会（zweite Kommission），对第一草案进行讨论。委员会成员在地区上来自于德意志的各个法域，在专业上则不限于法学，还包括很多来自经济学界——如农业经济学、贸易学、工业经济学，以及国民经济学的代表，但是委员会中没有工业和劳工阶层的代表。

1895年，第二草案（zweiter Entwurf）完成，并提交参议院。参议院略作修改后，1896年1月17日帝国首相将此草案连同司法部的意见书（Denkschrift）提交帝国议会，是为第三草案（dritter Entwurf）。议会指定一个由21人组成的"帝国议会委员会"（Reichstagskommission）[1]对之进行了两次报告和多达53次的审议，对与政治和社会相关的问题，诸如社团法、劳务合同法、婚姻法等展开了激烈讨论并作出相应的修正。[2]最终该草案于1896年7月1日，以222票同意、48票反对和18票弃权的多数通过了草案。1896年7月14日获得联邦参议院同意，同年8月18日经德意志帝国皇帝威廉二世批准，8月24日公布，定于1900年1月1日施行。

（二）民法典的体系和内容

德国民法典的体系编排，在很大程度上受到潘德克顿法学的影响，采"五编

---

[1] 俗称"第十二委员会"，XII. Kommission.

[2] Reinhard Bork, Allgemeiner Teil des Bürgerlichen Gesetzbuchs, 2. Auflage, Mohr Siebeck, S. 13.

制"（Fünf-Bücher-Schema），编下设章、节、目、条、款，共35章，86节，2385条。

第一编是总则（Allgemeiner Teil），规定的是其它各编都能适用的共同规则，具体包括7章，分别为人、物与动物、法律行为、期间、消灭时效、权利的形式和担保。

第二编是债的关系法（Recht der Schuldverhältnisse），具体包括8章，主要为债的内容、普遍条件下特定的债、契约之债、债的消灭、债的转移、多数人之债、各个债务关系。

第三编是物权法（Sachenrecht），分为8章，主要包括占有、地产权利、所有权、地上权、先买权、土地的产物负担、土地债务、定期金债务、抵押权、质权。

第四编是家庭法（Familienrecht），主要内容有民事婚姻、亲属关系和监护等。

第五编是继承法（Erbrecht），内容包括继承顺序、继承人的法律地位、遗嘱、继承契约、特留份、丧失继承资格、抛弃继承的契约、继承证书以及继承财产的买卖等。

这种编排的形式，一方面借鉴了罗马法（römisches Recht）的经验，另一方面又将"自然法的因素"（naturrechtliche Elementen）考虑进去，并将两者很好地结合起来。因为在罗马法典中，首先将物权法和债权法区别开来，而通过自然法的演绎，家庭法和继承法则作为民法的附属部分加入进来。而且最重要的是，按照自然法理论，制定一部内容全面、体系完整的法典，必须要有总则来为整部法典起到一个提纲挈领的作用，而这一点恰恰是法国民法典所不具备的。在总则中，一些基本概念得到了解释，如意思表示、法律行为、合同、债务合同、买卖合同等。

而且，这样的编排使得整部民法典显得体例精巧，从而体现出了一种"理性化效果"（Retionalisierungseffekt），这一"理性化效果"使得无论是执法者还是守法者都得以对法律关系进行相当准确的把握，以最大可能地避免法律的不确定性。菲利浦·冯·赫克（Philipp von Heck，1858—1943）也曾将这种编排方式生动地比喻成为"教科书的钥匙"（Kursbuchschlüssel），亦即"一经掌握，以后无需重复"的效果。[1]

---

[1] Dr. Dr. h. c. Dieter Medicus, Allgemeiner Teil des BGB, 9., Auflage, C. F. Verlag, 2001, S. 16.

但同时也需要引起注意的是，这个"五编制"的体系具有高度的抽象性（hoher Abstraktionsgrad），尤其是总则中的相关概念的界定，往往会导致众多歧义并引致误解，所以显然，这部法典是缺乏"大众性"（Volkstümlichkeit）的，换言之，对于普通大众而言是存在"理解困难"的。同时，由于众多的抽象概念，其代价往往是法律适用上显著的"灵活性"（Flexibilität）。[1] 而且，在民法典中存在众多例外（Ausnahmen），很多例外甚至不是明示的，换言之，这样的例外只有通过读者对条文的正确理解才能发现。[2]

另外，作为民法典的内容，一方面建立在潘德克顿法学的研究成果之上，另一方面受到"市民-自由主义"（bürgerlich-liberal）思想的影响。所以就民法典的基本思想而言，并没有过多地考虑法国《人权宣言》中的标语，而是直接从法律后果中来体现自由主义的思想。所以，法典第 1 条就设定了人的权利能力，第 305 条是合同自由，第 903 条是所有权人的财产处分自由，第 1937 条是遗嘱自由。如果再将第 276 条的归于自己的责任和第 823 条的损害赔偿义务考虑进来，就能够得出"市民个人负责制原则"（Leitbild des selbstverantwortlichen Bürgers），或称市民意思自治原则的指导思想。但是，也不是所有的民事领域都遵循意思自治原则的，如自中世纪开始的，在不动产的交易中遵循的登记原则，即必须通过土地登记并公示，交易行为方得以成立。再如在家庭法中丈夫的优先权利，即无论在家庭财产上，还是在对孩子的教育上，丈夫始终占据家长的地位。

所以，在民法典中所体现出来的这种妥协（Kompromißcharakter），也是这部法典最受指摘的地方。无疑，在法典草案得到帝国议会多数通过的时候，祁克和门格尔的设想并没有被实现，而根据供职于哈根大学的民法教授蒂罗·拉姆（Thilo Ramm，1925—）的说法："这部民法典是 1848 年未成功的尝试所体现出来的市民自由主义和传统的王权贵族的保守主义之间的妥协。"[3] 作为王权贵族的保守主义，主要体现在家庭法中男子的家长特权和不可分割的家庭财产上，而这一

---

[1] Reinhard Bork, Allgemeiner Teil des Bürgerlichen Gesetzbuchs, 2. Auflage, Mohr Siebeck, 2002, S. 13.

[2] Dr. Dr. h. c. Dieter Medicus, Allgemeiner Teil des BGB, 9., Auflage, C. F. Verlag, 2001, S. 17.

[3] Karl Kroeschell, Rechtsgeschichte Deutschlands im 20. Jahrhundert, Vendenhoeck & Ruprecht in Göttingen, 1992, S. 19.

点,在配合《德国民法典》实行的《德国民法典施行法》(Das Einführungsgesetz zum Bürgerlichen Gesetzbuch, EGBGB)中也得到了确认。

同时,这部法典的出台也是各邦之间妥协的结果,民法制定委员会的成员们一直和他们自己的邦保持着密切联系,并在很大程度上受到各邦政府的制约。所以这部法典的的内容来源是很不一致的。如第313条规定不动产交易合同的公证义务,是巴伐利亚对普鲁士的胜利,而巴登和巴伐利亚代表提出的手写遗嘱,在议会讨论的最后也终于得到通过。

为了弥补民法典可能出现的漏洞,根据《德国民法典施行法》第55条的规定,在《德国民法典》没有明确规定的范围内,邦法依然有效。但第32条又规定,帝国法律在《德国民法典》没有明确排除适用的情况下依然有效。同时,第2条又规定了习惯法的效力。这就意味着,如"缔约过失责任"(culpa in contrahendo)和"第三人损害之赔偿责任"(Drittschadensliquidation)这样的条款,虽然在民法典中未能明确规定,但是依然是有效的。可见,立法者并没有放弃对这部民典法在理论和实践方面做出修正的可能,所以这部法典并非最终的成果,它作为法律实证主义的文本,经常受到人们的批评和指摘。

(三)德国民法典的立法精神及其修正

总体而言,德国民法典的出台满足了当时的时代需要,尤其满足了德国政治统一的需要,而且法典中所体现出来的一系列基本价值诉求,如私法自治(Privatautonomie)、社会保护(Sozialschutz)、个人的责任(Verantwortung)、信赖保护(Vertrauensschutz)等,都是当今世界各国民事立法的普适价值,在当时具有相当的先进性和示范性。[1]

德国民法典在立法精神方面与法国民法典是绝然不同的。法国民法典在当时革命的社会情势下产生,是新兴的资产阶级(市民阶级)的要求,是市民阶层(Bürgertum)通过革命的颠覆清除了旧王朝过了时的各种社会制度,从而在市民的

---

[1] Reinhard Bork, Allgemeiner Teil des Bürgerlichen Gesetzbuchs, 2. Auflage, Mohr Siebeck, 2002, S. 40ff.

法律权利平等原则（Rechtsgleichheit）的基础上建立了国家，并基于此特定情况最终完成一部法典的编纂，它反映了自由与平等的革命需求。[1] 所以毫无疑问，法国民法典是一部革命的法典，其特点是破旧立新。同时又由于法国长期受到自笛卡尔以来的理性主义思潮的影响，遵循的是理性主义的思路，所以法国人相信，通过人的理性，就能够解决一切问题。

而德国民法典却恰恰相反，它是一部保守的、甚至是守旧的法典。在主流思想上，法典的编纂在很大程度上受到自19世纪初开始盛行于德国的历史主义的影响，认为法律是民族精神（Volksgeist）的体现，所以在法典的编纂上也使得德国民法典成为"保守而又有特点的法典之一。"[2] 或者如德国民法学家恩斯特·齐特尔曼（Ernst Zitelmann，1852—1923）所言："一个历史现实的审慎终结，而非一个新的未来的果断开端。"[3] 日本法学家穗积陈重（ほづみのぶしげ，1855—1926）也认为，各国编纂法典（特别是民法典）有不同的目的，例如法国民法典兼有守成、统一和更新的三重目的，而德国民法典的目的主要是统一。[4]

同时，由于德国民法典是一个由开明的专制君主自上而下制定的。所以德国民法典的这一性格也是与当时德国统治阶级——制定民法典的当权者——的性格分不开的。当时德国的统治阶级由资产阶级与容克贵族融合而成，它对当时德国社会的态度是"守成"而不是"革新"。它要求在尽可能大的范围内保留容克贵族的利益。即使在社会经济发展已提出的问题上，它也要求尽量维护现状，维护现有的社会秩序。[5]

关于这部法典的评价，德国著名法史学家弗兰兹·维艾克尔（Franz Wieacker，1908—1994）说："（德国民法典是）潘德克顿法学和民族民主主义的儿子，但是却为1848年开始的自由主义运动而导入。"[6] 拉伦茨和沃尔夫也有类似的观点，认

---

[1]〔德〕K. 茨威格特、H. 克茨：《比较法总论》，潘汉典等译，法律出版社2003年版，第134页。

[2] 同上书，第218页。

[3] Deutsche Juristenzeitung (1896—1936), 1900, 3. 转引自〔德〕K. 茨威格特和H. 克茨：《比较法总论》，潘汉典等译，法律出版社2003年版，第169页。

[4]〔日〕岩波版《法律学辞典》，昭和十二年，第2471页。转引自谢怀栻：《大陆法系民法研究》，载于《外国法评译》1994年第4期。

[5] 谢怀栻：《大陆法国家民法典研究——德国民法典》，载于《外国法译评》1995年第2期。

[6] Karl Kroeschell, Rechtsgeschichte Deutschlands im 20. Jahrhundert, Vendenhoeck & Ruprecht in Göttingen, 1992, S. 20.

为1900年《德国民法典》遵循了自由主义的模式,却受到社会国家理论的巨大影响。[1] 这样就提出了一个问题,即这部立法是否当时时代的使命,或者说这取决于一个前提,即这部立法是建立在什么样的社会模式（Sozialmodell）基础之上的。

而一直以来的主流观点都认为,准备立法时的社会是前工业化的市民社会（vorindustrielle bürgerliche Gesellschaft）,但是在这部法典生效的时候,亦即1900年,德国工业资本主义已进入了垄断时期。所以对潘德克顿法学的理解也必须进行时代的修正,除了对法典影响巨大的潘德克顿法学的形式主义和资本主义前期的自由主义思想,更重要的是,法典受到了也正在受到工业时代乃至于后工业化时代发展趋势的影响。

所以,出生于时代之交的民法典一出台,就面临着法律滞后性的问题,换言之,民法典的发展必须符合"现代化需要"（Modernisierungsbedarf）,如何将法典的滞后性和灵活性结合起来,以体现社会发展的最新动态,这就必须通过抽象的概念演绎和主观的分析来完成。债务关系、所有权人对财产的自由处分权,所有这些民法的基本要素都必须在社会的发展过程中被赋予新时代的内容。

从民法典修正的原动力而言,主要有以下五种,一是价值观的变迁（geänderte Wertvorstellung）,如随着男女平等观念的不断落实而导致的婚姻法的修正,男子再也无法像以往一样得到法律上的保证,使其获得家庭关系中的主导地位；二是科学技术的发展,使得侵权法不再仅仅规制已发生的侵权行为而扩展到了危险责任；三是经济关系的变化,随着大众经济条件的变化,对土地也提出了更多的要求,从而使得有限的土地资源被细分为各种权利以满足不同需要；四是国际化的需要,其中最典型的就是欧洲法律一体化进程中的民商法改革；五是概念外延的变化,如虚拟资产的保护问题等。[2]

而就法律修正的途径而言,一百年来,德国在民事法方面,主要通过两种渠道去补充、修正、发展民法典,使其适应社会发展的要求。一是立法,包括修改民法典和在法典之外制定单行法。如《商法典》（Handelsgesetzbuch）、《反不正当竞争法》（Gesetz gegen unlauteren Wettbwerb）、《反限制竞争法》（Gesetz gegen

---

[1] Larenz/Wolf, Allgemeiner Teil des Bürgerlichen Rechts, 9. Auflage, Verlag C. H. Beck München, 1997, S. 30ff.
[2] Reinhard Bork, Allgemeiner Teil des Bürgerlichen Gesetzbuchs, 2. Auflage, Mohr Siebeck, 2002, S. 21f.

Wettbewerbsbeschränkungen）等法的单立，都是非常典型的例子。[1]

二是法院的判例。通过判例以补充、发展甚至纠正、修正民法典已屡见不鲜，这样做的基础有两种。一种是德国民法典的概括性的规定。这种规定为法律的"发展"留下了余地。例如在第 823 条关于侵权行为的规定中，判例利用"其他权利"，使工商经营权（Gewerbebetrieb）及一般人格权也得到保护。又如关于一般契约条款，民法典中并无规定，但随着垄断性企业的发达，法院就认为有对之加以管制的必要。判例先是以民法第 826 条为判决基础，后来改用第 242 条，后来再改用第 315 条。这些事例说明德国民法典在其概括性规定中包含有法官可以据以发展这种规定的巨大空间，这就是立法技术的优越之处。另一种基础是民法典中的一般条款，这是较之前更使法官驰骋有余的一种规范。这里特别应提及第 242 条，即诚实与信用原则。德国有许多对民法典加以发展的判例都是以这一条为判决基础的。最著名的是解决了第一次大战后由于德国马克贬值而引发的债务纠纷案件。此外，德国判例还利用这一条发展了一些新的原则，如"交易基础消灭"、"滥用权利"等，"从而修正了民法典契约法中最初的个人主义的僵硬性。……第 242 条的一般条款已证明是契约法适应变化了的社会伦理观念的一种重要手段。"[2]

三、贸易、工业和社会立法

（一）商法典的制定

自 18 世纪末叶以来，苦于分裂状态的各个邦国受到法国法典编纂主义的影响，开始了编纂商法典的运动，1794 年普鲁士颁布了《普鲁士邦法》（Allgemeines Landrecht für die Preußischen Staaten，ALR），其中第二部分的第八编就对商法作出了详尽的规定，而后由于在 1871 年建立起了一个由普鲁士占主导地位的德意志帝国，《普鲁士邦法》中的很多内容被吸收到了 1900 年德国民法典和德国商法典中去。

另外，李斯特关税同盟的建立促进了各邦之间的经济交流，推动了统一的

---

[1] Larenz/Wolf, Allgemeiner Teil des Bürgerlichen Rechts, 9. Auflage, Verlag C. H. Beck München, 1997, S. 42.
[2] 参见谢怀栻：《大陆法国家民法典研究——德国民法典》，载于《外国法评论》1995 年第 2 期。

商事立法。1848年，保罗教堂议会制定公布了《德国统一票据法》(Allgemeine Deutsche Wechselordnung)，这部法律于1848年到1850年间被德国的一些邦国吸收进了邦法中。[1] 同时在普鲁士的提议下，联邦议会于1857年在纽伦堡设置了《统一商法典》起草委员会，主要讨论普鲁士草案和奥地利草案，通过"两读"(ADHGBE I 和 ADHGBE II)最终于1861年颁布了《普通德意志商法典》(Das Allgemeine Deutsche Handelsgesetzbuch，ADHGB)，并与《施行法》(Einführungsgesetz)一起生效。而现行的《商法典》(HGB)和《股份法典》(Aktiegesetz)，其核心内容都源自于这些纽伦堡文件(Nünberger Protokolle)。

《普通德意志商法典》共分5编，分别为商人性质、商公司、合伙、商行为和海商。该法典后被大多数邦国所采用。法典制定者的设想是将法典塑造成特别私法(Sonderprivatrecht)，其中，商人、商事帮助人、商行为和商业组织是核心概念。根据法典第四条的规定，商事行为对商人概念的构成有着重大意义，而商人的行为则是商事行为。从而使得商人成为商事行为中权利义务关系的承载者。当时著名的商法学者威廉·恩德曼(Wilhelm Endemann，1825—1899)提出的将商事行为和商事组织，而不是商人作为商法典考量基础的建议，最终未能得到通过。按照保罗·拉邦德(P. Laband，1831—1918)的话来说，"恩德曼的建议抹杀了商人法律人格的完整性，或者用更加概括的语句来说，个人法律人格是最高的生活关系的统一，对于个人而言它是不可分的，就像主权之于国家也不可分一样。"[2]

1871年德意志帝国建立后，在编纂民法典的同时，商法典的编纂也提上了日程。经过起草委员会的辛苦工作，新商法典——《德国商法典》(Handelsgesetzbuch，HGB)终于在1897年得以颁布，并于1900年1月1日和德国民法典一起生效了。这部商法典共分4编905条，第一编为商事(Handelsstand)，第二编为上市公司和隐名合伙(Handelsgesellschaften und stille Gesellschaft)，第三编为商行为(Handelsgeschäfte)，第四编是海商法(Seehandel)。作为新商法典，相对于《普通德意志商法典》而言，更加强化了商人在法典中的核心地位，即采主观主义的立法原则(subjektives System)。根据商法典第1条的规定，商人是商事行为的从事者，

---

[1] Karsten Schmidt, Handelsrecht, Carl Heymanns Verlag, 1999, S. 34.

[2] Karl Kroeschell, Rechtsgeschichte Deutschlands im 20. Jahrhundert, Vendenhoeck & Ruprecht in Göttingen, 1992, S. 24.

是商事组织的驱动者，而这里的商事行为的概念，不仅通过行为客体，即特定的商业活动，也通过在特定环境特定条件下的行为主体，即商人来确定。

值得一提的是，德国商法的源头不是罗马法，而是中世纪的"商人习惯法"（Gewohnheitsrecht des Kaufmanns）。虽然，德意志各邦曾在政治和法律上各自为政，但在经济上相互依赖，甚至建立了关税同盟，从而使得商法作为特别私法不断地得到发展，至德意志帝国建立时，德国商法已经发展成独立的法律部门[1]，从而最终确立了民商分立的体系。尽管德国在立法体例上采取了民商分立的形式，1900年的商法典和民法典之间却存在着千丝万缕的关系，事实上，商法典和民法典得以几乎同时起草编撰并非偶然，而是特意的安排，其目的就在于制定一部和民法典内容相协调的商法典。[2]

（二）卡特尔问题

1871年德意志帝国的建立，对德国经济发展的促进作用是巨大的，统一的度量衡、部分统一的邮政系统以及1875年成立的中央德国国家银行，为经济的发展提供了巨大的支持。同时，19世纪70年代俾斯麦政策的最大转变，在于1878年到1879年间从自由主义和自由贸易向由保守主义者支持的关税保护主义转变，从而使得经济在飞速发展过程中出现了企业集中的问题，尤其是共同价格的约定，以保证自身在市场中的优先地位。从而导致卡特尔（Kartell）和辛迪加（Syndikaten）大量出现。

卡特尔和辛迪加的出现，一方面是因为生产和销售的需要，另一方面也是德国人合作精神（Genossenschaft）的体现。据统计，1865年只有4个卡特尔，1879年有14个，1885年有90个，1890年增加到210个，1905年达到366个，1911年猛增到550到600个。除此之外，德国也出现了少数更高一级的垄断组织，1893

---

[1] 1794年的《普鲁士邦法》在其第二部分第八节中将整个商法作为一种相对于一般民法的特别法加以规定，从而开创了商法领域的一个全新的时代，而1861年的《普通德意志商法典》的生效，又将商法的发展向前推进一步，从此，德国商法无论在理论上还是在立法上都已较为成熟地发展起来了。

[2] Karsten Schmidt, Handelsrecht, Carl Heymanns Verlag, 1999, S. 36.

年成立的莱茵—威斯特伐利亚煤业辛迪加（Rheinisch-Westfälische Kohlen Syndikat），集中了该地区 85% 的煤产量。1910 年成立的生铁辛迪加德意志钢业协会（Verein Deutscher Eisen-und Stahl-Industrieller），在 1912 年几乎控制了德国全部的生铁工业。另外还有德意志钢业托拉斯（Die deutsche Eisen-und Stahlindustrie Trust）、化学工业法本托拉斯（Chemische Industrie Farben Turst）。

同时，随着工业垄断组织的发展，银行业也迅速集中。1909 年柏林 9 大银行及下属分行拥有 113 亿马克资本，占整个德国银行资本总额的 83%，德国银行把商业银行（Handelsbank）、投资银行（Investmentbank）和投资托拉斯（Investmenttrust）融为一体，直接参加建立工业公司活动，为企业提供巨额贷款，直接控制生产领域。仅德意志银行就拥有 30 亿马克资金，控制 200 多家工业企业。银行资本与工业资本相结合，使德国形成了一批金融寡头（Finanzmanat），在经济领域起着举足轻重的作用。"德国信贷银行（Kreditbank）与工业本身的积极力量相结合，促进德国的工业化。"[1]

19 世纪 80 年代最值得关注的就是这种新的经济现象的出现，拉开了一场在政治和法律领域针对垄断的大讨论的序幕。这场讨论不仅涉及到共同价格的约定对消费者造成的损害，还涉及到垄断本身对实施垄断的企业造成的长远的伤害。[2] 从 19 世纪 70 年代开始，帝国最高商事法院（Reichsoberhandelsgericht, ROHG）就依照竞争自由原则对有关竞争限制的行为做出不利判决。但是由于尚缺乏相关立法，致使垄断的非法性问题尚未得到根本解决。

1883 年奥地利经济学家弗里德里希·冯·克莱恩威希特（Friedrich von Kleinwächter, 1838—1927）的著作提供了解决此问题的线索，在书中，他将卡特尔称为"危机之子"（Kinder der Not）。进一步的讨论出现在 1894 年关于卡特尔的大辩论，这次会议的主题是"社会政策的统一"（Vereins für Sozialpolitik）。在会上，卡特尔的支持者，来自德国的经济学家卢约·布兰塔诺（Lujo Brantano, 1844—1931）强调了卡特尔在经济发展中的作用。

帝国法院（Reichsgericht）起初坚持认为卡特尔是非法的，但在 1900 年的书籍

---

[1] 吴友法：《德国现当代史》，武汉大学出版社 2007 年版，第 16—17 页。

[2] Karl Kroeschell, Rechtsgeschichte Deutschlands im 20. Jahrhundert, Vendenhoeck & Ruprecht in Göttingen, 1992, S. 27.

交易卡特尔（Börsenverein des Buchhandels）案中却表现出立场的松动。[1]与此同时，又在1897年的萨克森木材工厂主联盟案的判决（Sächsischen Holzstoff-Fabrikanten-Verband）中允许了结构卡特尔的存在。该案的判决书指出："我们所说的违反自由交易原则侵犯公众普遍利益的卡特尔协议，只在某些特定的情况下存在，即该协议显而易见地会导致实质性的垄断并造成了对消费者的严重剥削，或者协议最终导致了上述后果的产生。"[2]

帝国法院对卡特尔态度的转变，表明了法律对社会发展的适应，但是在德意志第二帝国时期有关卡特尔的立法一直没有能够出台，在1902年到1905年间，帝国议会通过了成立卡特尔调查局（Kartell-Enquête）的决议，调查局的工作成果在1905到1907年的工作备忘录中可以看到。同时，对卡特尔行为的调查和追究也通过民法的调控来实现，这就是民法典第826条的"对违反善良风俗的故意损害"（sittenwidrigen Schädigung）以及民法典第138条的"违反善良风俗的合同无效"所起到的作用。[3]而民法典823条第1款所规定的"因故意或过失侵害他人所有权及其他权利的行为"在这里则并不适用。这些条文在当时就做出了反不正当竞争的规定，而相应的竞争法的原则，一直到1909年才真正地被明文写入《反不正当竞争法》（Gesetz gegen den unlauteren Wettbewerb）中。而《卡特尔规章法》（Kartellverordnung）的出台，真正单独地将卡特尔作为一个市场加以监督和规制，则是在1923年魏玛共和国时期的事情了。

（三）社会经济立法

德国之所以被称为经济法的母国，是因为德国是世界各国中最早推行社会经济立法的国家。早在其他国家仍在把亚当·斯密（Adam Smith，1723—1790）和富朗索瓦·魁奈（Francois Quesnay，1694—1774）的理论奉为圭臬的时候，德国人已经看到了"守夜人"模式的缺陷并试图通过国家宏观调控、包括经济社会立

---

[1] RGZ 28, 238ff.

[2] RGZ 28, 155ff.

[3] Rainer Bechtold, Kartellgesetz gegen Wettbewerbsbeschränkungen Kommentar, Verlag C. H. Beck München, 2008, S. 2.

法这一有形之手对经济生活加以弥补和修正。所以说,德意志第二帝国于1883年6月15日颁布的《工人医疗保险法》(Das Gesetz über die Krankenversicherung für Arbeiter),不仅在世界上首创了医疗保险制度,更意味着在世界范围内首开了国家通过经济立法宏观调控社会生活的先河,从而在很大程度上奠定了德国嗣后的政治崛起和经济腾飞,并一举成为当时世界上第二大工业强国。

当然,社会经济立法是一个经历了长时间酝酿和准备的进程。第一次社会立法动议[1]的提出始自1871年7月7日的《帝国赔偿义务法》(Reichschaftpflichtgesetz)的通过。[2] 该法规定:铁路工人在工作中产生的死亡及工伤,哪怕企业主并无过失,也要承担赔偿责任,这样就确立了在铁路企业中企业主的严格责任。在当时的德国民法典中,过错责任依然是占统治地位的,而严格责任仅在非常特殊的情况下才得以适用,如根据《德国民法典》833条关于动物饲养人责任(Haftung des Tierhalters)的规定,即无论该动物饲养人是否有意,其所饲养的动物致人死亡或伤害,或致物损失的,都须承担赔偿责任。在帝国赔偿法中设立这项制度,主要是考虑到工业化和技术的发展同时会带来各种各样以往未曾遇到的危险,并由此产生不可测的损害。即便对此尽最大努力加以防范都未必能够完全避免。因此,在允许从事高危行业的同时,应建立与之相应的损失补偿机制。[3]

当然,铁路企业的企业主承担的危险责任(Gefährdungshaftung),仅涉及从事危险工作的工人而不涉及铁路企业内的公职人员、办公室职员和一般工人。由于《帝国赔偿义务法》仅限于铁路企业而不涉及采矿业和一般工厂,这就非常自然地涉及到一个问题,即在这些企业工作的员工的危险责任该如何分配的问题。有人建议通过法律引入社会事故的保险(Unfallversicherung),从而在一定程度上放宽对企业主的严格责任,企业主只需要在一定份额内承担保险费用即可,这一立法动议(Motivzusammenhange)的提出,为保险法的设计和颁布奠定了社会基础。[4]

第二次社会立法动议来自于维也纳大学的政治经济学教授劳伦斯·冯·施

---

[1] 需要注意的是,这里的动议仅指广义的,随着社会的发展,社会本身对此立法提出的要求,而并非是狭义的、程序法中的立法动议。

[2] Deutsches Reichsgesetzblatt Band 1871, Nr. 25, S. 207—209.

[3] [德] 马克西米利安:《侵权行为法》,齐晓琨译,法律出版社2006年版,第19页。

[4] Karl Kroeschell, Rechtsgeschichte Deutschlands im 20. Jahrhundert, Vendenhoeck & Ruprecht in Göttingen, 1992, S. 30.

坦因（Lorenz von Stein，1815—1890）的"社会改革的君主政体"（Königtum der sozialen Reform）的概念。施坦因（Lorenz von Stein，1815—1890）于1841年在基尔大学获得法学博士学位后，前往巴黎进行法制史研究，受到当时社会主义与共产主义思想影响，进而研究社会思想及社会变迁。自其1855年开始担任维也纳大学政治经济学教授时起，陆续发表了国家学四大体系研究：社会理论、经济理论、行政理论和财政理论，成为当时著名的国家学学者，时至今日仍被奉为德国社会学的思想先驱。[1]

作为黑格尔哲学的信徒，施坦因在他的早期著作《1789年以来法国社会运动史》中试图通过对法国社会主义运动的阐释，说明意识形态和政治运动在资本主义社会发展中的地位和作用。施泰因认为，法国大革命作为一场社会革命运动，其进步意义在于确立了资产阶级工业社会，然而其消极意义则在于导致社会结构上的两极分化、劳资阶级冲突加剧，正如社会主义对现存制度的种种批判所表明的，西欧工业社会正在陷入深刻的危机。同时，他还认为造成这一危机还有观念上的原因，社会革命运动推翻了封建专制的等级制度，促使了社会的进步发展；但在观念上却把平等要求社会化，从国家、政治和行政管理方面看，这本身即隐藏着一种极大的社会风险。所以施坦因得出下述结论：即社会历史的发展不能从谋求公众权利的社会运动中产生，而要通过有权进行社会管理的"互利的共和体"的政治调节来实现。[2]这就是"社会改革的君主政体"这一思想的主旨内容。施坦因因此成为国家学研究的著名学者，其学术影响力甚至扩及当时的日本。[3]

正是由于施坦因的观点是如此地切合俾斯麦所设想的德意志第二帝国的发展之路，所以施坦因深得俾斯麦之心，在俾斯麦的社会立法政策中，施坦因的社会构建意见迅速地被采纳，并直接被俾斯麦吸收进了1881年的《建立完善的关于事故、医疗和退休的社会保险的皇帝诏书》（Kaiserlichen Botschaft der Sozialversicherung mit Unfall-，Kranken-und Rentenversicherung）中去。[4] 1881年11月17日，威廉一世皇

---

[1] 参见张道义：《十九世纪德国国家法学者史坦恩》，台大法学论丛，第38卷第2期，2009年6月。

[2] 参见苏国勋、燕宏远：《施坦因》，http://bbs.ccit.edu.cn/kepu/100k/read.php?tid=14371，访问时间：2011—9—15。

[3] 同[1]。

[4] Karl Kroeschell, Rechtsgeschichte Deutschlands im 20. Jahrhundert, Vendenhoeck & Ruprecht in Göttingen, 1992, S. 31.

帝亲自宣读了这一诏书。

在诏书中,威廉一世这样说道:"我认为,使帝国议会重新关心这一任务乃是皇帝的义务。如果我有朝一日在谢世的时候能够意识到,我已重新并且持久地保证祖国国内安定,使需要帮助的人们有更多的保障,接受更实惠的帮助,他们有权利接受这样的帮助,那么我就会以更加满意的心情来回忆取得的一切成就,显然,上帝是会保佑我的政府取得这些成就的。"[1] 威廉一世同时宣称:"社会立法是对社会损害的救济,它不仅通过惩罚超出社会民主的越界行为,而且通过对普通民众尤其是工人群体的福利考虑,来实现这个目的。"[2] 同时,工人在患病、发生事故、伤残和老年经济困难时应该受到保障,他们有权要求救济,工人保障应由工人自行管理。另外,诏书还对社会保险的发展作出规划,确定职业医疗保险、养老保险、失业救济等制度规划。

19世纪末的德国,由于工厂工作条件极其恶劣,如每天工作12到14个小时,有损健康的工作环境等,导致了不断出现工人的抗议和罢工,并逐步发展成为了劳工运动。在经济压力之下,阶级矛盾在1873年被激化了。帝国宰相俾斯麦尽管在1878年出台了《反对社会民主党企图危害治安的法令》(Gesetz gegen die gemeingefährlichen Bestrebungen der Sozialdemokratie),但是收效甚为有限。为了避免社会秩序稳定受到威胁,尽管非常不愿意限制企业主,尤其是容克贵族的利益,俾斯麦还是不得作出妥协,通过国家立法的方式来避免社会危机的爆发。而且俾斯麦还考虑到,如果能够给予劳工更多的保险和物质上的利益,劳工会更加感觉到对国家负有义务,同时可以抽离劳工运动的群众基础,无需任何政治妥协即可将工会融入君主国之中,从而加强整个国家的内在凝聚力。

总体而言,在这个阶段通过的劳动法改革主要包括:建立了六天工作制,按时给工人支付货币工资,废除在工矿企业使用童工,被雇佣的青年工人必须已经受到了小学教育,12到14岁青年工人每日劳动时间不得超过六个小时,14到16

---

[1] Otto von Bismarckzu dem Schrifsteller Moritz Busch am 26. 6. 1881, in: Bismarck und der Staat, Ausgewählte Dokumente eingeleitet von Hans Rothfels [Darmstadt 1958],359. 转引自〔德〕迪特尔·拉甫:《德意志史——从古老帝国到第二共和国》,波恩 Inter Nationes 出版社 1985 年中文版,第 166 页。

[2] Karl Kroeschell, Rechtsgeschichte Deutschlands im 20. Jahrhundert, Vendenhoeck & Ruprecht in Göttingen, 1992, S. 30.

岁青年工人每天工作时间不得超过十个小时,禁止妇女从事矿区地下作业,妇女劳动时间每日不得超过 11 个小时,妇女有产假四星期,各邦实行工厂视察员制度,以监督各项劳动立法的执行。[1]

社会保险立法开始于前述 1883 年《工人医疗保险法》(Das Gesetz über die Krankenversicherung für Arbeiter)。当然,它仅针对劳动工人而不适用于公职人员。[2] 法典规定,那些工作时间超过一周而年薪未能达到 2000 马克的劳动工人,能够享受到医疗保险。保险费用三分之一由雇主承担,三分之二由工人自身承担。另外,劳工们也向已经存在的企业医疗基金(Betriebskrankenkassen)提出申请,要求即便是在工作调动的情况下,也能够继续享受医疗保险。在患病的情况下由企业医疗基金承担医疗和药品的费用。在患病而不能工作的情况下,从患病之时起第三天开始,时间上能享受不超过 13 周的平均工资一半的医疗金,最高不得超过每天 2 马克。这样的话,一个有四个人的劳工之家,即便在主要劳动力患病的情况下,每周收入大约能达到 25 马克,以保证这个家庭不致陷入危机之中。当然,即便是得到了保险,被保险的劳工所能享受到的医疗待遇也是最低标准的。[3]

1884 年 7 月 6 日,帝国议会又通过了《工伤事故保险法》(Unfallversicherungsgesetz),规定工伤事故的保险费全额由雇主承担,一旦发生工伤或死亡,受害者有权要求得到最低 14 周、最高到医疗保险到期日的补偿。发生一般工伤事故保险的情况下,企业主联合会须承担治疗费用,在完全伤残的情形下,企业主联合会须支付三分之二的薪金。在死亡的情况下,死者家属可以要求领取相当于死者薪金 20% 的津贴。《工伤事故保险法》出台时仅适用于工厂、矿井和采石场,后将范围扩大到了所有农林经济领域。

1889 年 6 月 22 日,德国又通过了《伤残和养老保险法》(Invalidität-und Altersversicherungsgesetz)。它适用于所有年薪低于 2000 马克的劳工。保险费用由国家、雇主和工人三方缴纳,工人最低缴纳年龄为 30 周岁,最初的规定是领取者的最低

---

[1] 参见丁建宏、李霞:《德国文化:普鲁士精神和文化》,上海社会科学院出版社 2003 年版,第 334 页。
[2] 这部保险法不适用于公职人员,并非是因为国家侧重照顾劳工的福利,而是因为公职人员能够享受到更好的福利待遇,这就是政府的意图,将潜在的忠于政府的中产阶级放在优先的位置上。
[3] Karl Kroeschell, Rechtsgeschichte Deutschlands im 20. Jahrhundert, Vendenhoeck & Ruprecht in Göttingen, 1992, S. 31.

年龄为70周岁，后改为75周岁。在这部法典中，所谓伤残指的是工作能力降低三分之二。在此情况下，保险机构须支付伤残者三分之一的平均工资，最低年限为5年。对于这些年老的和伤残的劳工而言，他们每年能够从国家至少领到50马克的基本保险金。其余的保险金由保险机构和企业主各承担一半。在19世纪80年代之前，那些因为伤残事故，或因为年老而丧失工作能力的劳工，其之后的生活无以为继。但是社会立法后，国家开始承担社会保险的义务。470万劳工获得了保险，占总人口的10%，平均每人拨付11马克，从而使得劳工的生活质量得到了很大程度的提高。[1] 这一全新的社会政策成为了整个欧洲的典范。

尽管如此，在德国国内，这些社会立法还是受到了各方的指责，社会民主党人不希望这些法典成为帝国政治改革和法律平等的替代物，他们持续要求全面而广泛的企业劳工保护措施，而这些都是俾斯麦所断然拒绝的。所以八小时工作制和成立工会，只有到1918年革命时才得以实现。而自由主义者对这些社会立法也是褒贬参半，他们首先赞扬这些立法维护了劳工的权益，但是同时又否定这种"国家社会主义"（Staatssozialismus）的形式。俾斯麦自己随后也卷入了和新皇帝威廉二世（Wilhelm Ⅱ，1859—1941）的冲突中去，新皇帝要求进一步改善劳工境遇而遭到俾斯麦的反对。所以，那些关于儿童用工限制、周日休息、最长工作时间限制的规定，直到1890年俾斯麦黯然下台以后才得到施行。[2]

由于是初次制定保险立法，帝国参议院和议会对这些立法持相当谨慎的态度，所以这些法典也在以后的日子里不断地得到完善，尤其在受保险的团体范围和可保险的利益方面。1911年7月19日，这三部社会法典，加上与其相关的程序法，被汇编成为了六卷本的《帝国保险法》（Reichsversicherungsordnung）。同年12月20日又通过了《职员保险法》（Versicherungsesetz für Angestelle），1923年颁布了《帝国矿工联合会法》（Reichsknappschaftsgesetz），1927年7月又颁布了《失业保险法》（Gesetz über die Arbeitslosenversicherung）。[3]

---

〔1〕参见〔德〕汉斯—乌尔里希·韦勒：《德意志帝国》，邢来顺译，青海人民出版社2009年版，第117页。
〔2〕同时需要指出的是，威廉二世尽管在社会政策方面做出了一定的推动，但是其思想本质仍是集权的和独裁的，相较于社会民主党的国民平等思想，他的思想更接近于俾斯麦。所以，他和俾斯麦之间的争斗，与其说是路线之争，还不如说是权力之争、利益之争，这也是我们在一个集权统治的国家中通常可以见到的情形。
〔3〕Karl Kroeschell, Rechtsgeschichte Deutschlands im 20. Jahrhundert, Vendenhoeck & Ruprecht in Göttingen, 1992, S. 31.

四、刑法、诉讼法和司法制度

(一) 刑法典和刑法理论

19世纪制定一部统一的刑法典的努力屡屡受阻的原因，一是刑法理论（犯罪行为实质的概念以及关于刑罚的目的）的争议，[1]二是政治关系的复杂性和多变性。个别人起草的刑法典往往不能引起足够的重视，而符腾堡1847年的倡议又因1848年的革命而不了了之。1849年3月28日的《帝国宪法》第64条促成普鲁士司法部制定了一部刑法典草案，但是又由于迅速变化的时势而无疾而终。由巴伐利亚会同数个政府于1859年1月在联邦议会上提出的，商讨制定一部统一民法典和刑法典的要求，在经过了激烈的争论后也未能修成正果。而普鲁士则在1850年颁布钦定宪法后，于1851年颁布了《普鲁士刑法典》（preußische Strafgesetzbuch，PrStGB）。它参考了法国1810年刑法典，缺乏日耳曼特色，但它却成为北德各邦学习的对象，并在很大程度上影响了日后德意志帝国刑法典的制定。

与北德的刑事立法同样值得注意的是南德的刑事立法——1813年的《巴伐利亚刑法典》（Bayerische StGB），这部体现自由主义特色的南德刑法典以其逻辑性和精确性著称，并对日后德意志地区的刑事立法产生了深远的影响。[2]但是在其制定之初，限于巴伐利亚在整个德国有限的影响力，这部法典在1871年之前也未能得到很好地推广。

虽然制定全德统一刑法典的尝试屡遭失败，但是要求制定统一刑法典的呼声却始终高涨。1868年4月18日，根据议员们的提议，帝国议会决定：要求联邦宰相尽可能地准备一部共同的刑法和刑事诉讼法草案以及以此为基础的法院组织法，并提交帝国议会。联邦参议院于1868年6月5日同意了这一决定，联邦宰相于1868年6月17日要求普鲁士司法部长阿道夫·莱昂哈特博士（Gerhard Adolph Wilhelm Leonhardt，1815—1880）主持起草刑法典。

---

[1] Claus Roxin, Strarecht Allgemeiner Teil, Band I, Verlag C. H. Beck, 2003, S. 50.

[2] Maurach/Zipf, Strafrecht Allgemeiner Teil, Teilband I, C. F. Müller Juristischer Verlag Heidelberg, 1992, S. 50.

莱昂哈特将该工作委托给了当时的高级司法顾问海因里希·冯·弗里德贝格博士（Heinrich von Friedberg，1813—1895），法院陪审推事恩斯特·特饶高特·卢波博士（Ernst Traugott Rubo，1834—1895）和法官汉斯·吕多夫（Hans Rüdorff）担任其助手。工作组以当时最普遍适用的刑法典——普鲁士1851年刑法典为蓝本，1869年7月31日完成草案，俗称第一草案（Erster Entwurf），提交给联邦宰相，同时提交的还有一个详尽的立法动议和四个附件（德国和外国刑法立法中的刑法规定汇编、死刑、法医领域的问题和有效监禁期的最高期限）。

联邦参议院在1869年6月3日选举7位来自各个部门的法学工作者，组成了一个以莱昂哈特为主席的委员会，对刑法典草案进行审议。而未被邀请进该委员会的著名刑法学家们，如安雪茨（Gerhard Anschütz，1867—1948）、贝斯勒（Besler）、贝尔纳（Berner）、卡尔·宾丁（Karl Binding，1841—1920）等也以评论的方式积极地参与到这一立法事业中去。12月31日，该评审委员会向联邦宰相提交了一份修改过的草案，俗称第二草案（Zweiter Entwurf）。

联邦参议院于1870年2月4日到11日对第二草案进行商讨后，稍作修改后进行公布，俗称第三草案（Dritte Entwurf）。1870年2月14日，第三草案被提交到帝国国会，同时被提交的还有第一草案的四个附件以及由海因里希·冯·弗里德贝格（Heinrich von Friedberg，1813—1895）和路德维希·弗里德里希·奥斯卡·施瓦策（Ludwig Friedrich Oskar Schwarze，1816—1886）关于该草案的论证意见。莱昂哈特和弗里德贝格被任命为该草案的代办。[1]

该草案的一读于当年的2月22日进行，根据议员阿尔布莱希特（Albrecht）的要求，决定经全体讨论后完成该草案的总则部分以及分则的第1至第7章（主要是政治犯罪），分则的第8至第29章由第一委员会负责准备。草案的二读开始于2月28日，结束于4月8日。由于草案本身是建立在当时自由主义者的主流刑法观点——事先确定的行为报复理论（generalpräventive Tatvergeltungsstrafe）[2]的基础之上，所以

---

[1]〔德〕李斯特：《德国刑法教科书（修订译本）》，〔德〕施密特修订，徐久生译，何秉松校订，法律出版社2006年5月第1版，第76页。

[2] 1919年的《德国宪法》第116条明文规定的要求："刑罚之科处，应以行为实施前，可罚性明定于法律者为限。"（nullum crimen sine lege, nulla peona sine lege）

总体而言，刑法草案并没有经过太多的争论，除了死刑存废问题的重大分歧。[1]

草案的三读在1870年5月21日开始，司法部长莱昂哈特（Leonhard）受联邦政府的委托，要求在三读中取消二读时通过的数个决定，首当其冲的就是废除死刑的决定。普朗克（Planck）提出的"那些从法律上废除死刑的州，到此为止吧"的修正案，导致了进一步讨论的延期，联邦参议院5月22日做出不予接受普朗克修正案的决定。

1870年5月23日，关于草案的讨论重新开始，恢复死刑的动议最终以微弱的优势——127票对119票被通过，同时死刑也仅仅被保留在某些重大犯罪的惩罚中，实际上只有三个罪名：叛国罪（Hochverrat）、叛州罪（Landesverrat）和谋杀罪（Mord）。

5月25日法典在联邦参议院获得通过。该法典于5月31日经签署后于1870年6月8日出版的第16期联邦法律公报上作为适用于北德意志联邦的刑法典（Das Strafgesetzbuch für den Norddeutschen Bund）而颁布，于1871年1月1日起生效。为了帮助刑法典在北德联邦很好地施行，同时生效的还有《刑法典施行法》（Das Einführungsgesetz）。

随着1871年1月18日德意志第二帝国的成立，联邦参议院在对1870年北德意志联邦刑法稍作修改后，将其扩大到因后续的条约而加盟的南德和中德各州[2]，同时于1871年5月15日将《北德意志联邦刑法典》更名为《德意志帝国刑法典》（Das Strafgesetzbuch für das Deutsche Reich）。

《德意志帝国刑法典》的主体几乎就是将本来只适用于北德范围的1870年《北德意志联邦刑法典》扩大适用至南德而已。[3] 当然，从刑罚理念的角度来看，和19世纪的其他刑事立法一样，《德意志帝国刑法典》在很大程度上也受到了1813

---

[1] 在某些德意志邦中，当时已废除了死刑，但是普鲁士却坚持认为应该保留死刑，基于普鲁士在整个德意志帝国中的主导地位，联邦参议院要求重新对死刑问题进行决议，当然帝国议会最后还是以118票对81票的投票结果废除了死刑。

[2] 概言之，《帝国刑法典》通过上述方式在下列地区生效：a) 1871年1月1日，在以前的北德联邦地区以及美因河南部的黑森地区；b) 1871年10月1日，在阿尔萨斯和洛林地区；c) 1872年1月1日在符腾堡、巴登和巴伐利亚地区；d) 1891年，在赫尔哥兰（Helgeland）地区。

[3] Hans-Heinrich Jescheck, Lehrbuch des Strafrechts, Allgemeiner Teil, 4., Auflage, Duncker &Humbolt Berlin, 2008, S. 87.

年费尔巴哈的巴伐利亚刑法典（Feuerbachs Bayrisches Strafgesetzbuch）的影响。总体而言，1871 年《德意志帝国刑法典》是一部体现法治国特色的刑法典，它有着清晰的逻辑，条理清楚的体例，精确的概念，并以其直到现在依然有效的格式化的犯罪行为构成成为刑法典中的典范，其中的一个例子就是第 242 条关于盗窃罪的界定，从 1871 年一直沿用至今，未做任何改动。[1] 另外也需要注意的是，由于《德意志帝国刑法典》存在很大的守旧性，所以随着社会关系的变化，对其修正和补充也一直不断。[2]

同时，在德意志第二帝国时期的刑法学界，最值得关注的是对立的两大学派——古典主义法学派（klassische Schule）和现代法学派（Moderne Schule）。古典法学派的代表人物是卡尔·宾丁（Karl Binding, 1841—1920），他认为刑法的本质在于对违法行为的"正当地报复"（gerechte Vergeltung）。而对刑事社会学派创始人弗朗茨·冯·李斯特（Franz von Liszt, 1851—1919）而言，刑法的本质是一个社会任务，通过刑法的施行，以尽可能有效地保护社会中的"法益"（Rechtsgüter）。这实际上就是在探讨犯罪行为的刑罚意义问题。

根据李斯特 1882 年在马尔堡大学的就职演讲稿，他把刑法的任务理解为以下三点：第一，改造能够被改造的和有必要被改造的犯罪分子；第二，通过刑罚震慑没有改造必要的犯罪分子；第三，对于不能被改造的犯罪分子，应确保其不再危害社会。在这种理解下，李斯特提出了他的要求，以补充现行的刑法，加强对有前科的犯罪分子的管理措施，同时加强对那些有希望被改造的犯罪分子的教育。1902 年的刑法典改革也正是以此观点来进行的。古典主义法学派和现代法学派之间针锋相对的分歧，在以后通过不断的接近和融合得到了很大程度上的弥合。

1902 年，李斯特和他的一位来自柏林的同事威廉·卡尔（Wilhelm Kahl, 1849—1932），首次提出了对现行刑法进行修改的要求。同年，帝国司法部秘书长也组建了一个由 8 位教授组成的委员会，从刑法改革的目的出发，对现行刑法和

---

[1] Claus Roxin, Strarecht Allgemeiner Teil, Band I, Verlag C. H. Beck, 2003, S. 50.

[2] Hans-Heinrich Jescheck, Lehrbuch des Strafrechts, Allegemeiner Teil, 4. Auflage, Dumcker & Humbolt Berlin, 1996, S. 87.

外国刑法进行比较研究，最终取得了16卷本的成果。同时，自1906年始，一个由刑法实践家组成的委员会也开始工作，并于1909年提出了刑法改革草案。这些刑法典的修改草案，都要求对现行刑法进行"现代化的"修改，如寻求更多的改造犯罪人的机会和实现对罚金刑的改善。而1912年帝国刑法的修正案，则废除了很大一部分威慑刑。但是刑法典的修改仍在继续中，经过1913年的修改后，直到1919年才最终宣告结束。

（二）刑事诉讼法

1877年公布，1879年生效的《帝国司法法》（Reichsjustizgesetz），对德国的法院制度及诉讼法的体制进行了规定并在很大程度上沿用至今。甚至于法院的组织、审级、审限、诉讼方式程序等这些内容，基本上都至今有效而且也适用到了刑事诉讼的范畴之中。

1877年2月1日颁行的《帝国刑事诉讼法》（*Reichsstrafprozeßordnung*，RStPO）是德意志第二帝国时期颁布的重要法律，对德国以后刑事诉讼法的发展的影响非常重大。它共七编，474条。主要规定了总则、第一审程序、上诉、对已发生法律效力的判决案件的再审、特种形式的诉讼程序、刑罚的执行和诉讼费用等。刑事诉讼由检察官提起，个别情况下被害人及其代理人或行政官吏也可以告发或告诉。检察机关和警方均可侦查犯罪事实，搜集证据，但警察侦查的结果由检察官审查，决定是否提起公诉。凡重罪案件均先预审，一般案件无须预审，但检察官或被告要求预审者例外。检察官提起公诉后，即进入审理阶段，庭审中法官掌握主动，查明案情，证实犯罪，检察官与被告进行辩论。最后，法官对案件作出判决。不服第一审判决的被告或检察官，可以向高一级法院上诉或抗告。

《帝国刑事诉讼法》尽管从当代的角度来看也是相当成熟和完备的，但是实际上，这部法典自其通过时起就一直处于争议之中。争议的焦点集中在是否应该取消由刑事审判庭单独做出判决的权力，换句话说，就是是否应当引进如法国式或英国式的陪审制度。自19世纪中叶开始的很多次引进陪审或参审制度的努力都归于失败,一直到魏玛共和国时期,这个问题才得到了最终解决。

与《帝国刑事诉讼法》相关,同样引起广泛争议的还有根据1877年《法院组织法》(Gerichtsverfassungsgesetz, GVG)设立参审法院(Schwurgericht)的问题。19世纪自由主义的宪法将参审法院的设立看做是在刑事诉讼领域对市民自由的保证。从1848年始,以法国参审法院为典型的参审法院制度一步步被德意志各州所接纳。简单地说,那个时期的法国式的参审制度可以被这样描述:陪审员和职业法官存在着严格的职责分工,前者负责认定案件事实,后者负责法律适用。而根据英国式的陪审制度,陪审团负责回答有罪或无罪的问题,而职业法官只负责在充分考虑可能减免刑罚的环境下进行量刑。

1877年《法院组织法》对上述问题进行了重大修改,放弃了法国的参审模式而转向英国的陪审模式,即陪审员不仅负责案件的事实认定,还负责决定罪责的问题。但是在实践操作中却出现了问题,即陪审员不够明确这个任务的性质,缺乏必要的法律知识背景,所以没法非常好地履行他们的职责。陪审员往往会超出法律进行审判,从而造成了很多不适当的判决。对这种参审制度的批判日益高涨,但是由于其非常受到人民的欢迎而一直被保留了下来,直到魏玛共和国时期才最终得到修改,而参审法院这个名称则被一直沿用至今。

(三)民事诉讼法

19世纪上半叶,德意志地区的民事诉讼法主要分为三个法域,即南德、萨克森、奥登堡、汉诺威等地的"共同诉讼法"(gemeines Prozess);莱茵普鲁士、莱茵黑森、莱茵巴伐利亚等地的"法国诉讼法"(französisches Prozess),以及普鲁士地区的"普鲁士诉讼法"(Preußisches Prozess)。[1]

鉴于这样一种法律分裂的局面,对于民事诉讼法统一的需要也越加迫切。1877年10月1日,《民事诉讼法》和《法院组织法》、《刑事诉讼法》、《破产法》

---

[1] Rosenberg/Schwab, Zivilprozessrecht, 14. Aufl., C. H. Beck Verlag, 2009 S. 24.

(Konkursordnung)这三部法律一起在《帝国司法法》的名义下生效。[1]而这四部同时生效的法律也被称为"平行法"(Nebengesetzen)。

1877年德国《民事诉讼法》(Zivilprozeßordnung,ZPO)共分10编,872条。主要规定了总则、第一审程序、上诉、再审程序、证据制度、强制执行和仲裁等。它具有内容详实、逻辑严谨、概念精确和条文细密的特点,是一部典型的德国法典。它是资本主义国家继1806年法国民事诉讼法典之后的又一重要法典,是大陆法系国家民事诉讼法律制度发展到第二阶段的代表。该法典问世不久,即在世界范围内产生了重要影响。由于它先于实体法公布。所以,1896年德国民法典公布后,为保持程序法和实体法在诸多问题上的一致性,对其进行了全面修改,条文增至1048条,后又经历了数次修订,现有条文1084条。

1877年《民事诉讼法》的草案是普鲁士司法部长莱昂哈特(Leonhard)的杰作,在德意志邦联存续的最后几年里,他作为汉诺威的司法部长,尝试着起草一部通行于整个德意志地区的民事诉讼法。同时他也是1850年汉诺威民事诉讼法的起草者,这部民事诉讼法后来被认为是19世纪民事诉讼法的范本(Musterbuch)。所以1877年的《民事诉讼法》也一以贯之地打上了莱昂哈特所坚持的自由主义的烙印。[2]

但是,《民事诉讼法》刚一出台,批评就接踵而至。著名的法学家奥托·贝尔(Otto Behr),时任帝国法院法律顾问(Reichsgerichtsrat),他指出:"一个没有律师帮助的普通人,是无法明确诉讼程序的意义的,也无法独自走完从法院传讯开始的整个程序,而作为中立的法官则不能对其提供任何帮助。哪怕当事人请了律师,当当事人不能够用书面语言来表达他的请求时,律师也会觉得这是一件非常令人厌烦的事情。"[3]所以对于民事诉讼法的修改在数十年里一直在尝试,但未能有所成果。直到1919年的修改,才至少在地方法院,也即初级法院的程序(Amtgerichtliches Verfahren)中确定了法官在整个诉讼程序中的引导地位,以及在事实描述(Sachaufklärung)上提出更加严格的要求。

---

[1] Lüke/Prütting (Hrsg.), Zivilverfahrensrecht, Luchterhand, 1995, S. XIX.

[2] Rosenberg/Schwab, Zivilprozessrecht, 14., Auflage C. H. Beck Verlag, S. 255.

[3] Karl Kroeschell, Rechtsgeschichte Deutschlands im 20. Jahrhundert, Vendenhoeck & Ruprecht in Göttingen, S. 35.

第六节　民主的尝试：魏玛共和国

一、"十一月革命"与魏玛共和国的初建

（一）1918年"十一月革命"

德国在一战中失败了！1918年10月3日到4日，德国向协约国发出了"立即停战"（Waffenstillstandsersuchen）的请求，并开始举行谈判事宜，把海军方面停止潜艇战作为停战谈判的先决条件。[1]但是顽固的德国海军当局却不肯投降，并制定了孤注一掷的作战方案，强令受到俄国1917年"十月革命"影响的基尔（Kiel）军港的海军士兵出海与英国海军交战，同时海军指挥部也企图利用这次行动将带有革命情绪的士兵调离基尔军港。

但海军指挥部的命令，进一步激化了士兵的反感而导致士兵拒绝执行该命令。鉴于水兵反抗命令的行为，海军当局开始对基尔水兵进行迫害，从而于11月4日引发了革命，奉命前来镇压起义的士兵也加入了起义的队伍，共同抵抗反动当局的命令，参加起义的水兵、士兵成立了基尔士兵苏维埃。同时基尔市内工人也举行起义，并成立了工人苏维埃。11月5日，起义士兵控制了基尔全城，士兵和工人苏维埃第一次掌握了政权。[2]

基尔起义打响了"十一月革命"（Novemberrevolution）的第一枪。从基尔开始，革命迅速在全国各地蔓延，11月5日，吕贝克、汉堡、不莱梅、库克斯港、威廉港等地工人举行起义，成立工人苏维埃。1918年11月7日，慕尼黑爆发革命，当时的慕尼黑选帝侯路德维希三世（Ludiwig Ⅲ, 1845—1921）全家逃离慕尼黑。

---

[1] Karl Kroeschell, Rechtsgeschichte Deutschlands im 20. Jahrhundert, Vendenhoeck & Ruprecht in Göttingen, S. 39.
[2] 参见吴友法、黄正柏主编：《德国资本主义发展史》，武汉大学出版社2000年版，第246页。

11月8日晨,巴伐利亚成立工人士兵苏维埃委员会(Arbeiter-und Soldatenräte),路德维希三世被迫宣布退位,工人士兵苏维埃宣布巴伐利亚共和国(bayerische Republik)成立。接着,萨克森国王和符腾堡国王也相继被工人士兵苏维埃赶下台,至此,德国君主制的末日终于来临了。躲在斯巴(Spa)大本营的威廉二世皇帝,多次受到催促要求退位,无可奈何的他提出辞去德意志皇帝的位置但保留普鲁士国王的称号。

(二)魏玛共和国的初建

与此同时,帝国宰相马克斯(也译作马克思)·冯·巴登亲王(Prinz Max von Baden,1867—1929)将帝国宰相的位置移交给了社会民主党(Sozialdemokratische Partei Deutschlands,SPD)党魁弗里德里希·艾伯特(Friedrich Ebert,1871—1925)。[1] 同时,对帝国军队的指挥权,也通过法案移交给了帝国军队的最高统帅保罗·冯·兴登堡(Paul von Hindenburg,1847—1934)。鉴于当时停战后的特别时期和控制军队的需要,艾伯特需要和兴登堡互相合作以控制局势。

在镇压了1919年1月5日柏林工人的武装起义[2]之后,[3] 1月19日举行了国民议会选举。2月6日,国民议会在魏玛召开,通过魏玛宪法,建立魏玛共和国(Weimarer Republik)。艾伯特被选为总统,谢德曼任总理,首届政府由人民党、中央党和民主党联合组成,这就是所谓"魏玛联合政府"(Weimar Koalition Regierung)。

4月13日,慕尼黑工人在共产党的领导下发动起义,建立了巴伐利亚苏维埃共和国。政府集结普鲁士和符腾堡的军队及巴伐利亚的武装部队——埃普的自由团(FreiKörps)约6万人进攻慕尼黑并于5月1日攻入慕尼黑。巴伐利亚苏维埃共和国的失败,标志着十一月革命结束。从此,德国工人阶级的革命斗争逐渐走向低潮。十一月革命是一场不彻底的资产阶级民主革命(Bürgerlich-demokratische

---

[1]〔美〕科佩尔·平森:《德国近现代史》,范德一译,商务印书馆1987年版,第490页。

[2] 也称斯巴达克团起义(Spartakus-Aufstand)。

[3] 1月15日,德国共产党领袖卡尔·李卜克内西和罗莎·卢森堡(Rosa Luxemburg,1871—1919)被害。

Revolution），它推翻了德意志第二帝国的半专制制度，在德国首次建立起了资产阶级议会制共和国——魏玛共和国。

二、魏玛宪法

（一）分歧与争议

德意志第二帝国崩溃之后，临时政府在柏林成立以应付非常局势。但是，就如何建立新的国家政治制度这一问题，社会各阶层有着非常严重的分歧。一种意见认为应当仿效英国，对旧有的君主制进行改造，建立起较为民主的君主立宪制政体；第二种意见则主张向法国和美国学习，采用完全的共和政体，持这一观点的主要包括基督教社会主义者、民主主义者（以后两者最终建立了德国民族人民党，Deutschnationalen Volkspartei）；第三个派别，主要是以卡尔·李卜克内西和罗莎·卢森堡为代表的斯巴达克派，主张遵循苏俄路线，实行苏维埃制度和无产阶级专政，将德国从一个资产阶级国家转变为一个社会主义国家。在当时的激烈辩论中，第二种意见逐渐占据了上风并获得了大多数德国民众的支持。[1]

根据全德工人士兵苏维埃第一次代表大会的决议，1919年1月19日，国民会议选举如期进行，83%的选民参加投票。2月6日，鉴于首都柏林的紧张局势，国民会议没有在首都，而在图林根邦（Türingen）的小城魏玛（Weimar）召开，魏玛是歌德和席勒（Johann Christoph Friedrich von Schiller，1759—1805）的出生地，能够代表德意志民族的精神。[2] 国民会议由中央党人康斯坦丁·费伦巴赫（Konstantin Fehrenbach，1852—1926）任主席。

国民会议除了选举总统和总理以外，另一项重要的任务是制定新宪法。早在1918年11月15日，人民代表委员会就委托德国社会民主党创始人、内政部长、宪法学权威胡果·普罗伊斯（Hugo Preuß，1860—1925）主持起草新宪法。[3] 1919

---

[1] Hans Fenske, Deutsche Verfassungsgeschichte, 2., erw. u. aktualisierte Neuaufl.-Berlin: Colloquium Verlag, 1984, S. 42.

[2] Isensee/Kirchhof（Hrsg.）, Handbuch des Staatsrechts, Bund I, C. F. Verlag, 1987, S. 90.

[3] 同上[2]。

年2月24日开始，国民会议及其宪法委员会对宪法草案作进一步的修改和审议。7月31日，德意志帝国宪法（Die Verfassung des deustchen Reichs）最后定稿，并以262票赞成，75票反对，在国民会议中获得通过，8月11日经艾伯特总统签署后，于8月14日公布生效。因该宪法在魏玛获得通过，故也被称为魏玛宪法（Weimar Verfassung，WRV）。[1]

（二）主要内容

同1871年的帝国宪法相比，魏玛宪法是一部反映资产阶级民主要求的宪法。[2]它共分三个部分，总计181条，分为上下两编。第一编为"联邦之组织及其任务"（第1条到第108条）。共分七节，分别为第一节联邦和州、第二节联邦议会，第三节联邦总统和联邦政府、第四节联邦参议院、第五节联邦立法权、第六节联邦行政权、第七节联邦司法权。

第一编主要规定了德国为联邦共和国以及主权在民（第1条）。[3]联邦法律高于各邦法律（第13条）。人民有普选权、创制权（第17条）。确定采用责任内阁制（第52条），联邦总理及由联邦总理所推荐的各部部长均由联邦大总统任免（第52条）。同时宪法确立了由联邦议会和联邦参议院组成的两院制。共同行使立法权（第68条第2款和第74条第1款）。

魏玛宪法的一个非常重要的特点是确立了总统制，并规定联邦总统拥有很大的权力，所以在当时，总统有着一个"替身皇帝"（Ersatzkaiser）的雅号。联邦总统的权力主要有：解散联邦国会并要求重新选举（第25条）；对外代表联邦，并以联邦的名义与其他国家缔结同盟，订立条约，授受使节。同时享有宣战和媾和权（第45条）；任免联邦文武官吏，并得命其他官署行使此项任免权（第46条）；掌握联邦一切国防军之最高命令权（第47条）；代联邦行使恩赦权（第49条）；在联邦法律公报中公布依照宪法制定的法律（第70条）；在国会对某一法案争执

---

[1] Hildebrandt, Die deutschen Verfassungen des 19. und 20. Jahrhunderts, 12. Aufl., Ferdinand Schöningh, 1983, S. 69.

[2] 吴友法、黄正柏主编：《德国资本主义发展史》，武汉大学出版社2000年版，第246页。

[3] Isensee/Kirchhof (Hrsg.), Handbuch des Staatsrechts, Bund I, C. F. Verlag, 1987, S. 99.

不下时有权诉诸全民公投（第72、73条）。最引人注目的是宪法第48条，它规定了总统的"强制执行权"，也称"独裁权"（Diktaturgewalt），所谓"强制执行权"，指总统得用武力强制各邦遵守宪法和法律。同时总统和用武力恢复"公共安宁与秩序"，临时停止宪法规定的基本人权。当时的制定者恐怕没有想到的是，后来的希特勒就是用这条规定颠覆了魏玛宪法、埋葬魏玛共和国，最终将德国带上了第二次世界大战的不归之路，当然这是后话。

魏玛宪法所确立的体制既有别于俾斯麦宪法的体制，同时又在一定程度上继承了它的内涵。它是20世纪所曾经见过的宪法文件中最自由、最民主的一个，结构之严密几乎到了完善的程度。内阁制政府是取法英国和法国的，拥有实权的民选总统仿效美国，人民复决制则借鉴了瑞士宪法。实行构思严密、办法复杂的比例代表制和选票名单制，是为了防止选票的浪费，并且使得人数不多的少数派也有权利在议会中享有席位。[1]

但是问题恰恰出现在这里，民主自诞生伊始就已经自掘了坟墓。联邦议会在形式上被赋予了立法中心的位置，但是由于内部党派林立，致使内部议事效率低下，未能有效地起到解决国家事务的作用。其次宪法规定总理由总统任命，内阁部长由总理提名，总统任命。总统在任命总理前均要与各党派领导人进行商讨，但是当时德国的政治现实是多党林立，没有一个党占主导地位，从而使得内阁的组建往往成为多党合作的局面。这种有限内阁的集体责任制，实际上在很大程度上降低了决策效率，也缺乏足够的政治稳定性。致使从1919年到1933年这14年间，内阁改组达20次之多。[2]

宪法正文的第二编主要规定了"德国人民的基本权利和基本义务"，共分五节，第一节个人、第二节集体生活、第三节宗教和宗教组织、第四节学校和教育、第五节经济生活。

从宪法的规定可以看出，魏玛宪法包含了近代各国宪法普遍规定的公民的基本权利和义务，基本权利如法律面前人人平等和男女平等原则（第109条），迁徙自由原则（第111条），人身自由原则（第114条），住宅不受侵犯原则（第115

---

[1] [美]威廉·L.夏伊勒：《第三帝国的兴亡》，董乐山译，世界知识出版社1986年版，第345页。

[2] 张金鉴：《欧洲各国政府》，台湾三民书局1976年版，第269页。

条),刑法上的法不溯及既往原则(第116条),通信秘密不受侵犯原则(第117条),发表意见自由原则(第118条),和平集会自由原则(第123条),结社自由原则(第124条),选举自由及选举秘密受到保障原则(第125条),请愿权(第126条),信教自由和良心自由原则(第135条),宗教团体设立自由原则(第137条)等。基本义务有名誉职务的担任(第160条),服兵役的义务(第133条),负担公共费用的义务(第134条),接受小学教育的义务(第145条)。

值得注意的是,魏玛宪法还规定了很多新的权利,包括如下四类。[1]

经济方面的权利。包括公民经营工商业自由(第151条),契约自由(第152条),财产所有权(第153条),财产继承权(第154条)。

保障方面的权利。主要包括保护婚姻、家庭、儿女和产妇(第119条),保护私生子女(第121条),保护青年(第122条),保障经济自由(第151条),社会保险制度(第161条)等。

劳动方面的权利。主要包括保障劳动阶级的最低工作条件(第162条),"劳工会议制度"和"经济会议制度"(第165条)等。这是魏玛宪法中非常引人注目的条款,劳工会议制度确立了工人和企业主共同管理企业,由双方代表组成劳工会议制定工资劳动条件及生产力方面经济发展的规章。经济会议制度则要求工人、工会、重要的职业团体代表和企业主的代表按经济区组成经济会议和联邦经济会议,审议和提出重大的经济法律草案。这些内容,被有些西方学者称为"社会原则"(Soziales Prinzip)。

文化方面的权利。主要有保障艺术、学术自由(第142条),保障智能工作所得,如著作权、发明权、美术权(第158条)等。

基于如此广泛的公民权利,魏玛宪法被认为是世界上第一部具有现代意义的宪法,也被认为集合了瑞士、英国、法国、美国宪法优点的,非常民主的宪法。正如某些德国学者所说的,魏玛宪法并不是德国的,它是外国的舶来品,是威尔逊(Thomas Wilson,1856—1924)总统所想要的,是被外国军用货车运载而来的。[2]

---

[1] 何勤华主编:《德国法律发达史》,法律出版社2000年版,第141页。

[2] David E. Barclay/Elisabeth Glaser-Schmidt, Transatlantic Images and Perceptions: Germany and America Since 1776, Cambridge University Press, 2003, p. 38.

而魏玛宪法之父普罗伊斯（Preuß）自己也认为：魏玛宪法接近于美国宪法。更广泛地说，它属于西方的宪政传统。[1]但是，对魏玛宪法的批评也不少。如有学者认为：普罗伊斯在制定魏玛宪法时没有与法、英、美民主传统交流，而只将眼光盯着自己的过去。[2]

当然，比较主流的观点都认为，魏玛宪法是先进于它的时代的。虽然它像短命的魏玛共和国一样，很快就因为纳粹的崛起而形同一纸空文，但是魏玛宪法中的很多内容，对二战后很多国家，尤其是德国的宪政产生了巨大的影响，是大陆法系国家宪法中具有历史性和世界性意义的一部文献。

三、转变中的民法

（一）宪法和私法

"1919年的帝国宪法改变了整个财产所有权的体系"，瑞士著名法史学家汉斯·费尔（Hans Fehr, 1874—1961）在1928年如是说，而这个观点哪怕就是到了现在也是相当正确的。[3]同时，人们也将这一观点和1921年的马丁·沃尔夫（Martin Wolff, 1872—1953）的论文放在一起看，论文论述了帝国宪法第153条的规定，这条规定不仅是一个宪法性的所有权的概念，同时也附带了一种社会中的财产义务。无论是沃尔夫还是费尔，他们都看到了"所有权的义务"（Eigentum verpflichtet）。而在司法实践中，帝国法院于1916年也有一个关于交通保险义务（Verkehrssicherungspflicht）的案子[4]，暗示了这个改变。

同时需要注意的是，魏玛宪法的进步体现在第119条所规定的男女两性的平等和第121条所规定的非婚生子女与婚生子女的平等，这两条规定也在很大程度

---

[1] Bruce B. Frye, Liberal Democrats in the Weimar Republic: The History of the German Democratic Party and the German State Party, Carbondale: Southern Illinois University Press, 1985, p. 184.

[2] See Arthur J. Jacobson/Bernhard Schlink eds., Weimar: A Jurisprudence of. Crisis. Berkeley and London: University of California Press, 2000, p. 17.

[3] Karl Kroeschell, Rechtsgeschichte Deutschlands im 20. Jahrhundert, Vendenhoeck & Ruprecht in Göttingen, 1992, S. 49.

[4] RGZ 89, 120.

上影响了民事方面的立法和司法。但是，法律工作者大会提出的对家庭财产法（Ehegüterrecht）、事实婚姻法（Nichtehelichenrecht）和离婚法（Ehescheidung）的建议草案，因为帝国议会一次次的解散和重组，一直未能获得通过。

（二）法律适用和法律修正

魏玛共和国时期的司法机构同样面临着一个法律修正的问题。尤其引人注目的是帝国法院对"升值问题"（Aufwertung）的看法。

1919年到1923年的恶性通货膨胀，使得所有的私人财产几乎全部蒸发。尤其是那些证券股票、储蓄存款以及抵押贷款持有者。帝国法院认为这是无法接受的，于是在1923年11月的判决中，确定债权人有获得"财产升值"的权利。[1] 但是在1924年元月，帝国政府却准备了另一套立法方案，即置债权人财产于不顾的"马克是相同的马克"（Mark gleich Mark）方案，拒绝了帝国法院法官们的建议。这部立法方案在一开始的时候似乎是得到了遵行的，但是后来由于越来越强烈的抗议，政府终于做出让步。1924年2月14日出台了第三部《税收危机法》（Steuernotverordnung），规定国民的财产升值15%，而1925年7月16日的《升值法》（Aufwertungsgesetz）的出台，则更使得国民的财产升值至少达到25%。[2]

人们在这个问题中，与其说将帝国法院看成是一个独立的司法机关，还不如说是一个和这个不受欢迎的国家相对抗的机构。而帝国法院在1923年的一个著名案例中作出的判决则受到了民众的普遍欢迎，它宣布：对抵押权将根据其创设时的货币价值重新估价，即使债务人已清偿了债务，但根据1923年新马克的币值，他仍负有追加清偿的责任。[3]

不管怎样，在当时战后的整个艰苦的环境中，面对着巨额的战争赔款和各方面的综合危机，法院在维持私有财产方面所能做的也只能如此。所以，在合同履行结果由于通货膨胀而不可预期的情况下，人们自发地出于诚实和信用（Treu

---

[1] RGZ 107, 78.

[2] Karl Kroeschell, Rechtsgeschichte Deutschlands im 20. Jahrhundert, Vendenhoeck & Ruprecht in Göttingen, 1992, S. 50.

[3] RGZ 107, 78、86.

und Glauben）来偿还债务，就像保罗·约尔特曼（Paul Örtmann, 1865—1938）在1921年所讨论的一样，诚实信用原则确立了整个交易的基础。德国民法典第242条的规定，债务人有义务依诚实和信用，并参照交易习惯，履行给付。而尤斯突斯·威廉·赫德曼（Justus Wilhelm Hedemann, 1878—1983）所警告的"一般条款的普遍适用"（Flucht in die Generalklauseln），还未能准确地把握当时的法律发展程度。因为他所谓"法典没落的征兆！"（Die Zeichen weisen auf Niedergang！），并非自1930年始的危机时代法学发展的主线。[1]

这个时期法学思想的新发展体现在由德国著名法学家、利益法学代表人物菲利普·冯·赫克（Philipp von Heck, 1858—1912）所代表的利益法学（Interessenjurisprudenz），以及以后由鲁道夫·冯·耶林（Rudolf von Jhering, 1818—1892）所代表的目的论法学（Zweck im Recht）。利益法学和目的论法学都提倡以经济上的目的和效果来平衡交易双方的利益，反对传统的概念论和形式主义法学观点，即假定现行法律制度是没有漏洞的，法官只要通过适当的逻辑推论，就可以从现行的实在法演绎出正确的判决。他们认为这种假定是毫无根据的，法是立法者为解决相互冲突的各种利益而制定的原则，所以为了获得公正的判决，法官对一定法律，必须首先确定什么是立法者所要保护的利益。赫克和其他属于"图宾根学派"（Tübinger Schule）的学者，他们的主要成果实际上在一战以前就已经大量出版了，而自20世纪20年代始，利益法学派开始占据德国法学界的主导地位。而且这个思想对司法实践造成了重大的影响，使得法官获得了极大的自由裁量权，并逐步演化成自由法运动（Freirechtsbewegung）。

自由法论者，包括利益法学派的观点，大致上可以归纳为以下几点：一关注现实生活中的"活法"，认为活法，而不是文本中的国家成文法，才是真正的法源；二坚信法律漏洞之不可避免，否定完美的法律体系的存在；三批判单纯从逻辑的角度来认识法律，强调法官在审判过程中的直觉因素和情感因素；四强调法官造法的重要性，批判认为法官是单纯法律适用者的观点。

---

[1] Karl Kroeschell, Rechtsgeschichte Deutschlands im 20. Jahrhundert, Vendenhoeck & Ruprecht in Göttingen, 1992, S. 51.

四、劳动法和社会立法

(一) 劳动立法

自19世纪初德国工业化起步以来，劳资对立与劳工问题（Arbeitsproblem）一直成为社会矛盾的焦点。社会改良主义思想与俾斯麦时期的"国家社会主义"（Staatsozialismus）实践并没有从根本上解决劳资冲突。与此相反，工会运动日益兴盛，罢工游行此起彼伏。

而魏玛共和国时期这种劳资对立局面却被"阶级合作主义"（Corporatism von Klassen）所取代。劳动法，和1900年德国民法典制定时期相比，也逐渐获得了它的独立地位，[1] 就像祁克（O. F. von Gierke，1841—1921）所指出的那样，"社会法"（Sozialrecht）开始像私法一样成为一个独立的领域。

这一变化的最大表现，就是劳资利益团体相互接近以至签订以鲁尔地区的企业家领袖胡戈·斯廷内斯（Hugo Stinnes，1870—1924）和社会主义的自由工会的领导人卡尔·列金（Carl Legien，1861—1920）命名的《斯廷内斯—列金协议》（Stinnes-Legien Pakt）。

《斯廷内斯—列金协议》是在作为资方联盟的德国企业主协会联合会（VDA）和作为劳方代表的自由工会之间达成的协议。[2] 特别有意义的是这句话："男女职工的工作条件，由职工工会在参考相关的劳工关系的基础上，通过集体协商（Kollektivvereinbarung）的方式来确定。"同时这种集体合同也构成了劳动法的基本内容。《斯廷内斯—列金协议》中重要的条款还有第7条：每个拥有50名劳工以上的企业必须成立工人委员会，工人委员会可在工会中同企业主共同管理工厂；

---

[1]《德国民法典》第616—618条的规定，被称为"一滴社会的油"，它没有体现已有认识的影响，即劳动合同不是传统意义上的关于给付和对等给付的债权合同，而是一种带有很强人身权色彩，关系到雇员生存基础的法律关系，因此无论如何应该被寄予希望给予生存和社会保护。

[2]《斯廷内斯—列金协议》第9条虽然规定了8小时工作制，但实际上，德国确立这一制度经历了多年的反复，至第二次世界大战后才最终完成。参见孟钟捷："试析魏玛德国劳资关系的演变——以8小时工作制的兴衰为中心"，载《世界历史》2011年第4期。

以及第 9 条，所有企业的最高工作时间一般为 8 小时，但不允许以缩短工时为由减少工资。

这个在 1918 年 11 月 15 日签订的协议，于当天在"人民代表委员会"获得通过，并在帝国法律公报上公布。

根据社会民主党的建议，政府率先在煤矿业进行实验。1919 年 3 月《煤矿业条例》规定，煤矿应成立矿主、工会共同参与的煤矿会议，以监督营业。随后颁布的《社会化法》中对全国煤炭委员会的构成作出规定，100 名委员中，生产者占 15%，劳动者 25%，消费者 25%，公共利益者 30%，煤炭理事会 5%。1920 年 3 月《企业委员会法》出台，确立了"雇员共决制"，第 70 条规定："凡企业之中，设有董事会，且其他法律中尚未允许雇工代表出席董事会的，则依据今后颁布的特别法律，由企业委员会派代表 1—2 人，列席董事会，以保障雇工的利益。关于企业委员组织上的意见及希望，他们在一切董事会中，应有发言和投票权。但除零星杂费外，他们不得接受其他报酬。"此外，共和国政府还对劳工的工作时间、工作条件及待遇有过若干规定，尤其在 8 小时工作问题上，还引起过激烈争论。[1]

尽管《斯廷内斯—列金协议》存在时间不长，它于 1924 年由于工会的退出而宣告终结。但是它却指明了以后劳动法的发展方向。同时，魏玛宪法中也对劳工的结社自由和劳资合同的自由协商做出了规定。[2]

（二）社会立法

经济法（Wirtschaftsrecht），在开始的时候也被称为"工厂法"（Fabrikrecht）或"工业法"（Industrierecht），在魏玛共和国时期真正获得了独立的地位。经济法这个名称首先来自于尤斯突斯·威廉·海德曼（Justus Wilhelm Hedemann, 1873—1963）自 1919 年在耶拿大学创立的第一个经济法研究中心。这个研究中心的第一部著作是汉斯·卡尔·尼普戴（Hans Carl Nipperdey, 1895—1968）的《强制缔约和支配契约》（Kontrahierungszwang und diktierten Vertrag），这部书主要介绍了转变中的经济

---

[1] 参见孟钟捷：《试论魏玛共和国的社会政策》，载《德国研究》2003 年第 4 期。

[2] 分别参见魏玛宪法第 159 条和第 165 条。

法，而将以前的有关于商法和工商法（Gewerberecht）的内容排除出去。经济法作为一个法律部门，它的独立地位的获得，对战时的经济而言有着实质性的意义。[1]

什么是经济法作为一个法律部门所有的特征？是调整的社会关系，它的方法论，还是它的"社会立法"的特征，这个问题总是非常难以回答并且始终处于争议之中。但是对经济法的概念和内容的探讨，却有着非常重大的意义。魏玛宪法在它的第二章中专门有一节是有关于经济生活的。这一段以第151条开始，而第152条和第153条的规定则明确地捍卫了在经济交往中的缔约自由和所有权之不可侵犯。而在这一段的最后，即第165条，则被认为是和帝国宪法并列的社会和经济宪法（Sozial-und Wirtschaftsverfassung）。

在经济法的各个社会目的之间，存在着严重的冲突。所以，各个方面对于经济法的主导思想这个问题的回答有着严重的分歧，一点也不令人感到惊奇。工会法学家弗朗茨·诺伊曼（Franz Neumann，1900—1954）对经济法主导思想的认识是"社会法治国的思想"（Sozialen Rechtsstaatsgedanken），而弗赖堡学派的第二号人物弗朗茨·伯姆（Franz Böhm，1895—1977）则主张，经济法应致力于"自由的经济交易"（freie Verkehrswirtschaft）问题的解决。

自德意志第二帝国时期开始出现的非常严重的卡特尔问题，到了魏玛共和国时期依然未能得到解决。一方面是因为"人民代表委员会"于1919年对钾和煤炭工业实行了社会化，在实际上加强了对卡特尔的保护；另一方面，在当时有很多声音表达了这样的一个期待，即卡特尔化是社会化的预备阶段（Vorstufe）。政府于1923年11月2日发布了反对滥用经济权力的规定，比较熟悉的名称是《卡特尔条例》（Kartellverordnung）。它不是一般地阻止卡特尔化，而只是赋予卡特尔法院有职权，对影响公共幸福和共同经济的卡特尔合同，可作无效解释。对此当然首先需要由帝国经济部提出一个相应的申请，而它却因为对经济利益集团的政策上的依赖性，很少提出这样的申请。

随着民族社会主义（纳粹）的掌权，卡特尔逐渐改变了其功能。由于这个在魏玛时期就早已被揭示了的不可避免的弊端，变成了一个受欢迎的有组织的结构，

---

[1] Karl Kroeschell, Rechtsgeschichte Deutschlands im 20. Jahrhundert, Vendenhoeck & Ruprecht in Göttingen, 1992, S. 60.

使得经济被中央操纵成为可能。早在1933年7月,关于建立强制性卡特尔的法律被颁布,它授予帝国经济部长组建卡特尔以及监管现有卡特尔和对现存的结构进行干预的权限。卡特尔成为侵略战争之经济工具由此开始。最终于1942年,卡特尔全部被置于帝国经济部长的指令下。[1]

和第二帝国时期不同,康采恩(Konzern)在魏玛共和国时期表现出了和卡特尔完全不同的现象。康采恩是垄断组织的高级形式之一,由不同经济部门的许多企业联合组成,包括工业企业、贸易公司、银行、运输公司和保险公司等,当时比较著名的康采恩是水泥工业中的西门子康采恩和维金康采恩,航运业方面的哈帕格,钢铁工业中的联合钢厂股份公司和化学燃料工业中的法本公司。旨在垄断销售市场、争夺原料产地和投资场所,以获取高额垄断利润。两种不同的康采恩的方式——"合同型康采恩"(Vertragskonzern)和"事实型康采恩"(Beteiligungskonzern)也在当时得到了学理上的严格区分,并由此确立了当代德国康采恩法(Konzernrecht)的基本雏形。

第七节　纳粹的兴起与法制大破坏:德意志第三帝国

一、1933年纳粹的上台

(一)国会纵火案和纳粹的夺权

当阿道夫·希特勒于1933年1月30日被帝国总统兴登堡任命为帝国总理时,纳粹党[2]的党徒在当夜就举行了大规模的火炬游行以庆祝"夺权"(Machtgreifung)

---

[1] [德]于尔根·巴泽多:《反限制竞争法的产生与发展》,译者不详,http://www.competitionlaw.cn/show.aspx?id=3392&cid=40,访问时间:2008-07-18。

[2] 纳粹是德语Nationalsozialist(民族社会主义者)一词的缩写词Nazi的汉语音译。纳粹党全名为德意志民族社会工人党(NSDAP),即法西斯党。

成功。但是希特勒的目的不仅仅在于帝国总理的职位，而是要建立一个纳粹帝国。为了达到目的，希特勒上台后的第一步就是要让纳粹党获得国会的多数席位以控制国会。[1] 为此，他于上台后的次日就宣布解散国会，并定于3月5日重新选举。

此时，希特勒认为首先要排挤的是共产党（KPD），于是他首先将目标锁定共产党。1933年2月1日，希特勒政府制定了反对共产党的措施，2月4日，希特勒签署了《保护德意志人民经济条例》（Verordnung zum Schutz des deutschen Volkes），禁止了露天集会和言论自由，废除了魏玛宪法中有关保护人身的一切条款。

在禁止和破坏其他政党的正常的选举宣传活动的同时，纳粹党利用掌握的政府权力开展广泛的恐怖宣传。在纳粹党的宣传部长保罗·约瑟夫·戈培尔（Paul Joseph Göbbels，1897—1945）的直接领导下，纳粹党通过举行群众集会、广场音乐会和火炬游行等形式进行选举宣传，煽动日耳曼民族沙文主义情绪。同时利用纳粹冲锋队（Sturmabteilung，SA）的武装对反对纳粹党的人进行镇压，希特勒在德国所有的邦都建立了集中营，关押成千上万的共产党人、社会民主党人、工会干部、其他反纳粹主义者和犹太人。这些人在纳粹所谓"保护性逮捕"中遭到严刑拷打甚至惨遭杀害。

而对共产党镇压的高潮，则是发生在1933年2月27日的"国会大厦纵火案"（Der Brand des Reichstagsgebäudes）。这场大火由纳粹政府一手策划实施，而嫁祸于德国共产党。借此，纳粹党大肆抓捕共产党人，艾米丽·卢贝（Emile Loubet，1838—1929）和德共议会党团主席恩斯特·托格勒（Ernst Torgler，1893—1963）均被指为纵火犯而遭拘禁。然后德国共产党主席恩斯特·台尔曼（Ernst Thälmann，1886—1944）和共产国际西欧局领导人、保加利亚共产党领袖格奥尔基·季米特洛夫（Georgi Dimitrov，1882—1949）也先后于3月3日和3月9日遭到逮捕。

（二）魏玛宪法的式微和法制的扭曲

国会纵火案后的次日即2月28日，兴登堡总统签署了一项《保护人民和国家

---

[1] 参见〔英〕艾伦·布洛克：《大独裁者希特勒》，朱立人等译，北京出版社1986年版，第266页。

法令》(Verodnung zum Schutze von Volk und Staat)[1]，以"防止共产党危害国家的暴力行为的预防措施"为借口，规定叛国罪和纵火犯将被判处死刑，废除《魏玛共和国宪法》中保障个人和公民自由的基本民主权利，规定"限制个人自由，限制自由表达意见的权利，包括出版自由；限制集会和结社的权利；对邮件、电报和电话进行检查。"[2] 这项法令从此迈出了"走向希特勒无限独裁的决定性的一步"[3]。

在纳粹党进行白色恐怖的活动中，国会选举依然于1933年3月5日正常进行。纳粹党获得了43.9%的选票和288个席位，如果加上他们的选举伙伴民族人民党的8%的选票，则接近了52%，这是一个非常勉强的国会多数。[4] 而德国共产党则在这次选举中得到了12.3%的选票，即将近五百万人。希特勒两天后在内阁宣布，他将3月5日的选举视为一次重大的革命，这次革命意味着马克思主义在德国的失败。[5] 同时为了扩大纳粹党在国会的席位，3月9日，希特勒正式宣布取消共产党人在国会中的全部议席。3月14日又正式取缔共产党，使纳粹党在国会中的议席数迅速上升。

1933年3月21日，在波茨坦的伽尼森大教堂里，新国会召开。[6] 在会上，希特勒接受了穿着陆军元帅服的帝国总统兴登堡的鞠躬致礼。纳粹冲锋队（SA）和纳粹党卫军（Schutzstaffel, SS）被收编为和帝国军队平行的武装部队。纳粹党和民族人民党联盟向国会提出了《消除人民和国家痛苦法》(Gesetz zur Behebung der Not von Volk und Reich)[7]，这项法案要求将国会的立法职能转交给政府内阁，并允许内阁在认为必要的时候可以背离宪法，政府和外国订立涉及国家立法事务的条约，而不必得到立法机关的同意。

3月23日，国会举行第二次会议讨论《消除人民和国家痛苦法》，希特勒在会上假惺惺地作出保证，《消除人民和国家痛苦法》通过后，"政府无意将国会所

---

[1] 也称《国会纵火案紧急法令》，(Reichstagsbrandverordnung)。

[2]《纽伦堡文件》，1390—PS. 转引自吴友法，《德国现当代史》，武汉大学出版社2007年版，第165页。

[3]〔德〕海因茨·赫内：《德国通向希特勒独裁之路》，张翼翼、任军译，商务印书馆1987年版，第251页。

[4] Dr. Adorf Laufs o. Professor an der Universität Heidelberg, Rechtsentwicklungen in Deutschland, 2., ergänzte Auflage, Walter de Gruyter & Co. S. 285.

[5] W. o.

[6] 由于这一天对德国意义重大，所以后来被人称为"波茨坦之日"(Tag von Potsdam)。

[7] 也称《授权法》(*Ermächtigungsgesetz*)。

赋予的全权,使用到超出许可的范围之外";"总统的地位及权力永远不会受到侵犯,教会的权利不会受到限制,它们同国家的关系不会受到影响。"[1]同时,武装的党卫队封锁了会场,对议员进行恫吓,"我们要求通过《消除人民和国家痛苦法》,否则棍棒相见!"[2]在场的议员中,只有社会民主党(SPD)的党员们站出来反对独裁。但是选举的结果却是444票赞成和94票反对。由于超过了法定的三分之二多数,该法案获得了通过。

值得注意的是,这部法案在国会的三分之二绝对多数票,是在共产党人缺席的情况下获得的,因为那个时候,共产党人基本上都已被逮捕或拘禁。[3]《消除人民和国家痛苦法》的通过,实际上使得希特勒摆脱了议会的约束,拥有了独裁的权力,而且,这部原定期效为四年的法律在1937年和1941年两度获得延期,从而实际上成为了纳粹德国的基本法。

1933年4月7日,《文官任用法》(Das Gesetz zur Wiederherstellung des Berufsbeamtentums)出台,它是一项典型的种族主义和排斥异己分子的立法,以"非日耳曼人"、"不称职"和"缺乏必要教育和训练"为由,排斥一切非纳粹公民、特别是进步人士担任国家公职,而由于公职范围十分广泛,这使得纳粹党基本上控制了整个国家机关。

随着帝国议会的"自我弃权"(Selbstentmachung),魏玛共和国的党派政治也走到了穷途末路。继德国共产党被取缔后,社会民主党(SPD)也被强令禁止活动,而其他党派则被要求自行解散或者加入纳粹党。1933年7月14日,纳粹党凭借《消除人民和国家痛苦法》颁布了《禁止组织新政党法》(Gesetz gegen die Neubildung von Parteien),规定民族社会主义德国工人党是德国唯一的合法政党,凡维持或新建另一政党者,以叛国罪(Hochverrat)论处,将处以苦役和徒刑。

1933年12月1日,希特勒政府又通过《保证党和国家统一法》(Gesetz zur Sicherung der Einheit von Partei und Staat),确立了纳粹党在德国至高无上的地位,

---

[1]〔德〕康拉德·海登:《德国国社党史》,林孟工译,商务印书馆1936年版,第503页。

[2] 吴友法:《德国现当代史》,武汉大学出版社2007年版,第167页。

[3] Dr. Adorf Laufs o. Professor an der Universität Heidelberg, Rechtsentwicklungen in Deutschland, 2., Ergänzte Auflage, Walter de Gruyter & Co. S. 285.

保证了纳粹党凌驾于国家机关之上而不受国家法律的制约。与此同时，1934年1月，希特勒政府颁布了《德国改造法》（das Gesetz über den Neuaufbau des Reiches），废除各邦人民代表制，取消各邦的权力，并将各邦政府变成直属联邦政府的行政机关，官吏由中央统一调配，实现了法西斯的中央集权制。

1934年8月1日，《国家元首法》（Gesetz über das Staatsoberhaupt des Deutschen Reiches）出台，规定"德国总统职务和总理合并为一，在权力上实现一体化"。次日，兴登堡病逝，希特勒成为德国国家元首，也是国防军的最高统帅，同时他也摆脱了宪法对他的控制，成为了真正的凌驾于法律之上的独裁者。

二、基尔学派和"新法学"

（一）基尔学派

即使是很多年轻的德国法律人，几乎都会有个错误的认识：即认为第三帝国时期的德国法学是在纳粹暴力的威胁下而"扭曲"（Perversion）的。但事实恰恰相反，早在纳粹夺权成功前，德国法学界就已为纳粹的暴力统治铺路搭桥，这就是"基尔学派"（Kieler Schule）一直倡导的建立在"民族社会主义"（Nationalsozialismus）理念之上的"新法学"（neue Rechtswissenschaft）。[1]

基尔学派是自1934年以后由基尔大学（Christian-Albrechts-Universität zu Kiel）的年轻教授们组成的一个学术组织，该组织在刑法领域的代表人是格奥格·达姆（Georg Dahm，1904—1963）和弗里德里希·沙夫斯泰因（Friedrich Schaffstein，1905—2001）、公法学界的代表人是恩斯特·鲁道夫·胡伯尔（Ernst Rudolf Huber，1904—1990），但是基尔学派的核心人物则是民法学界的卡尔·拉伦茨（Karl Larenz，1903—1993）、沃尔夫冈·西伯特（Wolfgang Siebert，1905—1959）和日尔曼（也译作日耳曼）学者卡尔·奥古斯特·埃克哈特（Karl August Eckhardt，1901—1979），尤其是埃克哈特，在政治上也是一个核心人物，他是党卫军的成员，

---

[1] Karl Kroeschell, Rechtsgeschichte Deutschlands im 20. Jahrhundert, Vendenhoeck & Ruprecht in Göttingen, 1992, S. 83.

并于1934年在柏林的教育部高教司中担任职务。

在基尔学派的主导之下，基尔大学在1933年4月7日和1935年1月31日相继出台了《职务重新设置办法》（Gesetz zur Wiederherstellung des Berufsbeamtentums）和《关于德国高校系统中教师义务和职责的办法》（Gesetz über die Entpflichtung und Versetzung von Hochschullehrern aus Anlass des Neuaufbaus des deutschen Hochschulwesens），借此两个办法，基尔大学可以随意地开除"种族上不纯净的"或"政治上不正确的"教师。

（二）"新法学"与"主观法"

基尔学派主张对现行的民法进行大幅度的修改，这样，主观法（subjectives Recht）[1]这个法学基本概念就成了他们攻击的主要目标。埃克哈特在他的论著中只谈义务而淡化权利，而拉伦茨和西伯特则主张以建构在一个"人民集体"（Volksgenossen）的基础之上的具体的法律体系（Rechtsstellung）来替代主观法的概念，而不是单个的人，单个的人只是作为"民族共同体"（Volksgemeinschaft）的一个组成部分而存在的。这样的思想进路就必然导致了一个后果，即唯有人民的集体才是法律制度的核心，而单个人的权利能力则是可有可无的，当集体存在某种需要时，个人的权利应无条件地服从集体的需要。当奥托·祁克的儿子尤里乌斯·冯·祁克（Julius von Gierke, 1875—1960）提出反对意见的时候，遭到了非常严重的压制。

同时，在1935年9月15日通过了《纽伦堡法案》（Nürnberger Gesetze），公然剥夺了犹太人自19世纪以来所享有的公民平等权利，取消犹太人的德国国籍，不允许犹太人担任公职。同一天公布的《德意志血统和德意志荣誉保护法》（Gesetz zum Schutze des deutschen Blutes und der deutschen Ehre），则禁止犹太人和德意志或其同种血统的公民通婚和发生性关系，如有违反，轻则受罚，重则处以死刑，禁止犹太人升德国国旗或出示象征德国的颜色。

---

[1] 德文中"法"（Recht）有"客观的"（objective）及"主观的"（subjective）两种意义。客观的意义是指法律，即指国家所维护的实证的法律原则，也就是社会生活的法律秩序。主观的意义是指权利，即将抽象的规则改为具体的权利，更多的是从规范的角度来认识的。

基尔学派有关反对主观法的理论虽然在基尔比较受欢迎，但是在其他地方的影响力却相当有限，所以基尔学派就必须寻求新的理论支持，其中之一就是关于"私人法中的集体关系"（personenrechtlichen Gemeinschaftsverhältnis）的理论建构，这个理论和以往的"债务契约的私人模型"（individualistischen Modell des schuldrechtlichen Vertrages）理论相对立。基于这个理论，劳动关系、集体关系、租房关系等社会关系都被视为民族共同体中的关系，从而跟民族社会主义理论相吻合。相似的，另一个新的概念则是由近代私法史的大师弗朗茨·维亚克尔（Franz Wieacker）所提出的新的财产关系。在他看来，所有财产的本质都是以其所有和占有的属性来决定的，也就是说，功用是财产的本质。他说："西服挂在商人的货架上是商品，在消费者眼中则是个人财产。"[1]

（三）"新法学"与法学思想

在1900年民法典制定的时候，奥托·祁克曾批评这部法典不够"社会主义"和"团体主义"，但是"新法学"的教授们对这部建立在自由主义和资本主义基础之上的民法典进行批判的时候，却没有首先引用祁克的理论，而是以自己的两条新思路：一是来源于卡尔·拉伦茨（Karl Larenz, 1903—1993）的"具体概念理论"（Lehre vom konkreten Begriff），这是基于黑格尔法哲学思想而得以演化的思路。二是由卡尔·施密特（Carl Schmitt, 1888—1985）所代表的"具体规则及体系理论"（konkrete Ordnungs-und Gestaltungsdenken），而这个理论最早可追溯到法国宪法学者莫里斯·奥里乌（Maurice Hauriou, 1856—1929）的法学思想。

卡尔·施密特的法学思想主要体现在他于1934年出版的著作《论法学思维的三种模式》（Über die drei Arten des rechtswissenschaftlichen Denkens）一书，这部书的影响虽然并不仅仅局限在民法领域，但对民法的发展却意义更为重大。在书中，他在对法学思想做出"规范主义"（Normativismus）和"决断主义"（Dezisionismus）的区分之外，还提出了"具体规则主义"理论，即具体规则的合法性建构在自身之上。

---

[1] Karl Kroeschell, Rechtsgeschichte Deutschlands im 20. Jahrhundert, Vendenhoeck & Ruprecht in Göttingen, 1992, S. 84.

而拉伦茨则将具体规则和潘德克顿法学的一般概念相区分,并与各种类型的社会现状相联系,这样,财产这个概念在潘德克顿法学意义上是一个"虚妄"(Abstraktion)。作为具体财产类型的,有世传农庄财产、地产财产、城市不动财产、动产和货币,这些东西为财产这一概念赋予了内涵。也就是说,首先可以建构一个财产的具体的一般概念,然后再通过赋予不同的内涵来区分不同财产,而其中,除了具体的物质形式以外,"民族生活秩序"(völkische Lebensordnung)也是重要内涵之一,这就是国家社会主义的统治。

这个法学思想就是"新法学"的理论基础。但是,依然有一个问题未能得到回答,即国家社会主义思想是否最初源自于"自由法运动"?对此纳粹的法学家们往往保持缄默,因为,讽刺的是,自由法运动的代表者大多为犹太人。可能连"新法学"的先锋们自己也未曾意识到,他们离自由法运动到底有多近。

基尔学派的一个重大"成果",是卡尔·奥古斯特·埃克哈特(Karl August Eckhart,1901—1979)于1934年12月在纳粹法学家会议上提出的《法律教育法》(Juristische Studienordnung)草案,该草案于1935年1月15日生效。这部法律的推出被海因里希·朗恩(Heinrich Lange,1900—1977)称为:"对民法典和民法学的技术、范围和意义的最尖利的战争号角"。[1] 民法典总则被否定,相关的课程也被取消。婚姻家庭法被改为优先于财产交换法(Recht des Güterumsatzes),交易法(Verkehrsrecht)则被改造得完全偏离了民法典的主旨——合同法被限定在债务合同的范围内,那种将交易法和财产法通过物权法和债权法进行区分的传统方式被废除,取而代之的是一种土地和商品货币之间的划分。由于这次课程改革未能和以往的法律教育相协调,从而导致了课程教育和考试内容上的诸多矛盾,最终埃克哈特改革保留了近代宪法史和私法史的课程。

德国著名民法学家尤斯突斯·威廉·海德曼(Justus Wilhelm Hedemann,1873—1963)早在1933年就曾发表文章提出要警惕"一般条款的普遍适用"(Flucht in die Generalklauseln)的危险,但是其他的同时代的法学家则无视这个危险,反而致力于修改法典以适应最新的社会需要和世界观,而恰好也是这点,被纳粹主义者所利

---

[1] Karl Kroeschell, Rechtsgeschichte Deutschlands im 20. Jahrhundert, Vendenhoeck & Ruprecht in Göttingen, 1992, S. 86.

用。卡尔·施密特在1934年写道:"所有未被确定的法律概念,所有所谓一般条款或一般原则,在民族社会主义的意义中,都可以被无条件和无保留地运用。"[1] 还有很多法学家则认为这样做得还不够,他们希望赋予法官这样的权力,即在法律适用过程中检验现行法律和民族社会主义世界观的一致性,并摒弃不一致的地方。

在所谓"旧法的对抗条款"(die Kampfklausel gegen das alte Recht)的指导下,导致了当时的帝国司法部长汉斯·弗兰克(Hans Frank, 1900—1946)委任达姆、埃克哈特、侯恩(Reinhard Höhn, 1904—1944)、里特布什(Paul Ritterbusch, 1900—1945)和西伯特共同拟出了一份题为《关于法官的地位和任务之原理》(Leitsätze über Stellung und Aufgaben des Richters)的材料,并于1936年在德意志法律人大会中予以公布。在这份材料里,法律渊源的解释完全为民族社会主义世界观所支配。如"民主社会主义运动之前公布的法律,如未能与当今公众健康生活相一致,不应予以适用","元首的命令,如以法律或规章的形式发布的,法官无权质询。"[2]

这份文件的出台结束了德国司法独立的传统,纳粹党宣称这是为了抵制非法攻击而做出的必要的安全措施。同时为了保障司法的从属地位,纳粹分子还通过党派、冲锋队、党卫军等组织机构的安排,对个别不听话的法官进行威胁和恐吓,以得到他们需要的判决。

三、民事及经济立法

(一) 从《德国民法典》到《人民法典》

1933年纳粹上台后,国家社会主义意识形态和1900年《德国民法典》所体现的人人平等的自由资本主义思想产生了巨大的矛盾。1937年,帝国秘书长弗兰茨·施莱格贝格(Franz Schlegelberger, 1876—1970)在海德堡大学提出帝国司法部的一个项目,即对民法典进行修改以适应"与时俱进"的社会生活,于是就促

---

[1] Karl Kroeschell, Rechtsgeschichte Deutschlands im 20. Jahrhundert, Vendenhoeck & Ruprecht in Göttingen, 1992, S. 87.

[2] 同上。

成了《人民法典》（Volksgesetzbuch）的制定，而嗣后几年的《婚姻法》和《继承法》的修改就成为了民法典修改的先声。[1]

从1938年7月6日的《婚姻法》（Ehegesetz）和1938年7月30日的《继承法》（Testamentsgesetz）的出台开始，19个委员会、200多名纳粹法学家进行了长达7年的人民法典法律草案的制定，草案的内容涉及人权法、家庭法、继承法、合同法、财产法、劳动法、公司企业法等诸多领域。1942年底，草案第一卷"人民同志"（Volksgenosse）卷公布，设定了25条和民族社会主义理论非常切合的基本规则。

值得注意的是，在公布了的第一卷文本中全部用"人民同志"的概念来代替以往的"人"的概念，而草案的"人民团体生活基本规则"（Grundsätze des völkischen Gemeinschaftslebens）则明确表示："德意志人民的幸福是最高的法律。"（Oberstes Gesetz ist das Wohl des deutschen Volkes）而"人民团体生活基本规则"第七节则规定："每一个人民同志首要的义务，是将其全部精力投入到人民共同体之中。每一个人民同志的生存以及发展的可能性，根据其工作任务以及贡献而得到保障。每一个人的劳动力以及成果受到法律制度的保护。"

从这条中可以看到整部法典的义务属性，而一旦人民共同体需要单个的人，他就必须为人民共同体贡献出自己的一切，个人的独立被完全消解在人民同志这一集体概念中。正如纳粹提出的原则是"你的人民至高无上——而你自己一文不值"。弗朗茨·维亚克尔对此条文发表言论说："在这样的暴力统治之下，人民的自由是完全不可能的。"[2]

同时，"权利能力"（Rechtsfäigkeit）这一概念在该草案中从未提及，代替这一概念的是纳粹自己创造的"权利地位"（Rechtsstellung）的概念。在该草案第49页中明确提出："权利地位这一概念的意思首先是，它作为一个与全体同志组成共同存在的整体中单一个体占有的一个单位。只是为了完成人民同志（整体）……的任务，这样的一个单位是必要的。以前的旧理论对这样的生存关系的表述是不正当的，因为这些理论把这种生存关系消融在单一个体的权利与义务之中了。一般

---

[1] Gerhard Köbler, Deutsche Rechtsgeschichte, 4. Auflage. Verlag Franz Vahlen München, 1990, S. 257.

[2] Karl Kroeschell, Rechtsgeschichte Deutschlands im 20. Jahrhundert, Vendenhoeck & Ruprecht in Göttingen, 1992, S. 93.

人格权的理论，也不能将单一个体的权利地位条件从权利义务的角度阐述清楚，因此人们对它的批评是正确的。"[1]

（二）世袭农庄和企业

第三帝国的专制政体是建立在民族社会主义、军国主义和经济帝国主义这种灾难性的三位一体的基础之上的。希特勒在他统治的整个时期，都在不断加强国家对经济的直接干预和控制，着重发展军事工业，致力于建立"军事国家垄断资本主义"（Militärstaat-Monopol Kapitalismus）。

在纳粹统治的早期，德国农民训练组织（Reichsnährstand）的组织形式曾经短暂地被当作私人工商经济的发展模式，但是后来的发展则偏离了这一轨道。在第三帝国初期仍保留着私人工商经济的成份，后来，当人们看到了纳粹对犹太人企业的迫害，并进而容忍这种迫害时，人们仅仅将这些行为认为是一种"非党派空间"（parteifreien Raum）里的行为。但是无论如何，纳粹党都尽一切可能地将控制权力掌握在自己手中，并尽可能地对社会经济起到主导作用。

1933年9月29日颁布的《世袭农地法》（Reichserbhofgesetz）是根据纳粹党"农业改革宣言"的精神制定的，旨在培植富农阶层以稳固法西斯政权在农村统治基础的典型的法西斯民事立法。它为法西斯政权在农村培植了社会支柱，同时使得发展中的垄断企业获得了充裕的劳动力，并保证了正在扩充的法西斯军队有足够的兵源。

从1931年开始，帝国监察官就通过立法的形式，官方开始主导对价格的监控。1934年又进行了修订，将监控范围从某些生活日常必需用品扩大到所有产品。1936年，帝国监察官又出台政策，以价格监控为名禁止一切商品的价格上涨。劳工的薪资水平的确定，必须以1938年6月25日出台的《薪酬确定条例》（Lohngestaltungsverordnung）为准。甚至劳动力市场也于1934年被关闭，实行"劳动力投入政策"（Arbeitseinsatz），即不问劳动者的意愿，通过国家强力强迫劳动者

---

[1]〔德〕汉斯·哈腾鲍尔：《民法上的人》，孙宪忠译，来源：http://gangou.fyfz.cn/blog/gangou/index.aspx?blogid=17827，访问时间：2008—08—02。

到某个工作岗位去工作。

对经济组织进行直接干预的，是1933年7月15日出台的《卡特尔变更法》(Das Gesetz über die Änderung von Kartell)和《卡特尔强制法》(das Gesetz über die Einrichtung von Zwangskartellen)。前者规定将卡特尔法院原来的关于卡特尔协定权力移交给联邦经济部部长，以达到取消对卡特尔协定的限制和加强卡特尔的目的。后者授权经济部部长在一些重要的生产部门强制组成新的辛迪加、康采恩和卡特尔，以达到运用国家权力加速资本的集中，促进垄断组织的发展。[1]

1934年2月27日，希特勒政府的《德国经济组织建设预备法》(das Gesetz zur Vorbereitung des organischen Aufbaus der deutschen Wirtschaft)出台，规定全国成立工业、商业、银行、保险事业、动力经济和手工业六个经济组，1939年又增加了第七个经济组——旅游业务组。各经济组由行业卡特尔负责人兼任各组主席，全国所有的企业必须加入这一组织，各经济组织有权制定各行业生产发展政策。同时成立帝国经济商会，下设18个州的经济商会，该商会有权分配原料和订货，统制各企业供销数额，有国家机构的性质。

为了有效地进行经济统制，1936年从帝国经济部中分出了很多"帝国小组"(Reichesgruppen)，这些小组的作用在于对经济发展"四年计划"进行规划和领导，从而为"完全战时经济"(Wirtschaft des totaler Krieges)做准备。而当时经济的重点在于钢铁、化工、建筑和重型汽车。两任国防部长，1941年的福瑞兹·托特(Fritz Todt, 1891—1942)和阿尔伯特·斯比尔(Albert Speer, 1905—1981)，要求在战时，经济全面向战争倾斜，经济并非由专门的部门进行管理，而根据不同的战争状况，交由某个人全权负责。

希特勒政权对劳动者的打击是通过对工会的打击来进行的，1933年春天，工会被强行取缔。同年的5月1日国际劳动节，希特勒政权又出台《国民劳动休息日法》(Gesetz zum Feiertag der nationalen Arbeit)，在希特勒的演讲后，冲锋队和党卫军占据了工会大楼，封存了工会财产，逮捕了工会领导人。工会的财产后来被1933年5月10日成立的，在民族社会主义领导下代表所有"有力量有头脑的工人

---

[1] 张寿民主编：《外国经济法制史》，华东理工大学出版社1997年第一版，第84页。

们"(Arbeiter der Faust und Stirn)的德国工人统战部所接管。

1933年5月19日,帝国政府又通过了《劳工管理官法》(das Gesetz über Treuhänder der Arbeiter),通过设置劳动管理官对劳资关系进行严密管理和监视。该法的颁布意味着"劳资协定自主权"(Tarifautonomie)的终结,从而建立起了具有军事苦役性质的企业生产秩序,公开剥夺劳动者的基本权利与自由。但是值得一提的是,这些劳资各方代表就是在魏玛共和国的最后一年,出于对国家作为"仲裁人"身份的肯定而放弃了自己本该拥有的权利。

希特勒不仅在国家层面上推行"领袖原则"(Führerprinzip),还将这一原则推行于经济领域。1934年1月20日,希特勒政府颁布《国民劳动秩序法》(das Gesetz zur Ordnung der Nationalen Arbeit),该法律是典型的法西斯劳动立法,它明确规定企业主是企业的领袖,而工人是"下属",领袖决定企业中一切事务,下属不得过问,而应"保持忠诚",从而在企业中推行军事苦役制度,同时还规定设立"企业机密委员会"。这项立法将德国工人长期斗争得来的权利剥夺殆尽。

四、从"法律的保护"到"国家的保护"

(一) 新的刑事政策

1932年9月在世界刑法年会的最后一次会议中,有学者对当时世界上过轻的各国刑法提出了书面批评,而纳粹在德国的夺权则使得这种意见得以"发扬光大"。纳粹刑法学的先行者是罗兰德·弗兰斯勒(Roland Freisler, 1893—1945),当时普鲁士政府的秘书长,后来担任帝国司法部部长、法西斯人民法院(Volksgerichtshof)的院长。[1]

在弗兰斯勒的引导下,普鲁士的刑事政策开始走向民族社会主义,其出发点是建立在对罪犯的假想的基础之上的。1933年的《国社党刑法之觉书》(Parteibuch der NSDAP)虽非正式法典,但是却为法西斯刑法奠定了基调,其主要思想包括:

---

[1] Karl Kroeschell, Rechtsgeschichte Deutschlands im 20. Jahrhundert, Vendenhoeck & Ruprecht in Göttingen, 1992, S. 105.

1. 取消罪刑法定原则，代之以类推原则（Analogie）[1]；2. 以"意思刑法"取代"结果刑法"，即认为刑法惩罚的对象不一定要有犯罪的行为和犯罪的结果，只要有犯罪的意图和思想，就应受到惩罚，因此规定凡有危险思想的人都应当作为罪犯加以处罚；3. 贯彻种族主义的"素质论"，对"素质低贱者"的犯罪处死刑、无期拘禁等重刑，使其与社会隔绝；4. 刑罚残酷，广泛适用死刑（Todesstrafe）[2]，并认为刑罚目的在于给罪犯痛苦，因而增加了身体刑。

另一个相似的声音也在1934年发出，那是在弗兰斯勒参与下编著的一本德国法学会的备忘录。刑法被视为人民和国家的保护工具，不是高出于国家刑事权力的保护个人权利的"自由大宪章"（Magna Charta）。由于自由主义宪法思想的放弃，在刑法领域，"法无明文规定不为罪"的原则（Nulla poena sine lege）也被废除，从而导致了有罪推定思想的泛滥。1935年帝国司法部提出了这样的要求，即任何对人民同志的义务造成重大违反和破坏的行为就必须被追究刑法上的责任。[3]

以现在的眼光看来，费尔巴哈时代开始的"法无明文规定不为罪"是一个刑法领域不能破除的基本原则。但是在刑法理论上，这个原则一直处在争议之中。同时在司法判决中，当法官在刑法典还没有关于电力盗窃（Elektrizitätsdiebstahl）[4]和电话亭诈骗（Telefonautomatenbetrug）[5]的规定，从而对相关案件的犯罪嫌疑人做出无罪判决时，法官们就被指责为"没有生活经验"。但1871年的刑法典，甚至于更早的1851年的普鲁士刑法典，都将法无明文规定不为罪作为其最基本的原则之一。同样，在魏玛共和国时期，这条规定还被明文写入宪法。[6] 但纳粹政权为了给滥施刑罚提供法律依据，在1935年6月28日起草新刑法典时在第2条中对这一规定进行了修正，表述为：

（1）"任何人，如其行为应依法处罚者，或者以刑事法律的基本原则和人民的

---

[1] Vgl. Gerhard Köbler, Deutsche Rechtsgeschichte, 4. Auflage. Verlag Franz Vahlen München, 1990, S. 256.

[2] W. o.

[3] Karl Kroeschell, Rechtsgeschichte Deutschlands im 20. Jahrhundert, Vendenhoeck & Ruprecht in Göttingen, 1992, S. 105.

[4] RGSt 29, 111.

[5] RGSt 68, 65.

[6] 参见《魏玛宪法》第116条。

健全正义感应处罚者，应判处刑罚。

（2）对其行为没有特定的法律可以直接适用者，应按基本原则最适合于该行为的基本法律处罚之。"

通过这一修改，肯定了有罪类推，极大地增加了刑法适用的随意性，也蕴含了肆意侵犯人权的危险。

（二）纳粹刑法典草案及刑事单行法规

早在1933年秋，一个刑法委员会就已被设立，希特勒要求他们制定一部新的刑法典。这部刑法典的草案于1936年完成，但是没有公布。直到1939年，在经过了进一步的修订以后，才正式公布出来。但这部融入了纳粹思想的刑法典，[1]一直没有生效。其原因至今无人能够回答，已知的是，直到1944年，还有最后一份未发布的草案。

虽然新刑法典未能生效，但是纳粹还是制定了很多单行刑事法规，来实现对旧刑法的修改。1933年11月24日出台的《反对危险的惯行犯法》（das Gesetz gegen gefährliche Gewohnheitsverbrecher），一方面加强了对罪犯的打击，另一方面也加强了社会保障和罪犯矫正的规定。这种两线式的制裁措施可以追溯到弗兰茨·冯·李斯特的犯罪学理论。而"有限从属性"（limitierte Akzessorietät）的规定则来源于1943年5月29日的《刑事调整法》（Strafangleichungsverordnung），该法是建立在著名法学家赫曼·康特罗维茨（Hermann Kantorowicz, 1877—1940）的前期工作之上，但是他本人早在1933年因为犹太人的身份遭受迫害而移居海外了。自从该法颁布以来，教唆和帮助不再按照主要罪行来比对，而成为了单独的罪行。

另外的一些法律，如1933年7月14日的《反对新建党派法》（Gesetz gegen die Neubildung von Parteien），1934年3月14日的《取消帝国参议院法》（Gesetz über die

---

[1] 整部法典中最引人注目的一条，就是1935年加入刑法典草案的第2条第1款，即要求刑法典的施行服从国家政治元首的命令，这样就使得整部刑法——虽然在结构上依然十分严谨和科学——成为了政治领导下的工具。这样就实现了弗兰斯勒（刑法委员会的成员）在一次论坛中提出的目标："刑法就是战争法"（Strafrecht ist Kampfrecht）。参见 Karl Kroeschell, Rechtsgeschichte Deutschlands im 20. Jahrhundert, Vendenhoeck & Ruprecht in Göttingen, 1992, S. 107.

Aufhebung des Reichsrats），1934 年 12 月 20 日的《关于防止阴谋侵犯国家和党以及保护党的制度的法律》（Gesetz gegen heimtückische Angriffe auf Staat und Partei und zum Schutz der Parteiuniformen），1935 年 9 月 15 日的《德意志血统及名誉保护法》（Gesetz zum Schutze des deutschen Blutes und der deutschen Ehre）等，也都是为镇压反对法西斯统治活动而制定的。

在这些法律中，严酷的刑罚、甚至于死刑得到了广泛的使用，将法律当作了和人民相对立的恐怖统治的工具。犯罪的构成要件被无限地扩大，1938 年 6 月 22 日纳粹的最后一部刑事法律——《警察法》（Autofallengesetz），几乎将犯罪的预备、未遂和中止混为一谈。而仅仅是收听被禁止了的外国电台的行为，它的量刑的空间也从自由刑被扩大到了死刑。1944 年 5 月 5 日通过的 5 部刑事条例，使得对任何犯罪行为都可以适用从自由刑到死刑的刑罚——当所规定的常规刑罚不能满足"补偿人民的健全正义感"的时候。

（三）民族社会主义刑法学

德意志在刑法学的发展历程中，1933 年是非常重要的一个年份，因为它见证了德国刑法学的一次重大转变。从犯罪学的角度来看，人们可以从达姆和沙夫斯坦因在纳粹夺权前不久出版的《自由的还是独裁的刑法？》（Liberales oder autoritäres Straftrecht？）一书中看到这次重大转变的端倪，而这个端倪在以后刑法学的发展过程中越来越明显。

值得一提的是犯罪（Verbrechen）这一概念的重新界定，将其界定为对义务的违反而非对法律关系的破坏。而犯罪行为人的概念也被重新定义，这一切都是为了要和"人民的视角"相适应。同时，以往的犯罪事实构成分析方法也被"与时俱进"地被加入了"本质分析法"（Wesenschau）。[1]

非常有代表性的是民族社会主义刑法理论的最新发展——"犯罪行为人类型说"（Lehre von den Tätertypen），这个理论体现在 1939 年 9 月 15 日的《反人民公

---

[1] Vgl. Gerhard Köbler, Deutsche Rechtsgeschichte, 4. Auflage. Verlag Franz Vahlen München, 1990, S. 256.

敌法》(Verordnung gegen Volksschädlinge)和 1939 年 12 月 5 日的《暴力犯罪人法》(Gewaltverbrecherverordnung)，这个理论还影响到了 1941 年 9 月 4 日的刑法修正案中故意杀人罪和谋杀罪的犯罪构成，直到今天，该犯罪构成还保留于现行的刑法典中（《德国刑法典》第 211、212 条）。[1]

第八节 纳粹的覆灭与"去纳粹化"：战后德国（1945—1949）

一、被占领的德国

（一）柏林的攻克和纳粹德国的覆灭

第二次世界大战以德国陆军的毁灭而结束，1945 年 4 月 25 日，当英美联军和苏联红军在易北河边的城市脱尔高（Torgau）聚集时，形成了对柏林的包围。4 月 30 日希特勒在柏林总统府地下避弹室中饮弹自尽，当天晚上，苏军冲进国会大厦，将胜利的红旗插在国会大厦的屋顶上。而南德的纳粹据点慕尼黑，也于当天被美军攻陷。[2]

战争的失败也带来了政治上的变化。希特勒于自杀前（4 月 22 日）开除并撤消了他认为的叛逆空军元帅赫尔曼·戈林（Hermann Göring, 1893—1946）和党卫军头领希姆莱，任命海军上将卡尔·邓尼茨（Karl Dönitz, 1891—1980）为新总统人选，原宣传部长戈培尔（Joseph Göbel, 1897—1945）担任总理。但在单独和苏军讲和失败后，戈培尔及其家人效法希特勒自尽。5 月 5 日和 5 月 8 日，邓尼

---

[1] 在现行德国刑法典中，谋杀（Mord）和故意杀人（Totschlag）是两个不同的罪行，谋杀是指出于阴险的动机有预谋以阴险的手段试图杀害他人，最高刑期为无期徒刑；而故意杀人则是指未有预谋的激情杀人，或是除了谋杀之外的杀人，刑期为 5 年以上有期徒刑。

[2] Karl Kroeschell, Rechtsgeschichte Deutschlands im 20. Jahrhundert, Vendenhoeck & Ruprecht in Göttingen, 1992, S. 118.

茨在分别和美军、苏军签署《无条件投降书》(Übereinkommen der Bedingungslose Kapitulation)之后，5月9日，第二次世界大战的德国战事宣告结束。[1]

在后来的几天内，邓尼茨政府在丹麦附近的弗伦斯堡致力于重建方案的制定，重新恢复被破坏了的交通运输和生活必需品的补给线。在苏联和美国的压力下，邓尼茨政府被撤销，邓尼茨和他的同事们于5月23日被投入监狱，德国最高权力由英、美、苏、法四国接管。[2]

（二）德国的分区占领与若干盟军立法

早在1945年2月的雅尔塔会议（Jalta Konferenz）上，英、美、苏三国就对如何处置战败的德国进行过讨论，三国都主张分割德国，会议决定在伦敦成立一个由英国外交大臣安东尼·艾登（Anthony Eiden, 1897—1977）任主席，由美苏驻英大使任委员的"分割委员会"（Spaltungsrat），三国共同决定：在德国无条件投降后，将各自占领德国的一个区域，苏军占领德国的东部，英军占领德国的西北部，美军占领德国的西南部；成立由三方最高司令组成的中央管制委员会（Kontrollrat）；三国一致同意邀请法国参加对德国的占领，从英美占领区中划出一定的区域交由法国占领，并邀请法国共同参加管制委员会。

1945年6月5日，苏、美、英、法四国驻德国占领军总司令朱可夫（Schukow, 1896—1974）、艾森豪威尔（Eisenhower, 1890—1969）、蒙哥马利（Bernard Montgomery, 1887—1976）和塔西尼（Jean de Lattre de Tassigny, 1889—1952）等人组成的管制委员会在柏林正式宣告成立。管制委员会除了拥有为实现"清除纳粹主义和惩治战犯"目标的立法权外，还可以在私法领域立法。1946年2月20日的第16号婚姻立法，废除了1938年的纳粹婚姻法。1947年2月20日的45号立法重新确立了不动产交易的规则，同时1933年的《世袭农地法》被废除。在英国占领区适用的《农场法》（Höfeordnung）至今仍被作为联邦法使用。

---

[1] 参见吴友法：《德国现当代史》，武汉大学出版社2007年版，第264页。

[2] Karl Kroeschell, Rechtsgeschichte Deutschlands im 20. Jahrhundert, Vendenhoeck & Ruprecht in Göttingen, 1992, S. 119.

1945年7月17日到8月2日,苏、美、英三国首脑斯大林、杜鲁门、丘吉尔(Winston Churchill, 1874—1965)[1]在柏林附近的城市波茨坦(Potsdam)举行第三次会议。会议的重点是德国问题。经过激烈的争论,会议确定了美、苏、英、法四国管制和处置德国的政治及经济原则。[2]会议还决定,为了根除普鲁士这一屡次充当德国侵略者向东扩张进攻的基地,东普鲁士部分地区交苏联管辖,同时将奥德河和尼斯河以东的地区交给波兰人。[3]

二、西占区与苏占区的"去纳粹化"

在波茨坦会议的记录中,美、苏、英、法四个国家宣告,要在德国"去军事化",首先要做的是"去纳粹化",而去纳粹化的首要工作就是废除纳粹的法律制度。于是,四国管理局(Kontrollrat)在1945年9月20日颁布的第1号法令,将纳粹德国的25部法律明确地进行废除,其中包括关于纳粹党的法律,纽伦堡种族法和授权法。随后四国管理局又在第11号和第55号法令中废除了若干法律条款,如1938年继承法的第48条第2款。尽管如此,人们仍不能期待全部的纳粹法律通过立法程序被废除掉,如在《世袭农地法》中仍存在的"德意志血统及类似出身"作为从事农庄活动的前提条件的规定。此时,法院起到了很好的作用,法院将那些尚未被废除的纳粹法律通过宣告其民族社会主义的法律思想内涵而在具体的案例中不加以适用。[4]

(一)西方占领区的"去纳粹化"

根据休战协议,德国各个地区的当局必须在占领当局的直接监督下工作。

---

[1] 后来由于改选,丘吉尔被新首相克雷蒙特·理查德·艾德礼(Clement Richard Attlee, 1883—1967)代替。

[2] 会议规定,彻底铲除纳粹主义和军国主义,消灭垄断组织,在民主基础上重建德国政治生活。关于德国赔偿问题,最后商定赔偿应由每个占领国从自己的占领区征收。此外,苏联还可以从西方占领区所拆迁的工业设施中无偿得到所拆迁的德国工业设备的25%,其中10%是无偿获得,15%用粮、煤交换。美国、英国以及有权获得赔偿的其他国家的赔偿要求,将自西部各占领区及相应的德国国外投资予以满足。

[3] [德]迪特尔·拉甫:《德意志史——从古老帝国到第二共和国》,波恩Inter Nationes出版社,1985年中文版,第334页。

[4] Karl Kroeschell, Rechtsgeschichte Deutschlands im 20. Jahrhundert, Vendenhoeck & Ruprecht in Göttingen, 1992, S. 123.

1945年5月，在美占区组成了一个委托政府，9月在地区和州的层面上建立了行政管理机构，各州总理每月举行一次会议，协调解决占领区的事务。法占区内实行的则是地方行政分权的政策，反对占领区各州建立共同机构，对德国人进行严格控制。[1] 直到1947年5月才实行第一次州议会选举，年底成立州一级的行政管理机构，建立起的中央机构只是实权很小的辅助部门。

和美、法两国所采取在占领区内的各个地区实行有限的"自治管理制度"（Selbstverwaltung）的方式不同，英国占领区实行统一的治理体系，在占领区设立一个由占领军司令控制的、德国人领导的中央行政署。

于是在美、法两国的占领区内，重新开始实行在1933年前实行过的地区宪法（Kommunalverfassung），但是在英占区却相反，1935年的《德国乡镇条例》（die Deutsche Gemeindeordnung）被废除，其原因主要是英国人希望以自己的模式来塑造德国政治，将行政机构和议会分立开来。

战后重建的一个新的方面，是美占区和英占区内的警察署。警察署的一个特点是，从各个乡镇维持秩序和安全的行政管理机构中，独立出一个统一的警察执行服务机构，而行政管理机构则被赋予维持秩序的任务。同时，警察署有一个"非集中化"（dezentralisieren）的趋势。乡镇警察（Landespolizei）在法占区只被保留在小的邦中，而在美占区则被保留在各个乡镇。而一个超过5 000人的城市内设立的是地区警察（kommunale Polizei）。而在英国占领区，实行的则是一种"去国家化"（Entstaatlichung）的警察政策，即在各个警务区域中，有一个在"警务委员会"（Polizeiausschluss）领导下的行政自治机构，其领导由委员会任命。

占领区进一步的自治和警察署的"非集中化"，表现在美占区和法占区的各个地区行政法院系统的重建。1946年，美占区通过法令，在南巴登和南符腾堡地区（Südbaden und Südwürttemberg）设立行政法庭。在莱茵兰-普法尔茨州（Rheinland-Pfalz）地区的行政法庭则是在1950年后设立，也就是在联邦共和国建立之后。在英占区的行政法庭则是通过1948年9月15日的第156号"占领军政府法令"（Militärregierungsverordnung，MRVO）在整个英占区设立的。在所有占领区里，新

---

[1] 参见吴友法：《德国现当代史》，武汉大学出版社2007年版，第281页。

的行政法院系统都是建立在基本的行政法一般条款的基础之上的，而这个基本条款，曾于魏玛时期在图林根地区使用过。

在法院系统，就像在教育系统和在金融系统中一样，首先面对的是一个"政治清洗"(politische Säuberung)的工作。在1945年夏，法院重新开始工作的时候，只有很少的未被追诉的法官和律师可以工作，以至于出现很多的法官的岗位需要得不到满足的情况。

对纳粹主义的清洗工作，一方面是针对那些纳粹党党徒，另一方面则是针对某些纳粹化了的组织。但是在实践中可以看到，在各个西方占领区的操作中存在着很大的差异。美占区把肃清纳粹主义作为对德占领的基本目标，清查面非常广。而在英占区，政策则相对过于宽松，曾参加纳粹党的36名重要企业的首脑，仅逮捕了33名，而经过形式化的审判，其中的27人被无罪释放，其中包括对德国的军事工业"贡献"甚大的工业巨头施廷内斯、蒂森克虏伯康采恩（Der ThyssenKrupp-Konzern）的经理基尔曼（Giermann）。但是法占区的政策却相对严厉，法国副军事长官佩兰·佩尔蒂埃说："我们法国人采取的看法是，每个德国人过去都是纳粹分子，现在还是纳粹分子。"[1] 因此在法占区，注意力在于教育德国年轻人，保证煤、钢、铁等产品生产，作为对法国的赔偿。[2]

在司法体系的重建上，西占区遵循了两条不同的道路。第一条道路遵循了联邦制的传统，即司法主权由各州拥有，这个做法在美占区和法占区实行。但是在英占区则采取了第二条道路——集中化的道路，即在占领军政府权力监督下设立州法院院长，直接行使人事任免权，而司法主权则归于占领军政府。但是英国人的这个做法只是一个过渡做法，在1950年德意志联邦共和国建立以后，这种做法被取消，州也拥有了司法主权。

（二）苏联占领区的"去纳粹化"

1945年6月5日"柏林宣言"(Berliner Erklärung)之后四天，在柏林的苏

---

[1]〔美〕埃德温·哈特里奇：《第四帝国》，范益世译，新华出版社1982年版，第96页。
[2] 吴友法：《德国现当代史》，武汉大学出版社2007年版，第282页。

占领区，建立起了高度集中的负责占领、管制和监督事项的"苏联军政府"（die sowjetische Militär-Administration，SMAD）。朱可夫元帅被任命为最高长官。军政府的命令从此以后就成了苏占区政治、经济和社会发展的指向标，也是苏占区各个地区、省的法律依据，不允许有任何违背军政府指示的言论和行为存在。

1945年7月初，美军撤出了所占领的萨克森和图林根地区，因为依雅尔塔协议的约定，这是苏联占领区。与此同时，苏联也让出三个区由美、英、法占领。同样在7月，苏联军政府在柏林建立起了"德国管理总署"（zentrale Deutsche Verwaltung），主管苏占区不同地区的经济恢复、日常供应、人民教育和司法。后来又设立了"德国管理内务署"（deutsche Verwaltung des Inneren）。这些机构，逐渐成为了苏联军政府命令和指示的执行机构。

1947年6月4日，苏联军政府又设立了一个固定的"德国经济委员会"（deutsche Wirtschafts-Kommission），后与"德国管理总署"合并。始终保持独立地位的是"德国管理内务署"，主管教育和司法事务。

经济委员会由各个管理机关的领导和各个工厂的工会代表组成。1948年2月，委员会的席位增加到36个，并获得了发布决定的权力。1948年10月27日，在苏联军政府第48—183号命令的指示下，将席位增加到了101个，其中48个由州议会选举产生，而每个政党获得15个席位，每个大型企业代表获得10个席位。在德意志民主共和国成立以后，经济委员会的权力向政府进行了移交，由政府的各个部长分管经济的各个方面。

根据波茨坦会议的决议，苏占区采取了一系列"去纳粹化"（Entnazifizierung）、"去军国主义化"（Entmilitärsmus）的措施。6月10日，苏联军政府发布命令，宣布废除一切法西斯的法律和决议，至1945年底，苏占区内的德国陆、海、空军及党卫军、秘密警察等军事组织和准军事组织被解散，并逮捕、审判和严惩了一批法西斯战争罪犯；查禁和摧毁了所有纳粹党组织，严禁法西斯组织重新活动；整肃了盘踞在政治、经济和社会各领域中重要岗位上的纳粹分子。

1945年10月30日，军政府下令把纳粹党在政府及各部门中的重要成员和被苏军司令部列入整肃对象的人员的财产予以没收，归军政府所有，宣布一切无人认领的企业和财产由军政府临时管理和保护。到1948年3月，在苏占区共有52万重要的纳粹分子被清洗。然而，普通纳粹党员却没有受到影响，并作为争取的对象接受教育和感化。1948年2月27日，苏占区宣告已将全部积极的法西斯分子和军国主义分子肃清干净。[1]

同时，苏占区开始实行民主化的政治生活。1945年6月10日，苏联军政府发布第2号文件，以"彻底地清除法西斯主义，在德国确立民主政治和市民自由"为目标，允许建立新的政党。流亡苏联的威廉·皮克（Wilhelm Pieck，1876—1960）、瓦尔特·乌布里希（Walter Ulbricht，1893—1973）等德共领导人回到苏占区，重新组建党的组织。第二天，苏联军政府批准德国共产党（Kommunistische Partei Deutschlands，KPD）成立，并处于"乌布里希小组"（Ulbricht Gruppe）的领导之下。同时，军政府还批准了以德国共产党员为核心的自由德国联合工会（Freie Deutsche Gewerkschaftsbund，FDGB），德国民主妇女联合会（Demokratischer Frauenbund Deutschlands，DFD），然后被批准的是社会民主党（Sozialdemokratische Partei Deutschlands，SPD）、基督教民主联盟（Christlich Demokratische Union，CDU）和德国自由民主党（Liberal Demokratische Patei Deutschlands，LDPD）。在所有党派之上的是政治委员会（Blockausschüsse），政治委员会中必须有苏联军官的代表参加。由于苏联军政府的支持，德国共产党成为所有政党的核心，并领导着工农民主的发展。

1946年4月21日，在军政府的强大压力下，在苏占区举行了两党联合党代表大会。在会上，社会民主党在多达82%的党员反对的情况下不得不和德国共产党合并成为社会统一党（Sozialistische Einheitspartei Deutschlands，SED），从而使得苏占区的政治向左又迈进了重大的一步。

11月27日，军政府宣布将地方权力移交给10月20日新选举产生的议会及其政府，这样议会中的多数党德国社会统一党，就开始在苏占区的各级地方行政管理机构中占据领导的地位。1947年，政治委员会开始了"政治民主团结组织"（demokratische Massenorganisationen）的活动。政治民主团结组织吸收了自由德国联合工会（FDGB），自由德国青年联盟（Freie Deutsche Jugend，FDJ）、德国民主

―――――――――
[1] 吴友法：《德国现当代史》，武汉大学出版社2007年版，第278页。

妇女联合会、德国文化联盟（Deutsche Kulturbund）等群众组织。1948年新成立的政党，如德国农民党（deutsche Bauernpartei），以及曾被当作纳粹党前身的德国民族民主党（National-Demokratische Partei Deutschlands, NDPD），也都被纳入政治民主团结组织中来，而且这两个党的第一任主席都曾是共产党员。

第九节 岔路与选择：分立中的东西两德与各自的法律演进

一、德意志民主共和国

（一）工人和农民的国家

1948年3月17日到18日，苏占区的"德国人民代表大会"选出了400人的"德国人民委员会"（Deutscher Volksrat）。1948年10月22日到1949年3月19日，人民委员会经过六次会议，最终通过了由社会统一党（SED）起草并提出的《德意志民主共和国宪法》*Die Verfassung der*, DDR），其立宪目标是要将这部宪法推广到整个德国的范围，所以在宪法的前言中，明确要求该宪法成为全德国的模式。这部宪法在有些用语上承袭了1919年魏玛宪法，所以第一眼看来，这部宪法似乎是一部资产阶级共和国的宪法。

但是仔细看看的话，我们就不能忽视，这部1949年宪法的很多内容，实际上遵循的是共产主义有关国家和经济的思想。就像第24条规定的一样：

（1）财产的使用不得和公共利益（Gemeinwohl）相违背。

（2）基于经济地位上的优势而造成财产的非法使用而导致公共利益受损的，财产将被充公而得不到补偿。

（3）战争罪犯和纳粹分子的企业财产应被充公，同样的措施也针对那些为战争政策服务的私人企业。

(4) 所有的私人垄断，包括卡特尔、辛迪加、康采恩、托拉斯，以及相应的通过产品数量、产品价格和附加条款等方式谋求利润增加的私人企业联合，将被废除和禁止。

(5) 私人拥有地产面积超过 100 亩的，将被取消产权并再次分配。

(6) 通过这次土地改革，农民在其土地上的财产将得到保护。[1]

这些规定不仅是"民主土地改革"的结果，也确定了源自于政治动机的"公有化"的合法性。为以后的针对私人经济的斗争手段——"社会化措施"的出台奠定了基础。而第 27 条第 3 款则规定：将各个经济企业和团体联合起来，和公有经济共同发展，并确保公共财产的安全。而第 25 条第 1 款则规定：所有矿藏、自然力包括所有采矿企业和能源企业，都属于国有。这条规定和马克思主义对取消生产资料财产私有的思想是吻合的。而第 26 条第 1 款又规定了土地的公有化和社会化。[2]

宪法中有关国家权力体制构造的规定，实际上是偏离了议会制共和国的路径。它崇尚集权主义，拒绝了在西方盛行的分权理论。宪法第 50 条规定了"人民议院"（Volkskammer）是国家的最高权力机关，拥有立法权和监督国家全部活动的权力。议员根据《比例选举法》（das Verhältniswahlrecht）的原则秘密产生。有关政府的建构，规定在第 92 条第 1 款：人民委员会中最强大的党派有权推选成员担任总理，并由总理组建政府。所有超过 40 人的党派，都必须通过推选成员担任部长或国务秘书，在政府内代表该党派。

在占领军政府压制了基督教民主联盟和德国自由民主党的反对之后，在 1950 年 10 月 15 日召开了第一届人民委员会的选举。人民委员会中最强的党派始终是社会统一党，并由社会统一党负责组建政府。其他党派当然在政府里有代表，但是始终无法拥有足够的力量成为社会统一党的反对党。

关于总统选举，宪法中规定不实行公民选举，而由人民议院和州联议院（Länderkammer）两个机构负责选举。而有关司法权的条文则规定，法官在审判中是独立的，只服从宪法和法律，但是各州法官可以通过行政的方式撤换。[3]

---

[1] Karl Kroeschell, Rechtsgeschichte Deutschlands im 20. Jahrhundert, Vendenhoeck & Ruprecht in Göttingen, 1992, S. 152.

[2] 同上 [1]，153.

[3] 法官可通过行政的途径进行撤换的规定，实际上背离了司法独立原则，对司法公正产生了非常恶劣的影响。

鉴于 1949 年 9 月 21 日德意志联邦共和国政府的成立，苏联政府于 10 月 1 日向美、英、法三国政府发出照会，指出联邦德国政府的成立是"美、英、法三国政府三年来奉行的分裂德国政策的新的更广泛的表现"，波恩政府的成立"在德国造成了新的情况"，使"恢复德国的统一，使之成为一个民主与和平的国家"的任务特别重要。[1] 10 月 7 日，人民委员会作为民主德国最高权力机关在柏林举行全体会议，宣布成立德意志民主共和国，并宣布 5 月 30 日在第三届德国人民代表大会上所通过的宪法正式生效。

但是这部宪法的规范作用（normative Kraft）自始至终都是非常有限的。不仅是法律，甚至是某些政策和法令，都可以明文规定排除宪法的最高地位，其著名例子就是 1952 年的取消州的建制的规定。尽管在宪法第 1 条第 1 款明确写着：德国是一个不可分割的民主共和国，由各个德意志州组成。但是在 1952 年 7 月 23 日，一部名为《关于在德意志民主共和国内继续民主化建设和各州内国家组织的工作方式的法律》（Gesetz über weitere Demokratisierung des Aufbaus und der Arbeitsweise der staatlichen Organe in den Ländern der DDR），将在德意志民主共和国内的 5 个州用 14 个地区代替，从而使得民主德国成为了一个集权制的国家。宪法的原文由此被修改，而各州的州联议院也于 1958 年 12 月 8 日被取消。

在建制 14 个地区的同时，人民委员会还设计了各个地区内乡和镇的行政管理建制。宪法 139 条所保证的地区自治被所谓"民主集中制"（demokratisches Zentralismus）所代替。如同 1957 年 1 月 17 日的法令规定的一样，各个地区的议会从此以后就成为一个"国家权力的地区性机构"。而 1952 年德国管理内务署署长的法令则废除了根据宪法 138 条所规定的行政法院制度。

还有一次宪法的重大修改发生在 1960 年 9 月 12 日，在当时的民主共和国主席、老共产党员威廉·皮克逝世以后。民主共和国主席的职位被取消，取而代之的是一个由 24 个成员组成的国家参议院（Staatsrat），国家参议院的主席是当时社会统一党的主席瓦尔特·乌布里希（Walter Ulbricht, 1893—1973）。通过这次修改，国家参议院代替了人民委员会，成为了当时的国家最高机关，除了传统的权力以外，还可以公布法律、任命大使、进行特赦、对法律法令进行解释乃至于出台具有法律拘束力的决议。

---

[1] 人民出版社编：《德国问题文件汇编》，人民出版社 1953 年版，第 72—73 页。

1949年宪法在1968年被新宪法所取代，新宪法明确地将社会主义写入条文中。1968年3月26日，新宪法在人民委员会得到通过，并于4月6日通过了全民公投。[1]和1949年宪法不同，1968年宪法不再是以一部全德宪法的面貌出现。该宪法以其提出了德意志民族统一的目标而著称，并在第8条第2款中提出了两德统一的纲领：

德意志民主共和国及其公民……要争取消除帝国主义强加给德意志民族的分裂状态，在民主和社会主义的基础上逐步使两个德国接近，直至最后重新统一。

同样在第1条第1款中，将德意志民主共和国作为一个"德意志民族的社会主义国家"来界定。在第1条第1款的第2句中，国家是这样被形容的：在工人阶级领导下、在马克思列宁主义理论支持下，由城市和乡村的广大劳动人民组成的政治实体。

在1968年宪法第2条第2款中，又规定了国家的基础：

工人阶级、农民阶级、知识分子和人民的其他阶级的联盟，作为生产资料的社会财产，基于先进的知识和经验所设计的社会发展的计划，是社会主义国家不可侵犯的基础。

而在接下来的第3条中，则用诗歌一样的神话描述了社会主义社会：

人压迫人的情况永远被清除，人民所有的创造都是人民的财产。"每个人根据自己的天赋自由发挥才能"（Jeder nach seinen Fähigkeiten, jedem nach seiner Leistung）的社会主义原则将被实现。[2]

在所有的国家机关中，国家参议院依然处于核心地位。尽管在名义上，人民委员会是所谓"国家最高权力机关"，而国家参议院只是下属的一个部门。但自1971年后，这部宪法如同1949年宪法一样，也慢慢地被废弃。而恩里希·昂纳克（Erich Honecker, 1912—1994）也于1971年取代瓦尔特·乌布里希成为社会统一党主席，后者继续担任国家参议院主席的职务直至1973年逝世。国家的权力慢慢地被下放到部长理事会（Ministerrat）这一层面，1972年10月16日出台的法律就权力的下放做出规定，而在宪法层面上的修改则是1974年的新宪法。[3]

---

[1] Karl Kroeschell, Rechtsgeschichte Deutschlands im 20. Jahrhundert, Vendenhoeck & Ruprecht in Göttingen, 1992, S. 154.
[2] 同上[1], 155.
[3] 同上[1], 156.

1974年10月4日，德意志民主共和国25周年庆典日，也是乌布里希逝世一周年，又有一部新的宪法生效了。这部宪法被认为指明了德意志民主共和国最后20年的政治目标，建构了这个时期的政府体系，这个时期由于受到昂纳克（Erich Honecker，1912—1994）个人较多的影响，被称为"昂纳克时期"（Honecker-Ära）。

这部宪法最大的修改在于国家参议院和部长理事会的分工。根据1974年宪法，国家参议院失去了发布有法律拘束力文件的权力，而部长理事会则起到了政府的作用，这个作用也在法条中做出明确规定（宪法第76条第1款）。而1976年，当社会统一党领袖昂纳克当上国家参议院的主席时，就形成了这样一个惯例，就像在1977年公法教科书上，我们能读到这一句：国家参议院主席就是社会统一党领袖。

1974年宪法中有关经济的条款明确地体现出了计划的色彩，计划从国家层面上的宏观调控慢慢地向微观层面上的调控转移。如果1968年宪法第14条还明文规定允许私人经济存在的话，那么在1972年的最后一次大规模的国有化运动中使得这一条规定变得毫无价值。而1974年宪法中有关经济的内容，都是建立在这一条款的基础之上的，即宪法第14条第2款——所有私人劳动占主要内容的经济成分，只能在法律允许的范围内活动。

德意志民主共和国的领导者是这样来理解这个国家的："这个国家不是一个德意志民族的社会主义国家，而是一个工人和农民的社会主义国家。"这个理解被明确地写入1974年宪法的第1条第1款中。而1974年宪法第6条第2款则写道："德意志民主共和国是社会主义大家庭中不可分割的组成部分。"两德统一的任务在该宪法中被去掉，苏联军政府极力将德意志民主共和国塑造成一个丧失了德意志民族特色的社会主义国家，甚至禁止人们唱任何有关民族主义的歌曲。但是历史进程终究是不可逆转的，当著名诗人约翰·贝希尔（Johannes R. Becher，1891—1958）的诗歌"德国，统一的祖国"（Deutschland, einig Vaterland），在1989年秋作为反对社会统一党独裁统治的战斗号角唱响在东柏林的大街小巷时，德意志民主共和国也就来日无多了。[1]

---

[1] Karl Kroeschell, Rechtsgeschichte Deutschlands im 20. Jahrhundert, Vendenhoeck & Ruprecht in Göttingen, 1992, S. 157.

（二）社会主义民法

从战后到 1976 年新民法典颁布之前的很长一段时间里，1900 年德国民法典的文本一直没有被修改，但是它的社会意义却发生了重大的改变。[1] 究其原因，一是 1945 年的"民主土地改革"（demokratische Bodenreform）和在工商业领域的社会化运动，将大量的土地收归国有，这样使得民法典的适用范围大大减少。1948 年 4 月 17 日苏联军政府（SMAD）的第 64 号命令，确定了人民财产不得侵犯的原则，而在德意志民主共和国的民法学和司法实践中，也确立了第三人之善意取得不适用于人民财产的原则。这些原则的确立，实际上使得 1900 年民法典变成了一纸空文。

二是作为现代民法支柱之一的意思自治原则，也由于各种财产的支配权，尤其是生产资料的支配权在很大程度上收归了国有而变得可有可无了。对计划经济的执着追求，使得尚存的私有经济成分继续向国有经济的方向转变。以合同为基础的私人商品经济，活动空间越来越小，民法中的规定在实践中名存实亡。

三是由于苏联法学家安德烈·华施恩斯基（Andrej Wyschinskij，1883—1954）系统的法学理论的影响，使得原民法典中的一些内容被划了出去，成为了一个个新的法律部门。首先是劳动法，劳动合同的内容从民法典中被排除出去，劳动关系不再被认为是一种民事法律关系。劳动领域的独立立法开始于 1950 年 4 月 19 日的劳动法，而最后一部劳动法典则是出现在 1977 年 6 月 16 日。劳动法的基础是政治上劳动阶级的统治，以及生产资料和各种财产的社会化。在"社会主义"的意义之下，劳动与其说是一种权利，还不如说是一种义务，而 1949 年宪法中所保证的罢工权（Streikrecht）实际上已经被取消了。[2]

另一个被从民法典中划分出去的法律部门是婚姻家庭法（Familienrecht），1946 年 2 月 20 日占领军政府通过 16 号命令所出台的关于结婚和离婚的政策，在

---

[1] Karl Kroeschell, Rechtsgeschichte Deutschlands im 20. Jahrhundert, Vendenhoeck & Ruprecht in Göttingen, 1992, S. 164.

[2] 同上 [1]，165.

1955年12月24日被废除，从此在离婚领域实行破裂原则（Zerrüttungsprinzip）[1]。1965年12月20日的《婚姻家庭法典》的出台，取代了所有在民法典中还存在着的有关家庭婚姻法的内容。值得一提的是，就像1964年的《青年法》（Jugendgesetz）规定的一样，家庭婚姻法中的第13条第1款第2项也规定：父母有义务将孩子培养成社会主义的建设者。[2]

如何将经济法和民法进行区分是一件非常困难的事情。1951年12月6日的法令，是建立在将社会经济视为一个"普遍的合同体系"（allgemeine Vertragssystem）这一观点的基础之上的。1957年12月11日的第一部合同法涵括了大多数社会经济领域的合同规则，但是，是否应该将合同法的内容从民法典中分立出来这一问题，由于苏联法学界意见并不统一，争论了16年尚未得出结论。当时在苏联学界占主导的观念认为，经济合同法应该在民法典中得到规定。但是在1975年的民法典中，却最终采取了相反的做法，将经济合同法从民法典中排除出去了。[3]

1958年确立的制定一部德意志民主共和国民法典的计划，直到1961年才真正开始实施。民法典草案曾在1962年、1964—1965年、1972年三次在人民委员会进行投票都被否决，直到1975年6月19日，人民委员会正式通过民法典1974年的第四草案，并确定于1976年元旦生效，是为1975年民法典（Zivilgesetzbuch von 1975, ZGB）。关于这部民法典的概念和作用，在民法典的序言中是如此规定的："作为统一法律体系中的一个部分，社会主义民法典的任务是增进人民物质和精神上的利益，尤其是致力于实现高水平的住所、消费品、服务的提供。"[4]

而在民法典第一部分"社会主义民法典的基本原则"中，确定了法典的特色以及它和西方民法典所不同的地方，在第3条第2款中规定，对民法典的解释必须遵循社会主义原则："法典中的条文必须依据以下原则进行解释，即公民的工作

---

[1] 破裂原则（Zerrüttungsprinzip）指的是：如果夫妻婚姻状况处于破裂且无法预期有重修旧好的可能时，地方法院中的家事法庭（下设离婚法庭 Scheidungsgericht）便可以判决离婚（即使是夫妻都同意离婚，也要经过德国离婚法庭这一关），至于谁对谁错（即使是外遇的一方，也可以提出离婚申请），则不是法院询问重点所在。

[2] Karl Kroeschell, Rechtsgeschichte Deutschlands im 20. Jahrhundert, Vendenhoeck & Ruprecht in Göttingen, 1992, S. 165.

[3] 同上 S. 166.

[4] 同上 S. 169.

在增加个人财产的同时必须对社会做出贡献,公民在发挥个人能力的同时必须增进社会生活的安全。"[1]

而有关市民在民事法律关系中的地位问题,民法典在第6条是这么规定的:"市民的权利和义务必须通过这样的社会主义社会关系来确定,即建立在劳动阶级的政治权力基础之上的,以及建立在社会主义国家中计划性的国民经济的基础之上的社会主义社会关系来确定。每个市民,在民法的范围内,可以使用社会主义公有财产,可以获得和占有物质上和精神上的财产,可以签订合同并参加到其他各种法律关系中去,可以通过遗书继承和被继承。但是他必须负责任地满足和财产相关联的社会主义义务。"

这些条款都被认为是对市民意思自治原则的否定。实际上市民不再享有天赋的权利,市民的权利都是被授予的。他们"受法律保护的支配权"变成了"社会的需要"。在民法领域,市民只有在如下范围内享有支配的权利,一是民法典第8条规定的签订合同权,二是第9条所规定的参加政治、经济和文化生活的权利。

(三)计划经济法

在苏联军政府发动的多次国有化运动中,籍没和征收了大量私人财产,使得德意志民主共和国在1949年建立之初就已有半数以上的经济成分属于了"人民资产"(Volkseigentum)——即国有经济的范围。而这一趋势在德意志民主共和国建立之后又得到了加强。到1956年,全部的银行业、保险业、海运、空运和对外贸易,以及85%的工业、94.5%的批发贸易和69%的零售贸易,都归国有经济所有。[2]

由于如此庞大的国有经济成分,私人经济的发展举步维艰。与此同时,统治阶级还发动了所谓"中产阶级加入社会主义建设"(die Einbeziehung der Mittelschichten in den Aufbau des Sozialismus)运动。而1956年的法令又规定,私人企业中必须要有国家的份额。这个法令的推动者——基督教民主联盟(CDU)相信,只有通过这样的方式才能够让私营企业存活下去。而在手工业和小作坊生产

---

[1] Karl Kroeschell, Rechtsgeschichte Deutschlands im 20. Jahrhundert, Vendenhoeck & Ruprecht in Göttingen, 1992, S. 169.
[2] 同上[1],177.

领域，从 1955 年开始进行"手工业生产合作社"（Produktionsgenossenschaften des Handwerks，PGH）的尝试，合作社的主要参加者是劳动者和技术工人。这样做的目的也在于将私人的工厂以及相应的生产资料转归公社所有。

在如此境况下，仅存的那些私人企业还将面对高昂的税赋和一系列歧视性的待遇。所以，自从手工业生产合作社的方式在民主德国实行以来，到 1961 年已经超过了 4000 个。[1] 最后一次大规模的社会化运动发生在 1972 年，在这次运动中，私人企业几乎被消灭殆尽。在那个时候人们才看到，所谓私人企业中的国家份额，实际上仅仅是一个全面国有化的铺垫。政府在这次运动中向企业主提出了全面"掌管"企业的要求。

1968 年的民主德国宪法第 9 条对社会主义经济制度作出了规定。根据第 9 条第 1 款第 1 项的规定，民主德国的国民经济建立在社会主义生产资料公有化的基础之上。而公有化的国民经济成分，则在第 12 条中作出了列举，其中重点指出了银行业和保险业，私人企业则不属其中。而在第 9 条第 3 款第 1 项中则明确说明，德意志民主共和国的国民经济是社会主义计划经济，第 9 条第 5 款则规定德意志民主共和国的国际贸易和外汇管理全部由国家掌控。

而在政府层面上，主管经济的最高部门是部长委员会及其下属的各个专门负责工业和其他经济部门发展的机构。当时曾进行过大规模讨论的一种企业自治的模式——南斯拉夫模式（jugoslawischen Modell），最后还是未能得到通过。相反，1958 年 2 月 11 日的《关于国家组织结构完善化和简单化的法律》（Gesetz über die Vervollkommung und Vereinfachung der Arbeit des Staatsapparates）则更加强了国家计划在经济层面上的影响。同时，部长理事会设立了一个计划经济宏观调控的核心机构——计划委员会（Plankommission），计划委员会将约 2100 个国营企业（Volkseigenen Betriebe，VEB）分为 75 个联合国营企业（Vereinigung Volkseigener Betriebe，VVB），以作为自上而下宏观调控的中间层。其他的企业则受到地区行政主管部门、当地的手工业生产合作社的辖制。

1963 年 1 月 15 日至 21 日，在社会统一党中央委员会第一书记乌布里希的

---

[1] Karl Kroeschell, Rechtsgeschichte Deutschlands im 20. Jahrhundert, Vendenhoeck & Ruprecht in Göttingen, 1992, S. 177.

推动下，社会统一党的第六次代表大会宣布，民主德国的国民经济开始实行"计划和领导的新经济体制"（Neues Ökonomisches System der Plannung und Leitung, NÖSPL）的经济政策，国家的经济形势有了好转。与此同时，20世纪60年代后半期，民主德国十分强调技术在社会主义全面建设中的作用，通过广泛开展采用尖端技术的科技革命来发展经济。同时民主德国又调整了工业结构，重点发展在国民经济中的"决定结构"部门，诸如仪器、电子、化工和机械制造部门。对所有制也进行了调整，在全民所有制和集体所有制占优势的条件下，允许私人经营小企业和公私合营。60年代推行了新经济体制改革，在保留国家计划的前提下，扩大了地方和企业的自主权，利用经济核算，在一定程度上促进了经济的发展。[1]

值得一提的是，在这些经济体制的改革下，原来的经济管理三级制度（部长委员会—联合国营企业—国营企业）被两级管理制度（部长委员会—企业联合Kombinate）所取代。因为按照地区划分的联合国营企业（VVB）被按照生产部门划分的所谓"企业联合"（Kombinate）所取代。到1973年，1560个国营企业中几乎有一半加入了38个企业联合中，而到了1980年，一共产生了129个企业联合，包括了全国90%的工业和流水线生产。而原来的75个联合国营企业只剩下20个。企业联合直接受到部长委员会的指示，具有对单个企业经济活动的决定性的权力。而有关于这种新的经济结构——企业联合的法律地位的文件，则是在1979年11月8日才发布的《关于国营企业联合、企业联合和国营企业的法令》（Verordnung über die Volkseigenen Kombinate, Kombinats Betriebe und Volkseigenen Betriebe）中才最终得到确认。[2]

总体来说，60年代以来乌布里希政府所推动的"新经济体制"，对经济的发展还是起到了促进作用，并使民主德国进入了社会主义工业强国的行列。但是由于改革本身未能触动计划经济的基础，以至于国民经济在70年代初开始出现了严重的困难。人们不再热衷于乌布里希所主导的"生产力即科学"（Produktionskraft ist Wissenschaft）的方针。1971年5月3日，社会统一党第七届十六中全会，免除

---

[1] 吴友法：《德国现当代史》，武汉大学出版社2007年版，第369页。

[2] Karl Kroeschell, Rechtsgeschichte Deutschlands im 20. Jahrhundert, Vendenhoeck & Ruprecht in Göttingen, 1992, S. 179.

了乌布里希中央委员会第一书记职务，选举了恩里希·昂纳克为中央委员会第一书记，从此开始了昂纳克执政的新时代。

昂纳克上台后，又将企业的自主权收归中央，重新开始了严格的计划管理。僵化的苏联经济模式严重束缚了民主德国的经济发展。自70年代中期以来，国民经济的发展越来越缓慢，根本达不到预设的各项指标。民主德国的劳动生产率只有联邦德国的64%。片面强调社会保障措施，诸如解决住房问题、提高养老金、给予家庭补贴等，而忽视对企业经济的投资与更新，投资额从1970年的16%降到10%。国家几乎没有在任何宏观设施领域投资。60年代所提出的经济上"赶超联邦德国"的目标，到了70年代已成为一种不切实际的幻想。[1]

二、德意志联邦共和国

（一）联邦德国基本法

1948年2月发生的布拉格的社会主义政变，使得东西对立的局面更加尖锐。西方各国不断加强在军事和经济方面的合作以共同对抗苏联的"侵蚀"。1948年3月，法国、英国、荷兰、比利时、卢森堡签订条约成立军事联盟（这个军事联盟最终演化成北大西洋公约组织）。同时，欧洲人在美国的"马歇尔计划"（Marschall-Plan）的帮助下开始重建家园。马歇尔计划的执行，也形成了东、西方之间的"冷战"格局。[2]

在这样的背景下，1948年春，美、英、法三国外长在伦敦举行会议，签署了伦敦协议书（Londoner Protokoll）。根据协议书，最迟至1948年9月1日，一个经过州议会（Landtag）选举代表组成的制宪会议应当被召开，从而确定未来的联邦国家的政体、保证国民的基本权利和自由。1948年7月1日，美、英、法三国驻德国的军事首脑与西占区各州的总理在法兰克福会晤，讨论制定一部具有联邦性

---

[1] 丁建宏：《德国通史》，上海社会科学院出版社2002年10月第一版，第440页。

[2] Karl Kroeschell, Rechtsgeschichte Deutschlands im 20. Jahrhundert, Vendenhoeck & Ruprecht in Göttingen, 1992, S. 195.

质的民主宪法,并将宪法交国民公投通过。[1]但是,为了强调德国当时的分立局面,也为了避免让苏联找到一个借口成立一个东部德国,在1948年的科布伦茨决议（Koblenz Agreement）中,各州总理一致反对召开"国民议会"（Volksrat）,只同意召开"议会委员会"（parlamentarischer Rat）,反对将要制定的文件称为宪法（Verfassung）,只同意称为基本法（Grundgesetz）,反对将该文件交国民公投,而只是经11个州的州议会通过即可。

1948年9月1日,在波恩成立了由65名议员组成的议会委员会,这些议员都是从各州的议会中选举出来的,另有5名无表决权的西柏林代表参加了会议。议会委员会主席是以前的科隆市市长、基督教民主联盟（CDU）的党团主席康拉德·阿登纳（Konrad Adenauer,1876—1967）,社会民主党（SPD）的卡洛·施米德（Carlo Schmid,1896—1979）当选总委员会主席。总委员会在一系列下设的委员会的协助下起草基本法条文。阿登纳致辞称:"我们议会委员会的坚定目标是,要写出这样一部宪法:使全德国统一的可能性永久地存在下去,使德国的东部地区在任何时候能在这个新国家里占有自己的位置。"[2]

委员会制定基本法的工作,在很大程度上是建立在1948年的海伦希姆湖草案[3]的基础之上的。西占区军政府多次试图干预基本法起草的进程,尤其针对税收条款的制定。到1949年初这个问题经过多方协调得到解决的时候,会议也就可以结束了。1949年5月8日,即德国法西斯投降4周年之日,议会委员会对即将推出的基本法进行了表决,表决结果是53票赞成和12票反对,最终通过了基本法。4天后,基本法在法兰克福得到了占领军政府的批准。基本法在各州得到通过以后,于1949年5月23日生效。[4]

---

[1] 当时西方三国军事长官将三个所谓的"法兰克福文件"交给十一个州的州总理,授权他们在规定的条件下开始建国。三份文件分别为:《关于宪法决定的声明》、《关于改组州议会的声明》、《宪法生效后军事长官权限的声明》。

[2] [德]康拉德·阿登纳:《阿登纳回忆录》,第一卷,上海外国语学院德法语系德语组、上海人民出版社编译室译,上海人民出版社1976年版,第163页。

[3] 1948年8月10日至25日,由各州及西柏林各派一名代表组成的宪法专家委员会在海伦希姆湖召开会议,为基本法的起草制定了基本规则,并参照各州战后颁布的新宪法及魏玛宪法,完成基本法草案,称海伦希姆湖草案（Grundgesetzentwurf des Herrenchiemseer Konvents）。

[4] Karl Kroeschell, Rechtsgeschichte Deutschlands im 20. Jahrhundert, Vendenhoeck & Ruprecht in Göttingen, 1992, S. 196.

1949年8月举行了第一次联邦议会的选举，组建新的国家组织。联邦议会和联邦参议院于1949年9月7日在波恩举行会议，9月12日选举自由民主党（freie Demokratische Partei，FDP）党主席特奥多尔·豪斯（Theodor Heuss，1884—1963）为第一届总统，9月15日选举基督教民主联盟的康拉德·阿登纳为第一届总理。根据1949年9月21日美、英、法三国占领当局公布的"占领法"（Besatzungsstatut），占领国任何时候都可以收回政府权力，占领法在效力上高于联邦德国的基本法，只有在他们同意的情况下才可以修改基本法，并成立了位于波恩附近的彼得斯贝格（Petersberg）的"盟军高级专员委员会"（Alliierte Hohe Kommission），对联邦德国政府进行监督。

波恩不是魏玛（Bonn ist nicht Weimar!）这句话自从联邦德国建立以来就一直得到反复宣传，它就像是一句宣言，不断提醒德国人要避免重蹈魏玛共和国的覆辙。同时也可以注意到，联邦共和国和魏玛共和国，两者的建国的环境是大相径庭的。一方面，占领军政府对《基本法》的制定提出了很多强制性要求，从外部环境上杜绝联邦共和国的蜕变；另一方面则是在历史背景方面，此时苏联对西柏林实施着封锁，停止一切能源的供应，而盟军通过"空中桥梁"（Luftbrücke）对西柏林的人民提供着生活物资。回顾过去的纳粹恐怖专政，面对当前斯大林的强势封锁，德国人坚定地捍卫着民主和自由。[1]

《基本法》规定新的国家是议会的、法治的民主国家。政府只对人民代表负责，立法要依据宪法规章，司法和行政要受到法律和法令的约束并在法律的范围内活动。联邦制国家（Bundesstaat）结构允许州参与联邦立法和行政管理，它的最高机构是联邦议会（Bundestag），议员每四年由选民通过普遍选举、平等选举和秘密选举的方式产生。[2]议会通过法律程序选举联邦总理（Bundeskanzler）和监督政府工作。另外还有联邦参议院（Bundesrat），由各州代表组成，拥有法律动议权，也可以对联邦议会通过的法律提出异议。[3]

国家元首为联邦总统（Bundespräsident），由联邦大会（Bundesversammlung）选举

---

[1] Karl Kroeschell, Rechtsgeschichte Deutschlands im 20. Jahrhundert, Vendenhoeck & Ruprecht in Göttingen, 1992, S. 169.

[2] Grundgesetz § 54.

[3] Grundgesetz § 51.

产生，任期5年，对外代表联邦，并与外国签订条约。[1] 总统有权向联邦议会建议总理人选。总统签署和宣布联邦法律须经总理或有关部长副署方得生效。相比于魏玛宪法而言，总统不再具有魏玛宪法第48条所规定的"强制执行权"，总统也不再是像魏玛宪法中所规定的一样由全民直接选举产生，而是由联邦议会的全体议员和各州议会选出同等数目的州议会议员参加的联邦代表大会上选举产生，任期5年，可以连任一届，鉴于总统的特殊地位，他被称为"宪法的守护者"（Hüter der Verfassung）。

联邦政府由总理和若干联邦部长组成，总理由联邦总统提名。总理提请联邦总统任命或罢免联邦部长，实施联邦议会通过的法律，直接向议会负责。[2] 罢免总理需要议会提出"建设性不信任投票"（Konstruktive Misstrauensvotum），议会在以绝对多数罢免总理的同时，必须选出新总理。[3] 如果联邦议会拒绝联邦总理的信任案，即联邦总理提出议案要求对其表示信任而未能得到联邦议会半数以上议员同意时，联邦总统又不使用解散议院的权力，在此情况下如政府一项标明"紧急"的法案得不到议院同意，便出现了"立法紧急状态"（Gesetzgebungsnotstand），这种状态的有效限期为6个月，在这种情况下，只需要联邦参议院的同意便可通过法律。[4] 联邦政府还有权为抵御有关危及联邦或州的生存或自由民主的基本秩序的紧迫危险，命令州警察和联邦边防部队进行必要的防卫。[5]

司法部门独立行使司法权，只对法律负责，[6] 享有自主权力的联邦最高法院行使违宪审查权。[7] 基本法的一个基本原则是以法律限制国家权力，在联邦和州之间实行地区分权的原则。联邦和州都有立法权，州单独立法只限于教育事业和地方性事业方面，外交政策、金融货币、国籍、迁移自由及整个社会经济由联邦立法[8]。在联邦立法和州立法冲突的情况下，联邦立法高于州立法。[9]

---

[1] Grundgesetz § 59.

[2] Grundgesetz § 63.

[3] Grundgesetz § 67.

[4] Grundgesetz § 81.

[5] Grundgesetz § 91.

[6] Grundgesetz § 97.

[7] Grundgesetz § 100.

[8] Grundgesetz § 73.

[9] Grundgesetz § 31.

《基本法》肯定了人的尊严和德国人的基本权利和基本义务。人的尊严不可侵犯，尊重和保护人的尊严是一切国家权力的义务。[1]从基本法的第2条到第17条，列举了一系列曾在魏玛宪法中出现过的传统的自由权利。

而一个重大的更新则是，这些基本权利具有直接有效地约束立法、行政和司法的效力。[2]基本权利是否能够在公民之间的关系中直接得到适用，这个问题已经在1958年联邦宪法法院的"吕特判例"（Lüth-Urteil）[3]中被做出了否定的回答。[4]

新设的还有因为公共权力造成对基本权利损害的司法救济。"无论何人，其权利受到公共权力侵害的，均可提起诉讼。如无其他主管法院的，可向普通法院提起诉讼。"[5]这条规定不仅对基本权利损害的行政法上的救济权利，更重大的意义在于，市民可以因为基本权利遭受损害，直接依据宪法寻求法律救济。而1951年的《联邦宪法法院法》（Bundesverfassungsgerichtsgesetz 1951, BVerGG）又规定了宪法申诉权（Verfassungsbeschwerde），依据这个权利，每个公民就可以在用尽其他救济方式的情况下（Erschöpfung des Rechtswegs）直接向联邦宪法法院提起诉讼。1969年这条规定被加入了《基本法》，规定在《基本法》第93条第1款第4项a中。

（二）社会国家中的私法

二战以后，德国私法的发展是非常显著的，其中，司法实践起到了一个主导的作用。联邦最高法院不仅通过批判性的司法评论和法律解释，还通过一系列的判例推动了私法发展。很多判例在法典中甚至找不到明文的依据，用弗兰兹·维艾克尔的话来说，"司法违反了民法典的精神，也违背了民法典的文本。"[6]

---

[1] Grundgesetz §1. Abs. 1

[2] Grundgesetz §1. Abs. 3

[3] BverfGE 7, 198.

[4] 这是一个在德国公法领域具有很大争议性的问题，即基本权第三人效力问题（Drittwirkung），也有相关案例，如下面会提到的"绅士骑术师案"（Herrenreiter-Urteil），则倾向于承认基本法相关条文在公民之间适用之可能性。

[5] Grundgesetz §19. Abs. 4

[6] Karl Kroeschell, Rechtsgeschichte Deutschlands im 20. Jahrhundert, Vendenhoeck & Ruprecht in Göttingen, 1992, S 208.

至今仍富有教育意义的是 1958 年联邦最高法院的"绅士骑术师案"(Herrenreiter)[1],有位先生的照片在未经本人同意的情况下被放到催情药品的广告上,所以使用方由于侵犯了这位先生的人格权利被判决支付赔偿金。普遍意义上的人格权利概念的认定,民法典上并没有相关的规定,而法院则是依据了《基本法》第 2 条第 1 款有关"个性自由发展"的规定做出上述判决的。但是一般来说,法院是拒绝将《基本法》直接适用到私人之间的关系中去的,这个判决承认了在绝大多数判决中被否定了的"第三人效力"(Drittwirkung),也违反了《德国民法典》第 253 条的规定,即"损害为非物质上的损害时,仅在法律有规定的情形下,始得要求以金钱赔偿损害"。

还有一个新的关于侵权产品举证责任的分配规则,是在 1968 年联邦最高法院的"鸡瘟案"(Hühnerpest)[2]中确立起来的。在产品的生产商和产品的最终获得者(不一定是购买者)之间不存在任何合同关系,但是受害者应当从生产方得到相应的赔偿。然而受害者由于相关知识和经验的缺乏,往往无法举证来证明生产者的过错。在这里法院对举证责任的分配做出了小小的改变。当时判决的原文是这么写的:"当任何人在正常操作工业产品时由于……遭受损害,而这个工业产品本身是有质量瑕疵的,那么作为该工业产品的生产者,就有义务说明整个发生损害事实的过程,并证明自身在这个过程中并无过错。"直到 1989 年 12 月 15 日,一个有关产品危险责任(Gefährungshaftung)的欧盟指令(EG-Rechtlinie)才得以出台。[3]

按照哥廷根大学法学院教授伍尔夫·迪德瑞系森(Ulf Diederichsen)的话来说,"司法中对法律文本内涵的修正,从而对立法者的意图进行完善,正是法官的责任。"[4]《德国民法典》第 477 条所规定的"担保请求权的特别时效"(Sonderbestimmungen für Garantien),和第 638 条的"较短时效"(Minderung),都规定了 6 个月的时效。但是在实践中,这样的规定显得非常不合时宜。由于技术

---

[1] BGHZ 26, 349. (Entscheidungssammlung des Bundesgerichtshof in Zivilsachen,《德国联邦最高法院民事裁判集》第 26 卷,第 349 页。下同)

[2] BGHZ 51, 91.

[3] Karl Kroeschell, Rechtsgeschichte Deutschlands im 20. Jahrhundert, Vendenhoeck & Ruprecht in Göttingen, 1992, S. 209.

[4] 同上[3]。

上的原因,或者是偿付上的原因,这个时效总是被突破。所以联邦最高法院在担保责任问题上往往寻求适用其他时效规则的可能性,如通常的3年时效和30年的"积极违约"(positive Vertragsverletzung)[1]的时效。

原则上,法院的判决只对诉讼当事人具有法律约束力,对其他相似案件则无任何溯及力,但是在实践中却往往不是这个样子的。较高的法院(如联邦宪法法院、联邦最高法院)所做出的判决,往往会对下级法院的判决造成指导性的影响,甚至很多下级法院会参引上级法院的判例来进行审判活动。根据《法院组织法》(Gerichtsverfassungsgesetz, GVG)第137条的规定:法官负有发展法律的义务。法院的判决,往往用最清晰的语言来表述法律规则,学者讨论这些规则,律师参引这些规则,法院则依据这些规则进行审判。

孟德斯鸠(Montesquieu, 1689—1755)的三权分立理论,实际上否定了"法官造法"的可能性。很多学者认为判例是一种以共同适用及长期不变的习惯为特征的习惯法,但是这个说法还不能够让人完全满意,因为当高级法院所做出的一个未有先例的判决时,这个判决同样令人感到敬畏。而这是一个全新的判决,而不是经过了一段时间之后才产生的规则。还有人将判例法定义为一种特殊的审判习惯法,这个说法也不能令人满意。[2] 在德国这样有着大陆法传统的国家,法官在发展法律的同时必须遵循有关制定法的相关原则,如《基本法》第20条第3款就明确规定:立法应遵循宪法秩序,行政和司法应遵守正式法律和其他法律规范。法官应尽量和法律及其隐含的原则相一致,为了达到这样的目的,学者对法律的理解及其相关著述显得尤为重要。

契约自由是民法中最重要的基石之一,私法最重要的特点莫过于个人自治(Privatautonomie)及其个人决定自我发展的权利。契约自由是一项宪法权利,规定在《基本法》第2条第1款中。契约自由是自由经济不可缺少的"润滑剂",它使得私人得以建立起自己的企业,并鼓励人们负责任地建立起经济关系。因此,

---

[1] 也称积极侵害债权,指的是债务人为了获取不当利益而故意违反合同义务的行为。
[2] 笔者倾向于认为:成文法和判例法的划分,是以法律存在的形式而非实质的角度做出的。而法律的最终精神内涵则为"法的智慧",有法律智慧的人自然有权利本以良知对法律做出专业化解释,也有义务对不适当的法律进行修正以推动法律向前发展,这是由知识、道德和权力之间的正相关的关系来决定的,从而也印证了苏格拉底奠定西方哲学基调的一句名言:知识即德行。

契约自由在整个私法领域的重要性，是怎么说都不为过的。

但是到了现代，契约自由已经通过司法实践和理论分析，在很大程度上被修正。人们现在谈的话题是契约的"社会影响"（soziale Sensibilisierung）。人们对订立契约的自由的保障，要根据契约的内容加以区分。《民法典》第134条法律的禁止性规定（Gesetzliches Verbot），是对契约自由的第一层限制，如买卖违禁的物品，哪怕这个契约在形式上怎样完美，由于其内容的问题，法官必定认为其买卖行为无效。但是对于有些行为的认定，则颇有争议。如在法定营业时间之外出售货物，或者没有必要的处方而出售药品等，法院在裁判之时，必须要考虑各方面的情况，如交易的严重性、危害性及恶劣程度等，以做出自己的裁量。

《民法典》第138条第2款对乘人之危的契约做出了规定，这条规定在绝大多数国家的民法中都能够找到相似的条款。同样的，违反"善良风俗的法律行为无效"，也是对契约自由的一个非常重要的限制。在德国民法典中规定在第138条第1款中，为了将契约自由限定在一个安全的范围内，立法者采取了道德的一般标准来对契约进行衡量，这条规则需要法官依据具体的案情来加以解释、发挥和充实，从而使"所有能正确思考问题的人都感到适当"[1]，因为这条规则必须是人们对于这个问题的一般看法，而不是特定人群的看法。但是，赋予这条一般规则以具体内容的则是法官群体，所以法官必须参考各种不同类型的案件中对该一般条款的解释和运用，方能正确理解并据此判案。

和善良风俗原则相一致的，通过道德的途径对契约自由做出限制的，是《德国民法典》第242条关于诚实信用和公平交易的规定。这是一条适用于所有的债和契约的一般条款，除了对大量的特定义务做出规定以外，还起到了一个解释和补充契约的作用，1931年最高法院的判决就恰好说明了这一点。该案的被告为一个房产主，拥有两家相互毗邻的店铺，原告十年来一直租用其中的一间经营珠宝买卖。后来被告将另一间店铺租给了另一个珠宝商来经营珠宝生意，于是原告提起诉讼要求法院判决撤销该租约。最高法院认为，一般来说租赁合同中并不存在出租人的默示允诺，即当他拥有数项财产时，他不得将其中的某

---

[1] BGHZ 10, 228, 232; BGHZ 69, 295, 297.

项财产出租给原承租人的竞争对手，但是出租人的此种义务可以"基于本案的特殊情况"而产生。[1]

《德国民法典》中还有一些强制性规定，也构成了对契约自由的另一种限制。如《德国民法典》第276条第2款，合同中事先免除因故意行为而应负的责任的条款无效，《德国民法典》第248条第1款，事先约定到期利息再生利息的协议无效等。在其他法律领域中，对允许人们自行安排的事项也存在着相应的限制，如物权法中对所有权和抵押权等权利种类的限制，亲属法中关于婚姻财产制的规定，以及继承法中关于特留份的规定等。

最后要提到的是契约形式上的要求，如《德国民法典》第126—129条关于要式契约的规定，以及关于土地买卖的第313条规定[2]。对于这些要式的契约，形式直接影响契约的实质，如《德国民法典》第125条就规定：缺少法定形式的法律行为无效。

由此可见，资本主义经过初期的发展，到达目前这样的一个阶段，即契约的私人色彩在淡化、社会色彩在强化。如何在私人自由和社会安全之间找到一个平衡点，是立法者和法官都必须思考的问题。

（三）路德维希·艾哈德与"社会市场经济"

路德维希·艾哈德（Ludwig Erhard，1897—1977）是现代著名的德国经济学者、政治家。他自1948年起任"统一经济区经济管理部"部长，在1948年6月20日即由他参与准备的货币改革日宣布结束统制经济，此后他实施了社会市场经济，被称为"德国经济奇迹之父"（der Vater des Wirtschaftswunders），后任联邦总理。当艾哈德在1956年提出"社会市场经济"（soziale Marktwirtschaft）体制的时候，并不为大多数人所认同，也不为西方占领当局所理解。社会民主党（SPD）主张实行中央控制的计划经济，基督教民主联盟（CDU）也主张对经济实行计划

---

[1] BGHZ 131, 274.

[2]《德国民法典》第313条规定：当事人一方以转让或者受让土地所有权为义务的合同，需经公证人公证。未遵守上述形式订立的合同，在完成转让和登记入土地登记簿后，其全部内容为有效。

和控制。但1948年6月18日的币值改革[1]后,在阿登纳的支持下,艾哈德就开始积极推行他的社会市场经济体制,并最终取得了巨大的成功。[2]

社会市场经济理论主要来源于"弗赖堡学派"(Freiburger Schule),其代表人为著名经济学家瓦尔特·奥于肯(Walter Eucken,1891—1950),其理论的原则属于新自由主义(Neueliberalismus)的左翼,不同于观点接近"老自由主义"(Alteliberalismus)且主张对经济实行"不干涉主义"(Nichteinmischlismus)的右翼,也不同于主张以货币增长率刺激供给的中间派。

社会市场经济体制,是以市场经济为基础,以国家干预为辅助,从而促进经济快速发展。社会市场经济体制的核心是自由竞争,其基础为生产资料私有制,主张企业的独立自主。艾哈德说:"凡是没有竞争的地方,就没有进步,久而久之就会陷入呆滞状态。"同时,为了避免自由市场经济天然无法克服的弱点,社会市场经济体制同样反对完全的放开,提倡国家适度的管理和计划,用"看得见的手"来帮助和扶正"看不见的手"。社会市场经济发展同第三世界国家之间的"社会伙伴关系",既不走社会主义道路,也不走资本主义道路,而是走第三条道路——"经济人道主义"(Wirtschaft-Humanismus)道路。主张国家应通过货币、信贷、贸易、关税、投资等经济和社会政策对经济生活给予一定限度的干预。

艾哈德的社会市场经济模式可以表述为:经济自由(wirtschaftliche Freiheit)、社会公正(soziale Gerechtigkeit)和社会安全(soziale Sicherheit)。生产什么,生产多少,获利多少,这些问题都由市场进行解决,由市场竞争来决定,国家几乎完全放弃对价格和工资的直接干预。国家只是制定各种政策,即所谓"竞赛规则"(Spielregeln),使竞争健康进行,并用宏观的调节避免大的波动和危机。同时通过保险、救济、补贴等措施来缓和私有制及竞争必然造成的不公平,避免社会矛盾激化。

自阿登纳政府确立社会市场经济制度后,社会市场经济理论一直是联邦德国经济发展的重要支柱,为各个政党[3]所接受。无论是当时的总理阿登纳、还是后

---

[1] 1948年6月18日在西占区实行货币改革,发行"B"记马克。

[2] 参见刘光耀:《德国社会市场经济:理论、发展与比较》,中共中央党校出版社2006年版,第163—164页。

[3] 德国社会民主党(SPD)一直是作为基督教民主联盟(CDU)的反对党出现的,一直主张实行社会主义的政治和经济纲领。1959年,社会民主党实行改革,通过了《哥德斯堡纲领》,实际上接受了社会市场经济政策,从而使联邦德国在经济政策上形成举国一致的局面。

任的基辛格（Kurt Georg Kiesinger，1904—1988）、勃兰特（Willy Brandt，1913—1992）、施密特（Helmut Heinrich Waldemar Schmidt）和科尔（Helmut Kohl），都坚决执行和贯彻了这一基本经济制度。1990年5月18日的两德合并条约（全称为"联邦德国和民主德国关于建立货币、经济和社会联盟的条约"Vertrag über die Schaffung einer Währungs-，Wirtschafts-und Sozialunion zwischen der Bundesrepublik Deutschland und der Deutschen Demokratischen Republik）第1条第3款的第1项中，也对合并后的德国的经济制度做出了相关规定："两德经济联盟的基础是作为共同经济制度的社会市场经济制度。社会市场经济制度是通过私人财产、市场竞争、自由定价和劳动力、资本、商品及服务的自由流通来确立的。"[1]

（四）反限制竞争法

西占区军政府一直将反对德国经济的垄断作为其施政的主要内容，其于1947年颁布了一系列反卡特尔法令（Dekartellierungsgesetze），禁止所有的卡特尔形式，并对已经形成的卡特尔，如德国最大的公司及世界最大的化学工业公司"法本公司"（I. G. Farben AG）进行强制拆分。1955年联邦德国在西方三个占领国的共同防卫下，同盟国订了《德国条约》（Deutschlandvertrag），从他们手中得到主权独立的保证，从而使得这些西占区军政府的反卡特尔法令转变为联邦德国的立法。[2] 同时，艾哈德也指出："在一个以自由社会制度为基础的国家里，最重要的一件工作是保证自由竞争。我曾公开声明，一项反垄断的法案是非常重要的，应当把它看做一条不可缺少的经济原则，我说这话并不夸张，如果国家办不到这一点，'社会

---

[1] 德文原文为：Grundlage der Wirtschaftsunion ist die Soziale Marktwirtschaft als gemeinsame Wirtschaftsordnung beider Vertragsparteien. Sie wird insbesondere bestimmt durch Privateigentum, Leistungswettbewerb, freie Preisbildung und grundsätzlich volle Freizügigkeit von Arbeit, Kapital, Gütern und Dienstleistungen; hierdurch wird die gesetzliche Zulassung besonderer Eigentumsformen für die Beteiligung der öffentlichen Hand oder anderer Rechtsträger am Wirtschaftsverkehr nicht ausgeschlossen, soweit private Rechtsträger dadurch nicht diskriminiert werden. Sie trägt den Erfordernissen des Umweltschutzes Rechnung.

[2] Karl Kroeschell, Rechtsgeschichte Deutschlands im 20. Jahrhundert, Vendenhoeck & Ruprecht in Göttingen, 1992, S. 227f.

市场经济'就会中途夭折。"[1]

1952年，出台了反限制竞争法草案，它早在联邦德国建立之前的西占区时期就已经制定好了。更早的是在二战之前，弗赖堡学派的经济学家瓦尔特·奥于肯就提出对无序竞争进行限制，建立社会经济秩序的思想，路德维希·艾哈德则将这个思想吸收进了他的社会市场经济的政策中。[2]

和1923年的《卡特尔规章法》（Kartellverordnung）不同，这个草案基本上反对所有形式的卡特尔。由于涉及太多的利益冲突，在政治上引起了强烈反对，甚至于推行者阿登纳政府的内部也是反对声一片。在这种情况下，阿登纳采取了一种"尴尬的程序"（Heikles Verfahren），即在向议会递交草案之前，先将草案交给德国工业联邦协会（Bundesverband der Deutschen Industrie，BDI）的工会，寻求他们的支持。在化解了德国工业联邦协会的反对之后才递交联邦议会。通过这样的途径，同时也在法学家弗朗茨·伯姆（Franz Böhm，1895—1977）的支持和影响下，最终草案于1957年7月27日得到通过。[3]

该法的制定对于德国经济而言有着举足轻重的作用，它被视为德国社会市场经济的基本法，共109条，经过了多次修订和完善，最近的一次修订是2005年的第七次修订，同时它被作为欧洲卡特尔法制定的基本范本，对欧洲卡特尔法（europäisches Kartellrecht）的内容影响深远。

《反限制竞争法》（das Gesetz gegen Wettbewerbsbeschränkungen，GWB）在第1条就明确了"禁止以阻碍、限制或扭曲竞争为目的或者产生阻碍、限制或扭曲竞争后果的企业间协议、企业联合组织的决议以及协同行为。"但是在第2条和第3条中则规定"条件卡特尔"（Konditionenkartell）和"折扣卡特尔"（Rabattkartell）可以在法律保留的情况下存在。第4条规定的"结构危机卡特尔"（Strukturkrisenkartell）和第5条规定的"合理化卡特尔"（Rationalisierungskartell），只有在特定的"准许保留"（Erlaubnisvorbehalt）的情况下才允许存在。除以上几类卡特尔外，还有专业化卡特尔、中小企业合作的卡特尔、进出口卡特尔、经济部长批准的卡特尔几类也可

---

[1]〔德〕路德维希·艾哈德：《来自竞争的繁荣》，祝世康、穆家骥译，商务印书馆1983年版，第116—117页。
[2] Karl Kroeschell, Rechtsgeschichte Deutschlands im 20. Jahrhundert, Vendenhoeck & Ruprecht in Göttingen, 1992, S. 227f.
[3] 同上[2]，228.

以存在。

以上各种卡特尔对竞争的影响程度是不相同的。为了便于管理,《反对限制竞争法》依影响程度的轻重,将它们分为登记卡特尔、可驳回的卡特尔和需批准的卡特尔。

登记卡特尔包括统一规范、统一型号、统一计算程序的合理化卡特尔以及对国内市场没有影响的出口卡特尔。因为这些卡特尔对国内市场竞争没有显著影响,所以,一经登记,便为有效。

可驳回的卡特尔包括条件卡特尔、折扣卡特尔、专业化卡特尔和中小企业合作卡特尔。这些卡特尔也得要进行登记。因为登记后存在着被驳回的可能,所以,它们的登记不等于自动生效。若三个月的审查期内未被驳回,这些卡特尔从这个期限届满之次日起生效。

需批准的卡特尔包括结构危机卡特尔,为改善企业的技术、经济和组织能力的含价格协议以及建立共同采购和销售组织的合理化卡特尔,影响国内市场的出口卡特尔,进口卡特尔和经济部长特批的卡特尔。这类卡特尔批准的期限不得超过三年。卡特尔法第11条第5款规定,取得合法地位的卡特尔若有滥用豁免的情况,卡特尔局可撤销其批准书。[1]

某些经济部门,如交通行业、农林牧渔业、银行业、保险业以及供应水、电、煤气的公用事业,这些行业由于有着各自的特殊性,对市场不能开放或者不能完全开放,从而不允许其自由竞争,所以它们的卡特尔则完全被完整豁免。[2] 同时专门设立一个监管机构,监督企业之间通过联合控制市场的行为。[3]

因为《反对限制竞争法》对卡特尔作形形色色的豁免规定,卡特尔的合法存在在德国就成了普遍现象。它们尤其集中在建筑材料业、服装行业、食品行业和非电子机械行业。在1986年合法存在的321个卡特尔中,上述四个行业占了45.5%。这种现象说明,产品具有同质性且固定成本较高的行业易于结成卡特尔。联邦卡特

---

[1] 关于上述各种类型卡特尔的基本概念及其特点,参考王晓晔:《德国竞争法中的卡特尔制度》,载于《法学家》1995年第4期。

[2] Gesetz Gegen Wettbewerbsbeschränkungen, § 99 u. 103.

[3] 同上[2], § 22.

尔局的报告指出，这些卡特尔增强了企业的生命力，使它们不至于在经济萧条中因毁灭性的价格战而大批破产。然而，没有证据表明，这些合法的卡特尔创造了高效率或高生产率，更没有证据表明它们给消费者带来了实惠。

值得注意的是，对"企业合并行为"（Unternehmenszusammenschlüsse）的禁止在1957年《反限制竞争法》制定之时还没有明确的规定，只规定了合并时的"宣告义务"（Anzeigepflicht）。而通过联邦卡特尔局（das Bundeskartellamt）对企业合并的行为进行监管的规定第一次出现在1973年《反限制竞争法》修订案中，现规定于《反限制竞争法》第24条中。

（五）司法和刑法

在联邦德国境内，恢复民主与法制的进程中，最为迫切的要求是否弃纳粹刑法的精神和条文，用高于刑法典条文的自然法来塑造刑法典，重新确立起罪刑法定的基本原则。[1]

在刑法典的重新修订中，《基本法》起到了非常重要的作用。《基本法》第1条第2款所规定的"德国人民信奉不可侵犯的和不可转让的人权是所有人类社会、世界和平和正义的基础"，为刑法的发展指明了方向，而《基本法》第20条第3款所规定的"立法应遵循宪法秩序，行政和司法应遵守正式法律和其他法律规范"，以及《基本法》第103条第2款的"罪刑法定原则"（Gesetzlichkeitsprinzip für Verbrechen und Strafe），则从根本上杜绝了法外断案、法外施刑的可能性。同时，1950年重新设立的联邦最高法院（Bundesgerichtshof），也在制度层面上体现了刑法的发展。

战后联邦最高法院的第一任院长荷曼·瓦恩考夫（Hermann Weinkauff，1894—1981）于1952年说："我相信，我们能够从人的良知中，以及从社会最基本的原则中找到一些数量不会太多的最基本的法律原则。"[2] 而1954年德国刑事判决委员会（Strafsenat）的话也表明了这个态度："善良风俗法（Sittengesetz）规定了人

---

[1] Karl Kroeschell, Rechtsgeschichte Deutschlands im 20. Jahrhundert, Vendenhoeck & Ruprecht in Göttingen, 1992, S. 240.
[2] 同上。

们和家庭的生活方式,……同时它也是人民生活和国家生活的基础原则。"[1]

在自然法理论的指引下,德国刑法学界的当务之急是继承魏玛共和国时期的德国学术传统,重建被纳粹破坏了的法制,坚决杜绝类似惨祸的发生。1946年1月30日,四国委员会发布了第11号法令,恢复使用1871年刑法典。而1953年的刑法修正案则从语言上纯洁了刑法典,清除了纳粹制度残余,降低被纳粹政权提高的刑罚,特别是废除了死刑,由《基本法》第102条明文规定。1953年8月25日的刑法修正案,则使早已被基本法废除的死刑,最终从刑法条文中消失。

从1960年到1970年这十年来,德国的经济有了长足的进步,在经济稳步发展的同时,全面修订刑法典的呼声也日益高涨,而在这个阶段,刑法修订的重心主要在刑法总则。1962年,"大刑法委员会"(Grosse Strafsenat)提出了新刑法典草案,这个草案虽然对1871年刑法典做出了诸多修改,但还是被批评者斥为"过于传统和保守。"但是,以这部草案的提出为契机,来自各个领域的法学专家、学者对刑法中的一系列基本问题展开热烈的讨论和深刻的反思。

1966年,14位来自德国和瑞士的刑法学者集思广益,经过4年时间的讨论,在总结了该建议稿经验的基础之上,提出了著名的"供选择的刑法典草案"(Alternativentwurf)。该草案摒弃了刑法古典学派[2]的观点,将现代学派[3]的目的刑论作为指导思想,规定了统一的自由刑,扩大了罚金刑与缓刑的适用,设立了保安处分措施以救治那些严重的累犯、人格障碍者及有瘾癖的人。围绕着两个建议稿,各方展开了激烈的争论,最后联邦议会刑法特别委员会经过妥协,采取折衷态度,终于在1969年6月25日和7月4日分别通过了两部刑法改革法。尤其是7月4日的刑法改革法,将刑法总则进行了彻底的修改,以所谓犯罪构成要件描写具体犯罪的分则。为了照顾各州法律需要做出的相应的调整,两部刑法修改法直到1975年1月1日方才合并为一部完整的《1975年1月1日修订的1871年5月15日的刑法典》(Strafgesetzbuch vom 15. 5. 1871 in der Fassung der Bekanntmachung vom 1. 1.

---

[1] BGHSt 6, 47, 53f.

[2] 简单地说,刑法古典学派认为刑法的重心在于犯罪行为,犯罪行为是犯罪人自由意志选择的结果。

[3] 现代学派认为刑法理论的重心应当由以行为为中心转向以行为人为中心,犯罪并不是犯罪人自由意志选择的结果,而是被社会原因或个人病理原因所决定的。

1975）并正式生效。

1975年刑法典共有358条，总则79条，分为五章，分别为刑法、犯罪、犯罪的法律后果、告诉、授权和要求处刑、时效。分则共279条，分28章，依次是危害和平、叛乱、危害民主法治国家的犯罪、叛国罪和外患罪，针对外国的犯罪，妨害宪法机关及选举和表决的犯罪，妨害国防的犯罪，反抗国家权力的犯罪，妨害公共秩序的犯罪，伪造货币和有价证券的犯罪，未经宣誓的伪证和伪誓的犯罪，诬告的犯罪，有关宗教和信仰的犯罪，妨害身份、婚姻和家庭的犯罪，妨害性自由的犯罪，侮辱罪，侵害人身和隐私的犯罪，侵害他人生命的犯罪，伤害罪，侵犯他人人身自由的犯罪，盗窃及侵占犯罪，抢劫及敲诈勒索犯罪，包庇即窝赃犯罪，诈骗及背信犯罪，伪造文书的犯罪，破产罪，应处罚的利欲性犯罪，损坏财物的犯罪，危害公共安全的犯罪，渎职犯罪。1981年3月第18次刑法修改法又增设了污染环境罪，使1975年刑法分则增加到29章。

总体而言，1975年刑法体现了人道主义的精神，其最好的注脚就是比较明显的轻刑主义倾向，如严格限制适用短期自由刑而代之以罚金刑、扩大缓刑适用范围、规定了"改善及保安处分"等。

从20世纪70年代以来，随着两部刑法改革法的通过，德国刑法典总则部分的修改基本告一段落，刑法修改的重心开始向分则转移。1970年5月20日的刑法改革法对过去与游行、示威、集会有关的违法犯罪规定重新做出了整理；对破坏社会治安罪做出了重新规定；1971年12月16日通过两部刑法修改法，增加了危害航空交通罪、绑架罪和扣留人质罪；1974年6月18日刑法改革法对堕胎罪做出了调整；1976年4月22日的刑法修改法对恐怖主义犯罪的范围进行了扩大；1976年7月29日的第一部反经济犯罪法增加了援助金诈骗罪和信用诈骗罪；1980年3月28日的刑法修正法统一了保护水源和大气、禁止有害噪音和放射性辐射的规定；1986年5月15日的第二部反经济犯罪法规定了滥用欧洲支票、投资诈骗以及与计算机有关的犯罪。[1] 这些分则内容不断的修改和完善，最终导致立法机关于1987年3月10日颁布了新版本的刑法典（Strafgesetzbuch vom 10.03.1987）。

---

[1] 王世洲：《联邦德国刑法改革研究》，载《外国法译评》，1997年第二期，第79—80页。

其后，刑法分则方面的修改仍在继续，而且修改的速度在不断加快。如1989年6月9日的法律加重了掠人勒索（第239条a）和绑架人质犯罪（第239条b）等恐怖主义犯罪的处罚；1990年6月13日的法律将刑法典316条c对航空器的保护扩大至民用航海船只。1990年8月20日的第25部刑法修改法扩大了第201条侵害言论秘密的范畴。[1]

两德于1990年的统一导致在联邦德国境内的所有国土上刑法的统一的重新恢复。基于1990年8月31日的两德统一条约，1987年3月10日的新版刑法典在做出了多次修改后，自1990年10月3日起适用于德国的新州勃兰登堡（Brandenburg）、梅克伦堡（Mecklenburg）、萨克森（Sachsen）、图林根（Türingen）以及东柏林等地。

第十节　再度崛起与迈向欧洲：统一后的德意志联邦共和国

一、两德统一之路

（一）两德统一的背景

尽管民主德国在上世纪60年代末放弃了统一联邦德国的意图并一心维护民主德国自身的独立，防止被联邦德国和平演变，但是无论是民主德国的民众，还是联邦德国的民众，其内心都存在着最终实现两德统一的愿望。虽然在当时"冷战"的国际环境中，德国的统一似乎仍遥不可及，但是德国的一些有识之士已经开始考虑德国统一的可能性，并寻求一切机会以求实现之。同时，1989年10月7日，民主德国庆祝建国40周年，戈尔巴乔夫（Михаил Сергеевич Горбачёв，1931—）在柏林发表了声援不同政见者的演说，批评当时的社会统一党总书记昂纳克因循

---

[1]〔德〕汉斯·海因里希·耶赛克：《为德国刑法典序》，引自《德国刑法典》，徐久生、庄敬华译，中国法制出版社2000年版，第15页。

守旧，故步自封，不识潮流，思想僵化，提出了他的"新思维"。他说："谁不紧跟时代步伐，必将受到生活的惩罚（Wer zu spät kommt, den bestraft das Leben）。"

同时，在经济层面上，虽然民主德国在当时的社会主义国家中，其经济水平仍属尚可，但是和社会市场经济体制下的联邦德国相比，其差距却还是非常明显的。而民主德国的民众对不断拉大的收入差距、形同虚设的民主、享有特权的高官、苟安现状的领导人也有较多意见。自 1989 年 5 月起，在当时波兰和匈牙利形势的影响之下，大量民主德国居民通过开放了的边界纷纷逃往联邦德国，而另一方面，自 1989 年 10 月开始，尤其是戈尔巴乔夫发表了演说之后，在民主德国的很多城市，如柏林、莱比锡和德累斯顿，群众发生了规模不等的上街游行，他们高呼"我们的戈比（戈尔巴乔夫）"、"要民主和自由"、"我们是人民（Wir sind das Volk）"等口号，要求获得旅游自由、新闻自由等权利。

在此形势下，在 1989 年 10 月 18 日民主德国的第十一届中央委员会第九次会议中，社会统一党总书记昂纳克以健康理由宣布辞职，艾贡·克伦茨（Egon Krenz, 1937—）继任并宣布改革，改革内容包括了政治、法律、经济、教育等社会的各个方面，同时下令取消一些高官的特权，赦免非法外逃的居民。尽管如此，民众仍不满意，他们继续游行示威，要求更多的自由和民主，对克伦茨政权造成了巨大的压力。在这样的严峻局势面前，克伦茨再次作出让步，他在 1989 年 11 月 8 日召开的社会统一党第十一届中央委员会第十次会议中建议社会统一党的政治局（Politikbüro）集体辞职并获得通过，同时成立了以他为核心的新的中央政治局。为了显示新的中央政治局的改革决心，次日即 11 月 9 日，社会统一党作出一项重大决议，开放横亘于东西柏林之间的"柏林墙"（Berliner Mauer），并允许民主德国居民自由进出民主德国的边界。柏林墙的开放，意味着 40 年来东西两德在地理上的阻隔至此被撤除，两德居民终于获得了在两国之间的自由流动和迁徙的权利，1989 年 11 月 9 日也成为德国历史上的重要纪念日。

但与此同时，出于历史局限性，社会统一党仍然坚持要将马克思主义作为民主德国的唯一政治正确的意识形态，仍然坚持计划经济体制而拒绝市场经济体制，只不过希望能探索出一种适应市场条件的社会主义计划经济体制。[1] 而这一切，就

---

[1] 参见吴友法：《德国现当代史》，武汉大学出版社 2007 年版，第 398—399 页。

使得社会统一党所作出的上述的努力显得颇有几分做表面文章的感觉。而已经觉醒的民众则更是"用脚投票"继续不断地离开民主德国,用实际行动表达了他们对社会统一党的不满。

在民主德国开放柏林墙的机遇面前,当时的联邦德国总理赫尔姆特·科尔采取紧急措施以适应这一重大变化。他要求联邦德国内政部积极迎接民主德国公民的到来并每人发放100联邦德国马克,这一举措,大大加速了民主德国公民的到来和两德居民的接触和融合。也正是在这样的契机之下,联邦德国的政界开始正式地将两德统一问题提上了讨论的日程。

(二)两德统一的进程

在民主德国方面,为了稳定民主德国国内混乱的局势,新上任的总理汉斯·莫德罗(Hans Modrow,1928—)于1989年11月17日提出了一个建立"条约共同体"(Vertraggemeinschaft)的构想,[1] 接过这个建议的联邦德国总理科尔则相应地于11月28日提出了《消除德国和欧洲分裂的十点计划》(10-*Punkte-Programms zur Überwindung der Teilung Deutschlands und Europas*),同意和民主德国展开各个领域的合作和交流,但要求民主德国在政治上取消社会统一党对国家权力的垄断,建立市场经济体制。

在联邦德国的压力下,1989年12月1日,民主德国人民议会废除宪法赋予德国社会统一党的领导地位,两天后,社会统一党总书记、人民议会、中央委员会都宣布辞职。面对日益恶劣的国内局势,1989年12月3日,社会统一党中央委员会举行第十一届中央委员会第十二次会议,决定中央委员会集体辞职,同时将社会统一党前总书记昂纳克开除出党。几天以后,社会统一党又举行了特别代表大会,决定将社会统一党更名为德国社会统一党—民主社会主义党(Sozialistische Einheitspartei Deutschlands-Partei des Demokratischen Sozialismus),后又于次年的2月4日再次改名为民主社会主义党。1990年1月21日,继昂纳克之后,前领导人克伦茨也未能幸免而被开除出党了。

---

[1] Wolfgang Benz, Deutsche Geschichte seit 1945, München, 1990, S. 166.

为了进一步推进两德关系，1989年12月19日，联邦德国总理科尔访问民主德国，与民主德国总理莫德罗就"条约共同体"等问题展开会谈，12月22日，科尔和莫德罗在柏林举行了盛大的仪式，开放了德国最重要的标志性建筑，也是当时东西柏林分裂的象征——勃兰登堡门（Brandenburger Tor），这一仪式，吸引了大量来自东西柏林的德国人的参观，也昭示了两德统一之路的又一步推进。不久之后，1990年1月，莱比锡等地再次爆发大规模的群众游行示威，同时他们也将口号从"我们是人民"转换为"德国，统一的祖国（Deutschland, einig Vaterland）"，要求实现两德统一的群众呼声很快使"十点计划"和"条约共同体"的构想形同废纸。

另一方面，两德统一之路还受到当时的西方和苏联态度的影响，尽管西方对此一直持开放的态度，如1987年6月12日，当时的美国总统里根就在勃兰登堡门前发表著名的演说："戈尔巴乔夫总书记，如果你要寻求和平，如果你要为苏联和东欧寻求繁荣，如果你要寻求自由，就到这扇门来吧！戈尔巴乔夫先生，打开这扇门！戈尔巴乔夫先生，拆除这堵墙！"但是多年来苏联对此却一直对此顾虑颇多，这一态度直到1990年初才真正发生变化，在1月30日莫德罗访问莫斯科的时候，戈尔巴乔夫说德国统一"并非出乎预料"。在得到了苏联的首肯之后，莫德罗回到柏林后提出《德意志统一道路的设想》（Konzeption für den Weg zur Deutschen Einheit）。对于莫德罗的设想科尔表示欢迎，但是反对其中提出的统一后的德国保持军事中立的主张，坚持要求统一后的德国留在北约。尽管双方在此时并未完全达成一致，但是在实现德国统一这一问题上双方其实并无太大分歧。

1990年2月13至14日，民主德国总理莫德罗首次访问联邦德国。同时，2月19日开始，民主德国方面开始正式拆除柏林墙。3月18日，民主德国人民议会实行自由选举，德梅齐埃（Lothar de Maizière）继莫德罗后担任总理，在德梅齐埃的推动下，两德统一的步伐大大加快。5月18日，两德在波恩签署《关于建立货币、经济和社会联盟的国家条约》（*Vertrag über die Schaffung einer Währungs-, Wirtschafts- und Sozialunion*），也称为第一项国家条约，并于同年7月1日正式实施。8月31日，双方又在柏林签署《国家统一条约》（*Vertrag über die Herstellung der staatlichen Einheit*），也称为第二项国家条约。1990年10月3日，民主德国正式加入联邦德国，分裂40多年的德国重新统一。

(三) 两德统一中的两个国家条约

随着民主德国国内局势的不断演变，民主社会主义党再也无法对社会进行有效的控制了。1990年3月18日，原定于5月6日召开的民主德国历史上的第一次议会"自由选举"提前举行，共有24个政党和政治组织参加了竞选，93.22%的选民参加了投票。在选举中，民主德国基督教民主联盟（CDU）获得了40.82%的选票，成为人民议院的第一大党从而获得组阁权，4月12日，由基督教民主联盟、民主觉醒党（Demokratische Aufbruch，DA）和德国社会联盟（Deutsche Soziale Union，CSU）三党联合组成的"德国联盟"（Allianz für Deutschlands），与自由民主党（Freie Demokratische Partei，FDP）和社会民主党（SPD）组成大联合政府，共同执政。而民主社会主义党第一次成为了在野党。[1]

第一项国家条约宣布：原民主德国马克于1990年6月30日后全部作废，联邦德国马克成为德国惟一的法定支付工具。民主德国公民的工资、养老金、奖学金和房租等按一比一发放或兑换成联邦德国马克。现金和银行存款则依年龄分三个不同的档次，按一比一分别兑换两千、四千和六千联邦德国马克，其余的按二比一兑换。通过上述方式的兑换，民主德国有总计4500亿民主德国马克兑换成2460亿联邦德国马克，但是当时的民主德国马克和联邦德国马克的汇率则大约是七，由此可见，联邦德国在两德统一中作出了重大的经济上的让步和牺牲。条约还对金融、货币、财政、信贷、价格、劳动力和货物资本等方面的统一运作做出了规定。[2] 条约的签订，为两德经济统一铺平了道路，并成为政治统一的先声。

而《国家统一条约》则规定，民主德国依联邦德国《基本法》第23条加入联邦德国，并于1990年10月3日起正式实行。民主德国的行政区域从原来的14个专区改为5个州，首都定为柏林。在5个新州内实行《基本法》和联邦德国的其他法律。尤其值得注意的是，《国家统一条约》从某种意义上来说也是德国人民的和平宣言。条约在前言中明确规定，德国将为欧洲的和平和稳定作出贡献，德国

---

[1] 参见高德平：《十多年来原民主德国地区政治转型》，载《东欧中亚研究》，2002年第4期。
[2] 参见吴友法：《德国现当代史》，武汉大学出版社2007年版，第414—415页。

的最终边界为德国的现有边界，德国永远不对任何国家提出任何领土要求；统一后的德国放弃生产核武器和生化武器，军队数量将从原来的55万削减到37万。在签字仪式上，当时的联邦德国的外交部长根舍（Hans-Dietrich Genscher，1927—）说："从德国的土地上将会产生的只有和平。"而当时的苏联外交部长谢瓦尔德纳泽（Eduard Shevardnadze，1928—）则称："有关第二次世界大战后的这一卷书已经合上，新的时代开始了。"

二、统一后的法制及其"欧洲化"

（一）基本法与行政法律制度

德国基本法（Grundgesetz）主要有三方面内容，分别是序言（Präambel），基本权利（Grundrecht）和国家组织（Organisation）。

在前言中，立法者开宗明义地指出，要为国民的生活带来不同于以往的全新的生活规则。同时在正文中确立了五个最基本的国家原则，它们分别是：民主国家（Demokratischer Staat），共和国家（Republik），社会福利国家（Sozialstaat），联邦国家（Bundesstaat）和法治国家（Rechtsstaat）原则。

在基本权利这个方面，除了在各国宪法中普遍得到规定的言论自由、出版自由、集社自由、信仰自由等权利之外，基本法还规定了自由发展其人格之权利（第2条）、信仰与良心之自由及宗教与世界观表达之自由的权利（第4条）、母亲请求社会保护及照顾的权利（第6条第4款）、在德国境内自由迁徙的权利（第11条）、以服勤务为代价免服兵役的权利（第12条第1款）等。

《基本法》选择了艾哈德所主张的社会市场经济制度，该制度既保障私有财产与继承权利，又规定了财产拥有者的社会责任。基本法第15条明确规定："土地与地产、天然资源与生产工具，为达成社会化之目的，得由法律规定转移为公有财产或其它形式之公营经济，此项法律应规定赔偿之性质与范围。关于赔偿，适用本基本法第14条第3项第3、4两款。"

在国家组织方面，第38到49条[1]规定了最为重要的联邦议院（Bundestag），

---

[1] 第49条已于1978年8月23日被废止。

第 50 到 53 条规定了联邦参议院（Bundesrat），联邦总统规定（Bundespräsident）在 54 到 61 条中，而联邦政府（Bundesregierung）规定在第 62 到 69 条中。最为特殊的是联邦宪法法院（Bundesverfassungsgericht），其成员半数由联邦议会选举，另半数由联邦参议院选举产生，联邦宪法法院的法官不得为隶属于议会、联邦参议院、联邦政府或各邦类似机关之人员。联邦宪法法院对"宪法申诉"（Verfassungsbeschwerden）[1]享有管辖权。

统一后的德国，其行政法的实施主要被认为是州的职责，所以联邦行政机构基本上都被设在各个州内，如外事服务、金融、铁路、邮政、航空、国防等，同时也包括很多联邦直属行政机关、联邦行政机构和联邦局，如劳动局、联邦刑事犯罪局、联邦卡特尔局等。只有在各邦执行其任务，而此等任务具整体意义而联邦之参与对改善生活水准有必要时，联邦才应予以协力，这些任务主要包括大学及大学医院之建立与新建、地方经济结构之改善、农业结构与海岸防御之改善等，这些内容，被称为"共同任务"（Gemeinschaftsaufgaben），也被规定在基本法的第 91 条第 1、第 2 两款中。[2]

另外，州内各乡镇联合区在其法定职权内依法应享有自治之权，各乡镇在法定限度内自行负责处理地方团体一切事务。自治权之保障应以财政自主为基础，各乡镇具有经济效力的税源有税率权（Hebesatzrecht）。

行政权的行使者除了上述行政机构和行政机关之外，还包括公职人员（Berufsbeamte），他们的法律地位为宪法所保护，同时也受到《联邦公职人员法》（Bundesbeamtengesetz）和《公职人员法律框架法》（*Beamtenrechtsrahmengesetz*）约束。

在一些特殊领域中，社区法（Gemeinderecht）、警察法（Polizeirecht）、建筑法（Baurecht）等专门性法律都会起到作用。社区法从基本法中地区自治的理念出发，就是州法。其具体内容根据具体的州的不同存在着较大的差异。

在大多数州里，警察法由于占领国"去警察化"（Entpolizeilichung）这一思路的影响，警察不再是具有危险性的武装力量，而是一个维护秩序和保卫安全的队

---

[1] 所谓宪法申诉，指的是任何公民声称遭受到国家公权力的侵害而致基本法中所规定的基本权利受到损害的申诉。

[2] Gerhard Köbler, Deutsche Rechtsgeschichte, 4. Auflage. Verlag Franz Vahlen München, 1990, S. 274.

伍。对于体制内的警察这一概念而言，严格意义上的警察只具有服务的职能。

建筑方面的法律规范，根据1954年联邦宪法法院的意见，应该由州和联邦共同来制定。城市土地的规划和建筑的使用用途由1960年6月23日的《联邦建筑法》（Bundesbaugesetz）规定，同时也有另外一些关于建筑方面的法律来规定城市建设方案不被干预，以及促进住宅用房的建造，它们是1950年4月26日的《住宅房法》（Wohnungsbaugesetz），1952年3月17日的《住宅房溢价法》（Wohnungsprämiengesetz），1953年8月3日的《建筑用地采购法》（Baulandbeschaffungsgesetz）和1971年7月27日的《城市建筑促进法》（Städtebauförderungsgesetz）。

（二）刑事法律制度

两德合并后，原联邦德国的刑法取代了原民主德国的刑法，开始适用于原民主德国的区域。关于联邦德国的刑法，其中最重要的是上述1975年1月2日通过的刑法典。根据这部新刑法典，刑罚的目标是根据所谓的"供选择的刑法典草案"来确定的，即刑罚的目的不在于对犯罪分子的惩罚，而在于对犯罪分子的"再社会化"（Resozialisierung），通过刑罚的执行，使得犯罪分子被教育和改造从而不再犯罪，而整个社会对他的重新容纳也确保了这一点的实现。

同时值得指出的是，1975年刑法典明确规定了"法无明文规定不为罪"的原则，所以，类推适用（Analogie）和追溯既往（Rückwirkung）都被排除在这部刑法典之外。另外，另一个刑罚得以执行的前提条件是，不存在一个免责事由，如紧急避险和正当防卫等。

关于刑法典中犯罪行为的构成问题，在学术上存在着许多的争议。总体而言，原先占主导地位的"因果关系行动学"（kausale Handlungslehre）被后来的"结果行动学"（finalen Handlungslehre）所替代。在这个理论的指导下，犯罪意图（Vorsatz）作为主观要件被限定在一个狭隘的意义内而不将其和过错联系起来。若犯罪分子对行为的错误理解——即所谓的"禁止性误解"（Verbotsirrtum）是不可避免的，那么尽管他的行为构成了犯罪行为，但是罪责是可以免除的；若犯罪分子对行为的错误理解是可以避免的,那么减刑是完全可能的。[1]另外,在刑罚中,死刑(Todesstrafe)已经通过基本法的修改被去除了,同时根据斯堪的纳维亚国家的模式用罚金刑来取代短期自由刑。和短期自由刑的限制同时得到推行的是缓刑和假释的大量适用,在当前德国,监禁刑仅占全部有罪判决的19%,而其中高达69%被宣告缓刑,假释率则达到33%。[2]

在刑法分则中,60年代的自由化运动对若干罪行产生了重大的影响。1969年刑法修订,将同性恋(Homosexualität)和通奸(Ehebruch)行为免除罪责。1973年的刑法修订将吸毒(Abhängigen)和介绍卖淫行为(Zuhalterei)从重罪(Verbrechen)降级为轻罪(Vergehen),将关于撮合私通行为(Kuppelei)和色情文学(Pornogaraphie)的规定从刑法典中去掉。在缓刑大量适用的同时,再社会化的努力还包括让有人格缺陷的犯罪分子在特定的精神治疗机构接受缓刑并保留继续执行刑罚的可能性。[3]

(三)民商事法律制度及2002年债法改革

在关于自然人的民事法律中,1974年的立法将自然人的完全行为能力年龄和法定婚龄定为18周岁。而在第三帝国时期被纳粹所废除的《失踪法》(Verschollenheitsrecht)也于1951年被重新规定。

在法律行为的规定方面,容忍代理权(Duldungsvollmacht)[4]和表见代理权(Anscheinsvollmacht)依然是有效的。在大众市场交易(Massengeschäft)的情况下,为了保护弱势交易方的权利,尤其是消费者的权利,1977年4月1日通过的

---

[1] 记得笔者在德国求学时教授刑法的老师对此问题曾举过一个例子,一猎人在人迹罕至森林中打猎,将一位采摘蘑菇的老农误认为狗熊而射杀,若这种错误判断是不可避免的(因为该区域是狩猎区,不允许除了猎人以外的其他人进入,而猎人有专门的服饰可以被轻易辨认),则该猎人的行为虽致人死亡,但可以免除罪责。若这种错误判断是可以避免的(如老农的服饰类似于猎人的服饰而猎人在未能清楚辨识的情况下开枪),而该猎人由于缺乏经验而射杀之,那么该猎人虽构成过失致人死亡罪,但可以获得减刑。

[2] 〔德〕汉斯·海因里希·耶赛克:《为德国刑法典序》,引自《德国刑法典》,徐久生、庄敬华译,中国法制出版社2000年版,第15—16页。

[3] Gerhard Köbler, Deutsche Rechtsgeschichte, 4. Auflage. Verlag Franz Vahlen München, 1990, S. 281.

[4] 所谓容忍代理权,指的是本人知道行为人无权代理行为而未反对。在《德国民法典》中虽然没有明文规定容忍代理,但学理上还是承认的,而且一般将其与表见代理并列,二者具有相同的法律效果。

法律对此作出了规定。1986 年 1 月 16 日的《家门交易撤销法》(*Haustürgeschä-ftswiderrufgesetz*) 规定，在具体的案例中，一位顾客只有未在上门推销的交易后的一周内书面撤销其意思表示的，方得认定其意思表示具有法律上的最终的效力。[1]

在婚姻法方面，除了对第三帝国时代的种族条款进行了"净化"和废除之后，其他基本上都未作出修改。只有在 1953 年 3 月 31 日联邦宪法法院的一个判决废除了婚姻法中和基本法中的平等原则相违背的条款。同时在 1976 年 6 月 14 日的家庭法改革中，将取名权进行了平等化的处理，即妇女在婚后可以继续保留自己原来的姓。在同性婚姻方面的立法始于 2001 年 2 月 16 日的《关于已注册的生活伴侣的法律》(Das Gesetz über die Eingetragene Lebenspartnerschaft)，简称《生活伴侣法》(Lebenspartnerschaftsgesetz)，该法律赋予同性伴侣像异性伴侣一样的继承权以及社会保险政策，还可以在公共机构里交换誓言并选择共同的姓氏，但是他们不享受异性伴侣所享受的税收优惠，同时他们也没有权利收养孩子。

2002 年债权法的改革是德国当代最为引人注目的法律改革了，其动因是《德国民法典》自身存在着较大缺陷，而欧共体的指导条例[2]则给了德国债法改革以契机，同时立法者也希望德国债法和德国所加入的国际条约，主要是《联合国国际货物销售合同公约》的相关内容保持一致。

总体而言，这次债法改革涉及到诉讼时效法、违约法、买卖以及加工合同中的质量担保法等法律制度。

诉讼时效法最重要的变化就是将一般的诉讼时效从 30 年缩短为 3 年，这个规定存在于新民法典的第 195 条。而新民法典第 199 条 1 款又规定，时效从请求权成立以及债务人知道的年度末起算，而当事人因重大疏忽应当知道而不知道时效已经开始的，在法律上视为已经知道。在现行的民法典中，最长诉讼时效仍然存在，即第 199 条 2 款规定，因侵害生命、身体、健康以及自由权形成的损害赔偿请求权的最长时效为 30 年，第 3 款规定，其余的损害赔偿请求权的最长诉讼时效为 10 年。[3]

---

[1] Gerhard Köbler, Deutsche Rechtsgeschichte, 4. Auflage. Verlag Franz Vahlen München, 1990, S. 282.

[2] 这次债法改革一共涉及到欧共体颁布的 13 个指导条例，其中最重要的是欧共体议会及其理事会分别于 1999 年 5 月 25 日所颁布的《消费物买卖以及消费物担保指导条例》、2000 年 6 月 29 日所颁布的《交易中的支付迟延指导条例》和 2000 年 6 月 8 日颁布的《电子商务指导条例》。

[3] 参见吴越：《德国民法典之债法改革对我国的启示》，载《法学家》，2003 年第 2 期。

新违约法一改旧法中分别规定违约制度的风格,将"履行不能"、"履行迟延"以及"积极侵害债权"制度结合起了来。新民法典第280条1款规定,合同当事人可以直接依据对方当事人违背合同义务(其中也包括货物或者服务的品质瑕疵)主张一般的损害赔偿请求权,除了新民法典第311条之一对明知合同自始不能履行而仍然订立合同的特殊情况。同时新民法典第284条又规定,违背义务可能导致费用赔偿问题,债权人可以依据他对合同的信任以及已经完成的履行主张赔偿因此带来的费用损失,这个规定是旧法所不存在的。

在买卖以及加工合同中的质量担保法方面,新民法典不再区分特定物与种类物的买卖。对权利瑕疵与品质瑕疵也作出了统一规定。按照新民法典第433条1款2句的规定,买方有权购买无品质及权利瑕疵的出卖物。同时,新民法典第434条、435条分别对品质瑕疵以及权利瑕疵作了定义以及推定。

(四)经济法律制度

战后联邦德国的经济法在初建之时曾在很大程度上受到艾哈德的"社会市场经济"理论的影响,而后期随着日益统一的欧洲市场的变迁被不断地"欧洲化"了。其中值得注意的是1957年7月27日的《反限制竞争法》的出台,该立法对日益集中化的市场经济的发展进行了规制以防止垄断的危险。而在1967年的经济衰退中,若干经济法通过修订赋予了国家更大的权力,以促进经济的增长和稳定。[1]

在劳动法方面,德国是通过一系列的单行法规和最高法院的判例来予以完善的。1969年7月27日的《病假工资发放法》(Lohnfortzahlungsgesetz)确保了患病工人能够获得六个月的带薪病假。而1974年7月17日的《关于破产工资的法律》(das Gesetz über das Konkursausfallgeld)则确保了在企业主破产的情况下劳动者能够领到工资。1963年1月8日通过的《联邦假期法》(Bundesurlaubsgesetz)确保了一个最低标准的度假。1951年8月10日的《解雇保护法》(Kündigungsschutzgesetz)对解雇的事由、解雇的人数、解雇后补偿的额度等问题作出了规定。而1976年9

---

[1] Gerhard Köbler, Deutsche Rechtsgeschichte, 4. Auflage. Verlag Franz Vahlen München, 1990, S. 288—289.

月7日的《教育岗位促进法》(Ausbildungsplatzförderungsgesetz)规定了对急需人才教育的经济方面的支持和促进。

关于劳动保护，原联邦德国立法者分别在1951年3月14日、1960年8月9日和1952年1月24日对家庭雇工、青少年和母亲作出了保护性规定，同时又在1953年6月16日对因公重伤或致残者作出了保护性规定。1979年开始，怀孕了的女性又获得了产假，直到孩子6个月大为止。1956年11月28日的《商店营业时间法》(Ladenschlußgesetz)禁止商店在不适当的时间营业。1975年3月20日的《工作场所条例》(Arbeitsstättenverordnung)对劳动者的工作环境作出了规定。

第十一节　德意志法律精神

德意志是一个民族分合无定的国家，一部德意志史就是一部民族分裂、统一、再分裂、再统一的历史，而波澜壮阔、跌宕起伏的德意志历史又决定了德国法的变化多端，作为德意志民族精神体现的德国法，在世界法制史上占据了非常重要的地位的同时，也表现出它所独有的特征——团体主义、理性主义、历史主义和法源多元，而这四个特征和德意志历史传统是密不可分的。

一、团体主义的原生形态：日耳曼习惯法

德国法律文化中所固有的日耳曼法文化决定了德国法的团体主义的特征，甚至可以说团体主义是德意志历史法学派所谓"民族精神"的最好注解。

在15世纪德国全面继受罗马法之前，日耳曼习惯法文化在德意志法律文化中占有绝对的主导地位。[1] 由久远的法兰克时代的日耳曼法逐渐演变而来的地方习惯法在各个邦国内得到广泛适用，所以当时的习惯法也被称为邦法。但是，由

---

[1] 李秀清：《日耳曼法研究》，商务印书馆2005年版，导言，第4页。

于当时的习惯法往往是口耳相传，并无文字记载，同时林立的邦国又使得德意志地区的法律制度极不统一，从而导致适用上的极大不便，从13世纪开始，德意志各个邦国开始着手编纂习惯法典，当时较为著名的并流传后世的有《萨克森法鉴》(Sachsenspiegel) 和《施瓦本法鉴》(Schwabenspiegel)。这两部习惯法典曾在德国境内得到广泛的流传并成为各地法院判案的主要根据。这样，日耳曼习惯法作为传统的种子被保留了下来，1900年《德国民法典》中所体现出来的团体主义的特色，其最初的渊源也是日耳曼习惯法。因为，从某种意义上来说，只有日耳曼习惯法才是真正"德国的法"。

而且，由于在历史上德意志地区长期分裂的局面，德意志民族相比英国人和法国人有着更强的受压迫感和更为迫切的对独立和统一的要求，在这个时候，团体主义的精神以民族主义和国家主义的形态表现出来。另一方面，德国资本主义发展的一个显著特色是对国家有着很强的依赖性。这种依赖性的一个原因是长期以来德国的工商业市场依赖于各邦国政府军队的开支和封建王公贵族的生活消费；另一个原因是是因为英法两个先发的资本主义国家控制着世界范围内绝大部分的殖民市场，德国作为后发国家要发展本国的资本主义，就不得不依赖国家的保护政策以抵抗英国商品的入侵，这也正是以李斯特为代表的德国历史经济学派所极力倡导的。

另外，团体主义不仅在德国的各个部门法中打上了自己的烙印，也为经济法在世界上首次出现提供了肥沃的理论土壤，经济法在德国的首创绝非偶然，这跟德国当时的社会经济需要及其固有的民族法律文化息息相关，这也就是为什么德国被称为"经济法母国"的原因。而变动的社会结构、史无前例的经济模式，又更有力地触发了德国经济法的高速发展。德国经济法的发展，为德国经济保驾护航，成为德意志第二帝国经济发展和德意志联邦共和国经济奇迹的有力支柱，使得德国一次次迅速地从一个后进国家发展成世界上令人瞩目的强国。

二、理性主义的哲学渊源：唯理论哲学思想

在德国法的形成过程中，欧洲大陆唯理论哲学思想，无论在成文法的形式上，

还是在法典的立法技术上，都对其影响至深至远。

德国作为典型的欧洲大陆国家，受到欧洲大陆唯理论思潮的影响，它的法律与英国普通法重视经验、崇尚程序正义不同，非常崇尚思辨和理性，崇尚法典的编纂，这是由于欧洲大陆的唯理论哲学思想所致。纵观整个德国哲学史，从中世纪的人文主义运动、宗教改革到启蒙时期的莱布尼茨（Gottfried Wilhelm Leibniz, 1646—1716）哲学，再到康德、费希特、黑格尔、费尔巴哈等哲学家，他们的思想中始终贯穿着崇高思辨理性的精神。英国学者安东尼·阿诺特曾指出："对立法的过分依赖和迷恋是启蒙时代的产品，这一现象为边沁和拿破仑所喂养，为德国人所浇灌，其原因在于维多利亚时代的乐观主义和对科学的信念，以及'人是一切动物的主人'的人文主义情绪和极度的理性主义。"[1]

唯理论哲学传统为德国法奠定了基调，其反映首先就是必须制定出一部完善的法典，以法典为依据来做出最终的价值判断。德国理性主义法典的代表就是1900年的《德国民法典》，在绝对理性主义支配下的19世纪的德国，其制定民法典就是试图对各种特殊而细微的实情开列出各种具体的、实际的解决方法，其终极目的在于通过法典有效地为法官提供完整的办案依据，以便使法官在审理任何案件时都能得心应手地引律据典。

崇尚思辨理性的唯理论哲学，在德国法在立法技术上的体现，则是坚持严密的逻辑推理，力求精确表达法律术语。尤其是近代德国立法的集大成者——《德国民法典》。《法国民法典》中的优雅、简洁、通俗易懂和充满克制激情的语言在《德国民法典》中是不可能看到的。"相反，它极端重视其规定的准确性、清晰性及完整性，但同时却要人忍受那常常令人生畏的官牍文体、复杂句子结构及古语法的迂腐拘泥，以至于法典若要避免条文互相参照适用就失去生动活跃和清楚易懂的表述"。[2]甚至在法律用语中充斥着拉丁文的表达方式，这就是为什么法典中的德语常被称之为"法律家德语"的原因。

同时，和语言艰涩迂腐并存的则是《德国民法典》中的每个概念都力求精确。

---

[1]〔英〕安东尼·阿诺特：《法律的限度》"序言"（英文本），伦敦巴特沃斯出版社1980年版，转引自夏新华：《德国法律文化的特性》，http://flwh.znufe.edu.cn/article_show.asp?id=3429.

[2]〔德〕K. 茨威格特、H. 克茨：《比较法总论》，潘汉典等译，法律出版社2003年版，第220页。

"处分"、"代理权"、"同意"、"立即"、"基于善意"等概念,法典的编纂者总是处处在同样精确的意义上使用它们。举证责任规则暗含在该句子构造的一定的特点之中,法律还常常规定一项规定在其他场合可以参照适用,从而避免了条款重复。

三、历史主义的思想滥觞:历史法学派

由于德国法学深受历史法学派的影响,所以,无论是从法律形式,还是从法律内容来看,德国法都体现出了一种相比于其他国家的法律更为保守的色彩。

萨维尼极力反对通过普遍理性来制定普遍适用的法律,他认为,法律从起源上看是一个民族所特有的,"在人类信史展开的最为远古的时代,可以看出,法律已然有自身确定的特征,而且一直为一定民族所特有,如同语言、行为方式和基本的社会组织体制"。[1] 他认为法律首先产生于民族的习俗和人民的信仰,然后才通过法学这一外在表现形式表现出来,法律是一种"内在的、默默地起作用的力量",而不是法律制定者的专横独断的意志产物。关于法典编纂,他认为任性随意多变的法律最为有害,他通过对罗马法的考察,认定罗马法的历史发展是"渐进而有机发展的,新的形式形成同时也结合了旧的形式,从而稳定和完善了旧的形式"[2]。

尽管历史法学派在世界范围内获得了巨大的声誉,但是由于历史法学派刻意回避了晚近的局势的分析而侧重历史史实的梳理,所以对历史法学派的批判却也从未停息过。如上提及,克什曼(Julius von Kirchmann,1802—1884)、克尔沙克尔(Paul Koschaker,1879—1951)、马克思等学者和法律实践者也曾对萨维尼和历史法学派提出过若干质疑,认为其过度保守,同时又难免投机取巧的嫌疑。

但是在笔者看来,一分为二的评价或许是比较中肯和客观的。对习惯法的继承是每一个民族国家法典制定者都不得不考虑的一个问题,从某种意义上而言,割裂历史就意味着背叛。对德意志而言,19世纪是一个非同寻常的时代,政治上的独立必然要求法律上的统一,历史法学派通过对古籍的研究从而探求统一的德意志法律精神,这一努力在德国法统一进程中所作出的贡献是不可估量的。

---

[1]〔德〕萨维尼:《论立法与法学的当代使命》,许章润译,中国法制出版社,2001年版,第7页。
[2] 同上。

但是同时我们也必须看到，固然法律本身有一种追求稳定的内在偏好，然而在人们长期生活中所形成的习惯与习俗又往往成为保守的主要力量制约着法律革命性地向前发展，稳定性和变革性的张力始终存在于任何国家和地区的法律发展的任何阶段。当时代之轮滚滚进入 21 世纪这个世界局势瞬息万变的时代时，世界经济全球化直接带动世界的政治、文化乃至法律全球化，国内法和国际法的界限被不断突破，社会各个方面的发展都获得了前所未有的加速度。而在历史主义时代背景下制定出来的德国法典，由于其与生俱来的保守性、民族性和地域性，若不能和当前的世界局势结合起来，必将被时代的发展甩在身后。德国法学界显然也清楚地意识到了这一点，2002 年的德国债法改革就是德国法融入欧洲法的一次重大尝试。

四、法源多元的历史必然：960 年的法律冲突史

由于历史的原因，德国法还体现出法源多元的特征。在自公元 911 年加洛林王朝（Carolingian）的最后一位君主孩童路易（Ludwig IV. das Kind，893—911）的去世和法兰克公爵康拉德一世（Konrad I，881—918）当选为德意志国王，到公元 1871 年普鲁士在铁血宰相俾斯麦的领导下建立德意志第二帝国的这 960 年封建割据时代里，法源的多元化是德国法最基本的特点，地方习惯法、城市法、教会法、罗马法以及帝国法令曾长期并存。尤其是地方习惯法，在德国这块土地上长期的小邦林立，每个小邦都有自己的习惯法，这种局势促进了法律文化发展的丰富多彩。所以在近代整个德国法律的形成过程中，各个邦国都有其特定的贡献。如《德国民法典》中的不动产权利转移的公证义务是源于巴伐利亚州的，手写书面遗嘱的规定则来源于巴登州代表的强烈要求。而作为德意志统一主导力量的普鲁士，则在公法领域尤其是刑法领域发挥了重大的影响力，可以说 1871 年的《德意志帝国刑法典》正是以 1851 年《普鲁士刑法典》作为蓝本来制定的。

教会法对德国的影响主要体现在婚姻法方面。教会法关于婚姻的规定自中世纪一直实施至 1876 年，而其中关于配偶双方自由同意、一夫一妻的理念，则早已成为进步思想深入人心。同时夫妻双方对婚姻的同意规则延展到契约法理论则形

成了自由意志、胁迫无效、欺诈或基于恐惧的同意无效等规则，这些规则不仅是近代婚姻法的基础，也成为了近代契约法的基本要素。同时，德国民法中的"对物权"、"物权"与"所有权"理论也部分源自于教会法。[1]

同时，德国对罗马法的继受也为德国传统的法律注入了新鲜的血液，尤其是潘德克顿学派对《学说汇纂》的深入研究，极大地加快了德国立法尤其是民事立法的进程。可以说，潘德克顿法学是19世纪德国民法学的主要特征，并为1900年德国民法典的制定提供了理论基础。帝国法令在德国法众多法律渊源中并非特别重要，因为在德意志帝国时期，地方习惯法仍然是不成文的，但其保留了一个相当于甚至超越成文法的重要地位，即使是帝国法令，其地位也不如它。帝国法令中最重要的一部就是1532年德意志帝国中央议会根据皇帝查理五世的命令，以帝国名义颁布的刑法和刑事诉讼法典《加洛林纳法典》。

总而言之，在人类法律史的长河中，德国法永远是最璀璨的明珠之一，它以其团体主义、理性主义、历史主义和法源多元的特色，成为了世界上独树一帜的法律样式，为世界法律和法学的进步和发展做出了巨大的贡献。

主要参考文献

一、外文文献

1. Dr. Adorf Laufs o. Professor an der Universität Heidelberg, Rechtsentwicklungen in Deutschland, 2., ergänzte Auflage, Walter de Gruyter & Co. 1978.
2. Arthur J. Jacobson/Bernhard Schlink eds., Weimar: A Jurisprudence of. Crisis. Berkeley and London: University of California Press, 2000.
3. Bruce B. Frye, Liberal Democrats in the Weimar Republic: The History of the German Demo-

---

[1] 参见屈文生译：《论教会法对世俗法的影响》，http://quwstrans.bokee.com/6622432.html，访问时间：2009-06-22。

cratic Party and the German State Party, Carbondale: Southern Illinois University Press, 1985.
4. C. F. Menger, Deutsche verfassungsgeschichte der Neuzeit, 7., Auflage, C. F. Müller Juristischer Verlag Heidelberg, 2002.
5. Claus Roxin, Strarecht Allgemeiner Teil, Band I, Verlag C. H. Beck, 2003.
6. David E. Barclay/Elisabeth Glaser-Schmidt, Transatlantic Images and Perceptions: Germany and America Since 1776, Cambridge University Press, 2003.
7. Dieter Grimm, Einführung in das öffentliche Recht, C. F. Müller Juristischer Verlag Heidelberg, 1991.
8. Dr. h. c. Dieter Medicus, Allgemeiner Teil des BGB, 9., Auflage, C. F. Verlag, 2001.
9. Franz Laufke, Der deutsche Bund und die Zivilgesetzgebung, Karlsruhe, Verlag C. F. Müller, 1961.
10. Friedrich Nietzsche, Beyond Good and Evil: Prelude to a Philosophy of the Future, New York: Random House, 1966.
11. Gerhard Köbler, Deutsche Rechtsgeschichte, 4. Auflage. Verlag Franz Vahlen München. 1990.
12. Hans Fenske, Deutache Verfassungsgeschichte, 2., erw. u. aktualisierte Neuaufl-Berlin: Colloquium Verlag, 1984.
13. Hildebrandt (Hrgs.), Die deutschen Verfassungen des 19. und 20. Jahrhunderts, 12. Aufl., Fedinand Schöningh. 1983.
14. Horst Hildebrandt, Die deutschen Verfassungen des 19. und 20. Jahrunderts, UTB Schöningh, 1971.
15. Hans-Heinrich Jescheck, Lehrbuch des Strafrechts, Allegemeiner Teil, 4., Auflage, Duncker &Humbolt Berlin, 2008.
16. Isensee/Kirchhof, Handbuch des Staats Rechts, Bund I, C. F. Müller Verlag, 1987.
17. Karl Kroeschell, Rechtsgeschichte Deutschlands im 20. Jahrhundert, Vendenhoeck & Ruprecht in Göttingen, 1992.
18. Karsten Schmidt, Handelsrecht, Carl Heymanns Verlag, 1999.
19. Larenz/Wolf, Allgemeiner Teil des Bürgerlichen Rechts, 9. Auflage, Verlag C. H. Beck München, 1997.
20. Lüke/Prütting (Hrsg.), Zivilverfahrensrecht, Luchterhand, 1995.
21. Michael Stolleis, Recht im Unrecht-Studien zur Rechtsgeschichte des Nationalsozialismus, 1. Auflage. Suhrkamp, 1994.
22. Maurach/Zipf, Strafrecht Allgemeiner Teil, Teilband I, C. F. Müller Juristischer Verlag Heidelberg, 1992.
23. Peter Raisch, Geschichteliche Voraussetzungen, Dogmatische Grundlagen und Sinnwandlung des Handelsrechts, Mueller, 1965.
24. Philip Kunig, Das Rechtsstaatsprinzip, J. C. B. Mohr (Paul Siebeck) Tübingen, 1986.
25. Rainer Bechtold, Kartellgesetz gegen Wettbewerbsbeschränkungen Kommentar, Verlag C. H. Beck München.

26. Reinhard Bork, Allgemeiner Teil des Bürgerlichen Gesetzbuchs, 2. Auflage, Mohr Siebeck, 2002.
27. Rosenberg/Schwab, Zivilprozessrecht, 14. Aufl., C. H. Beck Verlag, 2009.
28. Schubert, Materialien zur Entstehungsgeschichte des BGB, München. 1978.
29. Stephan Meder, Rechtsgeschichte: eine Einführung, 3 Auflage, Böhlau Verlage GmbH & Cien, Köln Weimar Wien, 2002.
30. Wolfgang Benz, Deutsche Geschichte seit 1945, München, 1990.

二、中文文献

1. 〔德〕迪特尔·拉甫：《德意志史——从古老帝国到第二共和国》，波恩 Inter Nationes 出版社 1985 年中文版（此书出版时作者本人用的是中文）
2. 陈惠馨：《德国法制史——从日耳曼到近代》，元照出版有限公司 2007 年 7 月版
3. 丁建宏：《德国通史》，上海社会科学院出版社 2002 年 10 月第一版
4. 丁建宏、李霞：《德国文化：普鲁士精神和文化》，上海社会科学院出版社 2003 年版
5. 高德平：《十多年来原民主德国地区政治转型》，载《东欧中亚研究》2002 年第 4 期
6. 何勤华主编：《德国法律发达史》，法律出版社 2000 年版
7. 刘光耀：《德国社会市场经济：理论、发展与比较》，中共中央党校出版社 2006 年版
8. 孟钟捷：《试论魏玛共和国的社会政策》，载《德国研究》2003 年第 4 期
9. 孟钟捷：《试析魏玛德国劳资关系的演变——以 8 小时工作制的兴衰为中心》，《世界历史》2011 年第 4 期
10. 屈文生译：《论教会法对世俗法的影响》，http://quwstrans.bokee.com/6622432.html
11. 人民出版社编：《德国问题文件汇编》，人民出版社 1953 年版
12. 苏国勋、燕宏远：《施坦因》，http://bbs.ccit.edu.cn/kepu/100k/read.php?tid=14371
13. 王世洲：《联邦德国刑法改革研究》，载《外国法译评》1997 年第二期
14. 王晓晔：《德国竞争法中的卡特尔制度》，载于《法学家》1995 年第 4 期
15. 吴越：《德国民法典之债法改革对我国的启示》，载《法学家》2003 年第 2 期
16. 吴友法：《德国现当代史》，武汉大学出版社 2007 年版
17. 吴友法、黄正柏主编：《德国资本主义发展史》，武汉大学出版社 2000 年版
18. 夏新华：《德国法律文化的特性》，http://flwh.znufe.edu.cn/article_show.asp?id=3429
19. 谢怀栻：《大陆法国家民法典研究——德国民法典》，载于《外国法译评》1995 年第 2 期
20. 张道义：《十九世纪德国国家法学者史坦恩》，台大法学论丛，第 38 卷第 2 期，2009 年 6 月
21. 张金鉴：《欧洲各国政府》，台湾三民书局 1976 年版
22. 张寿民主编：《外国经济法制史》，华东理工大学出版社 1997 年第一版
23. 赵星铁等：《德国史纲》，http://bbs.pep.com.cn/thread-263738-1-10.html

三、译文文献

1. 〔日〕大木雅夫:《比较法》,范愉译,法律出版社1999年版
2. 〔德〕于尔根·巴泽多:《反限制竞争法的产生与发展》,译者不详,http://www.competitionlaw.cn/show.aspx?id=3392&cid=40
3. 〔德〕卡尔·拉伦茨:《德国民法通论》(上),王晓晔等译,法律出版社2003年版
4. 〔德〕K.茨威格特和H.克茨:《比较法总论》,潘汉典等译,法律出版社2003年版
5. 〔德〕李斯特:《德国刑法教科书》(修订译本),〔德〕施密特修订,徐久生译,何秉松校订,法律出版社2006年5月第1版
6. 〔美〕科佩尔·平森:《德国近现代史》,范德一译,商务印书馆1987年版
7. 〔美〕威廉·L.夏伊勒:《第三帝国的兴亡》,董乐山译,世界知识出版社1986年版
8. 〔英〕伦·布洛克:《大独裁者希特勒》,朱立人等译,北京出版社1986年版
9. 〔德〕海因茨·赫内:《德国通向希特勒独裁之路》,张翼翼、任军译,商务印书馆1987年版
10. 〔德〕康拉德·海登著:《德国国社党史》,林孟工译,商务印书馆1936年版
11. 〔德〕彼得·波罗夫斯基著:《阿道夫·希特勒》,姜志军译,赵锡铭校,群众出版社1983年版
12. 〔德〕汉斯·哈腾鲍尔:《民法上的人》,孙宪忠译,来源:http://gangou.fyfz.cn/blog/gangou/index.aspx?blogid=17827
13. 〔德〕埃德温·哈特里奇:《第四帝国》,范益世译,新华出版社1982年版
14. 〔德〕康拉德·阿登纳:《阿登纳回忆录》,第一卷,上海外国语学院德法语系德语组、上海人民出版社编译室译,上海人民出版社1976年版
15. 〔德〕路德维希·艾哈德:《来自竞争的繁荣》,祝世康、穆家骥译,商务印书馆1983年版
16. 〔德〕汉斯·海因里希·耶赛克:《为德国刑法典序》,引自《德国刑法典》,徐久生、庄敬华译,中国法制出版社2000年版
17. 〔德〕萨维尼:《论立法与法学的当代使命》,许章润译,中国法制出版社2001年版
18. 〔德〕马克西米利安:《侵权行为法》,齐晓琨译,法律出版社2006年版
19. 〔德〕汉斯-乌尔里希·韦勒:《德意志帝国》,邢来顺译,青海人民出版社2009年版